ジャーナリスト人名事典

明治～戦前編

山田健太 編

日外アソシエーツ

A Biographical Dictionary of Japanese Journalist

Meiji—World War Ⅱ

Compiled by
Kenta Yamada

©2014 by Nichigai Associates, Inc.
Printed in Japan

本書はディジタルデータでご利用いただくことができます。詳細はお問い合わせください。

●編集担当● 青木 竜馬／山本 幸子
装 丁：赤田 麻衣子

序　文

　本書は、シリーズ化を予定している『ジャーナリスト人名事典』の第1巻であり、日本における近代言論・出版活動に携わった明治から昭和初期の言論人（ジャーナリスト）を編纂したものである。タイトルを「明治〜戦前編」としているが、あくまでも主たる活躍の時期が第2次世界大戦までということであって、没年等の厳密な区分をもとにしたものではない。

　しかしそれによって、むしろ近代国家の幕開けとともに本格的な言論活動が始まり、それが花開いていった日本の状況を、収録した1,222人の生きざまを通じておしはかることができることになったと思う。そのためには、いわゆる新聞人と称されるような、いまの新聞社につながるような媒体を活躍の場にした者だけではなく、可能な限り当時の言論界を駆け巡った人物を幅広く集めることを心掛けた。

　その個々人の多彩な活動からみえてくるものは、そもそも「ジャーナリスト」とは何者かということであって、それはとりもなおさず、今日、批判の矢面に立たされている「ジャーナリズム」とは何かを考えさせる内容でもある。

　一般には、当時の言論界のある意味での中心であった新聞人が、言論人＝ジャーナリストなのかも知れない。しかし、むしろいまでいうジャーナリズム精神を発揮しているのは、そうした小さな枠には入りきらない思想家であり運動家であり、編集者であり絵師であった。それはちょうど、今日において既存のマスメディアに飽き足らずインターネットの世界で活躍する、個々人の活動を彷彿とさせるものですらある。

その意味でも、改めて過去のジャーナリストを知り、いまのジャーナリズムに思いをはせるきっかけとして本書が活用されることを願う次第である。

本書の収録者は、およそ以下の分類に沿って収集されている。したがって、作家や劇作家については、特に新聞や雑誌を主たる活躍の舞台にした者を除き、収録の対象から外した。文学者年鑑・事典のたぐいを参照いただくことになるだろう。また、すでに世の中に登場していたラジオに関しては、テレビも含め「放送人」というくくりの中で、将来、出版したいと考えている。

1）言論人（のちに政治家になった人を含む）
2）民権運動家、社会運動家、思想家
3）出版人
4）職業記者（新聞社を渡り歩く様な人）
5）絵師（新聞錦絵作りに携わった人）
6）財界人（新聞社設立に関与した人）
7）文学者（とりわけ新聞や雑誌を活躍の舞台にした人）
8）旧幕府の人材（言論活動に携わった人）
9）大学教育を受け、記者・編集者として活躍の後、政財界に打って出た人材

また、個々の項目の内容は、すでに日外アソシエーツが所有する人物データから収集した関係で、必ずしも濃淡がそろっていない点はお許しいただきたい。個々のお叱りは、今後の編纂作業の糧とさせていただきたい。

ジャーナリズムという言葉にさらなる輝きをもたせるためにも、日本のジャーナリストを総覧できる事典の刊行をお手伝いできたことを

うれしく思う。教科書に出てくるような有名人から、郷土の名士、ほとんど知られていない人物まで様々な1200余人であるが、記載内容から相互の思わぬつながりを改めて知るなど、引いた便利さとともに読む楽しみを味わっていただければ幸いである。

   2014年7月

山田 健太

目　次

凡　例 ……………………………………………………………… (7)

ジャーナリスト人名事典　明治～戦前編 …………………………… 1
人名索引 ……………………………………………………………… 357
事項名索引 …………………………………………………………… 383

凡　例

1．基本方針

　　本書は、明治から昭和初期に活動した日本の言論人（ジャーナリスト）の事典である。新聞記者に限らず、当時の新聞・言論界に深く関わった思想家、運動家、編集者、絵師、新聞社経営者、新聞や雑誌を主たる作品発表の場としていた作家等1,222人を収録した。

2．人名見出し

　1）見出しには、本名・通称・号などのうち、一般的に使用されている名前を採用した。
　2）漢字は原則として新字体に統一したが、一部旧字体を用いたものもある。

3．見出し人名の排列

　1）見出し人名は、姓・名をそれぞれ一単位とし、姓・名の順に読みの五十音順に排列した。
　2）濁音・半濁音は清音扱い、促音・拗音は直音扱いとし、長音符は無視した。ヂ→ジ、ヅ→ズとして排列した。

4．記載事項

　記載事項およびその順序は以下の通り。
　　見出し人名／人名読み／職業・肩書／生年月日／没年月日／出生地／出身地／本名／旧姓名／別名・別号等／学歴／資格／叙勲歴／受賞歴／家族・親族／経歴

5．人名索引

　　本文収録者と関連のあった人物および当人の別名・別号等を五十音順で排列し、その見出し人名と該当頁を示した。本文の見出し人名は太字とした。

6．事項名索引

　本文収録者に関わる新聞・雑誌、団体、出来事・事件等の事項名を五十音順に排列し、その見出し人名と該当頁を示した。

　なお、「朝日新聞」は「大阪朝日新聞」「東京朝日新聞」の項目も、「毎日新聞」は「大阪毎日新聞」「東京毎日新聞」の項目も参照されたい。

7．主要参考文献

　データベース「WHO」（日外アソシエーツ）

『地方別　日本新聞史』日本新聞協会編　日本新聞協会　1956
『読売新聞100年史』読売新聞100年史編集委員会編　読売新聞社　1976
『下野新聞百年史』下野新聞社史編さん室　下野新聞社　1984
『明治大正言論資料20　明治新聞雑誌関係者略伝』宮武外骨・西田長寿著　みすず書房　1985
『朝日新聞社史　明治編』朝日新聞百年史編修委員会編　朝日新聞社　1990
『朝日新聞社史　大正・昭和戦前編』朝日新聞百年史編修委員会編　朝日新聞社　1991
『静岡新聞五十年史』静岡新聞社　1991
『朝日新聞社史　資料編』朝日新聞百年史編修委員会編　朝日新聞社　1995
『河北新報の百年』創刊百周年記念事業委員会編　河北新報社　1997
『神戸新聞百年史』神戸新聞創刊百周年記念委員会社史編修部会編　神戸新聞社　1998
『「毎日」の3世紀—新聞が見つめた激流130年』毎日新聞130年史刊行委員会　毎日新聞社　2002
『現代ジャーナリズム事典』武田徹・藤田真文・山田健太監修　三省堂　2014

『近代日本社会運動史人物大事典』近代日本社会運動史人物大事典編集委員会編　日外アソシエーツ　1997
『図説　明治人物事典　政治家・軍人・言論人』湯本豪一編　日外アソシエーツ　2000
『図説　明治人物事典　文化人・学者・実業家』湯本豪一編　日外アソシ

エーツ　2000
『出版文化人物事典―江戸から近現代・出版人1600人』稲岡勝監修　日外アソシエーツ　2013

そのほか、各社新聞社社史、人名事典等を参考にした。

収録人物一覧

【あ】

相木 鶴吉 …………… 3
相島 勘次郎 ………… 3
饗庭 篁村 …………… 3
青江 秀 ……………… 3
青木 精一 …………… 4
青木 正 ……………… 4
青木 貞三 …………… 4
青木 徹二 …………… 4
青野 季吉 …………… 5
青柳 綱太郎 ………… 5
青柳 有美 …………… 5
赤川 菊村 …………… 5
赤木 格堂 …………… 6
赤羽 一 ……………… 6
赤羽 萬次郎 ………… 6
赤松 克麿 …………… 6
秋笹 政之輔 ………… 7
秋月 左都夫 ………… 7
秋田 清 ……………… 7
秋山 定輔 …………… 7
芥川 光蔵 …………… 8
芥川 龍之介 ………… 8
明比 甫 ……………… 9
阿子島 俊治 ………… 9
浅井 茂猪 …………… 9
浅井 良任 …………… 9
麻田 駒之助 ………… 9
浅野 順平 …………… 10
朝比奈 知泉 ………… 10
東 武 ………………… 11
東 忠続 ……………… 11
麻生 路郎 …………… 11
麻生 久 ……………… 11
麻生 豊 ……………… 12

安達 謙蔵 …………… 12
安達 憲忠 …………… 12
足立 北鴎 …………… 12
安部 磯雄 …………… 13
阿部 宇之八 ………… 13
阿部 克巳 …………… 13
安倍 喜平 …………… 14
阿部 真之助 ………… 14
安倍 季雄 …………… 14
阿部 充家 …………… 14
天田 愚庵 …………… 15
天野 為之 …………… 15
綾川 武治 …………… 16
新井 章吾 …………… 16
荒井 泰治 …………… 16
荒川 重秀 …………… 16
荒川 甚吾 …………… 17
安藤 覚 ……………… 17
安藤 黄楊三 ………… 17
安藤 鶴夫 …………… 17
安藤 橡面坊 ………… 18
安藤 正純 …………… 18
安藤 和風 …………… 18

【い】

飯塚 納 ……………… 19
飯村 丈三郎 ………… 19
伊江 朝助 …………… 19
家永 芳彦 …………… 19
五百木 良三 ………… 19
伊喜見 文吾 ………… 20
井川 洗厓 …………… 20
池内 広正 …………… 20
池上 清定 …………… 20
池知 重利 …………… 20
池田 永治 …………… 21
池田 克己 …………… 21

池田 林儀 …………… 21
池田 紫星 …………… 21
池田 秀雄 …………… 22
池辺 三山 …………… 22
池部 鈞 ……………… 22
池松 文雄 …………… 23
石井 勇 ……………… 23
石井 研堂 …………… 23
石井 南橋 …………… 24
石川 喜三郎 ………… 24
石川 欣一 …………… 24
石川 三四郎 ………… 25
石川 正蔵 …………… 25
石川 啄木 …………… 25
石川 武美 …………… 26
石川 半山 …………… 26
石河 幹明 …………… 27
石郷岡 文吉 ………… 27
石崎 敏行 …………… 28
石田 貫之助 ………… 28
石田 友治 …………… 28
伊地知 純正 ………… 28
石橋 思案 …………… 29
石橋 為之助 ………… 29
石浜 知行 …………… 29
石村 英雄 …………… 29
石山 賢吉 …………… 29
石山 徹郎 …………… 30
石割 松太郎 ………… 30
和泉 邦彦 …………… 31
井関 盛艮 …………… 31
磯田 英夫 …………… 31
磯野 秋渚 …………… 31
磯野 徳三郎 ………… 31
磯村 春子 …………… 32
五十里 幸太郎 ……… 32
板垣 退助 …………… 32
板倉 進 ……………… 33
板倉 卓造 …………… 33

収録人物一覧

市川 正一 ……………… 33
市川 安左衛門 ………… 34
市川 与一郎 …………… 34
市川 量造 ……………… 34
市島 謙吉 ……………… 35
一宮 猪吉郎 …………… 35
一宮 房治郎 …………… 36
市村 貞造 ……………… 36
一力 健治郎 …………… 36
井手 三郎 ……………… 36
井手 鉄処 ……………… 36
伊藤 永之介 …………… 37
伊藤 銀月 ……………… 37
伊藤 金次郎 …………… 37
伊藤 欽亮 ……………… 37
伊東 熊夫 ……………… 38
伊藤 好道 ……………… 38
伊東 正三 ……………… 38
伊東 専三 ……………… 39
伊藤 徳三 ……………… 39
伊東 知也 ……………… 39
伊藤 野枝 ……………… 39
伊藤 正徳 ……………… 40
伊東 巳代治 …………… 40
伊東 米治郎 …………… 40
稲垣 示 ………………… 40
稲田 政吉 ……………… 41
稲野 年恒 ……………… 41
犬養 毅 ………………… 41
伊能 嘉矩 ……………… 42
井上 唖々 ……………… 42
井上 江花 ……………… 42
井上 秀天 ……………… 43
井上 広居 ……………… 43
井上 笠園 ……………… 43
井之口 政雄 …………… 44
猪野毛 利栄 …………… 44
井土 霊山 ……………… 44
猪股 為次 ……………… 44
伊波 月城 ……………… 44
伊原 青々園 …………… 45
井原 豊作 ……………… 45
今井 邦子 ……………… 45
今井 邦治 ……………… 46
今泉 一瓢 ……………… 46
今泉 鐸次郎 …………… 46
今村 勤三 ……………… 46

今村 謙吉 ……………… 47
今村 七平 ……………… 47
岩亀 精造 ……………… 47
岩切 門二 ……………… 47
岩倉 具方 ……………… 47
岩佐 善太郎 …………… 48
岩崎 鏡川 ……………… 48
岩崎 光好 ……………… 48
岩下 伴五郎 …………… 48
岩田 富美夫 …………… 48
岩田 民次郎 …………… 49
岩永 裕吉 ……………… 49
巌本 善治 ……………… 49

【う】

上里 春生 ……………… 50
上島 長久 ……………… 50
植田 栄 ………………… 50
上田 重良 ……………… 51
上田 碩三 ……………… 51
上野 岩太郎 …………… 51
上埜 安太郎 …………… 51
上野 理一 ……………… 51
上原 虎重 ……………… 52
植松 考昭 ……………… 52
上村 売剣 ……………… 52
植村 正久 ……………… 52
鵜崎 鷺城 ……………… 53
牛場 卓蔵 ……………… 53
牛山 清四郎 …………… 53
臼井 哲夫 ……………… 54
臼田 亜浪 ……………… 54
薄田 斬雲 ……………… 54
宇田 滄溟 ……………… 54
歌川 国松 ……………… 55
宇田川 文海 …………… 55
歌川 芳宗(2代目) …… 55
内木 敏市 ……………… 55
内田 魯庵 ……………… 55
内野 茂樹 ……………… 56
内村 鑑三 ……………… 56
生方 敏郎 ……………… 57
海内 果 ………………… 57
梅沢 彦太郎 …………… 57
梅原 北明 ……………… 57

浦上 五六 ……………… 58
浦田 芳朗 ……………… 58
海野 高衛 ……………… 58

【え】

江川 為信 ……………… 58
江口 三省 ……………… 59
江副 靖臣 ……………… 59
江戸 周 ………………… 59
蛯原 八郎 ……………… 59
海老原 穆 ……………… 59
江部 鴨村 ……………… 60
江見 水蔭 ……………… 60
江森 盛弥 ……………… 60
円城寺 清 ……………… 60
遠藤 清子 ……………… 61
遠藤 友四郎 …………… 61
遠藤 麟太郎 …………… 61

【お】

鶯亭 金升 ……………… 61
大井 憲太郎 …………… 62
大井 冷光 ……………… 62
大内 一郎 ……………… 62
大内 青巒 ……………… 63
大内 地山 ……………… 63
大江 敬香 ……………… 63
大江 素天 ……………… 64
大江 卓 ………………… 64
大岡 育造 ……………… 65
大垣 丈夫 ……………… 65
大口 六兵衛 …………… 65
大久保 常吉 …………… 65
大久保 鉄作 …………… 66
大崎 周水 ……………… 66
大沢 一六 ……………… 66
大沢 豊子 ……………… 66
大島 宇吉 ……………… 67
大島 慶次郎 …………… 67
大島 貞益 ……………… 67
大島 秀一 ……………… 68
大杉 栄 ………………… 68
太田 郁郎 ……………… 68

(11)

太田	梶太	69	岡本	起泉	81	賀川	豊彦	93
大田	菊子	69	岡本	綺堂	81	角田	浩々歌客	94
太田	孝太郎	69	岡本	月村	82	角谷	八平次	94
太田	四州	69	岡山	不衣	82	影山	禎太郎	94
太田	朝敷	70	小川	芋銭	82	風見	章	95
太田	龍太郎	70	小川	治平	83	柏田	忠一	95
大谷	碧雲居	70	小川	定明	83	梶原	竹軒	95
大谷	誠夫	70	小川	渉	83	上総	一	96
大津	淳一郎	70	荻原	直正	83	粕谷	義三	96
大西	斎	71	奥	泰資	84	加田	哲二	96
大西	俊夫	71	小国	露堂	84	片岡	健吉	96
大庭	柯公	71	奥村	信太郎	84	蒲田	広	97
大橋	乙羽	72	奥村	梅皐	84	勝田	重太朗	97
大橋	佐平	72	小倉	真美	85	勝部	修	97
大橋	新太郎	73	尾崎	紅葉	85	勝峰	晋風	98
大畑	達雄	73	尾崎	章一	86	桂田	金造	98
大平	喜間多	74	尾崎	秀実	86	加藤	朝鳥	98
大道	弘雄	74	尾崎	行雄	86	加藤	直士	98
大森	痴雪	74	小崎	藍川	87	加藤	政之助	99
大山	郁夫	74	長田	正平	87	加藤	陸三	99
大山	覚威	75	小沢	扶公	87	門田	正経	99
岡	鬼太郎	75	織田	純一郎	88	上遠野	富之助	99
岡	敬孝	75	小田	知周	88	金井	紫雲	100
岡	幸七郎	75	織田	信恒	88	金井	潭	100
岡	繁樹	75	小高	長三郎	88	仮名垣	魯文	100
岡	丈紀	76	小竹	即一	89	神長倉	真民	101
岡	千代彦	76	落合	芳幾	89	金塚	仙四郎	101
岡	実	76	小野	梓	89	金森	匏瓜	101
岡崎	運兵衛	76	小野	小野三	90	金山	豊作	101
岡崎	国臣	77	小野	喜代子	90	金子	春夢	101
岡崎	高厚	77	小野	謙一	90	金子	平吉	102
岡崎	俊夫	77	小野	蕪子	90	兼田	秀雄	102
小笠原	貞信	77	小野	三千麿	91	兼松	房治郎	102
小笠原	白也	78	小野	康人	91	狩野	旭峰	103
小笠原	誉至夫	78	小野	米吉	91	樺山	愛輔	103
岡島	善次	78	小野庵	保蔵	92	上泉	秀信	104
岡田	孤鹿	78	小野瀬	不二人	92	上条	信次	104
緒方	竹虎	78	小野田	翠雨	92	上司	小剣	104
岡田	美知代	79	小幡	篤次郎	92	上村	勝弥	104
岡野	半牧	79	小山	鼎浦	93	亀井	陸良	104
岡野	養之助	79	織本	利	93	茅原	華山	105
岡上	守道	80				茅原	茂	105
岡部	次郎	80	【か】			河井	酔茗	105
岡部	孫四郎	80				川合	仁	106
岡村	柿紅	80	海原	清平	93	河上	清	106
岡村	千秋	80	香川	悦次	93	河上	肇	107
岡本	一平	81				川越	千次郎	107

川越 博 ……………… 107	北野 吉内 ……………… 119	窪田 畔夫 ……………… 131
川崎 克 ……………… 107	北村 兼子 ……………… 119	熊谷 直亮 ……………… 132
川崎 紫山 ……………… 108	北村 文徳 ……………… 120	倉富 恒二郎 ……………… 132
川崎 正蔵 ……………… 108	北村 益 ……………… 120	蔵原 惟郭 ……………… 132
川崎 杜外 ……………… 108	城戸 元亮 ……………… 120	栗岩 英治 ……………… 132
川崎 文治 ……………… 109	木戸 若雄 ……………… 120	栗島 狭衣 ……………… 133
川崎 芳太郎 ……………… 109	鬼頭 玉汝 ……………… 121	栗原 亮一 ……………… 133
川島 金次 ……………… 109	木下 郁 ……………… 121	栗本 鋤雲 ……………… 133
川島 順吉 ……………… 109	木下 成太郎 ……………… 121	来原 慶助 ……………… 134
川島 清治郎 ……………… 109	木下 東作 ……………… 121	黒岩 涙香 ……………… 134
川尻 琴湖 ……………… 110	木下 尚江 ……………… 122	黒田 湖山 ……………… 134
河瀬 秀治 ……………… 110	木下 立安 ……………… 122	桑田 豊蔵 ……………… 135
河田 貞次郎 ……………… 110	木原 七郎 ……………… 123	桑野 鋭 ……………… 135
川面 凡児 ……………… 110	木村 作次郎 ……………… 123	
川那辺 貞太郎 ……………… 111	木村 清四郎 ……………… 123	**【こ】**
河原 辰三 ……………… 111	木村 専一 ……………… 123	
河東 碧梧桐 ……………… 111	木村 荘十 ……………… 124	小石 清 ……………… 135
川辺 真蔵 ……………… 111	木村 照彦 ……………… 124	肥塚 龍 ……………… 136
川村 恒一 ……………… 112	木村 騰 ……………… 124	小泉 策太郎 ……………… 136
河盛 久夫 ……………… 112	木村 半兵衛(4代目) ……… 125	小出 東嶂 ……………… 137
神崎 順一 ……………… 112	木村 平八 ……………… 125	高坂 正顕 ……………… 137
神田 正雄 ……………… 112	木村 政次郎 ……………… 125	幸田 露伴 ……………… 137
管野 すが ……………… 113	清岡 等 ……………… 125	幸徳 秋水 ……………… 138
	清沢 洌 ……………… 125	河野 一郎 ……………… 138
【き】	桐原 真二 ……………… 126	河野 恒吉 ……………… 139
	桐生 悠々 ……………… 126	河野 広中 ……………… 139
木内 伊之介 ……………… 113		護得久 朝惟 ……………… 139
菊竹 淳 ……………… 113	**【く】**	小久保 喜七 ……………… 140
菊池 寛 ……………… 113		小坂 善之助 ……………… 140
菊池 侃二 ……………… 114	陸 羯南 ……………… 126	古島 一雄 ……………… 140
菊池 九郎 ……………… 115	陸 直次郎 ……………… 127	小島 文夫 ……………… 141
菊池 郡蔵 ……………… 115	釘本 衛雄 ……………… 127	小島 沐冠人 ……………… 141
菊地 松堂 ……………… 115	久下 豊忠 ……………… 127	古城 貞吉 ……………… 141
菊池 道太 ……………… 115	草間 時福 ……………… 128	五代 友厚 ……………… 141
菊池 幽芳 ……………… 116	草間 八十雄 ……………… 128	小高 吉三郎 ……………… 142
菊亭 香水 ……………… 116	草村 北星 ……………… 128	児玉 右二 ……………… 142
聴濤 克巳 ……………… 116	櫛田 民蔵 ……………… 128	胡蝶園 若菜 ……………… 142
木崎 愛吉 ……………… 117	葛生 東介 ……………… 129	後藤 喜間太 ……………… 143
岸上 克己 ……………… 117	久津見 蕨村 ……………… 129	後藤 清郎 ……………… 143
岸田 吟香 ……………… 117	工藤 鉄男 ……………… 129	小西 勝一 ……………… 143
城多 虎雄 ……………… 118	工藤 十三雄 ……………… 130	小西 伝助 ……………… 143
北 昤吉 ……………… 118	国木田 収二 ……………… 130	小西 義敬 ……………… 144
北川 左人 ……………… 118	国木田 独歩 ……………… 130	小橋 栄太郎 ……………… 144
北川 重吉 ……………… 118	国友 重章 ……………… 131	小橋 三四子 ……………… 144
北沢 楽天 ……………… 119	久野 初太郎 ……………… 131	小早川 秀雄 ……………… 144
北島 栄助 ……………… 119	久保田 九品太 ……………… 131	小林 橘川 ……………… 144

(13)

小林 蹴月 …………… 145	佐久間 貞一 ………… 157	志賀 祐五郎 ………… 169
小林 清作 …………… 145	桜井 熊太郎 ………… 158	鹿倉 吉次 …………… 169
小林 存 ……………… 145	柵瀬 軍之佐 ………… 158	式 正次 ……………… 170
小林 秀二郎 ………… 145	桜井 静 ……………… 159	宍戸 左行 …………… 170
小林 光政 …………… 145	桜井 轍三 …………… 159	後川 文蔵 …………… 170
小林 雄一 …………… 146	桜内 幸雄 …………… 159	品川 緑 ……………… 170
小松 理平 …………… 146	桜田 文吾 …………… 159	篠田 鉱造 …………… 170
小松原 英太郎 ……… 146	桜田 百衛 …………… 160	篠原 叶 ……………… 171
小宮山 天香 ………… 147	佐近 益栄 …………… 160	篠原 和市 …………… 171
小村 俊三郎 ………… 147	左近允 孝之進 ……… 160	信夫 淳平 …………… 171
小室 重弘 …………… 147	佐々 元十 …………… 160	芝 染太郎 …………… 171
小室 信介 …………… 147	小砂丘 忠義 ………… 160	斯波 貞吉 …………… 172
子安 峻 ……………… 148	佐々木 節 …………… 161	柴田 かよ …………… 172
小山 愛司 …………… 148	佐々木 信暲 ………… 161	柴田 流星 …………… 172
小山 完吾 …………… 149	佐々木 秀雄 ………… 161	柴原 亀二 …………… 172
小山 枯柴 …………… 149	佐佐木 茂索 ………… 161	渋江 保 ……………… 173
小山 松寿 …………… 149	佐々木 安五郎 ……… 162	渋川 玄耳 …………… 173
小山 久之助 ………… 150	笹島 吉太郎 ………… 162	渋谷 良平 …………… 173
五来 欣造 …………… 150	指原 安三 …………… 162	島川 観水 …………… 174
是枝 恭二 …………… 150	佐々 友房 …………… 163	島田 数雄 …………… 174
渾大防 芳造 ………… 151	佐々 弘雄 …………… 163	島田 五空 …………… 174
近藤 寿市郎 ………… 151	佐々 正之 …………… 163	島田 三郎 …………… 174
権藤 震二 …………… 151	薩摩 雄次 …………… 163	嶋中 雄作 …………… 175
近藤 芳太郎 ………… 151	佐藤 謙蔵 …………… 164	島中 雄三 …………… 175
	佐藤 垢石 …………… 164	島村 抱月 …………… 175
【さ】	佐藤 紅緑 …………… 164	清水 卯三郎 ………… 176
	佐藤 渾 ……………… 165	清水 紫琴 …………… 176
西園寺 公望 ………… 151	佐藤 忠男 …………… 165	清水 芳太郎 ………… 177
彩霞園 柳香 ………… 152	佐藤 顕理 …………… 165	下田 憲一郎 ………… 177
斎田 元次郎 ………… 152	佐藤 北江 …………… 165	下田 将美 …………… 177
斎藤 弔花 …………… 153	佐藤 密蔵 …………… 166	下中 弥三郎 ………… 178
斎藤 巴江 …………… 153	佐藤 義夫 …………… 166	下村 海南 …………… 178
斎藤 正躬 …………… 153	佐藤 義夫 …………… 166	下村 房次郎 ………… 179
斎藤 緑雨 …………… 153	佐藤 六石 …………… 166	釈 瓢斎 ……………… 179
嵯峨 保二 …………… 154	佐藤 肋骨 …………… 166	尚 順 ………………… 179
酒井 泉 ……………… 154	里見 甫 ……………… 167	庄司 良朗 …………… 179
阪井 久良伎 ………… 154	寒川 鼠骨 …………… 167	庄野 金十郎 ………… 180
酒井 憲次郎 ………… 154	猿田 千代 …………… 167	条野 採菊 …………… 180
坂井 犀水 …………… 155	沙和 宋一 …………… 167	正力 松太郎 ………… 181
堺 利彦 ……………… 155	沢田 撫松 …………… 168	ジョセフ・ヒコ ……… 182
酒井 寅吉 …………… 156	佐原 篤介 …………… 168	白石 潔 ……………… 182
酒井 雄三郎 ………… 156		白川 福儀 …………… 182
坂口 二郎 …………… 156	【し】	白河 鯉洋 …………… 183
坂崎 斌 ……………… 156		進藤 信義 …………… 183
佐川 良視 …………… 157	塩津 誠作 …………… 168	
崎久保 誓一 ………… 157	志賀 重昂 …………… 169	

【す】

末永 純一郎 ………… 183
末広 鉄腸 …………… 183
末松 謙澄 …………… 184
末吉 安恭 …………… 184
菅 忠雄 ……………… 185
杉浦 重剛 …………… 185
杉浦 譲 ……………… 186
杉田 定一 …………… 186
杉村 楚人冠 ………… 187
杉村 濬 ……………… 187
杉山 幹 ……………… 188
須崎 芳三郎 ………… 188
鈴江 言一 …………… 188
鈴木 梅四郎 ………… 188
鈴木 巻太郎 ………… 189
鈴木 力 ……………… 189
鈴木 利貞 …………… 189
鈴木 秀三郎 ………… 189
鈴木 文史朗 ………… 190
鈴木田 正雄 ………… 190
須藤 鐘一 …………… 190
須藤 南翠 …………… 190
須永 金三郎 ………… 191
砂川 雄峻 …………… 191
角田 宏顕 …………… 191
頭本 元貞 …………… 192

【せ】

瀬川 光行 …………… 192
関 謙之 ……………… 192
関 新吾 ……………… 193
関 如来 ……………… 193
関 和知 ……………… 193
関口 泰 ……………… 193
千田 軍之助 ………… 194

【そ】

相賀 安太郎 ………… 194

痩々亭 骨皮 ………… 194
副島 次郎 …………… 194
曽我 鍛 ……………… 195
染崎 延房 …………… 195
征矢野 半弥 ………… 195

【た】

大藤 治郎 …………… 195
田岡 嶺雲 …………… 196
高石 真五郎 ………… 196
高木 利太 …………… 196
高木 信威 …………… 197
高須 芳次郎 ………… 197
高瀬 羽皐 …………… 197
高田 早苗 …………… 197
高津 弌 ……………… 198
鷹野 弥三郎 ………… 198
高野江 基太郎 ……… 198
高橋 健三 …………… 199
高橋 千代 …………… 199
高橋 長秋 …………… 200
高橋 津郎 …………… 200
高橋 秀臣 …………… 200
高橋 光威 …………… 200
高畠 藍泉 …………… 201
高浜 天我 …………… 201
高原 操 ……………… 201
高松 棟一郎 ………… 201
鷹見 思水 …………… 202
高宮 太平 …………… 202
高山 毅 ……………… 202
財部 熊次郎 ………… 202
田川 大吉郎 ………… 202
滝沢 素水 …………… 203
滝田 樗陰 …………… 203
滝本 静良 …………… 203
滝本 誠一 …………… 203
田口 卯吉 …………… 204
田口 松圃 …………… 204
武井 夫武 …………… 205
竹内 金太郎 ………… 205
竹内 明太郎 ………… 205
竹尾 弌 ……………… 206
竹川 藤太郎 ………… 206
竹越 竹代 …………… 206

竹越 与三郎 ………… 206
武田 鶯塘 …………… 207
武田 仰天子 ………… 207
竹田 敏彦 …………… 207
武富 時敏 …………… 208
竹中 繁 ……………… 208
竹廼門 静枝 ………… 208
武林 無想庵 ………… 208
竹村 良貞 …………… 209
田子 健吉 …………… 209
田沢 田軒 …………… 209
田島 象二 …………… 209
田島 利三郎 ………… 209
田添 鉄二 …………… 210
多田 恵一 …………… 210
多田 房之輔 ………… 210
橘 正三 ……………… 210
橘 樸 ………………… 211
橘 静二 ……………… 211
辰井 梅吉 …………… 211
伊達 源一郎 ………… 211
立野 寛 ……………… 212
田中 清文 …………… 212
田中 三郎 …………… 212
田中 正造 …………… 213
田中 都吉 …………… 213
田中 斉 ……………… 213
田中 弥助 …………… 214
田辺 南鶴(12代目) … 214
谷口 久吉 …………… 214
田能村 秋皐 ………… 215
頼母木 桂吉 ………… 215
頼母木 真六 ………… 215
玉井 喜作 …………… 215
田村 栄太郎 ………… 216
田村 三治 …………… 216
田村 木国 …………… 216
田母野 秀顕 ………… 216
田山 花袋 …………… 217

【ち】

地崎 宇三郎(2代目) … 217
遅塚 麗水 …………… 218
千葉 亀雄 …………… 218
千原 楠蔵 …………… 218

【つ】

塚越 停春 ………… 218
塚原 渋柿園 ………… 219
塚本 三 ………… 219
都河 龍 ………… 219
月岡 芳年 ………… 220
辻 寛 ………… 220
辻野 惣兵衛 ………… 220
対馬 健之助 ………… 220
津田 静一 ………… 220
津田 貞 ………… 221
津田 真道 ………… 221
土屋 元作 ………… 222
堤 隆 ………… 222
坪内 逍遙 ………… 222
坪谷 善四郎 ………… 223
妻木 頼矩 ………… 223

【て】

寺尾 幸夫 ………… 223
寺島 権蔵 ………… 223
寺田 市正 ………… 224
寺山 星川 ………… 224

【と】

土居 光華 ………… 224
東海 散士 ………… 224
東条 貞 ………… 225
藤平 謹一郎 ………… 225
当真 嗣合 ………… 225
頭山 満 ………… 225
外狩 素心庵 ………… 226
徳田 秋声 ………… 226
徳富 蘇峰 ………… 226
徳永 保之助 ………… 227
刀祢館 正雄 ………… 227
富 村雄 ………… 227
富田 鴎波 ………… 227
富田 幸次郎 ………… 228

鳥谷部 春汀 ………… 228
豊国 義孝 ………… 228
鳥居 素川 ………… 229
鳥海 時雨郎 ………… 229

【な】

内藤 湖南 ………… 229
内藤 伝右衛門 ………… 230
直木 三十五 ………… 230
直野 碧玲瓏 ………… 231
長井 氏克 ………… 231
中井 錦城 ………… 231
永井 瓢斎 ………… 232
永井 万助 ………… 232
永井 柳太郎 ………… 232
中内 蝶二 ………… 233
中江 兆民 ………… 233
長尾 景弼 ………… 233
中川 克一 ………… 234
中川 源造 ………… 234
中川 重麗 ………… 234
長沢 別天 ………… 235
中島 勝義 ………… 235
中島 俊子 ………… 235
永嶋 暢子 ………… 235
仲田 勝之助 ………… 236
永田 善三郎 ………… 236
中田 良夫 ………… 236
永戸 政治 ………… 236
中西 牛郎 ………… 237
中野 権六 ………… 237
中野 正剛 ………… 237
中野 秀人 ………… 238
中村 京太郎 ………… 238
中村 舜次郎 ………… 238
中村 弼 ………… 238
中村 兵衛 ………… 239
中村 正直 ………… 239
中村 楽天 ………… 239
永元 源蔵 ………… 239
永山 就次 ………… 240
中山 太郎 ………… 240
中山 直熊 ………… 240
中山 正男 ………… 240
永代 静雄 ………… 240

半井 桃水 ………… 241
夏目 漱石 ………… 241
名取 洋之助 ………… 242
生井 英俊 ………… 242
生江 健次 ………… 243
奈良崎 八郎 ………… 243
成沢 玲川 ………… 243
成島 柳北 ………… 244
難波 清人 ………… 244

【に】

新居 格 ………… 244
新美 卯一郎 ………… 245
西 道仙 ………… 245
西内 青藍 ………… 245
西尾 吉太郎 ………… 245
西岡 竹次郎 ………… 245
西垣 武一 ………… 246
西河 通徹 ………… 246
西田 源蔵 ………… 246
西田 常三郎 ………… 247
西田 伝助 ………… 247
西村 正三郎 ………… 247
西村 天囚 ………… 247
西村 道太郎 ………… 248
西本 省三 ………… 248
新渡戸 仙岳 ………… 248
蜷川 新 ………… 249
二宮 熊次郎 ………… 249

【ぬ】

沼間 守一 ………… 249
沼田 藤次 ………… 250

【の】

野口 雨情 ………… 250
野口 英夫 ………… 250
野口 勝一 ………… 250
野口 竹次郎 ………… 251
野口 米次郎 ………… 251
野崎 左文 ………… 251

収録人物一覧　　　　　　　まいた

野沢　藤吉 …………… 251	原　敬 ………………… 264	福山　寿久 …………… 276
野間　清治 …………… 252	原田　譲二 …………… 265	福良　虎雄 …………… 276
野村　胡堂 …………… 252	原田　種道 …………… 265	藤井　猪勢治 ………… 276
野村　治一良 ………… 253	原田　棟一郎 ………… 266	藤井　高蔵 …………… 277
野村　秀雄 …………… 253		藤井　種太郎 ………… 277
野村　文夫 …………… 253	【ひ】	藤井　孫次郎 ………… 277
野依　秀市 …………… 254		藤岡　紫朗 …………… 277
乗竹　孝太郎 ………… 254	檜垣　正義 …………… 266	藤実　人華 …………… 278
	干河岸　桜所 ………… 266	藤田　西湖 …………… 278
【は】	樋口　銅牛 …………… 266	藤田　茂吉 …………… 278
	久木　独石馬 ………… 267	藤田　積中 …………… 279
萩谷　籌夫 …………… 254	久富　達夫 …………… 267	藤原　相之助 ………… 279
橋爪　貫一 …………… 255	久松　義典 …………… 267	藤原　銀次郎 ………… 279
橋戸　頑鉄 …………… 255	人見　一太郎 ………… 268	布施　勝治 …………… 280
橋本　恵子 …………… 255	日向　輝武 …………… 268	二葉亭　四迷 ………… 280
箸本　太吉 …………… 255	日森　虎雄 …………… 268	二見　敏雄 …………… 280
橋本　富三郎 ………… 256	平井　晩村 …………… 268	淵田　忠良 …………… 281
長谷川　了 …………… 256	平川　清風 …………… 269	古川　精一 …………… 281
長谷川　伸 …………… 256	平田　久 ……………… 269	古沢　滋 ……………… 281
長谷川　淑夫 ………… 257	平田　文右衛門（2代目）… 269	古野　伊之助 ………… 282
長谷川　如是閑 ……… 257	平塚　篤 ……………… 269	降旗　元太郎 ………… 282
長谷川　義雄 ………… 257	平野　零児 …………… 269	古谷　久綱 …………… 282
羽田　浪之紹 ………… 258	平林　初之輔 ………… 269	
波多野　秋子 ………… 258	平山　陳平 …………… 270	【ほ】
波多野　乾一 ………… 258	平山　蘆江 …………… 270	
波多野　承五郎 ……… 258	広井　一 ……………… 270	法木　徳兵衛 ………… 282
波多野　伝三郎 ……… 258	広岡　幸助 …………… 271	帆刈　芳之助 ………… 283
服部　敬吉 …………… 259		甫喜山　景雄 ………… 283
服部　徹 ……………… 259	【ふ】	星　亨 ………………… 283
服部　撫松 …………… 259		星　一 ………………… 284
花岡　敏隆 …………… 259	深井　英五 …………… 271	細井　肇 ……………… 284
花笠　文京（2代目）… 259	福井　三郎 …………… 271	細川　嘉六 …………… 284
花園　兼定 …………… 260	福井　文雄 …………… 272	細川　忠雄 …………… 285
花田　比露思 ………… 260	福沢　捨次郎 ………… 272	細木原　青起 ………… 285
羽仁　もと子 ………… 260	福沢　諭吉 …………… 272	堀　紫山 ……………… 285
羽仁　吉一 …………… 261	福島　四郎 …………… 273	堀江　帰一 …………… 285
馬場　辰猪 …………… 261	福島　俊雄 …………… 273	堀江　三五郎 ………… 286
馬場　恒吾 …………… 262	福田　英助 …………… 273	本城　安太郎 ………… 286
土生　彰 ……………… 262	福田　恭助 …………… 273	本多　精一 …………… 286
浜岡　光哲 …………… 262	福田　徳三 …………… 274	本田　美禅 …………… 287
浜田　長策 …………… 263	福田　理三郎 ………… 274	本間　清雄 …………… 287
浜本　浩 ……………… 263	福田　和五郎 ………… 274	
林　儀作 ……………… 263	福地　源一郎 ………… 275	【ま】
早嶋　喜一 …………… 263	福永　渙 ……………… 275	
早速　整爾 …………… 264	福本　日南 …………… 275	米田　実 ……………… 287
原　澄治 ……………… 264		

(17)

前川　静夫 … 288	松村　秀逸 … 301	宮武　外骨 … 314
前川　虎造 … 288	松本　雲舟 … 301	宮部　寸七翁 … 314
前芝　確三 … 288	松本　英子 … 301	三好　米吉 … 315
前島　豊太郎 … 288	松本　君平 … 301	三輪　精一 … 315
前島　密 … 289	松本　潤一郎 … 302	
前田　香雪 … 289	松山　忠二郎 … 302	【む】
前田　三遊 … 289	的野　半介 … 302	
前田　雀郎 … 289	丸山　幹治 … 302	武藤　金吉 … 315
前田　多門 … 290	丸山　作楽 … 303	武藤　山治 … 316
前田　普羅 … 290	丸山　名政 … 303	宗方　小太郎 … 316
前田　蓮山 … 290		宗貞　利登 … 316
前田河　広一郎 … 290	【み】	村井　啓太郎 … 317
牧　巻次郎 … 291		村井　弦斎 … 317
牧野　武夫 … 291	三浦　数平 … 303	村上　田長 … 317
牧野　輝智 … 291	三浦　鑿 … 304	村上　濁浪 … 318
牧野　平五郎 … 291	三木　愛花 … 304	村上　浪六 … 318
牧野　望東 … 292	三木　清 … 304	村嶋　帰之 … 318
牧山　耕蔵 … 292	三木　善八 … 305	村田　孜郎 … 319
政尾　藤吉 … 292	右田　寅彦 … 305	村松　恒一郎 … 319
正岡　芸陽 … 292	三崎　亀之助 … 305	紫安　新九郎 … 319
正岡　子規 … 292	三品　蘭渓 … 305	村山　照吉 … 319
正宗　白鳥 … 293	水田　南陽 … 306	村山　俊太郎 … 319
増田　顕邦 … 293	水谷　幻花 … 306	村山　龍平 … 320
増田　義一 … 294	水谷　竹紫 … 306	
益田　孝 … 294	水谷　不倒 … 306	【も】
増田　藤之助 … 295	三田　澪人 … 307	
増田　連也 … 295	三田村　鳶魚 … 307	毛利　柴庵 … 320
真渓　涙骨 … 295	三田村　甚三郎 … 307	望月　小太郎 … 321
又吉　康和 … 296	光岡　威一郎 … 308	望月　茂 … 321
町田　梓楼 … 296	満川　亀太郎 … 308	望月　二郎 … 321
町田　忠治 … 296	三土　忠造 … 308	望月　辰太郎 … 321
松井　柏軒 … 297	光永　星郎 … 309	茂木　茂 … 322
松尾　宇一 … 297	光行　寿 … 309	本野　盛亨 … 322
松尾　卯一太 … 297	南　新二 … 310	本山　荻舟 … 323
松岡　好一 … 297	箕浦　勝人 … 310	本山　彦一 … 323
松岡　正男 … 298	宮川　武行 … 310	本吉　欠伸 … 323
松崎　天民 … 298	宮川　鉄次郎 … 310	森　一兵 … 324
松沢　求策 … 298	三宅　周太郎 … 311	森　暁紅 … 324
松下　軍治 … 298	三宅　晴輝 … 311	森　正蔵 … 324
松島　宗衛 … 299	三宅　青軒 … 311	森　晋太郎 … 325
松島　廉作 … 299	三宅　雪嶺 … 311	森　隆介 … 325
松田　正久 … 299	三宅　磐 … 312	森　多平 … 325
松野　志気雄 … 299	宮崎　三昧 … 313	森丘　正唯 … 325
松原　寛 … 300	宮崎　晴瀾 … 313	森下　雨村 … 325
松原　二十三階堂 … 300	宮崎　滔天 … 313	森田　思軒 … 326
松実　喜代太 … 300	宮崎　夢柳 … 314	
松宮　幹樹 … 300		

森本　駿 ………… 326
守山　義雄 ………… 326

【や】

矢崎　弾 ………… 327
安岡　雄吉 ………… 327
安岡　道太郎 ………… 327
安田　庄司 ………… 327
安成　貞雄 ………… 328
安成　三郎 ………… 328
柳河　春三 ………… 328
柳田　国男 ………… 329
柳原　極堂 ………… 330
柳瀬　正夢 ………… 330
簗田　欽次郎 ………… 330
矢野　西雄 ………… 330
矢野　正世 ………… 331
矢野　龍渓 ………… 331
山浦　貫一 ………… 332
山岡　景命 ………… 332
山鹿　元次郎 ………… 332
山県　五十雄 ………… 332
山県　勇三郎 ………… 333
山上　正義 ………… 333
山川　均 ………… 333
山口　勝清 ………… 334
山口　喜一 ………… 334
山口　天来 ………… 334
山口　六郎次 ………… 334
山崎　猛 ………… 335
山崎　伝之助 ………… 335
山崎　安雄 ………… 335
山崎　寧 ………… 335
山路　愛山 ………… 335
山道　襄一 ………… 336
山田　一郎 ………… 336
山田　花作 ………… 336
山田　毅一 ………… 337
山田　旭南 ………… 337
山田　金次郎 ………… 337
山田　袖香 ………… 337
山田　潤二 ………… 338
山田　風外 ………… 338
山田　道兄 ………… 338
山根　真治郎 ………… 338

山根　文雄 ………… 338
山野　清平 ………… 339
山本　実彦 ………… 339
山本　三朗 ………… 339
山本　実一 ………… 340
山本　慎平 ………… 340
山本　梅史 ………… 340
山本　松之助 ………… 340
山本　露滴 ………… 340

【ゆ】

湯浅　禎夫 ………… 341
結城　礼一郎 ………… 341
行友　李風 ………… 341
弓削田　秋江 ………… 342
弓館　小鰐 ………… 342
由良　浅次郎 ………… 342

【よ】

陽　其二 ………… 342
横井　時雄 ………… 342
横川　省三 ………… 343
横関　愛造 ………… 343
横山　健堂 ………… 343
横山　源之助 ………… 344
横山　四郎右衛門 ………… 344
横山　又吉 ………… 344
与謝野　晶子 ………… 344
吉植　庄亮 ………… 345
吉尾　なつ子 ………… 345
吉岡　信敬 ………… 345
吉川　守圀 ………… 346
吉倉　汪聖 ………… 346
吉田　熹六 ………… 346
吉田　絃二郎 ………… 346
吉田　健三 ………… 347
吉田　東伍 ………… 347
吉田　常夏 ………… 347
吉田　益三 ………… 348
吉野　左衛門 ………… 348
吉野　作造 ………… 348
吉本　次郎兵衛 ………… 349
米村　長太郎 ………… 349

四方田　義茂 ………… 349
与良　ヱ ………… 350
与良　松三郎 ………… 350
万屋　兵四郎 ………… 350

【り】

笠　信太郎 ………… 350
笠々亭　仙果 ………… 351

【わ】

若宮　卯之助 ………… 351
若宮　小太郎 ………… 351
若山　甲蔵 ………… 352
脇　光三 ………… 352
涌島　義博 ………… 352
輪湖　俊午郎 ………… 352
和田　稲積 ………… 353
和田　信夫 ………… 353
渡辺　治 ………… 353
渡辺　修 ………… 353
渡辺　霞亭 ………… 354
渡辺　哲信 ………… 354
渡辺　尚 ………… 354
渡辺　均 ………… 354
渡辺　広治 ………… 355
渡辺　寿彦 ………… 355
渡辺　巳之次郎 ………… 355
渡辺　黙禅 ………… 355
渡辺　良夫 ………… 355

ジャーナリスト人名事典

明治〜戦前編

【あ】

相木 鶴吉
あいき・つるきち

上毛之自由創立者, 労働運動家, ジャーナリスト
[生年月日]不詳
[没年月日]不詳

はじめ自由民権運動に参加するが, のち労働運動に転じる。明治23年自由党員の長坂八郎らとはかり, 群馬県高崎で「上毛之自由」を創刊, 労働問題に関する論説を多数執筆した。30年労働運動家の片山潜を主筆に「労働世界」が発刊されると, その挿絵を担当。31年には日本鉄道矯正会の所属となり, 引き続き労働運動の高揚に努めた。

相島 勘次郎
あいじま・かんじろう

新聞記者, 俳人, 衆院議員(立憲国民党)
[生年月日]慶応3年(1867年)12月19日
[没年月日]昭和10年(1935年)4月4日
[出生地]茨城県筑波郡小田村(つくば市)
[別名等]別号=相島虚吼

明治23年大阪毎日新聞社に入社、日清戦争特派員として旅順などに従軍。その後、1年間米国に留学。帰国後副主幹、顧問などを勤め、のち衆院議員となり、憲政擁護、閥族打破を標榜した。その後、再び大阪毎日に戻り大正11年まで副主幹を務めた。この間、明治41年のロンドンで日本人初めての五輪取材を行った。明治27年正岡子規を知って俳句をはじめ新聞「日本」に投句し、のちに「ホトトギス」に参加。句集として「虚吼句集」(昭和7年)「相島虚吼句集」(昭和11年)がある。

饗庭 篁村
あえば・こうそん

新聞編集者, 小説家, 劇評家
[生年月日]安政2年(1855年)8月15日
[没年月日]大正11年(1922年)6月20日
[出生地]江戸・下谷竜泉寺町(東京都台東区)
[本名]饗庭与三郎 [別名等]別号=龍泉居士, 太阿居士, 竹の屋主人

江戸下谷竜泉寺町の質商の家に生まれる。明治7年文選工として読売新聞社に入社し、9年編集掛となる。この頃から文才を認められ、16年竹の屋主人の号で「初卯みやげ 両国奇文」を刊行し、以後「当世商人気質」「人の噂」「掘出しもの」などを発表。江戸小説の伝承を継承しながら西欧文学を学び、ポーの「黒猫」などの翻訳もした。22年読売新聞社を退社し東京朝日新聞社に入社。給料は読売時代の倍の100円であった。小説、評論、劇評、紀行など明治10年代から30年代にかけて幅広く活躍した。作品集に「むら竹」(全20巻)がある。

青江 秀
あおえ・ひで

あけほの新聞創刊関係者, 北海道庁理事官
[生年月日]天保5年(1834年)1月3日
[没年月日]明治23年(1890年)8月27日
[出生地]阿波国那賀郡西方村(徳島県阿南市)

明治4年大蔵省(紙幣寮)に出仕し、5年に紙幣権大属、6年に太政官紙幣助を歴任。8年あけほの新聞の創刊に関係。のち鹿児島県や内務省などに勤務したのを経て16年海軍省軍務局に入り、海軍歴史編纂掛に任ぜられて修史事業に従事した。19年

北海道庁理事官に就任し、同年に非職となった。

青木 精一
あおき・せいいち

新聞記者，衆院議員（翼賛政治会）
[生年月日]明治16年（1883年）4月
[没年月日]昭和20年（1945年）4月14日
[出生地]群馬県勢多郡新里村　[学歴]正教神学校卒

駿河台の正教神学校でロシア語を学び、日本電報通信社の記者となって日露戦争に従軍。大阪新報社東京支局長、中央新聞政治部長などを務めた。大正13年衆院議員に当選。以降連続7選される。岡田内閣の逓信政務次官、通信省委員等を歴任。また満ソ国境方面視察のため派遣された。20年の空襲で焼死。

青木 正
あおき・ただし

新聞記者，自治庁長官，衆院議員（自民党）
[生年月日]明治31年（1898年）12月
[没年月日]昭和41年（1966年）4月12日
[出生地]東京　[出身地]埼玉県　[別名等]別名＝青木正　[学歴]東京農大〔大正9年〕卒　[家族等]息子＝青木正久（衆院議員）

中外商業新報政治部記者、論説委員、整理部長を経て昭和24年埼玉4区から衆院議員に当選、以来当選7回。第5次吉田茂内閣自治政務次官、衆院公職選挙法改正に関する調査特別委員長、33年第2次岸信介内閣の国務相（国家公安委員長）、34年自治庁長官を兼任した。自民党の選挙制度改正推進懇話会会長として小選挙区制の推進者であった。

青木 貞三
あおき・ていぞう

「信陽日報」創立者，内閣官報局長
[生年月日]安政5年（1858年）
[没年月日]明治22年（1889年）2月6日
[出生地]信濃国松本（長野県松本市）　[旧名]竹内　[学歴]筑摩県師範講習所卒　[家族等]養父＝青木錦村（儒者）

明治8年儒者・青木錦村の養子となる。師範学校卒業後、伊那小学校に赴任。のち上京して東京攻玉社に入り英語を学び、松本万年について漢学も修めた。錦村の遺志を継いで、東京・湯島天神で克己塾を主宰。16年太政官少書紀官を経て、18年内閣官報局長となるが、同年東京米商会所頭取に推されて実業界に転じる。また「商業電報」や「信陽日報」の経営に当たり、甲信鉄道建設にも尽力した。

青木 徹二
あおき・てつじ

新聞経営者，商法学者，弁護士，慶応義塾大学教授
[生年月日]明治7年（1874年）9月9日
[没年月日]昭和5年（1930年）10月12日
[出生地]岐阜県　[学歴]慶応義塾〔明治30年〕卒　法学博士〔明治43年〕

時事新報記者、検察官を経て、明治32〜35年ヨーロッパに留学。帰国後、母校である慶応義塾で商法を講じた。大正9年不敬罪の廃止を唱えて起訴され、禁固4ケ月の判決を受けた。大審院に上告したが、11年棄却され、刑に服した。同年慶応義塾大学教授を辞職。その後、弁護士として活躍した。著書に「商法全書」などがある。

青野 季吉
あおの・すえきち

新聞社勤務，文芸評論家，日本文藝家協会会長
[生年月日]明治23年(1890年)2月24日
[没年月日]昭和36年(1961年)6月23日
[出生地]新潟県佐渡郡沢根町(佐渡市)　[学歴]早稲田大学文科英文科〔大正4年〕卒　[資格]日本芸術院会員〔昭和31年〕　[受賞]読売文学賞〔第1回・文芸評論賞〕〔昭和24年〕「現代文学論」　[家族等]三男＝青野聡(小説家)

高田師範卒業後、小学校教師となり、明治43年早大文科に編入。卒業後読売新聞社に入社し、以後大正日日新聞、国際通信社などに勤務。大正8年ロープシンの「蒼ざめたる馬」を翻訳して出版。以後プロレタリア文学の評論家として活躍し、12年「階級闘争と芸術運動」を発表し、さらに大正13年創刊の「文芸戦線」を基盤として「『調べた』芸術」「自然意識と目的意識」など多くの評論を発表。昭和13年検挙され、14年保釈となる。戦後は日本ペンクラブの再建につとめ、23年副会長に就任、26年には日本文藝家協会会長に就任。評論面でも活躍し、24年「現代文学論」で第1回の読売文学賞を受賞し、31年日本芸術院会員となった。

青柳 綱太郎
あおやぎ・つなたろう

ジャーナリスト，朝鮮史家
[生年月日]明治10年(1877年)
[没年月日]昭和7年(1932年)
[出生地]佐賀県　[別名等]号＝南冥　[学歴]東京専門学校(現・早稲田大学)卒

明治38年韓国財務顧問部財務官を経て、40〜42年韓国宮内府で李朝史編纂に従事。45年朝鮮研究会を主宰、大正6年週刊「京城新聞」を発刊。著書に「朝鮮騒擾史論」「朝鮮統治論」「朝鮮文化史」など。

青柳 有美
あおやぎ・ゆうび

ジャーナリスト，批評家，随筆家
[生年月日]明治6年(1873年)9月27日
[没年月日]昭和20年(1945年)7月10日
[出生地]秋田県秋田市　[本名]青柳猛　[学歴]同志社普通学校卒

同志社卒業後、明治女学校で英文学を教え、明治26年から「女学雑誌」を編集し、36年主幹となる。以後、辛口で軽妙なコラムでエッセイストとしても活躍。大正期に入ってからは「女の世界」を発行し、また実業之世界社で編集にたずさわる。昭和11年には宝塚音楽歌劇学校嘱託となって生徒監兼修身科を担当。主著に「恋愛文学」「有美臭」「有美道」「接吻哲学」「恋愛読本」などがある。

赤川 菊村
あかがわ・きくそん

新聞記者，郷土史家
[生年月日]明治16年(1883年)3月21日
[没年月日]昭和37年(1962年)4月23日
[出生地]秋田県大曲　[本名]赤川源一郎　[学歴]秋田県師範学校卒

新聞人小西伝助の家に奉公しながら学問に勤しみ、秋田県師範学校を卒業ののち教員となる。明治37年教職を辞し、小西の招きで「仙北新聞」の記者に転じた。42年に上京して「やまと新聞」に入社、次いで「都新聞」に移り、明治天皇死去後の乃木希典の殉死をスクープ。その後、「国民新聞」「東京日日新聞」「夕刊茨城」などを転々とし、昭和3年に帰郷。以後は郷土史の研究を進め、仙北郡萩沢に残る記録をまとめ、柳田国男の序を附して「萩

沢歳時記」として刊行した。15年「秋田魁新報」に入社。戦後は秋田県の文化史の編集に専念した。編著は他に、「飛行詩人佐藤章」「創業五十年」「桜田門」などがある。

赤木 格堂
あかぎ・かくどう

山陽新報主筆, 俳人, 歌人, 衆院議員
[生年月日] 明治12年（1879年）7月27日
[没年月日] 昭和23年（1948年）12月1日
[出生地] 岡山県児島郡小串村（岡山市） [本名] 赤木亀一（あかぎ・かめいち） [学歴] 早稲田大学英語学科〔明治35年〕卒

早くから正岡子規を知り、明治31年頃から新聞「日本」の俳句欄で活躍し、新進俳人として注目される一方、歌人としても認められた。子規没後はパリに留学し、植民政策を専攻。帰国後「九州日報」「山陽新報」などの主筆をつとめ、また政界でも活躍し、大正6年衆院議員に当選、1期つとめた。

赤羽 一
あかば・はじめ

新聞記者, 社会主義者
[生年月日] 明治8年（1875年）4月5日
[没年月日] 明治45年（1912年）3月1日
[出生地] 長野県東筑摩郡広丘村郷原（塩尻市）
[別名等] 筆名＝赤羽巌穴 [学歴] 東京法学院（現・中央大学）〔明治30年〕中退

東京法学院中退後、「神戸新聞」「革新」「警世」の記者を務める。明治35年田中正造の入獄をみて日本に失望し、「嗚呼祖国」を刊行して渡米、サンフランシスコ日本人社会主義協会の会員となる。38年帰国し、以後社会主義運動の理論家として活躍。40年創刊の「平民新聞」では記者となって、運動の統一性をはかった。43年労働者の立場から農民大衆との提携の必要性を説いた「農民の福音」を刊行して朝憲紊乱罪に問われ投獄され、獄中で病死した。

赤羽 萬次郎
あかばね・まんじろう

新聞記者, 北國新聞創立者
[生年月日] 文久1年（1861年）
[没年月日] 明治31年（1898年）9月
[出生地] 信濃国松本（長野県松本市） [旧名] 川口 [別名等] 号＝痩鶴

信濃日報編集長を経て、明治14年東京横浜毎日新聞記者となる。改進党に入り、20年信濃毎日新聞、21年北陸新報主宰。26年同紙が自由党系に転向すると退社し、同年改進党系の人々らと北國新聞を創刊、主筆兼社主として活躍した。

赤松 克麿
あかまつ・かつまろ

新聞記者, 社会運動家, 衆院議員, 社会民衆党書記長
[生年月日] 明治27年（1894年）12月4日
[没年月日] 昭和30年（1955年）12月13日
[出生地] 山口県徳山市 [学歴] 東京帝大法学部政治学科〔大正8年〕卒 [家族等] 妻＝赤松明子（婦人運動家），妹＝赤松常子（政治家），祖父＝赤松連城（西本願寺執行長），岳父＝吉野作造

大正7年宮崎龍介らと東大新人会を組織、社会主義の研究を目的とする学生運動の母体を作った。8年東洋経済新報記者を経て労働総同盟に入り、調査、出版各部長。11年日本共産党入党、12年の一斉検挙で脱党。15年社会民衆党の創立に参加、昭和5年書記長。7年には日本国家社会党を創立。12年日本革新党を結成。同年5月北

海道3区から衆院議員に当選。15年大政翼賛会企画局制度部長。戦後、公職追放。婦人運動家の妻明子は吉野作造の長女。著書に「日本労働運動発達史」「日本社会運動史」など。

秋笹 政之輔
あきささ・まさのすけ

赤旗編集長、社会運動家
[生年月日]明治36年（1903年）1月16日
[没年月日]昭和18年（1943年）7月15日
[出生地]埼玉県北足立郡田間宮村（鴻巣市）
[本名]秋笹正之輔　[学歴]早稲田大学中退

早稲田高等学院時代から学生運動に参加し、早大時代は軍事教練反対・大山教授追放反対などで闘い退学処分。大正15年京都学連事件で検挙。昭和2年産業労働調査所に入って労働農民党に入るが、3年共産党に入党し、4年の4.16事件で検挙され、懲役5年に処せられる。保釈中、地下に潜り、8年「赤旗」編集長となる。9年共産党スパイ査問事件で検挙され、懲役7年に処せられるが、獄中で病気となり執行停止後間もなく死去した。

秋月 左都夫
あきずき・さつお

読売新聞社長、外交官、駐オーストリア大使
[生年月日]安政5年（1858年）1月26日
[没年月日]昭和20年（1945年）6月25日
[学歴]司法省法学校〔明治17年〕卒　[家族等]父＝秋月種節（日向高鍋藩家老）、弟＝鈴木馬左也（住友総本店総理事）

日向高鍋藩家老・秋月種節の三男。明治17年司法省に入省。18年外務省の官費留学生としてベルギーへ渡り、同省に転じた。そこで読売新聞社主本野一郎と知り合う。37年駐スウェーデン公使兼駐ノルウェー公使、42年駐オーストリア大使。大正3年退官。4年宮内省御用掛、6年読売新聞社社長。このとき本野一郎は社名「日就社」を新聞の題号と同じ「読売新聞社」と改めた。秋月は編集顧問の肩書きで外交政治評論を手掛け実質的な主筆の役割を果たした。8年第一次大戦のパリ講和会議に全権団顧問として出席した。10年京城日報社社長。

秋田 清
あきた・きよし

新聞記者、弁護士、衆院議長、厚相、拓務相
[生年月日]明治14年（1881年）8月29日
[没年月日]昭和19年（1944年）12月3日
[出生地]徳島県　[学歴]東京法学院、日本法律学校〔明治34年〕卒　[家族等]長男＝秋田大助（衆院議員）、三男＝秋田兼三（日本長期信用銀行副頭取）

日本法律学校などで法律を学び司法省判事に任官したが、「二六新報」の記者に転じ、明治44年社長となった。45年以来衆院議員当選10回。国民党、革新倶楽部から政友会に合流、昭和2年田中義一内閣の逓信、内務各政務次官、7年衆院議長。その後政友会を脱党、岡田啓介内閣の審議会委員、12年第一次近衛文麿内閣の内閣参議、14年阿部信行内閣の厚相、15年第二次近衛内閣の拓務相。翼賛会顧問、翼賛政治会顧問を務めた。

秋山 定輔
あきやま・ていすけ

二六新報創立者、衆院議員（無所属）
[生年月日]慶応4年（1868年）7月7日
[没年月日]昭和25年（1950年）1月19日
[出生地]備中国倉敷（岡山県）　[学歴]東京帝大法科大学法律科〔明治23年〕卒

明治23年会計検査院に入るが、26年「二六新報」を創刊し、その編集に当る。28年病臥のため休刊したが、33年再刊。三井攻撃、労働者懇親会、娼妓自由廃業支援などの運動で発禁処分などを受けるが、桂内閣打倒を目標に言論活動を展開した。その間、35年衆院議員に選出された。37年「東京二六新聞」と改題したが、44年桂との妥協で世評を悪くし、自ら後退した。桜田倶楽部を主宰し中国革命を資金面より支援。以後、組閣工作など政界の黒幕として活躍した。

芥川 光蔵
あくたがわ・こうぞう

映画監督，記録映画作家
[生年月日]明治17年（1884年）
[没年月日]昭和16年（1941年）7月16日
[出生地]愛媛県今治市　[学歴]同志社大学英文科卒

満州に渡り、満鉄、満州日日新聞社、満鉄鉄道部営業課などを経て、昭和3年大連の満鉄映画製作所に入り、所長として映画製作を始めた。第一作「満州を拓く者」など、満州事変から満州建国への時事記録や鉄道建設記録を撮る。一方、10年から15年にかけモンゴルのラマ祭り「ガンジェール」、「草原バルガ」「アルグンのカザック」「秘境熱河」「娘々廟会」と、農民の民俗行事や風物を詩情豊かに描いた。のち満州映画協会（満映）設立により、同啓民映画部に配属。16年新疆で没した。ノモンハン事件後の17年「満蘇国境確定」という時局映画が最後の作品となった。

芥川 龍之介
あくたがわ・りゅうのすけ

小説家
[生年月日]明治25年（1892年）3月1日
[没年月日]昭和2年（1927年）7月24日
[出生地]東京市京橋区入船町（東京都中央区）
[別名等]別号＝柳川隆之介、澄江堂主人、寿陵余子、俳号＝我鬼　[学歴]東京府立三中（現・両国高）卒、一高文科卒、東京帝国大学文科大学英文科〔大正5年〕卒　[家族等]長男＝芥川比呂志（俳優・演出家）、二男＝芥川多加志、三男＝芥川也寸志（作曲家）、孫＝芥川袖実子（アクセサリーデザイナー）

牛乳業を営む新原家の長男として生まれたが、生後間もなく実母の病のため母の実家である芥川家に引き取られ、明治37年正式に伯父の養子となった。芥川家は幕府の奥坊主の家柄で、養母は幕末の通人・細木香以の姪に当たる。東京府立三中から一高文科に進み、同級に菊池寛、久米正雄、松岡譲、土屋文明、恒藤恭らがいた。早くから文学に親しみ、大正2年東京帝国大学文科大学英文科に入学、3年菊池や久米らと第三次「新思潮」を刊行。柳川隆之介の筆名でアナトール・フランスやイエーツの翻訳、処女小説「老年」などを発表。4年夏目漱石の知遇を得、5年第四次「新思潮」創刊号に発表した「鼻」が漱石に激賞された。5年大学を卒業すると、海軍機関学校の英語教官となって鎌倉に移るが、8年大阪毎日新聞社の社員となり創作に専念。この間、「芋粥」「手巾」などで注目され、作家としての地位を確立。6年第一短編集「羅生門」を出版。初期は「鼻」「芋粥」「羅生門」や「偸盗」「地獄変」など中世の説話集に題材をとった作品が多く、児童文学雑誌「赤い鳥」に発表した童話「蜘蛛の糸」「杜子春」もよく知られている。短編小説に優れ、晩年には「保吉の手帳から」にはじまる"保吉もの"などで新しい作風にも取り組んだが、やがて"将来に対する唯ぼんやりした不安"に捕らえられ、昭和2年致死量

の睡眠薬を飲んで自殺した。その死は知識人に強い衝撃を与えた。他の代表作に小説「奉教人の死」「戯作三昧」「枯野抄」「トロッコ」「舞踏会」や警句集「侏儒の言葉」などがあり、最晩年の代表作「河童」にちなんで命日は"河童忌"と名付けられた。昭和10年文藝春秋社社長であった菊池により、新人作家を対象とした芥川賞が設けられ、今日最も有名な文学賞として定着した。

明比 甫
あけび・はじめ

京都日日新聞社長
[生年月日]不詳
[没年月日]昭和41年(1966年)1月27日

昭和21年、取締役社長として京都日日新聞、昭和27年には北部日日新聞を発刊。後、山陰日日新聞創刊にも参画。

阿子島 俊治
あこしま・しゅんじ

新聞記者、衆院議員(日本進歩党)
[生年月日]明治35年(1902年)6月
[没年月日]昭和29年(1954年)4月30日
[出生地]宮城県刈田郡白石町 [学歴]早稲田大学政経学部政治学科〔昭和2年〕卒

国民新聞社に入り政治部記者、政治部次長、論説委員を務めた。昭和17年4月衆院議員に当選。翼賛政治会、日本進歩党に所属。また大政翼賛会政策局嘱託、東亜連盟協会常任委員、内閣委員、大政翼賛会調査局第3部副部長などを務めた。著書に「藤沢幾之輔」。

浅井 茂猪
あざい・しげい

土陽新聞社長, 衆議院議員(翼賛議員同盟)
[生年月日]明治22年(1889年)1月4日
[没年月日]昭和31年(1956年)5月22日
[出身地]高知県 [旧名]山本 [学歴]高知一中(旧制)〔明治43年〕卒, 早稲田大学専門部政治経済科〔大正6年〕卒

土陽新聞記者となり、従軍記者としてシベリアに派遣。高知市議、昭和6年高知県議、8年副議長を経て、12年衆院議員に当選、1期。13年土陽新聞社長。

浅井 良任
あざい・よしとう

大阪毎日新聞編集局長, 新聞経営者, スポーツニッポン新聞東京本社社長, 毎日新聞常務取締役
[生年月日]明治34年(1901年)11月8日
[没年月日]昭和40年(1965年)4月2日
[出生地]大阪府泉北郡高石町南 [学歴]東京帝国大学法学部〔昭和4年〕卒

昭和6年大阪毎日新聞社に入り、社会部、大阪本社事業部、社会部各部長、編集局長を経て28年取締役、35年常務取締役となった。31年客員となり、スポーツニッポン新聞東京本社社長となる。

麻田 駒之助
あさだ・こまのすけ

出版人, 中央公論社創業者, 西本願寺(浄土真宗西本願寺派)参与
[生年月日]明治2年(1869年)10月14日
[没年月日]昭和23年(1948年)11月24日
[出生地]京都府京都市 [別名等]俳号=麻田椎花 [学歴]京都府立中卒

室町時代から代々西本願寺の寺侍を務める家に生まれる。京都府立中学を卒業後、

浄土真宗が経営する彦根の金亀教校の教師となり、校内の風紀が乱れているので粛正を訴えたところ、かえって煙たがられて職を追われたが、その人格を見込まれて本願寺の門主・大谷家に推薦され、22世門主となる大谷光瑞とその弟妹たち（大谷光由、大谷光明、九条武子）の教育係となった。明治28年光瑞から西本願寺主宰の雑誌「反省雑誌」の庶務係を命じられ、29年同誌の発行所が東京に移転した後も引き続きその任に当たった。当初、同誌は禁酒運動の機関誌であり、また西本願寺主宰のため仏教精神に基づいた一般評論雑誌のような位置付けにあったが、32年高楠順次郎、杉村楚人冠の勧めで「中央公論」に改称して文芸欄を創設するなど総合雑誌に転換。37年には同誌を出版する反省社の社長に就任し、編集と庶務の一切を取り仕切った。さらに同年入社した滝田樗陰の献策によって創作欄を拡充し、夏目漱石、森鷗外、谷崎潤一郎、永井荷風らの作品を掲載。45年滝田が主幹となってからは明治末期の自然主義文学の興隆を先取りし、徳田秋声、田山花袋、正宗白鳥らを擁して急速に売上げを伸ばし、文壇での権威を高めた。大正元年西本願寺から独立して社が麻田個人の所有となり、3年社名を中央公論社に改称。また、大正期に入ってからは吉野作造の論文を多数掲載し、大正デモクラシーの鼓吹に寄与した。5年嶋中雄作を主幹に「婦人公論」を創刊。9～11年東京雑誌協会幹事長を兼務。14年滝田が病気のため退社すると、雑誌は精彩を欠くようになり、たびたび経営不振に陥ったため、昭和3年社長職を嶋中に譲り退任した。以後は西本願寺から本山勘定（他宗の檀家総代に相当）を委嘱されて門主の側近となり、築地本願寺の建設などに奔走。戦時中は福島県須賀川に疎開し、戦後もそこに留まったが、23年所用で東京に出たときに肺炎に罹り、間もなく没した。高浜虚子門下で俳句をよくし、茶道、謡曲、書道なども嗜んだ。

浅野 順平
あさの・じゅんぺい

北陸新聞社長、衆院議員（憲政会）
[生年月日]安政2年（1855年）12月
[没年月日]大正14年（1925年）9月23日
[出身地]石川県

和漢学を修めた。石川県議、同常置委員、第四高等学校設置に関し、北陸四県連合会議員となった。明治23年衆院議員に当選。以来9選。明治40年、政教新聞社長に就任すると「北陸新聞」と改題し、宗教色をぬぐい去り普通の新聞に塗り替えた。

朝比奈 知泉
あさひな・ちせん

新聞記者、東京日日新聞主筆
[生年月日]文久2年（1862年）4月25日
[没年月日]昭和14年（1939年）5月22日
[出生地]茨城県水戸市　[別名等]号＝珂水懶魚、珂南、禄堂　[学歴]茨城師範〔明治12年〕卒

早くから「郵便報知新聞」に投稿し、明治21年東大を中退して、創刊された「東京新報」主筆となり、山県有朋、伊藤博文、伊東巳代治、末松謙澄などの知遇を得る。22年、憲法発布の日に伊東巳代治（枢密院秘書官）より皇室典範を手に入れ素っ破抜き「朝野新聞」他有力紙を驚かした。24年「東京日日新聞」主筆を兼務し、25年両紙を合併して「東京日日」と紙名を変え、その主筆となる。28～29年、34～35年と2度にわたって外遊し、36年退社。その間、多くの論文を発表し、退社

後は「やまと新聞」などに論を発表した。著書に「老記者の思ひ出」や「朝比奈知泉文集」がある。

東 武
あずま・たけし

北海タイムス社長、衆院議員（政友会）
[生年月日]明治2年（1869年）4月27日
[没年月日]昭和14年（1939年）9月3日
[出生地]大和国（奈良県吉野郡十津川村）　[学歴]東京法学院（現・中央大学）〔明治23年〕卒

明治22年奈良十津川郷に大水害が発生、23年郷民3000人余を率いて北海道に渡り、新十津川村、深川村を開拓した。31年北海道の大水害でも農民救済に活躍。その際に政治結社と言論機関の必要性を痛感し、北海道初めての地方政党「北海道同志倶楽部」を結党。その機関誌として32年北海時事を発行、34年北海道毎日、北門新報と合併、北海タイムス社を設立、理事、社長となった。また、同年より北海道議に2選。41年衆院議員に当選、当選10回。

東 忠続
あずま・ただつぐ

新聞記者、労働運動家
[生年月日]明治29年（1896年）6月9日
[没年月日]昭和25年（1950年）3月24日
[出生地]奈良県吉野郡十津川村　[学歴]同志社大学〔大正9年〕卒

同志社大学在学中に友愛会の普選運動に参加し、また労働運動における青年組織の中心をなした。大正10年藤永田造船所の争議で検挙され、出獄後は尼崎合同労働組合組合長となる。13年大阪毎日新聞の記者となり、運動から離れた。

麻生 路郎
あそう・じろう

新聞記者、川柳作家
[生年月日]明治21年（1888年）7月10日
[没年月日]昭和40年（1965年）7月7日
[出生地]広島県尾道市　[本名]麻生幸二郎　[別名等]別号＝不朽洞、不死鳥、江戸堀幸兵衛、柳一郎　[学歴]大阪高等商業学校〔明治43年〕卒　[受賞]大阪府文化賞〔昭和22年〕

文筆を好み、明治37年春から川柳の道に入った。大正日日経済部長、大阪毎日新聞神戸支局員を経て大正13年「川柳雑誌」を設立、主宰。

麻生 久
あそう・ひさし

労働運動家、衆院議員、社会大衆党書記長
[生年月日]明治24年（1891年）5月24日
[没年月日]昭和15年（1940年）9月6日
[出生地]大分県玖珠郡東飯田村　[別名等]筆名＝麻山改介　[学歴]東京帝大仏法科〔大正6年〕卒　[家族等]長男＝麻生良方（政治家）

東京帝大在学中、新人会を結成して指導者の一人となる。大正6年卒業後、東京日日新聞記者ののち、8年友愛会本部に入り、鉱山部長となり、9年全日本鉱夫連合を創立、鉱山ストを指導して入獄。15年河野密らと日本農民組合を結成、委員長となり、以後日本大衆党、全国大衆党、全国労農大衆党の指導者として活躍。昭和7年社会大衆党発足で書記長に就任、実権を掌握。11年衆院議員に当選、当選2回。15年近衛文麿の知遇で新体制準備委員となるが、同年急死した。著書に「濁流に泳ぐ」「無産政党の話」「黎明」「父よ悲しむ勿れ」などがある。

麻生 豊
あそう・ゆたか

漫画家
[生年月日]明治31年（1898年）8月9日
[没年月日]昭和36年（1961年）9月12日
[出生地]大分県　[学歴]工手学校機械科中退

大正4年上京、工手学校に入ったが、病気のため帰郷。時事新報の漫画欄に投稿、北沢楽天に認められて再び上京。11年報知新聞の漫画記者となり、13年から「ノンキナトウサン」を連載、4コマの家庭漫画で、第1次世界大戦後の激動の時代に適合できないノンキナトウサンの滑稽さが大人気を呼んだ。昭和に入って読売新聞に移り、7年には朝日新聞の専属となって「只野凡児」を連載、不景気な時代のインテリ失業者を描いて再び人気を得た。晩年は連作「銀座復興絵巻」に力を注いだ。他に「むすこの時代」などがある。大分県宇佐市に遺品を収めた麻生豊資料館がある。

安達 謙蔵
あだち・けんぞう

新聞記者，内相，逓信相，衆院議員
[生年月日]元治1年（1864年）10月23日
[没年月日]昭和23年（1948年）8月2日
[出生地]肥後国熊本（熊本県熊本市）　[別名等]号＝安達漢城　[学歴]済々黌

九州日日新聞記者として日清戦争に従事した後、朝鮮で「朝鮮時報」「漢城新報」を創刊、社長。明治28年李朝の閔妃事件に連座、入獄。出所後、済々黌創立者で代議士の佐々友房の熊本国権党に参加、35年以来、衆院議員当選14回。帝国党、大同倶楽部、中央倶楽部を経て、大正2年立憲同志会結成とともに総務。3年第2次大隈内閣で新設の外務参政官。4年の総選挙では選挙参謀として大勝、選挙の神様といわれた。同年外務政務次官、12年憲政会創立で総務。14年加藤内閣の逓相、次の若槻内閣でも留任。昭和2年民政党結成に働き、4年浜口内閣の内相。5年の総選挙でも圧勝。7年民政党を脱党、国民同盟を設立、総裁となった。10年岡田内閣の内閣審議会委員、15年国民同盟解散、大政翼賛会顧問。17年第2次近衛内閣の参議を最後に政界を引退。横浜に八聖殿、熊本に三賢堂を建て詩吟の普及に努めた。

安達 憲忠
あだち・けんちゅう

新聞記者，社会事業家
[生年月日]安政4年（1857年）8月4日
[没年月日]昭和5年（1930年）12月2日
[出生地]備前国磐梨郡佐古村（岡山県赤磐市）
[別名等]幼名＝林吉　[学歴]池田学校卒

9歳で僧籍に入ったが、池田学校卒後「山陽新聞」記者となった。25歳で自由党に入り民権運動に参加。明治20年東京府属となり、24年渋沢栄一の推薦で東京市養育院幹事に就任、福島新聞記者時代に知った瓜生岩を幼童世話係長に招いた。同院改革を手がけ、里親制度を開拓、感化部を設け、38年井之頭学校として分離、結核患者を板橋分院に分離。また杉山鍼按学校を設立、本願寺無料宿泊所を援助するなど、社会事業の実践に大きな足跡を残した。大正8年辞職、のち自由労働者宿泊所を設立した。著書に「貧か富か」「窮児悪化の状態」などがある。

足立 北鷗
あだち・ほくおう

新聞人，読売新聞主筆
[生年月日]明治2年（1869年）

[没年月日]昭和20年（1945年）
[出生地]山口県岩国　[本名]足立荒人　[学歴]広島師範卒

明治29年から読売新聞に関係し、本野一郎と共にロシア、ベルギーを歩きパリ博覧会の記事を寄せた。34年に帰国。36年から39年まで読売新聞主筆として活躍した。足立主筆時代、読売新聞は報道よりも文学、教育、美術、趣味、家庭に傾斜していった。日露戦争では強硬派としての論陣をはる。40年から43年まで、再度主筆をつとめる。37年徳田秋声との共訳で、プーシキンの「露国軍事小説 士官の娘」を刊行した。

安部 磯雄
あべ・いそお

編集者、キリスト教社会主義者、社会運動家、教育者、衆院議員、社会大衆党委員長、早稲田大学教授・野球部初代部長
[生年月日]元治2年（1865年）2月4日
[没年月日]昭和24年（1949年）2月10日
[出生地]筑前国（福岡県）　[旧名]岡本　[学歴]同志社〔明治17年〕卒、ハートフォード神学校〔明治27年〕卒　[家族等]長男＝安部民雄（早稲田大学名誉教授・元テニス選手）、娘＝赤木静（元自由学園教師）

明治12年同志社に入り、新島襄に触れ社会問題に関心を抱く。24～27年米国のハートフォード神学校に学び、のちベルリン大学を経て、28年帰国。31年幸徳秋水らと社会主義研究会を結成、33年社会主義協会に発展改称し、会長に就任。同時に、ユニテリアン派の機関雑誌「六合雑誌」の編集長も務め、社会主義理論を説いた。34年幸徳・片山潜らと日本初の社会主義政党・社会民主党を結成、即日禁止。36年、週刊「平民新聞」の相談役、38年、石川三四郎、木下尚江と共に「新紀元」を

発行した。この間、一時「二六新聞」に在籍。大逆事件後、社会運動から遠ざかるが、大正13年日本フェビアン協会を設立、15年社会民衆党結成に導き、委員長となる。この間、明治32年～昭和2年早大教授。3年第1回普通選挙で東京2区から衆院議員に当選。7年には社会大衆党委員長に就任。15年斎藤隆夫懲罰問題で同党を離党。戦後は日本社会党の結成を呼びかけ、その顧問となった。また早大野球部の初代部長（明治35～昭和11年）でもあり、34年には最初の野球殿堂入りの一人となり、"学生野球の父"と呼ばれた。

阿部 宇之八
あべ・うのはち

新聞記者、ジャーナリスト、「北海タイムス」創立者
[生年月日]文久1年（1861年）2月28日
[没年月日]大正13年（1924年）11月14日
[出生地]阿波国板野郡長江新田（徳島県鳴門市）　[旧名]滝本　[学歴]慶応義塾卒

明治5年「大阪新報」に入社、以後「大阪毎朝新聞」「郵便報知新聞」などの記者で活躍。20年札幌の「北海新聞」主幹となった。21年「北海道毎日新聞」と改称、34年数紙を吸収合併して「北海タイムス」を創刊、理事に就任した。同年立憲政友会札幌支部を設立、大正2年には札幌区長となる。また北海道帝国大学の設立にも尽力した。

阿部 克巳
あべ・かつみ

福島民友新聞社長
[生年月日]不詳
[没年月日]昭和26年（1951年）5月30日

昭和21年、田子健吉が復刊した「福島民

友新聞」の社長に就任し新興紙の困難な経営に努力した。

安倍 喜平
あべ・きへい

淡路新聞創立者，教育家，実業家
[生年月日]天保12年(1841年)7月
[没年月日]大正4年(1915年)2月10日
[出生地]淡路国三原郡湊村(兵庫県南あわじ市) [旧名]浜西 [別名等]幼名＝岸之助，号＝禾葉，瑞穂

淡路湊村の浜西家に生まれ，治郎作に養われて安倍氏を嗣いだ。幼名を岸之助，瑞穂と称し，別に禾葉と号した。幼くして和漢学を林滄浪・中田南洋・松野真維に，算数を福田理軒に，皇学を大国隆正に学ぶ。慶応2年(1866年)郷里・淡路で家塾・積小軒を開き，大正3年まで青年子弟の訓育に当たる。この間，明治維新後の10年には「淡路新聞」を創刊，これは後日の東京報知新聞生誕の遠因を成す。また洲本港と洲本川の改修，大阪航路の開発，紡績会社の創設，教育の刷新などに尽力，生涯を通じて人材育成，思想善導，文化開発，交通通信の改善，殖産興業の助長など，大いに社会に貢献した。一方，太陽時計台，伸縮儀(測量機)，積小儀(歩数自計器)など多くの発明品と，「国語学目標」「祝詞考」「淡路古今紀聞」など多数の著書を残した。

阿部 真之助
あべ・しんのすけ

新聞人，政治評論家，NHK会長
[生年月日]明治17年(1884年)3月29日
[没年月日]昭和39年(1964年)7月9日
[出生地]埼玉県熊谷市 [学歴]東京帝国大学文科大学社会学科〔明治41年〕卒 [受賞]文藝春秋読者賞(第5回)〔昭和28年〕「現代政治家論」，菊池寛賞(第3回)〔昭和30年〕，新聞文化賞〔昭和31年〕

富岡中学校，二高出身。東京帝大卒業後，満州日日新聞を経て東京日日新聞に入社し主筆代行を務める。大正3年大阪毎日に転じ，昭和4年東京日日に戻る。その間，社会部長，政治部長，学芸部長をつとめ，主筆，取締役を経て昭和19年退職。戦後は政治評論家として活躍し，明治大教授，中教出版社長，NHK経営委員長など歴任。28年に日本エッセイストクラブを創立して会長になると共に，35年NHK会長に就任して執筆活動を絶つ。この間，菊池寛賞，新聞文化賞を受賞した。著書に「新人物論」「近代政治家評伝」「恐妻一代男」，「文藝春秋」読者賞受賞の「現代政治家論」などがある。

安倍 季雄
あべ・すえお

時事新報編集主幹，児童文学者，口演童話家，全国童話人協会委員長
[生年月日]明治13年(1880年)9月7日
[没年月日]昭和37年(1962年)12月19日
[出生地]山形県 [別名等]号＝村羊

明治41年時事新報社に入社し，「少年」「少女」の編集主幹となる。昭和4年退社し，東京中央放送局コドモ・テキスト編集顧問となり，そのかたわら口演童話の開拓につとめ，大阪毎日新聞嘱託講師として全国各地に講演旅行する。27年全国童話人協会を設立し，後に委員長となる。著書に「話のコツ」「愛のふるさと」「式辞挨拶座談のコツ」などがある。

阿部 充家
あべ・みついえ

国民新聞副社長

[生年月日]文久2年(1862年)
[没年月日]昭和11年(1936年)1月2日
[出生地]肥後国(熊本県)

同志社に学び、明治11年熊本新聞社長。24年民友社に入って国民新聞記者となり、編集局長を2回務めた。44年国民新聞社副社長。大正4～7年京城日報社社長。昭和4年国民新聞社を退社した。

天田　愚庵
あまだ・ぐあん

新聞記者，歌人，僧侶
[生年月日]安政1年(1854年)7月20日
[没年月日]明治37年(1904年)1月17日
[出生地]陸奥国平(福島県いわき市)　[本名]天田五郎　[別名等]幼名=久五郎，別名=天田鉄眼　[家族等]養父=清水次郎長

磐城平藩士の子として生まれる。戊辰戦争では15歳で平城に籠城するが、この戦乱で父母と妹の行方がわからなくなり、以来、家族を探すべく約20年に渡る流浪の生活を送った。その間、明治7年台湾征討に従軍。次いで西南戦争への参加や岩倉具視暗殺計画を企てるなど政治活動に奔走した。13年師事していた剣客・政治家の山岡鉄舟や日本画家・五姓田芳柳の勧めで江崎礼二に弟子入りし写真師となるが、間もなく廃業。14年鉄舟の紹介で侠客・清水次郎長の養子となり、17年の博徒狩りで次郎長が逮捕されると、その助命嘆願書代わりとして現在の次郎長伝の元となる「東海遊侠伝」を刊行した。その後、次郎長との養子縁組を解消し、「大阪内外新報」で記者・幹事などを務めるが、20年京都・林丘寺の由利滴水禅師の下で剃髪し出家。25年から愚庵を名乗り、京都・清水坂(のち伏見桃山に移る)に草庵を構えて維新の内乱で没した人々の菩提を弔った。37年に亡くなったが、生涯捜し求めた家族とはついに再会することは出来なかった。また落合直亮らに学んで漢詩や和歌を嗜み、万葉調を取り入れた真率の情にあふれる歌風は正岡子規らに大きな影響を与えた。歌集に五十首の「吉野」、その他の著書に「巡礼日記」などがあり、没後「愚庵全集」が編まれた。

天野　為之
あまの・ためゆき

「東洋経済新報」主宰，経済学者，教育家，早稲田大学教授，早稲田実業学校校長，衆院議員
[生年月日]万延1年(1860年)12月27日
[没年月日]昭和13年(1938年)3月26日
[出生地]江戸深川(東京都江東区)　[出身地]肥前国唐津(佐賀県唐津市)　[学歴]東京大学文学部政治理財科〔明治15年〕卒　法学博士〔明治32年〕

明治元年肥前唐津藩医だった父と死別して帰郷するが、8年上京して開成学校に入学。東大在学中から小野梓、高田早苗らと大隈重信を助けて15年立憲改進党結成や東京専門学校(現・早稲田大学)創設に尽力。改進党機関誌「内外政党事情」を発行。以後早大教授、同商科科長、35年より早稲田実業学校校長などを歴任。その間23年佐賀から衆院議員に当選するが、25年落選。22～23年独力で「日本理財雑誌」を発行した他、29年町田忠治らと「東洋経済新報」を創刊、30～40年主宰した。また東京商業会議所特別議員も務めた。経済学をフェノロサに学び、J.S.ミルの研究、紹介に尽力、福沢諭吉、田口卯吉とともに明治初期の3大経済学者の一人に数えられた。著書に「経済学原論」「経済学綱要」「経済策論」、訳書にミル「高等経済原論」がある。

綾川 武治
あやかわ・たけじ

帝国新報社長，国家主義運動家，弁護士，衆院議員（昭和期）
[生年月日]明治24年（1891年）4月23日
[没年月日]昭和41年（1966年）12月7日
[出生地]埼玉県　[学歴]東京帝国大学哲学科〔大正5年〕卒，東京帝国大学英法科〔大正9年〕卒

東京帝大在学中から憲法学者の上杉慎吉らと国家主義運動を行う。卒業後、満鉄に入社、東亜経済調査局員。北一輝、大川周明らを中心とした猶存社に参加する他、大正14年大川の行地社創立に参画、昭和2年には天野辰夫と興国同志会を結成するなど、一貫して国家主義運動に携わる。この間、大正14年日本新聞編集局長、昭和8年帝国新報社長、大陸国策研究所長などを歴任。11年衆院議員に当選、1期務める。14年の日独伊三国同盟締結運動にも積極的に参加。戦後も右翼団体結成などに関与した。著書に「満州事変の世界史的意義」がある。

新井 章吾
あらい・しょうご

栃木新聞創立者，衆院議員（政友会）
[生年月日]安政3年（1856年）2月12日
[没年月日]明治39年（1906年）10月16日
[出生地]下野国都賀郡吹上村（栃木県栃木市）

明治14年「栃木新聞」創刊、自治政談社を組織。18年栃木県会議員となったが、上京して自由民権運動に参加、大井憲太郎らの大阪事件に連座、投獄された。22年大赦出獄、23年の第1回衆院選以来、栃木県から議員当選7回。その間拓務省北部局長を務めた。

荒井 泰治
あらい・たいじ

新聞記者，実業家，台湾商工銀行頭取，貴院議員（多額納税）
[生年月日]文久1年（1861年）5月16日
[没年月日]昭和2年（1927年）3月3日
[出生地]陸奥国仙台（宮城県仙台市）　[別名等]幼名＝泰輔　[学歴]宮城中卒，仏学塾卒

明治13年上京して中江兆民の塾に学ぶ。14年東京横浜毎日新聞社の編集部記者、ついで嚶鳴社に入り改進党本部書記長を務め、18年大阪新報社編集長に転じる。のち日本銀行総裁秘書を経て、23年鐘淵紡績支配人、27年東京商品取引所常務理事、30年富士紡績の支配人を歴任。33年サミュエル商会台北支店長として台湾に渡る。のち台湾商工銀行頭取に就任。台湾肥料社長などを務める。44年〜大正7年貴院議員（多額納税）。また仙台商業会議所特別議員を務めた。

荒川 重秀
あらかわ・しげひで

新聞人，演劇人
[生年月日]安政6年（1859年）
[没年月日]昭和6年（1931年）7月1日
[出生地]蝦夷（北海道札幌市）　[学歴]札幌農学校（現・北海道大学）〔明治13年〕卒

明治13年札幌農学校（現・北海道大学）を第1期生として首席で卒業。開拓使御用掛を経て、米国のミシガン大学、カンバラント大学に留学。帰国後は早稲田専門学校講師、明治24年、根室新聞主筆になると「北海道新聞」と改題。東京商船学校教授などを務めながら演劇活動を続けた。40年東京で歌舞伎俳優の沢村宗之助らと洋劇研究会を作って、「ジュリアス・シーザー」を上演。43年新派の川上音二

郎、貞奴一座の公演に沢村とともに役者として参加。川上没後は座長となり各地を巡演。北海道演劇人の草分けとして知られる。晩年は京都帝国大学で法学を修め、各地で講演しながら社会教育活動を行った。

荒川 甚吾
あらかわ・じんご

新聞記者、労働運動家、日農石川県連会長
[生年月日]明治30年（1897年）8月10日
[没年月日]昭和28年（1953年）8月16日
[出生地]石川県能美郡御幸村日末（小松市）

日大時代から労働運動に参加し、卒業後東京毎夕新聞記者となる。のち日本新聞通信の編集長を経て小樽に行き、昭和4年北海道労働総同盟会長に就任。全労に参加し、7年新日本国民同盟顧問となるが、その後帰郷し白山製薬に勤務。戦後社会党に入り石川県で活躍。

安藤 覚
あんどう・かく

新聞記者、僧侶、衆院議員（自民党）、安竜寺（曹洞宗）住職
[生年月日]明治32年（1899年）6月
[没年月日]昭和42年（1967年）11月27日
[出生地]神奈川県　[学歴]日本大学専門部宗教科〔大正14年〕卒

万朝報を経て読売新聞社に入り、政治部長、編集局次長、日本大学新聞研究室講師を務め昭和17年神奈川3区より衆議院選に立ち当選、以後4回当選。戦後公職追放となるが、解除後衆院議員となり、第1次鳩山一郎内閣の厚生政務次官、衆院外務委員長、日韓条約特別委員長などを歴任。また神奈川県安甲郡依知村曹洞宗安竜寺、広徳寺の各住職も務めた。

安藤 黄楊三
あんどう・つげぞう

大分新聞発行者、大分県議
[生年月日]文久2年（1862年）11月6日
[没年月日]昭和20年（1945年）3月29日
[出生地]豊後国松岡村（大分県大分市）　[学歴]外国語学校中退　[家族等]六男＝安藤楢六（実業家）

郷里・豊後の儒者に学んだのち上京し、外国語学校に学ぶが、病を得て3年で帰郷。のち大阪で簿記を習い、次いで再び東京に上ってフランス語と理財学を修めた。一時期、渡欧を志すが、父に反対されて頓挫し、郷里に戻って家業の醤油醸造業に従事した。その傍らで政治活動に参加し、改進党に所属。地元で「県友社」を興して機関誌「県の友」を創刊。明治23年には小原正朝とともに大分改進党の機関誌「大分新聞」を発行し、党の活動を側面から支えた。24年郡会議員となり、26年には大分県議に当選。また、明治大分水路の建設事業にも奔走、日本勧業銀行から資金を借り入れ、財政難のため中断されていた同事業を32年に完成させた。大正5年には豊後銀行を創立した。

安藤 鶴夫
あんどう・つるお

新聞社勤務、演劇評論家、小説家
[生年月日]明治41年（1908年）11月16日
[没年月日]昭和44年（1969年）9月9日
[出生地]東京・浅草　[本名]花島鶴夫（はなしま・つるお）　[学歴]法政大学文学部仏文科〔昭和9年〕卒　[叙勲]勲四等旭日小綬章　[受賞]直木賞（第50回）〔昭和38年〕「巷談本牧亭」　[家族等]父＝竹本都太夫（8代目）

昭和9年法政大学を卒業し、14～22年都新聞に勤務し、以後文筆に専念。久保田万太郎に心酔し、15年迄下町の浅草、本所

に住む。都新聞時代は文楽、落語の批評を担当。21年「落語鑑賞」を連載して注目され、25年以降は読売新聞社嘱託として劇評を執筆。38年「巷談本牧亭」で直木賞を受賞、小説、随筆の分野で下町好みの独自な世界をひらいていった。没後「安藤鶴夫作品集」(全6巻、朝日新聞社)が刊行された。

安藤　橡面坊
あんどう・とちめんぼう

大阪毎日校正部長，俳人
[生年月日]明治2年(1869年)8月16日
[没年月日]大正3年(1914年)9月25日
[出生地]岡山県小田郡新賀村(笠岡市)　[本名]安藤錬三郎　[別名等]別号＝橡庵，句仙，影人，龍山

虚子選「国民新聞」俳句欄で俳句を知り、後に「車百合」「宝船」「アラレ」などの選者を務める。明治30年大阪毎日新聞に入社し、校正部長をつとめた。没後の大正10年亀田小蛄により「橡面坊句集 深山柴」が刊行された。

安藤　正純
あんどう・まさずみ

東京朝日新聞編集局長，僧侶，文相，国務相，衆院議員(日本民主党)，日本宗教連盟理事長
[生年月日]明治9年(1876年)9月25日
[没年月日]昭和30年(1955年)10月14日
[出生地]東京・浅草(現・東京都台東区)　[別名等]号＝鉄腸　[学歴]東洋大学哲学科〔明治28年〕卒、早稲田大学政治科〔明治32年〕卒

東京朝日新聞編集局長から政界に転じ、浅草区議、区議長を経て、大正9年衆院議員となり、政友会に所属。犬養毅内閣で文部政務次官、政友会幹事長、久原派総務。昭和17年の翼賛選挙では非推薦で当選。戦後、公職追放。解除後の27年衆院選に当選、自由党内に民主化同盟を結成。28年第5次吉田茂内閣の国務相、29年第1次鳩山一郎内閣の文相。当選11回。母校東洋大の講師も務め、壮年まで僧籍に在って宗教行政にも努力、戦後日本宗教連盟理事長に就任した。二十代の一時期、石川県の「政教新聞」で青年主筆として活躍。著書に「政界を歩みつつ」「政治と宗教の関係」「数論の哲学」など。

安藤　和風
あんどう・わふう

ジャーナリスト，俳人，郷土史家，秋田魁新報社長
[生年月日]慶応2年(1866年)1月12日
[没年月日]昭和11年(1936年)12月26日
[出生地]出羽国秋田(秋田県秋田市)　[本名]安藤和風(あんどう・はるかぜ)　[別名等]幼名＝国之助、別号＝時雨庵　[学歴]秋田県立太平学校中学師範予備科〔明治12年〕中退、東京商業学校卒　[家族等]息子＝安藤五百枝(俳人・元秋田魁新報常務)

明治15年秋田青年会を結成し自由民権運動に参加。「秋田日日新聞」「秋田日報」の記者となり犬養木堂(毅)の下で働く。16年筆禍事件により下獄、22年に上京して商店、県庁、銀行などに勤める。31年秋田魁新報に会計主任として入社、35年主筆となり、大正12年常務、昭和3年社長に就任。同社の基礎固めに大きく貢献した。この間、明治32年秋田市議に当選。一方、俳句の研究・創作、郷土史(秋田県史)研究にも情熱を傾けた。著書に句集「仇花」「旅一筋」「朽葉」、「俳諧研究」「俳諧新研究」「俳諧奇書珍書」、「秋田 土と人」「秋田勤王史談」がある。

【い】

飯塚 納
いいづか・おさむ

東洋自由新聞副社長，漢詩人
[生年月日]弘化2年（1845年）
[没年月日]昭和4年（1929年）12月6日
[出生地]出雲国（島根県）

文久2年（1862年）18歳の時江戸に出て福沢諭吉の塾に学ぶ。明治4年出雲松江藩の徴士としてフランスに留学。14年東洋自由新聞を創設し、副社長として自由民権運動を鼓舞するが、政府の忌むところとなり廃刊、晩年は詩作に耽り悠々自適の生活を送る。

飯村 丈三郎
いいむら・じょうざぶろう

いはらき新聞社長，衆院議員（東洋自由党）
[生年月日]嘉永6年（1853年）5月
[没年月日]昭和2年（1927年）8月13日
[出身地]常陸国（茨城県）

青年時代、水戸新聞（明治14年発刊）にて論を張る。いはらき新聞社長を経て、明治23年第1回総選挙で衆院議員に当選、連続2期務めた。

伊江 朝助
いえ・ちょうじょ

沖縄新報社長，沖縄財団理事長，貴院議員（男爵）
[生年月日]明治14年（1881年）10月10日
[没年月日]昭和32年（1957年）11月26日
[出生地]沖縄県首里郡当蔵町　[学歴]早稲田大学政経科〔明治40年〕卒　[家族等]父＝伊江朝真（男爵）

男爵伊江朝真の長男。明治44年沖縄電気軌道常任監査役となり、その後沖縄銀行取締役、沖縄民報社長を経て昭和15年沖縄新報社長となった。その間、大正2年に沖縄県会議員、14年貴族院議員を兼務。戦後、沖縄財団理事長、沖縄土地問題解決促進委員会委員長などを務めた。

家永 芳彦
いえなが・よしひこ

長崎新報社長，衆院議員
[生年月日]嘉永2年（1849年）10月10日
[没年月日]大正2年（1913年）8月6日
[出生地]肥前国（佐賀県佐賀郡西田代町）

安政3年鍋島藩校弘道館に学び、藩海軍孟春艦隊に入って奥羽に従軍した。明治5年上京、江藤新平邸に寄宿、その征韓論に共鳴、佐賀に帰り、7年新平とともに佐賀の乱で官軍と戦った。15年西道仙らと長崎県改進党を組織、22年「長崎新報」を発刊、社長となった。長崎市会議長を10年務め、23年第1回衆院選に当選。大正2年桂太郎の同志会に入った。明治11年長崎上等裁判所において代言人の免許を得る。これが長崎における最初の代言人（現在の弁護士）であった。

五百木 良三
いおぎ・りょうぞう

ジャーナリスト，俳人，政教社社長，「日本及日本人」編集長
[生年月日]明治3年（1870年）12月14日
[没年月日]昭和12年（1937年）6月14日
[出生地]愛媛県松山　[別名等]号＝五百木飄亭
[学歴]松山医学校〔明治18年〕卒

明治22年上京し、正岡子規らと句を競う。日清戦争に看護長として従軍し、「日本」

に「従軍日記」を連載。帰国後の28年日本新聞社に入社し、33年国民同盟会を結成するなどしたが、俳壇からは離れた。昭和4年政教社に入社、雑誌「日本及日本人」を主宰し、以来、対外硬論を唱えた。のち社長に就任。10年国体明徴運動に参加。没後の33年「飄亭句日記」が刊行された。

伊喜見 文吾
いかみ・ぶんご

新聞発刊者
[生年月日]不詳
[没年月日]昭和7年(1932年)2月10日

昭和6年、水島貫之と熊本市初の印刷会社活版舎を開き「白川新聞」を発刊した。

井川 洗厓
いがわ・せんがい

挿絵画家，日本画家
[生年月日]明治9年(1876年)5月1日
[没年月日]昭和36年(1961年)10月13日
[出生地]岐阜県岐阜市 [本名]井川常三郎

富岡永洗に師事し、日露戦争で応召して帰還後、都新聞社に入社。新聞小説の挿絵を担当し、中里介山「大菩薩峠」が代表作となる。また「講談倶楽部」「キング」「冨士」などにも執筆した。昭和13年以降は挿絵の仕事から離れ、もっぱら美人画を描いた。

池内 広正
いけうち・ひろまさ

秋田時事新報社長，衆院議員(政友会)
[生年月日]明治10年(1877年)4月1日
[没年月日]昭和4年(1929年)10月3日
[出身地]秋田県

第1回から秋田県議4期を経て、昭和2年秋田時事新報社長。3年衆院議員に当選したが、1期目在任中に亡くなった。

池上 清定
いけがみ・せいてい

「京阪新報」発行人
[生年月日]明治8年(1875年)3月31日
[没年月日]昭和20年(1945年)9月20日
[出生地]大阪府茨木町

明治40年週刊新聞「茨木新報」を創刊。のち「京阪新報」と改題。昭和初年月刊とし、約30年間にわたって発行した。茨木町議も務めた。

池知 重利
いけじ・しげとし

新聞発行者，公益家，志士，高知県議
[生年月日]天保2年(1831年)
[没年月日]明治23年(1890年)7月23日
[出生地]土佐国長岡郡西野地村(高知県南国市) [別名等]初名=重胤，通称=池知退蔵

土佐藩士。若い頃より文武に優れ、土佐勤王党に入り、京都で尊皇攘夷運動に従事。戊辰戦争に際しては土佐藩を尊王にまとめ、軍監兼断金隊長となって活躍した。維新後は土佐へ帰り、地方自治に尽力。西野地村戸長、9年長岡郡区長兼学区取締。一方、7年頃には古勤王党の領袖となっており、士族授産のために尽力。11年同志とマッチ製造業の百倣社を設立。香美社長兼校長として子弟教育にあたり、嶺南社香長学舎を開設して後進を指導した。また自由民権論が起こると、高陽会を設立して「高陽新報」「弥生新聞」を発行。土佐国州会議員、高知県議を歴任した。

池田 永治
いけだ・えいじ

漫画家，洋画家，太平洋美術学校教授
[生年月日]明治22年（1889年）11月1日
[没年月日]昭和25年（1950年）12月30日
[出身地]京都府京都市　[本名]池田永一路　[別名等]別筆名＝池田永一治，牛歩，田牛，田牛作，牛太郎　[学歴]太平洋画会研究所

太平洋画会研究所で学んだのち「文章世界」など雑誌への投稿や、文展・帝展・太平洋画展への出展を行う。明治43年第4回文展で入賞、のちには文展無鑑査となった。一方で漫画家としても活動し、大正初期には売文社の特約執筆家となって「へちまの花」「新社会」などに寄稿。4年には岡本一平・近藤浩一路らと東京漫画会を結成し、大正から昭和初期にかけての「東京パック」でも絵筆をふるった。昭和6年読売新聞社に入社して「読売サンデー漫画」の中心作家となり、第二次世界大戦中には「漫画」誌上で時局漫画を数多く発表。その他、平福百穂・小川芋銭といった洋画家で結成された珊瑚会同人や太平洋美術学校教授などでも活躍。俳画や装丁なども手がけた。

池田 克己
いけだ・かつみ

新聞記者，詩人
[生年月日]明治45年（1912年）5月27日
[没年月日]昭和28年（1953年）2月13日
[出身地]奈良県　[学歴]吉野工業学校建築科〔昭和2年〕卒

昭和6年小学校の恩師植村諦に初めて詩を見てもらい、詩作に励む。9年処女詩集「芥は風に吹かれてゐる」を発刊。11年上林猷夫、佐川英三らと詩誌「豚」を創刊、後「現代詩精神」と改めた。14年徴用令で中国に渡り、16年解除、上海で大陸新報社の記者となり、「上海文学」を創刊、また草野心平らと詩誌「亜細亜」を出した。戦後20年帰国。

池田 林儀
いけだ・しげのり

新聞記者，ジャーナリスト
[生年月日]明治25年（1892年）1月11日
[没年月日]昭和41年（1966年）7月15日
[出身地]秋田県　[学歴]東京外国語学校シャム語科〔大正3年〕卒

雑誌「大観」編集者などを経て報知新聞に入り、大隈重信侯の専属記者となった。大正9年第1次大戦後のベルリン特派員となり、14年帰国、「民族優化」の優生運動を展開。昭和8年京城日報主筆兼編集局長となった。14年報知新聞に戻り、編集局長。戦時中は海軍省軍務局嘱託を務めた。戦後公職追放、解除後は秋田魁新報に随筆「話の耳袋」を連載、12年間に及んだ。ドイツ関係の著書や伝記がある。

池田 紫星
いけだ・しせい

新聞記者，ジャーナリスト
[生年月日]明治29年（1896年）11月11日
[没年月日]昭和31年（1956年）5月3日
[出身地]兵庫県　[本名]池田粂郎

「因伯時報」記者を経て、昭和14年に統合された「日本海新聞」主筆となる。コラム「鉛筆塔」などを手がけた。鳥取県立図書館内に読書クラブをつくるなど、文化活動にも尽くした。

池田 秀雄
いけだ・ひでお

京城日報社長, 衆院議員(日本進歩党)
[生年月日]明治13年(1880年)2月
[没年月日]昭和29年(1954年)1月20日
[出身地]佐賀県 [学歴]東京帝国大学英法科〔明治42年〕卒

東京朝日新聞記者となる。のち秋田県知事、朝鮮総督府殖産局長、北海道庁長官などを歴任。また広田内閣の商工政務次官、京城日報社長、立憲民政党総務、改進党顧問などを務める。昭和7年初当選以来、連続4回当選。

池辺 三山
いけべ・さんざん

新聞人, 東京朝日新聞主筆
[生年月日]文久4年(1864年)2月5日
[没年月日]明治45年(1912年)2月28日
[出生地]肥後国熊本京町字土小路(熊本県熊本市) [本名]池辺吉太郎(いけべ・きちたろう) [別名等]字＝任道, 諱＝重遠, 別号＝鉄崑崙, 無字庵主人, 木生, 芙蓉生 [学歴]慶応義塾〔明治16年〕中退 [家族等]長男＝池辺一郎(洋画家), 父＝池辺吉十郎(教育家), 孫＝富永健一(社会学者)

肥後熊本藩士・池辺吉十郎の長男。明治10年父が西郷隆盛の挙兵に呼応して熊本隊を組織すると、これに従おうとしたが、父に拒絶される。結局、西郷軍は敗北し、父も捕らえられて斬罪に処された。その後、父の友人・国友古照軒の塾を経て、14年上京。同人社、慶応義塾で学ぶが、16年旧知の鎌田景弼が佐賀県知事になったことから、同県学務課に県属となった。17年鎌田の勧めで再度上京し、熊本県出身の学生のために作られた有斐学舎の舎監に就任。この頃から第一次伊藤内閣が進めていた条約改正に反対し、20年「山梨日日新聞」に論説を執筆して注目される。21年柴四朗(東海散士)の要請により大阪で「経世評論」を創刊し主筆となるが、23年東京に戻って新聞「日本」寄稿者として活躍。25〜28年欧州を旅行し、海外から日清戦争の外交を批判した「巴里通信」を「日本」に寄稿、国際ジャーナリズムの先駆といわれる。29年高橋健三の招請で「大阪朝日新聞」主筆に就任。「文章は平明で達意であるべきだ」とし、以降の記事のスタイルを変え、朝日の機構と人と紙面の近代化を図った。30年「東京朝日新聞」主筆に転じて外交問題を中心に執筆し、特に北清事変や日露戦争の報道で盛名を高めた。その社説は大いに注意を引き、三山、蘇峯、羯南と並び称された。また紙面の刷新を図り、夏目漱石の「虞美人草」、二葉亭四迷の「其面影」を連載し、杉村楚人冠、渋川玄耳らを社員に招聘するなど、同紙の発展に貢献した。44年客員に退いたあとは滝田樗陰のすすめで「中央公論」などに人物評論を執筆。しかし次作に取組んでいた最中に心臓発作をおこし亡くなった。夏目漱石はその死を悼み「三山居士」と題する追悼記を東京朝日新聞に寄せた。他の著書に「明治維新三大政治家」「三山遺芳」などがある。

池部 鈞
いけべ・ひとし

洋画家, 漫画家
[生年月日]明治19年(1886年)3月3日
[没年月日]昭和44年(1969年)12月17日
[出生地]東京都本所(墨田区) [旧名]山下 [学歴]錦城中卒, 東京美術学校西洋画科〔明治43年〕卒 [叙勲]勲四等旭日小綬章〔昭和42年〕 [受賞]日本芸術院賞恩賜賞〔昭和41年〕「ふぐ提灯」 [家族等]長男＝池部良(俳優)

明治44年朝鮮日報社に入社。大正3年国民新聞に転じ、漫画記者をつとめる。5年石井柏亭らと「トバエ」を創刊、以後も「漫画」「漫画ボーイ」の創刊に参加。油絵でも昭和3年と5年に帝展で特選となり、13年一水会会員となる。戦後、芸術院恩賜賞を受賞した。著書に漫画漫文「僕の学生時代」(大正7年) などがある。

池松 文雄
いけまつ・ふみお

ジャーナリスト，毎日新聞取締役論説主幹
[生年月日]明治36年(1903年)5月8日
[没月日]昭和44年(1969年)8月6日
[出生地]熊本県熊本市黒髪町　[学歴]九州帝国大学法文学部〔昭和4年〕卒　[家族等]父＝池松常雄(俳人)

昭和3年東京日日新聞に入り、政治部、ラングーン支局長、政治部長、論説委員、論説委員長を経て、33年取締役論説主幹、36年中部本社代表となった。39年に退社、アジア調査会事務局長となり、吉田茂、東畑精一会長の下でアジア調査会育成に尽力した。

石井 勇
いしい・いさむ

実業之日本社主筆
[生年月日]明治3年(1870年)12月
[没年月日]大正5年(1916年)1月8日
[出生地]大阪府　[別名等]号＝石井白露　[学歴]同志社〔明治24年〕中退、慶応義塾〔明治26年〕卒

父は鳥取県士族で、役人勤めのため各地に転任する。明治21年9月新島襄を慕って同志社に入学したが、その死により24年退学。上京して慶応義塾に入り、26年卒業。同年12月読売新聞編輯局に入社。27年編集長。31年4月新潟新聞主筆に招聘されたが、33年5月読売に復帰し編集長・主筆になる。社内改革案が入れられず35年12月読売新聞を退社、36年4月実業之日本社に入る。社長の増田義一を助けて社業の発展に尽力すること十数年、同社理事に進む。この間、その雄健で円熟の境に入る文章によって広く読者の人気を博し、また全国各地の講演会に臨んで人生修養を説いた。大正5年47歳で急逝。

石井 研堂
いしい・けんどう

編集者，明治文化研究家
[生年月日]慶応1年(1865年)6月23日
[没月日]昭和18年(1943年)12月6日
[出生地]陸奥国郡山(福島県郡山市)　[本名]石井民司(いしい・たみじ)　[学歴]郡山金透小〔明治12年〕卒　[家族等]弟＝浜田四郎(三越広告部主任)

6人兄弟の3男。明治16年より母校・郡山金透小学校で教鞭を執る。18年上京し、岡千仞の塾に入門。19年脚気のため一時帰郷するが、21年再度上京して東京教育社の雑誌「貴女之友」や書方改良会の機関紙「国民必読」の編集を手伝った。22年有馬小学校訓導となるが、傍ら同年から学齢館「小国民」の編集に従事し、24年以降は教職を辞して同誌の編集を専業とし、児童文化の育成に大きな影響を与えた。33年春陽堂に入社し、「今世少年」編集人となるが、約1年で休刊。以後、博文館の「理科十二ヶ月」「少年工芸文庫」の刊行に携わり、39年有楽社「世界之少年」編集を経て、41年博文館「実業少年」の編集兼発行人に就任した。一方で、明治文化研究に力を注ぎ、同年幕末・明治期に日本に伝来又は勃興した事物の起源をまとめた「明治事物起原」を刊行。同

書は以降も大正11年、昭和19年と改訂版を出し、ライフワークとなった。大正元年博文館退社後は著述に専念。13年吉野作造らと明治文化研究会を設立し、「明治文化全集」「幕末明治新聞全集」などの編纂に当たった。錦絵の蒐集・研究家としても有名で、「地本錦絵問屋譜」「錦絵の改印の考証」「錦絵の彫と摺」の3部作は錦絵鑑定のツールとして現在も有用である。他の著書に「中浜万次郎」「鯨幾太郎」「日本漂流譚」「自助的人物典型 中村正直伝」「安積艮斎伝」などがある。

石井 南橋
いしい・なんきょう

新聞編集者，狂詩家
[生年月日]天保2年（1831年）8月2日
[没年月日]明治20年（1887年）7月25日
[出生地]筑後国（福岡県） [本名]石井隆驤（いしい・りゅうじょう） [別名等]通称＝石井滝治

明治5年上京し、一時期大蔵省に勤務。「花月新誌」に狂詩を投稿し、のちに「団団珍聞」編集顧問となる。その後「鳳鳴新誌」「明治日報」「吾妻新誌」などとも関係し、狂詩の個人雑誌「東京竹枝」を発行した。

石川 喜三郎
いしかわ・きさぶろう

正教時報主筆，神学者，正教神学校教授
[生年月日]文久3年（1863年）12月16日
[没年月日]昭和7年（1932年）2月5日
[出生地]陸奥国仙台（宮城県仙台市） [別名等]号＝残月、洗礼名＝ペートル [学歴]正教神学校卒

ロシア正教会のニコライが創立した正教神学校に学び、卒業後、正教会の機関誌「正教新報」（のち「正教時報」に改題）の主筆となる。主にキリスト教と日本国家・天皇制に関する問題に取り組み、明治24年に内村鑑三が起こした第一高等中学不敬事件を受けて25年日本国家に対するロシア正教会の見解を鮮明にすべく「正教と国家」を刊行。また教育勅語を巡って哲学者井上哲次郎がキリスト教批判を行ったのに反論し、キリスト教と忠君愛国とが互いに相容れるものであることを主張した。その他、母校の正教神学校教授を務め、学術論文も多数執筆。大正6年日本軍のシベリア出兵に際して戦地を訪れ、ロシア人正教徒たちを慰撫した。著書は他に「日本正教伝道誌」「羅馬教弁妄論」「正教と現代思想」などがある。

石川 欣一
いしかわ・きんいち

サン写真新聞社長，ジャーナリスト，翻訳家，評論家
[生年月日]明治28年（1895年）3月17日
[没年月日]昭和34年（1959年）8月4日
[出生地]東京 [学歴]東京大学英文科中退、プリンストン大学英文科〔大正8年〕卒 [受賞]日本芸術院賞〔昭和28年〕「アメリカ文学史」 [家族等]父＝石川千代松（動物学者）

毎日新聞社に入社。米英特派員、ロンドン支局長をつとめ、のち文化部長、サン写真新聞社長。昭和23年グルー「滞日十年」を翻訳し、続いて24年から30年にかけてチャーチル「第二次世界大戦回顧録」全24巻を刊行。28年から29年にかけて刊行したブルックス「アメリカ文学史」（全5巻）は芸術院賞を受賞した。英米人の大著を邦訳する一方、竹山道雄の作品などを英訳。日本ライオンズ・クラブ初代ガバナーも務めた。

石川 三四郎
いしかわ・さんしろう

ジャーナリスト，社会運動家，アナーキスト，評論家
[生年月日]明治9年（1876年）5月23日
[没年月日]昭和31年（1956年）11月28日
[出身地]埼玉県児玉郡旭村山王堂（本庄市山王堂）　[旧名]五十嵐　[別名等]号＝石川旭山　[学歴]東京法学院（現・中央大学）〔明治34年〕卒

明治35年万朝報社に，36年平民社に入社。37年「消費組合の話」を刊行し，非戦運動，社会主義運動をする。38年「新紀元」を創刊し，40年「世界婦人」「平民新聞」を刊行。40年から43年にかけて投獄される。大正2年から9年にかけてヨーロッパを放浪。帰国後はアナーキストとして多くの本を著し，関東大震災後，日本フェビアン協会，農民自治会に参加。昭和2年東京・世田谷で半農生活に入る。4年「ディナミック」を創刊。戦時中は東洋文化史の研究に専念。戦後は21年に日本アナキスト連盟の結成大会で連盟顧問に選ばれる。著書は多く，主なものに「哲人カアペンター」「西洋社会運動史」「古事記神話の新研究」「土民芸術論」「東洋文化史百講」「わが非戦論史」「自叙伝」などがある。

石川 正蔵
いしかわ・しょうぞう

札幌新聞創業者，実業家
[生年月日]文政9年（1826年）5月25日
[没年月日]明治21年（1888年）7月25日
[出身地]江戸日本橋橘町（東京都中央区）　[別名等]号＝石川正叟

家業の刀剣類売買を経て，東京為替店に勤務。明治5年同店の札幌店に支配人として赴任。のち札幌における会社第一号となる馬車運送会社を設立。旅館経営，マッチ製造など多くの事業を手がけ，13年には札幌新聞を発刊した。

石川 啄木
いしかわ・たくぼく

新聞編集者，歌人，詩人，小説家
[生年月日]明治19年（1886年）2月20日
[没年月日]明治45年（1912年）4月13日
[出身地]岩手県南岩手郡日戸村（盛岡市）　[出身地]岩手県北岩手郡渋民村（盛岡市）　[本名]石川一（いしかわ・はじめ）　[別名等]別号＝白蘋　[学歴]盛岡中〔明治35年〕中退　[家族等]妻＝石川節子，父＝石川一禎，妹＝三浦みつ（伝道師・社会事業家），伯父＝工藤対月（学僧）

盛岡中在学時から新詩社の社友となり詩作に専念，明治35年上京し，与謝野鉄幹の知遇を得る。38年詩集「あこがれ」を出版，明星派の詩人として知られる。同年結婚，故郷での代用教員生活を経て40年から「北門新報」「小樽日報」「釧路新聞」で勤務。41年再び上京後，「赤痢」「足跡」など小説を書き続けるが，生活は苦しく，そうした中から短歌が生まれる。42年24歳の時，自ら職を求める手紙を書き東京朝日新聞の校正係となる。啄木は仕事に熱心で，同僚にも愛された，と当時同居していた親友の金田一京助は語っている。啄木は社会部長で俳人でもある渋川玄耳のところに自作の短歌をもっていき新聞への掲載を願い出た。これを読んだ玄耳は風変わりな大胆な歌と評価し掲載した。以降，啄木の歌は朝日新聞紙上をたびたび飾った。玄耳はまた啄木にもちかけ選者に起用し，それまで廃止していた歌壇を復活させた。43年「一握の砂」の三行分かち書き，新鮮・大胆な表現によって"生活派"の歌人として広く知られる。晩

年幸徳秋水、クロポトキンらの社会主義思想に接近、その姿勢は45年の「悲しき玩具」などに表現される。他に詩集「呼子と口笛」、小説「雲は天才である」、評論「時代閉塞の現状」があるほか、「石川啄木全集」(全8巻，筑摩書房)がある。岩手県玉山村に石川啄木記念館がある。平成11年北海道北村に歌碑が建立される。

石川 武美
いしかわ・たけよし

出版人，主婦の友社創業者，東京出版販売社長
[生年月日]明治20年(1887年)10月13日
[没年月日]昭和36年(1961年)1月5日
[出生地]大分県宇佐郡安心院町(宇佐市) [学歴]宇佐中(旧制)〔明治37年〕中退 [受賞]印刷文化賞(第1回)〔昭和32年〕，菊池寛賞(第6回)〔昭和33年〕 [家族等]孫＝石川晴彦(主婦の友社社長)，石川康彦(主婦の友社社長)，女婿＝石川数雄(主婦の友社社長)

生家は農家で、6人きょうだい(4男2女)の3番目の二男。"武義"と命名されたが、戸籍に"武美"と記録されてしまったため、生涯訂正せずにその名を名のった。明治35年宇佐中学に入学、同級の友人に殖田俊吉がいた。37年中退すると小学校の恩師で後年に千葉市長となった久保三郎を頼って上京、久保の紹介により台湾高等法院検察官長であった尾立維孝の家に住み込み、同文館書店に入社。早稲田支店の書店員や本店で雑誌「婦女界」の営業を担当。44年退社。この間、39年海老名弾正よりキリスト教の洗礼を受け、40～42年小倉の歩兵第四七連隊に入隊して兵役に就いた。44年羽仁吉一の婦人之友社に入社するも、大正元年退社して自ら「国民倶楽部」を創刊。同誌が3号で廃刊となると都河龍の「婦女界」を経て、5年東京家政研究会を設立した。同会から出版し

た「貯金の出来る生活法」が版を重ね、6年雑誌「主婦之友」(のち「主婦の友」と改題)を創刊。10年主婦之友社に社名変更。13年株式会社に改組。同誌は庶民的な主婦層を対象に、実用的記事を掲載した婦人雑誌として新生面を開き、創刊3年で発行部数業界第1位となった。関東大震災によって東京の新聞社は大きな打撃を被った。石川は義俠心より10万円を国民新聞に提供、これによって同紙は刊行を継続することが出来た。この恩義に報いるため徳富蘇峰は12年、石川を副社長とし、経営、編集の全権を委任した。昭和16年文化事業報国会を設立して理事長。18年日本出版配給(日配)社長に就任。20年日本出版会会長。21年主婦之友社社長を退任。22年自宅書庫を整備してお茶の水図書館を開館。同年公職追放。25年追放解除となると東京出版販売の初代社長となった。27年会長。32年第1回印刷文化賞を、33年菊池寛賞を受賞した。著書に「わが愛する生活」「わが愛する家庭」「わが愛する事業」「私の百姓生活」「信仰雑話」「職場雑話」「家庭雑話」などがある。

石川 半山
いしかわ・はんざん

新聞人，ジャーナリスト，衆院議員(憲政会)
[生年月日]明治5年(1872年)8月17日
[没年月日]大正14年(1925年)11月12日
[出生地]岡山県岡山市一番町 [本名]石川安次郎 [別名等]筆名＝呑海，城北隠士 [学歴]慶応義塾卒

旧備前岡山藩士の二男。少年期に漢学を学び、明治21年岡山県矢掛の高等小学校で英語を教えたが、22年「岡山日報」の矢掛通信員となったため諭旨免職。次いで紡績連合会の発行する「紡績月報」の記者採用試験を受けるため大阪に赴き、

不採用となるも大阪紡績会社の山辺丈夫の知遇を得、その援助を受けて慶応義塾に入学。この間、大阪で中江兆民、幸徳秋水と知り合った。その後、23年杉浦重剛の東京文学院に入り、在学中「庚寅新誌」に寄せた文章で田口卯吉に認められ、以後、田口の「東京経済雑誌」にたびたび寄稿した。24年慶応義塾文学科に再転入し、傍ら「庚寅新誌」記者として活動。27年慶応の同窓であった百瀬栄喜弥の勧めで長野県松本の「信濃日報」社長兼主筆に就任。29年上京して「中央新聞」経済部長となるが、社長の大岡育造と対立し、30年退社。この間、中村太八郎と共に社会問題研究会を興した（のち秋水も入会）。31年島田三郎の「毎日新聞」主筆として招かれ、城北隠士の筆名で連載した「当世人物評」が評判を呼んだ。なお、西洋風の文物やそれらを好む人のことを指す"ハイカラ"という語は、この「当世人物評」が初出であるといわれる。32年秋水、樽井藤吉らと普通選挙期成同盟会を結成。35年北清事変に際し従軍記者として赴き、帰国後は秋水とともに「毎夕新聞」に寄稿していた兆民の代筆を手がけた。35年「報知新聞」主筆に転じ、一方で36年好学会を組織して「好学雑誌」を創刊。日露戦争後の38年には「報知新聞」特派員としてポーツマス会議に派遣された。39年島田の要請で「毎日新聞」に復帰、「東京電報」を買収して東京進出を窺う大阪毎日新聞社の機先を制し、社名を東京毎日新聞社に変更して社屋や機材の増強を図った。41～45年中国・北京に滞在。帰国後は「東京朝日新聞」で論説・人物評を担当する傍ら政治運動に熱中し、憲政擁護大会などで演説を行った。大正3年黒岩涙香に招かれて「万朝報」に入社。7年には万朝報社を代表して欧米に旅行。

13年の総選挙では憲政会から出馬して当選し、衆院議員となった。政治的な立場としては一貫して改進党・憲政会系で、中国の情勢に精通し、社会主義にも理解を示した。1期。著書に「世界的大競走」「神経衰弱及其回復」「烏飛兎走録」などがある。

石河　幹明
いしかわ・みきあき

新聞記者，時事新報編集主筆
[生年月日] 安政6年（1859年）10月17日
[没年月日] 昭和18年（1943年）7月25日
[出生地] 常陸国（茨城県）　[学歴] 慶応義塾本科〔明治17年〕卒

水戸出身。水戸中学校校長松木直巳（福沢諭吉の甥）の推薦を受けて慶応義塾に入る。のち時事新報社に入り、記者生活の後、取締役主筆、編集長となり、明治から大正にかけて時事の論説を主宰。明治25、6年の頃、石河は時に福沢に替わって社説の代筆をしていた。あまりに福沢の文章に習熟していたため、いずれが福沢なのか、石河なのか判別がつかなかったといわれている。大正11年退社したが翌12年名誉主筆として復社、福沢諭吉の筆を継承した。また同年福沢諭吉伝記編纂所を開設し、昭和7年「福沢諭吉伝」（全4巻）を発刊した。編著に「福沢全集」（全10巻）、「続福沢全集」（全7巻）などがある。

石郷岡　文吉
いしごうおか・ぶんきち

新聞人，衆院議員，弘前市長
[生年月日] 文久3年（1863年）
[没年月日] 昭和13年（1938年）
[出生地] 陸奥国弘前（青森県弘前市）　[学歴] 東奥義塾

東奥義塾に学んだのち自由民権運動に参加し、東洋回天社の中心人物として活躍。明治22年弘前市議となる。次いで24年に中津軽郡議、29年には補欠選挙で青森県議に当選。36年と40年には県会議長に推されている。さらに41年衆院議員に選ばれ、1期を務めた。その一方、新聞人としても活動し、明治32年発刊の「北辰新報」、大正2年発刊の「弘前新聞」の経営に参画している。大正7年には第10代弘前市長に就任。以後、3度に渡って同職を務め、官立弘前高等学校の誘致などに辣腕を振るった。

石崎 敏行
いしざき・としゆき

新聞記者、衆院議員
[生年月日]明治2年（1869年）5月
[没年月日]昭和23年（1948年）6月29日
[出生地]福岡県若松

税関吏、福岡日日新聞記者を経て、若松市議、福岡県議となり、昭和5年政友会から衆院議員に当選。また、九州化学工業、九州耐火煉瓦を創立して社長をつとめた。

石田 貫之助
いしだ・かんのすけ

神戸又新日報発刊者、富山県知事、衆院議員（無所属）
[生年月日]嘉永2年（1849年）12月
[没年月日]昭和9年（1934年）10月8日
[出身地]兵庫県

兵庫県議、同議長、同常置委員、富山県知事を務めた。明治23年衆院初当選。以来4選された。また神戸又新日報を発刊した。

石田 友治
いしだ・ともじ

第三帝国創立者、キリスト教の教化指導者
[生年月日]明治14年（1881年）
[没年月日]昭和17年（1942年）
[出生地]秋田県　[学歴]デサイプル神学校卒

大正2年新聞人で評論家の茅原華山と雑誌「第三帝国」を創刊、大正デモクラシーの中で民本主義を唱え、「新しき人道主義」を標ぼうした。7年「文化運動」と改題、11年教育運動家で出版業の下中弥三郎に経営を譲り、啓明会運動の機関誌とした。日本国際教育協会理事、YMCA宗教部主事などを務め、自由大学運動にも投じた。

伊地知 純正
いじち・すみまさ

新聞記者、英語学者、早稲田大学商学部教授・理事
[生年月日]明治17年（1884年）6月17日
[没年月日]昭和39年（1964年）8月11日
[出生地]宮崎県西諸県郡　[学歴]早稲田大学商科〔明治40年〕卒

明治41年ジャパン・タイムス社入社、42年早大講師、44年イギリスに留学、ジョーンズに音声学を学ぶ。パリ、ニューヨークにも行き、オリエンタル・レビュー社記者。大正2年帰国。早大専任講師、4年教授。昭和8年商業英語研究会（後の商業英語学会）を創設、その後早大に帰り商学部長、理事を務める。30年退職。「英語青年」で和文英訳欄を長く担当した。著書に「大隈侯伝」「東西文化の交流」（英文）。英文のものが多く、自叙伝「僕の英文日記」「英文修業五十五年」などがある。

石橋 思案
いしばし・しあん

新聞編集者，小説家
[生年月日]慶応3年（1867年）6月2日
[没年月日]昭和2年（1927年）1月28日
[出生地]横浜弁天町（神奈川県） [本名]石橋助三郎 [別名等]別号＝雨香，自劣亭 [学歴]東京帝大文科中退

明治18年尾崎紅葉らと硯友社をおこす。「仇桜遊里甦夜嵐」「乙女心」「京鹿子」など，明治文壇で江戸草双紙、人情本的な戯作的恋愛小説を発表。26年いさみ新聞社に入り、以後中京新聞、団団珍聞、中央新聞、読売新聞を経て、博文館に入り「文芸倶楽部」を編集。

石橋 為之助
いしばし・ためのすけ

新聞記者，衆院議員（公正会），神戸市長
[生年月日]明治4年（1871年）6月2日
[没年月日]昭和2年（1927年）4月28日
[出生地]大阪府 [学歴]同志社英学校卒

米国留学ののち、明治30年「大阪朝日新聞」の記者となる。41年から衆院議員（公正会）に当選3回。大正11年神戸市長を務めた。

石浜 知行
いしはま・ともゆき

読売新聞社論説委員，経済史家，経済評論家，九州大学経済学部教授
[生年月日]明治28年（1895年）3月26日
[没年月日]昭和25年（1950年）8月1日
[出生地]兵庫県淡路島 [学歴]東京帝国大学法学部政治学科〔大正9年〕卒

大正11年ドイツに留学、2年後帰国して九州帝大法文学部教授となり経済史担当。昭和3年3.15事件に関連、辞職。11年読売新聞社論説委員、12年応召。戦後21年読売新聞を退社、九大経済学部教授に復帰、かたわら中国研究所理事として中国研究に従事した。戦前、戦後にかけマルクス主義に立つ経済史関係の著書や論文が多く、マルクス伝などがある。

石村 英雄
いしむら・ひでお

新聞記者，衆院議員（社会党）
[生年月日]明治36年（1903年）9月
[没年月日]昭和38年（1963年）4月24日
[出生地]山口県 [学歴]東京帝国大学経済学部経済学科卒

山口市議、山口県地方労働委員会委員、中外商業新報社記者、山一燃料株式会社取締役社長などを務め、中日文化研究所理事となる。昭和28年衆院初当選。以来連続4期務めた。日本社会党政策審議会財政金融委員長、塩業対策特別委員などを歴任。

石山 賢吉
いしやま・けんきち

出版人，ダイヤモンド社創業者，衆院議員（日本自由党）
[生年月日]明治15年（1882年）1月2日
[没年月日]昭和39年（1964年）7月23日
[出生地]新潟県西蒲原郡曽根村（新潟市） [学歴]慶応義塾商業学校〔明治39年〕卒 [受賞]菊池寛賞（第3回）〔昭和30年〕

生まれた直後に父を結核で亡くし、染物屋や雑貨屋を経営していた母の実家・川瀬家で育てられる。小学校卒業後、電信技手養成所に学び、新潟県白根郵便局の電信課に勤務。傍ら「日本外史」「三国志」「十八史略」などを読みふけった。明治35年加茂町郵便局に移るが、友人の言葉に

刺激を受けて36年上京。最初は芸者評判録発行所に勤めるがすぐに辞し、日本大学の夜学を経て、慶応義塾商業学校に転学、傍ら正則英語学校にも通った。39年慶応義塾商業学校を首席で卒業後、同校で知り合った野依秀市らと「三田商業界」（のち「実業之世界」に改題）を創刊して雑誌記者としての活動を開始。同誌では東京電燈に対して電気料金を値下げするべきという論陣を張るが、のち野依と意見が食い違うようになり、44年退社。その後、日本新聞を経て、毎夕新聞記者となるも、上司と衝突したため短期間で会社を追われた。大正2年福沢桃介や松永安左ヱ門、日本橋の毛織物問屋の主人・米倉嘉兵衛の後援によりダイヤモンド社を設立し、経済雑誌「ダイヤモンド」を創刊。以来、広告と編集を切り離して絶対に筆をまげず、"数字"を基礎とした独自の観点で会社を分析するという方針が読者に受け入れられ、第一次大戦後の好景気も相まって売上げを伸ばし、日本を代表する経済雑誌としての地位を確立した。一方、創刊以来ほぼ毎号自身の筆になる論文を掲載しており、特に3年5月号から12月号にかけて連載した「決算報告の見方」は好評を博し、4年同社最初の単行本として出版され、長期にわたって版を重ねた。将棋にも深い関心を持ち、12年プロ棋士である大崎熊雄8段の雑誌「新棋戦」創刊を支援。同年の関東大震災では社屋に被害が出なかったので、山一証券などに部屋を貸した。昭和7年時事新報社取締役。8年ダイヤモンド社を株式会社に改組し、社長に就任。12年東京市議。15年満州経済社を興して「満州経済」を創刊。戦時中は大蔵省の行政委員や通貨対策委員なども務めた。20年空襲によりダイヤモンド社屋が全焼。22年衆院議員に当選したが、直後に公職追放となった。追放解除後の23年、取締役顧問としてダイヤモンド社に復帰し、26年会長。31年日本雑誌協会の発足とともに会長に選ばれた他、日本国有鉄道諮問委員会委員、国会図書館納入印刷物代償金審議会委員なども歴任した。他の著書に「財界人を語る」「処世哲学」「人間学」「私の雑誌経営」「回顧七十年」などがある。

石山 徹郎
いしやま・てつろう

新聞記者，国文学者，文芸評論家，大阪府立女子専門学校教授
[生年月日]明治21年（1888年）8月18日
[没年月日]昭和20年（1945年）7月30日
[出生地]秋田県雄勝郡湯沢町　[学歴]東京帝大国文科〔大正3年〕卒

東京帝大卒業後、広島の中学教諭を経て万朝報記者となり、大正9年北海道帝大予科講師となる。その間「埃及美術史」「埃及建築史」「有島氏の歩いた道」などを刊行。12年松江高校教授となり、13年大阪府立女専教授となる。昭和4年「文芸学概説」を刊行。その他の著書に「日本文学書誌」「日本文学入門」などがある。

石割 松太郎
いしわり・まつたろう

新聞劇評家，文楽研究家
[生年月日]明治14年（1881年）1月24日
[没年月日]昭和11年（1936年）6月29日
[出生地]大阪府堺市柳町　[学歴]早稲田大学文科〔明治38年〕卒

国書刊行会、日本新聞、都新聞、帝国新聞、大阪新報を経て、大正6年大阪毎日新聞に入社。昭和4年に退社するまで劇評を担当。4年「演芸月刊」を創刊し、7年早

大講師に就任。5年「人形芝居雑話」を刊行したのをはじめ「人形芝居の研究」「近世演劇雑考」などの著書がある。

和泉 邦彦
いずみ・くにひこ

鹿児島新聞創立者，衆院議員（無所属）
[生年月日]嘉永2年（1849年）2月
[没年月日]大正2年（1913年）6月6日
[出生地]鹿児島県

明治3年警視庁に入り、7年台湾征討、10年西南戦争に従軍。17年清国福州駐在武官の小沢豁郎らと清国の秘密結社哥老会と通じ反清運動を計画したが、柴五郎武官になだめられた。また東洋学館設立計画にも参加。のち鹿児島新聞を創刊、県会議員、国会議員となり東洋問題に尽力した。

井関 盛艮
いせき・もりとめ

横浜毎日新聞創立者，官僚，神奈川県知事
[生年月日]天保4年（1833年）4月21日
[没年月日]明治23年（1890年）2月12日
[出生地]伊予国宇和島（愛媛県宇和島市） [別名等]初名＝峰尾，字＝公敦，通称＝斎右衛門，号＝鶴陰

18歳の時に宇和島藩主・伊達宗城の近従に任ぜられ、のち大目付役軍使兼帯寺社奉行。慶応2年（1866年）藩命により長崎に赴任、坂本龍馬、五代友厚、本木昌造らと交流を持ち、英国公使アーネスト・サトウからは"宇和島藩士で最も重要な人物"と賞賛された。維新後、徴士外国事務掛参与助勤として新政府に出仕。外務大丞に進み、諸外国との修好条約締結交渉に当たった。神奈川県権副知事を経て、3年知事となり、子安峻らと日本初の日刊新聞紙である横浜毎日新聞を創刊した。その後、宇和島県参事、名古屋権令、島根県令などを歴任。9年退官後は実業界に転じ、東京商法会議所議員、東京株式取引所頭取などを務めた。東京-八王子間の鉄道開設など産業・交通の発展にも力を注いだ。

磯田 英夫
いそだ・ひでお

和歌山新聞専務
[生年月日]明治34年（1901年）11月16日
[没年月日]昭和44年（1969年）7月26日
[出生地]奈良県 [学歴]関西大学法学部卒

岐阜タイムス専務、明治26年社長、和歌山新聞専務を歴任。

磯野 秋渚
いその・しゅうしょ

新聞編集者，漢詩人，書家
[生年月日]文久2年（1862年）8月20日
[没年月日]昭和8年（1933年）1月23日
[出生地]伊賀国上野（三重県伊賀市） [本名]磯野惟秋 [別名等]字＝秋卿，通称＝於菟介，号＝秋渚

幼年時代から漢詩に親しみ、16歳で大阪に出て小学校代用教員となる。明治24年「なにはがた」の一員となり、29年大阪朝日新聞に入社して「月曜付録」で活躍し、後に校正係長もつとめた。漢詩人、書家として活躍する一方で、関西詩社の中心でもあった。

磯野 徳三郎
いその・とくさぶろう

新聞記者，評論家，翻訳家
[生年月日]安政4年（1857年）2月24日
[没年月日]明治37年（1904年）8月11日

[出生地]筑後国（福岡県） [別名等]号＝依緑軒主人，無腸道人 [学歴]東京帝大理学部卒

文部省に入り、後に新聞「日本」記者となって論作を発表。またユゴーの紹介、翻訳につとめ、明治26年ユゴー紹介の記念碑的な作品となった「依緑軒漫筆」を刊行。他に36年刊行の翻訳「社会主義新小説 文明の大破壊」などの著書がある。

磯村 春子
いそむら・はるこ

新聞記者
[生年月日]明治10年（1877年）3月16日
[没年月日]大正7年（1918年）1月31日
[出生地]福島県相馬郡中村町（相馬市） [旧名]小泉 [別名等]別名＝磯村はる [学歴]宮城女学校（現・宮城学院大学）本科〔明治32年〕卒 [家族等]息子＝磯村英一（東京都立大名誉教授），磯村光男（元東京都副知事）

宮城女学校で英語を学んだ後、明治35年頃上京し貿易会社を経営していた磯村源透と結婚。原書翻訳などを手伝う傍ら日本女子大英文科に入学、その後津田塾大学にも学び英語力を磨く。長男出産後の38年に東京の「報知新聞」に記者として入社、婦人問題を担当し、女性新聞記者の草分けとなる。以来、8人の子供を産み育てながら新聞記者を続け、子供を背負いながら取材に歩く姿が漢字のルビに似ていると"ルビ記者"と呼ばれて活躍した。のち「やまと新聞」に移る。この頃から日本文学の外国紹介を手がけ、国木田独歩、徳田秋声などの作品を翻訳した。また、女学校時代に入信したキリスト教（オランダ系プロテスタント）を精神的背景に布教活動にも熱心に取り組み、品川・御殿山の自宅近くに教会（御殿山教会）も建設、戦災で焼けるまで、異色の教会として知られた。著書に「今の女」（大正2年）がある。昭和61年その生涯が「はね駒」と題してドラマ化されNHK朝の連続テレビ小説になる。

五十里 幸太郎
いそり・こうたろう

新聞記者，小説家，評論家
[生年月日]明治29年（1896年）4月13日
[没年月日]昭和34年（1959年）5月25日
[出生地]東京・上野池ノ端 [学歴]正則英語学校高等科修了

アテネ・フランセに学び、馬場孤蝶、生田長江に師事、また大杉栄とも交流、アナキスト文芸誌「矛盾」を編集、発行人を務めた。さらに文明評論誌、東京日日新聞記者を経て中国に渡り、会社社長などを歴任、戦後平凡社勤務。著書に「労働問題」「音楽舞踊十五講」、随想「険難の道」、小説「ダラストライキ」などがある。

板垣 退助
いたがき・たいすけ

自由新聞創立者，民権家，伯爵，自由党総裁，内相
[生年月日]天保8年（1837年）4月17日
[没年月日]大正8年（1919年）7月16日
[出生地]土佐国高知城下中島町（高知県高知市） [旧名]乾退助（いぬい・たいすけ） [別名等]幼名＝猪之助，諱＝正形，号＝無形

土佐藩士の出身。山内容堂の側用人、大監察などを歴任。慶応元年江戸で学び、3年中岡慎太郎と共に西郷隆盛と会見、討幕の密約を結ぶ。明治元年戊辰戦争で大隊司令・総督府参謀として会津攻略に活躍。この頃乾姓から先祖の旧姓板垣に復す。土佐藩大参事を経て、4年明治政府の参議となるが、6年征韓論争に敗れて下野。7年後藤象二郎、江藤新平らと東京で

愛国公党を結成し、副島種臣らと「民撰議院設立建白書」を提出。また高知で立志社を設立して自由民権運動の口火を切る。14年国会開設が決まると自由党を結成し、その総理となる。15年党の機関誌「自由新聞」を創刊。社長に就任。「自由新聞」は18年廃刊となった。17年自由党解党。20年伯爵（一代限り）。23年国会開催に伴い再び愛国公党を組織し、立憲自由党に合流、24年自由党に改組し総裁に就任。29年には第2次伊藤内閣の内相をつとめた。31年自由党・改進党が合流して憲政党を組織すると、大隈重信と隈板内閣（第1次大隈内閣）をつくり、内相に就任。33年憲政党を解散、立憲政友会に合流し、これを機に政界から引退した。晩年は社会事業などに尽力した。15年に岐阜で暴漢に襲われた際（岐阜遭難事件）の発言「板垣死するとも自由は死せず」は、民権運動の標語になった。著書に「武士道観」「板垣退助全集」がある。

板倉 進
いたくら・すすむ

毎日新聞欧洲総局長
[生年月日]明治33年（1900年）
[没年月日]昭和31年（1956年）
[出生地]秋田県　[学歴]早稲田大学政経学部卒

国民新聞を経て東京日日新聞入社。外信部員。昭和13〜15年、パリ特派員。帰国後、毎日新聞大阪本社に移る。陸軍従軍記者として渡比。生還して渉外部長兼外信部長。講和後、欧洲総局長としてパリ支局開局。停年後は国連協会関西支部理事。著書に「パリ特電」。

板倉 卓造
いたくら・たくぞう

ジャーナリスト，国際法学者，政治学者，慶応義塾大学名誉教授，時事新報社長
[生年月日]明治12年（1879年）12月9日
[没年月日]昭和38年（1963年）12月23日
[出生地]広島県　[学歴]慶応義塾大学部政治科〔明治36年〕卒　法学博士（東京帝大）〔大正15年〕　[受賞]新聞文化賞（第1回）〔昭和26年〕

明治36年、慶応義塾大学普通部の教師となり、40年に欧米留学、帰国後の43年、大学部教授となり、大正15年「近世国際法史論」で法学博士。19年名誉教授。一方、明治38年から時事新報に入って社説を担当、自由主義的な論説を書き大正12年に取締役主筆。同年の大杉栄虐殺事件では軍部を厳しく追及した。昭和10年退社。戦後の21年、時事新報復刊で社長、主筆を兼ね、30年、産業経済新聞に合併され産経時事の主筆、論説委員長となった。26年には第1回新聞文化賞を受賞した。

市川 正一
いちかわ・しょういち

新聞社勤務，社会主義運動家，日本共産党中央委員
[生年月日]明治25年（1892年）3月20日
[没年月日]昭和20年（1945年）3月15日
[出生地]山口県宇部市　[別名等]筆名＝矢津九郎，阿部平智，梅村英一　[学歴]早稲田大学文学部英文科〔大正5年〕卒

大正5年読売新聞社入社、8年にストライキを起こし退社。大正日日新聞、国際通信社などに勤務。11年青野季吉らと雑誌「無産階級」を創刊。12年共産党に入党し、「赤旗」編集委員。12年第1次共産党事件で検挙され禁固8カ月。14年共産党再建ビューロー委員となり「無産者新聞」主筆、15年同党中央委員。昭和2年渡辺政

之輔らがコミンテルンに派遣された後の国内留守中央委員長。代表団帰国後、中央常任委員。3年3.15事件後の党組織再建に従事。同年コミンテルン第3回大会に出席。4年共産党大検挙（4.16事件）で検挙、起訴され、統一公判廷で党史について代表陳述。9年無期懲役の判決が確定、網走・千葉刑務所で服役、20年3月15日宮城刑務所で獄死した。著書に「日本共産党闘争小史」のほか「市川正一著作集」がある。

市川　安左衛門
いちかわ・やすざえもん

足利新報発刊関係者，実業家，栃木県議
[生年月日]天保13年（1842年）
[没年月日]明治43年（1910年）8月29日
[出生地]下野国足利郡田島村（栃木県足利市）

田島村の名主の長男に生まれる。江戸の儒者・藤森天山の塾で2年間学び、安政6年（1859年）田島村に戻る。文久元年（1861年）組頭となり、父の代理を務めた。2年父の死と共に名主兼勧農方となる。明治8年地租改正のための地主総代（公選）を務めた。12年第1回栃木県議に当選、日光東照宮保存、県立足利病院設立、那須野が原開発、日本鉄道（東北本線）開通に尽力するなど、県会で活躍した。青年時代から自由民権論に共鳴し、自ら足利郡の指導者でもあったため、県令の三島通庸と対立、18年県議を辞し、その後は足利の産業界の近代化に生涯を捧げた。この間、9年染色研究所を、12年株式会社組織の織物会社を、13年織物市場を設立。23年市川絹糸合資を創立し、25年渡良瀬川畔に市川整理会社を経営、27年には足利機業組合3代目組合長に選ばれ、広く両毛地方一帯の産業界の指導に当たった。32年足利織物同業組合初代組合長となった。

一方、18年足利織物講習所を設立、その後、28年県に移管し近藤徳太郎を初代校長に招請した。また「足利新報」（のちの上毛新聞）を発刊した旭香社を経営、31年から両毛実業新報社を経営するなど、教育界・新聞界にも大きく貢献した。

市川　与一郎
いちかわ・よいちろう

小樽新聞樺太支局長
[生年月日]明治3年（1870年）
[没年月日]昭和20年（1945年）
[出生地]新潟県　[別名等]号＝天涯，傘雪庵

明治30年27歳の時北海道に渡り、様々な職業に従事。41年からロシアのニコラエフスクに在住し、在留邦人社会で活躍、38歳の若さで協議員も務めた。その後北海道に戻り、新小樽新聞の設立にかかわった。大正13年から昭和5年まで小樽新聞の樺太支局長として豊原（ユジノサハリンスク）に赴任。一方、漢詩や民謡などの作詞も手がけ、江差追分の前唄も制作。その後余市町で余生を過ごし、昭和20年77歳で死去。記者時代に収集した樺太、シベリア方面の様々な資料は遺族により公民館図書館に寄贈され、市川文庫として保管。平成3年余市町図書館に移管され、7年没後50年に「市川文庫資料目録」が刊行された。

市川　量造
いちかわ・りょうぞう

信飛新聞発刊者，啓蒙家，長野県議
[生年月日]弘化1年（1844年）12月8日
[没年月日]明治41年（1908年）2月25日
[出生地]信濃国筑摩郡北深志東町（長野県松本市）　[別名等]幼名＝泰之助，号＝松堂

松本の名主・八十右衛門の長男に生まれ

る。学を松本藩の祐筆・岩崎八百之丞に学ぶ。明治5年下横田の戸長となり、筑摩県権令・永山盛輝に提言して下問会議を起こさせて議員となり、同年「信飛新聞」を発刊し地方新聞の先駆けとなる。一方、松本医校兼病院の世話役となり、同病院の設立に尽くす。更に松本城内で博覧会を開くことを権令に建白した。当時天守閣が競売されていることを知り競売の金を工面、6年から数回に渡り博覧会の開催に成功、天守閣を解体から救った。また開産社の設立にも尽力した。9年筑摩県が長野県に合併されて「信飛新聞」が廃刊になると、「松本新聞」を創設して継承紙とし、自由民権思想を広めた。11年長野県議となり、13年奨匡社を結成して国会開設運動に活躍。15年南佐久郡長となり運動を中止した。18年下高井郡長となるが、翌19年郡長を辞し甲信鉄道敷設運動に関与、松本-甲府間の敷設本免許を得る。しかし甲府-御殿場間は溶岩のため危険とされ本免許が得られず計画は挫折した。23年松本への「遷都請願書」を宮内大臣に提出する。26年松本を去って横浜に移った。著書に「佐久間象山伝」「鶴雲集」がある。

市島 謙吉
いちしま・けんきち

著述家,衆院議員,読売新聞主筆,早稲田大学図書館長
[生年月日]安政7年（1860年）2月17日
[没年月日]昭和19年（1944年）4月21日
[出生地]越後国北蒲原郡水原（新潟県新発田市）　[別名等]幼名=雄之助、号=市島春城
[学歴]東京大学文学部〔明治14年〕中退

越後屈指の豪農一族の出身。明治8年上京、東京英語学校、大学予備門を経て、11年東京大学文学部に入学して高田早苗、坪内逍遙らと親交を結ぶ。在学中から演説グループの共話会に参加するなど政治に関心を持ち、同大中退後の15年、高田や岡山兼吉らと小野梓を頂いて鷗渡会を結成。さらに大隈重信の知遇を得、同年大隈が結党した立憲改進党にも参加した。同年「内外政党事情」を発刊するが3ヶ月で廃刊。16年帰郷して「高田新聞」を創刊、主筆となるが、筆禍のため投獄された。出獄後の18年東京へ戻り、大隈の創立した東京専門学校（現・早稲田大学）講師となり、政治原理、論理学を担当。19年高田の要請で「新潟新聞」主筆に就任、22年新潟で改進党系の越佐議政会を組織。23年の第1回総選挙に立候補したが落選した。24年高田の後任として「読売新聞」主筆。27年より衆院議員に連続3選。35年早大図書館長に就任、大正6年まで在職する一方、同大の幹事、理事、名誉理事などを歴任して大学の発展・充実に貢献。38年大隈を総裁として国書刊行会を創設し、貴重な古書の復刻・刊行に努めた。40年日本文庫協会会頭に選出され、41年同会が日本図書館協会に改組されると引き続き43年まで会長を務めた。大正7年～昭和10年日清印刷社長。蔵書家として名高く公私にわたり10万冊に近い本を収集。大正期以降は随筆をよくし、著書に「春城随筆」「文墨余談」「政治原論」「擁炉漫筆」「市島春城古書談叢」などがある。

一宮 猪吉郎
いちのみや・いきちろう

新聞記者,小説家
[生年月日]不詳
[没年月日]明治15年（1882年）2月7日
[別名等]号=嘯風子

明治初期の新聞記者として活躍し、大阪

朝日新聞社入社後、正楽寺住職安満期勝了のことを書いて讒謗律に問われ、判決の日に自殺したといわれている。20歳に満たなかったらしい。唯一の著書に「東洋綺談 鳳縁情誌」(明治14年)がある。

一宮 房治郎
いちのみや・ふさじろう

新聞記者, 衆院議員(日本進歩党)
[生年月日]明治17年(1884年)9月
[没年月日]昭和23年(1948年)7月27日
[出身地]大分県 [学歴]上海東亜同文書院〔明治37年〕卒

奉天に盛京時報社を創立し、社長を務める。また大阪朝日新聞記者、東亜同文会理事などを務める。大正6年衆議院議員初当選、以来通算7回当選。農商務大臣秘書官、浜口内閣の内務参与官、第1次近衛内閣の海軍政務次官、内閣委員、大東亜省委員などを歴任。

市村 貞造
いちむら・ていぞう

日刊常総新聞主筆, 衆院議員(政友本党)
[生年月日]明治19年(1886年)7月
[没年月日]大正14年(1925年)12月26日
[出身地]茨城県 [学歴]早稲田大学政治経済科〔明治44年〕卒

茨城県議、日刊常総新聞主筆の他、衆院議員を1期務めた。

一力 健治郎
いちりき・けんじろう

新聞人, 河北新報創業者
[生年月日]文久3年(1863年)9月25日
[没年月日]昭和4年(1929年)11月5日
[出生地]陸奥国(宮城県) [旧姓]鈴木 [学歴]第二高等学校(旧制)卒 [家族等]二男＝一力次郎(河北新報社長), 孫＝一力一夫(河北新報社主)

明治24年仙台で書店開業。のち実業界で台頭し、市会、県会議員を務めた。29年改進党系の「東北日報」を譲渡され30年「河北新報」を創刊、社長となり、41年東北で初のマリノニ輪転機を導入、有力地方紙に育てあげた。「河北新報」創刊時に一力の頭に浮かんだのは「河北総帰独眼竜」という頼山陽の詩であった。これにちなみ題号を「河北新報」とした。一力は一切の公職を辞め、諸会社の事業関係をも絶った。「河北」は一力のものではない、全社員の、全読者の、そして全社会のものであるというのが信念であった。東北地方の文化振興を旗印に、30余年間社長を務めた。

井手 三郎
いで・さぶろう

上海日報社長, 衆院議員(憲政会)
[生年月日]文久3年(1863年)5月
[没年月日]昭和6年(1931年)11月16日
[出身地]肥後国(熊本県) [学歴]済々黌〔明治20年〕卒

清国に留学後、陸軍通訳として日清戦争に従軍。東亜同文会上海支部長となり、上海日報を創刊した。上海居留民団行政委員、同副議長を務めた。明治45年より衆院議員に2選。

井手 鉄処
いで・てっしょ

雑誌編集者
[生年月日]不詳
[没年月日]大正7年(1918年)11月
[出生地]岡山県倉敷市 [本名]井手正一

博文館や時事新報に勤めた後、大正5年

映画雑誌「活動之世界」を創刊。8年廃刊した。

伊藤 永之介
いとう・えいのすけ

新聞人，小説家
[生年月日]明治36年(1903年)11月21日
[没年月日]昭和34年(1959年)7月26日
[出生地]秋田県秋田市西根小屋本町　[本名]伊藤栄之助　[学歴]秋田市中通尋常高小〔大正7年〕卒　[受賞]新潮社文芸賞(第2回)〔昭和14年〕「鶯」，小学館文学賞(第2回)〔昭和28年〕「五郎ぎつね」　[家族等]妻＝伊藤輝子(元東京都選挙管理委員長)

高小卒業後、大正7年から9年まで日銀支店の行員見習いを務める。この間「国民新聞」などに投稿し、10年新秋田新聞社に入社。13年上京し、やまと新聞社に入社。同年創刊された「文芸戦線」に参加し「泥溝(どぶ)」などを発表。また「文芸時代」にも「犬養健氏の芸術」などを発表。昭和2年労芸に参加し、以後プロレタリア文学、農民文学の作家として活躍。10年代は「梟」「鴉」「鶯」などの鳥類ものを発表し、戦後も「雪代とその一家」「なつかしの山河」「警察日記」などを発表。29年には日本農民文学会を結成し、会長に就任した。その他の主要作品に「万宝山」「馬」「南米航路」などがあり、「伊藤永之介作品集」(全3巻，ニトリア書房)がある。

伊藤 銀月
いとう・ぎんげつ

新聞記者，評論家，小説家
[生年月日]明治4年(1871年)10月21日
[没年月日]昭和19年(1944年)1月4日
[出生地]秋田県秋田市保戸野諏訪町　[本名]伊藤銀二　[学歴]秋田県立秋田中学中退

17歳で中学を中退して上京し、各地を転々とした後、27歳で万朝報記者となる。以後、「銀月式」とうたわれた独特の文章で小説、歴史、人物論、紀行随筆と幅広く活躍し、明治34年「詩的東京」を刊行。著書は多く「美的小社会」「町の仙女」「美酒美女」「冷火熱火」「大日本民族史」などがある。

伊藤 金次郎
いとう・きんじろう

新聞人，新聞経営者，評論家，東海毎日新聞代表取締役兼主筆
[生年月日]明治25年(1892年)8月1日
[没年月日]昭和39年(1964年)7月31日
[出生地]愛知県

文選工の後、扶桑、報知新聞の記者を経て大正7年東京日日新聞(毎日新聞の前身)に入った。事業部長、社会部長、名古屋支局長兼名古屋毎日新聞取締役、内国通信部長を歴任した。昭和19年台湾新報社副社長兼主筆、21年東海毎日新聞代表取締役兼主筆編集局長。23～31年愛知県公安委員。人物評論「わしが国さ」など、随筆、評論にユーモアと皮肉たっぷりの筆をふるった。

伊藤 欽亮
いとう・きんりょう

新聞記者，ジャーナリスト，実業家，日本銀行発行局長
[生年月日]安政4年(1857年)8月4日
[没年月日]昭和3年(1928年)4月28日
[出生地]長門国(山口県)　[学歴]慶応義塾〔明治13年〕卒

長州藩士の家に生まれ、藩校明倫館や攻玉社を経て、慶応義塾に学ぶ。明治13年に卒業したあと新聞記者となり、「鎮西日

報」や「静岡新聞」などで活動。15年に「時事新報」創刊と同時に記者となり、のちにはその編集を担当した。29年には日本銀行に移って発行局長や文書局長を歴任し、39年陸羯南の主宰する新聞「日本」を買収して社長に就任、政友会寄りの論陣を張った。大正3年に社屋の火災のため「日本」が廃刊したのちは、慶応義塾系の交詢社理事や千代田生命理事など実業界で活躍。一方、言論界でも雑誌「ダイヤモンド」を監修し、同誌などに多くの論説を執筆するなど健筆を揮った。著書に「伊藤欽亮論集」（石山賢吉編）がある。

伊東 熊夫
いとう・くまお

日本立憲政党新聞創立者，実業家，京都府茶業組合取締所初代会頭，衆院議員
[生年月日]嘉永2年（1849年）12月
[没年月日]大正2年（1913年）5月7日
[出生地]京都府普賢寺（京田辺市）

京都・普賢寺に茶農業を営む庄屋の長男として生まれる。明治10年地元有志と南山義塾を設立、青少年の育成に努める。17年京都府茶業組合取締所初代会頭に就任、18年には山城製茶会社を興して貿易会社を通さない茶輸出を行う。25年シカゴで行われたコロンブス世界博覧会に日本喫茶店を出店、世界に対して大々的に日本の緑茶を宣伝した嚆矢となった。また日本立憲政党新聞を創刊したほか、伏見銀行頭取、伏見商業会議所会頭を務めた。政治家としても京都府会議員、同郡部会議長を務め、26年第1回衆院選挙に当選した。

伊藤 好道
いとう・こうどう

ジャーナリスト，社会運動家，衆院議員，日本社会党政策審議会長
[生年月日]明治34年（1901年）12月5日
[没年月日]昭和31年（1956年）12月10日
[出生地]愛知県豊田市 [別名等]筆名＝青山健、高杉登 [学歴]東京帝大法学部政治科〔大正14年〕卒、東京帝大経済学部経済科〔昭和3年〕卒 [家族等]妻＝伊藤よし子（元衆院議員）

大正14年中外商業新報に入社、論説委員、政治部次長。在学中から黒田寿男らと新人会に属し、中外新報時代、鈴木茂三郎を知り、昭和3年無産大衆党の結党に参加、雑誌「労農」に執筆。12年の人民戦線事件で検挙され、保釈出所後、満鉄調査部に入った。戦後の27年左派社会党で愛知4区から衆院選に当選。29年左社政策審議会長となり、30年左右統一後も政審会長を務め、「左派綱領」や「統一社会党綱領」を作成、鈴木茂三郎委員長の理論的支柱を務めた。衆院当選3回。

伊東 正三
いとう・しょうぞう

新聞人，「北鳴新報」創立者
[生年月日]明治4年（1871年）1月3日
[没年月日]大正2年（1913年）9月13日
[出生地]陸奥国三戸郡（青森県） [別名等]号＝山華 [学歴]帝国大学中退

明治29年札幌の日刊紙「北門新報」主筆となる。34年「北鳴新報」を創刊したが、経営難のため42年廃刊。のち「札幌区史」を編集した。

伊東 専三
いとう・せんぞう

新聞記者, 戯作者
[生年月日] 嘉永3年（1850年）
[没年月日] 大正3年（1914年）10月16日
[出生地] 江戸浅草（東京都台東区）　[別名等] 戯号＝橋塘

浅草の菓子店船橋屋の主人。仮名垣魯文門下。「かなよみ」投書家。「数の摘草」創刊。「仮名読新聞」「有喜世新聞」を経て大蔵省商務局雇をはさみ、再び「仮名読新聞」入社。その後「独立曙新聞」編輯幹理。「絵入自由新聞」「勉強新聞」「日本たいむす」記者、「今日新聞」主幹となる。その間「水錦隅田曙」「開明奇談写真廼仇討」などの戯作を発表した。

伊藤 徳三
いとう・とくぞう

長崎自由新聞創立者, 実業家, 衆院議員（政友会）
[生年月日] 嘉永6年（1853年）6月2日
[没年月日] 大正10年（1921年）4月26日
[出生地] 尾張国（愛知県）

明治2年上京、英学を学び、尾張藩の先輩鷲津毅堂らに啓発された。奥羽巡撫使丹羽賢に従って奥州偵察、7年の佐賀の乱平定後、佐賀裁判所に勤め、間もなく辞任、長崎に行き米人デビンションに英学を師事、長崎自由新聞を創刊。弁護士となり20年大阪で法律事務に従事、かたわら尼ケ崎紡績、大阪瓦斯、今宮紡績など設立。大阪府議、大阪弁護士会長を務めた。31年衆院議員となり、立憲政友会幹事。36年政界引退、京津、大津電車を経営、また韓国瓦斯電気会社を設立、監査役。

伊東 知也
いとう・ともや

新聞記者, 衆院議員（無所属）
[生年月日] 明治6年（1873年）4月
[没年月日] 大正10年（1921年）11月26日
[出生地] 山形県　[学歴] 東京専門学校卒

二六新聞社に入り、明治27～28年の日清戦争に従軍記者として活躍。その後北満州、東部シベリア地方を巡歴、黒龍会結成に参加、ロシア情勢を調査。また中国華南各地を歩き、対華問題に貢献した。45年以来衆院議員当選3回。

伊藤 野枝
いとう・のえ

雑誌編集者, 婦人運動家, 評論家
[生年月日] 明治28年（1895年）1月21日
[没年月日] 大正12年（1923年）9月16日
[出生地] 福岡県糸島郡今宿村（福岡市）　[本名] 伊藤ノエ（いとう・のえ）　[学歴] 上野高女［明治45年］卒　[家族等] 夫＝大杉栄（無政府主義者）、四女＝伊藤ルイ（市民運動家）

明治42年上京、上野高女4年に編入。そこで辻潤を知り同棲。その影響のもと大正2年青鞜社に入り、4年には「青鞜」の編集を担当、のち主宰の平塚らいてうに代わり発行責任者となり、女性の封建的地位の打破に努めた。この間、辻潤のもとを去って大杉栄と同棲し、5年世紀のスキャンダル・日蔭茶屋事件によってジャーナリズムから総攻撃を受ける。同年大杉栄と結婚して無政府主義活動に入り、「文明批評」を創刊。12年9月大杉栄とともに憲兵大尉甘粕正彦によって虐殺された（甘粕事件）。28年の短い生涯の間、7人の子どもを産む（大杉との間に5人）かたわら、ゴールドマン「婦人解放の悲劇」の翻訳のほか、創作・評論を意欲的に発表。「伊

藤野枝全集」（全2巻，学芸書林），「定本伊藤野枝全集」（全4巻，学芸書林）がある。

伊藤 正徳
いとう・まさのり

ジャーナリスト，軍事評論家，時事新報社長，日本新聞協会初代理事長
[生年月日] 明治22年（1887年）10月18日
[没年月日] 昭和37年（1962年）4月21日
[出生地] 茨城県水戸市 [学歴] 慶応義塾大学理財科〔大正2年〕卒 [受賞] 新聞文化賞〔昭和31年〕，菊池寛賞（第9回）〔昭和36年〕，新聞人顕彰〔昭和41年〕

大正2年時事新報社に入り、海軍省詰めとなり、第一次世界大戦でロンドン特派員。大正10年のワシントン軍縮会議に特派され、同僚の後藤武男に協力、「日英同盟の廃棄と日英米仏の四国協定」を正式発表の1週間前にスクープ、世界的な反響を巻き起こした。昭和3年編集局長。同社解散後、中部日本新聞主筆、ジャパン・タイムス取締役などを歴任。17から18年にかけ中央公論に「世界海戦史考」を連載。戦後は20年に発足した共同通信社初代理事長。21年日本新聞協会初代理事長。25年復刊した時事新報社に迎えられ社長。30年同社が産業経済新聞に合併され論説主幹。31年に新聞文化賞、36年戦記シリーズで菊池寛賞を受賞した。「連合艦隊の最後」「連合艦隊の栄光」「軍閥興亡史」「新聞生活二十年」「新聞五十年史」など多数の著書がある。

伊東 巳代治
いとう・みよじ

東京日日新聞社長，官僚，伯爵，農商務相，枢密顧問官
[生年月日] 安政4年（1857年）5月9日
[没年月日] 昭和9年（1934年）2月19日
[出生地] 肥前国長崎（長崎県）

明治4年上京、電信寮に入り、6年兵庫県六等訳官。9年上京、伊藤博文に才を認められ10年工部省に採用された。14年参事院議官補となり、11年伊藤の渡欧に随行、帝国憲法の原案作成に参画。18年第1次伊藤内閣の首相秘書官、22年枢密院書記官長、25年第2次伊藤内閣書記官長、31年第3次伊藤内閣の農商務相を務め、伊藤の懐刀として活動。一方24〜37年東京日日新聞社長として官僚政治擁護の紙面を作った。その間、32年枢密顧問官、36年帝室制度調査局副総裁。大正6年臨時外交調査会委員となり、7年のシベリア出兵には単独出兵を主張。11年伯爵。昭和2年の金融恐慌の際は幣原外交を非難して若槻内閣を崩壊させた。またロンドン海軍軍縮条約に猛反対するなど、一貫して日本の拡張路線を推進した。

伊東 米治郎
いとう・よねじろう

ジャパン・タイムス社長，実業家，日本郵船社長
[生年月日] 文久1年（1861年）12月26日
[没年月日] 昭和17年（1942年）5月3日
[出生地] 伊予国宇和島元結掛（愛媛県宇和島市） [学歴] ミシガン大学（米国）卒

若い頃に渡米し、苦学してミシガン大学を首席で卒業。明治29年帰国して日本郵船に入社。上海、ロンドンの支店長、営業部長、専務を経て、近藤廉平の後を受けて社長に就任。大正13年退任。外字新聞・ジャパン・タイムス社長も務めた。

稲垣 示
いながき・しめす

北陸公論社長，自由民権運動家，衆院議員（政

友会)
[生年月日]嘉永2年(1849年)8月20日
[没年月日]明治35年(1902年)8月9日
[出生地]越中国射水郡二口村(富山県射水市)
[別名等]号＝虎岳　[家族等]弟＝稲垣良之助(社会運動家)

富山県の大富豪の家に生まれる。明治14〜16年石川県議。14年板垣退助らと自由党を結成、18年大井憲太郎らと大阪事件を起こし、資金調達に奔走、長崎で逮捕され軽禁錮5年。22年出獄、北陸自由党の代表として活躍。25年以来衆院議員当選3回、立憲政友会の創立とともに入党、臨時協議員となった。一方、13年「北陸日報」、15年「自由新誌」を創刊、22年には「北陸公論」社長。

稲田 政吉
いなだ・まさきち

東洋自由新聞社主，衆院議員(中立倶楽部)，奎章閣山城屋主人
[生年月日]嘉永6年(1853年)3月29日
[没年月日]大正5年(1916年)2月29日
[出身地]江戸南天馬町(東京都中央区)

江戸時代から続く玉山堂山城屋佐兵衛の分家で山城屋政吉と称す。2代目は奎章閣と号し成島柳北「柳橋新誌」、永峰秀樹「支那事情」、服部誠一「東京新繁昌記」等で大当たりをとる。明治14年「東洋自由新聞」の社主。政治的野心もあって、13年京橋区議、15年同区選出の東京府議、22年より市議。27年衆院議員に当選、1期。東京書籍商組合副頭取なども務める。書肆廃業後は珍書蒐集家として古版本・古地図を多数愛蔵した。後にこのコレクションは大阪の久原文庫に入り、関東大震災による焼失を免れた。

稲野 年恒
いなの・としつね

挿絵画家，浮世絵師
[生年月日]安政5年(1858年)
[没年月日]明治40年(1907年)5月27日
[出生地]加賀国金沢(石川県金沢市)　[旧名]武部年恒(たけべ・としつね)　[別名等]通称＝孝之，別号＝贏斎，北梅，可雅賎人

明治10年頃月岡芳年のもとに入門し、「いろは新聞」「今日新聞」「絵入自由新聞」などに挿絵を執筆し。20年改進新聞によばれる。のち幸野楳嶺につき、大阪毎日新聞社、大阪朝日新聞社に入り、小説挿絵で活躍した。

犬養 毅
いぬかい・つよし

新聞記者，首相，政友会総裁，漢詩人
[生年月日]安政2年(1855年)4月20日
[没年月日]昭和7年(1932年)5月15日
[出生地]備中国都窪郡庭瀬(岡山県岡山市)
[別名等]号＝犬養木堂　[学歴]慶応義塾〔明治13年〕中退　[叙勲]勲一等旭日桐花大綬章〔昭和7年〕　[家族等]息子＝犬養健(政治家・小説家)，孫＝犬養道子(評論家)，犬養康彦(共同通信社長)

父は備中庭瀬藩士。明治8年上京、慶応義塾に学ぶ。15年立憲改進党創立に参加。「郵便報知新聞」「朝野新聞」で活躍。西南戦争の際にはまだ慶應義塾の学生であったが熊本県御用掛となって従軍。実見に基づく「戦地直報」と題する通信を送った。犬養の実戦記は戦況を生々しく伝えた記事として各社の西南戦争報道の中で最も評判が高かった。犬養らの西南戦争報道は新聞の価値が社会的に認められるきっかけとなった。13年「東洋経済新報」を創刊。14年「郵便報知新聞」に再入社。16年請われて「秋田日報」の主筆に就任。

18年「朝野新聞」入社。23年第1回総選挙より18期連続して代議士に当選。24年「民報」創刊。31年舌禍で辞任した尾崎行雄の後任として第一次大隈内閣の文相として初入閣したが、内閣総辞職のため2週間で退任。憲政党、憲政本党、国民党を経て、大正11年革新倶楽部を結成。12年第二次山本内閣の逓信相兼文相。高橋是清率いる政友会、加藤高明率いる憲政会と結んで護憲三派として第二次護憲運動を起こし、超然内閣として成立した清浦内閣を打倒。13年加藤高明内閣が成立すると逓信相。14年革新倶楽部を政友会に合同させ政界を引退するが、間もなく復帰。昭和4年政友会総裁、6年首相となるが、7年五・一五事件で暗殺された。尾崎行雄と並んで"憲政の神様"と称された。

伊能 嘉矩
いのう・かのり

新聞社勤務，人類学者，台湾研究家
[生年月日]慶応3年(1867年)5月9日
[没年月日]大正14年(1925年)9月30日
[出生地]陸奥国遠野(岩手県遠野市) [別名等]幼名＝容之助，字＝朋卿，号＝梅陰 [学歴]岩手師範(現・岩手大学)〔明治22年〕中退 [家族等]祖父＝伊能友寿(国学者)，江田霞村(儒学者)

早くに母を亡くし、父も東京へ留学したため、祖父母に育てられた。明治18年二松学舎に入り、漢文の「日本維新外史」を執筆。19年岩手師範に入学したが、22年寄宿舎騒動の主謀者として放校となった。同年上京して東京毎日新聞社に入社。24年東京教育社に転じ、27年より坪井正五郎について人類学を研究。28年台湾に渡航、台湾総督府に勤め、同地の政治・経済・民俗・言語などを研究。なかでも住民の種族的分類は学界で評価され、坪井

から表彰された。38年官を辞して帰郷し、著述に専念。著書に「世界に於ける台湾の位置」「台湾志」「台湾文化志」「遠野史叢」などがある。

井上 啞々
いのうえ・ああ

新聞社勤務，小説家，俳人
[生年月日]明治11年(1878年)1月30日
[没年月日]大正12年(1923年)7月11日
[出生地]愛知県名古屋市 [本名]井上精一 [別名等]別号＝九穂，玉山，桐友散士 [学歴]東大独文科中退

東大を中退し、籾山書店、毎夕新聞社などに勤務する。漢字に詳しく、俳句も作っており、巌谷小波の木曜会に参加し、のち荷風の「文明」「花月」に協力。作品に小説「夜の人」や警句集「猿論語」などがある。

井上 江花
いのうえ・こうか

新聞記者，「高岡新報」主筆
[生年月日]明治4年(1871年)3月20日
[没年月日]昭和2年(1927年)3月11日
[出生地]石川県 [本名]井上忠雄 [別名等]号＝蝸牛庵 [学歴]ニコライ神学校卒

加賀藩士の家に生まれるが、青年期に富山県高岡へ移住。上京してニコライ神学校に学んだのち牧師となったが、明治33年高岡新報社に入社して新聞記者に転じた。40年同紙主筆。富山県下の各地を訪問して書いた紀行文やルポにすぐれた才能を発揮し、黒部峡谷を旅したレポートは同紙の大きな呼び物となった。大正7年に富山県魚津を皮切りに米騒動が起こると富山県下の漁村を取材し、女たちの活躍を"女一揆"として報道。また富山のみ

ならず名古屋や大阪などの米騒動についても詳細なレポートを発表するが、過激で先鋭的な報道のため、内相によって米騒動報道の禁止を命ぜられた。博交を求めず、日々著述に明け暮れたという。著書に「江花叢書」などがある。

井上　秀天
いのうえ・しゅうてん

東洋思想研究家，社会運動家
[生年月日]明治13年（1880年）3月21日
[没年月日]昭和20年（1945年）3月17日
[出生地]鳥取県久米郡国坂村（東伯郡北栄町）
[学歴]哲学館卒，コロンボ大学，スマンガラ大学

哲学館（現・東洋大学）でインド哲学を学んだ後、セイロン（現・スリランカ）に渡り、コロンボ大学やスマンガラ大学で原始仏教を研究した。のち台湾に移住して曹洞宗の布教や子弟の教育に従事し、神科大学で東洋宗教を講じた。明治37年日露戦争が勃発すると第11師団付の布教師兼通訳官として従軍するが、肺結核に罹って帰国。以後死ぬまで神戸に住んだ。この頃、「万朝報」の幸徳秋水や堺利彦が唱えた非戦論に共鳴。やがて幸徳や森近運平ら社会主義者と交流するようになり、39年神戸平民倶楽部に入会。同年夏には同志とはかって雑誌「赤旗」の創刊を画策するなど盛んに活動するが、43年大逆事件に連座して取り調べを受け、起訴は免れたものの以後は常に官憲の監視下に置かれた。その後は外国人のための日本語教師を務める傍ら東洋思想の研究や著述・翻訳に従事。また「新仏教」や「現代通報」などの雑誌に寄稿し、社会批判や非戦論を唱えた。太平洋戦争前は神戸のイギリス領事館で秘書官を務めるが、16年12月の戦争勃発と同時にスパイ容疑で検挙され、半年後に釈放された。

井上　広居
いのうえ・ひろやす

秋田魁新報創立者，秋田市長，衆院議員（憲政会）
[生年月日]元治1年（1864年）10月4日
[没年月日]昭和31年（1956年）6月5日
[出生地]出羽国秋田城下（秋田県秋田市）　[旧名]小貫　[別名等]幼名＝金之助，号＝雪竹
[学歴]東京専門学校（現・早稲田大学）〔明治19年〕卒

小貫久之進の二男に生まれ、幼名は金之助。7歳で井上福治の養嗣子となる。四如堂や神沢素堂塾に学び陽明学も修める。のち「秋田新報」の主筆となり、明治22年「秋田魁新報」を創刊、31年社長に就任。大正5年一旦社長を退くが、昭和12〜20年再任した。この間、明治25年秋田市議となり、30年議長、35年秋田県議となり、のち議長を務め、45年衆院議員（憲政会）に当選2回。大正5年から17年間秋田市長を務めた。党派にとらわれず市民・県民の希望に応え、茨島工業地帯、船川・秋田港の連結開発、新国道、大秋田市構想などの長期計画を立て秋田の事業開発に貢献した。また公私の区別をはっきりつける言動で言論界・政界の長老としても活躍。雪竹の号で書家としても知られる。

井上　笠園
いのうえ・りつえん

新聞社勤務，小説家
[生年月日]慶応3年（1867年）1月
[没年月日]明治33年（1900年）1月
[出生地]下総国佐倉（千葉県佐倉市）　[本名]井上真雄　[別名等]号＝笠園，槐堂仙史　[学歴]慶応義塾卒

書店金港堂、都新聞社、土陽新聞社などを

経て明治26年大阪毎日新聞社に入社。勤めながら小説を書き「鶯宿梅」「金釵傳」「玉胡蝶」などの作品がある。

井之口 政雄
いのぐち・まさお

無産者新聞編集局員，社会運動家，衆院議員（共産党）
[生年月日]明治28年（1895年）4月28日
[没年月日]昭和42年（1967年）6月30日
[出生地]沖縄県那覇市　[学歴]慶応義塾大学理財科中退

日本社会主義同盟、水曜会で活動、大正12年共産党に入党、「無産者新聞」編集局員として活躍した。昭和3年の第1回普選に労働農民党候補として沖縄から立候補、3.15事件で検挙され、治安維持法違反で懲役8年判決。戦後、共産党兵庫県委員会再建に参加、21年機関紙アカハタ関西総局責任者となり、24年兵庫2区から衆院議員に当選、共産党国会議員団長を務めた。

猪野毛 利栄
いのけ・としえ

新聞記者，衆院議員（日本進歩党），福井放送社長
[生年月日]明治19年（1886年）1月
[没年月日]昭和27年（1952年）10月11日
[出身地]福井県　[学歴]日本大学法律科〔明治44年〕卒

順天中学校教諭、二六新報記者などを経て、日本浪人社を創立、雑誌「日本浪人」、経国社を創立し「政治及経済界」を主宰する。また司法大臣秘書官、内務大臣秘書官を経て、大正13年衆院議員に初当選以来通算6期務めた。広田内閣の外務政務次官、外務省委員などを歴任した。

井土 霊山
いのど・れいざん

新聞記者，ジャーナリスト，漢詩人
[生年月日]安政2年（1855年）
[没年月日]昭和10年（1935年）7月22日
[出生地]陸奥国相馬（福島県相馬市）　[本名]井土経重（いのど・つねしげ）　[別名等]字＝子常　[学歴]仙台師範卒

若い時から漢詩人として活躍し、また毎日新聞などの記者としても活躍。また、「書道及画道」の編集をし、「詩書画」を創刊した。一方、「大日本帝国憲法注釈」など数多くの法律講義録も筆記している。

猪股 為次
いのまた・ためじ

福岡日日新聞副社長
[生年月日]慶応3年（1867年）
[没年月日]大正15年（1926年）5月5日
[出生地]越後国刈羽郡北条村（新潟県柏崎市）

横浜ガゼット、新潟自由新聞、東京朝日新聞などの記者を経て、明治31年福岡日日新聞入社。33年新潟日報主幹となり、36年欧米留学。39年帰国し、再び福岡日日新聞に入り主筆、大正6年副社長となった。

伊波 月城
いは・げつじょう

新聞記者，文筆業
[生年月日]明治13年（1880年）12月27日
[没年月日]昭和20年（1945年）5月30日
[出生地]沖縄県那覇市　[本名]伊波普成（いは・ふせい）　[学歴]沖縄県中学〔明治32年〕卒
[家族等]兄＝伊波普猷（民俗学者・言語学者）

明治33年頃上京、青山学院で英語を学び洗礼を受ける。41年兄普猷らと「球陽文芸界」を結成。42年「沖縄毎日新聞」の記者となり、コラム、外国文学の翻訳等

を精力的に発表。のちに「沖縄毎日新報」の社長兼主筆となるが、同紙は廃刊。鉱山事業にも失敗し、大正半ばから表舞台を退く。琉球の文芸復興を夢見て、明治44年末吉麦門冬らと「毎日文壇」を開設するなど執筆・講演活動に力を注いだ。

伊原 青々園
いはら・せいせいえん

新聞劇評者，劇評家，演劇学者，劇作家，小説家
[生年月日]明治3年（1870年）4月24日
[没年月日]昭和16年（1941年）7月26日
[出生地]島根県松江市　[本名]伊原敏郎　[学歴]一高〔明治25年〕中退　文学博士（早稲田大学）〔昭和11年〕　[受賞]朝日賞〔昭和9年〕

出雲松江藩士の子。明治14年小学校を卒業すると郡役所に給仕として勤める傍ら独学。河合篤敬の塾、島根一中に学び、卒業後の22年上京して一高に進むが、25年学費・生活費に困窮して退学。26年二六新報社に入社し、斎藤緑雨、関根黙庵に触発され、青々園の号で劇評を書き始める。28年緑雨と時論日報社に入るが間もなく休刊。この間、坪内逍遙に才能を認められ、日本演劇史研究に着手した。29年逍遙の招きで「早稲田文学」の彙報欄の演劇・社会部門を担当。30年島村抱月、後藤宙外らと「新著月刊」を創刊し、小説「後面」や脚本「取かへ心中」を発表。同年逍遙の推薦で都新聞社に入社して劇評欄を担当するが、勧められて書いた小説「娘心」「五寸釘寅吉」が好評を博したため、以後はしばらく小説に仕事に比重を移した。33年同社を退社、初代安田善次郎の後援で三木竹二らと「歌舞伎」を創刊。35年から「東京専門学校文科講義録」に「日本演劇史」の連載を開始。36年都新聞社に復帰して再び劇評家として活動し、"都の青々園の劇評"として劇界やファンから重んじられた。41年三木の没後は独力で「歌舞伎」の発行を続けるも、大正4年廃刊した。著書に「日本演劇史」「近世日本演劇史」「明治演劇史」や「歌舞伎年表」（全8巻）、「団菊以後」「市川団十郎」などがある。

井原 豊作
いはら・とよさく

新聞記者，歌人，千代田通信社社長
[生年月日]明治7年（1874年）11月
[没年月日]大正13年（1924年）9月29日
[出身地]愛媛県

東京日日新聞記者を務め、大正2年千代田通信社を設立。歌人でもあり、明治31年佐佐木信綱、石榑千亦らと歌誌「心の華」を創刊した。大日本歌道奨励会幹事も務めた。

今井 邦子
いまい・くにこ

新聞記者，歌人
[生年月日]明治23年（1890年）5月31日
[没年月日]昭和23年（1948年）7月15日
[出生地]徳島県徳島市　[出身地]長野県　[本名]今井くにえ　[旧名]山田　[学歴]諏訪高女卒

3歳のとき長野県下諏訪町の祖父母に引き取られる。明治40年頃、17歳で「女子文壇」に投稿。諏訪高女卒業後、中央新聞の記者となり、44年結婚。大正5年「アララギ」に入会、島木赤彦に師事。この間、児童読み物も執筆し、少女小説「白い鳥よ」、童話集「笛吹く天人」を刊行。昭和6年歌集「紫草」を刊行。10年「アララギ」を退会。11年「明日香」を創刊し主宰。13年「明日香路」を刊し、昭和の代表的女流歌人の位置に立つ。

今井 邦治
いまい・くにじ

新聞記者，信濃民友社創業者，郷土史家
[生年月日]明治23年（1890年）
[没年月日]昭和38年（1963年）
[出生地]長野県諏訪郡四賀村（諏訪市）　[別名等]号＝黙天　[学歴]四賀尋常小学校卒

四賀尋常小学校を卒業後，南信日日新聞に入って新聞記者として活躍。大正9年頃，信濃民友社を設立して「信濃民友時論」を発行した。昭和14年月刊の郷土文化雑誌「郷土」を刊行し，自ら郷土の史蹟・名勝・民俗などを紹介・解説した他，他の郷土史家たちの論考も多数掲載した。21年綜合文化雑誌「民生」を創刊。郷土史家としては特に諏訪神社と，松尾芭蕉門下の俳人で，諏訪出身の河合曽良の研究で知られる。長野県上諏訪町議も2期務めた。著書に「蕉門曽良」「河合曽良追善集集録」「諏訪神社成因の調査研究集稿」「日本文化の始源性から観た諏訪祭」「諏訪の史跡名勝」「松平忠輝」などがある。

今泉 一瓢
いまいずみ・いっぴょう

漫画家
[生年月日]慶応1年（1865年）
[没年月日]明治37年（1904年）
[本名]今泉秀太郎　[学歴]慶応義塾卒　[家族等]おじ＝福沢諭吉（慶応義塾創立者）

福沢諭吉の甥で，慶応義塾卒業後，漫画修行のために渡米。明治23年帰国，時事新報で翻案四コマ漫画を掲載し日本のプロ漫画家の草分けとなった。初めて英語の"カリカチュア"を"漫画"と訳したとされる。著書に「一瓢漫画集初編」などがある。

今泉 鐸次郎
いまいずみ・たくじろう

新聞人，実業家，郷土史家
[生年月日]明治6年（1873年）
[没年月日]昭和10年（1935年）1月5日
[出生地]新潟県南蒲原郡中之島村中野

郷里の小・中学で教鞭をとり，明治32年新潟市の「東北日報」主筆となり，9年後「北越新報」主筆に就任。また市会，県会議員も務めた。のち長岡製氷会社専務，善光寺鋼索鉄道会社監査役となった。昭和4年宮内省の維新史料編纂委員となり，また「長岡市史」，越後・佐渡の郷土史料「越佐叢書」（全7巻）を編纂した。著書に「河井継之助伝」「鵜殿春風伝」「北越名流遺芳」などがある。

今村 勤三
いまむら・きんぞう

養徳新聞社創立者，衆院議員（改進党），奈良鉄道社長
[生年月日]嘉永5年（1852年）2月
[没年月日]大正13年（1924年）10月26日
[出生地]大和国生駒郡安堵村（奈良県生駒郡安堵町）

伴林光平に和漢を学んだ。明治4年父を継いで里正となり，廃藩置県で戸長，区長を務めた。14年大阪府議となり，15年大和国15郡の人民総代として上京，内務卿に廃県となった奈良県の分県請願書を提出，16年2度目の請願書を出したが却下され，さらに元老院議員佐野常民に建白して20年遂に奈良県設置が決定。その功績で県議，議長となった。のち讃岐鉄道会社の敷設工事を完成，21年養徳新聞社を創立，社長。23年以来衆院議員当選2回，改進党に所属。26年奈良鉄道会社を設立して社長。30年奈良農工銀行を興し頭取，

36年郡山紡績社長を兼務した。

今村 謙吉
いまむら・けんきち

新聞人，福音社社主
[生年月日]天保13年（1842年）7月7日
[没年月日]明治31年（1898年）8月20日
[出身地]加賀国金沢（石川県金沢市）

加賀藩主前田家に仕える重臣八家の一つで3万石を領した横山家の用人。明治2年上京、3年慶応義塾に学ぶ。同年山東直砥の北門義塾助教授、4年高知県英学校教師を経て、5年大阪府庁土木課に勤務。同地で宣教師オラメル・ギューリックと出会い、お互いに日本語と英語を教えあった。7年ギューリックの帰郷に同行してハワイへ渡り、半年間滞在。帰国後洗礼を受けた。8年村上俊吉と神戸市に便利舎というキリスト教書店兼干物屋兼英語塾を開いたが、間もなく閉鎖。同年雑報社を設立して社長兼工場長に就任、ギューリックを顧問、村上を編集長として日本初の週刊キリスト教新聞「七一雑報」を創刊した。16年社名を福音舎（間もなく福音社）、紙名を「福音新報」に改称。17年大阪に移転、18年「福音新報」を廃刊して日刊の「太平新聞」に切り替えたが翌月には行き詰まった。以後、書籍印刷業及びキリスト教書の出版販売に従事したが、29年病に倒れ廃業。印刷機は青木嵩山堂が、在庫書籍は元社員の警醒社・福永文之助が、福音社の社名は同じく元社員の矢部晴雲堂・矢部外次郎が引き継いだ。

今村 七平
いまむら・しちへい

福井新聞社長，衆院議員（憲政会）
[生年月日]文久2年（1862年）12月
[没年月日]昭和15年（1940年）1月23日
[出身地]越前国（福井県）

福井県議を経て、大正4年より衆院議員に連続2選。明治37年、「日刊北日本」を発刊、のち福井新聞と合併し社長就任。

岩亀 精造
いわがめ・せいぞう

岩手日報・岩手放送各社長
[生年月日]不詳
[没年月日]昭和41年（1966年）8月22日

昭和27年岩手日報三代目社長に就任。28年岩手放送を設立し社長。

岩切 門二
いわきり・もんじ

宮崎新報主筆，衆院議員（自由党）
[生年月日]万延1年（1860年）3月
[没年月日]明治29年（1896年）11月24日
[出身地]日向国（宮崎県）　[学歴]慶応義塾卒

明治21年宮崎新報を創刊して、主筆となる。宮崎県議を経て、27年自由党から衆院議員に当選した。

岩倉 具方
いわくら・ともまさ

報知新聞特派員，洋画家
[生年月日]明治41年（1908年）1月
[没年月日]昭和12年（1937年）10月14日
[出身地]東京　[学歴]太平洋美術学校　[家族等]曽祖父＝岩倉具視

洋画家を志し、昭和2年二科会展に初入選。5〜11年渡欧する。12年9月陸軍省嘱託画家、報知新聞特派員として日中戦争に従軍し、10月上海で戦死した。

岩佐 善太郎
いわさ・ぜんたろう

新聞記者，衆院議員（憲政会）
[生年月日] 明治4年（1871年）6月
[没年月日] 昭和7年（1932年）6月27日
[出身地] 熊本県　[学歴] 東京専門学校英語政治科〔明治27年〕卒

「日本」「憲政本党党報」「二六新報」「万朝報」等の記者を務める。大正6年衆院議員に当選1回。満蒙問題に詳しく、満州独立論は識者の注目を惹いた。

岩崎 鏡川
いわさき・きょうせん

新聞人，日本史学者，維新史料編纂官
[生年月日] 明治7年（1874年）9月27日
[没年月日] 大正15年（1926年）5月13日
[出生地] 高知県土佐郡梶谷村（高知市）　[本名] 岩崎英重（いわさき・ひでしげ）　[学歴] 英語専修学院〔明治28年〕卒　[家族等] 二男＝田中英光（小説家）

祖父から国学と漢学を学び、明治28年に東京の私立英語専修学院を卒業した後、同郷の政治家佐々木高行の秘書となり、32年「富士新聞」創刊の中心的役割を果たす。大正2年に旧土佐藩主山内家の家史編輯掛に任ぜられ、7年には維新史料編纂官に就任。明治維新史研究・編纂に後半生を費やし、「後藤象二郎」や「維新前史桜田義挙録」全3巻などの編著がある。

岩崎 光好
いわさき・みつよし

新聞記者，社会運動家
[生年月日] 明治38年（1905年）2月1日
[没年月日] 昭和33年（1958年）6月24日
[出生地] 静岡県田方郡下狩野村（伊豆市）　[旧名] 酒井　[学歴] 中央大学、東洋大学、日本大学

昭和3年沼津日日新聞記者となる。その頃から社会主義に関心を抱き、5年から労働運動の指導者として活躍。労働農民党にも参加したが、7年頃第一線を退ぞき、沼津で喫茶店を経営する。のち実業之世界社などに勤務。戦後は沼津で東鉄民報社設立に参加した。著書に「東鉄無産運動史」などがある。

岩下 伴五郎
いわした・ばんごろう

長野新報創立者
[生年月日] 不詳
[没年月日] 明治27年（1894年）

長野大門町で書店「蔦伴」を経営しながら、木版工場で出版事業も行う。明治6年長野県権令（初代知事）の立木兼善に勧められ長野新報を創刊。14年経営から退いた。新聞は官許長野毎週新聞、長野新聞、長野日日新聞、信濃日報を経て、14年信濃毎日新聞と改題。23年株式会社に改組した。

岩田 富美夫
いわた・ふみお

やまと新聞社長，国家主義者，大化会会長
[生年月日] 明治24年（1891年）10月27日
[没年月日] 昭和18年（1943年）7月6日
[出生地] 青森県　[学歴] 日本大学中退

大正7年頃から国家主義運動に入り、上海に渡り北一輝とともに大陸浪人となる。帰国後猶存社に参加、12年清水行之助と大化会を結成。昭和3年やまと新聞社総務部長、7年社長に就任、同紙を大化会の機関紙とした。山県有朋暗殺計画、大杉栄遺骨奪還事件をはじめ、北一輝の国家改造運動に深くかかわり、常にピストルを離さなかったことから、北の懐刀として

知られた。

岩田 民次郎
いわた・みんじろう

養老新報発行者, 社会事業家
[生年月日]明治2年(1869年)2月25日
[没年月日]昭和29年(1954年)5月12日
[出生地]岐阜県

明治35年大阪市南区の東立寺内に大阪養老院を設立。36～41年養老新報を発行。大正8年～昭和23年民生委員として社会事業に尽くした他、25年には第1回全国養老事業大会を開催するなど日本の老人福祉発展に力を注いだ。

岩永 裕吉
いわなが・ゆうきち

新聞人, 同盟通信社社長, 貴院議員(勅選)
[生年月日]明治16年(1883年)9月13日
[没年月日]昭和14年(1939年)9月2日
[出生地]東京・神田駿河台 [旧名]長与 [学歴]京都帝大法科〔明治42年〕卒 [家族等]父＝長与専斎(蘭方医), 兄＝長与弥吉(医師), 長与又郎(病理学者・東大総長), 弟＝長与善郎(小説家)

明治23年岩永家に養子入籍。43年高文合格、44年満鉄大連本社入社。大正6年満鉄を退社、鉄道院総裁後藤新平の秘書官。7年退官して渡米、帰国後の9年「岩永通信」を発刊した。10年国際通信社に入り、12年専務、15年同社を発展させて日本新聞連合社を創立し専務理事。昭和11年同社と日本電報通信社を合併して同盟通信社を発足させ社長に就任。戦後、同盟解体。勅選貴族院議員。

巌本 善治
いわもと・よしはる

ジャーナリスト,「女学雑誌」創立者, 女子教育家, 明治女学校校長
[生年月日]文久3年(1863年)6月15日
[没年月日]昭和17年(1942年)10月6日
[出生地]但馬国出石(兵庫県豊岡市) [旧名]井上 [別名等]号＝井上次郎, 月の舎しのぶ, 山下石翁, 撫象子, 如雲 [家族等]妻＝若松賤子(「小公子」の訳者), 養父＝巌本琴城(本名＝範治, 漢学者), 孫＝巌本真理(バイオリニスト)

但馬国出石の商人・井上家の二男で、慶応4年(1868年)因幡鳥取藩士の巌本琴城の養子となる。明治9年上京して中村正直の同人社に入り、漢学・英語を修めると共に中村の英国風自由主義思想を学ぶ。次いで津田仙の学農社農学校に転じ、同社の発行する「農業雑誌」にたびたび寄稿した。同校在学中、津田の影響でキリスト教を信仰するようになり、16年下谷教会の木村熊二のもとで受洗。17年卒業後は「農業雑誌」の編集に携わり、浮田和民らの「基督教新聞」主筆。傍ら、キリスト教的立場から婦人に対する啓蒙活動に関心を寄せ、17年近藤賢三とともに「女学新誌」を刊行したのを経て、18年新たに近藤らと「女学雑誌」を創刊(当初は月2回刊)。以後、社説などを中心にほぼ毎号にわたって寄稿し、女性の知識向上や廃娼などを唱え、19年の近藤の急死後はその署名編集人を務めた。20年木村熊二が創立した明治女学校の教頭に招かれ、実質的な校務を担当し、キリスト教精神に基づく自由教育を実践。また、島崎藤村、北村透谷、星野天知、大西祝、幸田延、津田梅子らを同校教師に迎えるとともに、藤村・天知・透谷や内村鑑三、田中正造らを「女学雑誌」に寄稿させた。22

年島田三郎、津田仙、徳富蘇峰、三宅雪嶺らと東京廃娼会を結成。同年天知らとともに女子学生に対する文才・情操の教育を目的とした雑誌「女学生」を創刊。25年明治女学校校長。26年「女学雑誌」を母体に天知・藤村らが「文学界」を興すと、その創刊号に「文章道」を寄せるが、その道義的・教訓的な内容から「文学界」同人との間に疎隔を生じることとなった。27年押川方義、本多庸一、松村介石らと大日本海外教育会を設立し、これを機に「女学雑誌」も月刊となる。しかし、29年2月明治女学校校舎が火災に遭い焼失、さらに妻の若松賤子が急死するなどの不幸が続いた。30年校舎を西巣鴨に移転し再出発を図るも、33年の高等女学校令・私立学校令の発布によって高等教育機関が全国的に充実しはじめたことや、34年成瀬仁蔵によって女子大学が創立されたこともあって学校経営は立ち行かなくなり、37年「女学雑誌」を廃刊、41年には明治女学校も廃校となった。その後、実業界に転身して明治殖民会社を設立し、南米ペルーへの移民を計画。また、内外通信会社や日活などにも関係した。著書に「海舟余波」「海舟座談」などがある。バイオリニストの巌本真理は孫。

【う】

上里 春生
うえさと・はるお

新聞記者，社会運動家，詩人，劇作家
[生年月日] 明治30年（1897年）
[没年月日] 昭和14年（1939年）6月2日
[出生地] 沖縄県伊江村（伊江島） [別名等] 幼名＝春助 [学歴] 沖縄県立農林学校中退

上京して三木露風に師事、詩、戯曲など創作を続けた。大正12年の関東大震災で大阪に移り、共産主義研究グループ・赤琉会に参加。昭和6年沖縄に帰り、大宜味村村政革新同盟を結成、革新運動を指導、検挙十数回、治安維持法違反で2年間服役した。10年サイパン島に渡り、「南洋朝日新聞」主筆となり新聞記者生活を送った。著書に「江戸書籍商史」、戯曲「琉球飢ゆ」「ジンギスカン物語」などがある。

上島 長久
うえしま・ながひさ

新聞記者，報知新聞編集長，衆院議員（憲政会）
[生年月日] 元治1年（1864年）12月
[没年月日] 大正7年（1918年）5月18日
[出生地] 大和国生駒郡法隆寺村（奈良県生駒郡斑鳩町） [学歴] 東京専門学校（現・早稲田大学）〔明治18年〕卒

上島掃部の子に生まれる。裁判所書記、釧路十勝共同汽船社員、函館商業学校教員、函館新聞記者などを経て、明治28年報知新聞社に入社、のち編集長、重役となる。大正6年衆院議員（憲政会）。7年愛知県代議士補欠選挙の応援に出張中に病没した。

植田 栄
うえた・さかえ

新聞記者，ジャーナリスト
[生年月日] 万延1年（1860年）
[没年月日] 明治24年（1891年）4月1日
[出生地] 土佐国（高知県） [別名等] 号＝精軒
[学歴] 東京帝国大学選科卒

岡鹿門に漢学を学び、東京帝国大学選科で政治経済学を修める。卒業後、田口卯吉の経済雑誌社に入り記者を務めた。1年

余で退社した後は、学生の育英に努めた。著作に「日本森林小言」「日本と基督教」「斯因頓万国史」など。

上田 重良
うえだ・しげよし

小樽新聞社長
[生年月日]文久2年（1862年）
[没年月日]大正4年（1915年）
[出生地]陸奥国（岩手県）

明治22年創刊間もない大分新聞主筆となり、23年北海道毎日新聞に移った。27年北海民燈に出向、のち小樽新聞と改称して社長となった。著書に小樽新聞社編輯局社会部編「楽天帖」がある。

上田 碩三
うえだ・せきぞう

ジャーナリスト，電通社長
[生年月日]明治19年（1886年）2月27日
[没年月日]昭和24年（1949年）1月30日
[出生地]熊本県 [学歴]東京高商（現・一橋大学）〔明治42年〕卒

日本電報通信社に入社。大正8年のパリ講和会議、10年のワシントン会議、昭和5年のロンドン軍縮会議など主な国際会議を取材。11年同盟通信社に入り、常務理事、編集局長を歴任。20年7月広告部門だけが残った電通の社長に就任。22年6月公職追放で退任。24年1月UP通信のボーン副社長と東京湾浦安沖で鴨猟中に遭難死した。二人の死を悼み、日米マスコミ界有志が基金を出し合い、25年に"ボーン国際記者賞"（のちボーン上田記念国際記者賞に改称）が創設された。

上野 岩太郎
うえの・いわたろう

新聞記者，新公論社長，「東京朝日新聞」記者
[生年月日]慶応3年（1867年）8月1日
[没年月日]大正14年（1925年）10月27日
[出生地]肥後国熊本（熊本県熊本市）[旧名]野口 [別名等]号＝抹羯

徳富一敬（淇水）に漢学を師事。上京後政治家星亨の書生となった。明治22年村山龍平の「大阪公論」に入った。23年「大阪朝日新聞」に入社、27年日清戦争には従軍記者となり、28年特派員としてウラジオストクに入り、ロシアの大陸経営、ハルビン建設などを報道。次いで「東京朝日新聞」の初代北京特派員として北清事変、日露戦争にも従軍記者を務めた。38年戦争半ば、北京の「順天時報」社長となった。また44年には「新公論」を経営、その後日支共同通信社にも関係した。

上埜 安太郎
うえの・やすたろう

新聞社経営者，衆院議員（政友会），高岡市長，富山市長
[生年月日]慶応1年（1865年）12月11日
[没年月日]昭和14年（1939年）4月4日
[出生地]越中国礪波郡西五位村（富山県高岡市）

明治25年富山県議、29年同議長を経て、35年より衆院議員に10選。大正11年高岡市長、昭和5年富山市長を務めた。また、北陸公論、越中新報、北陸新報、富山新報などを経営、東洋漁業を創立し、捕鯨事業にも携わった。

上野 理一
うえの・りいち

新聞人，朝日新聞社長

[生年月日]嘉永1年（1848年）10月3日
[没年月日]大正8年（1919年）12月31日
[出生地]丹波国篠山（兵庫県篠山市）　[別名等]号＝有竹

明治3年大阪に出て、のち兵庫県庁に勤め、12年同県川辺郡長。大阪に帰り、13年大阪朝日新聞社入社。14年から村山龍平と共同出資で経営に参画、販売・広告の経理を担当、創業時代の経営基盤を強化した。41年には大阪・東京の両朝日新聞社を合併し、朝日新聞合資会社とし、以降村山と1年交代で社長となった。大正7年の白虹筆禍事件で村山社長辞任の後を受け、事態を収拾、社長として事業発展の基礎を築いた。8年株式会社化を機に役員引退。また茶道にすぐれ、詩文・書画をよくした。

上原　虎重
うえはら・とらしげ

東京日日新聞取締役主筆
[生年月日]明治23年（1890年）10月3日
[没年月日]昭和27年（1952年）2月2日
[出生地]群馬県　[学歴]正則中学校夜間部卒

大正6年大阪毎日新聞の海外留学生試験に合格して入社、インド、ロンドン留学の後、ニューヨーク、パリ特派員となった。昭和7年電車事故で片足を切断したが、外国通信部長、編集総務を経て17年東京日日新聞編集主幹、取締役主筆となった。国際政治評論に健筆をふるったが、敗戦と同時に社を辞めた。「チャーチル大戦回顧録」を翻訳、遺著に「猫の歴史」がある。参院議員の紅露みつは妹。

植松　考昭
うえまつ・ひろあき

ジャーナリスト，政治評論家，「東洋経済新報」主幹
[生年月日]明治9年（1876年）3月
[没年月日]大正1年（1912年）9月14日
[出生地]石川県金沢市　[出身地]滋賀県　[別名等]筆名＝蠧木　[学歴]東京専門学校（現・早稲田大学）英語政治学科〔明治29年〕卒

明治30年日本初の労働運動の機関紙「労働世界」の記者となり、31年東洋経済新報社に入社。36年から「東洋経済新報」の編集を任され、急進的民主主義を唱導。37年5月から39年3月まで陸軍砲兵中尉として日露戦争に応召、帰国後普通選挙権の主張に続き、蠧木（ちくぼく）のペンネームで政党史に関する評論を118回にわたって掲載、その一部を著書「明治史伝」にまとめた。また、軍備拡張政策反対を力説、自由貿易論を提唱、労働運動にも尽力した。

上村　売剣
うえむら・ばいけん

新聞人，岩手報創立者，漢詩人
[生年月日]慶応2年（1866年）11月19日
[没年月日]昭和21年（1946年）5月7日
[出生地]陸奥国盛岡（岩手県盛岡市）　[本名]上村才六　[別名等]号＝詩命楼主人

若くから漢詩を学び、「盛岡公報」「岩手日報」などを創刊し、言論人、政治家としても活躍する。大正4年声教社をおこして、6年「文字禅」を創刊。著書に「売剣詩草」（明治36年）をはじめ「清韓游踪」「詩命楼集」などがある。

植村　正久
うえむら・まさひさ

雑誌編集者，牧師，神学者，評論家，東京神学社創設者，番町一致教会牧師
[生年月日]安政4年（1857年）12月1日
[没年月日]大正14年（1925年）1月8日

[出生地]江戸芝露月町(東京都港区) [出身地]上総国山辺郡武謝田村(千葉県東金市) [別名等]幼名=道太郎、号=謙堂、謙堂漁叟、桔梗生 [家族等]孫=佐波薫(「明日之友」編集長)、佐波正一(東芝社長)、中村妙子(翻訳家)、女婿=佐波亙(牧師)

明治元年一家で横浜に移る。6年プロテスタント教会横浜公会で受洗し、宣教師S.R.ブラウンの神学塾で神学教育を受ける。12年下谷一致教会牧師となり、18年開拓伝道を開始し、20年番町一致教会(現・富士見町教会)を設立、終生その牧師を務める。この間、日本基督公会、日本基督一致教会、日本基督教会で指導的役割を果たした。37年神学校の東京神学社を創設し、神学教育と牧師の養成にあたった。一方、文筆による社会活動も行い、13年「六合雑誌」の創刊に際して編集者となり、17年「真理一斑」を、18年「福音道志流部」を刊行。さらに「日本評論」「福音週報」の主筆としても活躍した。「旧約聖書」の翻訳、西洋文学の紹介など、近代文学に与えた影響は大きいものがある。「植村正久著作集」(全7巻)がある。

鵜崎 鷺城
うざき・ろじょう

新聞記者、評論家、「東京日日新聞」政治部副部長
[生年月日]明治6年(1873年)11月1日
[没年月日]昭和9年(1934年)10月28日
[出生地]兵庫県飾東郡中村(姫路市) [本名]鵜崎熊吉 [学歴]東京専門学校(現・早稲田大学)卒

明治40年東京日日新聞に入社し、「毎日電報」紙上に人物論を連載。43年立憲国民党に参加。44年東京日日新聞政治部副部長、45年退職。以後評論家として「日本及日本人」「中央公論」などで軍閥・財閥批判を展開した。大正11年「関門日日新聞」主筆。著書に「現代の歴史を造る人々」「明治大正傑人伝」「犬養毅伝」などがある。

牛場 卓蔵
うしば・たくぞう

新聞記者、実業家、山陽鉄道会長、衆院議員
[生年月日]嘉永3年(1850年)12月28日
[没年月日]大正11年(1922年)3月5日
[出生地]伊勢国(三重県) [旧名]原平 [学歴]慶応義塾[明治7年]卒 [家族等]女婿=新井領一郎(実業家)

内務省、兵庫県、太政官、大蔵省(主税官)などに奉職、また朝鮮政府顧問、時事新報、日本土木会社などを経て、明治20年山陽鉄道会社に入社。総支配人、取締役、専務などを務め、37年取締役会長に就任。25年には衆院議員に当選、1期つとめた。26歳の時、栗本鋤雲に迎えられ「郵便報知新聞」記者となる。明治15年、福沢諭吉が牛場ら慶應義塾出身者を記者に「時事新報」を発刊。

牛山 清四郎
うしやま・せいしろう

ジャーナリスト、「信濃日報」主筆
[生年月日]元治2年(1865年)1月28日
[没年月日]昭和14年(1939年)5月9日
[出生地]信濃国諏訪郡豊田村(長野県諏訪市)
[別名等]号=雪鞋

長野県松本の私塾で英語・漢学を修めたのち上京。明治23年東京築地の聖保羅教会の牧師ウイリアムから洗礼を受けてキリスト教徒となり、帰郷して伝道に従事した。35年ジャーナリスト・評論家の山路愛山の薦めで信濃毎日新聞社に入社。38年日露戦争後の講和条約に不満を感じた

民衆が日比谷焼打事件を起こすと、同紙に「戒厳日記」を掲載して民衆支持にまわり、そのために重謹慎30日の処分を受けた。40年保科百助らとともに「信濃公論」を創刊。同誌が43年に廃刊となったのちは「信越新聞」などで原稿を執筆し、大正7年松本の「信濃日報」の主筆に迎えられた。その後、国立公園協会の機関誌「中部山岳」の編集に当たった。郷土史や易学にも詳しく、「古代信濃の交通」「周易の研究概論」などの著書がある。

臼井 哲夫
うすい・てつお

西海日報社創立者，衆院議員
[生年月日]文久3年（1863年）1月
[没年月日]昭和10年（1935年）6月29日
[出生地]肥前国（長崎県島原市） [学歴]慶応義塾卒 [叙勲]勲三等

明治13年松田正久らと私立勧業懇話会を興し、また同年西海日報社を創立、社長として執筆。改進党入党。のち総武鉄道、上野鉄道などを創立、吾妻川電力株式会社社長となった。明治以来衆院議員当選7回。

臼田 亜浪
うすだ・あろう

新聞編集者，俳人，「石楠」主宰
[生年月日]明治12年（1879年）2月1日
[没年月日]昭和26年（1951年）11月11日
[出生地]長野県北佐久郡小諸町新町 [本名]臼田卯一郎 [別名等]別号＝一兎、石楠、北山南水楼 [学歴]和仏法律学校（現・法政大学）〔明治37年〕卒

「信濃青年」「向上主義」などの編集を経て、明治39年電報新聞社に入社し、41年「横浜貿易新報」編集長、42年「やまと新聞」編集長になる。一方、16歳頃から俳句を作りはじめ、子規を知って「国民新聞」などに投句する。

薄田 斬雲
うすだ・ざんうん

新聞記者，小説家，ジャーナリスト
[生年月日]明治10年（1877年）1月27日
[没年月日]昭和31年（1956年）3月27日
[出生地]青森県弘前市 [本名]薄田貞敬 [学歴]東京専門学校文学科選科〔明治32年〕卒

京城日報記者、早大出版部編集員などを歴任。その一方で作家として活躍し、明治39年発表の「濛気」をはじめ「平凡な悲劇」など、多くの短篇小説、戯曲、翻訳、随筆などを発表。著書に「天下之記者」「ヨボ記」などがある。

宇田 滄溟
うだ・そうめい

新聞記者，ジャーナリスト，「新東北」主筆，漢詩人
[生年月日]慶応4年（1868年）7月17日
[没年月日]昭和5年（1930年）11月12日
[出生地]土佐国土佐郡小高坂村（高知県高知市） [本名]宇田友猪（うだ・ともい） [別名等]号＝七星草堂主人，戦国亭主人，字＝誠甫，通称＝朋猪 [学歴]東京専門学校邦語政治科〔明治23年〕卒 [家族等]息子＝宇田道隆（海洋学者・歌人）

明治20年郷土の先輩である政治家・板垣退助に従って上京し、東京専門学校に学ぶ。在学中から森槐南に師事して漢詩を作った。23年同校を卒業後に新聞記者となり、「自由新聞」「新愛知」「新潟毎日新聞」などを経て高知の「高知実業新聞」「土陽新聞」で活躍、高知発祥の自由党の伝統を受け継ぎ健筆を揮った。また、36年には板垣が主宰する風俗改良会の雑誌

「友愛」編集人となる。大正2年には仙台に移って「新東北」主筆に就任、12年まで務めた。晩年は板垣の伝記執筆に取り組んだが、五千数百枚の原稿を遺し、病に倒れた。他の編著に「壟上偶語」「滄溟集」「自由党史」などがある。

歌川 国松
うたがわ・くにまつ

挿絵画家，浮世絵師
[生年月日]安政2年(1855年)
[没年月日]昭和19年(1944年)
[家族等]父＝歌川国鶴(1代目)，兄＝歌川国鶴(2代目)

和田姓であるが、画姓の歌川を本姓とした。若くから浮世絵師として活躍し、明治初期には横浜の風俗画、錦絵を描く。のちに新聞の挿絵を多く描く。また岡本起泉「恨瀬戸恋神奈川」や坪内逍遙「京わらんべ」などの挿画も描いた。

宇田川 文海
うだがわ・ぶんかい

新聞記者，小説家
[生年月日]弘化5年(1848年)2月24日
[没年月日]昭和5年(1930年)1月6日
[出生地]江戸本郷新町(東京都文京区) [別名等]号＝半痴，除々庵主人，別名＝鳥山棄三，法名＝恵海

12歳で得度し仏道精神に努める。明治3年文部省御用の活版所に勤め、その後6年に「遐邇新聞」主筆となり、「神戸港新聞」「大阪日日新聞」などを経て、「魁新聞」が廃刊になったため14年「朝日新聞」に入社。校閲者となった。入社後同紙に「勤王佐幕 巷説二葉松」などを発表し、小説家としても活躍する。23年「大阪毎日新聞」に入社し「うらかた」などを発表した。

歌川 芳宗(2代目)
うたがわ・よしむね

挿絵画家，浮世絵師
[生年月日]文久3年(1863年)2月5日
[没年月日]昭和16年(1941年)
[本名]新井周次郎 [別名等]号＝年雪，一松斎
[家族等]父＝歌川芳宗(1代目)

初代歌川芳宗の子として生まれる。明治8年月岡芳年の門人となり、10年西南戦争の錦絵を制作。14年2代目芳宗を継ぐ。新聞や本の挿絵を数多く手がけた。作品に「撰雪六々談」などがある。

内木 敏巾
うちき・としいち

新聞編集者，岐阜日日新聞社監査役
[生年月日]不詳
[没年月日]昭和42年(1967年)9月6日

清寛の起用によって「濃飛日報」編集長に就任。

内田 魯庵
うちだ・ろあん

評論家，小説家，翻訳家
[生年月日]慶応4年(1868年)閏4月5日
[没年月日]昭和4年(1929年)6月29日
[出生地]江戸下谷車坂六軒町(東京都台東区)
[本名]内田貢(うちだ・みつぎ) [別名等]幼名＝貢太郎，別号＝不知庵，藤阿弥，三文字屋金平 [学歴]大学予備門中退，東京専門学校(現・早稲田大学)〔明治20年〕中退 [家族等]息子＝内田巌(洋画家)，孫＝内田莉莎子(児童文学者)

幕府御家人の家に生まれる。少年時代は滝沢馬琴など江戸文学を耽読。また早くから外国文学に開眼し、明治17年親戚の

井上勤の翻訳助手となって井上の主宰する翻訳雑誌「文学之花」の編集にも携わった。大学予備門や東京専門学校などに学ぶがいずれも中退し、21年評論「山田美妙大人の小説」を「女学雑誌」に発表して文壇に登場、以後小説や批評などを発表。22年には嵯峨の屋お室からドストエフスキーを教えられ、以降はロシア文学に傾倒した。23年二葉亭四迷を知り、大いに影響を受ける。同年徳富蘇峰の国民新聞社に入社、島田三郎や矢野龍渓らとの論争を通じて新進評論家として注目された。27年三文字屋金平の戯名で当時の文壇人を批評した「文学者となる法」を刊行し、物議を醸す。また、文学は常に社会・人生の問題と真剣に取り組むべきことを主張し、31年社会小説「くれの廿八日」、35年「社会百面相」などを発表した。34年丸善に入社し、書籍部顧問として「学の燈」（のち「学燈」「学鐙」）の編集に手腕を発揮した。後半生は趣味人、読書人として生き、該博な知識とユーモアを基に優れた随筆、文壇回想記を執筆した。他の著書に「きのふけふ」「獏の舌」「バクダン」などがある。

内野 茂樹
うちの・しげき

新聞学研究者，早稲田大学教授
[生年月日]明治44年（1911年）1月
[没年月日]昭和38年（1963年）2月18日
[出生地]埼玉県比企郡　[学歴]早稲田大学政治経済学部〔昭和12年〕卒　法学博士〔昭和35年〕

昭和4年独学で早稲田大学の検定に合格、12年同大を卒業し同大学教職員賞を受賞した。同年倉敷絹織に入社。兵役で中国、フィリピンに転戦、21年復員。22年早大政経学部に新聞学科が設置され同学部新聞研究資料室に招かれた。23年早大講師、29年教授となった。この間、25年からアメリカ新聞史に関する論文を発表、また日本新聞学会創立に参画。35年「アメリカ新聞の生成過程」により法学博士となり、続いて「19世紀新聞論」を構想中に倒れた。

内村 鑑三
うちむら・かんぞう

新聞記者，キリスト教思想家
[生年月日]万延2年（1861年）2月13日
[没年月日]昭和5年（1930年）3月28日
[出生地]江戸小石川鳶坂上（東京都文京区）
[出身地]群馬県高崎市　[学歴]札幌農学校〔明治14年〕卒，アーモスト大学（米国）〔明治20年〕卒，ハートフォード神学校（米国）〔明治21年〕中退　[家族等]長男＝内村祐之（精神医学者・東京大学教授）

高崎藩（群馬県）藩士の子として江戸の藩邸で生まれる。有馬英学校、東京外国語学校（現・東京外国語大学）英語科を経て、明治10年札幌農学校に第2期生として入学。同期生に新渡戸稲造、宮部金吾らが居り、W.S.クラークの感化を受けてキリスト教に入信、翌11年受洗。14年開拓使御用掛となり勧業課漁猟科、16年農商務省農務局水産課に勤務。17年米国に渡り、アーモスト大学、ハートフォード神学校に留学。21年帰国、新潟県北越学館仮教頭、22年水産伝習所教師を経て、23年第一高等中学校（一高）講師となったが、24年教育勅語に対する敬礼を拒否して不敬事件を起し免職となる。26年井上哲次郎と"教育と宗教の衝突"論争。この頃より著作活動に入り「基督信徒の慰め」「求安録」、自伝「余は如何にして基督信徒となりし乎」（英文）などを著わす。30～31年朝報社「万朝報」記者。31年「東京独立雑誌」、33年「聖書之研究」、34年「無教

会」を創刊。32年女子独立学校校長に就任。34年朝報社客員記者として足尾鉱毒事件を世に訴える。日露戦争では幸徳秋水、堺利彦らと非戦平和論を主張し、退社。以後自宅で聖書研究会を開き、伝道・聖書の研究生活に入る。聖書のみの信仰に基づく無教会主義を唱え、塚本虎二、矢内原忠雄、南原繁らの門下生を育て、志賀直哉、小山内薫、有島武郎らの文学者、知識人に強い影響力を与えた。「内村鑑三全集」（全40巻、昭55～59年）がある。

生方 敏郎
うぶかた・としろう

新聞記者、随筆家、評論家
[生年月日]明治15年（1882年）8月24日
[没年月日]昭和44年（1969年）8月6日
[出生地]群馬県沼田町 [学歴]早稲田大学英文科〔明治39年〕卒

明治40年東京朝日新聞の記者となり、その後やまと新聞、大正日日新聞に転じ、早稲田文学社記者もつとめる。その間、小説、評論、翻訳など多くを発表し、大正4年「敏郎集」を刊行。15年には「明治大正見聞史」を刊行。昭和2年個人誌「ゆもりすと」を創刊し、戦時中は「古人今人」を発行した。他の著書に「人のアラ世間のアラ」「虐げられた笑い」「哄笑・微笑・苦笑」など多くあり、翻訳でもフランス「タイス」などがある。

海内 果
うみうち・はたす

新聞記者、ジャーナリスト
[生年月日]嘉永3年（1850年）10月23日
[没年月日]明治14年（1881年）10月2日
[出生地]越中国射水郡老田村（富山県富山市）

儒学者の岡田呉陽に師事。明治10年増田伝士と富山県初の啓蒙雑誌「相益社談」を創刊。しばしば「東京日日新聞」に投書していたところ、同紙社長の福地源一郎に認められることとなり論説記者となる。父、久吾とともに漢学者であった。

梅沢 彦太郎
うめざわ・ひこたろう

出版人、古陶器蒐集家、日本医事新報社創業者、日本出版協会会長
[生年月日]明治26年（1893年）5月23日
[没年月日]昭和44年（1969年）8月23日
[出生地]東京市本所区尾上河岸（東京都墨田区） [別名等]号＝曙軒 [学歴]東京慈恵会医学専門学校〔大正3年〕中退 [叙勲]勲四等旭日小綬章〔昭和42年〕 [家族等]二男＝梅沢信二（日本医事新報社社長）

江戸指物師の長男。大正3年東京慈恵会医学専門学校を中退し、日刊の新聞社に勤務。5年日本之医界社に迎えられ雑誌「日本之医界」編集長に就任。10年日本医事新報社を創業、週刊医学誌「日本医事新報」を創刊した。日本出版協会と日本書籍出版協会との間で「日本読書新聞」譲渡問題が紛糾した昭和34年、日本出版協会会長として解決に当たった。また、美術収集を趣味とし、特に古陶磁の収集で知られ、42年東洋古美術を中心に文化財の保存・展覧・研究を目的とした梅沢記念館を開設した。25年日本陶磁協会理事長。

梅原 北明
うめはら・ほくめい

編集者、ジャーナリスト、翻訳家
[生年月日]明治34年（1901年）1月15日
[没年月日]昭和21年（1946年）4月5日
[出生地]富山県富山市惣曲輪 [本名]梅原貞康（うめはら・さだやす） [別名等]筆名＝吾妻大陸、別号＝談奇館主人 [学歴]早稲田大学英

文科〔大正9年〕中退　[家族等]息子＝梅原正紀（宗教評論家）

父は保険代理業を営む。富山中学、金沢中学と教師排斥ストを主導したために相次いで退学となり、京都の平安中学を経て、早稲田大学英文科に学ぶが、大正9年中退。片山潜の影響で部落解放運動に携わった後、14年「デカメロン」の全訳版を刊行、ベストセラーとなる。同年自ら編集代表となって「文芸市場」を創刊し、反資本主義を掲げてプロレタリア文学運動に身を投じる一方、変態資料の蒐集・研究にも力を注ぎ、昭和2年以降の同誌は性文献資料的な性格を強めた。この間、大正15年雑誌「変態・資料」を、昭和3年には雑誌「グロテスク」を発刊。また、4年から6年にかけて社会資料集「明治大正綺談珍聞大集成」（全3巻）を刊行するなど多くの著作を出したが、たびたび出版法違反で罰金刑や長期拘留を受けた。その後、英語教師や鍼医師など職を転々とし、9年日劇支配人に就任。17年科学技術振興会を創立し、海外の科学技術資料を翻訳・出版した。他の著書に「近代世相全史」「明治性的珍聞史」、訳書に「露西亜大革命史」「世界好色文学史」などがあり、吾妻大陸などの筆名で、通俗小説も著した。

浦上　五六
うらかみ・いつむ

毎日新聞取締役企画調査局長
[生年月日]明治42年（1909年）11月24日
[没年月日]昭和43年（1968年）9月15日
[出生地]岡山県吉備郡足守村（岡山市）　[学歴]東北帝大国文科卒

国語審議会委員、東大新聞研究所非常勤講師なども務めた。

浦田　芳朗
うらた・よしろう

京都新聞社長
[生年月日]不詳
[没年月日]昭和39年（1964年）2月25日

昭和17年に誕生した「京都新聞」社長に就任。後、翼賛政治体制確立協議会に推され京都市議、市会議長に選ばれたため社長を辞任。

海野　高衛
うんの・たかえ

新聞記者，社会運動家
[生年月日]明治38年（1905年）
[没年月日]昭和6年（1931年）5月
[出生地]長野県諏訪郡湖東村（茅野市）

駅夫などをした後、南信日日新聞、次いで中央蚕糸新聞記者となる。その頃から諏訪地区でアナキストとして活躍した。

【え】

江川　為信
えがわ・ためのぶ

新聞記者，衆院議員（進歩党）
[生年月日]明治23年（1890年）6月
[没年月日]昭和44年（1969年）10月20日
[出生地]石川県額村（金沢市）　[家族等]弟＝江川昇（金沢市長）

「北國新聞」「北國夕刊新聞」「信濃毎日新聞」の記者を務めたのち、大正11年帰郷して北國新聞社に入社。政治部長として普通選挙運動の論陣を張る。昭和2年石川県議となり、4期連続当選。22年戦後初の衆院選に立候補して当選、1期。30年石川

県議に復帰、通算5期務めた。

江口 三省
えぐち・さんせい

新聞記者，衆院議員（自由党）
[生年月日]安政5年（1858年）10月9日
[没年月日]明治33年（1900年）12月27日
[出生地]土佐国安芸郡西分村（高知県安芸郡芸西村）　[別名等]後名＝小松三省　[学歴]立志学舎，慶応義塾

上京して語学、政治、経済学を修めた。自由民権運動に参加し、土佐派の指導的人物として活躍。「東雲新聞」「自由」などの政論新聞で健筆を振るった。明治25年第2回衆院選に小松三省の名で高知県から当選、第3、第4回にも当選した。しかし自由党の妥協化にあきたらず、33年札幌に渡った。著書も多く、ヘンリー・ジョージの訳書「社会問題」は転換期の自由党に影響を与えた。

江副 靖臣
えぞえ・やすおみ

佐賀新聞社長，実業家，衆院議員
[生年月日]嘉永4年（1851年）4月
[没年月日]大正4年（1915年）4月24日
[出生地]肥前国佐賀郡（佐賀県佐賀市）　[旧名]野口　[学歴]横浜ヘボン学校卒

肥前佐賀藩の藩校・弘道館を経て、慶応義塾、横浜ヘボン学校に学ぶ。明治17年「佐賀新聞」を創刊し、社長に就任。その後、弁護士の資格を得て業務に従事、佐賀取引所の設立や佐賀市制実施に尽力した。佐賀市議・議長、佐賀県議・議長を務め、45年衆院議員に当選1回。また佐賀取引所理事長、佐賀実習女学校校主となった。

江戸 周
えど・まこと

茨城新聞副社長，実業家，茨城県議
[生年月日]安政4年（1857年）10月10日
[没年月日]昭和2年（1927年）1月28日
[出生地]常陸国（茨城県）

明治23年茨城新聞社に入社、のち副社長。40年茨城県議。水戸商業会議所副会頭、水戸瓦斯取締役なども歴任。

蛯原 八郎
えびはら・はちろう

新聞・雑誌研究家
[生年月日]明治40年（1907年）1月13日
[没年月日]昭和21年（1946年）5月30日
[出生地]茨城県北相馬郡井野村　[学歴]麹町上六尋常小学校卒

小学校卒業後丸善に入り、そのかたわら丸善商業夜学会で学ぶ。大正12年丸善を退社し、13年宮武外骨の助手となって、昭和2年から11年迄東京帝国大学法学部明治新聞雑誌文庫に勤務し、「明治文化」の編集もした。その間「日本欧字新聞雑誌史」「明治文学雑記」「海外邦字新聞雑誌史」を刊行。退職後は時事新聞特派員として欧米諸国に出張、のちに満州に渡り、同地で没した。

海老原 穆
えびはら・ぼく

新聞記者，評論家
[生年月日]文政13年（1830年）1月3日
[没年月日]明治34年（1901年）6月
[出生地]薩摩国鹿児島（鹿児島県）

薩摩藩士として戊辰戦争に従軍。明治4年陸軍大尉、5年愛知県官吏を経て、8年「評論新聞」を発刊。自由民権説と征韓論

を展開して、9年発禁となり、「中外評論」「文明新誌」と改題。10年西南戦争が起こると東京で逮捕され、懲役1年の刑に処せられた。

江部　鴨村
えべ・おうそん

新聞編集者，仏教学者，評論家
[生年月日]明治17年（1884年）10月5日
[没年月日]昭和44年（1969年）10月16日
[出生地]新潟県加茂市下条　[本名]江部蔵円
[学歴]真宗大学（現・大谷大学）〔明治42年〕卒

加茂市の専照寺に生まれる。明治43年二六新聞社に入社、学芸部に配属される。大正6年退社。15年〜昭和3年雑誌「自然浄土」を発行。日本大学講師、大谷大学教授、武蔵野女子学院短期大学教授などを歴任。評論家、仏教学者として活躍し、「維摩経新講」（昭和23年）「仏教概論」（昭和23年）をはじめ「仏教への出発」「仏教芸術」などの著書がある。

江見　水蔭
えみ・すいいん

新聞記者，小説家
[生年月日]明治2年（1869年）8月12日
[没年月日]昭和9年（1934年）11月3日
[出生地]備前国（岡山県岡山市壱番町）　[本名]江見忠功（えみ・ただかつ）　[別名等]別号＝怒濤庵，水蔭亭雨外，半翠隠士

明治14年軍人を志して上京するが、文学に関心を抱き、21年硯友社同人に。22年「旅絵師」を発表して作家生活に入る。25年江水社をおこし、文芸誌「小桜縅」を創刊。27年中央新聞に入社、「電光石火」などの軍事短編小説を連載。以後読売新聞、神戸新聞記者を経て、33年博文館に入り、「太平洋」主筆、「少年世界」主筆もつとめた。35年退社。神戸新聞では軟らかい記事を期待され主任を務めた。のち冒険小説、探検記を手がけ、41年成功雑誌社の「探検世界」主筆となり、同誌主宰の雪中富士登山に隊長として参加。主な作品に「女房殺し」「炭焼の煙」「絶壁」「新潮来曲」などがある。ほかに「自己中心明治文壇史」（昭2）があり、明治文学史の貴重な資料となっている。

江森　盛弥
えもり・もりや

新聞編集者，詩人
[生年月日]明治36年（1903年）8月18日
[没年月日]昭和35年（1960年）4月5日
[出生地]東京・小石川　[学歴]逗子開成中学中退

「文芸解放」「左翼芸術」などの創刊に参加し、アナーキスト系詩人として出発するが、のちに「戦旗」などに参加する。戦後は人民新聞編集長、アカハタ文化部長などを歴任し、政治論、文化論なども発表。著書に詩集「わたしは風に向って歌う」、評論集「詩人の生と死について」などがある。

円城寺　清
えんじょうじ・きよし

新聞記者，ジャーナリスト
[生年月日]明治3年（1870年）11月
[没年月日]明治41年（1908年）10月21日
[出生地]肥前国小城晴田村（佐賀県小城市）
[別名等]号＝天山　[学歴]東京専門学校（現・早稲田大学）〔明治25年〕卒

「西肥日報」「郵便報知新聞」を経て、明治28年「改進党党報」主幹となり、改進党東京支部常務幹事などで活躍した。同党分裂で「憲政本党党報」主任記者、32年

朝報社に転じ、「万朝報」の論説記者として活躍。普通選挙同盟会、対露同志会などに関係。また河野広中、島田三郎らと政界革新会を結成、政治財政などに健筆をふるった。著書に「大隈伯昔日譚」「韓国事情」「財政整理案」「非増租論」などがある。

遠藤　清子
えんどう・きよこ

新聞記者，小説家，評論家，婦人運動家
[生年月日]明治15年（1882年）2月11日
[没年月日]大正9年（1920年）12月18日
[出生地]東京府神田区猿楽町（現・東京都千代田区）　[旧名]木村　[別名等]筆名＝岩野清子
[学歴]東京府立第一高女中退，東京府教育伝習所卒

小学校教員、大阪日報記者などをつとめながら、治安警察法改正運動などに参加。明治42年作家・岩野泡鳴と知り合い同棲し、「青鞜」などで岩野清子の筆名で文筆活動をする。大正2年結婚。4年「愛の争闘」を刊行。6年泡鳴と離婚したのちは、洋画家の遠藤達之助と再婚。9年新婦人協会に参加、婦人参政権運動に活動。

遠藤　友四郎
えんどう・ゆうしろう

東北評論創立者，国家主義思想家
[生年月日]明治14年（1881年）6月27日
[没年月日]昭和37年（1962年）4月28日
[出生地]福島県　[学歴]同志社神学校〔明治40年〕中退

横浜で独学、救世軍を知ってキリスト教に入信。明治39年同志社神学校に入り、高畠素之を知り社会主義思想に傾倒。大学中退後、足尾鉱毒事件にかかわり、高畠と社会主義新聞「東北評論」を創刊。大正7年堺利彦の売文社に入社、高畠と国家社会主義グループを率いた。14年以後高畠と離れ、民族派として昭和10年まで個人誌「日本思想」に拠り、尊皇愛国、日本主義を唱えた。著書に「社会主義者になった漱石の猫」「財産奉還論」などがある。

遠藤　麟太郎
えんどう・りんたろう

大阪朝日新聞論説委員
[生年月日]明治14年（1881年）
[没年月日]大正14年（1925年）3月4日
[出生地]山形県　[別名等]号＝楼外郎、瓦全房主人　[学歴]早稲田大学商科〔明治40年〕卒

大阪朝日新聞社に入社。明治44年～大正2年上海特派員、10年経済部長。14年論説委員。論説・経済欄で活躍した。著書に「銀行罪悪史」など。

【お】

鶯亭　金升
おうてい・きんしょう

新聞記者，戯作者
[生年月日]慶応4年（1868年）3月16日
[没年月日]昭和29年（1954年）10月31日
[出生地]下総国八木ケ谷村（千葉県船橋市）
[本名]長井総太郎

「団団珍聞」の投書家を経て、江戸の戯作者・梅亭金鵞門下となって滑稽戯文、雑俳を学び鶯亭金升を名乗る。団団社社員となり、さらに「改進新聞」「万朝報」「中央新聞」「読売新聞」「都新聞」「東京毎日新聞」の各新聞社を転々とした。戯作者、落語作家、都々逸・長唄・清元などの作詞、雑俳の宗匠としても活躍した。著書

に「明治のおもかげ」があり、没後、「鶯亭金升日記」が刊行された。

大井 憲太郎
おおい・けんたろう

新聞記者，自由民権運動家，社会運動家，衆院議員(憲政党)
[生年月日]天保14年(1843年)8月10日
[没年月日]大正11年(1922年)10月15日
[出生地]豊前国宇佐郡高並村(大分県宇佐市)
[旧名]高並 [別名等]幼名＝彦六，別名＝馬城台二郎，馬城山人 [学歴]大学南校

幼少から漢学を学び、20歳のころ長崎に出て蘭学・英学を修め、さらに江戸に出て仏学・化学を学ぶ。幕府の開成所舎密局に出仕。戊辰戦争では幕軍。明治2年箕作麟祥に師事。大学南校に入り、7年民選議院設立で加藤弘之と論争。8年元老院少書記となり翌年免官。同年愛国社創立に参画。その後は代言人(弁護士)として活動する傍ら、急進的自由民権運動のリーダーとなる。「曙新聞」主筆として記事を書く。15年自由党に参加。17年秩父の借金党を指導、18年朝鮮の内政改革運動の大阪事件を起こして逮捕され、禁錮9年の刑を受けた。22年の大赦令で出獄、中江兆民らと自由党再興を図り、23年立憲自由党設立。同年自由党系新聞の「あづま新聞」を創刊。小新聞的な紙面ながら労働、社会問題に関心を注いだ。翌年廃刊。「立憲自由新聞」の記者でもあった。25年自由党を脱党、東洋自由党を結成、普通選挙を唱え、日本労働協会、小作条例調査会を設け社会運動の先駆的役割を果たした。同党は26年解散。27年衆院議員に当選、31年自由党、進歩党の合同に尽くし憲政党総務。32年普通選挙期成同盟会(後の普通選挙同盟)を片山潜らと結成。37年と41年に衆院議員に当選。晩年は満鉄の援助を受け、対外強硬論を主張した。著書に「時事要論」「自由略論」など。

大井 冷光
おおい・れいこう

新聞記者，児童文学作家，口演童話家
[生年月日]明治18年(1885年)11月7日
[没年月日]大正10年(1921年)3月5日
[出生地]富山県上新川郡三郷村(富山市水橋)
[本名]大井信勝 [学歴]福野農学校〔昭和36年〕卒

井上江花に認められて高岡新報社に勤め、転じて富山日報社の記者となる。立山に登って感動、明治41年最初の立山総合研究書ともいうべき名著「立山案内」を著述刊行した。やがて越中の民話に材を得た「姉倉ひめ」「佐伯有頼」など童話を次々と発表。44年久留島武彦を頼って上京、早蕨幼稚園に勤めるかたわら童話の編集を担当。大正元年時事新報社に入社、「少年」「少女」の主筆となり、数多くの作品を発表。また西欧童話を勉強する他、自作童話の自演(口演)のため全国各地に奔走する生活を送る。大正10年3月立山を開いた少年有頼の銅像を建てて郷土の子供の心のしるべにしたいという念願の中途で惜しくも死亡した。代表作品に「雲の子ども」「千人結び」など、作品集に「母のお伽噺・合本」「大井冷光集」(全5巻)がある。

大内 一郎
おおうち・いちろう

新聞記者，衆院議員(自由党)
[生年月日]明治24年(1891年)3月
[没年月日]昭和37年(1962年)3月18日
[出身地]福島県 [学歴]早稲田大学専門部政治経済科

福島県議、公立福島病院組合会議員、福島新聞記者、福島民報主筆、読売新聞福島支局長、二本松自動車会社社長等を務める。昭和21年衆院初当選。以来連続当選3回。この間日本自由党幹事、民主自由党総務などを歴任。著書に「電力問題と東北モンロー主義」がある。

大内 青巒
おおうち・せいらん

中外郵便週報発刊者，僧侶，仏教運動家，東洋大学学長，鴻盟社社主
[生年月日]弘化2年（1845年）4月17日
[没年月日]大正7年（1918年）12月16日
[出生地]陸奥国仙台（宮城県仙台市） [本名]大内retourn（おおうち・まかる） [別名等]字＝巻之，別号＝蕭々，露堂 [家族等]息子＝大内青坡（洋画家），大内青圃（彫刻家），女婿＝木村五郎（彫刻家）

幼い頃に父母を失い、陸奥仙台藩士・但木土佐に育てられた。のち水戸に出て曹洞宗の照庵のもとで出家し、泥牛と号す。万延元年（1860年）師に従って江戸に移り、禅を原坦山、仏典を福田行誡、漢学を大槻磐渓に学んだ。明治初年推薦されて西本願寺法主・大谷光尊の侍講を務めるが、やがて禅浄一致を説いて還俗。以後、在家主義を主張して布教活動を進め、5年にはキリスト教を排撃した「駁尼去来問答」を刊行した。7年島地黙雷、赤松連城らと「共存雑誌」「報四叢談」を、8年「官准 教会新聞」を創刊（第148号より「明教新誌」に改題）。護法論、信教自由論、戒律論などを幅広く論じて仏教啓蒙思想家として活躍した。12年各宗連合の共同により和敬会を結成。14年東京・麻布本村町に書肆鴻盟社を創立、仏教新聞「中外郵便週報」を発刊したが16年廃刊。店舗を京橋に移し仏教雑誌及び単行本を刊行

したが、23年長野県人今村金次郎に業務一切を譲渡した。20年には在家化道に関心を持つ曹洞宗の僧侶や信者を集めて曹洞扶宗会を創立、同会における民衆教化の指針として「洞上在家修証義」を著述し自由信教・自由布教を唱えたが、結局同会はのちに曹洞宗団に吸収された。22年仏教徒の政治団体・尊王奉仏大同団を設立し、尊王と奉仏の両立を説いた「尊皇奉仏論」を発表。さらに鴻盟社を組織してその指導者となり、多くの門弟を育てた。大正3年東洋大学学長。7年永平寺参詣中に急死した。

大内 地山
おおうち・ちざん

新聞人，郷土史家，常総新聞主筆
[生年月日]明治13年（1880年）2月2日
[没年月日]昭和23年（1948年）2月7日
[出身地]茨城県 [本名]大内逸朗 [学歴]法学院卒

栗田寛に学ぶ。明治39年常総新聞社に入社、43年主筆となる。昭和12年水戸学塾を開設。著作は「水戸学要義」などがある。

大江 敬香
おおえ・けいこう

新聞人，漢詩人
[生年月日]安政4年（1857年）12月24日
[没年月日]大正5年（1916年）10月26日
[出生地]江戸八丁堀（東京都中央区） [本名]大江孝之 [別名等]別号＝楓山，愛琴，謙受益斎主人，澹如水廬主人 [学歴]慶応義塾卒

徳島藩の江戸藩邸で生まれる。明治11年から静岡新報主幹、山陽新報主筆、神戸新報主筆代理をつとめ、その後参事院、東京府庁などにつとめる。明治24年以降漢詩人として独立し、31年「花香月影」を、

41年「風雅新報」を創刊した。遺著に「敬香詩鈔」(大正5年)がある。

大江 素天
おおえ・そてん

新聞記者，ジャーナリスト，朝日新聞社友
[生年月日]明治9年(1876年)2月
[没年月日]昭和25年(1950年)7月8日
[出生地]兵庫県多紀郡大芋村(篠山市) [本名]大江理三郎

明治24年「神戸又新日報」に投書した時代小説が挿絵入りで掲載され、これをきっかけに文筆の道に目覚める。29年京都鉄道会社に入社、会計を担当するが筆を捨てず、37年大阪朝日新聞の懸賞小説に「琵琶歌」が次点入賞、38年12月4日から紙上に掲載された。39年鉄道国有法により官吏となり、のち神戸出納事務所に務めたが、再び懸賞小説の佳作に入ったことがきっかけで41年2月大阪朝日新聞社に入社。45年明治天皇死去に際して御大喪の報道に携わり、大正5年青島攻略戦では従軍記者として第二陣の記者団に加わって写真を撮影、6年には八幡製鉄の大疑獄事件を連載記事で取り上げて捜査を促すなど、記者としての活躍にはめざましいものがあった。同時に様々な文化事業にも参画、同年勅題写真の募集を行った。婦人活動の振興にも寄与し、13年には全関西婦人連合会の機関誌「婦人」(のち「婦人朝日」)の編集責任者に就任。14年大阪朝日新聞整理部長(二人制の一人)となり、編集に関わる。15年3月には写真団体219団体を集めた全関西写真連盟の結成を斡旋し、全関西写真競技会を開催した。

大江 卓
おおえ・たく

政論新聞社長，内務官僚，実業家，社会運動家，大蔵省理事官，衆院議員，東京株式取引所副会頭，帝国公道会副会長
[生年月日]弘化4年(1847年)9月25日
[没年月日]大正10年(1921年)9月12日
[出生地]土佐国幡多郡柏島(高知県幡多郡大月町) [旧名]斎原 [別名等]通称=秀馬，治一郎，卓造，号=天也 [家族等]孫=大江恒吉(光村図書出版創業者)

慶応3年(1867年)土佐藩の陸援隊に入って倒幕運動に加わり、明治元年鳥羽伏見の戦いにも参加。明治維新後、兵庫県判事補、外国事務御用掛などを経て、上海に渡航。帰国後は神戸で穢多非人廃止運動を手がけた。4年民部省、次いで神奈川県庁に入り、5年神奈川県令となり、ペルー国汽船マリア・ルーズ号の中国人奴隷売買を摘発、中国人苦力を解放。7年大蔵省理事官、8年退官、後藤象二郎の蓬莱社に入った。10年西南戦争に挙兵をはかって11年投獄された。17年出獄、21年後藤の大同団結運動に参加、運動の分裂後は大同倶楽部の幹部として活躍。23年1月には同倶楽部の機関紙「政論新聞」社長を委嘱された。同年7月、第1回衆議院議員選挙が行なわれ、岩手監獄に在監した縁から岩手県第5区で当選。その後、新政党運動に奔走し、8月、立憲自由党結成に参加し幹部として活躍。しかし第1回議会では、予算委員長として「土佐派の裏切り」を起こした。25年落選、実業界に転じ、東京株式取引所副会頭、京釜鉄道重役などを務めた。42年財界引退、大正3年僧籍に入り、同年帝国公道会を創設、副会長に任じて融和事業など部落解放に尽力した。3年から「会報」(4年4月「公道」と改題)を発行。「公道」は6年8月から休

刊したが、7年11月に再刊した。

大岡 育造
おおおか・いくぞう

中央新聞社長，衆院議長，文相
[生年月日]安政3年（1856年）6月3日
[没年月日]昭和3年（1928年）1月26日
[出生地]長門国豊浦郡小串村（山口県下関市）
[家族等]息子＝大岡龍男（俳人）

長崎医学校に入ったが、後上京、講法学館、司法省法学校などで学ぶ。明治23年「江戸新聞」を買収、「中央新聞」と改称し、その社長となった。「中央新聞」は日露戦後の講和問題で政府の立場を養護し声価を落とし部数が減少した。そこで大岡は社を政友会に譲渡することとし「中央新聞」は政友会の機関紙となった。同年帝国議会開設に際し、山口県選出の衆議院議員となり、以来当選12回。この間、32年に欧米漫遊、帰国後政友会総務となる。36年東京市参事会員となり、次いで市会議長となった。大正元年以来、衆院議長に就任すること3回。3年山本権兵衛内閣の文部大臣となったが、間もなく退官、その後は政友会の長老として政界に重きをなした。

大垣 丈夫
おおがき・たけお

新聞記者，京城通信社社長
[生年月日]文久1年（1861年）12月19日
[没年月日]昭和4年（1929年）2月3日
[出生地]加賀国金沢（石川県金沢市）

早くから政治運動に奔走し、奈良の「大和新聞」、加賀の「石川日日新聞」などの記者、主筆を経て、明治32年東京で「さくら新聞」を創刊し主筆を務める。38年伊藤博文に認められ韓国に渡る。民族団体大韓自強会、大韓協会の顧問となり、また排日団体を組織して、自ら「大韓民報」を創刊、武力を背景とした韓国併合に反対した。のち京城通信社社長に就任した。

大口 六兵衛
おおぐち・ろくべえ

新聞記者，戯作者
[生年月日]弘化4年（1847年）3月22日
[没年月日]明治39年（1906年）9月18日
[出身地]尾張国名古屋（愛知県名古屋市）
[別名等]筆名＝不二洒舎高根

明治9年愛知日報社に入り、のち「愛知新聞」「名古屋絵入新聞」など各紙に関係、不二洒舎高根の筆名で新聞小説も書く。11年頃から「青柳新紙」「転愚叢談」を発行して滑稽文学や脚本などを発表した。多芸多才で歌舞音曲を好み、富士酒舎高根と号して花柳界の新年の初唄、舞踊歌の新作に力を注ぎ「名古屋の魯文」と呼ばれた。一方、本業は伏見屋と称し木綿問屋を営んだ。

大久保 常吉
おおくぼ・つねきち

新聞記者，著述家，東京府議
[生年月日]嘉永6年（1853年）
[没年月日]大正13年（1924年）2月13日
[出生地]武蔵国小金井（東京都小金井市）
[別名等]別名＝善左衛門，号＝夢遊，撃壌庵

生家は武蔵小金井の名家。明治13年「江湖新聞」の創刊とともに署名編集人となり、開拓使長官・黒田清隆による官有物払下げ批判の論陣を張る。15年からは改進党内の鷗渡会派の機関誌「内外政党事情」で記者を務めた。この間、自由民権運動の論客として活動し、17年には自由党と改進党との団結を唱えた。19年「朝

野新聞」署名印刷人となり、「国会準備新聞」や「西京新聞」の創刊・運営にも関与した。27年家督を継ぎ、父祖代々の名である13代目善左衛門を襲名。以後は政界で活動し、小金井村議、東京府議などを歴任、34年には小金井村長に就任した。退任後も小金井保存会を興して玉川上水のサクラを保護するなど、郷里のために尽くした。一方、著述家としても知られ、大衆小説や滑稽小説、パンフレットなどを数多く執筆。著書に「日本政党事情」「廟堂人物論」「おに小町」「東京未来繁盛記」などがある。

大久保 鉄作
おおくぼ・てっさく

秋田日報創立者，衆院議員（政友会）
[生年月日]嘉永5年（1852年）11月20日
[没年月日]大正10年（1921年）7月5日
[出生地]出羽国（秋田県）

藩校で漢学を修めた。のち東京に遊学、明治8年朝野新聞に入社。14年郷里で秋田日報を創刊、秋田改進党を結成。17年県議となり、18年議長。また自由党に属し、星亨と結んで政友会に入党。衆院議員当選2回。39年秋田市長となった。

大崎 周水
おおさき・しゅうすい

カメラ記者，写真家
[生年月日]明治22年（1889年）
[没年月日]昭和34年（1959年）
[出生地]広島県広島市材木町 [本名]大崎大造
[学歴]広島電気工業学校

明治38年上京、伊藤昇写真製版所で製版技術を身につける傍ら、写真学校で撮影技術を修める。40年時事新報写真部に入社。43年福岡日日新聞にカメラ記者第一号として招かれる。大正2年福岡市に九州写真通信社を設立し、4年「九州写真タイムス」を発刊。3年の桜島大噴火、21年の歌人・柳原白蓮による夫への離縁状事件などのスクープ写真が評判となった。9年額縁・絵はがき店の大崎周水堂を開業。13年には長男を伴い、本州縦断バイク旅行を敢行した。昭和34年70歳で亡くなるまで様々な写真を撮り続け、明治、大正、昭和に活躍したフリー報道写真家の草分けの一人として知られる。平成4年遺族らにより未公開の308点を収録した遺稿写真集「大崎周水写真集—104冊のアルバムから」が出版された。

大沢 一六
おおさわ・いちろく

弁護士，吉田書店店主
[生年月日]明治19年（1886年）2月7日
[没年月日]昭和35年（1960年）
[出生地]群馬県佐波郡赤堀村（伊勢崎市） [学歴]東京帝国大学法科大学英法科〔大正3年〕卒

明治43年野間清治らと大日本雄弁会を設立。大正3年弁護士を開業し、出版関係の顧問として活躍した。戦後、吉田庄造らによる雑誌「潮流」の創刊に参加し、22年からは吉田書店の店主となった。著書に「浮世哲学」「実用法律の智識」「大衆法律教程」「貞操の解剖」「大地は搖ぐ」などがある。

大沢 豊子
おおさわ・とよこ

新聞記者，ジャーナリスト，速記者，東京中央放送局家庭婦人部主任
[生年月日]明治6年（1873年）12月31日
[没年月日]昭和12年（1937年）6月15日
[出生地]群馬県館林

小学校卒業後、明治21年上京。遠縁の佃与次郎の経営する佃速記塾で速記を学び、22年自由民権運動家の植木枝盛の演説を速記、日本女性で初めて公開演説場での速記を行った。32年速記の腕を買われて時事新報に入り、大正13年に退社するまで同社唯一の女性記者として訪問記事や家庭欄などを担当、女性記者の先駆者として知られる。この間、9年新婦人協会に参加。15年開局したばかりの東京中央放送局（NHK）に迎えられ、家庭婦人部主任として活躍した。

大島　宇吉
おおしま・うきち

新聞人，新愛知新聞社長，衆院議員（政友会）
[生年月日]嘉永5年（1852年）3月6日
[没年月日]昭和15年（1940年）12月31日
[出生地]尾張国（愛知県）東春日井郡小幡村（名古屋市）　[別名等]号＝泰宇　[叙勲]勲四等瑞宝章〔昭和3年〕　[受賞]陸軍大臣表彰〔昭和11年〕，日本新聞協会新聞功労者〔昭和12年〕　[家族等]長男＝大島慶次郎（新愛知新聞支配人），孫＝大島一郎（中日新聞社主）

源義家にまで遡る旧家の三男。慶応元年（1865年）分家の養子となり、4年家督を相続する。明治4年漢字者の富永梅雪に師事。明治10年代は自由民権運動に従事し、13年名古屋で有志と公道協会を結成。15年岐阜で板垣退助が遭難すると直ちに駆けつけ、その護衛に当たった。17年愛知県議。19年無題号新聞、20年愛知絵入新聞を発刊。21年新愛知に改題し、23年社長に就任。同紙を愛知県下で指折りの新聞に育て上げる一方、岐阜日報、三重日報、駿遠日報、北國日報、新福井日報、新信濃、富山タイムス、上越日報、駿河新聞、大和旭新聞など、各地で地方紙を発行した。昭和8年からは国民新聞の経営にも携わった。この間、明治23年第1回総選挙に立候補したが、81票差で惜敗。大正8年立憲政友会から衆院議員に当選、1期。また、たびたび郷里の小幡村長を務めた。没後の昭和17年、新聞統合により新愛知は名古屋新聞と合併、中部日本新聞（中日新聞）となった。

大島　慶次郎
おおしま・けいじろう

新愛知新聞支配人
[生年月日]明治4年（1871年）8月2日
[没年月日]昭和10年（1935年）5月12日
[家族等]父＝大島宇吉（新聞人）

新愛知新聞の創刊者・大島宇吉の長男。同紙支配人を務めた。

大島　貞益
おおしま・さだます

新聞記者，経済学者
[生年月日]弘化2年（1845年）2月17日
[没年月日]大正3年（1914年）10月19日
[出生地]但馬国（兵庫県）　[別名等]幼名＝益三郎，号＝石華　[家族等]父＝大島貞薫（兵学者），兄＝大島貞敏（大阪控訴院検事長），大島貞恭（陸軍少将），岳父＝池田安政（陸軍中佐）

漢学を修め、江戸に出て箕作麟祥に英学を学んだ。明治元年兵庫の海軍方に勤め、2年兵庫英学校教師。その後、文部大助教となり、外務省翻訳局に勤務したが、11年辞任。中央新聞記者を経て、17～20年群馬県立前橋中学校長。23年「東京経済雑誌」に「保護貿易論」を連載、のち「情勢論」として刊行。同年陸羯南らと国家経済会の設立に参加。評論の他、英国の経済書の翻訳も手がけた。10年公刊の「マルサス人口論要略」はマルサスの人口論

を日本に初めて紹介したもの。他の訳書にフリードリヒ・リスト「政治経済学の国民的体系」、バックル「英国開化史」、著書に「経済纂論」などがある。

大島 秀一
おおしま・ひでいち

出版人，主婦と生活社創業者，衆院議員（自民党）
[生年月日]明治30年（1897年）2月28日
[没年月日]昭和40年（1965年）4月8日
[出生地]新潟県西蒲原郡　[学歴]信愛学院〔大正11年〕卒　[叙勲]勲三等旭日中綬章　[家族等]息子＝大島重次（主婦と生活社社長）

大正10年太陽印刷を創業。昭和21年新元社を創業して雑誌「主婦と生活」を創刊。23年主婦と生活社に社名変更。32年河出書房から「週刊女性」を譲り受け、日本初の女性週刊誌として成功させた。日本出版協会会長、日本出版販売取締役を歴任。この間、政界に進出。27年新潟1区から衆院議員に当選、30年3月、33年5月にも当選、通算3期。通産政務次官、衆院商工常任委員長などを務めた。

大杉 栄
おおすぎ・さかえ

無政府主義者，革命家，評論家
[生年月日]明治18年（1885年）1月17日
[没年月日]大正12年（1923年）9月16日
[出生地]香川県丸亀　[学歴]陸軍幼年学校（名古屋）〔明治34年〕中退，東京外国語学校（現・東京外国語大学）仏語科〔明治38年〕卒　[家族等]妻＝伊藤野枝（婦人運動家・評論家）、四女＝伊藤ルイ（市民運動家）、甥＝大杉豊（「日録・大杉栄伝」の著者）

在学中より足尾鉱毒事件に関心を持ち、明治38年より平民社に出入りし社会主義運動に傾斜。39年の東京市電値上反対事件で入獄、41年赤旗事件で再入獄。この間、幸徳秋水の影響で無政府主義者となる。45年荒畑寒村と「近代思想」「平民新聞」を創刊をしたのをはじめ、大正2年サンジカリズム研究会主宰、7年「労働運動」創刊と活発な運動を展開。この間、5年三角関係から神近市子に刺される"日蔭茶屋事件"を機に伊藤野枝と家庭を持つ。9年日本社会主義同盟の創設に参加。同年上海のコミンテルン極東社会主義者大会、11年ベルリン国際無政府主義大会に出席し、労働者の自由連合を提唱。12年パリのメーデー集会で検束されて国外追放。同年帰国し、関東大震災の際に麹町憲兵隊に拘引され、9月16日伊藤野枝、甥・橘宗一とともに軍部に虐殺された（甘粕事件）。著書に「正義を求める心」「自由の先駆」「自叙伝」「日本脱出記」、訳書にクロポトキン「一革命家の想出」、ダーウィン「種の起源」など。「大杉栄全集」（全14巻，現代新潮社）がある。

太田 郁郎
おおた・いくお

新聞記者，歌人
[生年月日]明治29年（1896年）
[没年月日]大正13年（1924年）5月30日
[出身地]岡山県　[学歴]京都三中卒

京都第三中学校を卒業後、帰郷して岡山県邑久郡玉津尋常高等小学校の代用教員を1年間務める。のち岡山県犬島実務学校に転じ、傍ら前田夕暮の「詩歌」に投稿。在勤中に煙害をうたった歌集「毒煙」を出版する。大正8年退職し、同年5月大阪朝日新聞の岡山通信部の記者となり、11月結婚。10年小野肇と共に岡山歌壇の機関誌とも言える短歌雑誌「だいだい」を創刊、若山牧水ら有名歌人が客員投稿した。

同年7月大阪共同出版社に就職して上阪するが、11年岡山に帰り中国民報社(山陽新聞の前身)に入社、記者となる。一方、休刊していた「だいだい」を復刊する。以後、13年5月号(通巻13号)まで発行して結核のため死去。没後の「だいだい」編集はアララギの上代皓三(石黒淳)が引き継いだ。この間、豊かな感性と鋭いセンスに恵まれ、生活的・現実的な歌を尾上柴舟の「水甕」誌上に発表。また死の直前に病中吟詠200首を収めた歌集「崩るる音」を出版。夭逝したため歌人として大成できなかったが、大正末期の岡山歌壇に大きな足跡を残した。

太田 梶太
おおた・かじた

「現代新聞批判」発行人
[生年月日]不詳
[没年月日]不詳

大正8年岡山新聞から朝日新聞に移り、神戸通信員などを経て、大阪朝日の整理部に配属される。昭和7年退社。8年から18年にかけ、国の言論統制に迎合していった新聞に対する批判や苦言などを載せたミニコミ紙「現代新聞批判」を発行。発行部数も500部に過ぎず、広く世に知られることはなかったが同志社大学総長・住谷悦治や「広辞苑」編者・新村出など一流の知識人や言論人らが言論の危機的状況について様々な角度から論じ、ドイツやイタリア、英国の新聞統制についても言及した。平成7年戦後50年を機に、立教大学教授・門奈直樹が所有していた同紙をもとに復刻出版される。

大田 菊子
おおた・きくこ

新聞記者, 編集者, 「生活と趣味」発行人
[生年月日]明治24年(1891年)7月12日
[没年月日]昭和34年(1959年)1月1日
[出生地]北海道根室 [学歴]清水谷女学校卒

大正6年出版社の東光園に入社。7年婦女界社の記者となり、12年編集長。昭和9年生活と趣味之会を設立し、雑誌「生活と趣味」を発行。24年婦人経済連盟創立発起人、理事。27年「日本婦人新聞」の編集にあたった。

太田 孝太郎
おおた・こうたろう

岩手日報社長, 実業家, 東洋史学者, 盛岡銀行頭取
[生年月日]明治14年(1881年)7月15日
[没年月日]昭和42年(1967年)1月18日
[出身地]岩手県 [学歴]早稲田大学卒

横浜正金銀行天津支店に勤務していた頃から古印などの収集・研究を始める。大正9年盛岡銀行支配人、15年岩手日報社長、昭和7年盛岡銀行頭取を歴任。8年より研究に専念。著書に「漢魏六朝官印考」などがあり、「南部叢書」編集にも携わった。

太田 四州
おおた・ししゅう

運動記者の先覚者, 野球人
[生年月日]明治14年(1881年)8月5日
[没年月日]昭和15年(1940年)2月26日
[出生地]香川県 [本名]太田茂 [学歴]和仏法律学校(現・法政大学)卒

明治中期以降二六新報の記者となり早慶戦で軍記物語調の名文で試合経過を報道し、読者を熱狂させた。読売新聞、国民

新聞に転じても華麗な野球評でファンを魅了した。大正10年雑誌「運動界」を主宰、営利を求めず厳正公平な編集をモットーにスポーツの健全な普及発展に努力、約10年間続けられた。六大学連盟記録委員も務め、神宮球場の建設に尽力、六大学、東都大学両リーグなど学生野球育成に尽くした。死後、神宮球場で追悼試合が行われた。昭和47年野球殿堂入り。

太田　朝敷
おおた・ちょうふ

ジャーナリスト，琉球新報社長，首里市長
[生年月日]尚泰18年（1865年）4月8日
[没年月日]昭和13年（1938年）11月25日
[出生地]琉球国首里（沖縄県那覇市）　[別名等]号＝天南，竹雨，潮家　[学歴]慶応義塾中退

明治15年第1回県費留学生として、学習院、慶応義塾に学んだ。26年琉球新報社創設に参加、記者として活躍。一時29～30年旧士族の復藩運動 "公同会" の運動に参加した。挫折後記者生活に戻り、大正2年主筆、琉球新報を社会の公器として育てることに尽力。昭和5年社長となり、晩年までその任にあった。沖縄県議会副議長、首里市長も務めた。著書に「沖縄県政五十年」がある。

太田　龍太郎
おおた・りゅうたろう

ジャーナリスト，愛別村（北海道）村長
[生年月日]文久3年（1863年）
[没年月日]昭和10年（1935年）
[出身地]肥後国（熊本県）

北海道愛別村村長を務め、明治43年鉄道の敷設場所調査のために石狩川源流部に分け入り、この時の記録を「北海タイムス」に「霊山碧水」と題して連載、名勝の層雲峡を広く知らしめた。44年幼なじみである後藤新平逓信相兼鉄道院総裁に石狩川上流域を国立公園にして保護するよう求める陳情書を提出、その後国立公園制度が制定され、昭和9年大雪山一帯が国立公園に指定された。平成16年孫により足跡をまとめた「太田龍太郎の生涯」が刊行された。

大谷　碧雲居
おおたに・へきうんきょ

中外商業新報取締役，俳人
[生年月日]明治18年（1885年）9月9日
[没年月日]昭和27年（1952年）5月28日
[出生地]岡山県苫田郡西苫田村山北　[本名]大谷浩　[別名等]篆刻の号＝雨石　[学歴]東京美術学校洋画科〔明治43年〕卒

美術学校を卒業した明治43年中外商業新報に入社し、昭和12年取締役に就任。学生時代から渡辺水巴に師事し「曲水」同人となり、水巴没後は「曲水」を主宰した。句集に7年刊行の「碧雲居句集」などがある。

大谷　誠夫
おおたに・まさお

都新聞社理事
[生年月日]不詳
[没年月日]昭和16年（1941年）1月3日

明治27年「都新聞」に入社。のち社長に就任。

大津　淳一郎
おおつ・じゅんいちろう

茨城日日新聞創立者，衆院議員（民政党），貴院議員（勅選）
[生年月日]安政3年（1856年）12月23日
[没年月日]昭和7年（1932年）1月29日

[出生地]常陸国多賀郡川尻村（茨城県日立市）

早くから自由民権を唱え、明治12年「茨城新報」編集長。13年興民公会を結成、同年茨城県議に選出。14年水戸で「茨城日日新聞」を創刊。16年立憲改進党に入党。23年第1回衆院選以来、茨城県から議員当選13回。改進党掌事、憲政本党常議員、憲政会総務、大蔵省副参政官、文部省参政官、文政審議会委員などを歴任。昭和2年勅選貴院議員。民政党長老として顧問を務めた。著書に「大日本憲政史」（全10巻）がある。

大西 斎
おおにし・さい

東京朝日新聞論説委員室主幹
[生年月日]明治20年（1887年）12月
[没年月日]昭和22年（1947年）12月
[出生地]福岡県 [学歴]東亜同文書院〔明治44年〕卒

明治44年大阪朝日新聞社に入り、大正6年上海特派員、8年北京特派員、13年帰国、東京朝日新聞に転じ、14年支那部長。昭和4年ロンドン海軍軍縮会議特派員、5年10月帰国して東京朝日論説委員となり、9年東亜問題調査会幹事を兼ねた。14年12月副主筆、15年8月役員待遇、20年11月論説委員室主幹となった。21年4月退社。

大西 俊夫
おおにし・としお

新聞編集者，農民運動家，日農書記長，参院議員（無所属懇談会）
[生年月日]明治29年（1896年）8月18日
[没年月日]昭和22年（1947年）7月29日
[出生地]東京市浅草区花川戸（現・東京都台東区） [本名]大西十寸男 [学歴]早稲田大学政経学科〔大正11年〕卒

早大時代から社会主義運動に加わり、大正11年卒業後「日本農民新聞」を編集。12年ドイツに留学したが関東大震災で帰国し、日農総本部書記となって理論的・組織的指導の中心となる。昭和2年日本共産党に入り、3年の3.15事件で検挙されるが、釈放後、全農総本部書記となり、農民運動の統一のため奮闘した。12年人民戦線事件で検挙され14年まで投獄。戦後も農民組合活動を続け、22年日農書記長に選出され無所属で参院議員となったがまもなく病死した。

大庭 柯公
おおば・かこう

新聞記者，ジャーナリスト，評論家，随筆家
[生年月日]明治5年（1872年）7月27日
[没年月日]大正13年（1924年）（？）
[出生地]山口県豊浦郡長府町（下関市） [本名]大庭景秋

小学校卒業後、太政官の給仕などをしながら英語学校に通い、また明治20年前半にロシア語を学ぶ。29年ウラジオストクの露国商館に勤務して31年に帰国。香川県善通寺第11団のロシア語教師となるが、34年参謀本部通訳官となり、35年外務省海外練習生として二葉亭四迷と渡露する。39年大阪毎日新聞記者となって、ヨーロッパなど各地を廻り、のちに東京日日新聞、東京朝日新聞、読売新聞などの記者をつとめ、大正9年社会主義協会に加入。その後、読売新聞編集局兼主筆を辞め、10年五月革命後のロシア探訪に赴き、軍事探偵の嫌疑でモスクワで投獄される。いったん釈放されたが、13年帰国の途中で銃殺されたと伝えられている。「世を拗ねて」「ペンの踊」の2冊の著書があり、没後「柯公全集」全5巻が刊行された。平成9年ロシア連邦保安局中央公文書館から親

族のもとに遺品が返還された。

大橋 乙羽
おおはし・おとわ

新聞記者，小説家，紀行作家，出版人，博文館支配人
[生年月日]明治2年(1869年)6月4日
[没年月日]明治34年(1901年)6月1日
[出生地]出羽国米沢(山形県米沢市) [本名]大橋又太郎 [旧名]渡部 [別名等]別号＝乙羽庵，二橋生，蚯蚓庵 [学歴]小卒 [家族等]岳父＝大橋佐平(博文館創立者)

小学校卒業後，商家に奉公するが，早くから文学を志し明治19年処女小説「美人の俤」を執筆。21年小野川温泉で静養中に会津磐梯山の噴火に遭い，その実見記を「出羽新聞」に掲載。それが東陽堂の社主・吾妻健三郎に認められ，上京して同社の美術記者となり，「風俗画報」「絵画叢誌」などの編集に当たった。22年政治小説「霹靂一声」を刊行したのを機に小説家の石橋思案や尾崎紅葉を知り，硯友社の同人となった。以後，同社の機関誌「文庫」(のち「我楽多文庫」に改称)や硯友社系の新聞・雑誌に「露小袖」「霜庭の虫」などの風俗小説を発表。傍ら，「中央新聞」記者としても活躍した。26年伝記「上杉鷹山公」を博文館から上梓したのがきっかけで社主・大橋佐平の知遇を得，27年佐平の長女・時子と結婚して大橋家に入婿。次いで博文館に入社して支配人となり，「太陽」「少年世界」「文芸倶楽部」を創刊して同館の出版王国としての基礎を確立した。多忙な業務の合間に小説や随筆などを執筆，特に「千山万水」「耶馬渓」などの紀行文で知られる。他の著書に「累卵之東洋」「若菜籠」「花鳥集」「欧山米水」などがある。

大橋 佐平
おおはし・さへい

出版人，博文館創立者
[生年月日]天保6年(1835年)12月22日
[没年月日]明治34年(1901年)11月3日
[出生地]越後国長岡(新潟県長岡市) [旧名]渡辺 [別名等]幼名＝熊吉 [家族等]三男＝大橋新太郎(出版人・実業家)，女婿＝大橋光吉(共同印刷社長)，大橋乙羽(小説家)，甥＝大野孫平(東京堂社長)

越後国長岡で材木商を営む家の二男だが，弘化2年(1845年)兄が没して事実上の長男となった。嘉永2年(1849年)飛脚業の西川屋に従って西国を巡歴。安政3年(1856年)酒造業を開いて三国屋佐平を称し，藩の御用達となった。文久3年(1863年)より大橋姓を名のる。戊辰戦争時，佐幕に傾いた長岡藩の藩論に対し，官軍への抵抗は不可であることを主張し，反骨ぶりを示す。明治2年越後府御用掛を経て，4年長岡郵便局長となり，小学校の新設や洋学教育の振興，信濃川への渡船場設置を行うなど町政に貢献。また，長岡出版会社の創立や「北越雑誌」の創刊など，郷里の文化発展にも寄与した。自由民権運動の急進化に対して中正穏健主義の新聞発行を企図し，13年北越新聞社を創立。同紙は資金難により150号で廃刊したが，14年には「越佐毎日新聞」を創刊した。17年筆禍により下獄。19年仏教新聞を興すが，短命に終わった。同年51歳で上京し，20年本郷弓町に博文館を創業，主要雑誌の重要記事を収録し「日本大家論集」を発行して成功を収める。20年「日本之教学」「日本之女学」「日本之商人」、21年「日本之殖産」「日本之法律」「やまと錦」、22年「日本之少年」など分野ごとの新雑誌を次々と創刊また統廃合して雑誌出版社としての基礎を固めた。また図書出版

にも進出し、24年の「温知叢書」や25年「教育全書」「日本百科全書」、26年「帝国文庫」など全集叢書ものを相次いで刊行。日清戦争時には雑誌としてはじめて写真版を使用したといわれる「日清戦争実記」を発刊し、破天荒の売上げを示した。28年には従来の各雑誌を改廃統合して「太陽」「少年世界」「文芸倶楽部」を創刊し、これらの隆盛によって同社は明治期最大の出版社に成長。同年博文館の事業を嗣子の新太郎に譲り、小石川の別荘に退隠。一方で27年に内外通信社、30年洋紙専門店の博進堂（のち博進社）、同年印刷会社の博文館印刷所をそれぞれ創立し、取次業の東京堂にも関係するなど、出版業の多方面にわたって業績を残した。34年には創業15周年を記念して日本最初の私立図書館・大橋図書館を創設した。

大橋 新太郎
おおはし・しんたろう

出版人，実業家，博文館創立者，日本工業倶楽部理事長，衆院議員（壬寅会），貴院議員（勅選）
[生年月日]文久3年（1863年）7月29日
[没年月日]昭和19年（1944年）5月5日
[出生地]越後国長岡（新潟県長岡市）　[家族等]父＝大橋佐平（博文館創立者），義弟＝大橋光吉（共同印刷社長）

明治14年父と「北越新聞」を発行した後、「越佐毎日新聞」を創刊し、また大橋書店を経営。19年上京し、20年父と共に本郷弓町に博文館を創設、「日本大家論集」を発行、続いて「日本之商人」「日本之殖産」「日本之女子」「日本之教学」など雑誌を次々創刊して成功した。28年には「太陽」「少年世界」「文芸倶楽部」などを創刊。34年父の死で館主となり、父の遺志を継いで日本初の私立図書館・大橋図書館を

創立、大橋育英会も興し、貸費生を養った。また早大、慶大図書館など7団体に金1000円を寄付した。35年衆院議員に当選、38年東京商業会議所副会頭、39年中国に渡り、東亜製粉、南満製粉、満豪毛織などを創立、社長となった。また朝鮮興業、大日本麦酒、日本硝子などの会長を務め、さらに王子製紙、白木屋、三共製薬、三井信託などの役員となり、関係会社70余社に及んだ。大正15年勅選貴院議員、東京商業会議所特別議員、昭和10年日本工業倶楽部理事長となり、14年同評議員会会長となった。

大畑 達雄
おおはた・たつお

大畑書店創業者，日本評論社編集部長
[生年月日]明治23年（1890年）
[没年月日]昭和10年（1935年）9月24日
[出生地]茨城県真壁郡黒子村（筑西市）　[学歴]早稲田大学卒

茨城県黒子村の豪農の家に生まれ、早稲田大学を優秀な成績で卒業して日本評論社に入る。編集部長として「社会経済体系」「現代法学体系」など多くの出版物を刊行。昭和7年独立して大畑書店を創業、処女出版は今中次麿「現代独裁政治学概論」。8年結核のため中野療養所に入院、10年45歳で亡くなった。この間、約2年間に平野義太郎、長谷川如是閑、鈴木安蔵、戸坂潤、笠信太郎らの著作44点を次々と刊行、中でも滝川幸辰「刑法読本」は発行後10ケ月を経て発売禁止となり、滝川事件の端緒となった。ダーウィン「人間の由来」の訳書もある。

大平 喜間多
おおひら・きまた

新聞人，郷土史家
[生年月日] 明治22年（1889年）1月15日
[没年月日] 昭和34年（1959年）12月19日
[出生地] 長野県埴科郡東寺尾村（長野市） [別名等] 号＝遊民 [学歴] 松代尋常小卒

大正7年～昭和2年「中信時報」主筆。17年松代町議。著書に「松代町史（上・下）」「真田幸弘公と恩田木工」「佐久間象山」「北信郷土叢書」「海防の先覚者 真田幸貫伝」他。

大道 弘雄
おおみち・ひろお

新聞記者，エッセイスト，大阪朝日新聞学芸記者
[生年月日] 不詳
[没年月日] 昭和36年（1961年）

大阪朝日新聞の学芸記者として，夏目漱石，高浜虚子，谷崎潤一郎，土田麦僊，内藤湖南など文壇・画壇・学界の権威と交流。彼らの人物像について綴った多くのエッセイを，雑誌「朝日俳句」「桐の葉」「梅花」などに発表した。没後の平成13年，遺族が保管してきた文豪からの手紙など数千点の存在が明らかとなり，戦前に学問・芸術の部門を超えて形成された関西特有の文化的土壌を印象づける資料として注目される。

大森 痴雪
おおもり・ちせつ

新聞記者，劇作家，劇評家
[生年月日] 明治10年（1877年）12月13日
[没年月日] 昭和11年（1936年）5月26日
[出生地] 東京・日本橋浜町 [本名] 大森鶴雄
[学歴] 慶応義塾卒

大阪朝日新聞、大阪毎日新聞の記者を経て、大正6年松竹文芸部に入社。「藤十郎の恋」「秋成の家」など多くの脚本を発表し、関西劇団の座付作者の大御所となった。

大山 郁夫
おおやま・いくお

新聞論説委員，政治学者，社会運動家，評論家，早稲田大学教授，労農党委員長，参院議員，衆院議員
[生年月日] 明治13年（1880年）9月20日
[没年月日] 昭和30年（1955年）11月30日
[出生地] 兵庫県赤穂郡上郡町 [旧名] 福本郁夫
[学歴] 早稲田大学政経学科〔明治38年〕，シカゴ大学卒，ミュンヘン大学卒 [受賞] スターリン国際平和賞〔昭和26年〕 [家族等] 妻＝大山柳子（社会運動家），息子＝大山聡（東京都立大学名誉教授）

医者の次男として生まれ、17歳のとき大山家の養子となる。早大卒後、シカゴ大学、ミュンヘン大学へ留学。大正3年早大教授となり進歩的評論活動を展開、大学当局と対立して6年早大を去る。同年大阪朝日新聞本社論説委員となったが、米騒動をめぐる朝日の筆禍事件（白虹事件）を機に7年退社。10年に早大復帰、民人同盟会、文化会など学生団体を指導、12年には階級闘争説による「政治の社会的基礎」を出版、政治学に新しい分野を開いて注目された。昭和2年労働農民党の委員長に就任、このため再び早大を去る。5年衆院選に出馬（東京5区）、雄弁術で平和、反戦を訴え大衆をひきつけ初当選。ファシズムの台頭に抵抗を続けたが、満洲事変とともに運動の自由を失い自らも身の危険を感ずるようになり、13年3月柳子夫人を伴い横浜港からひっそりアメリカへ渡った。実質的な亡命で終戦までノースウェスタン大学で研究生活。22年帰国、東京・日比谷で歓迎国民大会が開かれ、早大教

授に返り咲いた。戦時中から一貫して軍国主義を鋭く批判、亡命先のアメリカからも平和と自由を説き25年参院議員に当選、革新勢力の長老として重きをなした。同年平和を守る会会長、26年世界平和評議会理事となり、以後平和運動に艇身した。同年スターリン国際平和賞を受賞。

大山 覚威
おおやま・かくい

新聞記者，ジャーナリスト，日本子供新聞社長
[生年月日]明治15年(1882年)
[没年月日]昭和9年(1934年)
[出生地]岡山県 [別名等]号＝雲峰

中央公論、国民新聞などに勤め、明治44年京城日報編集局長となり、大正5年まで在任。その後東京朝日新聞、新愛知新聞、毎夕新聞、中外商業新報、大阪時事新報などを経て、14年日本子供新聞社長となった。

岡 鬼太郎
おか・おにたろう

新聞劇評者，劇作家，小説家
[生年月日]明治5年(1872年)8月1日
[没年月日]昭和18年(1943年)10月29日
[出生地]東京・芝山内(現・東京都港区) [本名]岡嘉太郎(おか・よしたろう) [別名等]別号＝鬼吟 [学歴]慶応義塾大学〔明治25年〕卒 [家族等]長男＝岡鹿之助(洋画家)

慶応義塾卒業後の明治26年時事新報に入社、社会部に籍をおき、あわせて演芸記事も担当する。28年報知新聞に転じ"鬼太郎"の筆名で劇評を発表するが、のちに千代田日報に転じ、35年退社。36年「義太夫秘訣」を処女出版し、以後劇評家、劇作家、小説家として活躍する。代表作に小説「昼夜帯」「合三味線」「あつま唄」、戯曲「今様薩摩歌」「世話狂言集」「世話時代狂言集」、劇評書「鬼言冗語」「歌舞伎眼鏡」「歌舞伎と文楽」などがある。

岡 敬孝
おか・けいこう

新聞記者
[生年月日]不詳
[没年月日]昭和2年(1927年)5月19日

「郵便報知新聞」に関係する。明治8、9年の2回にわたり筆禍にかかり禁獄1ケ月、1年半の刑を受ける。

岡 幸七郎
おか・こうしちろう

漢口日報社長，実業家
[生年月日]慶応4年(1868年)7月21日
[没年月日]昭和2年(1927年)4月
[出生地]肥前国平戸(長崎県平戸市)

明治29年清国に渡り、日露戦争に通訳として従軍。のち中国の漢口に30年間滞在し、この間「漢口日報」を発行、20数年社長を、また日本居留民会長を10数年務めた。昭和2年漢口に排日運動が起こり帰国、同年病没した。

岡 繁樹
おか・しげき

ジャーナリスト，社会運動家
[生年月日]明治11年(1878年)8月24日
[没年月日]昭和34年(1959年)6月5日
[出生地]高知県安芸郡安芸町東浜(安芸市)
[学歴]大成中学卒 [家族等]従兄＝黒岩涙香(ジャーナリスト)

17歳で家出して上京。大成中学卒業後、万朝報社に入社、社会主義者の幸徳秋水や堺利彦と親交を結ぶ。明治35年渡米、

平民社のサンフランシスコ支部を創設して非戦論を発表、大逆事件の時は死刑反対の示威運動を起こした。またアメリカ新聞を創刊する傍ら、金門印刷所を経営、昭和14年には桜府（サクラメント）日報を買収。第二次大戦が始まると日本人収容所に入れられたが、18年米政府の要請によりインド・ビルマ戦線へ赴き、日本軍の降伏工作に従事した。没後「祖国を敵にして」が刊行された。

岡 丈紀
おか・じょうき

新聞記者，戯作者
[生年月日]不詳
[没年月日]明治22年（1889年）3月
[本名]河原英吉　[別名等]別号＝河丈紀，琴亭文彦，風来山人

鉄道関係の仕事に従事していたが、仮名垣魯文を知り「仮名読新聞」「いろは新聞」の客員として読物を執筆。代表作に「浮世機関西洋鑑」がある。

岡 千代彦
おか・ちよひこ

新聞編集者，社会運動家，労働演芸家
[生年月日]明治6年（1873年）2月
[没年月日]昭和31年（1956年）10月31日
[出生地]島根県松江市外中原町　[別名等]筆名＝起雲，別号＝岡拍子木亭

小学校卒業後、15歳頃から文選工として各地を転々とし、上京後「都新聞」の職工長となる。明治32年結成の活版工組合に参加し、33年「活版界」を創刊。39年結成の日本社会党評議員となり、40年「平民新聞」を編集する。その一方で労働演芸家としても活躍し「ペスト」「仏蘭西改革」などを発表。大正6年以降は東京印刷同業組合役員、代議員、機関誌編集委員など経営者団体の仕事に専念した。

岡 実
おか・みのる

新聞人，東京日日新聞会長，農商務省商工局長
[生年月日]明治6年（1873年）9月12日
[没年月日]昭和14年（1939年）11月20日
[出生地]奈良県　[学歴]東京帝大法科大学政治学科卒　法学博士　[家族等]息子＝岡義武（政治史学者）

内務省に入り、法制局参事官。農商務省に転じ、明治43年工務局長、大正2年商工局長。この間、産業組合法、工場法など社会立法の制定に尽力した。7年農商務相と対立して辞任。8年第1回国際労働会議に政府代表として出席。11年東京日日新聞社に迎えられ、12年「エコノミスト」主筆、昭和2年編集主幹などを経て、8～13年会長を務めた。著書に「工場法論」などがある。

岡崎 運兵衛
おかざき・うんべえ

山陰新聞社創立者，衆院議員（憲政会）
[生年月日]嘉永3年（1850年）6月
[没年月日]大正8年（1919年）12月
[出身地]出雲国稗原村（島根県出雲市）

豪農の出で、松江の豪家岡崎運兵衛の養子となり家督を嗣ぐ。明治12年創刊の「松江新聞」発起人の一人。15年山陰新聞社を創立。続いて松江日報、松陽新報を発刊。一方貧民救済のため恵愛社を設立、山陰自由党を創立。松江地方の公共のため尽力。その間大正にかけて衆院議員当選7回。憲政会に所属。

岡崎 国臣
おかざき・くにおみ

松陽新報社主，東京株式取引所理事長
[生年月日]明治7年(1874年)6月12日
[没年月日]昭和11年(1936年)5月22日
[出生地]島根県簸川郡久木村（斐川町）　[旧名]勝部　[学歴]東京帝大法科政治科〔明治33年〕卒　[家族等]養父＝岡崎運兵衛（政治家）

松江中学から五高、東京帝大を経て、農商務省に入る。山林局事務官、群馬・福井の各県事務官、農商務省参事官・事務官・文書課長などを歴任。元島根県知事・大浦兼武の知遇を得て、松江の代議士・岡崎運兵衛の養嗣子となる。大正3～7年衆議院書記官長を務め、同年実業界に転じ東京株式取引所（現・東京証券取引所）理事に就任、13年～昭和9年理事長を務める。第三銀行、大社宮島鉄道、千代田証券の重役も務めた。一方、8年から養父が創立した松陽新報社（山陰中央新報社の前身）の社主となり、実弟の勝部本右衛門を副社長として経営に当たった。また松江高校、片倉製糸の誘致にも尽力した。

岡崎 高厚
おかざき・たかあつ

新聞人，自由民権運動家，大阪府議
[生年月日]嘉永6年(1853年)
[没年月日]明治37年(1904年)5月23日
[出生地]伊予国松山（愛媛県松山市）　[旧名]高橋

伊予松山藩儒・高橋与鹿の二男に生まれ、故あって幼時に同藩岡崎家を継ぐ。藩校・明教館、高知の致道館で学び、明治維新後は東京で法律を研究。大阪に移り代言業（弁護士）を開業、大阪代言人組合副会長を務めた。一方、明治14年大阪で中島信行らと立憲政党を組織し民権運動を始め、言論を浸透させるべく「大阪日報」「日本立憲政党新聞」「浪花新聞」などを主宰し、また出版会社を設立して政治に関する活動家の著作を多数出版した。この間、大阪府議、大阪市議に選ばれ府政・市政に関与、大阪商法会議所、神戸商業会議所、大津汽船などの役員も歴任した。

岡崎 俊夫
おかざき・としお

新聞社勤務，中国文学者，東京大学講師
[生年月日]明治42年(1909年)2月1日
[没年月日]昭和34年(1959年)5月26日
[出身地]青森県　[学歴]東京大学支那哲学科〔昭和8年〕卒

時事新報社員を経て、昭和11年以降、朝日新聞社員。竹内好、武田泰淳らとともに中国文学研究会を組織。郁達夫、丁玲、李広田、趙樹理らの最初のすぐれた翻訳紹介者として名声を博す。主要訳書に「老残遊記」「霞村にいたとき」「女性大使チベットを行く」などがある。

小笠原 貞信
おがさわら・ていしん

福島民報創業者，衆院議員（自由党）
[生年月日]嘉永6年(1853年)2月
[没年月日]明治36年(1903年)2月18日
[出生地]陸奥国（福島県）　[学歴]司法省法学校（現・東京大学）〔明治17年〕卒

司法省法学校（現・東京大学）を卒業後、判事となり千葉と仙台の地方裁判所に勤めた。明治22年福島に戻り弁護士を開業、福島県弁護士会長を務めた。福島自由党幹部の平島松尾から機関誌「福島民報」創立委員に選ばれ、社長に就任。27年福島民報合資会社、30年福島自由倶楽部を設立した。この間、25年より衆院議員に2

選。

小笠原 白也
おがさわら・はくや

新聞記者，小説家
[生年月日]不詳
[没年月日]不詳
[出生地]大阪府　[本名]小笠原語咲（おがさわら・ごさく）

大阪府下中島村小学校校長をつとめていたが、明治40年発表の「嫁ケ淵」が大阪毎日新聞懸賞小説に当選する。42年「女教師」を刊行して大阪毎日に入社、同紙に「妹」「三人の母」などを発表した。

小笠原 誉至夫
おがさわら・よしお

和歌山実業新聞社長，和歌山県議
[生年月日]慶応4年（1868年）4月17日
[没年月日]昭和20年（1945年）3月21日
[出生地]和歌山県　[旧名]有地　[学歴]慶応義塾卒

明治30年「和歌山実業新聞」を創刊し、社長。また雑誌「百錬鉄」を刊行。帝国キネマ、白木屋百貨店などの役員、和歌山県議も務めた。

岡島 善次
おかじま・ぜんじ

天理時報社社長，養徳社社長
[生年月日]明治27年（1894年）7月9日
[没年月日]昭和36年（1961年）4月9日
[出生地]大阪府　[別名等]筆名＝岡島藤人　[学歴]東洋大学第一科〔大正8年〕卒

大正8年東洋大学を卒業後、福岡で天理教の布教にあたる。その後、天理中学教諭、天理教校講師などを歴任。昭和12年道友社編集主任の後、同社長。15年天理時報社発足と同時に社長（33年まで）、16年同出版部を創業。20～23年と26～36年養徳社社長を、23～35年よろづ相談所所長を兼務した。19年本部准員。戦前・戦後の天理教出版事業の最前線に立ち、自ら筆を執って文書布教に尽力した。

岡田 孤鹿
おかだ・ころく

福岡日日新聞社長，衆院議員（弥生倶楽部）
[生年月日]天保5年（1834年）7月
[没年月日]明治39年（1906年）5月3日
[出生地]筑後国山門郡城内村（福岡県柳川市）
[別名等]幼名＝亀治，前名＝作蔵

明治維新後柳川藩公議員、盛岡県大参事を経て、7年孤鹿と改名し三潴県（福岡県）庁に出仕。13年福岡県議となり民権運動に参加、政談社を組織。15年副議長、22年議長。この間21～22年福岡日日新聞社長。23年柳川自由倶楽部から衆院議員に当選、2期。27年北海道開拓民として入植した。

緒方 竹虎
おがた・たけとら

新聞記者，新聞人，朝日新聞社副社長，衆院議員（自民党），自由党総裁
[生年月日]明治21年（1888年）1月30日
[没年月日]昭和31年（1956年）1月28日
[出生地]山形県山形市　[出身地]福岡県福岡市
[学歴]早稲田大学専門部政経科〔明治44年〕卒
[家族等]兄＝緒方大象（生理学者），三男＝緒方四十郎（元日本開発銀行副総裁），甥＝緒方道彦（九州大学名誉教授・生理学）

明治44年大阪朝日新聞社入社。直ぐに大正改元の特ダネ（「タイショウ」という発音をどこよりも早く記事に）をものにする。大正14年「東京朝日新聞」編集局長、昭和3年朝日新聞社取締役、11年主筆・代

表取締役、18年副社長を歴任。この間、15年大政翼賛会総務。19年政界に転じ、小磯内閣の国務相兼情報局総裁に就任、戦時下の言論統制にあたった。同年大政翼賛会副総裁兼任。20年4月辞職し、鈴木内閣の顧問をつとめ、つづく敗戦後の東久邇内閣で国務相として敗戦処理に奔走した。同年12月戦犯容疑者に指名され、21年8月公職追放。解除後、27年衆院議員（自由党）に当選、以後3回連続当選。同年第4次吉田内閣の副総理兼内閣官房長官、28年第5次吉田内閣の副総理を経て、29年自由党総裁に就任。30年保守合同を促進し自民党総裁代行委員となるが、次期総裁・総理を目前にして急死した。著書に「議会の話」「人間中野正剛」「一軍人の生涯―回想の米内光政」がある。

岡田 美知代
おかだ・みちよ

婦人記者, 小説家
[生年月日]明治18年(1885年)4月10日
[没年月日]昭和43年(1968年)1月19日
[出生地]広島県甲奴郡上下町　[学歴]津田塾（現・津田塾大学）

広島県の商家に生まれる。明治37年上京して田山花袋宅に寄寓し、花袋の指導を受けながら津田塾に通う。同志社大学の学生と恋愛関係となり、花袋はそれを題材に告白的小説「蒲団」「縁」を発表。のち「主婦之友」の婦人記者として渡米し、終戦直前に帰国。作品に「キーちゃん」「侮辱」「里子」などがあり、ストウ夫人の「アンクル・トムの小屋」を初めて邦訳したことでも知られる。平成15年広島県上下町の生家が同町歴史文化資料館として開館した。

岡野 半牧
おかの・はんぼく

新聞記者、小説家
[生年月日]嘉永1年(1848年)5月2日
[没年月日]明治29年(1896年)1月11日
[出生地]和泉国（大阪府）　[本名]岡野武平　[別名等]別号＝桐廼舎鳳居

大阪新報に津田貞とともに在籍。明治12年、津田とともに朝日新聞に入社。しかし津田が朝日新聞経営陣との軋轢で社を去り「魁新聞」を創刊した際には、津田と行動を共にせず朝日に残った。編集者として続きものを執筆し、代表作に「診説蘆辺の鶴」「引たり引たり」などがある。大阪文壇育ての親の一人といわれている。

岡野 養之助
おかの・ようのすけ

朝日新聞取締役
[生年月日]明治11年(1878年)8月31日
[没年月日]昭和24年(1949年)6月1日
[出生地]大阪府　[別名等]号＝告天子　[学歴]東京専門学校〔明治34年〕卒

明治29年大阪朝日新聞社に入り、社員のまま東京に留学。37年満州、韓国特派員となり、たまたま2月9日の仁川沖海戦に遭い、日露開戦第1報を送った。その後京城特派員となり寺内朝鮮総督の武断政治を攻撃。帰国後憲政擁護の立場から閥族政治打倒の筆をふるった。やがて大朝通信部長、社会部長、編集主幹、論説委員、取締役を歴任、昭和14年顧問となり朝日新聞社史編集に携わり「朝日新聞社七十年史」「村山龍平伝」を出版した。

岡上 守道
おかのえ・もりみち

新聞記者, 社会運動家, 評論家
[生年月日]明治23年（1890年）1月28日
[没年月日]昭和18年（1943年）4月28日
[出生地]高知県長岡郡大篠村（南国市） [別名等]筆名＝黒田礼二 [学歴]東京帝大法科大学経済学科〔大正5年〕卒

満鉄東亜経済調査局に勤務し、ロシア革命についていち早く研究する。大正9年の第2回ILO総会に政府代表嘱託として参加、以後大阪朝日新聞モスクワ特派員などを歴任。11年にはプロフィンテルン大会にも参加し、昭和11年帰国し、朝日新聞社を退社。のち高知新聞などに入社したが、18年ボルネオ渡航中に撃沈され死去した。

岡部 次郎
おかべ・じろう

新聞人, 衆院議員（憲政会）
[生年月日]元治1年（1864年）8月31日
[没年月日]大正14年（1925年）7月8日
[出生地]信濃国（長野県） [学歴]シカゴ大学（米国）卒

同人社に学び、英・米・仏・独に留学しシカゴ大学で学位取得。ハワイでキリスト教伝道師となり、ハワイ革命に義勇軍として活躍。明治36年帰国、外務省翻訳局、政友会本部政務調査員を経て、北海タイムス主筆。37〜38年の日露戦争に従軍、戦後営口に住み、居留民団長、会社重役を兼任。のち長野県から衆院議員当選4回。

岡部 孫四郎
おかべ・まごしろう

朝日新聞記者
[生年月日]不詳
[没年月日]昭和12年（1937年）7月28日
[出生地]香川県仲多度郡琴平町

昭和10年大阪朝日新聞に入社。京城（現・ソウル）支局に勤務し、12年7月7日日中戦争が勃発すると特派員として中国戦線に従軍。28日写真撮影を終えて後方へ下がろうとした際、頭部に銃弾を受け即死した。8月軍属として認定され、14年新聞人として初めて靖国神社に合祀された。

岡村 柿紅
おかむら・しこう

新聞劇評者, 劇作家
[生年月日]明治14年（1881年）9月14日
[没年月日]大正14年（1925年）5月6日
[出生地]高知県高知市 [本名]岡村久寿治 [学歴]成城中卒

5歳で東京に移り住む。明治34年から43年まで「中央新聞」「二六新報」「読売新聞」などで劇評家として活躍し、44年「演芸倶楽部」の編集主任となる。大正4年市村座に参加、5年からは「新演芸」の主幹もつとめ、劇作家としても活躍。主な作品に「椀久末松山」「傾城三度笠」や舞踊劇「身替座禅」「悪太郎」などがある。特に「身替座禅」は国際的な評価が高い。

岡村 千秋
おかむら・ちあき

新聞社勤務, 編集者
[生年月日]明治17年（1884年）5月17日
[没年月日]昭和16年（1941年）10月21日
[出生地]長野県南安曇郡 [学歴]早稲田大学英文科〔明治40年〕卒

読売新聞、博文館を経て、大正2年郷土研究社を創立。柳田国男と交流し「郷土研究」を創刊、10年からは「炉辺叢書」な

ど民俗学関係の本を多く出版した。

岡本 一平
おかもと・いっぺい

漫画家，画家
[生年月日]明治19年（1886年）6月11日
[没年月日]昭和23年（1948年）10月11日
[出生地]北海道函館　[出身地]東京市京橋区南鞘町（現・東京都中央区）　[学歴]東京美術学校（現・東京芸術大学）西洋画科〔明治42年〕卒　[家族等]妻＝岡本かの子（小説家・歌人），長男＝岡本太郎（画家）

東京美術学校在学中、藤島武二に師事。卒業後、帝国劇場の舞台美術に従事したのち、大正元年東京朝日新聞社に入社して漫画を担当。3年時局漫画「陥落」、4年風俗漫画・漫文集「マッチの棒」を刊行し、10年には漫画小説「人の一生」を朝日新聞に連載。人間生活の機微を鋭くつき、情味と品格をそなえた漫画は、その独特の漫文とともに多くの人々に親しまれ、政治漫画に一時期を画した。11年世界漫遊に出かけ、遊行記を朝日新聞に連載。また洋画家としても知られ、昭和2年には春陽会会員に推挙される。代表作に「弥次喜多再興」「へぼ胡瓜」「どぜう地獄」など。「一平全集」（全15巻）がある。

岡本 起泉
おかもと・きせん

新聞記者，戯作者
[生年月日]嘉永6年（1853年）
[没年月日]明治15年（1882年）7月20日
[出生地]江戸深川（東京都江東区）　[本名]岡本勘造（おかもと・かんぞう）　[別名等]別称＝貴泉

元は泉屋を屋号とする商人であったが、破産したため、"泉屋を起こす"意味で起泉と号し。はじめは一夢中の名で新聞の投書家として活躍。明治10年東京さきがけ新聞社に編集長として入社し、主幹・芳川春濤の閲のもと、実話に題材をとったつづき物を執筆した。12年には高橋お伝事件を取り扱った「其名も高橋毒婦の小伝 東京奇聞」を発表、これが文壇の重鎮・仮名垣魯文の「高橋阿伝夜叉譚」との競作という形となり、一躍文名を高めた。13年「有喜世新聞」に移って印刷長となる一方で同年「諸芸新聞」を創刊するが、肺結核のため夭折した。仮名垣派や為永派など江戸文学の流れを汲む当時の文壇の主流派閥にはいずれにも属さぬという独立の作家であり、他の作品に「夜嵐阿衣花𪰉仇夢」「島田一郎梅雨日記」「恨瀬戸恋神奈川」などがある。

岡本 綺堂
おかもと・きどう

新聞劇評者，劇作家，小説家，劇評家
[生年月日]明治5年（1872年）10月15日
[没年月日]昭和14年（1939年）3月1日
[出生地]東京芝高輪（東京都港区）　[本名]岡本敬二　[別名等]別号＝狂綺堂，甲字楼主人　[学歴]東京府中学校〔明治22年〕卒　[資格]帝国芸術院会員〔昭和12年〕　[家族等]養子＝岡本経一（青蛙房主人）

明治22年中学卒業と同時に東京日日新聞社に入社。のち中央新聞社、絵入日報社、東京新聞社と移り、36年東京日日新聞社に再勤し、39年東京毎日新聞社に移る。その間、劇評の傍ら劇作に励み、29年に「紫宸殿」を発表。41年2代目市川左団次のために「維新前後」を執筆し、明治座で上演される。つづいて44年「修禅寺物語」が上演され、新時代劇の作家として注目をあび、以後いわゆる"新歌舞伎"と呼ばれる新作を数多く発表。小説も執筆し、大正5年から「半七捕物帳」を発表、

捕物帳の先駆を作る。戯曲の代表作としては「修禅寺物語」「室町御所」「鳥辺山心中」「番町皿屋敷」「権三と助十」「相馬の金さん」などがある。昭和5年「舞台」を創刊し、後進に作品発表の場を与え、12年帝国芸術院会員となった。一方、東日在社時代より句作を手がけ、同僚星野麦人主宰の「木太刀」選者を務めた。俳句・漢詩集「独吟」、「岡本綺堂日記」、「綺堂戯曲集」（全14巻，春陽堂）、「岡本綺堂劇曲選集」（全8巻，青蛙房）、「岡本綺堂読物選集」（全8巻，青蛙房）がある。

岡本 月村
おかもと・げっそん

新聞記者，挿絵画家
[生年月日]明治9年（1876年）9月10日
[没年月日]大正1年（1912年）11月1日
[出生地]岡山県上道郡西大寺村（岡山市） [本名]岡本詮 [旧名]佐藤 [学歴]神戸商卒

京都で今尾景年に洋画を学んだ後、明治35年神戸新聞に入社。従軍記者として日露戦争に赴いた。月村の戦争スケッチは紙上に異彩を放ち、従軍記は人気となった。同社の挿絵画家として43年、全国の新聞社と共同で沖縄（琉球諸島）を取材し、「琉球遊記」を連載。傍ら、俳誌「ホトトギス」の挿絵画家としても高い評価を受けた。その後大阪朝日新聞に移るが大正元年36歳の若さで死去。平成8年孫により、「秘密の宝島」の副題で尖閣諸島の概況を紹介し、領有権問題が起こる可能性を予測した記事が発見された。

岡山 不衣
おかやま・ふい

新聞記者，岩手毎日新聞編集長，俳人
[生年月日]明治18年（1885年）12月9日
[没年月日]昭和18年（1943年）11月29日
[出身地]岩手県 [本名]岡山儀七 [旧名]伊藤 [学歴]二高中退

盛岡中学在学中から歌人の石川啄木と親交を結ぶ。明治39年岩手毎日新聞社に入社し、のち編集長。俳誌「渋柿」同人。

小川 芋銭
おがわ・うせん

挿絵画家，日本画家
[生年月日]慶応4年（1868年）2月18日
[没年月日]昭和13年（1938年）12月17日
[出生地]江戸赤坂溜池（東京都千代田区） [出身地]茨城県牛久村（牛久市） [本名]小川茂吉 [別名等]別号＝芋銭子，莒滄子，草汁庵

江戸に生まれ、4歳で茨城県牛久に移り住んで以来、生涯のほとんどを同地で過ごす。明治14年本多錦吉郎の画塾・彰技堂で洋画を学び、日本画を独習。26年父の命により農業に従事しながら絵筆を執る。のち「朝野新聞」「平民新聞」に漫画や挿絵を描き、41年「草汁漫画」を刊行。また、早くから親しんだ俳句も寄稿。41年頃から「国民新聞」「ホトトギス」にも表紙・挿画のほか投句する。大正元年に「三愚集」を刊行、この頃から俳画を描き、飄逸枯淡で異色ある作品を長く院展に発表。4年平福百穂らの珊瑚会会員となり、6年日本美術院同人となる。農工画を自称し、河童、沼沢などを主題に独特な幻想世界を構築。とくに「河童百図」は河童表現の決定版といわれ、"河童の芋銭"と呼ばれた。代表作は他に「樹下石人談」「沼四題」「江戸六月」「水魅戯」など。著書に「大痴芋銭」「草汁遺稿」がある。

小川 治平
おがわ・じへい

漫画家
[生年月日]明治20年（1887年）
[没年月日]大正14年（1925年）4月10日
[出生地]埼玉県比企郡八ツ保村（川島町）

時事新報社に入社。時事新報や時事漫画で才筆を振るった。

小川 定明
おがわ・ていめい

新聞記者，ジャーナリスト
[生年月日]安政2年（1855年）3月6日
[没年月日]大正8年（1919年）1月3日
[出生地]江戸麹町（東京都千代田区）　[出身地]愛知県　[旧名]青山，名倉　[別名等]幼名＝止之助，号＝樵愕　[学歴]名古屋藩学校仏語科

江戸詰めの尾張藩士の子として、麹町の藩邸で生まれる。慶応4年（1868年）名倉家、明治9年小川家の養子となる。この間、名古屋藩学校仏語科に学び、教師だった林正十郎の薫陶を受ける。明治12年甲府でかなめ新聞を主宰。峡中新報、静岡新聞の記者を経て、政治運動に参加、19年旧自由党員らの政府転覆計画（静岡事件）で逮捕された。中外電報記者から25年大阪朝日新聞に入社。新鮮な文章と観察で読者に人気があり、名物記者として知られた。特に戦地報道にすぐれ、台湾出兵、日清戦争、義和団事変、日露戦争などに従軍。台湾特派員として書かれた「台湾の真相」は初期台湾統治の実情を伝えるレポートとして評価が高い。35年度重なる奇行が原因で大阪朝日新聞を退社。その後、千葉県成東町の鉱泉旅館の下男や北海道の孤児院の爺やとなり、漂白の人生を送った。その奇行ぶりから南方熊楠、宮武外骨と"3奇才3奇人"として並び称される。著書に「新聞記者腕競べ」がある。

小川 渉
おがわ・わたる

新聞記者，教育者，青森県田名部支庁長
[生年月日]天保14年（1843年）
[没年月日]明治40年（1907年）2月5日
[出生地]陸奥国会津（福島県会津若松市）

旧会津藩士。藩命に従って江戸に上り、幕府の昌平黌に学ぶ。戊辰戦争に従軍後、他の会津藩士と共に陸奥国斗南に移住。明治4年青森県田名部支庁に入り、支店長などを歴任して地方自治に尽力。この時の功績により、現在のむつ市には小川町の町名が残っている。8年には北斗新聞社を設立。青森県における新聞界の草分けともいえる存在の小川はその後、青森新聞、青森新報などの民党系の新聞で執筆し、しばしば筆禍により入獄の苦難を味わった。その後、長崎県尋常中学校教諭を経て会津に帰郷し、著述に専念。晩年には青森に戻り、漢学塾を経営した。著書に「会津藩教育考」「少年訓点」などがある。

荻原 直正
おぎはら・なおまさ

郷土史家
[生年月日]明治19年（1886年）
[没年月日]昭和36年（1961年）1月4日
[出生地]鳥取県八上郡袋河原村（鳥取市）　[学歴]早稲田大学聴講生

聴講生として早稲田大学で学ぶ。大正13年鳥取新報社に入社、同紙で政治部長や編集長を務めたのち「たくみ」東京支店長となる。昭和12年から鳥取県立図書館に勤務し、司書として旧鳥取藩主池田家の史料整理及び研究に従事。戦後も鳥取

の郷土史研究を進め、「百姓一揆年代記」や「因伯郷土史考」などを著した。没後、50年に遺稿集「荻原直正先生遺稿集」が編まれた。

奥　泰資
おく・たいすけ

評論家，編集者
[生年月日]明治3年（1870年）9月
[没年月日]明治28年（1895年）7月8日
[出生地]和泉国日根郡北信達村（大阪府泉南市）　[別名等]別号＝鄭澳生，牛歩生　[学歴]東京専門学校〔明治24年〕中退

坪内逍遙の推薦で、明治24年「早稲田文学」の編集に従事し、同誌に評論や伝記などを発表。27年大阪に帰り、28年神戸又新日報社に入り従軍記者として遼東金州海域などをまわって帰朝したが、その直後に死去した。

小国　露堂
おぐに・ろどう

新聞記者
[生年月日]明治10年（1877年）10月
[没年月日]昭和27年（1952年）2月
[出生地]岩手県宮古市　[本名]小田善平

明治38年頃、新聞記者を目指し妻子を残して北海道に渡る。函館日日新聞・北門新報・小樽日報・釧路新聞の記者などを経て、吉田磯（たまき）と北拓新聞を創るが、特高に追われて44年秋宮古市に帰郷。「陸東新聞」「旬刊宮古新聞」を発行した後大正2年再び渡道、昭和2年帰郷後、宮古新聞を興し主筆となった。北門新報政治記者の時に石川啄木と知り合い、その後、小樽日報の創刊に啄木を誘い、啄木に社会主義を説いたといわれている。戦後、盛岡で貸本屋を経営。平成元年、元・岩手県議の盛合聡により、「北辺の記者 評伝・小国露堂」が出版された。

奥村　信太郎
おくむら・しんたろう

大阪毎日新聞社長
[生年月日]明治8年（1875年）11月3日
[没年月日]昭和26年（1951年）3月4日
[出生地]東京　[旧名]奥平　[学歴]慶応義塾大学文学科〔明治29年〕卒

明治30年博文館に入り、「少年世界」などの編集に従事、真宗日報（広島日報の前身）を経て34年大阪毎日新聞に入社、外信部の仕事のほか本紙に「不染」「隼」などの名で執筆した。37年日露戦争に従軍記者として派遣され多くの特ダネを送った。39年鉄道5000マイル競争に参加、37日間にわたり全国の鉄道を乗り通し旅行記を連載。40年第1回海外派遣記者として欧米を視察した。その後内国通信部長、社会部長、編集副主幹、編集総務、常務、東日編集主幹、専務を経て昭和11年第6代社長となり、高石真五郎とのコンビで東日・大毎の発展に尽力した。14年には朝日新聞の神風号の欧亜連絡大飛行に対抗、国産機ニッポン号の世界一周飛行を成功させた。20年8月辞任、22年公職追放となった。著書に「新聞に終始して」がある。

奥村　梅皐
おくむら・ばいこう

評論家
[生年月日]明治13年（1880年）2月3日
[没年月日]昭和20年（1945年）5月10日
[出生地]大阪府　[本名]奥村恒次郎

「よしあし草」に作品を発表していたが、のちに上京して新声社記者となって「露伴の理想」などの評論を発表する。明治

44年大阪毎日新聞社に入社し、定年まで記者生活をする。著書に「一噴一醒」（明治35年）、「長剣短刀」（明治37年）などがある。

小倉 真美
おぐら・しんび

編集者，映画評論家，「自然」編集長
[生年月日]明治40年（1907年）5月
[没年月日]昭和42年（1967年）9月27日
[学歴]京都帝国大学文学部仏文科〔昭和4年〕中退　[家族等]父＝小倉金之助（数学者）

数学者・小倉金之助の長男。昭和10年岩波書店に入社、13年より「物理学講座」（全22巻）の編集に携わる。16年中央公論社に転じたが、19年社は解散。戦後、中央公論社の再建に参加、21年科学雑誌「自然」を創刊して編集長を務めた。37年定年退職。映画評論家、テレビ評論家としても活動した。著書に「弾圧に抗して—編集者・小倉真美の回想」がある。

尾崎 紅葉
おざき・こうよう

小説家
[生年月日]慶応3年（1867年）12月16日
[没年月日]明治36年（1903年）10月30日
[出生地]江戸（東京都）芝中門前町（港区）　[本名]尾崎徳太郎　[別名等]別号＝縁山，半可通人，俳号＝十千万堂　[学歴]東京府立二中（現・日比谷高）中退，帝国大学文科大学（現・東京大学文学部）和文科〔昭和23年〕中退　[家族等]父＝尾崎惣蔵（谷斎）（根付彫師・幇間）

幼い頃に母を失い、母方の祖父母の下で育つ。父・惣蔵（谷斎）は腕のいい根付け彫の職人ながら、いつも赤羽織を着た幇間として料亭や角力場などに出入りし、江戸市中で知られた奇人であった。紅葉は生涯この父のことを隠し続けた。寺子屋などで学んだのち、明治14年府立二中（現・日比谷高）に進むが2年間で退学。三田英学校で英語を、岡千仞の綏猷堂や石川鴻斎の崇徳館で漢学を学び、16年東大予備門に入学。17年竹馬の友である山田武太郎（美妙）が予備門に入学して友情が復活し、18年美妙、石橋思案らと近代初の小説結社・硯友社を結成、機関誌で日本の純文学雑誌・同人雑誌の嚆矢である「我楽多文庫」を創刊。同誌での習作時代を経て、22年小説「二人比丘尼色懺悔」で新進作家として本格的に文壇にデビュー、出世作となった。同年帝大在学中のまま読売新聞社に入り、23年大学を中退。この時期、友人である淡島寒月を通じて井原西鶴の作品に触れ、その影響を受けた雅俗折衷の文体で「伽羅枕」「三人妻」などの作品を発表。また若年にして早くも文壇の雄として仰がれ、泉鏡花、田山花袋、小栗風葉ら若き作家たちがその門を叩いた。その後、近代ヨーロッパの小説に学んで心理的写実主義や言文一致の文体を追及し、29年写実主義の最高作となった「多情多恨」において"である調"の言文一致体を完成させた。30年からは代表作となる「金色夜叉」を「読売新聞」に連載したが、胃病などのために断続的な掲載を余儀なくされ、36年ついに未完のまま、35歳で世を去った。金銭欲と愛情を天秤にかけ、"貫一・お宮"の悲恋を描いた同作は近代日本屈指の人気作品として演劇・映画・流行歌などになり、国民文学として広く親しまれた。硯友社の総帥として文壇に君臨し、明治期を代表する小説家として名高い。随筆、批評、紀行文などに優れた才をみせたが、特に俳句に熱心で、十千万堂と号した。門弟も多く、中でも泉鏡花、小栗風葉、徳田秋声、柳川春葉は"四天王"と呼ばれ、作風

のロマン主義的な側面は鏡花に、写実主義的な側面は秋声に継承され、さらなる発展をみた。他の作品に「伽羅物語」「二人女房」「隣の女」「男ごゝろ」「不言不語」「青葡萄」などがある。

尾崎 章一
おざき・しょういち

ジャーナリスト、郷土史家、長野新聞編集主任、長野市議
[生年月日]明治17年（1884年）
[没年月日]昭和40年（1965年）
[出生地]長野県小県郡神川村（上田市）　[別名等]号＝隈川　[学歴]小県蚕業学校卒

長野県蚕種検査員、蚕病予防県吏員、東筑摩蚕種同業組合、横浜生糸検査所などを歴任。傍ら新聞記者としても活躍し、横浜毎日新聞、長野日日新聞、信濃日報を経て、明治43年国民新聞長野支局主任となり、大正4年には長野新聞編集主任に就任。その後は信濃毎日新聞に勤務。また、昭和3年から2期にわたって長野市議を務めるなど地方政界でも活動し、長野県選挙管理委員長にも選ばれた。「信濃蚕業評論」の発行にも尽力したほか、長野県の養蚕史を研究し「長野県蚕糸業外史」「蚕界偉人大谷幸蔵伝」などの著書がある。

尾崎 秀実
おざき・ほつみ

ジャーナリスト、中国問題評論家
[生年月日]明治34年（1901年）4月29日
[没年月日]昭和19年（1944年）11月7日
[出生地]東京市芝区伊皿子町（現・東京都港区）　[別名等]筆名＝白川次郎、欧佐起　[学歴]東京帝国大学法学部〔大正14年〕卒　[家族等]父＝尾崎秀真（新聞人）、弟＝尾崎秀樹（文芸評論家）

幼少時を台湾・台北で過ごす。一高、東大を経て、大正15年東京朝日新聞社に入社。昭和2年大阪朝日新聞社に移り、中国問題研究会を結成。3年上海支局員として中国に渡り、4年スメドレー女史を通じてリヒャルト・ゾルゲに出会う。7年帰国後、ゾルゲと再会。9年東京朝日に移り、新設の東亜問題調査会に所属、中国問題評論家として活躍。12年研究会に参加。13年朝日新聞社を退社し、7月第1次近衛内閣嘱託となり中国政策に関与。14年6月満鉄調査部嘱託。16年10月国際諜報団事件（ゾルゲ事件）でコミンテルンのスパイとしてゾルゲとともに国防保安法・治安維持法等違反で検挙され、19年11月東京拘置所で処刑された。著書に「現代支那論」「支那社会経済論」、戦後ベストセラーとなった獄中から家族に宛てた書簡集「愛情は降る星のごとく」など。「尾崎秀実著作集」（全5巻）がある。

尾崎 行雄
おざき・ゆきお

新聞記者、法相、文相、衆院議員、東京市長
[生年月日]安政5年（1858年）11月20日
[没年月日]昭和29年（1954年）10月6日
[出生地]相模国津久井郡又野村（神奈川県相模原市）　[旧名]尾崎彦太郎　[別名等]号＝尾崎咢堂、学堂、愕堂、卒翁、莫哀荘主人　[学歴]慶応義塾〔明治9年〕中退　[受賞]憲政功労者表彰〔昭和10年〕、国会名誉議員〔昭和28年〕、東京名誉市民〔昭和28年〕　[家族等]妻＝尾崎テオドラ、長男＝尾崎行輝（日本航空取締役）、三女＝相馬雪香（国際MRA日本協会副会長・難民を助ける会会長）、孫＝尾崎行信（最高裁判事）、女婿＝相馬恵胤（元子爵）

神奈川の生まれだが、少年時代を伊勢市で過ごす。明治9年、楠秀の名で「東京曙新聞」への投書を始める。これが尾崎の言論活動の始まりである。10年「民間雑誌」で編集に従事。12年「新潟新聞」主

筆。15年「郵便報知新聞」論説委員となり、大隈重信の立憲改進党結成にも参加。18年「朝野新聞」で記者。この間、14年統計院権少書記官となるが、政変で辞職。以降、ジャーナリスト、政治家として活躍。20年第1次伊藤内閣の条約改正に反対、保安条例で東京退去処分を受け外遊。23年第1回総選挙に三重県から立候補、当選。以来昭和28年に落選するまで連続当選25回。明治31年第1次大隈内閣の文相。33年立憲政友会創立委員。36〜45年東京市長（国会議員兼務）を務め、町並み整理や上下水道拡張などに実際政治家としての手腕を発揮した。その間、ワシントンに桜の苗木を贈る。大正元年第1次護憲運動に奔走。3年第2次大隈内閣の法相。5年憲政会筆頭総務。原内閣の時、普選運動の先頭に立ち、10年政友会除名。11年犬養毅の革新倶楽部に参加したが14年政友会との合同に反対して脱会、以後無所属。昭和6年ごろから高まる軍国主義・ファシズムの批判を展開、さらに近衛内閣＝大政翼賛会と東条内閣の"独裁政治"を非難。17年翼賛選挙での発言で不敬罪として起訴されたが、19年無罪。20年議会の戦争責任を追及、自ら位階勲等を返上、議員の総辞職論を唱えた。戦後は世界平和を提唱、世界連邦建設運動を展開。代議士生活63年の記録を樹立、"議会政治の父""憲政の神様"として名誉議員の称号を贈られ、35年国会前に尾崎記念会館（憲政記念館）が建設された。著書に「墓標に代えて」「わが遺言」などのほか、「尾崎咢堂全集」（全12巻）がある。

小崎 藍川
おざき・らんせん

新潟新聞主筆，東京石油社長，実業家，詩人
[生年月日]文久3年（1863年）
[没年月日]明治43年（1910年）
[出身地]佐渡国（新潟県） [本名]小崎懋（おざき・つとむ） [別名等]幼名＝伊太郎，字＝子敬

少年時代、文を円山溟北、詩を丸岡南陔に師事した。その後、阪口五峰の詩社に入り、新潟新聞主筆を務めた。上京して東京会議所書記長に就任した他、柏崎に東京石油を設立して社長となったが、油脈に当たらず失敗した。

長田 正平
おさだ・しょうへい

評論家，大陸日報社記者，俳人
[生年月日]明治13年（1880年）9月21日
[没年月日]昭和5年（1930年）3月14日
[出生地]東京市麹町区平河町（東京都千代田区） [別名等]俳号＝波韻 [学歴]高等商業学校予科〔明治35年〕退学

神戸の田村商会に入社、明治36年カナダのバンクーバー市グランビル街の同商会支店に赴任。39年加奈陀新報記者に転じ、翌40年、新設された大陸日報社に入社、主として翻訳に従事、映画、演劇などの評論にも健筆をふるった。日本児童文学の先駆者・巖谷小波主宰の文学会「木曜会」の会員で、波韻と号して俳句をよくするなど文学、演劇好きだった。

小沢 扶公
おざわ・ふこう

「魁新聞」社長，実業家
[生年月日]安政6年（1859年）1月8日
[没年月日]昭和5年（1930年）1月7日
[出身地]大坂

幕末に大坂で印刷に従事。明治4年造幣寮に入る。13年「魁新聞」を創刊し、社長。のち造幣寮の泉布観の保存に尽力した。

織田 純一郎
おだ・じゅんいちろう

ジャーナリスト，翻訳家，評論家
[生年月日]嘉永4年（1851年）5月22日
[没年月日]大正8年（1919年）2月3日
[出生地]京都府烏丸岡村町（京都市）

明治3年プロシャに遊学する能久親王に随行しイギリスに渡って7年に帰国。同年再度渡英し10年に帰国する。11年「英国龍動新繁盛記」、12年翻訳「欧州奇事 花柳春話」を刊行し、好評を博す。18年「朝日新聞」に入社。これまでにない最高額の月100円が支給された。しかし織田の書く論説欄の評判はあまり高くなかった。以後評論家、翻訳家として活躍。他に「欧州奇話 奇想春史」（「ポンペイ最後の日」の翻訳）「通俗 日本民権真論」「通俗 日本国会論」など数多くの著書がある。晩年は不遇であった。

小田 知周
おだ・ともちか

香川新報創立者，衆院議員（中正会），高松市長，高松商業会議所会頭
[生年月日]嘉永4年（1851年）8月11日
[没年月日]大正8年（1919年）7月15日
[出生地]讃岐国香川郡宮脇村（香川県高松市）
[旧名]十河 [別名等]幼名＝友吉，通称＝米蔵，号＝稼亭，海堂 [家族等]息子＝小田栄次，孫＝小田友吉

十河家に生まれたが伯父の養子となり、明治4年小田家を継ぐ。6年香川県に出仕したが、11年退官。13年より香川県議。23年高松市議も兼ね、3期目の29年に2代目の高松市長に就任。45年衆院議員に当選。高松商業会議所会頭なども務めた。22年香川新報を創刊して社長に就任。同紙は今日の四国新聞へ発展した。

織田 信恒
おだ・のぶつね

漫画作家，貴族院議員，京浜自動車工業社長
[生年月日]明治22年（1889年）8月3日
[没年月日]昭和42年（1967年）5月20日
[出生地]東京 [別名等]筆名＝織田小星 [学歴]京都帝大法科大学政治科〔大正4年〕卒

明治28年織田信敏子爵の養子となり、のちに爵位を継いだ。日本銀行入行、欧米、中国漫遊の後、11年朝日新聞社に入った。12年日刊アサヒグラフ局員となり樺島勝一絵の「正ちゃんの冒険」の案と文を担当し、子供たちの人気を得、「正ちゃん帽」まで流行させた。フキ出しを採用した最初の漫画。昭和3年貴族院議員、農林政務次官、静岡電鉄社長、NHK理事を務めた。戦後京浜急行取締役、監査役、京浜自動車工業社長などを歴任、川崎さいか屋取締役、財団法人安達峰一郎記念館理事長などを兼務した。織田信長の16代目の子孫。

小高 長三郎
おだか・ちょうざぶろう

自由通信社社長，衆院議員（日本進歩党）
[生年月日]明治23年（1890年）11月
[没年月日]昭和33年（1958年）3月26日
[出身地]千葉県 [学歴]大倉商〔明治43年〕卒

明治43年自由通信社に入社。外交部長、支配人を経て社長に就任。昭和7年衆院議員に当選、以来連続4期務める。米内内閣の外務参与官、外務省委員を歴任する。著書に「立憲政友会報国史」、「立憲政友会史」(7巻)がある。

小竹 即一
おだけ・そくいち

雑誌編集者, 事業之日本創立者, 万里閣創業者
[生年月日]明治33年（1900年）7月13日
[没年月日]不詳
[出生地]新潟県佐渡郡真野村（佐渡市）　[学歴]佐渡中中退

佐渡中学に学ぶが, 詰込み教育に疑問を感じて中退。大正8年上京し, 実業之世界社に入って雑誌記者として活躍。関東大震災後に独立し, 雑誌「事業之日本」を創刊。15年万里閣を創業した。

落合 芳幾
おちあい・よしいく

挿絵画家, 浮世絵師
[生年月日]天保4年（1833年）
[没年月日]明治37年（1904年）2月6日
[出生地]江戸浅草田町（東京都台東区）　[別名等]俗称＝落合幾次郎, 別号＝一蕙斎, 蕙斎, 朝霞楼, 洒落斎

幼い時から絵をよくし, 17歳で一勇斎国芳の門に入った。安政初期から錦絵を描き, 役者似顔絵, 影絵などに奇才を発揮した。明治5年, 戯作者の条野伝平, 元貸本屋番頭の西田伝助とともに東京発の「東京日日新聞」を創刊。ニュースを題材の錦絵を描いた。明治8年には東京絵入新聞が発行され, それに時事絵を描き, 新聞挿絵の草分けとなる。作品に「安政二年十月二日夜亥刻大地震焼失市中揺動図」「め組のけんか」「横浜浮世絵」「真写月花之姿絵」シリーズ, 「女湯のケンカ」といわれる「競細腰雪柳風呂」などがある。また, 才筆の上に頓智, 軽口, だじゃれの達人, こっけいの長者といわれた。晩年は彩管を廃し, 実業界にあったが, 失意のうちに没した。

小野 梓
おの・あずさ

言論人, 法学者, 官僚, 東洋館創業者
[生年月日]嘉永5年（1852年）2月20日
[没年月日]明治19年（1886年）1月11日
[出生地]土佐国宿毛村（高知県宿毛市）　[別名等]号＝東洋

土佐藩家老の家臣で薬種問屋も兼業する軽格の武士の家の二男。戊辰戦争では土佐藩の機勢隊に属し, 越後・出羽国境を転戦。明治2年上京して昌平黌に入るが間もなく帰郷し, 3年上海に渡った。4年米国に留学し, 途中で官費留学生に選ばれて英国に転学。ロンドン滞在中には法学を修めるとともに現地の日本人留学生を糾合して日本学生会を設立した。7年帰国後, 三好退蔵らと共存同衆をつくり, 8年「共存雑誌」を創刊して論説を発表。9年「羅馬律要」の翻訳が認められて司法省に出仕。10年民法課副長, 同年太政官少書記官法制局専務, 13年会計検査院二等検査官, 14年同一等検査官を務め, 会計管理法などの起草に携わった。この間, 大隈重信の知遇を得, 明治十四年の政変で大隈とともに下野。大隈が河野敏鎌らとともに政党結成の準備に入ると, 自身も高田早苗, 市島謙吉（春城）らを擁して青年グループ・鷗渡会を創設してこれを助け, 15年立憲改進党結成を実現させた。さらに同年大隈の東京専門学校創立にも協力。10月からは立憲改進党内鷗渡会系新聞「内外政党事情」を発刊, 16年2月同紙廃刊後は「読売新聞」で重きをなし多くの論文を発表する一方, 天野為之, 高田早苗ら有能な人材を送り, 同紙の発展に功績を残した。16年私擬憲法「国憲私案」を起草, 英国流の立法君主制実現をめざした。傍ら, 14年に喀血して以降, 肺病に悩まされながら, 「国憲汎論」の著述

を進め、18年全3巻を刊行。それらの一方で、政治・経済・教育などの欧米原書の輸入販売と翻訳書の出版のため、16年東洋館を創業。没後、社員の坂本嘉治馬が経営を引き継ぎ冨山房となった。主著に「民法の骨」「条約改正論」「東洋論集」などがある。

小野 小野三
おの・おのぞう

新聞記者
[生年月日]明治3年(1870年)11月21日
[没年月日]昭和12年(1937年)1月14日
[出身地]美濃国(岐阜県)

明治24年濃飛日報に入社、のち発行・編集人となる。西別院事件で逮捕された他、新聞紙条例違反などで度々検挙されたが、新聞の発行を続けた。著作に「47年回顧録」。

小野 喜代子
おの・きよこ

新聞記者,女優
[生年月日]明治15年(1882年)
[没年月日]大正15年(1926年)12月13日
[出身地]宮城県 [別名等]芸名=東花枝 [学歴]日本女子大学校英文科中退 [家族等]父=小野平一郎(政治家)

学生時代に上京し、三輪田女学校や日本女子大学校英文科を経て有楽座の女優養成所に学ぶ。女優として主に翻訳劇で活躍し、ハウプトマン原作の「僧房夢」やイプセン原作の「幽霊」などに出演。また「人形の家」や「女優ナナ」では当時を代表する女優・松井須磨子と共演した。その後、仙台に帰郷して「東北新聞」に入社。さらに再び上京して「中央新聞」記者を務めるなど、婦人記者として活動した。

小野 謙一
おの・けんいち

新聞記者,太平洋通信主幹,衆院議員(翼賛議員同盟)
[生年月日]明治19年(1886年)8月
[没年月日]昭和38年(1963年)1月12日
[出生地]青森県弘前 [学歴]明治大学卒

明治37年北辰日報記者、40年やまと新聞記者、政治部長を経て太平洋通信社に転じ、通信部長、主幹となった。約30年間の記者生活の後、昭和12年から衆院議員を1期。東方会、時局同志会、翼賛議員同盟に所属。著書に「第八師団日露戦争史」「満蒙策論」などがある。

小野 蕪子
おの・ぶし

新聞記者,ジャーナリスト,NHK文芸部長,東京日日新聞社会部長,俳人,陶芸研究家
[生年月日]明治21年(1888年)7月2日
[没年月日]昭和18年(1943年)2月1日
[出生地]福岡県遠賀郡芦屋町 [本名]小野賢一郎(おの・けんいちろう) [別名等]別号=蓼山荘主人、麦中人 [学歴]高小卒 [家族等]養子=蘭郁二郎(SF作家)

16歳で小学校準教員検定試験に合格し代用教員となる。明治39年朝鮮に渡り、「朝鮮日報」や「朝鮮タイムス」などの記者として活躍。41年毎日電報社(大阪毎日新聞の前身)に入社。ついで東京日日新聞社に移り、社会部記者を経て、事業部長、社会部長などを歴任。昭和9年日本放送協会文芸部長となり、のち業務局次長などをつとめ、放送事業の進展に努めた。その間、日本の美術・民芸、とくに古陶磁を研究し、宝雲舎を起こして「陶器大辞典」(6巻)などを編集・出版。俳句は大正8年に「草汁」を創刊し、昭和2年「虎

杖」の選者となり、4年これを「鶏頭陣」と改題して没年まで主宰。句集に「松籟集」「雲煙供養」など、著書に「明治大正昭和 記者生活20年の記録」「朝鮮満州のぞ記」「洋行土産」など。

小野 三千麿
おの・みちまろ

毎日新聞記者，野球選手
[生年月日]明治30年(1897年)5月22日
[没年月日]昭和31年(1956年)2月2日
[出生地]神奈川県 [学歴]神奈川師範卒，慶応義塾大学〔大正10年〕卒

大正7～9年慶応大学の野球部速球投手として鳴らした。10年毎日新聞社に入り、運動部記者になる一方、三田倶楽部投手となり、その春復活した三田稲門戦に早大谷口五郎と対戦、また芝浦協会の山本栄一郎、大貫賢らと共に人気を集めた。11年秋には来日した米国・大リーグ選抜チームとの第7戦で9対3で勝った。その後、大毎野球団が組織され主戦投手として活躍。昭和2年に出来た全国都市対抗野球大会には運動部記者として活躍した。34年第1回野球殿堂入りの一人。のち、都市対抗野球大会で活躍した人に贈られる"小野賞"が制定された。

小野 康人
おの・やすひと

編集者
[生年月日]明治41年(1908年)5月7日
[没年月日]昭和34年(1959年)1月5日
[出生地]東京府豊多摩郡千駄ケ谷町(東京都渋谷区) [学歴]法政大学英文科〔昭和13年〕卒

昭和6年法政大学予科を卒業後、実兄である築井健人の営む出版業を手伝う。10年法政大学英文科に進み、13年卒業して改造社に入社。雑誌「大陸」「改造時局版」「改造」などの編集に従事。18年戦時下最大の言論弾圧として知られる横浜事件に巻きこまれ、富山県内で共産党再建の準備会議を開いたという容疑で特高警察に逮捕される。拷問を含む取調を受け、20年7月病気保釈、敗戦直後の9月に懲役2年、執行猶予3年の有罪の判決を受けた。戦後は東西出版社を設立したが数年で廃業。リンガフォン日本支社に勤めた後、34年死去。61年妻・貞が無実を訴え、第一次再審請求に参加、最高裁まで特別抗告したが棄却。平成6年第二次再審請求を行ったが7年志半ばで死去した。請求は子どもたちに引き継がれたが、8年7月棄却された。10年8月第三次再審請求が横浜地裁に申し立てられ、15年4月横浜地裁は再審開始を決定。17年3月東京高裁も再審を支持する判決を下す。18年2月再審の横浜地裁は、罪の判断を下さずに裁判手続きを打ち切る免訴の判決を下した。20年横浜地裁は第四次再審請求に対して再審を認めたが、21年免訴判決を下した。22年2月横浜地裁は刑事補償を認め、実質的な無罪判決を下した。

小野 米吉
おの・よねきち

小説家
[生年月日]不詳
[没年月日]明治23年(1890年)8月31日

明治12年5月、朝日新聞社に入社。当時流行の続きもの(連載小説)も発表。14年「邯鄲回転閨白浪(かんたんがえしねやのしらなみ)」を連載、大当たりし大阪・中座で上演された。

小野庵 保蔵
おのいおり・やすぞう

著述家
[生年月日]明治30年(1897年)2月3日
[没年月日]昭和25年(1950年)3月14日
[出生地]静岡県藤枝町(藤枝市) [本名]小野田保蔵 [学歴]藤枝尋常高小〔明治43年〕卒

静岡県に蕎麦屋・小野庵の長男として生まれる。10代より絵画や短歌に親しみ、大正7年「暮笛」、10年「薄暮小唄」同人。家業を継ぐ傍ら、ダダイストの辻潤、放浪詩人の卜部哲次郎、彫刻家の杉本宗一らと幅広く交友を持ち、虚無思想(ニヒリズム)を標榜して小説や評論、ルポルタージュなどを各種雑誌に精力的に発表した。昭和18年5月静岡新聞社に入社、同年11月から21年まで藤枝町役場に大政翼賛会職員として勤務。著書に「地方に生きる 田舎哲学記」「青年石川啄木」がある。

小野瀬 不二人
おのせ・ふじと

読売新聞社顧問
[生年月日]不詳
[没年月日]昭和13年(1938年)11月18日

東京法学院卒業後「二六新聞」に入社。新聞研究のため欧米に留学。明治42年「中央新聞」主幹兼編集局長、45年「東京毎夕新聞」主幹、のち社長。大正15年「読売新聞」顧問。著書に「実際新聞学」がある。

小野田 翠雨
おのだ・すいう

速記者
[生年月日]不詳
[没年月日]不詳

[本名]小野田亮正

秋田県や千葉県の県議会議事筆記を担当し、また「やまと新聞」などの電話速記者をする。その20年来の経験を「読売新聞」に連載し、明治41年「現代 名士の演説振」を刊行。伊藤博文、田中正造、北里柴三郎、山路愛山ら64人が採り上げられている。

小幡 篤次郎
おばた・とくじろう

教育者, 実業家, 慶応義塾塾長, 貴院議員(勅選)
[生年月日]天保13年(1842年)6月8日
[没年月日]明治38年(1905年)4月16日
[出生地]豊前国中津(大分県中津市) [別名等]号=箕田 [資格]東京学士会院会員〔明治12年〕

藩校進修館で塾長となったが、元治元年(1864年)福沢諭吉の勧めで江戸に出て、福沢の家塾に入り英学を学んだ。慶応2年(1866年)塾頭、次いで幕府開成校の英学助教となった。明治元年辞任、10年ヨーロッパを歴訪、米国を回って帰国。12年東京学士院創設とともに会員。13年交詢社創立に参加、幹事。15年「時事新報」の創刊に尽力。一方、実業界にあっては明治生命保険会社設立にも参画、日本郵船、鐘紡などの監査役をつとめた。また、立憲改進党の結成に参画。23年勅選貴院議員、同年再び慶応義塾塾長となった。31年慶応義塾副社頭、34年社頭。「学問のすすめ」も福沢との共著となっており、福沢の片腕として活躍、慶応義塾では福沢に次いで中心的な存在だった。著書に「天変地異」「博物新編補遺」「英氏経済論」など。

小山 鼎浦
おやま・ていほ

「東京毎日新聞」主筆，衆院議員(憲政会)，評論家，詩人
[生年月日]明治12年(1879年)11月24日
[没年月日]大正8年(1919年)8月25日
[出生地]宮城県気仙沼町(気仙沼市) [本名]小山東助(おやま・とうすけ) [学歴]東京帝大哲学科〔明治36年〕卒

東京毎日新聞社入社。明治37年「帝国文学」編集委員、新人社同人となり、新聞にキリスト教的理想主義にたつ文芸評論、雑誌に創作詩、詩評を発表。42年文芸革新会発起人となり、毎日を退社。早稲田大学講師を経て、大正2年関西学院に転じ、高等科文科長。4年から衆院議員当選2回、憲政会に属した。大正デモクラシーの先駆けの一人といわれる。この間、5年毎日新聞主筆。著書に「社会進化論」「久遠の基督教」「光を慕いて」、「鼎浦全集」(全3巻、鼎浦会刊)がある。

織本 利
おりもと・とし

新聞記者，社会運動家
[生年月日]明治33年(1900年)
[没年月日]昭和29年(1954年)9月4日
[出生地]千葉県君津郡木更津町(木更津市)
[別名等]後名=織本侃 [学歴]東京帝国大学法学部政治学科〔大正14年〕卒

東大時代新人会に所属し、卒業後は国民新聞記者となる。その後社会運動に参加。総同盟を経て日本労農党に参加し、全国大衆党では中央委員となる。のち社会大衆党に入るが、同党解散後は全国土木産業建築資材商業組合連盟に勤務し、戦後は農民運動に尽力した。

【か】

海原 清平
かいはら・せいへい

新聞記者，衆院議員(政友会)
[生年月日]明治14年(1881年)12月1日
[没年月日]昭和37年(1962年)7月6日
[出身地]徳島県 [学歴]和仏法律学校(現・法政大学)〔明治36年〕卒

神戸新聞社に入り、新聞記者として活動。大正7年床次竹二郎内相の秘書を務め、9年より衆院議員に2選。

香川 悦次
かがわ・えつじ

新聞記者，ジャーナリスト
[生年月日]不詳
[没年月日]大正13年(1924年)
[出生地]香川県綾歌郡 [別名等]号=静処、香菴、怪菴、魁菴 [学歴]東京法学院(現・中央大学)〔明治25年〕卒

中央政社幹事を経て、政教社に入り、雑誌「日本人」の主幹として政治方面に文名を馳せた。その後、「万朝報」「やまと新聞」で政治記者として活躍。明治34年清国に渡り、帰国後「支那案内記」を著した。また、福本誠らと共に、中国革命運動に参画。著書に「政界文士風聞録」「大浦兼武伝」など。

賀川 豊彦
かがわ・とよひこ

キリスト新聞社創立者，キリスト教社会運動家，牧師，社会事業家
[生年月日]明治21年(1888年)7月10日

かくた

かくた

[没年月日]昭和35年(1960年)4月23日
[出生地]兵庫県神戸市 [出身地]徳島県 [学歴]明治学院高等部神学予科〔明治40年〕卒、神戸神学校〔明治44年〕卒、プリンストン神学校卒 [家族等]父＝賀川純一（自由民権運動家）、妻＝賀川ハル（社会福祉家）、息子＝賀川純基（賀川豊彦記念松沢資料館館長）

自由民権運動家・賀川純一の息子として神戸市に生まれる。4歳の時に両親を失い、明治26年徳島県の賀川本家に引き取られる。徳島中学、明治学院予科を卒業した後、神戸神学校に進み、同校在学中から貧民街に入って伝導活動を始める。大正3年渡米、プリンストン大、プリンストン神学校で学ぶ。6年帰国後も貧民街に戻り、8年日本基督教会で牧師の資格を得る。9年ベストセラーになった小説「死線を越えて」を刊行して有名になる。同年神戸購買組合を創設。10年川崎造船、三菱神戸造船争議を指導して検挙。その他、農民運動、普選運動、共同組合運動、神の国運動などを創始し、日米開戦には反戦的平和論者として行動し、憲兵隊に留置された。戦後は日本社会党の結成に加わり、顧問となる。またキリスト新聞社を創立し、「キリスト新聞」や口語訳「新約聖書」の刊行に尽力、死去するまで国内外で伝導に努めた。一方、著述活動もめざましく、自伝系小説5冊、虚構系小説21冊を数え、新聞に連載、収載された小説も数多い。戦後はノーベル文学賞候補にも挙げられた。他の主な小説に「キリスト」「石の枕を立てて」「一粒の麦」など、詩集に「涙の二等分」「永遠の乳房」などがあり、「賀川豊彦全集」（全24巻、キリスト新聞社）がある。

角田 浩々歌客
かくだ・こうこうかきゃく

新聞記者、評論家
[生年月日]明治2年(1869年)9月16日
[没年月日]大正5年(1916年)3月16日
[出生地]静岡県富士郡大宮町（富士宮市） [本名]角田勤一郎 [別名等]別号＝伊吹郊人、剣南道士、不二行者 [学歴]慶応義塾卒 [家族等]弟＝佐野天声（小説家）

早くから「国民之友」に文芸評論を発表し、また「国民新聞」に随筆を書くなど、民友社系の評論家として活躍し、明治33年「詩国小観」を刊行。のち大阪朝日新聞社、大阪毎日新聞社の記者となり、そのかたわら評論活動をする。著書に「鷗心録」「出門一笑」「理趣情景」などがある。

角谷 八平次
かくたに・やへいじ

日支公論発行者、東亜実進社創業者
[生年月日]明治13年(1880年)
[没年月日]大正8年(1919年)2月
[出生地]三重県宇治山田（伊勢市） [学歴]東亜同文書院卒

東亜同文書院の第2期生。日露戦争に陸軍通訳として従軍した。その後、満鉄や東亜煙草会社に勤めた後、東京で通信社をはじめ、中国新聞の翻訳通信に携わった。また、東亜実進社を設立して雑誌「日支公論」を発行した他、中国関係の書籍を出版した。

影山 禎太郎
かげやま・ていたろう

「下野新聞」社長、栃木県議
[生年月日]安政4年(1857年)11月
[没年月日]明治45年(1912年)2月13日
[出生地]下野国足利郡菅田村（栃木県足利市）

[学歴]慶応義塾

庄屋の家に生まれ、16歳の頃に上京して慶応義塾に学ぶ。一旦帰郷したのち再び東京に出て博聞社に入社し、活版印刷業に従事した。のち、帰郷して郷里栃木県菅田村の学務委員・村議・同議長などを歴任。明治12年足利郡役所の新築費寄附問題が起こると、寄附の割り当てが不当なことに憤り、自由民権運動に接近。16年には栃木における同運動の牙城であった「栃木新聞」の経営を引き継ぎ、17年に同県庁の宇都宮移転を機に本社も同地に移し、「下野新聞」に改称。不偏不党を標榜し、犬養毅や田口卯吉ら大物記者の寄稿や政治・外交面の充実などで紙面の刷新をはかった。18年には栃木県議に選ばれ、自由党に所属し当選2回。谷中村堤防汚職事件ののちに政界を退き、以後は新聞経営に専念、自ら校正を手がけるなど常に陣頭に立って指揮をとり、35年には社を株式会社組織に改組した。

風見 章
かざみ・あきら

新聞記者, 法相, 衆院議員（社会党）
[生年月日]明治19年（1886年）2月12日
[没年月日]昭和36年（1961年）12月20日
[出生地]茨城県水海道市　[学歴]早稲田大学政経学部〔明治42年〕卒

杉浦重剛の称好塾に入り、中野正剛、緒方竹虎らと交友。大学を出て大阪で株屋をやり、「朝日新聞」記者などを経て、大正12年「信濃毎日新聞」主筆。5年で信濃毎日を辞め、昭和3年第1回普選に出馬したが落選。5年衆院選に当選、以降4回連続当選。民政党から国民同盟を経て無所属。12年第1次近衛内閣の書記官長に迎えられ、15年5月新体制運動に参加。同年7月第2次近衛内閣の法相となるが、同年暮れ辞任、農業に従事。戦後、公職追放、26年解除。27年の衆院選に当選し政界に復帰、以降5回連続当選。この間、30年左派社会党に入党。護憲運動や平和運動に積極的に取り組み、また日中国交回復運動に尽力した。

柏田 忠一
かしわだ・ただかず

新聞記者, 弁護士, 衆院議員（立憲民政党）, 拓殖大学教授
[生年月日]明治19年（1886年）11月5日
[没年月日]昭和33年（1958年）10月3日
[出生地]岩手県　[学歴]東京帝大法科大学独法科〔大正3年〕卒

上海日日新聞記者、主筆となったが、大正5年弁護士を開業。9〜11年ヨーロッパ留学、13年衆議院議員となり政友党本部に所属。時の首相田中義一の300万円事件で首相と対決。一期だけで代議士を辞めた後、拓殖大学教授、山口高商講師となり、植民政策、民族問題を講じた。昭和6年渡満、関東庁嘱託、ハルビン弁護士会会長などを務め、敗戦で帰国した。

梶原 竹軒
かじわら・ちくけん

新聞社勤務, 郷土史家
[生年月日]慶応3年（1867年）
[没年月日]昭和9年（1934年）
[出生地]伊予国宇和島（愛媛県宇和島市）　[本名]梶原猪之松（かじわら・いのまつ）　[学歴]東京駒場農学校中退

明治29年香川新報社印刷局に勤務し、編集人となる。傍ら、郷土史家として活躍し、編著「讃岐人名辞書」で知られる。他の著書に「古今讃岐名勝図絵多加満都」

「日柳燕石全集」などがある。

上総 一
かずさ・はじめ

新聞記者, 大阪日曜夕刊社長
[生年月日]明治10年（1877年）
[没年月日]大正15年（1926年）
[出生地]大阪府　[別名等]号＝天香, 春風楼

大阪日日新聞の主筆を務め、のち大阪日曜夕刊社長となる。天香、または春風楼と号し、漢学・和歌を修め、流暢優麗な文で知られた。著書に「伊藤博文伝」「春風楼漫筆」などがある。

粕谷 義三
かすや・ぎぞう

自由新聞主筆, 衆院議長, 衆院議員（政友会）
[生年月日]慶応2年（1866年）8月15日
[没年月日]昭和5年（1930年）5月4日
[出生地]武蔵国入間郡藤沢村（埼玉県入間市）
[旧名]橋本　[別名等]号＝竹堂　[学歴]ミシガン大学卒

明治12年島村孝司に経学、洋書を師事。19年米国留学、財政、経済、政治学を学んで22年帰国。板垣退助らの「自由新聞」主筆となり、埼玉県議を経て、31年以来衆院議員当選10回、立憲政友会幹部として活躍。大正12年～昭和2年衆院議長を務めた。また書をよくし竹堂と号した。

加田 哲二
かだ・てつじ

読売新聞論説委員, 慶応義塾大学教授
[生年月日]明治28年（1895年）11月26日
[没年月日]昭和39年（1964年）4月24日
[出生地]東京　[本名]加田忠臣　[学歴]慶応義塾大学理財科〔大正8年〕卒 経済学博士〔昭和12年〕

慶応大学助手となり大正12年ドイツに留学、帰国後の15年教授となった。昭和20年辞職。のち、山口大教授、日大教授、読売新聞論説委員などを歴任した。著書に「近代社会学成立史」「社会学概論」「社会学序説」「日本社会思想史」などがある。

片岡 健吉
かたおか・けんきち

高知新聞社長, 自由民権家, 衆院議長, 同志社社長
[生年月日]天保14年（1843年）12月26日
[没年月日]明治36年（1903年）10月31日
[出生地]土佐国高知城下（高知県高知市）　[別名等]幼名＝寅五郎, 諱＝益光

土佐藩馬廻核に生まれ、文久3年（1863年）郡奉行・普請奉行。戊辰戦争に従軍、明治2年藩中老職、4年権大参事となり、欧州巡遊、5年帰国。6年海軍中佐、征韓論を支持して官を辞し土佐に帰り、立志社を創立、民権運動を指導した。また8年には愛国社創立に参加。10年板垣らと民選議院設立建白書を提出。一方西南の役が始まり、林有造ら立志社内の暴動計画で逮捕され、禁獄100日を言い渡された。12年県議となり議長。13年愛国社大会議長となり、国会開設請願書を提出。14年高知新聞社長、15年海南自由党を結成。18年受洗、高知教会長老。20年三大事件建白書運動に参加、保安条例違反で軽禁錮2年。22年大赦、23年以来高知県から衆院議員に8回当選、副議長、議長を歴任。自由党解散後、政友会に属したが、36年退党。のち同志社社長、土陽新聞社長、日本基督教青年会理事長をつとめた。

蒲田 広
がつぎた・ひろし

東奥日報社長,教育者,青森県議
[生年月日]安政2年(1855年)
[没年月日]明治35年(1902年)2月28日
[出生地]陸奥国弘前(青森県弘前市) [旧名]手塚 [別名等]初名＝英二郎 [学歴]青森師範〔明治12年〕卒

陸奥弘前藩の医師・手塚玄瑞の二男に生まれる。初名は英二郎、のち広に改名。西津軽郡長をした蒲田昌清の養嗣子となる。藩校・稽古館で漢学を、東奥義塾で英語を学ぶ。明治12年青森師範学校を卒業して、弘前の朝陽小学校校長、和徳小学校校長、郡役所書記、青森師範学校助教授などを歴任。20年東奥義塾の教師となり、24年副塾長に就任。また21年菊池九郎らが設立した東奥日報の経営に参加、紙上で自由民権の論陣を張った。23年菊池の委任を受け、資金難に陥っていた同社社長に就任、10数年に渡り在職してその再建に尽力。東奥印刷所頭取も兼任し、経営刷新を進めて言論機関としての基礎を固めた。一方、政治にも関心を持ち、20年弘前柾木座で行われた演説会で、後藤象二郎が訴えた大同団結運動に共鳴し、21年大同派から立候補して青森県議に当選、4期務める。22年弘前に市政がしかれると市議に当選、2期務める。政治家としても新聞人としても手腕を発揮し、将来の代議士と嘱望され、35年憲政会本部から衆院選出馬の打診を受けて上京したが、胃の病気となり急死した。

勝田 重太朗
かつだ・じゅうたろう

産経新聞社長,信越放送社長
[生年月日]明治20年(1887年)4月15日
[没年月日]昭和42年(1967年)11月16日
[出生地]長野県長野市 [学歴]日本大学法学部〔大正2年〕卒

京城日報から大正5年新愛知東京支社長、14年広告代理店弘報堂常務、昭和12年レート化粧品本舗宣伝部長、16年科学主義工業社(出版)社長となり、間もなく新愛知に復社、17年中部日本新聞への統合で退社、東京新聞理事を経て19年中部日本新聞社常務取締役総務局長となった。敗戦と同時に辞め、21年夕刊名古屋タイムズを創刊、社長となった。23年東宝取締役砧撮影所長となり、東宝争議で人員整理を行い辞任。25年信濃毎日新聞社副社長、26年信越放送を創立、社長に就任したが30年産経新聞社長に迎えられ、時事新報との合同を行った。35年産経時事社長を退任、35年信越放送社長に復帰した。39年会長、40年顧問。著書に「俠骨松田翁」「義太夫研究」「俳句研究」「新聞に生きる」など。

勝部 修
かつべ・おさむ

新聞人,山陰新聞社長
[生年月日]天保8年(1837年)2月3日
[没年月日]明治41年(1908年)4月21日
[出生地]出雲国(島根県) [別名等]号＝一松

松江藩士の家に生まれ、廃藩置県後に島根県大属となるが、1年ほどで辞職。その後、自由民権運動に参加し、明治14年松江で山陰自由党を結成した。15年には山陰新聞(山陰中央新報の前身)を設立し、初代社長(のち社主)に就任。生粋の進歩人であり、官におもねることなく正論を主張したため、たびたび発行禁止処分を受けた。日露戦争では10回以上の戦況号外を発行し好評を博したが、このときの

電報代がもとで経営難に陥り, 40年社主を辞した。その一方で, 松江銀行の開業や教育振興・社会事業など, 広く松江の経済・文化発展にも貢献。また, 俳句を趣味とし, 句集に「松の声」がある。

勝峰 晋風
かつみね・しんぷう

新聞記者, 俳人, 国文学者
[生年月日]明治20年(1887年)12月11日
[没年月日]昭和29年(1954年)1月31日
[出生地]東京市(東京都)牛込区矢来町 [本名]勝峰晋三 [別名等]別号＝黄橙苑 [学歴]東洋大学〔明治43年〕卒

小樽新聞, 報知新聞, 万朝報, 時事新報等の記者を歴任し, 関東大震災以後は, 俳諧の研究や著述に専念する。大正15年「黄橙」を創刊。15年から昭和3年にかけて「日本俳書大系」全17冊を編纂し, 昭和6年「新編芭蕉一代集」4冊を刊行。句集「汽笛」や「明治俳諧史話」「奥の細道創見」などの著書がある。

桂田 金造
かつらだ・きんぞう

教師, 教育ジャーナリスト
[生年月日]明治17年(1884年)
[没年月日]大正13年(1924年)
[出生地]滋賀県 [学歴]滋賀師範卒

滋賀県下の小学校教師を経て成蹊小学校教師を務める。国語教育研究に力を注ぎ学園の機関誌の編集執筆に当たる。大正8年退職。10年創刊した少年少女雑誌「白鳩」には, 島崎藤村, 西条八十らが執筆。著書に「尋一の綴方」「少年少女自由創作」など。

加藤 朝鳥
かとう・あさどり

瓜哇日報主筆, 翻訳家, 評論家, 立正大学教授
[生年月日]明治19年(1886年)9月19日
[没年月日]昭和13年(1938年)5月17日
[出生地]鳥取県東伯郡村村(倉吉市) [本名]加藤信正 [学歴]早稲田大学英文科〔明治42年〕卒 [叙勲]ポーランド黄金月桂樹十字勲章, ポーランドアカデミー勲章 [家族等]妻＝加藤みどり(小説家)

大学卒業後, 一時インドネシアのバタビアに渡り, 「瓜哇日報」主筆を務める。大正4年「片上伸氏を論ず」を発表し, 以後評論家, 翻訳家として活躍。また海外文学紹介者としても知られ, ノーベル賞作家レイモントの「農民」を始め, ポーランド文学の翻訳と紹介に力を注いだ。のちポーランド政府より黄金月桂樹十字勲章, 同アカデミー勲章が与えられた。晩年は立正大学教授を務める傍ら, 文芸雑誌「反響」を主宰した。評論集に「最近文芸思想講和」「英文学夜話」「最新思潮展望」などがある。

加藤 直士
かとう・なおし

新聞特派員, 宗教哲学者, 雑誌新聞記者, 実業家
[生年月日]明治6年(1873年)9月5日
[没年月日]昭和27年(1952年)2月12日
[出生地]山形県 [学歴]北越学館(新潟)〔明治24年〕卒

学生時代に受洗し, 卒業後は輸出絹物商をするが, 失敗して実業界を断念する。明治36年から伝道師をしつつ「新人」を編集し, 宗教哲学者として, トルストイの「我懺悔」など多くの訳書を刊行。40年「基督教世界」の主筆となり, 大正3年滞英中に大阪毎日新聞ロンドン特派員に

就任し、のち英文毎日の主筆を務めた。昭和2年実業界に入り、日本ゼネラルモータース外務理事などを歴任。著書に「文芸と宗教」などがある。

加藤　政之助
かとう・まさのすけ

新聞人，衆院議員（憲政会）
[生年月日]嘉永7年（1854年）7月18日
[没年月日]昭和16年（1941年）8月2日
[出生地]武蔵国（埼玉県）　[学歴]慶応義塾

明治11年大阪新報主幹、14年北海道官有物払い下げに反対、また報知新聞に拠り自由民権を唱えた。13年埼玉県議、15～23年県会議長、25年以来衆議院議員当選12回。改進系に属し、憲政本党常議員、大蔵参政官、憲政会政調会長、総務などを務めた。昭和2年勅選貴族院議員。他に出羽石油会社、函館馬車鉄道各社長、東上鉄道取締役、東京家畜市場社長、大東文化学院総長などを歴任した。著書に「西洋穴探」「欧米婦人の状態」「世界大観と新日本の建設」「回天綺談」などがある。

加藤　陸三
かとう・りくぞう

新聞記者，社会運動家
[生年月日]明治38年（1905年）
[没年月日]昭和11年（1936年）
[出生地]長野県上伊那郡西春近村（伊那市）
[学歴]大成中学中退

逓信省臨時雇となった頃からアナキズムに傾倒し、活動する。昭和4年南信日日新聞記者となり、報知新聞の通信員も兼ねる。7年伊那毎日新聞に転じるが、健康を害して10年解雇された。

門田　正経
かどた・まさつね

新聞記者，大阪毎日新聞編集主幹
[生年月日]文久2年（1862年）1月29日
[没年月日]大正13年（1924年）12月8日
[出生地]伊予国松山（愛媛県松山市）　[学歴]慶応義塾

松山藩士・門田正業の二男に生まれ、明治11年慶応義塾に学ぶ。翻訳などに従事後、15年共立新聞を創立、のち山陰新聞主筆などを経て、17年矢野文雄の推挙により大阪毎日新聞の創立に参画し、21年入社、のち編集主幹を務めた。この間、稲垣満次郎らと南洋を視察し、南洋移民論を執筆、海外移民を奨励する。また台湾に遊び、日清戦争の頃は台湾併合を主張した。31年台湾協会の幹事となり、33年台湾協会学校（現・拓殖大学）の幹事を兼務し、42年幹事長に就任した。

上遠野　富之助
かどの・とみのすけ

新聞記者，実業家，名古屋商業会議所会頭，名古屋鉄道社長
[生年月日]安政6年（1859年）10月19日
[没年月日]昭和3年（1928年）5月26日
[出生地]出羽国横手（秋田県横手市）　[学歴]東京専門学校（現・早稲田大学）卒

「秋田日報」記者を経て、東京専門学校に入学。卒業後、「郵便報知新聞」政治記者となるが、名古屋の実業家・奥田正香に認められ、明治26年名古屋商業会議所に入り、書記長となる。以後、奥田を補佐し、42年同副会頭、大正10年～昭和2年会頭を務めた。この間、名古屋鉄道を設立し社長を務めた他、明治銀行、日本車輌製造、名古屋電力（東邦電力）、名古屋瓦斯（東邦瓦斯）などの会社設立に参画し役

員を兼任。一方、明治38〜42年名古屋市会議長も務めた。

金井　紫雲
かない・しうん

美術記者
[生年月日]明治20年（1887年）1月2日
[没年月日]昭和29年（1954年）1月19日
[出身地]群馬県　[本名]金井泰三郎

明治35年上京、独学で研鑽、この間坪内逍遙・田村江東などの薫陶を受けた。42年中央新聞社に入社し社会部に勤務、大正11年都新聞社へ移る。美術記者として活躍し、のち学芸部長を務め、15年間勤続した。本名は泰三郎、紫雲と号した。趣味の幅が広く、美術だけでなく盆栽・花・鳥なども専門的に研究し、多くの著書を遺した。主な著書に「盆栽の研究」「花と鳥」「花鳥研究」「東洋花鳥図攷」「鳥と芸術」「東洋画題綜覧」「芸術資料」「趣味の園芸」などがある。

金井　潭
かない・ふかし

新聞記者，養蚕家，長野県議
[生年月日]天保11年（1840年）
[没年月日]明治41年（1908年）6月
[出生地]信濃国筑摩郡松岡村（長野県松本市）
[別名等]号＝鶴巣，信山

少壮のころ江戸に出て原担山の門に入り漢学を修め的、「横浜毎日新聞」の記者になったが、家庭の事情で郷里の長野県松本に帰り、明治5年市川量造らと「信飛新聞」を創刊、編集長を10余年間務める。12年には奨匡社にも参加し自由民権を唱え、翌13年長野県議に選ばれ、16年には東筑摩郡町村会連合会議長に就任。三才山峠道の開削計画を立てるが成功に結びつかなかった。また、19年東筑摩蚕糸業組合を組織し組合長に選ばれ、夏秋蚕の改良に努め、「千回種」と名付けた良種の夏蚕を作るなどして販路を開拓、産地の松本は夏秋蚕の本場として有名になった。晩年は書を日下部鳴鶴・中林梧竹に師事し、信仙と号し能筆家として知られた。

仮名垣　魯文
かながき・ろぶん

新聞記者，戯作者
[生年月日]文政12年（1829年）1月6日
[没年月日]明治27年（1894年）11月8日
[出生地]江戸京橋（東京都中央区）　[本名]野崎文蔵（のざき・ぶんぞう）　[別名等]幼名＝兼吉，文蔵，別号＝和堂珍海，英魯文，鈍亭，野狐庵，猫々道人　[家族等]曽孫＝池田脩（東燃会長）

生家は魚屋。星窓梶葉の号で俳諧や文芸をたしなんだ父から読み書きを習う。のち家が火災に遭って没落し、天保8年（1837年）新橋竹川町の諸藩御用達・鳥羽屋へ丁稚奉公に入る。14年細木香以の推薦で戯作者の花笠文京に入門。和堂珍海、次いで英魯文と名のり、同年処女作となる草双紙「政談青砥碑」を執筆。嘉永6年（1853年）書肆から湯島に家を与えられ、鈍亭魯文を称して版元の要求のままに合巻類を書いたが、安政2年（1855年）安政の大地震に際して3昼夜で「安政見聞誌」を書き上げ、名をあげた。万延元年（1860年）から文久元年（1861年）にかけて「滑稽冨士詣」を刊行、はじめて仮名垣魯文と署名し戯作者としての地位を確立した。一方で幕末期には山々亭有人（条野採菊）、河竹新七（河竹黙阿弥）、3代目瀬川如皐らとともに三題噺の自作自演グループである粋狂連を結成し、初代三遊亭円朝ら落語家の育成に貢献。明治維新後は「西

洋道中膝栗毛」「安愚楽鍋」など開化期の新風俗に題材をとった作品を次々と発表し、近代文学登場以前の明治初期における代表的作家となる。やがて実学尊重の世情に同調して戯作の筆を折り、神奈川県庁の雇員として啓蒙演説に従事すると共に「横浜毎日新聞」の雑報を担当。8年には「仮名読新聞」を創刊。12年新聞の「つづき物」の勃興に乗じ、高橋お伝事件を扱った「高橋阿伝夜叉譚」で戯作者として復活。以後、「いろは新聞」「今日新聞」などに関係しつつ久保田彦作、伊東橋塘、野崎左文などの弟子を擁する仮名垣派の領袖として文壇に影響力を持ったが、19年長男・熊太郎の急死後は精彩を欠き、23年名納め会を開催して引退。晩年は骨董趣味に没頭した。他の作品に「日光道中膝栗毛」「童絵解万国噺」「佐賀電信録」などがある。

神長倉 真民
かなくら・まさみ

ジャーナリスト
[生年月日]明治18年(1885年)3月24日
[没年月日]昭和18年(1943年)
[出身地]青森県青森市 [学歴]早稲田実業学校

青森県から上京し、明治32年早稲田実業中学に入学。日本銀行を退職後、雑誌「ニコニコ」に入り文筆活動を開始。雑誌「義勇青年」を創刊し、雑誌「日本一」の主筆を務めた。大正13年ダイヤモンド社に入社した。著書に「明治維新財政経済史考」など。

金塚 仙四郎
かなつか・せんしろう

時事新報社員、実業家
[生年月日]慶応1年(1865年)11月26日

[没年月日]昭和5年(1930年)11月17日
[出身地]常陸国(茨城県) [学歴]慶応義塾〔明治21年〕卒

明治21年時事新報社を経て、育英に携わった後、明治26年三井銀行に入る。33年門司支店長、のち京都・神戸の支店長を務め、同行と三井鉱山の監査役、三井合名参与を歴任した。

金森 匏瓜
かなもり・ほうか

新聞社勤務、俳人
[生年月日]明治9年(1876年)12月1日
[没年月日]昭和7年(1932年)2月23日(発見)
[出生地]宮城県牡鹿郡石巻町(石巻市) [本名]金森利兵衛 [別名等]旧号＝氷花

やまと新聞などにつとめるかたわら、正岡子規、内藤鳴雪に師事して「藻の花」を編集し、また「ひこぼり」を主宰した。「明治俳家句集」「新俳句自在」などの著書がある。

金山 豊作
かなやま・ほうさく

電波技術社社長、近代科学社社長
[生年月日]明治30年(1897年)11月29日
[没年月日]不詳
[出身地]富山県 [学歴]明治専電気科〔昭和3年〕卒

NHK、日本放送出版協会などを経て、昭和28年電波技術社取締役、33年社長。34年無線従事者教育協会の出版部門を独立させ近代科学社を創業、同社長も兼任した。

金子 春夢
かねこ・しゅんむ

新聞記者、小説家、評論家
[生年月日]明治4年(1871年)11月

［没年月日］明治32年（1899年）3月30日
［本名］金子佐平　［別名等］号＝斬馬剣禅，笹下庵主人

国民新聞記者、家庭雑誌主筆として活躍するかたわら、同紙誌などに小説、劇評などを発表。主な作品に明治24年刊行の「今深雪」をはじめ「うき島の荒浪」などがある。

金子　平吉
かねこ・へいきち

新聞記者，泰東日報社長
［生年月日］元治1年（1864年）8月11日
［没年月日］大正14年（1925年）8月28日
［出生地］越前国足羽郡酒井村（福井県）　［旧名］牧野　［別名等］号＝雪斎　［学歴］明道館卒

藩校・明道館を卒業して上京、島田重礼の塾および中村正直の同人社で学び、経学・英語・ドイツ語を修め、また中国語を学ぶ。「北門新報」の記者となり、明治27年日清戦争には陸軍通訳となって出征、のち台湾総督府吏員となり、37年日露戦争にも中国語通訳として従軍。39年遼東新報社に入り、以来満州に長年留まり、41年大連で「泰東日報」を創刊、社長を務めた。また大正5年大連に振東学社を興し青年子弟の教育に尽力、大陸青年会を組織して会長となる。のち東京にも振東学社の分社を設け、青年学徒の養成に奔走した。

兼田　秀雄
かねだ・ひでお

新聞記者，衆院議員
［生年月日］明治13年（1880年）5月15日
［没年月日］昭和12年（1937年）11月22日
［出生地］青森県黒石町　［学歴］早稲田大学政治経済科〔明治40年〕卒

米国渡航を経て、新聞記者になり、中央新聞に勤務。のち東京朝日新聞に移り、政治部長などを務めた。大正12年同紙を引いて満鉄に転じ、総裁秘書参事として活躍。13年衆院議員に当選、政友本党、憲政会に所属。昭和3年落選したが、5年返り咲き、通算4期務めた。この間、9年岡田内閣の鉄道参事官などを歴任。

兼松　房治郎
かねまつ・ふさじろう

新聞経営者，実業家，兼松商店創業者
［生年月日］弘化2年（1845年）5月21日
［没年月日］大正2年（1913年）2月6日
［出生地］大坂江之子島（大阪府大阪市西区）
［旧名］広岡　［別名等］通称＝兼松濠洲

商家の長男で、生後間もなく、諸事情により父と離れて住むこととなり、母の手で育てられる。12歳で母親を扶養するため商家に奉公に出たが、以後の5年間にたびたび奉公先が変わり、さらに母も亡くなったため、江戸に出て岡部駿河守に小姓として仕えた。この頃、親戚の兼松家を継ぐ。元治元年（1864年）フランス兵について陣兵方式を学び、歩兵指図役下役並見習に抜擢。同年幕府軍の小隊長に任ぜられ、筑波に出陣した。しかし、武士としての将来性に限界を感じ、2年帰阪して商業を志した。慶応2年（1866年）第二次長州征討に際しては、長州に赴いて軍用品の取引に携わったが、その後は茨木の近親のもとで村の児童たちに手習いを教えた。明治維新前後には横浜などで綿糸・雑貨の輸出に従事したが、明治3年普仏戦争の影響で欧州各国が不況に陥ったため商売に失敗。米国人宣教師ジェームズ・バラの塾や横浜の外国語学校で英語を学び、5年大阪に帰って米国への渡航を企てるが、横浜時代の英語の師・伊藤弥次

郎の勧めで、6年三井組銀行部大阪支店に入社した。9年同行の取締役に就任するとともに、米商会所（のち堂島米商会所）の設立に尽力し、その重役を兼務。14年健康不良のため三井を辞すが、回復後の15年より大阪商船の創設に参画。17年同社の発足に伴って取締役となるも、19年辞任した。20年経営不振にあった大阪日報を買収、21年大阪毎日新聞と改称して自身が直接経営に当たるとともに、東海散士（柴四朗）を主筆に招いて、今日の毎日新聞の基礎を作った。この間、オーストラリアとの直接貿易を計画し、22年同新聞を本山彦一に譲って神戸に兼松房治郎商店を創業。23年にはシドニーに支店を設置して本格的に日豪貿易を開始し、羊毛や牛皮などを輸入した。以来、38年までに計8回オーストラリアを訪れて直接市場を調査し、26年には豪州恐慌で窮地に陥ったこともあったが、取引銀行などの協力で克服し、日豪貿易の確立に貢献した。33年からは中国貿易にも進出し、やがては台湾などにも販路を拡大。一方で明治30年代には神戸港築港運動や羊毛・肥料の関税撤廃運動などにも参加した。39年以降はたびたび大病を患い、病床に在っても、44年貿易製産品共進会の開催、同年新事務所・日濠館の建設、45年店内の匿名組合の結成などを進めたが、大正2年風邪をこじらせたのがもとで病気が再発して亡くなった。

狩野 旭峰
かのう・きょくほう

新聞記者，漢学者
[生年月日] 天保3年（1832年）2月1日
[没年月日] 大正14年（1925年）2月1日
[出生地] 出羽国大館（秋田県大館市） [本名] 狩野良貴 [別名等] 通称＝徳蔵

出羽久保田藩（秋田県）大館城代西家の家老・狩野良知の弟に生まれ、12歳の時、兄・良知から漢詩の手ほどきを受ける。嘉永2年（1849年）江戸の塩谷宕陰に入門、江戸に5年間ほどいて古賀謹堂・藤森弘庵・田口江村らに師事し、江戸藩邸で日知館の教授となる。明治7年秋田県初の新聞「遐邇新聞」の創刊に関わり編集人となり、のち主幹を務めた。15年山形新聞主筆として一時秋田を離れる。のち再び帰郷し秋田魁新報に迎えられ、歴史その他の著述に精魂を傾けた。著書に「出羽風土記」「戊辰出羽戦史」「秋田温古史談」「男鹿名勝誌」など多数。

樺山 愛輔
かばやま・あいすけ

国際通信社社長，実業家，伯爵，貴院議員（研究会），日米協会会長
[生年月日] 慶応1年（1865年）5月10日
[没年月日] 昭和28年（1953年）10月21日
[出生地] 薩摩国（鹿児島県） [学歴] アマースト大学卒，ボン大学 [家族等] 父＝樺山資紀（海軍大将・伯爵），長男＝樺山丑二（モルガン銀行顧問），二女＝白洲正子（随筆家），孫＝白洲春正（東宝東和社長），岳父＝川村純義（海軍大将・伯爵）

伯爵樺山資紀の長男。13歳で米国に留学、帰国後、国際通信、日英水力電気、蓬萊生命保険相互などの取締役、千歳火災海上再保険、千代田火災保険、函館船渠、大井川鉄道各社の重役を務めた。大正3年国際通信社を設立。昭和元年まで社長を勤めた。大正11年襲爵、14年貴族院議員。昭和4年米国ウェスレヤン大学から名誉法学博士の学位を受け、5年ロンドン海軍軍縮会議日本代表随員となった。21年枢密顧問官。戦後グルー元駐日米国大使から寄せられた基金を基に社会教育事業資金グ

ルー基金創設に尽力した。また日米協会長、国際文化振興会顧問、国際文化会館理事、ロックフェラー財団にも関係、日米親善に貢献した。

上泉 秀信
かみいずみ・ひでのぶ

新聞記者，劇作家，評論家
[生年月日]明治30年（1897年）2月12日
[没年月日]昭和26年（1951年）5月14日
[出生地]山形県　[学歴]早稲田大学英文科中退

都新聞学芸部長、大政翼賛会文化副部長などを歴任。そのかたわら劇作家、評論家としても活躍し、戯曲集「村道」「『ふるさと』紀行」「旧友」などのほか「愛の建設者」「今昔」「わが山河」などの著書がある。

上条 信次
かみじょう・しんじ

新聞記者
[生年月日]弘化3年（1846年）1月7日
[没年月日]明治45年（1912年）3月22日
[出生地]信濃国（長野県）　[学歴]開成学校（現・東大）卒

筑摩県学校英学教師、「東京曙新聞」論説記者などを歴任し、明治14年創刊の「東洋自由新聞」に参加。翻訳書にジオス・コリデス原著「開花進歩、後世夢物語」（明治7年）がある。

上司 小剣
かみつかさ・しょうけん

新聞人，小説家
[生年月日]明治7年（1874年）12月15日
[没年月日]昭和22年（1947年）9月2日
[出生地]奈良県奈良市　[本名]上司延貴（かみつかさ・のぶたか）　[学歴]大阪予備学校〔明治22年〕中退　[資格]日本芸術院会員〔昭和21年〕

摂津の多田神社に生まれ、奈良で育つ。大阪予備学校中退後、小学校の代用教員をしていたが、明治30年上京して読売新聞社に入り、大正9年まで勤務する。その間文芸部長兼社会部長、編集局長などを歴任。明治35年頃から読売新聞紙上に随筆などを発表し、38年「小剣随筆、その日々」を刊行。39年生活改良誌「簡易生活」を創刊し、41年第一創作集「灰燼」を刊行して作家としても活躍する。その後の作品に「木像」「鱧の皮」「父の婚礼」「お光壮吉」「東京」「U新聞年代記」「平和主義者」、児童ものに「豚のばけもの」「西瓜どろぼう」などがある。また、蓄音器、レコード、相撲愛好家としても有名。

上村 勝弥
かみむら・かつや

編集者，「改造」編集主任，第一公論社副社長・編集長
[生年月日]明治29年（1896年）
[没年月日]不詳
[出身地]鹿児島県　[学歴]中央大学法科　[家族等]兄＝上村哲弥（教育事業家）

改造社に勤務して「改造」編集主任を務める。その後、先進社社長や、新京印書館代表を経て、兄・上村哲弥が社長を務める第一公論社副社長・編集長として国策的総合誌「公論」の編集に従事。昭和21年同社は戦犯出版社としてやり玉に挙げられ、解散して出版業を廃した。

亀井 陸良
かめい・りくろう

新聞記者，時事新報社理事
[生年月日]明治4年（1871年）2月6日

[没年月日]大正12年（1923年）3月11日
[出生地]大分県下毛郡　[学歴]慶応義塾法科〔明治28年〕卒

古河鉱業に入り足尾銅山庶務課長を務めるが、明治35年時事新報社に転じ北京特派員となり、中国事情を研究し北京通信として報道。のち日露関係が切迫すると対露問題に携り横川省三・沖禎介らと交流した。42年欧米諸国を巡遊し、44年帰国して順天時報社社長。大正6年再び時事新報社に入り理事に就任。8年渡米してワシントン第1回国際労働会議に出席し、9年帰国。その後、尾崎行雄らと軍縮問題、日本国際連盟協会の創設に尽力した。

茅原 華山
かやはら・かざん

新聞記者，政治評論家，ジャーナリスト
[生年月日]明治3年（1870年）8月3日
[没年月日]昭和27年（1952年）8月4日
[出生地]東京　[本名]茅原廉太郎　[学歴]国民英学舎

明治25年「東北日報」の記者となり、以後主筆として地方新聞を転々とし、37年「万朝報」に入社するが、大正3年世界大戦勃発に際して社長黒岩周六（涙香）と意見を異にして辞職。その間2年に「第三帝国」を、5年「洪水以後」を、9年「内観」を創刊して評論活動をする。著書に「向上の一路」「国民的悲劇の発生」「日本人民の誕生」などがある。

茅原 茂
かやはら・しげる

新聞記者，日本評論社創業者
[生年月日]明治8年（1875年）
[没年月日]大正14年（1925年）
[出生地]東京都　[別名等]筆名＝小松蘭雪　[家族等]兄＝茅原華山（ジャーナリスト）

博文館編集部、東京日日新聞記者を経て、大正元年雑誌「東京評論」を創刊。6年兄の茅原華山が主宰した「日本評論」と合併、発行所を日本評論社とした。7年末頃から出版部を設けて、同誌が5号で休刊した後は本格的に書籍出版を始めたが、14年早世した。

河井 酔茗
かわい・すいめい

新聞記者，詩人
[生年月日]明治7年（1874年）5月7日
[没年月日]昭和40年（1965年）1月17日
[出生地]大阪府堺市北旅籠町　[本名]河井又平
[別名等]幼名＝幸三郎　[学歴]東京専門学校中退　[資格]帝国芸術院会員〔昭和12年〕

呉服商を営む家に生まれる。少年時より物語や新体詩に親しみ、明治24年頃から「少年文庫」「いらつめ」などに詩歌や小説を投稿。28年上京して「文庫」（「少年文庫」の後身）の記者となり、同誌を中心に詩を発表した。その後一旦帰郷し、30年小林天眠、高須梅渓、中村吉蔵ら大阪在住の文学者たちと浪華青年文学会（のち関西青年文学会）を結成。また「よしあし草」（のち「関西文学」に改題）の詩歌欄を担当した。34年処女詩集「無弦弓」を刊行。同年再び上京し、東京専門学校で聴講。36年山県悌三郎の紹介で「電報新聞」に入社し、社会面に配属、のち同主任。39年人員整理のため同社を退社した後は女子文壇社に勤務し、「女子文壇」の編集に当たった。40年「文庫」を離れ、有本芳水、川路柳虹らと詩草社を興して「詩人」を発刊し、口語自由詩運動を推進するが、41年同誌は10号で休刊。以後は「女子文壇」のほか「少年世界」「学生」な

どで詩の選評を務めた。大正2年婦人之友社に移り、「子供之友」「新少女」の編集に従事。12年退社後はアルス出版部嘱託を経て、昭和5年女性時代社を設立、「女性時代」を創刊して女流詩人の育成指導に尽力するとともに相馬黒光「黙移」、島本久恵「長流」などを刊行した。12年芸術院会員。戦後の23年、女性時代社を塔影詩社に改称し、機関紙「塔影」を発行した。詩集に「塔影」「花鎮抄」「酔茗詩集」、評論に「明治代表詩人」、随筆集に「生ける風景」「酔茗随筆」などがある。

川合 仁
かわい・やすし

学芸通信社創業者
[生年月日]明治33年（1900年）12月22日
[没年月日]昭和38年（1963年）10月29日
[出生地]山梨県東山梨郡上万力村（山梨市）
[学歴]山梨県立農林学校〔大正10年〕卒　[家族等]長男＝川合澄男（学芸通信社社長）

山梨県で300年続く農家の長男。大正5年病気のため日川中学を中退、6年家出して静岡県伊東に住む叔母の夫の下に移った。9年甲府で文芸同人誌「聖杯」を創刊。10年山梨県立農林学校を卒業、小学校の代用教員を務め、1年志願兵として入隊。12年上京して平凡社に入社。社長・下中弥三郎の啓明会運動に積極的に参加し、機関誌「文化運動」の編集に従事。同年末同郷の前田晁の紹介で日本電報通信社文芸部に入り、地方紙への原稿配信業務に携わった。14年「潮流」同人となり、以後「文芸解放」などに参加。昭和3年電通を退社し、4年新聞文芸社を設立。地方紙8社を集めて地方新聞小説連盟を作り、三上於菟吉、直木三十五、徳田秋声らの小説を地方紙へ配稿した。同社社員第1号は川崎長太郎で、伊藤永之介、遠藤斌、石田博英らも在籍した。10年同社機関紙として「日本学芸新聞」を創刊、15年同業8社と合同して日本学芸新聞社を設立、社長に就任。20年7月陸軍少尉として召集されたが即日除隊。同じ頃、社も運営が不可能になり解散した。21年自由新聞社創立に参画、総務部長兼文化部長（23年解散）。24年仁書房を開き、石川三四郎「西洋社会運動史」改訂版などを出版したが、同年学芸通信社を再建し、25年にはそちらに専念するため仁書房を閉鎖。28年学芸通信社を株式会社に改組して社長、取り扱い新聞小説で業界首位に育て上げた。

河上 清
かわかみ・きよし

ジャーナリスト，評論家
[生年月日]明治6年（1873年）8月2日
[没年月日]昭和24年（1949年）10月12日
[出生地]山形県米沢市　[旧名]宮下雄七　[別名等]号＝翠陵，陵山，筆名＝カール・キヨシ
[学歴]米沢中〔明治23年〕中退

上京して東京法学院（中央大学）、青山学院の聴講生を経て、明治31年「万朝報」記者となる。次第に労働問題・社会問題について熱心に学び、社会主義研究会、社会主義協会に参加、片山潜の「労働世界」の編集を手伝う。34年社会民主党を創立したが、禁止され渡米。以後、ワシントンで病死するまで時事新報、毎日新聞等の特派員をつとめる一方、カール・キヨシの筆名で排日運動に対する反論・批判など英米諸雑誌に寄稿した。著書に「労働保護論」「日米関係論」「日本と世界の平和」「What Japan Thinks」「米国は戦うか」「米ソ戦わば？」、訳書にイリー「近世社会主義」がある。

河上 肇
かわかみ・はじめ

経済学者, 思想家, 社会評論家, 詩人, 京都帝国大学教授
[生年月日] 明治12年（1879年）10月20日
[没年月日] 昭和21年（1946年）1月30日
[出生地] 山口県玖珂郡岩国町（岩国市） [別名等] 号＝梅陰, 千山万水楼主人, 閉戸閑人 [学歴] 東京帝大法科大学政治学科〔明治35年〕卒 法学博士

明治35年東京帝大講師となり農政学を講じる。38年「社会主義評論」を千山万水楼主人の筆名で「読売新聞」に連載。40年「日本経済新誌」を創刊。41年京都帝大講師となり経済史を担当、42年助教授を経て、大正2年ヨーロッパ留学後、4年教授となり、8年から経済原論を担当。この間、5年から「大阪朝日新聞」に「貧乏物語」を連載し注目を集める。その後急速にマルクス主義の立場に接近し、マルクスの「賃金と資本」を翻訳し、「唯物史観略解」を刊行。昭和3年辞職。翌年大山郁夫らの新労農党に協力したが、やがて解散を提唱。6年マルクス「政治経済学批判」「資本論」（第1巻）を刊行。7年5月地下運動に入り、「七年テーゼ」を翻訳、9月日本共産党員に入党。8年検挙され、懲役5年の判決。12年出獄後は閉戸閑人と称し、漢詩、短歌、書、篆刻などに親しんだ。18年より「自叙伝」を執筆。20年から体の衰弱がひどくなり、敗戦を病床で迎える。同年共産党に復党。著書に「経済学大綱」「第二貧乏物語」「資本論入門」「マルクス主義経済学」「自叙伝」（全5巻）のほか、詩歌集「雑草集」「旅人」「河上肇詩集」、「河上肇著作集」（全12巻, 筑摩書房）、「河上肇全集」（第1期28巻・第2期7巻・別巻1, 岩波書店）がある。

川越 千次郎
かわごえ・せんじろう

岩手日報創業者
[生年月日] 嘉永2年（1849年）
[没年月日] 不詳

明治9年父・川越勘兵衛が営む活版業・日進社から日進新聞を発刊。発行は1日、11日、21日の月3回で、岩手県に約600部を買い取ってもらっていた。10年社屋を移転して発行頻度を上げ、さらに岩手学童雑誌を刊行。13年活版および酒類製造販売事業に専念するため恩師の猪川静雄を日進新聞社長とした。17年日進新聞は刊行中止となり、代わりに巌手新聞が発行された。19年巌手新聞が廃刊となり巌手日日新聞が発刊。23年巌手広報が巌手日日新聞を吸収。30年巌手広報と森岡日報が合併し岩手日報が誕生した。

川越 博
かわごえ・ひろし

新聞記者, 衆院議員（国協党）
[生年月日] 明治44年（1911年）2月
[没年月日] 昭和43年（1968年）11月9日
[出身地] 宮崎県 [学歴] 青山学院高等部英語師範科〔昭和7年〕卒

報知新聞記者などを経て、衆院議員に当選2回。

川崎 克
かわさき・かつ

新聞記者, 衆院議員（日本進歩党）
[生年月日] 明治13年（1880年）12月28日
[没年月日] 昭和24年（1949年）2月3日
[出生地] 三重県上野市 [本名] 川崎克（かわさき・こく） [別名等] 号＝克堂 [学歴] 日本法律学校（現・日本大学）法律科〔明治34年〕卒, 東京外国語学校仏語科卒 [家族等] 長男＝川崎

勉（元日本触媒常務）、二男＝川崎秀二（元厚相）、孫＝川崎二郎（衆院議員）

三重県上野の八十三銀行給仕となったが、尾崎行雄を頼って上京、日本法律学校、東京外語に学んだ後、日本新聞記者、朝鮮の元山時事新報主幹、元山民団長を経て、尾崎が東京市長の時、電気局に入った。尾崎の下で憲政擁護運動を進め、政友倶楽部、中正会の幹事を務めた。大正4年衆議院議員となり、以後当選10回。憲政会、立憲民政党、日本進歩党に属し、13年陸軍参与官、15年通信参与官、昭和4年司法政務次官、のち立憲民政党総務会長、同政調会長、衆院予算委員長、日本進歩党常議員会長などを歴任。16年議会で翼賛会の違憲を追及、同志と同交会を結成、翌年の翼賛選挙では非推薦で当選した。郷里伊賀上野の伝統文化顕彰に尽くし、伊賀陶器の研究家としても知られ、絵もよくした。著書に「伊賀乃信楽」がある。

川崎　紫山
かわさき・しざん

新聞記者，ジャーナリスト
[生年月日]元治1年（1864年）5月4日
[没年月日]昭和18年（1943年）5月12日
[出生地]常陸国（茨城県）　[本名]川崎三郎　[別名等]別号＝剣外，北村三郎

水戸藩士の子として生まれ、17歳で上京、東京の曙新聞社、大阪の大東日報社の記者となる。明治24年国権主義を標榜する「経世新報」を創刊。34年「中央新聞」主筆、38年「信濃毎日新聞」主筆となる。この間、博文館から多くの啓蒙的歴史書を出版したほか、天佑侠を後援し、黒竜会創設に参画した。日中戦争が始まると大東亜共栄圏の実現に力を注いだ。著書に「東洋策」「大西郷と大陸政策」など。

川崎　正蔵
かわさき・しょうぞう

神戸新聞創立者，実業家，造船業者，川崎造船所創立者，貴院議員
[生年月日]天保8年（1837年）7月10日
[没年月日]大正1年（1912年）12月2日
[出生地]薩摩国鹿児島城下大黒町（鹿児島県鹿児島市）　[別名等]幼名＝磯治

17歳の時長崎に出て貿易に従事、藩命によって金・米を扱った。鹿児島町吏、さらに大坂の蔵屋敷用達を命ぜられたが、貿易に着目して藩庁を説き、西洋型帆船数隻を購入して薩摩国産物を畿内に輸送、巨利を博した。明治4年上京し、6年帝国郵便汽船会社副社長となり、東京・琉球間の郵便航路開始に尽力したが、同社は11年に三菱汽船会社と合併する。10年大阪に官糖取扱店を開き、また琉球反物の運送販売により巨利を得、念願であった造船業を開始。11年築地造船所、13年兵庫川崎造船所を開業、19年には官営兵庫造船所の払下げを受けて、20年川崎造船所を設立。29年川崎造船所を株式に改組し、顧問に退いた。一方、23年に多額納税貴院議員、31年「神戸新聞」を創刊、38年神戸川崎銀行を開設、監督に就任した。また美術品の収集でも知られ、神戸の自邸内に美術館をつくり、長春閣と名付けた。

川崎　杜外
かわさき・とがい

新聞記者，歌人
[生年月日]明治17年（1884年）10月1日
[没年月日]昭和9年（1934年）8月15日
[出生地]長野県東筑摩郡和田村　[本名]川崎左右　[学歴]東京専門学校（現・早稲田大学）中退

大正6年38歳で信濃日報社に入り、名古屋新聞に転じて、8年同紙の長野支局長となる。早くから短歌を作り、昭和2年「山守」を刊行した。「川崎社外歌集」がある。

川崎 文治
かわさき・ぶんじ

常盤毎日新聞社長，日本出版協会専務理事，ピーケー通信社長，東西南北社社長
[生年月日]明治28年（1895年）11月25日
[没年月日]昭和42年（1967年）2月1日
[出身地]福島県平市（いわき市）　[学歴]中央大学経済科中退

常盤毎日新聞社長を経て、昭和20年10月日本出版協会に入り専務理事。ピーケー通信社長、東西南北社社長の他、日本出版協会常務理事、東京出版協同組合理事長、日本出版クラブ評議員を歴任。

川崎 芳太郎
かわさき・よしたろう

神戸新聞創立者，実業家，男爵，川崎造船所副社長，川崎銀行頭取
[生年月日]明治2年（1869年）1月7日
[没年月日]大正9年（1920年）7月13日
[出身地]鹿児島県　[旧名]鬼塚　[家族等]おじ（養父）＝川崎正蔵（川崎造船所創業者）

川崎造船所創業者・川崎正蔵の甥。明治23年駐米公使高平小五郎の援助によりニューヨークの商業学校に学び、帰国後川崎造船所に入社。25年川崎正蔵の養嗣子となる。29年株式会社川崎造船所副社長に就任。31年正蔵とともに神戸新聞を創刊。2代目社主を務めた。38年川崎銀行頭取となり、福徳生命、川崎汽船、国際汽船、大福海上など多くの会社重役を兼任。また、神戸高商（現・神戸大学）を創立した。大正9年男爵となる。

川島 金次
かわしま・きんじ

新聞記者，衆院議員（社会党）
[生年月日]明治36年（1903年）9月
[没年月日]昭和31年（1956年）3月26日
[出身地]埼玉県　[学歴]中央大学経済科〔大正14年〕卒

日本連合通信社政治部記者、昭和13年埼玉新聞が復刊した際、編集局長に就任。第一冶金工業株式会社社長等を経て、昭和21年戦後第1回目の選挙以来連続6回衆院議員当選。社会党政策審議会副会長、税制改革委員長等を務めた。スイスで開催されたMRA大会に出席した。

川島 順吉
かわしま・じゅんきち

新聞記者
[生年月日]慶応4年（1868年）4月
[没年月日]明治37年（1904年）10月12日
[出身地]信濃国松本（長野県松本市）　[別名等]号＝長夢　[家族等]兄＝川島浪速（大陸浪人）

16歳で上京し諸学校に転学する。明治27年日清戦争には義勇兵を志願したが許されず、軍夫長として出征。帰国後は北海道や台湾で事業を経営するが実らず、岐阜県の永保寺の華山祖芳に師事した。37年日露戦争が起こると「信濃日報」記者として従軍、同年10月被弾して死去。

川島 清治郎
かわしま・せいじろう

新聞記者，軍事研究家
[生年月日]明治9年（1876年）3月19日
[没年月日]昭和4年（1929年）1月20日
[出身地]岐阜県岐阜市　[別名等]号＝百里窟主人　[学歴]東京専門学校（現・早稲田大学）政治科〔明治29年〕卒

明治36年二六新報社に入り、海軍記者となる。以来海軍を研究。大正3年二六新報社を辞し、雑誌「大日本」を創刊、国防思想の普及に努めた。著書に「国防海軍論」「海上の日本」「貨幣廃止論」「日米一戦論」「空中国防」などがある。

川尻 琴湖
かわじり・きんこ

新聞記者，報知新聞秘書部長兼論説係
[生年月日]明治10年（1877年）1月16日
[没年月日]大正13年（1924年）2月16日
[出生地]秋田県秋田市　[本名]川尻東馬（かわじり・とうま）　[家族等]子＝川尻泰司（人形劇作家），女婿＝西村晃（俳優）

明治30年に上京し、進歩党で事務員を務めたのち憲政党・憲政本党などで党報の編集などに当たる。32年毎日新聞に入社、従軍記者として北進事変や日露戦争を報道し、大いに名を挙げた。のち「万朝報」「東京朝日新聞」で活動し、大正8年町田忠治の招きで報知新聞社に入社、秘書部長に就任するとともに論説も執筆。記者生活の傍らで、普通選挙実現の運動にも参加した。人形劇作家の川尻泰司は息子。また、俳優・西村晃の岳父に当たる。

河瀬 秀治
かわせ・ひではる

中外商業新報創立者，官僚，実業家，農商務大書記官，富士製紙創業者
[生年月日]天保10年（1839年）12月15日
[没年月日]昭和3年（1928年）4月2日
[出生地]丹後国与謝郡宮津（京都府宮津市）
[旧名]牛窪　[別名等]号＝雲影

丹後宮津藩士。安政6年（1859年）頃より、専ら国事に奔走。明治維新後は、県知事、県令を歴任。産業の振興に着目し、米国より農具を購入し、印旛県令時代には茶樹の栽培を奨励、群馬、入間両県では養蚕製糸の改良を図り、製糸工場を建設。明治7年内務大丞。翌年内務省博物館掛となって以来、内外の博覧会の事業、工芸美術の振興に尽し、岡倉天心、フェノロサらと共に明治の美術界に貢献した。大蔵、農商務大書記官を歴任し、13年渡欧、帰国後の14年退官。以後、実業界で活躍し、商業会議所の設立に参画。また「中外商業新報」を創刊し、富士製紙会社を創立した。

河田 貞次郎
かわだ・ていじろう

教育新聞創立者，実業家
[生年月日]慶応4年（1868年）6月19日
[没年月日]昭和21年（1946年）10月
[出身地]美濃国（岐阜県）　[旧名]野田

印刷工を務めたのち、明治30年岐阜県大垣の西濃印刷の設立に参加。42年小木曽旭晃を招き「教育新聞」を創刊。郷土史に関する書籍の出版や文芸誌の印刷も数多く行った。

川面 凡児
かわつら・ぼんじ

長野新聞主宰，神道家
[生年月日]文久2年（1862年）4月1日
[没年月日]昭和4年（1929年）2月23日
[出生地]豊前国宇佐郡小坂村（大分県宇佐市）
[本名]川面恒次　[別名等]字＝吉光

豊後の涵養塾で漢学、国文学を学び、さらに熊本で私塾を開いたのち、明治18年上京。苦学して仏典を学び、29年「自由党党報」「長野新聞」主宰。40歳頃から古神道の復活を志し、39年稜威会を創立、「大日本世界教宣明書」を発行。41年雑誌

「大日本世界教」発行。大正時代に入ると、その文筆、講演活動が神社界において注目され、大正3年海軍と財界の後援で古典研究会を創立。実践的神道家で、禊行を本領とした。10年社団法人宣明所を設立。「天行居」という超国家主義的神秘主義を説き、ファシズムの神道的裏づけを与えた。著書に「日本古典真義」「天照大神宮」、「川面凡児全集」（全10巻）。

川那辺 貞太郎
かわなべ・ていたろう

新聞記者
[生年月日]慶応3年（1867年）
[没年月日]明治40年（1907年）6月20日
[出生地]近江国（滋賀県） [学歴]明治法律学校（現・明治大学）卒

旧膳所藩士。若くして上京し、杉浦重剛の称好塾に学ぶ。はじめ、京都の「開明新聞」に筆をとり、明治23年「日本」新聞に入る。25年大阪朝日新聞社に転じ、楽庵と称して論文、雑録に経世の意見を発表。のち「日本」新聞に戻ったが、35年再び大阪朝日新聞社に入り、京都支局長を務めた。

河原 辰三
かわはら・たつぞう

新聞社勤務，小説家
[生年月日]明治30年（1897年）1月29日
[没年月日]昭和24年（1949年）2月28日
[出生地]長野県長野市桜枝町 [別名等]号＝達像 [学歴]長野中学中退

読売新聞社員となりながら、教養主義の小説を発表し、大正10年の「報い求めぬ愛」や「若き救道者の嘆き」などの著書がある。

河東 碧梧桐
かわひがし・へきごとう

大正日日新聞社会部長，俳人
[生年月日]明治6年（1873年）2月26日
[没年月日]昭和12年（1937年）2月1日
[出生地]愛媛県松山市 [本名]河東秉五郎（かわひがし・へいごろう） [学歴]二高中退

中学時代から正岡子規に師事。明治27年、二高中退後上京し、「日本」新聞社に入る。子規の俳句革新運動に加わり、「日本」「新声」などの俳句欄選者となる。30年に創刊された「ホトトギス」に俳句、俳論、写生文を発表。36年頃から新傾向俳句へ進み始め、高浜虚子と対立、袂を分つ。39年全国旅行を開始、新傾向俳句運動を興す。大正4年「海紅」を創刊、自由律の方向をたどる。8年「大正日日新聞」社会部長となり、同社解散の後、9年12月から11年1月にかけて西欧各国を旅行。帰国後の12年「碧」、14年「三昧」を創刊した。昭和8年俳壇を引退。俳句は定型時代、新傾向時代、自由律時代にわけられ、句集に「新俳句」「春夏秋冬」「続春夏秋冬」「碧梧桐句集」がある。「俳句評釈」「新傾向句の研究」などの評論、「三千里」などの紀行文集、「蕪村」などの蕪村研究、「子規の回想」などの子規研究や随筆集など、著書は数多い。

川辺 真蔵
かわべ・しんぞう

評論家，ジャーナリスト，東京日日新聞論説主筆
[生年月日]明治18年（1885年）11月4日
[没年月日]昭和31年（1956年）12月27日
[出生地]岩手県 [学歴]早稲田大学文学部英文科卒

東京日日新聞のジャーナリストとして活

躍し、そのかたわら明治言論人の研究をし、昭和17年刊行の「福地桜痴」をはじめ「福沢諭吉」「羯南と蘇峰」などを刊行。また「東日七十年史」の著者でもある。

川村 恒一
かわむら・つねかず

社会運動家，ジャーナリスト
[生年月日]明治33年（1900年）9月9日
[没年月日]不詳
[出生地]群馬県多野郡小野村（藤岡市） [学歴]慶応義塾大学中退

大学時代、建設者同盟に参加して、大正12年の群馬共産党事件で検挙される。保釈中、日農群馬県連合会書記として活躍し、禁錮7カ月に処せられる。15年出獄して共産党に入り、労農運動を指導。昭和3年の3.15事件で検挙され、懲役2年執行猶予5年に処せられ、離党する。のち上毛新報社、報知新聞社を経て、14年毎日新聞記者となり、戦後は「エコノミスト」編集局次長などを歴任した。

河盛 久夫
かわもり・ひさお

漫画家
[生年月日]明治31年（1898年）9月29日
[没年月日]昭和43年（1968年）1月17日
[出身地]大阪府

北沢楽天に学び、大正10年時事新報社に入社。「時事漫画」のスタッフとなり、14年早世した小川治平の跡を継ぐ。のち読売新聞で活躍。代表作に「ハーさんフーさんオバさん」がある。

神崎 順一
かんざき・じゅんいち

新聞記者，社会運動家，ジャーナリスト
[生年月日]明治15年（1882年）1月5日
[没年月日]不詳
[出生地]大分県南海部郡東中浦町（佐伯市）
[別名等]号＝沈鐘

明治36年上京して平民新聞社に住み込みで勤務し、「平民新聞」、次いで「新紀元」の発行を手伝う。のち受洗して「日刊平民新聞」などを発行し、41年「世界婦人」を創刊。同誌の廃刊後は「新声」記者となった。

神田 正雄
かんだ・まさお

新聞人，東京朝日新聞外報部長，衆院議員
[生年月日]明治12年（1879年）3月18日
[没年月日]昭和36年（1961年）8月2日
[出生地]栃木県 [別名等]号＝東洋 [学歴]東京専門学校〔明治34年〕卒

米コロンビア、英オックスフォード留学後の明治42年大阪朝日新聞社に入り、北京特派員となる。45年には外国人記者として初めて袁世凱と会見した。大正6年依願退社。新聞研究のため渡米、8年帰国、東京朝日新聞社に再入社、政治部員、政治部次長、9年支那部初代部長、東京通信部長、政治部長を一時兼任、大正12年外報部長、同年10月美土路昌一、緒方竹虎らと編輯局員として実質局長を務めた。13年依願退職、栃木2区から立憲民政党推薦で衆議院議員に当選、昭和3年再選。その後雑誌「海外」社長兼主筆となった。

管野 すが
かんの・すが

新聞記者，社会主義者
[生年月日]明治14年(1881年)6月7日
[没年月日]明治44年(1911年)1月25日
[出生地]大阪府大阪市北区絹笠町　[別名等]号＝幽月，筆名＝管野須賀子

19歳の時、東京・深川の商人と結婚したが、22歳の時離婚、大阪で作家の宇田川文海に師事し、「大阪新報」の記者になり、木下尚江の影響で次第に社会主義運動に近づく。明治37年婦人矯風会大阪支部代表として上京、その折"平民社"を訪ねて堺利彦と知り合う。のち荒畑寒村と結婚するが数ケ月で離婚、幸徳秋水と同棲するようになる。この間、「牟婁新報」「毎日電報」などの記者を経て、42年秋水と「自由思想」を発刊、アナーキズムに共鳴。43年服役中に天皇暗殺計画（大逆事件）が発覚、連座して翌年1月絞首刑に処せられた。手記「死出の道艸」、自伝小説「露子」のほか、「管野須賀子全集」がある。

【き】

木内 伊之介
きうち・いのすけ

新聞記者
[生年月日]不詳
[没年月日]明治30年(1897年)2月16日
[出身地]茨城県　[別名等]号＝愛渓

茨城県庁や農商務省勤務の後、自由民権運動家として活動。明治21年には同志とともに「常総之青年」を創刊。「都新聞」記者も務めた。渡辺台水との縁で、22年「大阪毎日新聞」に入社し編集主幹。25年4月、日本で初の欧州特派員としてベルリンに派遣された。特派員として日清戦争中も盛んに政治、外交に関する社説や論評を送稿。日清戦争が終わった28年9月ベルリンより3年5か月ぶりに帰国した。しかし帰国後1年余で病に倒れ、数え年35で没した。

菊竹 淳
きくたけ・すなお

ジャーナリスト，福岡日日新聞副社長・主筆
[生年月日]明治13年(1880年)12月16日
[没年月日]昭和12年(1937年)7月21日
[出生地]福岡県生葉郡福益村（うきは市吉井町）　[別名等]号＝菊竹六鼓　[学歴]東京専門学校（現・早稲田大学）英語政治科〔明治36年〕卒　[家族等]長男＝菊竹貞吉（元西鉄不動産社長），孫＝菊竹淳一（九州大学教授）

明治36年福岡日日新聞入社。整理部記者、編集長を経て、昭和3年編集主幹、4年編集局長。政友会系の立場から政党政治擁護の論陣を展開、また地域暴力追放や廃娼運動など社会的正義の実現に努めた。7年の5.15事件の際には一連の社説で軍部に対抗、言論界に不朽の名をとどめる。10年副社長兼主筆となる。終生同紙を舞台に反ファシズムの言論活動を展開した。平成12年(2000年)、世界新聞協会(WAN)より「歴史を作った報道人」の一人に選ばれた。評伝に「記者ありき 六鼓・菊竹淳の生涯」（木村栄文著）がある。

菊池 寛
きくち・かん

小説家，劇作家，文藝春秋社創立者
[生年月日]明治21年(1888年)12月26日
[没年月日]昭和23年(1948年)3月6日
[出生地]香川県高松市七番丁　[本名]菊池寛（きくち・ひろし）　[別名等]筆名＝菊池比呂

士，草田杜太郎　[学歴]京都帝国大学文科大学英文科〔大正5年〕卒　[家族等]妻＝菊池包子（菊池寛記念会館社長）

江戸時代に讃岐高松藩儒を務めた家柄に生まれ、漢詩人・菊池五山は祖先に当たる。少年時代は成績優秀で文学を愛好し、中学卒業後に推薦を受けて東京高等師範学校（現・筑波大学）に入学したが、もともと不本意であったため間もなく除籍され、図書館通いを続けた。明治43年一高に入り、芥川龍之介、久米正雄、成瀬正一らを知るが、大正2年友人の窃盗の罪を着て退学。同年成瀬の父で十五銀行支配人であった成瀬正恭の援助で京都帝国大学英文科選科に進む。3年芥川らの勧めで第三次「新思潮」に参加。5年第四次「新思潮」の発足に際しては創刊号から「暴徒の子」「屋上の狂人」「海の勇者」「奇蹟」「父帰る」といった戯曲や小説を寄稿したが、認められるには至らず、やがて同誌の編集や「文芸東西往来」といった随筆で才能を発揮した。5年大学を卒業して時事新報社社会部に入社。6年頃から本格的に創作を開始し、7年「無名作家の日記」「忠直卿行状記」、8年「恩讐の彼方に」、9年短編「蘭学事始」などを発表して、作家としての地位を確立。また戯曲作家としても8年中村鴈治郎一座が上演した「藤十郎の恋」や、「新思潮」時代の作を市川猿之助一座が9年に上演した「父帰る」などが当たり、起伏に富むプロットと散文的で簡潔な台詞が高い評価を受けた。さらに新劇運動にも関わり、畑中蓼坡らの新劇協会を支援。9年の「真珠夫人」以降は通俗小説にも手を染め、「火華」「第二の接吻」「東京行進曲」などの話題作を次々と送り出し、一躍流行作家となった。12年文藝春秋社を創立して「文藝春秋」を創刊、それまで版元の顧使に甘んじてきた文学者たちに独立した活躍の場を与えるとともに斬新な編集手法と内容で当時のジャーナリズムに多大な衝撃と影響を与えた。一方、文学者の社会的地位向上の問題に関しても深い関心を持ち、10年に劇作家協会と小説家協会を結成。15年には両者を合併して日本文藝家協会を組織した。昭和3年社会民衆党から衆議院選挙に出馬するも落選。その後も文壇の大御所として重きをなし、10年には日本文学振興会を設立し、芥川賞、直木賞、菊池寛賞を設け、新人発掘に功績を残した。12年帝国芸術院会員（22年辞任）。戦時中は日本文学報国会や大東亜文学者大会の役員を歴任。18年日活、新興キネマ、大都の三映画会社が合併して大映ができると、新興キネマの社長であった永田雅一の要請を受け、「何もしない」という条件で同社社長に就任。戦後は公職追放を受けたが、その解除をみないうちに死去。麻雀や将棋など勝負事を好み、それぞれ相当な腕を持っていたが、負けるとふてくされて口もきかないことから"クチキカン"と揶揄された。「菊池寛文学全集」（全10巻，文藝春秋新社）がある。

菊池 侃二
きくち・かんじ

関西日報発行者，衆院議員（中正会）
[生年月日]嘉永3年（1850年）9月
[没年月日]昭和7年（1932年）11月25日
[出身地]大坂

弁護士業に従事。後に大阪市議、大阪府議、大阪府立商業学校長を務め、大阪府知事になる。関西における自由民権運動における重鎮であった。立憲政友党新聞、関西日報を発行。明治23年衆院議員初当選。以降3選。

菊池 九郎
きくち・くろう

東奥日報創業者，教育家，衆院議員（憲政本党），弘前市長，東奥義塾創立者
[生年月日]弘化4年（1847年）9月18日
[没年月日]大正15年（1926年）1月1日
[出生地]陸奥国弘前（青森県弘前市） [別名等]幼名＝喜代太郎

陸奥弘前藩士の子。早く父を失って母の手で育てられ、安政5年（1858年）藩校・稽古館に入り皇漢学を修めた。御書院番・小姓組として藩主に仕えたが、慶応4年（1868年）藩論が勤王に傾いて奥羽越列藩同盟を脱退すると、これを不服として脱藩、官軍と戦った。明治2年許されて帰藩し、同年慶応義塾、3年薩摩藩英学校に留学して福沢諭吉や西郷隆盛の感化を受けた。5年東奥義塾の創設に中心的な役割を担い、後進の育成に尽くした。この間、同塾で英学教師を務めた米国人宣教師J.イングより受洗している。11年塾の関係者と政治結社・共同会を結成して自由民権運動に携わり、15年青森県議、22年初代弘前市長となるなど地方政界でも活躍。23年第1回総選挙で衆院議員に当選、以来連続9選。また、21年東奥日報を創刊して社長を務め、30年山形県知事、31年農商務省農務局長も歴任した。41年政界を引退し湘南海岸に移り住むが、再出馬を要請され、44年再び弘前市長となった。リンゴ栽培や養蚕も手がけ、殖産・水産事業にも功績を残した。

菊池 郡蔵
きくち・ぐんぞう

新聞記者，官僚，「東京日日新聞」編集局長，大連民政庁長官
[生年月日]慶応1年（1865年）7月23日
[没年月日]明治40年（1907年）10月30日
[出生地]陸奥国田名部（青森県むつ市） [学歴]慶応義塾文学部哲学科卒

16歳の時に上京し、独協学校や慶応義塾文学部哲学科に学ぶ。一時、内務省警保局に勤務したのを経て東京日日新聞に入社。同紙では編集局長などを務め、農漁村振興の一環として産業組合の組織・育成を提唱（日本における産業組合論の嚆矢といわれる）。この間、内務大臣・山県有朋の知遇を得て内務省留学生に選ばれ、ドイツやオーストリアで海外の新聞事情を研究した。帰国後は官界に入り、秘書官として山県や平田東助ら歴代の内相に仕え、産業組合の発展に尽力。次いで大連民政府長官に任ぜられたが、病を得て帰国した。

菊地 松堂
きくち・しょうどう

新聞記者
[生年月日]明治12年（1879年）
[没年月日]昭和7年（1932年）
[本名]菊地茂（きくち・しげる）

東京専門学校予科（現・早稲田大学）在学中より足尾鉱毒救済運動などに参加。卒業の直前に「山梨日日新聞」に入社し主筆を務める。その後明治40年「東京毎日新聞」に入社。以降、「理財新報」記者、「米城新報」主筆、「中国民報」主筆を務める。大正5年「中外商業新報」に入り、12年「万朝報」政治部言論部員となる。

菊池 道太
きくち・みちた

新聞記者，教育家，江南義塾盛岡高校創立者
[生年月日]文久1年（1861年）
[没年月日]大正13年（1924年）

[出生地]陸奥国盛岡(岩手県盛岡市) [学歴]盛岡師範卒，東京師範卒

盛岡師範卒業後，同校の訓導補となる。明治12年中村敬宇の同人社に参加し，東京師範を卒業。東京碑文谷小学校長訓導を経て，東京英語学校別科，東京勧学義塾で学ぶ。東京府師範伝習所教員，22年東京朝陽新報社主筆記者嘱託，23年絵入自由新聞社主筆。25年帰郷し，盛岡に育英学舎を設立。33年江南義塾(現・江南義塾盛岡高校)と改称，塾長として同校の発展に尽くした。

菊池 幽芳
きくち・ゆうほう

新聞記者，大阪毎日新聞取締役，小説家
[生年月日]明治3年(1870年)10月27日
[没年月日]昭和22年(1947年)7月21日
[出生地]茨城県水戸 [本名]菊池清 [学歴]茨城県尋常中学校(水戸一高)〔明治21年〕卒
[家族等]弟＝戸沢姑射(英文学者)

雇教師を経て明治24年大阪毎日新聞社に入り記者のかたわら小説を書き，同年「大阪文芸」に「片輪車」，25年「螢宿梅」，新聞に翻案小説「無言の誓」を発表，好評を博した。26年毎日系の文芸雑誌「この花草紙」を創刊した。文芸部主任，社会部長，学芸部長，副主幹などを歴任し，大正13年取締役となり，のち相談役となった。この間明治32年発表の「己が罪」は新派悲劇の家庭小説として注目され，36年の「乳姉妹」と共に代表作となった。41年渡仏，帰国後も「家なき児」「白蓮紅蓮」などを発表，新聞小説の第一人者として活躍，昭和14年に引退した。「幽芳全集」(全15巻)がある。文学の才だけでなく，24年に発生し安政以来の大地震といわれた濃尾地震では，いち早く高名な地震学者の話を連載するなど調査報道のさきが

けとしての功績も残している。

菊亭 香水
きくてい・こうすい

新聞記者，小説家
[生年月日]安政2年(1855年)7月10日
[没年月日]昭和17年(1942年)2月12日
[出生地]豊後国佐伯(大分県佐伯市) [本名]佐藤蔵太郎 [別名等]別号＝鶴谷 [学歴]大分県師範学校〔明治8年〕卒

鶴谷女学校の教員をしていたが，明治14年上京し，報知新聞社に入り，15年「月氷寄縁 艶才春話」を刊行。17年大阪毎朝新聞社に転じ，ついで神戸新報社に入る。33年記者生活を辞し，郷土史家として著述に専念した。主な作品に「惨風悲雨 世路日記」「東洋太平記」などがある。

聴濤 克巳
きくなみ・かつみ

ジャーナリスト，産別会議初代議長，朝日労組初代委員長，「アカハタ」編集局長
[生年月日]明治37年(1904年)1月11日
[没年月日]昭和40年(1965年)8月30日
[出生地]香川県多度郡多度津町 [学歴]関西学院〔昭和2年〕卒

昭和2年朝日新聞社入社。ロンドン特派員，欧米部長から18年に論説委員。敗戦後の20年，日本共産党に入党，朝日新聞労働組合初代委員長となる。21年2月全日本新聞通信放送労組を結成，委員長となり，8月産別会議を結成，議長となった。22年の2.1スト準備中，右翼に襲われ1ケ月の重傷。23年朝日新聞を退社。「アカハタ」編集局次長で共産党本部入り。24年東京6区から衆院議員に当選するが，25年6月のマッカーサ追放で議席を奪われた。26年密出国，ベルリンの世界平和評議会

第1回総会に出席、ベルリン、プラハで活躍、33年帰国。同年共産党幹部会員、書記局員、「アカハタ」編集局長を歴任。39年の春闘で公労協の4.17ストを挑発行為と非難した4.8声明の責任を問われて自己批判、幹部会から外れて中央委員となった。

木崎　愛吉
きざき・あいきち

新聞記者，金石文研究家，近世文学研究家
[生年月日]慶応1年（1865年）11月21日
[没年月日]昭和19年（1944年）6月24日
[出生地]大坂　[別名等]号＝好尚　[受賞]帝国学士院賞［大正13年］「大日本金石史」

明治24年「なにはがた」を創刊。26年大阪朝日新聞社に入り、大正3年まで勤めた。退社後、金石文の研究に打ち込み晩年、頼山陽、田能村竹田ら近世文人の研究にも従事した。編著書に「大日本金石史」（全5巻）「摂河泉金石文」「大阪金石史」「頼山陽全書」（全8巻）「大風流田能村竹田」などがある。

岸上　克己
きしがみ・かつみ

ジャーナリスト，社会運動家，浦和町（埼玉県）名誉助役
[生年月日]明治6年（1873年）11月28日
[没年月日]昭和37年（1962年）6月21日
[出生地]栃木県宇都宮市　[別名等]筆名＝香摘、岸上克己

明治30年活版工の懇話会創立に参加するが、32年活版工組合が解消し、誠友会に参加。「労働世界」に寄稿し、36年毎日新聞に入社。そのかたわら「平民新聞」「光」などに寄稿する。39年以降「埼玉毎日」「埼玉日日」などの主筆をつとめ、大正14年浦和町議となり、15年名誉助役となる。戦後も浦和市選挙管理委員などを歴任した。

岸田　吟香
きしだ・ぎんこう

ジャーナリスト，実業家，楽善堂主人
[生年月日]天保4年（1833年）4月8日
[没年月日]明治38年（1905年）6月7日
[出生地]美作国久米郡垪和村（岡山県久米郡美咲町）　[本名]岸田銀次　[別名等]幼名＝太郎、通称＝銀次郎、諱＝国華　[家族等]四男＝岸田劉生（洋画家），女婿＝大野洒竹（俳人）

美作津山藩儒・昌谷精渓に漢学を習う。江戸に出て林図書頭の塾に通い、次いで安政3年（1856年）より水戸派の藤森天山に師事。安政の大獄で師が投獄されると、累が及ぶのを恐れて逃亡し、深川の妓楼に雇われるなど潜伏生活を送った。元治元年（1864年）横浜で米国人医師ヘボンに眼の治療を受けたのが縁で、ヘボンによる辞書「和英語林集成」の編纂を助けるようになり、同書を印刷するためヘボンと共に上海へ渡航。慶応元年（1865年）米国帰りの浜田彦蔵（ジョセフ・ヒコ）による「海外新聞」の発行にも関与したとされる。4年米国人ヴァン・リードと「横浜新報もしほ草」を発刊。同紙の終刊後には新潟で石油採掘などに携わったが、明治6年招かれて「東京日日新聞」の主筆に就任。7年の台湾出兵に際しては日本初の従軍記者として戦地に赴き、同紙に「台湾従軍記」を掲載、好評を博した。一方、8年銀座に楽善堂薬舗を開店し、ヘボンから直伝された点眼薬「精錡水」を製造・販売して成功を収め、10年「東京日日新聞」退社後は売薬事業を本業とした。また、盲人の教育にも力を注ぎ、13年前島密らと盲唖学校の先駆である訓盲院（現・筑波大学附属盲学校）を創立。同年上海楽

善堂を英租界に開き、科挙参考書を銅版袖珍本で出版し多額の利益をあげた。その後清国各地に楽善堂薬舗の支店を設置した他、日清貿易研究所、東亜同文書院などの設立にも関係した。

城多 虎雄
きた・とらお

評論家，滋賀県議
[生年月日] 安政1年（1854年）
[没年月日] 明治20年（1887年）
[出生地] 伊勢国菰野（三重県菰野郡） [旧名] 小津

幕府の開成所に学び、明治13年英語の才を認められメルボルン万博に随行、欧米を巡遊して帰国。次いで成島柳北の求めに応じ「朝野新聞」に執筆、健筆をうたわれたが、病気で帰郷、19年滋賀県議となり、県会議長をつとめた。

北 昤吉
きた・れいきち

新聞記者，哲学者，大東文化学院教授，衆院議員，自民党政調会長，多摩美術大学創立者
[生年月日] 明治18年（1885年）7月21日
[没年月日] 昭和36年（1961年）8月5日
[出生地] 新潟県佐渡 [別名等] 別名＝礼華 [学歴] 早稲田大学文学部哲学科〔明治41年〕卒
[家族等] 兄＝北一輝（国家主義者）

北一輝の弟。大正3～7年早大講師、のち大東文化学院教授。7～11年米国、ドイツに留学。大日本主義、アジア主義を唱え、14年「日本新聞」の創刊に参加、編集監督兼論説記者。昭和2年哲学雑誌「学苑」を創刊。3年祖国同志会を結成し、雑誌「祖国」を創刊、主宰した。この間、帝国音楽学校校長、大正大学教授を務め、10年多摩帝国美術学校（現・多摩美術大学）を創設。11年衆院議員に初当選、以来8回当選、民政党に所属。戦後、自由党の結成に尽力。追放解除後、日本民主党、自由民主党議員として活動、自民党衆院懲罰委員長、政調会長など歴任。著書に「光は東方より」「哲学概論」、また「明治天皇御製」のドイツ訳書を刊行した。

北川 左人
きたがわ・さじん

新聞記者，俳人
[生年月日] 明治23年（1890年）5月20日
[没年月日] 昭和36年（1961年）2月20日
[出生地] 高知県 [本名] 北川一

京城日報、高知日報の記者を歴任。俳句は、高浜虚子に学び、「ホトトギス」同人となる。その間、俳誌「ナツメ」を編集、ウサギ文庫を経営し、「青壷」を主宰。編著に「朝鮮俳句集」「朝鮮固有色辞典」などがある。

北川 重吉
きたがわ・じゅうきち

社会運動家
[生年月日] 明治32年（1899年）2月7日
[没年月日] 昭和31年（1956年）12月22日
[出生地] 石川県江沼郡大聖寺町（加賀市） [学歴] 通信講習所卒

金沢地方裁判所に勤務しながら、異邦人社・東大新人会金沢支部を結成して解雇される。大正9年上京し、11年中央新聞記者となるが、メーデーで留置される。12年同社甲府支局のストライキを支援し、14年名古屋新聞金沢支局に転じて日本プロレタリア芸術連盟金沢支部などを結成し、労働農民党金沢支部委員長などを歴任。戦後も石川県民主戦線協議会副議長などを歴任した。

北沢 楽天
きたざわ・らくてん

漫画家
[生年月日]明治9年(1876年)7月20日
[没年月日]昭和30年(1955年)8月25日
[出生地]埼玉県大宮市 [本名]北沢保次 [学歴]錦花小卒, 絵画研究所大幸館

明治20年横浜の英文雑誌社に入り, オーストラリアの漫画家フランク・ナンケベルに漫画を学び, 22年絵画研究所大幸館で洋画を学ぶ。28年ボックス・オブ・キュリオス社を経て, 34年福沢諭吉に招かれて時事新報に入社, 政治・風俗漫画を描く一方, 日曜付録・時事漫画に「田吾作杢兵衛」を連載, 人気を得た。38年雑誌「東京パック」を創刊, 10数万部を発行し, ポンチ絵から漫画をジャンルとして独立させた。大正元年「楽天パック」「家庭パック」を創刊。昭和5年「楽天全集」を刊行, 7年時事新報退社。戦時中は漫画奉公会の会長も務めた。戦後は故郷大宮で日本画を描いて自適した。その旧居は大宮市(現・さいたま市)に寄付され, 市立漫画館となって公開されている。「楽天全集」(全7巻)がある。

北島 栄助
きたじま・えいすけ

新聞記者, 陶業家
[生年月日]不詳
[没年月日]昭和9年(1934年)11月24日
[出生地]肥前国松浦郡赤絵町(佐賀県有田町)
[別名等]号=似水

上絵付業の家に生まれ, 似水と号した。祖先は有田赤絵町の赤絵屋16戸中の一人で, 文政時代の北島源吾は朝鮮輸出の専売業を営んでいた。家業を継ぎ, 栄助も有田焼を朝鮮に輸出。明治前期までは家業を守っていたが, 後期になって「絵入長崎新聞」を経て,「佐世保軍港新聞」の記者を務めた。明治36年長崎時代に「日本陶磁器史論」を著した。

北野 吉内
きたの・きちない

新聞記者
[生年月日]明治25年(1892年)3月10日
[没年月日]昭和31年(1956年)3月15日
[出生地]山形県山形市 [旧名]佐藤 [学歴]東京外国語学校英語科〔大正3年〕卒

大正5年北野量子と結婚, 北野姓となった。ジャパンアドバイザー・万朝報を経て同年末東京朝日新聞社に入り, アサヒグラフ編集部, 整理部次長から15年ニューヨーク特派員, 昭和4年8月ドイツの飛行船ツェッペリン伯号が訪日した際, 同号に乗って報道した。大阪朝日新聞社会部長, 東京社会部長, 整理部長兼論説委員, 編集局次長, 大阪朝日編集局長兼記事審査部長, 15年取締役, 17年東京編集総務, 18年編集副総長, 20年総合計画室主幹, 同年11月退社。23年公職追放, 26年解除, 27年東京イブニング・ニュース顧問, 29年アサヒイブニング・ニュース取締役となった。

北村 兼子
きたむら・かねこ

ジャーナリスト, 大阪朝日新聞記者
[生年月日]明治36年(1903年)11月26日
[没年月日]昭和6年(1931年)7月26日
[出生地]大阪府大阪市 [学歴]大阪外国語学校(現・大阪外国語大学)英語科卒, 関西大学ドイツ法律科

20歳の時大阪朝日新聞社発行の「婦人」に投書して認められ, 関西大学在学中に大

阪朝日新聞社に入社。社会部記者として主に婦人参政権問題に取り組んだ。昭和2年退職。3年「婦人記者廃業記」を出版。同年汎太平洋婦人会議（ハワイ）、4年万国婦人参政権大会（ベルリン）に列席。5年立川の日本飛行学校に入校。訪欧飛行を決行せんと準備中の6年7月、27歳の若さで急逝。13冊の著作を残し、一貫して暴力主義への批判と徹底した反戦平和を訴えた。著書に「筆頭の蛇」「短い演説の草案及北村兼子演説集」「恋の潜航」「私の政治観」「情熱的論理」「大空に飛ぶ」など多数。平成12年大阪の通天閣で開催された「2000平和のための大阪の戦争展」で、記者時代や国際会議に出席した時の写真、作文草稿などの資料が展示された。

北村 文徳
きたむら・ふみのり

新聞記者，大陸浪人，旅順戦蹟保存会理事
[生年月日]元治1年（1864年）11月3日
[没年月日]大正8年（1919年）2月1日
[出生地]近江国滋賀郡仰木村（滋賀県大津市）

大阪で藤沢南岳の塾に学んだ後、上京。新聞日本に入って日清戦争で従軍記者を務める。台湾総督府勤務から北海道庁に転じて北海道誌の編纂や殖産事務を手がけ、再び上京すると海外事情講習所、東洋植民学校を設立した。明治38年日露戦争に際して陸軍通訳官として従軍。その後、旅順戦蹟保存会理事を務めた。

北村 益
きたむら・ます

八戸新聞社長，八戸町長
[生年月日]明治1年（1868年）12月1日
[没年月日]昭和26年（1951年）4月15日
[出生地]陸奥国八戸（青森県八戸市） [別名等]

幼名＝万寿太，俳号＝百仙洞古心

八戸の裕福な家に生まれる。病弱だったが、16歳で北辰一刀流を修めて以来、武道に励む。明治22年私塾・八戸青年会を結成、旧士族の子弟の教育に努めた。40年八戸町長に就任、八戸築港と久八鉄道着工を掲げる"大八戸論"を提唱した。大正7年再任。昭和4年四町村合併による市制施行の際、市長に推されるが断る。晩年は俳句など風流人として暮らした。八戸新聞社長もつとめた。

城戸 元亮
きど・もとすけ

ジャーナリスト，新聞経営者，東京日日新聞取締役会長
[生年月日]明治14年（1881年）5月12日
[没年月日]昭和41年（1966年）10月28日
[出生地]熊本県 [別名等]号＝碧仙 [学歴]京都帝大法科大学〔明治39年〕卒 [叙勲]勲二等瑞宝章〔昭和41年〕

大阪毎日新聞に入社、東京日日新聞の整理、政治部長などを経て、大正13年主幹、昭和8年本山彦一社長の死後、社長制を廃した取締役会会長に就任。社内紛争のため10カ月で退陣。この間、昭和の新年号を「光文」と誤報する事件で一時外遊したが、夕刊1面に中里介山の「大菩薩峠」を連載するなど紙面改革に尽力した。12年の関東大震災の際、主筆として「新聞は絶対に休刊しない」という方針を掲げ、号外を発行した。

木戸 若雄
きど・わかお

新聞社勤務，教育史家
[生年月日]明治40年（1907年）4月28日
[没年月日]昭和44年（1969年）8月6日

[出生地]東京 [学歴]青山学院〔昭和2年〕卒

昭和の初め小学校教員となり、日本青年教師団を結成したが弾圧され解散。その後、日本少国民文化協会に勤務。戦後、サンケイ新聞社に入社、37年定年退職し、東京都教育信用組合の「ペンのひろば」編集に従事。文献考証的な民間教育史の論文を多数発表した。この間、教育雑誌など文献収集に努め、膨大な資料は玉川大学木戸文庫に収められた。

鬼頭 玉汝
きとう・ぎょくじょ

満州日日新聞旅順支局長
[生年月日]慶応2年（1866年）
[没年月日]大正10年（1921年）10月11日
[出身地]越後国長岡（新潟県） [旧名][別名等]号＝大茹 [学歴]帝国大学法科大学〔明治23年〕卒

越後長岡藩士・小山家に生まれ、鬼頭家の養子となる。内務省、司法省に勤めた後、弁護士となる。明治42年大連に渡って満州日日新聞旅順支局長となった。大正3年中国・青島へ渡り青島新報を創刊した。

木下 郁
きのした・いく

新聞編集者，社会運動家
[生年月日]明治38年（1905年）2月27日
[没年月日]昭和31年（1956年）12月17日
[出生地]和歌山県西牟婁郡田辺町（田辺市）
[本名]木下幾之助 [学歴]田辺実業学校卒

大正12年北鮮日報記者として朝鮮に渡ったが、のち帰郷して紀伊新報編集部で活躍する。そのかたわら南紀州無産青年連盟を結成するなど、ナップの活動をした。

木下 成太郎
きのした・しげたろう

札幌毎日新聞創立者，衆院議員（翼賛議員同盟）
[生年月日]慶応1年（1865年）8月
[没年月日]昭和17年（1942年）11月13日
[出身地]蝦夷（北海道） [学歴]帝国大学予備門

厚岸町議、北海道議、水産組合長、立憲政友会総務等を歴任。明治44年、札幌毎日新聞（後、北海道報に改題）を創刊。45年衆院議員に当選、通算7期を務める。また、日本初の沃度加里製造に携わったのち農牧業を営み、帝国美術学校を設立しその校主となるなど各方面で活動。

木下 東作
きのした・とうさく

スポーツ評論家，大阪毎日新聞運動部長，大阪医科大学教授
[生年月日]明治11年（1878年）6月
[没年月日]昭和27年（1952年）6月19日
[出生地]京都 [学歴]東京帝大医科大学〔明治36年〕卒 医学博士 [家族等]兄＝木下正中（産婦人科学者）

明治36年東大医化学教室助手、39年大阪府立高等医学校（大阪医大の前身）教諭、のち教授。41年に欧州出張、帰国後大阪府下の小中学校でスポーツ選手の実技を指導、神戸高商の体育顧問、東京高師講師を務め運動生理学を講じた。大正11年大阪医科大学教授を辞任、大阪毎日新聞社に入り、運動部長。そのころ大阪毎日では、高まるスポーツ熱にともない運動部門の充実を目指していた。そこで本山彦一社長直々に人望の厚かった木下獲得に乗り出した。13年日本女子スポーツ連盟を設立、陸上の人見絹代を育てた。15年スウェーデンの第2回女子オリンピッ

ク、昭和5年プラハの第3回、9年ロンドンの第4回各大会の団長を務めた。13年にはロンドンの国際陸上競技連盟総会に首席代表として出席。日本体育協会、大日本相撲協会、日本自転車連盟などの会長を務めた。

木下 尚江
きのした・なおえ

新聞記者，キリスト教社会主義者，小説家，社会運動家
[生年月日]明治2年(1869年)9月8日
[没年月日]昭和12年(1937年)11月5日
[出生地]信濃国松本天白町(長野県松本市)
[別名等]筆名＝樹蔭生、緑鬢翁、松野翠、残陽生　[学歴]東京専門学校(現・早稲田大学)邦語法律科〔明治21年〕卒

郷里で弁護士開業、明治26年信府日報の主筆となり、30年中村太八郎らと普選運動を行い検挙された。32年上京して毎日新聞社に入り、廃娼運動、足尾鉱毒事件、星亨筆誅事件、天皇制批判の論説で活躍した。34年安部磯雄、幸徳秋水らと社会民主党の創立に参加。また幸徳らの週刊「平民新聞」を支援、日露非戦論を展開した。この時期に小説「火の柱」(37年)「良人の自白」(37〜39年)などを発表。35年総選挙に立候補したが落選。38年東京で立候補したが官憲の圧迫が強く演説会すら開けず、日比谷焼打事件で平民新聞は発行停止、平民社は解散に追い込まれた。38年石川三四郎らとキリスト教社会主義を唱導して雑誌「新紀元」を発刊、時事評論の筆をふるった。39年以降母に死別の打撃も加わり、心機一転、社会主義を捨て、毎日新聞を退き、「新紀元」を廃刊、伊香保に転居。小説「霊か肉か」を書き、次いで三河島に隠栖、「乞食」を書いた。43年岡田虎二郎の下で静坐法の修行に入った。「木下尚江集」(全4巻，春秋社)、「木下尚江著作集」(全15巻，明治文献社)、「木下尚江全集」(全20巻，教文館)がある。

木下 立安
きのした・りつあん

時事新報主任，俳人，理工図書創業者
[生年月日]慶応2年(1866年)11月1日
[没年月日]昭和28年(1953年)6月8日
[出生地]紀伊国伊都郡大谷村(和歌山県伊都郡かつらぎ町)　[別名等]号＝木下蘇子　[学歴]慶応義塾大学〔明治21年〕卒

北海道炭砿鉄道に入社、手宮所長などを務める。のち「時事新報」主任、紀和鉄道支配人を経て、明治32年1月大阪の鉄道協会内に鉄道時報局を設置して「鉄道時報」を創刊。7月東京に移転。34年より週刊とし、昭和17年に廃刊するまで鉄道業界紙として愛読された。出版も手がけ、明治34年に出した木下武之助編「鉄道曲線測量表 附布設法」は"木下の曲線表"として工学書のロングセラーとなった。同年鉄道時報局内に公益社を設立、「月刊最新時間表・旅行案内」を創刊。その後、大手時刻表3社が合併し、大正4年旅行案内社を設立した。8年株式会社に改組。11年鉄道時報局内にシビル社を設立、月刊「土木建築雑誌CIVIL ENGINEERING & ARCHITECTURE」を創刊。以後、鉄道関係、土木関係を中心とした出版活動を行う。昭和19年戦時の企業整備で他社を買収して鉄道時報局を改め理工図書を設立して社長。また、企業整備により社長を務めていた旅行案内社は東亜交通公社に時刻表の発行権を譲渡した。22年社長を退く。俳人しては大須賀乙字に師事、「獺祭」「ましろ」同人。「蘇子句集」がある。

木原 七郎
きはら・しちろう

芸備日日新聞社長，広島市長，衆院議員（日本進歩党）
[生年月日]明治17年（1884年）1月
[没年月日]昭和26年（1951年）12月24日
[出生地]広島県　[学歴]早稲田大学専門部政治経済科〔明治39年〕卒

芸備日日新聞社に入り大正8年副社長、15年早速整爾社長の死去で社長となった。この間広島県議を経て昭和5年衆院議員に当選、以後12、17年にも当選、立憲民政党に属した。戦時中、翼賛議員同盟、翼賛政治会、大日本政治会で活躍、戦後は日本進歩党に属した。20～22年広島市長。

木村 作次郎
きむら・さくじろう

美濃大正新聞社長，衆院議員
[生年月日]明治5年（1872年）7月5日
[没年月日]昭和23年（1948年）12月20日
[出生地]岐阜県　[旧名]上田　[学歴]東京法学院，東京政治学校

旅館経営の一方、政治に関心、その一環として明治35年西濃週報を出した。36年美濃時報、39年美濃新聞、大正元年美濃大正新聞と改題、各社長を務めた。尚、明治39年、詩人の三木露風は岐阜の知人の斡旋で木村が経営する美濃新聞で一時期記者をしていた。この間大垣町議、安八郡議、大垣市議、同議長、岐阜県議を歴任、大正9年新聞を利用して衆院議員に当選、立憲政友会に所属した。昭和11年にも衆院に当選、当選3回。戦時中は翼賛議員同盟に属した。

木村 清四郎
きむら・せいしろう

中外商業新報主宰者，日本銀行副総裁，貴院議員（勅選）
[生年月日]文久1年（1861年）6月5日
[没年月日]昭和9年（1934年）9月24日
[出生地]備中国小田郡三谷村（岡山県小田郡矢掛町）　[学歴]慶応義塾〔明治16年〕卒

「中外物価新報」に関係し、同紙の論説を担当。明治18年主幹となり経営の一切を引受けて同紙を主宰、23年「中外商業新報」と改題、社名を商况社と改め、同紙を代表的な経済紙に発展させた。30年日銀総裁岩崎弥之助の勧めで日銀副支配役として入行。34年営業局長、39年理事、大正8年副総裁に就任。震災手形や金解禁問題をはじめ、日銀の政策運営に重要な役割を果たし、事実上の総裁と目された。15年病のため辞職。昭和2年勅選貴族院議員、その他帝室経済顧問、日銀参与、簡保積立金運用委員会委員、千代田生命取締役などを務めた。

木村 専一
きむら・せんいち

写真家，「フォトタイムス」主幹，新興写真研究会会長
[生年月日]明治33年（1900年）8月
[没年月日]昭和13年（1938年）4月12日
[出生地]徳島県

森芳太郎に師事。師の紹介で写真之友社に入り、「写真之友」主幹、「写真文化」主筆を経て、大正12年オリエンタル工業に移り、宣伝課長となる。13年同社から月刊写真雑誌「フォトタイムス」が創刊されると、主幹に就任。同誌ははじめ懸賞写真と技術指導を専らとしていたが、昭和4年頃から彼の意向を反映し、「モダー

ン・フォトセクション」と題したコーナーを設けてフォトグラムを初めとする新技法や欧米の最新写真事情を紹介、日本における新興写真の成立に寄与した。5年には同誌での活動を足がかりに新興写真研究会を組織し、自ら会長を務めるとともに、機関紙「新興写真研究」を発刊。6年10月には写真事情視察のため渡欧、モホイ＝ナジやマン・レイら世界の前衛写真家と交遊したのみならず、彼らの作品を日本に持ち帰り、「フォトタイムス」誌上に紹介した。帰国後は武蔵野写真学校を創立し、写真教育の充実に努めた。

木村 荘十
きむら・そうじゅう

満州日日新聞政治部長、小説家
[生年月日]明治30年（1897年）1月12日
[没年月日]昭和42年（1967年）5月6日
[出生地]東京・神田　[学歴]慶応義塾大学中退
[受賞]直木賞（第13回）〔昭和16年〕「雲南守備兵」、サンデー毎日大衆文芸賞（第11回）〔昭和7年〕「血縁」　[家族等]父＝木村荘平（実業家）、姉＝木村曙（作家）、兄＝木村荘太（作家）、木村荘八（画家）、弟＝木村荘十二（映画監督）

大正6年第一次世界大戦中に渡英。休戦後帰国し満州日日新聞政治部長、満蒙評論社経営などを経て、昭和7年「血縁」でサンデー毎日文芸賞を、16年「雲南守備兵」で直木賞を受賞。他の作品に「嗤う自画像」「積乱雲」などがある。

木村 照彦
きむら・てるひこ

朝日新聞取締役西部本社代表
[生年月日]明治41年（1908年）12月12日
[没年月日]昭和41年（1966年）9月8日
[出生地]京都府　[学歴]東京帝大経済学部〔昭和7年〕卒

昭和7年東京朝日新聞社に入り、仙台支局、横浜支局を経て14年本社編集局勤務となった。20年8月20日付で東久邇稔彦内閣総理大臣秘書官に転じたが、同年11月東京朝日に再入社。24年夕刊朝日発刊で編集部長、朝日大阪本社整理部長、編集局次長を経て35年東京本社編集局長、36年取締役、39年西部本社代表、40年退社して社友。

木村 騰
きむら・のぼる

朝日新聞創業者
[生年月日]不詳
[没年月日]明治38年（1905年）7月3日
[家族等]父＝木村平八（朝日新聞創業者）

大阪一の老舗醤油屋「泉屋」の長男。明治6年洋品雑貨店「泉屋」開店。家業を疎かにし遊蕩に走った結果、東京に家出をしそこで旧知の松本幹一と再会。松本は勝海舟の随員として咸臨丸に乗り込み渡米した幕府役員の吉岡良太郎の用心を務めており西洋事情に明るく、その当時活版印刷に従事していた。騰は松本から印刷の話を聞き新聞こそ新時代の事業と決意し大阪に戻り新聞創刊の準備を始めた。かねてより同じ町内に住み親交のあった村山龍平に新聞事業の持主になることを依頼、新聞製作の責任者に「大阪新報」の主筆であった津田貞を招き主幹とした。これが「朝日新聞」の始まりであった。創刊号は明治12年1月25日に発刊された。創刊から1年、在阪日刊紙のトップに立つなど順調であったが、経営方針をめぐりと津田との対立が深刻化。結局、津田が反旗を翻し記者、印刷部門社員を巻き込み退職する騒ぎとなった。この時、騰は

妻を残したまま家出してしまった。「朝日新聞」は父の平八が経営に乗り出すこととなった。

木村 半兵衛（4代目）
きむら・はんべえ

叢鳴珍談発行者，実業家，足利機業組合頭取，両毛鉄道副社長，衆院議員（憲政本党）
[生年月日]安政3年（1856年）12月
[没年月日]昭和9年（1934年）9月12日
[出身地]下野国（栃木県） [別名等]幼名＝勇三 [叙勲]黄綬褒章〔明治20年〕，緑綬褒章〔明治30年〕 [家族等]父＝木村半兵衛（3代目）

3代目木村半兵衛の子で、父の設立した小俣学校で漢学などを修める。政治や経済の啓蒙運動に従事し、明治14年足利で最初の新聞「叢鳴珍談」を発行。19年父の死により家督を相続して4代目半兵衛を襲名。家業の織物問屋を営み、足利組買継盟主として輸出絹織物の発展と粗製濫造防止に力を注いだ。足利機業組合頭取、両毛鉄道副社長、東洋柞蚕社長なども務めた。一方、21年栃木県議に当選、6期務め、副議長、議長を歴任。また35年から衆院議員に4選。県議時代は足尾銅山の鉱毒被害処理について田中正造と対立した。

木村 平八
きむら・へいはち

朝日新聞出資者
[生年月日]不詳
[没年月日]明治19年（1886年）11月12日
[家族等]息子＝木村騰（朝日新聞創業者）

朝日新聞出資者。大阪一の老舗醬油屋「泉屋」の主人。「朝日新聞」経営者となる騰は長男。出資者として「朝日新聞」創刊に携わったが明治13年、主幹津田貞と経営方針を巡って対立。津田ら社員が退職する混乱を招く。長男・騰の家出もあり「朝日新聞」の経営に乗り出すもうまくいかず、村山龍平に後のことを託した。

木村 政次郎
きむら・まさじろう

東京毎夕新聞社長，衆院議員（立憲政友会）
[生年月日]慶応1年（1865年）7月8日
[没年月日]昭和24年（1949年）1月9日
[出生地]千葉県

黒田清隆の書生から身を興し産業界に入った。東京青物市場の頭取、札幌製糖会社支配人、横浜米穀取引所理事となった。明治34年週刊商況新聞を買収、東京毎夕新聞と改題、昭和16年の統制廃刊まで続けた。この間35年には東京急報社を受け継ぎ「米相場通信」を発行、37年全国の米穀取引所に呼びかけ商業通信社を設立した。大正6年千葉県8区から衆院議員に立ち当選3回。

清岡 等
きよおか・ひとし

岩手日報社社長，実業家，盛岡市長，盛岡電気社長
[生年月日]文久3年（1863年）12月8日
[没年月日]大正12年（1923年）8月10日
[出身地]陸奥国盛岡（岩手県盛岡市） [学歴]太平学校卒

明治15年岩手県庁に入庁。27年盛岡市長。岩手日報社の主筆、同社長、盛岡電気社長を務めた。

清沢 洌
きよさわ・きよし

ジャーナリスト，外交評論家
[生年月日]明治23年（1890年）2月8日
[没年月日]昭和20年（1945年）5月21日

125

[出生地]長野県南安曇郡北穂高村(安曇野市)
[学歴]ホイットウォース大学(米国)卒

小学校卒業後、内村鑑三の流れをくむ研成義塾で学び、明治39年16歳のとき渡米。邦字新聞記者などをしながらカレッジで政治経済学を修め、大正2年帰国して、9年「中外商業新報」外報部長。13〜14年特派員として朝鮮・中国を視察。昭和2年「東京朝日新聞」企画部次長となるが、4年退社。以後はフリーの評論家として「中央公論」特派員、東洋経済新報社顧問などを務めた。強固なリベラリストとして時流に抗しての執筆活動とともに14年には三木清らと国民学術協会を結成するなど、戦争、軍部への批判を続け、戦時下の日記「暗黒日記」は戦後に出版(29年)されて高い評価を受ける。著書は他に「米国の研究」「自由日本を漁る」「アメリカは日本と戦はず」「現代世界通信」「外交史」など。

桐原 真二
きりはら・しんじ

大阪毎日新聞経済部長，大学野球選手
[生年月日]明治34年(1901年)8月22日
[没年月日]昭和20年(1945年)6月10日
[出身地]大阪府 [学歴]慶応義塾大学卒

大阪・北野中学で遊撃手として活躍し、慶應義塾大学でも遊撃手。大正13年主将となり、飛田穂洲早稲田大学監督と共に、中断していた早慶戦を復活させる。のち大阪毎日新聞に入社し、経済部長を務めた。ルソン島で戦病死した。この間、昭和59年野球殿堂入り。

桐生 悠々
きりゅう・ゆうゆう

ジャーナリスト，評論家，「信濃毎日新聞」主筆
[生年月日]明治6年(1873年)5月20日
[没年月日]昭和16年(1941年)9月10日
[出生地]石川県金沢市 [本名]桐生政次(きりゅう・まさじ) [学歴]東京帝大法科大学政治学科〔明治32年〕卒

明治33年博文館入社。以後、下野新聞、大阪毎日新聞、大阪朝日新聞、東京朝日新聞などを経て、43年から昭和8年まで途中数年のブランクがあるが、およそ20年間、信濃毎日新聞の主筆をつとめ、社説を書いた。この間、大正元年乃木希典将軍の殉死を社説で批判し論議を呼んだ。昭和8年論説「関東防空大演習を嗤ふ」が元で信濃毎日を退社。9〜16年名古屋で「他山の石」という会員制のパンフレットを発行し、世を去る直前まで節を曲げないまま筆をとり続けた。生涯の友として徳田秋声がいる。戦後、その不屈の言論活動が再評価され、「畜生道の地球」「桐生悠々反軍論集」「桐生悠々自伝」「他山の石」(復刻版)などが刊行された。

【く】

陸 羯南
くが・かつなん

ジャーナリスト，評論家，日本新聞社社主・主筆
[生年月日]安政4年(1857年)10月14日
[没年月日]明治40年(1907年)9月2日
[出生地]陸奥国弘前在府町(青森県弘前市)
[本名]陸実(くが・みのる) [旧名]中田 [学歴]宮城師範〔明治9年〕中退、司法省法学校〔明治12年〕中退 [家族等]女婿＝鈴木虎雄(中国文学者)

陸奥津軽藩士・中田謙斎の長男。少年時

代、古川他山の塾に学び、自作の「風濤自艱羯南来」が師に誉められたことから、羯南と号した。東奥義塾、宮城師範学校に学ぶが、薩摩出身の校長の方針に不満を抱き退学。明治9年上京して司法省法学校に入学、同窓に原敬、福本日南、国分青崖、加藤拓川らがいた。12年賄征伐事件の処理に対し、原、福本、国分、加藤らと校長に抗議して退学処分を受け、帰郷して「青森新聞」編集長となるが、13年記事が讒謗律に触れて罰金刑を課せられたため同紙を退社し、北海道に渡って紋別精糖所に勤めた。この間、12年絶家していた親戚の陸家を再興、陸姓を称した。15年再度上京、16年太政官文書局に入り、18年内閣官報局編集課長となるが、21年辞職。同年杉浦重剛、谷干城らの支援を受けて「東京電報」創刊。さらに政教社の三宅雪嶺とも知り合い、22年同紙を廃刊して日本新聞社を創立し、新聞「日本」を創刊、主筆兼社長となった。同紙はまず大隈重信外相が進めていた条約改正案をすっぱ抜き、猛烈にこれを批判して世間から喝采を浴びた。以後も、日本主義や、西洋の文物を日本の発展のために役立てつつ国の"粋"を残すという"国粋主義"を主張し、相継いで罰金刑や発行停止処分を受けながらも政府の極端な欧化政策や言論弾圧を論難し続け、近代国民主義の形成に力を尽くした。36年ヨーロッパに旅行。帰国後の37年肺結核にかかり、「日本」の経営も悪化したことから同紙を伊藤欽亮に譲渡し、間もなく死去した。著書に「近時政論考」「原政及国際論」などがある。

陸 直次郎
くが・なおじろう

新聞記者, 小説家
[生年月日]明治31年(1898年)1月12日
[没年月日]昭和19年(1944年)8月11日
[出生地]東京・本郷 [本名]野沢嘉哉 [学歴]早稲田大学文科中退 [家族等]息子=野沢那智(俳優・声優)

時事新報社社会部、読売新聞出版部に勤めた後、昭和6年ころから文筆活動に専念。梅津勘兵衛、佃政ら侠客と交際、遊侠の世界を描いた、いわゆる悪漢小説が多く、「殴られた宗俊」などが代表作。

釘本 衛雄
くぎもと・もりお

ジャーナリスト, 衆院議員(翼賛議員同盟)
[生年月日]明治13年(1880年)5月
[没年月日]昭和24年(1949年)6月23日
[出生地]福島県 [学歴]早稲田大学卒

福島県議から昭和6年同議長となった。また福島民報主筆として大正、昭和初期にかけて論説、時評で活躍、「福島だより」は名文として大評判を得た。11年福島新聞社長となり、12年衆院議員に当選、立憲民政党、翼賛議員同盟に所属した。

久下 豊忠
くげ・とよただ

和歌山新報社主, 衆院議員(政友会)
[生年月日]明治3年(1870年)4月8日
[没年月日]昭和12年(1937年)12月10日
[出身地]紀伊国那賀郡(和歌山県) [旧名]三井 [学歴]大阪英学舎

英仏学舎、大阪英学舎に学ぶ。日清戦争に従軍し、復員後、読売新聞社の記者を経て、明治30年和歌山新報社主、39年社長となる。一方、和歌山県議を務め、大

正9年衆院議員に当選1回。

草間 時福
くさま・ときよし

ジャーナリスト，愛媛県立松山英学校初代校長
[生年月日]嘉永6年（1853年）5月19日
[没年月日]昭和7年（1932年）1月5日
[出生地]京都府　[旧名]下田六蔵　[別名等]別名＝石鉄　[学歴]慶応義塾卒　[家族等]孫＝草間時彦（俳人）

下田耕助の四男として生まれ、のち草間家を継ぐ。明治8年愛媛県松山英学校（のちの松山中学）を開き、校長を4年間務める。西洋式教育の実践や自由主義教育の普及・向上に努めるとともに、「南海新聞」に関わり、のち民権派記者として「朝野新聞」「東京横浜毎日新聞」などで活動、自由民権運動の発展に貢献した。15年京都府会議員、17年官吏に転じ、31年逓信省航路標識管理所長。大正2年退官後は民間飛行界の事業に関与、15年帝国飛行協会副会長を務めた。訳書に「仏国革命全史」「英米憲法比較論」がある。

草間 八十雄
くさま・やそお

新聞記者，東京市幼少年保護所長
[生年月日]明治8年（1875年）
[没年月日]昭和21年（1946年）
[出生地]長野県松本市　[学歴]和仏法律学校卒

警視庁勤務、東京日日新聞等の記者、内務省嘱託を歴任。大正11年東京市社会局嘱託、昭和3年東京市主事、社会局保護課勤務。8年幼少年保護所長。のち東京市の嘱託として数多くの社会調査に参画、浮浪者・芸妓などの生活実態を広く明らかにし、社会事業の基礎づくりに貢献した。著書に「近代都市下層社会」がある。

草村 北星
くさむら・ほくせい

新聞記者，小説家，隆文館創業者
[生年月日]明治12年（1879年）3月10日
[没年月日]昭和25年（1950年）5月25日
[出生地]熊本県玉名郡高瀬町（玉名市岩崎）　[本名]草村松雄（くさむら・まつお）　[学歴]東京専門学校（現・早稲田大学）文学科［明治33年］卒　[家族等]女婿＝荻原善彦（龍吟社）

4人姉弟の末っ子の長男。熊本英学校で学び、明治29年上京して東京専門学校（現・早稲田大学）に入学。34年民声新報社に入り国木田独歩編集長率いる「民声新報」記者。同年「明星」に短編小説「女詩人」を発表して文壇に登場。35年同郷の徳富蘇峰の紹介で金港堂に入り、雑誌「青年界」の編集を担当。同年同社より書き下ろし長編「浜子」を刊行した。36年「文芸界」編集主任。37年金港堂を退職して隆文館を創業すると自著「相思怨」「露子夫人」「母の面影」「百合子」などを刊行、家庭小説の代表的作家と目されるが、明治末より執筆活動から遠ざかり、出版事業に専念。41年大隈重信を会長に大日本文明協会を自社内に発足させて翻訳書などを出版、また、建築工芸協会を設立して月刊誌「建築工芸叢誌」を発行した。また、財政経済学会を設立して「新聞集成明治編年史」などを出した。

櫛田 民蔵
くしだ・たみぞう

新聞論説記者，経済学者
[生年月日]明治18年（1885年）11月16日
[没年月日]昭和9年（1934年）11月5日
[出生地]福島県石城郡上小川村　[学歴]東京外国語学校（現・東京外国語大学）ドイツ語科卒、京都帝大法科大学経済学科〔明治45年〕卒　[家族等]妻＝櫛田ふき（婦人運動家）

京大在学中、河上肇に師事。大正2年東京帝大助手、6年大阪朝日新聞社の論説記者、7年同志社大学教授。8年辞任後、上京して東京帝大、東京外語大などの講師。9年森戸事件を契機に教職を捨て、大原社会問題研究所の研究員。10年同研究所留学生としてベルリンでマルクス主義を研究。11年帰国、河上肇と価値論で論争を重ねながら「資本論」読解に本格的に取り組む。また労農派地代論を中心に講座派の野呂栄太郎らに厳しい批判を浴びせた。著書に「櫛田民蔵全集」（全5巻）など。

葛生 東介
くずう・とうすけ

新聞主筆，国家主義者
[生年月日]文久2年（1862年）11月11日
[没年月日]大正15年（1926年）2月8日
[出生地]下総国相馬郡布佐（千葉県我孫子市）
[本名]葛生玄晫　[学歴]千葉県立医学校中退
[家族等]弟＝葛生能久（国家主義者）

代々医を業とする家に生まれ、幼くして宮内君浦に漢学を学び、18歳で千葉県立医学校に入学したが半年で中退。のち青柳高鞆に国学を学ぶ。「総房共立新聞」「東海新聞」の各主筆として時事を論じた。また演壇に立ち自由民権運動を支持、条約改正に反対し数度当局により投獄される。明治22年外相・大隈重信襲撃事件に関わる。一方、この頃金玉均と交わり朝鮮問題に努めた。34年内田良平らと黒龍会を組織、幹事となる。のち大日本国防義会、福岡海軍協会を創立した。晩年は茨城県鹿島郡荒波村に隠棲。

久津見 蕨村
くつみ・けっそん

ジャーナリスト，評論家，「東京毎日新聞」主筆
[生年月日]安政7年（1860年）1月14日
[没年月日]大正14年（1925年）8月7日
[出生地]江戸　[本名]久津見息忠（くつみ・やすただ）　[別名等]別号＝暮村隠士など

独学で代言人（弁護士）試験に合格の後、明治15年「東洋新報」を振り出しに記者生活に入り、30年「万朝報」に入社して活躍する。30年「教育刷新策」を、31年「教育時代観」を刊行。早くからヨーロッパのアナキズムを日本に紹介し、自由思想家として教育・宗教・社会問題からドイツ哲学まで幅広い論陣を張った。のちに「長野日日新聞」「函館毎日新聞」「長野新報」「東京毎日新聞」の主筆などを務めた。他の著書に「無政府主義」（発売禁止）、「自由思想」「久津見蕨村集」など。

工藤 鉄男
くどう・てつお

新聞記者，衆院議員（民主自由党），参院議員（自由党）
[生年月日]明治8年（1875年）8月
[没年月日]昭和28年（1953年）6月16日
[出生地]青森県　[別名等]号＝日東　[学歴]日本大学卒，ロンドン大学卒

日本新聞、二六新聞の記者となり、明治38年日露戦争後の講和反対日比谷焼き打ち事件に連座。大正4年ロンドン遊学後、日大、東京歯科医専各講師、日華事業協会、海上企業組合などに関係。13年衆院議員となり当選7回、参院議員にも当選1回。民主党を経て昭和22年同志クラブを結成、のち民自党に合流、同党顧問。その間文部参与官、厚生政務次官、23年第2次吉田茂内閣の行政管理庁長官となった。

工藤 十三雄
くどう・とさお

新聞記者，衆院議員（翼賛議員同盟）
[生年月日]明治13年（1880年）5月
[没年月日]昭和25年（1950年）12月17日
[出身地]青森県　[学歴]東京帝国大学独法科

時事新報政治部記者、同社客員を経て陸奥新報を経営。また東洋拓殖株式会社嘱託、弘前新聞社長を務める。大正13年衆院議員に初当選。以来連続6回当選。その間、平沼内閣の鉄道政務次官を務めた。

国木田 収二
くにきだ・しゅうじ

新聞記者，ジャーナリスト
[生年月日]明治11年（1878年）9月1日
[没年月日]昭和6年（1931年）3月4日
[出生地]広島県　[別名等]号＝北斗　[学歴]東京専門学校（現・早稲田大学）卒　[家族等]兄＝国木田独歩（小説家）

国民新聞社に入り、兄独歩と共に徳富蘇峰門下の逸材と称せられた。独歩が日清戦争の際「国民新聞」の従軍記者として戦地から収二に送った「愛弟通信」は兄弟愛の美談として喧伝された。明治32年南洋を視察旅行、のち神戸新聞社に主筆兼編集部長として入社、10数年を経て、「読売新聞」の主筆に転じた。晩年は新聞界より退き、川崎造船秘書課に勤めた。

国木田 独歩
くにきだ・どっぽ

新聞記者，小説家，詩人
[生年月日]明治4年（1871年）7月15日
[没年月日]明治41年（1908年）6月23日
[出生地]千葉県銚子　[出身地]山口県　[本名]国木田哲夫　[別名等]幼名＝亀吉、別号＝鉄斧生、独歩吟客　[学歴]東京専門学校（現・早稲田大学）英語政治科〔明治24年〕中退　[家族等]息子＝国木田虎雄（詩人），父＝国木田専八（裁判官），弟＝国木田収二（ジャーナリスト）

父・専八は旧播磨龍野藩士で、明治維新後は司法省官吏。父の転勤に従い小学校・中学は山口県で学ぶ。明治20年上京し、民友社系の青年協会に入会。21年東京専門学校（現・早稲田大学）に入学。在学中「女学雑誌」などに評論を投稿し、24年植村正久により受洗。また民友社への傾倒を深め、「文壇」「青年文学」「国民新聞」などに評論・随筆を寄せた。同年鳩山和夫校長の排斥運動に失敗して同校を退学し、山口へ帰郷。25年新聞記者を志して再び上京し、自由党系の新聞「自由」記者となるが間もなく解雇され、26年矢野龍渓の勧めで大分県佐伯の鶴谷学館教師となるも、27年周囲との軋轢もあって教職を辞し三たび上京して民友社に入社、「国民之友」の編集に従事。日清戦争では海軍従軍記者として軍艦千代田に乗り込み、「国民新聞」に通信を送り続けた（のち「愛弟通信」として刊行）。28年日本橋の内科医院町の娘・佐々城信子と恋愛のすえ結婚するが、「国民之友」編集を辞めていたこともあって生活は困窮し、29年離婚。その後、田山花袋、宮崎湖処子、柳田国男らと交流し、30年彼らとの共著で自らの「独歩吟」を含む詩集「抒情詩」を刊行した。32年「報知新聞」政治・外交記者を経て、33年民声新報社編集長。34年最初の小説集「武蔵野」を刊行。35年龍渓に招かれて敬業社に入社し、「東洋画報」編集長に就任。36年近事画報社を興して同誌を「近事画報」に改称してからは編集経営の全般を任され、日露戦争時には一時「戦時画報」に改題、好調な売れ行きを示した。39年同社解散ののち独歩社を

創業して「近事画報」などの刊行を続けるが資金繰りが悪化し、40年破産。一方、39年から健康を害し、湯河原や茨城県湊町などで転地療養するが、この間に38年「独歩集」、39年「運命」、40年「濤声」などの小説集を刊行し、晩年に至って自然主義文学の旗手として評価された。41年肺結核のため死去。他の代表作に「源叔父」「牛肉と馬鈴薯」「酒中日記」「運命論者」などがあり、死後に手記「欺かざるの記」が刊行された。

国友 重章
くにとも・しげあき

ジャーナリスト
[生年月日]文久1年（1861年）12月
[没年月日]明治42年（1909年）7月16日
[出生地]肥後国（熊本県）　[別名等]幼名＝半太郎，号＝随軒

旧熊本藩の儒学者の長男。明治10年西南戦争に際し西郷隆盛軍に従い、のち帰順し父の家塾を助ける。16年上京し、宮内省に出仕、井上毅に推挙され法制局に入る。政府の条約改正案に不満で、ボアソナード意見書などを暴露して退官。「東京電報」に入り、陸羯南らと新聞「日本」を発行、対外硬論の先鋒として活躍。「信濃日報」「東北日報」などを経て、28年「漢城新聞」主筆、閔妃事件に連座して広島で投獄された。その後、東亜同文会、国民同盟会、対露同志会、朝鮮協会などの創立に尽力し、近衛篤麿に私淑して熱烈な国権論者として終始した。

久野 初太郎
くの・はつたろう

新聞記者，自由民権運動家
[生年月日]万延1年（1860年）7月17日
[没年月日]昭和7年（1932年）10月11日
[出生地]上野国前橋（群馬県前橋市）

英語・漢学を修め、「上毛新聞」記者として時事問題を論じ、「絵入自由新聞」などで自由民権を主張する。明治18年大井憲太郎らの朝鮮独立運動支援計画に加わり服役した（大阪事件）。

久保田 九品太
くぼた・くほんた

帝国通信社編集局長，俳人
[生年月日]明治14年（1881年）5月
[没年月日]大正15年（1926年）1月8日
[出生地]静岡県小笠郡中村（掛川市）　[本名]久保田次郎吉　[別名等]初号＝桂川

明治35年上京、帝国通信社に入社。のち大阪支社に移り、大正12年本社編集局長に就任。一方、俳句を正岡子規に師事し、のち高浜虚子に入門。大阪在勤時代に最も旺盛な句作活動を見せ、「ホトトギス」のほか、山本梅史の「春夏秋冬」同人、東京本社に戻ってからは長谷川零余子の「枯野」同人として活躍した。

窪田 畔夫
くぼた・くろお

新聞記者，民権運動家，衆院議員
[生年月日]天保9年（1838年）10月19日
[没年月日]大正10年（1921年）4月30日
[出生地]信濃国筑摩郡和田町村（長野県松本市）　[本名]窪田重国

庄屋の家に生まれ、維新後、戸長・学区取締・大区長などを歴任。明治5年弟らと共に「信飛新聞」を創刊。8年下問会議員として上京し、地方官会議を傍聴するが、そこで民会官選が決定したのを不服とし、同志らとはかって元老院に民会民選の建白書を提出した。9年には「信飛新

聞」を「松本新聞」と改め、編集長の坂崎紫蘭とともに演説会や論説を通じて自由民権思想を鼓吹。その後も長野における民権運動の重鎮として活躍し、北安曇郡長や長野県議などを歴任。25年には衆院議員に選ばれるが、長男の死を機に政界から退き、以後は神官を務めた。

熊谷　直亮
くまがい・なおすけ

新聞記者
[生年月日]文久3年（1863年）
[没年月日]大正9年（1920年）12月12日
[出身地]肥後国（熊本県）　[旧名]津田　[別名等]幼名＝亥年男、号＝鉄城　[家族等]父＝津田信弘（官僚）

肥後熊本藩士・津田信弘の子として生まれ、のち熊谷家を継ぐ。幼くして藩黌・時習館に学び、長じて共立学舎に入り徳富淇水や兄・静一らの薫陶を受けた。明治17年中国に渡り、芝罘（煙台）で中国語を修め、日清戦争・日露戦争に通訳官として従軍。のち「国民新聞」京城特派通信員、「京城日報」記者を務め、平壌民団長となった。

倉富　恒二郎
くらとみ・つねじろう

福岡日日新聞創刊に参加、福岡県議
[生年月日]嘉永4年（1851年）
[没年月日]明治24年（1891年）8月
[出生地]福岡県　[別名等]名＝胤文、字＝伯錫、号＝竜村　[家族等]父＝倉富篤堂（漢学者）、弟＝倉富勇三郎（枢密院議長）

漢学者・倉富篤堂の子、弟は枢密院議長を務めた倉富勇三郎。草場佩川、広瀬林外らに漢学を学び、東京で法律を修める。郷里・福岡で自由民権思想を唱え、明治13年県議となる。「福岡日日新聞」の創刊に参加した。

蔵原　惟郭
くらはら・これひろ

新時代創立者、教育家、衆院議員（立憲同志会）、熊本洋学校校長
[生年月日]文久1年（1861年）7月6日
[没年月日]昭和24年（1949年）1月8日
[出生地]肥後国阿蘇郡黒川村（熊本県阿蘇市）
[別名等]幼名＝三治兵衛　[学歴]熊本洋学校、同志社英学校卒 Ph.D.　[家族等]二男＝蔵原惟人（プロレタリア運動家・ロシア文学者）

熊本洋学校、同志社英学校で学んだ後、明治17年米国に渡り、さらに23年英国に渡って24年帰国、熊本洋学校・女学校校長となる。29年岐阜県の中学校長を経て、翌年上京、帝国教育会主幹となり、図書館の普及につとめた。33年政友会創立に参加、日露戦争後、立憲国民党、立憲同志会に所属。39年、大隈重信を名誉会長として社会教育協会の組織ができると幹事となった。同年7月に機関紙「新時代」を創刊、編集発行の責任者となり、自らの政治社会教育の理想を説いた。41年〜大正4年衆院議員を務め、国定教科書反対、普選運動で活躍した。8年立憲労働義会を設立し労働運動と普選運動の結合を目ざす。晩年は共産主義に理解を示し、極東平和友の会発起人のほか労農救援会や学芸自由同盟などに関係した。

栗岩　英治
くりいわ・えいじ

長野新聞編集長、郷土史家、新聞記者、長野県史編纂委員
[生年月日]明治11年（1878年）10月1日
[没年月日]昭和21年（1946年）9月11日
[出生地]長野県水内郡寿村（飯山市）　[別名等]

号＝酔古　[学歴]独逸協会中学校中退，済生学舎

明治27年に上京して独逸協会中学校に編入学するが中途で退学、34年に再び上京し済生学舎に学んだ。政教社同人や「木更津新聞」主幹などを経て郷里に戻り、43年には「長野新聞」編集長となった。その後は長野県の歴史研究に没頭、昭和4年「長野県史」編纂委員となって信濃史料刊行会の発足に携わり、18年には長野市文化会郷土部長に就任。また、雑誌「信濃」などで郷土史に関する論文を数多く発表しており、「諏訪研究」「善光寺物語」などの著作がある。

栗島 狭衣
くりしま・さごろも

新聞記者
[生年月日]明治9年（1876年）4月
[没年月日]昭和20年（1945年）11月6日
[出生地]東京府日本橋区蠣殻町（東京都中央区）　[本名]栗島山之助　[旧名]川村　[学歴]国学院国文科〔明治31年〕卒　[家族等]父＝綾瀬川山左衛門（1代目）（大関），長女＝栗島すみ子（女優）

父は名大関の初代綾瀬川山左衛門。明治31年朝日新聞社に入り、相撲記者となる。39年退社したが、大正8年まで寄稿。39年新詩社社友となった。著書に評伝「詩人業平」「相撲通」「名勝負相撲小説集」などがある。

栗原 亮一
くりはら・りょういち

新聞記者，衆院議員（政友会）
[生年月日]安政2年（1855年）3月
[没年月日]明治44年（1911年）3月13日
[出身地]志摩国鳥羽（三重県鳥羽市）

旧鳥羽藩士。明治の初め上京、同人社に学び、9年小松原英太郎と「草莽雑誌」を発行、反政府的論説を掲載して発禁となった。10年西南の役後板垣退助の立志社に入り、自由民権論を唱えた。自由党結成に参加、「自由新聞」の主筆を務めた。清仏戦争には新聞記者として清国に渡航。板垣の渡欧に随行後、大阪の「東雲新聞」に執筆。23年愛国党創立に参加、三重県から衆院議員となり当選10回。憲政党、政友会に属し大蔵省官房長となったが、42年日本製糖の贈賄事件に連座入獄。日本興業銀行、南満州鉄道各設立委員を務めた。

栗本 鋤雲
くりもと・じょうん

新聞記者
[生年月日]文政5年（1822年）3月10日
[没年月日]明治30年（1897年）3月6日
[出生地]江戸　[別名等]名＝鯤，通称＝瑞見，号＝匏庵　[資格]東京学士会院会員〔明治12年〕

医師喜多村槐園の三男で、栗本家の養子となる。安積艮斎、曲直瀬養安院などに学んだのち、嘉永3年（1850年）幕府内班侍医を務めるが、禁を犯して蝦夷地に移住させられる。箱館滞在の間は薬草園、牧畜などの事業で功績をあげ、フランス宣教師から西洋事情を学び、士籍を得て箱館奉行所組頭となる。文久3年（1863年）江戸に召還され、軍艦奉行、外国奉行などを歴任。また渡仏して日仏間の親善に努めた。維新後は新政府からの出仕の誘いを断り、「横浜毎日新聞」「郵便報知新聞」の記者として活躍した。

来原 慶助
くるはら・けいすけ

満州日報社長
[生年月日]明治3年（1870年）
[没年月日]昭和5年（1930年）9月15日
[出生地]石見国（島根県）　[学歴]島根師範卒

台湾国語学校教師を経て、明治32年清（中国）廈門の東亜書院の副院長兼教頭として赴任、現地の青年子弟の教育に従事。日露戦争中は陸軍通訳として第1軍司令部に属し従軍、陣中の見聞を記録し「黒木軍夜話」を著した。戦後は満州日報社長兼主筆を務め、満州問題に貢献した。

黒岩 涙香
くろいわ・るいこう

ジャーナリスト、翻訳家、探偵小説家、「万朝報」主宰
[生年月日]文久2年（1862年）9月29日
[没年月日]大正9年（1920年）10月6日
[出生地]土佐国安芸郡川北村（高知県安芸市）
[本名]黒岩周六（くろいわ・しゅうろく）　[別名等]別号＝民鉄、黒岩大　[学歴]大阪英語学校、慶応義塾中退　[家族等]四男＝黒岩菊郎（東京農工大学名誉教授）、孫＝黒岩徹（英国文化研究家）

土佐藩郷士の二男。明治11年叔父を頼って大阪へ赴き、大阪英語学校に学ぶ。12年コレラの流行で同校が授業を中止したため上京し、成立学舎や慶応義塾に学ぶがいずれも長続きせず、独学で政治経済関係の洋書を読破。15年開拓使官有物払下問題が起こると黒田清隆を批判する文を「東京輿論雑誌」に投稿。同年東洋出版会社を設立して「同盟改進新聞」を創刊し、主筆となるが、16年45号で廃刊。18年「東京輿論雑誌」から改称した「日本たいむす」主筆、19年「絵入自由新聞」主筆を経て、22年「都新聞」に主筆とし

て入社。この頃から探偵小説の翻訳に手を染め、22年刊行のボアコベ「海底之重罪」で一躍その名を高めた。25年楠本正隆が「都新聞」を買収すると、新しい経営陣との意見の食い違いから同紙を退社し、「万朝報」を創刊。以後、相馬事件の報道や、妾を持つ著名人を暴露した「蓄妾の事例」などの連載で上流特権階級を批判し、庶民から大いに喝采を浴びる一方で"蝮の周六"として恐れられた。また、幸徳秋水、内村鑑三、堺利彦らを擁して論説欄にも力を注ぎ、自らも論説を執筆。同紙では作曲家・滝廉太郎の後援、小説公募による国木田独歩、広津和郎らの発掘、科学的な野球報道の開始など常に紙面の充実を図り、大衆廉価新聞の祖といわれる。日露戦争開戦前には幸徳、内村、堺が非戦論を唱えるが、36年世論に抗せず社是として日露開戦を主張せざるを得なくなり、幸徳らは退社した。大正期以降は政治への関与を強め、大正3年シーメンス事件に端を発する第一次山本内閣の倒閣に加担したが、続く第一次大隈内閣に深入りしすぎたことや、シベリア出兵の賛成したことなどから徐々に人気を落とした。7年随行記者としてパリ講和会議に出席。傍ら、探偵小説の翻訳も続け、「鉄仮面」「巌窟王」「噫無情」などを次々と連載・刊行し、その簡潔な訳文は高山樗牛らからも激賞された。

黒田 湖山
くろだ・こざん

新聞記者、小説家
[生年月日]明治11年（1878年）5月25日
[没年月日]大正15年（1926年）2月18日
[出生地]滋賀県甲賀郡水口村（甲賀市）　[本名]黒田直道　[学歴]東京専門学校（現・早稲田大学）

明治28年同郷の巌谷小波を頼って上京。同年小波の門下生となり、処女作「可憐児」を「少年世界」に発表。31年師の斡旋で中央新聞に入社。32年「新小説」に「菅笠日記」を、「少年世界」に「ジャングル・ブック」の翻訳「狼少年」をそれぞれ寄稿し、作家として名を知られるようになった。33年北清事変に際し従軍記者として中国に赴任、そのレポートを「従軍記者の一昼夜」として「東洋戦争実記」に掲載。34年友人の赤木巴山が出版社・美育社を創立するとその後援に尽力し、35年同社から発刊された「饒舌」の編集主任となった。37年「二六新報」に移り、日露戦争では従軍記者として戦地に出張。この間にも「中学世界」「文章世界」「三田文学」などに小説や紀行文を寄せた。大正9年「毎夕新聞」に転じ、のち「中外商業新報」社会部長に就任。他の著書に「大学攻撃」「滑稽ですね」などがある。

桑田 豊蔵
くわた・とよぞう

報知新聞北京特派員
[生年月日]明治8年(1875年)
[没年月日]大正12年(1923年)9月29日
[出身地]鳥取県　[学歴]東京専門学校政治科(現・早稲田大学)〔明治31年〕卒

明治31年清(中国)福州の東文学堂の教習となり10余年務める。一時帰国ののち報知新聞特派員として北京に渡り、陸宗与・曹汝霖らと交わる。在留中は順天時報にも関係し多方面に活動、天宝山銀鉱を三菱に斡旋するなど、中国との交渉に手腕を示した。

桑野 鋭
くわの・えい

ジャーナリスト，宮内官
[生年月日]安政5年(1858年)1月
[没年月日]昭和4年(1929年)8月29日
[出生地]筑後国柳河(福岡県柳川市)　[別名等]号＝顧柳散史

明治7年上京、「評論新聞」を振り出しに「東京新誌」「東洋自由新聞」「自由新聞」「日本立憲政党新聞」「自由燈」などの編集に携わり、14年自由党結成に参加。19年警視庁に出仕、22年宮内庁に入り、大正天皇・昭和天皇の皇太子時代の東宮主事などを務めた。著書に「最新東京繁盛記」「酒仙李太白」など。

【こ】

小石 清
こいし・きよし

写真家
[生年月日]明治41年(1908年)3月26日
[没年月日]昭和32年(1957年)7月7日
[出生地]大阪府　[受賞]国際広告写真展1等(第2回)〔昭和6年〕「クラブ石鹸」

家業がバイオリンやライター、カメラを扱っていた高級品店だったこともあり、少年時代から写真に夢中になり、小学校卒業後すぐに浅沼商会大阪支店技術部へ入社。また文学では俳句や詩に興味を持ったという。昭和3年浪華写真倶楽部に入会。同倶楽部の重鎮・福森白洋に才能を認められ、5年同倶楽部展に手ブレの効果を利用した「進め」を出品して特選を受賞。以来、マン・レイやモホイ＝ナジの影響を受け、自身の詩を尖鋭的な感覚と

フォトグラム、ソラリゼーション、赤外線写真など多彩な写真技法を自由に駆使して表現し、花和銀吾らと同倶楽部の新しい方向性を決定付けるとともに前衛写真の旗手として写壇に雄飛した。6年浅沼商会を退社し、大阪市に小石アド・フォト・スタジオを開設。商業写真・報道写真でも特異な才能を発揮し、同年「クラブ石鹸」で国際広告写真展で1等を受賞した。8年二重露光やフォトグラムといった前衛的手法を駆使し、昭和初期芸術写真界における最高の収穫物との呼び声も高い写真集「初夏神経」を刊行。12年には鉄道省国際観光局の委嘱を受け、木村伊兵衛、渡辺義雄、原弘と共にパリ万国博覧会出品の写真壁画を制作した。13年内閣情報局と海軍省の委嘱で中国に従軍し撮影。15年第29回浪展で中国での写真を材料にした10枚連作「半世界」を発表。不思議な叙情性を帯びたこの写真群は、彼の代表作であるとともに、日本の近代写真史上最も完成された表現とされる。19年報道写真協会から満州建国10周年写真使節の一員として満州を訪問。戦後、京都市中京区に総合写真工房NIPPON PHOTO SERVICEを設立したが、23年には福岡県門司へ移住し、門司鉄道管理局の嘱託となった。その後も連作「続半世界」の撮影・発表を開始するとともにたびたび個展を開くなど旺盛に活躍。26年日本報道写真家連盟理事、27年福岡美術協会理事。32年博多駅で転倒したことがもとによる脳内出血で死去した。

肥塚 龍
こいずか・りゅう

ジャーナリスト，実業家，衆院副議長
[生年月日]嘉永1年（1848年）1月10日
[没年月日]大正9年（1920年）12月3日

[出生地]播磨国揖保郡中島村（兵庫県）

農家の出身で一時僧籍に入る。明治5年上京、中村正直の同人社に入り英学を修めた。8年横浜毎日新聞社に入社、一時辞めたが、12年「東京横浜毎日新聞」と改称、嚶鳴社機関新聞となって再入社、主事とし社説担当。15年社長沼間守一と立憲改進党に入党、「嚶鳴雑誌」、「東京興論新誌」などで自由民権論を展開。その間神奈川県議、東京市議、東京市会参事会員などを務め、27年第3回以来兵庫県から衆院議員当選8回。30年大隈内閣で農商務省鉱山局長、31年東京府知事、41～44年衆院副議長。後年実業界に転じ秀英社監査役、愛国生命保険取締役、日本キネトホン社長を務めた。「肥塚龍自叙伝」がある。

小泉 策太郎
こいずみ・さくたろう

ジャーナリスト，衆院議員（第一控室会），経済新聞社長
[生年月日]明治5年（1872年）11月3日
[没年月日]昭和12年（1937年）7月28日
[出身地]静岡県賀茂郡南伊豆町　[別名等]号＝小泉三申　[家族等]七男＝小泉淳作（日本画家），八男＝小泉博（俳優）

漁師の子として生まれる。小学校を卒業後、明治19年上京して鉄物商に丁稚奉公に入るが、20年帰郷して小学校教員となる。20年頃から文筆を志し、24年「静岡日報」記者となるが、間もなく辞して上京し、小説家・村上浪六に食客となった。27年板垣退助社長の「自由新聞」に入社し、幸徳秋水、堺利彦らと相識る。28年「めさまし新聞」に移り、史論家として注目されるようになった。31年「九州新聞」主筆となるが、のち三たび上京し、37年週刊「経済新聞」を創刊して成功したのを機に相場師・実業家として巨利を得る。

45年静岡県から衆院議員に当選、以後、連続7選。政友会に属し、顧問や総務を歴任しながら護憲三派の結成や田中義一の総裁就任などで暗躍するなど"政界の黒幕"と呼ばれたが、昭和3年田中義一と意見対立のため脱党。晩年は西園寺公望の伝記執筆に力を注いだ。

小出 東嶂
こいで・とうしょう

画家, 静岡新聞創立者
[生年月日]文政6年（1823年）
[没年月日]明治22年（1889年）5月
[出生地]駿河国（静岡県）駿府（静岡市） [別名等]号=山太古, 泰古 [家族等]おじ=山梨稲川（言語学者・詩人）

言語学者・詩人の山梨稲川の甥。明治6年太田千彦らと静岡県下初の新聞である「静岡新聞」を創刊、私財を投じてその経営に当たった。一方で画をよくし、はじめ福田半香に、のち高久隆吉に師事。17年には第2回内国絵画共進会に出品して褒状を受けた。

高坂 正顕
こうさか・まさあき

哲学者, 東京学芸大学学長, 京都大学教授・人文科学研究所所長
[生年月日]明治33年（1900年）1月23日
[没年月日]昭和44年（1969年）12月9日
[出生地]鳥取県鳥取市 [学歴]京都帝国大学哲学科〔大正12年〕卒 文学博士 [叙勲]勲一等瑞宝章〔昭和44年〕 [家族等]息子=高坂正堯（国際政治学者）, 高坂節三（元栗田工業社長）

三高、同志社大学、京都帝大講師、東京文理科大学助教授を経て、昭和15年京都帝大教授、16年京大人文科学研究所所長。中央公論の紙上座談会で、高山岩男らと戦争協力の哲学を説きジャーナリズムの寵児となり、大日本言論報国会の理事も務めた。21年公職追放。26年解除後は関西学院大学教授、30年京都大学教授を経て、36年東京学芸大学学長。41年中教審特別委員査を兼任。同年「期待される人間像」、また44年には「当面する大学問題への対応策」をまとめた。42年には国立教育会館館長も務めた。哲学者としてはカントの研究、西田幾多郎らの影響を強く受け、高山岩男らと京都学派を形成。主著に「民族の哲学」「カント学派」「歴史的世界」「高坂正顕著作集」（全8巻, 理想社）などがある。

幸田 露伴
こうだ・ろはん

読売新聞客員, 小説家, 随筆家, 考証家, 俳人
[生年月日]慶応3年（1867年）7月23日
[没年月日]昭和22年（1947年）7月30日
[出生地]江戸・下谷三枚橋横町 [本名]幸田成行（こうだ・しげゆき） [別名等]幼名=鉄四郎, 別号=蝸牛庵, 叫雲老人, 脱天子 [学歴]逓信省電信修技学校〔明治17年〕卒 文学博士（京都帝大）〔明治44年〕 [資格]帝国学士院会員〔昭和2年〕, 帝国芸術院会員〔昭和12年〕 [叙勲]文化勲章（第1回）〔昭和12年〕 [家族等]兄=郡司成忠（海軍大尉・開拓者）, 弟=幸田成友（歴史学者）, 妹=幸田延（ピアニスト）, 安藤幸（バイオリニスト）, 二女=幸田文（小説家）, 孫=青木玉（随筆家）

幸田家は代々、幕府表坊主の家柄。明治18年電信技手として北海道余市の電信局に赴任したが、20年辞任して帰京。22年「露団々」「風流仏」を発表し、天才露伴の名が定まる。同年12月読売新聞の客員となり、23年「対髑髏」「一口剣」を発表。同年11月国会新聞社に入社、6年間在籍して代表作の「いさなとり」（24年）「五重塔」（24～25年）「風流微塵蔵」（26～28年, 未完）などを「国会」に発表、尾崎紅葉と並

ぶ小説家として評判になった。30年代に入って文筆活動の重点を評論、随筆、校訂、編著に移しはじめ、評論に「一国の首都」(32年)、随筆集に「長語」(34年)、校訂・編著に「狂言全集」(36年)などがある。36年長編「天うつ浪」(未完)などを書き、史伝でも「頼朝」「運命」「平将門」「蒲生氏郷」、戯曲「名和長年」の代表作を残した。大正9年から「芭蕉七部集」の評釈を手がける。昭和12年71歳で第1回文化勲章を受章。同年芸術院創設と同時に会員。その後13年に「幻談」、15年には「連環記」など重厚な作品を発表した。他に「露伴全集」(全41巻, 岩波書店)がある。また明治20年頃から句作を始める。一時「新小説」の俳句選者になったこともあるが結社には属さず、折に触れての吟懐と、歴史的主題を句に詠むことが多かった。「蝸牛庵句集」がある。

幸徳 秋水
こうとく・しゅうすい

新聞記者, 社会主義者
[生年月日] 明治4年(1871年)9月23日
[没年月日] 明治44年(1911年)1月24日
[出生地] 高知県幡多郡中村町(四万十市) [本名] 幸徳伝次郎(こうとく・でんじろう) [学歴] 中村中卒 [家族等] 甥=幸徳幸衛(洋画家)

薬種商と酒造業を営む旧家の三男に生まれ、子どもの頃から神童といわれた。少年期から自由民権思想を抱き、明治21年中江兆民の書生となり、その思想・人格に感化される。「自由新聞」「広島新聞」「中央新聞」を経て、31年「万朝報」の論説記者となり、名文家として頭角を現す。同年社会主義研究会に入り社会主義者に転じ、34年片山潜らと社会民主党を結成(即日禁止)。36年日露開戦に反対して堺利彦らと平民社を結成、「平民新聞」を発刊、開戦後も"非戦論"を展開する。38年「平民新聞」は廃刊させられ、同紙の筆禍事件で入獄。出獄後、保養を兼ねて渡米、39年在米日本人で社会革命党を結成。この頃よりクロポトキンなどの影響でアナーキズムに傾斜する。帰国後の40年第2回日本社会党大会で直接行動論を掲げ、片山らの議会政策派と論争、堺らと金曜会を結成して社会主義講演会を組織。42年管野すがと「自由思想」を創刊。43年天皇暗殺計画"大逆事件"に連座し逮捕、翌年1月絞首刑に処せられた。著書に「廿世紀之怪物帝国主義」「社会主義神髄」「基督抹殺論」、「幸徳秋水全集」(全11巻)などがある。

河野 一郎
こうの・いちろう

新聞記者, 農相, 建設相, 衆院議員(自民党), 自由党幹事長
[生年月日] 明治31年(1898年)6月2日
[没年月日] 昭和40年(1965年)7月8日
[出生地] 神奈川県小田原市 [学歴] 早稲田大学政治経済学科〔大正12年〕卒 [家族等] 二男=河野洋平(衆院議員)、弟=河野謙三(参院議長)、孫=河野太郎(衆院議員)、甥=田川誠一(衆院議員)

朝日新聞記者、農相秘書官を経て、昭和7年衆院議員(政友会)に初当選。以来、当選11回。戦時中は非翼賛議員として興亜議員連盟に参加、反東条の立場をとった。戦後、自由党結成に参加して初代幹事長となるが公職追放を受け、一時日魯漁業社長をつとめる。26年解除後、鳩山擁立派として吉田首相退陣を要求し、28年衆院解散に際し分党派自由党を結成、選挙後の28年末分党派を解体し、三木武吉らと日本自由党を結成、幹事長となる。29年日本民主党に合流し民主自由党総務、

同年第1次鳩山内閣の農相に就任。日ソ国交回復交渉及び漁業交渉に尽力した。のち、岸内閣の経企庁長官、池田内閣の建設相、東京オリンピック担当相、自由民主党総務会長など要職を歴任し、生粋の党人派実力者として活動した。

河野 恒吉
こうの・つねきち

陸軍軍人，ジャーナリスト
[生年月日]明治7年（1874年）3月
[没年月日]昭和29年（1954年）5月19日
[出生地]山口県 [学歴]陸士〔明治29年〕卒，陸大〔明治35年〕卒

騎兵第3連隊付、明治36年騎兵学校教官、37年日露戦争に第2軍参謀として従軍。39年参謀本部員となり、日露戦争史の編纂に従事。45年朝鮮総督府付武官、大正4年騎兵第12連隊長、6～8年ヨーロッパ出張、8年騎兵第16連隊長。ワシントン会議では尾崎行雄の軍備縮小同志会会員。10年少将、予備役。その後大阪朝日新聞社に客員として軍事顧問を担当。戦後軍部の歴史に筆を執り、著書「国史の最黒点」（全2巻）を刊行した。

河野 広中
こうの・ひろなか

福島自由新聞社設立者，自由民権運動家，衆院議長，農商務相
[生年月日]嘉永2年（1849年）7月7日
[没年月日]大正12年（1923年）12月29日
[出生地]陸奥国田村郡三春（福島県田村郡三春町）[別名等]号＝河野磐州 [家族等]孫＝河野守宏（評論家）、甥＝河野広躰（自由民権運動家）

幕末の戊辰戦争で三春藩を官軍支持にまとめ官軍参謀の板垣退助を知った。維新後、若松県官吏。明治8年福島に政治結社・石陽社を結成、東北地方の自由民権運動の先駆けとなる。その後、自由党結成に参加し幹部として活躍。13年国会開設の請願書を政府に提出。一方、14年福島県会議長となり、翌年着任した県令三島通庸と対立、福島事件に連座、下獄。下獄前、平島松尾と福島自由新聞社を設立。自身は発起人となる。こうして発刊された福島自由新聞であるが、首脳や社員の大半が投獄されわずか7号をもって解散を命じられてしまった。22年出獄、翌年第1回衆院議員選に出馬、以後14回当選。30年自由党を脱党、憲政本党入り。35年衆院議長。38年日露講和反対運動を起こし日比谷焼打ち事件で投獄され、翌年釈放。大正4年第2次大隈内閣の農商務相となる。

護得久 朝惟
ごえく・ちょうい

琉球新報発刊者の一人，実業家，沖縄広運社社長，衆院議員
[生年月日]尚泰21年（1868年）9月5日
[没年月日]大正12年（1879年）7月30日
[出生地]琉球国首里（沖縄県那覇市）[別名等]号＝半狂 [学歴]慶応義塾中退 [家族等]義父＝尚泰（琉球国王）

琉球国王・尚泰の娘婿。上京して慶応義塾に学ぶが、22年に中退して沖縄に帰郷。26年義理の兄である尚順や新聞記者の太田朝敷らとともに「琉球新報」を発刊。同紙ははじめ沖縄県知事奈良原繁に近い野間五造を主筆に据えるが、野間の退社後は自ら主筆となり、琉球王族・尚家の再興を目指す公同会運動を進めた。運動の挫折後は実業界に転じ、31年には尚家の財政基盤となる沖縄広運社を設立。大正3年には衆議院選挙に立候補して当選し、憲政会に属した。

小久保 喜七
こくぼ・きしち

ジャーナリスト，衆院議員（立憲政友会），貴院議員（勅選）
[生年月日] 元治2年（1865年）3月23日
[没年月日] 昭和14年（1939年）12月14日
[出生地] 下総国猿島郡（茨城県）　[別名等] 号＝城南

中島撫山の私塾で漢学を学び、明治14年から「輿論新報」「曙新聞」で自由民権、藩閥政権打倒を唱えた。17年加波山事件、18年大阪事件で逮捕されたが無罪。大隈重信外相の条約改正案に反対、22年同外相襲撃事件で検挙投獄されたが無罪。25年茨城県議、県会副議長。29年引退したが、41年衆院議員で復帰、当選6回。立憲政友会に属し幹事、政調会長を務めた。大正9年逓信省勅任参事官、昭和3年貴族院議員。自由通信社長、小田急鉄道取締役も務めた。著書に「城南片鱗」「城南詩鈔」など。

小坂 善之助
こさか・ぜんのすけ

信濃毎日新聞創業者，実業家，衆院議員（立憲政友会），信濃銀行頭取
[生年月日] 嘉永6年（1853年）11月
[没年月日] 大正2年（1913年）12月21日
[出生地] 信濃国（長野県）　[家族等] 長男＝小坂順造（電源開発総裁・衆院議員）、三男＝小坂武雄（信濃毎日新聞社長）

戸長、郡町村連合会議長、同議長、更級郡長兼埴科郡長、南安曇郡長兼北安曇郡長、長野県議、上水内郡参事会員、徴兵参事員、所得税調査委員を歴任。明治23年長野郡部より衆院議員に当選。4期。自由民権運動が高揚する中、長野日日新聞を買収し信濃日報と改題。のち信濃毎日新報と信濃日報が合併し信濃毎日新聞が誕生した。また、信濃銀行頭取、長野電燈取締役会長、北海道拓殖銀行監査役も務める。

古島 一雄
こじま・かずお

新聞記者，ジャーナリスト，衆院議員（政友会），貴院議員（勅選）
[生年月日] 慶応1年（1865年）8月1日
[没年月日] 昭和27年（1952年）5月26日
[出生地] 但馬国豊岡（兵庫県豊岡市）　[別名等] 号＝一念，古一念

但馬豊岡藩の勘定奉行の家に生まれる。小卒後の明治12年上京、浜尾新の書生となり共立学校、同人社などに学ぶ。14年帰郷後、再び上京して杉浦重剛の塾に入り、21年杉浦の薦めで政教社に入社。雑誌「日本人」記者から「日本」記者となり、31年「九州日報」主筆を兼務。32年「日本新聞」に復帰。同紙では長谷川如是閑や正岡子規らを見いだし、紙面を提供して活躍の場を与えた。39年社内紛争のため退社、雑誌「日本人」に戻り誌名を「日本及日本人」としたが、41年「万朝報」記者に転じた。44年三浦梧楼や頭山満らに推され衆議院補選に当選して政界入りし、立憲国民党、革新倶楽部、政友会に所属して犬養毅の懐刀として活躍。三浦らと共に護憲三派連合の成立を斡旋し、大正13年第一次加藤高明内閣が成立すると犬養逓信相の下で通信次官に就任。14年普通選挙法成立を機に政友会と革新倶楽部の合同を企て、これが成立すると犬養と共に政界を引退。昭和7〜22年勅選貴院議員。戦後は幣原喜重郎内閣の組閣に当たり入閣を要請されたが固辞し、21年自由党総裁の鳩山一郎が公職追放されると後任総裁を懇請されたがこれも固辞して

吉田茂を推薦。吉田を陰から援け、政界の指南番といわれた。著者に「一老政治家の回想」がある。

小島 文夫
こじま・ふみお

読売新聞専務・編集主幹
[生年月日]明治37年（1904年）6月30日
[没年月日]昭和40年（1965年）11月15日
[出生地]東京・新宿　[学歴]東京帝大文学部社会学科〔昭和3年〕卒

昭和3年読売新聞社に入り、通信・連絡各部長、編集局次長、工務・総務各局長、記事審査委員長、新聞製作改善委員会委員長、編集局総務、編集局長を経て、20年取締役、30年常務、40年編集主幹、同年10月専務取締役を歴任した。

小島 沐冠人
こじま・もくかんじん

新聞社勤務、俳人
[生年月日]明治18年（1885年）3月23日
[没年月日]昭和20年（1945年）1月11日
[出生地]高知県高知市　[本名]小島栄枝　[学歴]早稲田大学中退

大阪毎日新聞に入社するが、のち高知に戻り週刊新聞を経営。俳句を渡辺水巴に師事し、「曲水」に初期より参加。大正8年曲水高知支社を創立した。歌集に「南海」がある。

古城 貞吉
こじょう・ていきち

新聞記者，漢学者
[生年月日]慶応2年（1866年）5月10日
[没年月日]昭和24年（1949年）2月15日
[出生地]肥後国熊本（熊本県熊本市）　[別名等]号＝担堂　[学歴]第一高等学校中退

明治30年日報社に入り、上海、北京に転勤、北清事変で日本公使館に篭城、34年帰国。東洋協会殖民専門学校（後の拓殖大）講師、39年東洋大学教授、昭和13年辞任。この間早大、日大、立大、大東文化学院、慶大などで講師、東方文化学院東京研究所研究員、評議員を務めた。著書に「支那文学史」「肥後文献叢書」（全6巻）など。死後熊本県近代文化功労者に推された。

五代 友厚
ごだい・ともあつ

新聞経営者，実業家，大阪商法会議所初代会頭
[生年月日]天保6年（1835年）12月26日
[没年月日]明治18年（1885年）9月25日
[出生地]薩摩国（鹿児島県）鹿児島郡城ケ谷（鹿児島市）　[別名等]幼名＝徳助，才助，号＝松陰　[家族等]曽孫＝五代富文（宇宙開発事業団副理事長）

薩摩藩士。父は藩の町奉行を務め、儒者でもあった。12歳のとき、藩主・島津斉彬の命で父に代わって世界地図を模写。安政4年（1857年）選抜されて長崎海軍伝習所に留学し、航海・砲術・測量・数学などを修めた。6年藩主から外国汽船購入を命じられて上海に渡り、ドイツ汽船の購入に成功。帰国後、この船は天祐丸と命名され艦長に任ぜられたが、文久3年（1863年）の薩英戦争では艦とともに拿捕されて英軍の捕虜となり、西洋との軍事力・技術力の差をまざまざと見せ付けられ開国の必要性を痛感したという。慶応元年（1865年）藩を説得して森有礼ら14名の留学生を連れて欧州を視察。帰国後は同藩の西郷隆盛、大久保利通や長州の桂小五郎、土佐の坂本竜馬らと交流して国事に奔走し、武器の購入や物資の運搬で活躍した。明治元年には新政府に登用され、参与職外国事務掛を皮切りに外国事

務局判事、外国官権判事、大阪府権判事などを歴任し、大阪を中心とする外交・貿易事務に尽力。2年会計官判事に任ぜられて新政府の財務に関与し、通商会社・為替会社の設立にも大きく貢献するが、松島遊郭設置問題などにからみ1ケ月余りで会計官権判事に左遷された。同年これを機に下野してからは大阪に戻って実業界で活動し、まず西洋の冶金術を取り入れた金銀分析所を設置。4年「大阪日報」創刊。6年弘成館を興して天和銅山や半田銀山など各地で鉱山の開発と経営を行った。9年には外国製の藍の輸入を防止するため製藍工場の朝陽館を設け、国産藍の製造・販売にも当たった。また同年堂島米商会所、11年大阪株式取引所の設立に力を尽くし、同年中野梧一、藤田伝三郎、広瀬宰平らと大阪商法会議所(現・大阪商工会議所)を開いてその会頭に就任するなど、関西実業界におけるリーダーとして活躍した。12年経営不振の大阪新報を譲り受け、主筆には加藤政之助を起用。一方で加藤の説いた商法学校設置の意見に共感し、商業教育の発展を図るため、13年鴻池や住友などといった豪商を動かして大阪・立売堀に大阪商業講習所(現・大阪市立大学)を創立した。特に薩長と深い結びつきを持ち、有力な政商として重きをなしたが、14年北海道開拓使官有物払下げ事件に関与したために世間から大きな批判を浴びた。その後も大阪製銅会社、関西貿易会社、阪堺鉄道、神戸桟橋会社などの創設に当たり、関西財界において多彩な経済活動を進めた。

小高 吉三郎
こだか・きちさぶろう

スポーツ評論家, 新聞記者
[生年月日]明治18年(1885年)12月
[没年月日]昭和39年(1964年)5月24日
[出生地]東京 [学歴]早稲田大学英文科〔明治41年〕卒, 東京外国語学校スペイン語科〔明治43年〕中退

明治45年横浜貿易新報社に入り、大正7年朝日新聞東京本社に移ってスポーツを担当、運動課長、運動部長となった。全国中等学校野球大会、日米氷上競技大会開催に努力、昭和3年アムステルダムの第9回オリンピック特派員、14年退社。また25年からサンケイ新聞嘱託。著書に「日本の遊戯」「スポーツの話」「芬蘭の運動競技」など。

児玉 右二
こだま・ゆうじ

新聞人, 衆院議員(昭和会)
[生年月日]明治6年(1873年)9月10日
[没年月日]昭和15年(1940年)1月23日
[出生地]山口県美祢郡綾木村 [学歴]東京帝大法律科卒

サミュル・アンド・サミュル商会員、東京朝日新聞、岡山中国民報、大分中正日報、北京東報、東京日日通信、議会春秋などで各主筆を務めた。のち二六新報、大陸新聞通信、哈爾賓日日新聞各社長、国際銀公司理事。また通商公司を創設、その代表社員として日露貿易にも従事。大正6年群馬県から衆院議員に当選し、のち山口県に転じて当選6回。

胡蝶園 若菜
こちょうえん・わかな

新聞記者, 戯作者
[生年月日]安政1年(1854年)
[没年月日]大正7年(1918年)5月25日
[出生地]千葉県長生郡南町佐坪 [本名]若菜貞爾 [別名等]別号=夢想楼, 蝶々子, 幻夢居士

上京後神田区役所吏員を経て仮名垣魯文の門下となり、明治11年仮名読新聞記者。13年魁新聞に移り小説「月下氷人露糸萩」や花柳情話、演劇などを執筆。のち東京に戻り「自由燈」に「今浄海六波羅譚」その他を執筆。東京朝日新聞に創刊から7年軟派主任として在社した後、28年退社。放浪生活をおくり晩年は精神異常となり、精神病院にて死去。

後藤 喜間太
ごとう・きまた

報知新聞編集局長
[生年月日]不詳
[没年月日]昭和32年（1957年）3月9日

大分新聞記者から中央に進出し報知新聞編集局長に登り詰めた。

後藤 清郎
ごとう・せいろう

新聞人，新岩手日報創立者
[生年月日]明治22年（1889年）1月21日
[没年月日]昭和20年（1945年）2月1日
[出身地]岩手県　[学歴]東京帝大卒

報知新聞社、東京日日新聞社を経て、大正12年岩手日報社に入り、主筆として反官僚・反軍閥の論調を貫いた。財界人の経営介入に反発して同社を離れ、昭和13年「新岩手日報」を創刊した。

小西 勝一
こにし・かついち

朝日新聞専務
[生年月日]安政5年（1858年）
[没年月日]昭和15年（1940年）4月7日
[出生地]大坂

明治13年朝日新聞社に入り、広告・販売各部長、業務局長、専務取締役、相談役で死去するまで60年間営業一筋に務め、近畿、西日本各地を歩いて特約販売店を開拓、戸別配達制度の確立に尽力、"販売の父"といわれた。後日、小西はこの当時を振り返り「先方から郵送で新聞を注文してくるのを、じっと待っているというのんきな面もあった。これではダメだと思った」と語っている。また明治44年米国人飛行士マースを招いて日本初の航空ショーを開催。昭和9年日本新聞協会から新聞事業功労者として、また11年には帝国飛行協会から民間航空育成功労者として表彰された。

小西 伝助
こにし・でんすけ

仙北新報経営者，実業家，文人，江東義会会長
[生年月日]明治2年（1869年）12月15日
[没年月日]大正6年（1917年）11月28日
[出生地]出羽国（秋田県大仙市）　[別名等]幼名＝平蔵，字＝行庸，号＝平洲，無住庵，玄路，苔香　[家族等]従兄＝後藤宙外（評論家）

中学退学後、大曲の学者高垣重明のもとで学ぶ。一時東京に遊学し、帰郷後の明治18年文学研究団体の共攻会を結成。次いで28年に同会と大曲青年会との連合により大東義会が発足すると、その会長となった。のち再び上京し、30年東華堂を設立して法律書などを刊行。同年、従兄で評論家の後藤宙外やその友人である島村抱月・水谷不倒・小杉天外らとはかり「新著月刊」を発行した。また、実業界でも活躍し、鉱山の開発や石炭の試掘・電力事業・運輸業などに従事。特に石油の試掘事業で名高く、石油王国秋田の基礎を固めた功績は大きい。その他にも、大正3年に起きた強首地震では、私財を投じて罹災民の救恤に当たった。明治40年中

絶していた「仙北新報」を復刊させた。

小西 義敬
こにし・よしたか

郵便報知新聞創立者，実業家
[生年月日]不詳
[没年月日]不詳

明治5年前島密の発起により郵便報知新聞を創刊。のち社主に就任。17年「今日新聞」創刊、社主に。一方、宗徧流の茶道を学び、初代安田善次郎が茶道を始めるきっかけを作った。

小橋 栄太郎
こばし・えいたろう

北のめざまし創立者，衆院議員（中央倶楽部）
[生年月日]元治2年（1865年）3月
[没年月日]昭和7年（1932年）8月14日
[出身地]蝦夷（北海道） [学歴]函館商船〔明治15年〕卒

東京で自由民権運動に参加する。のち北海道に戻り、明治27年「北のめざまし」を創刊。33年政友会函館支部を組織し、函館区議、北海道議・副議長を経て、41年衆院議員に当選1回。一方、鉱業に従事した。

小橋 三四子
こばし・みよこ

ジャーナリスト，主婦之友社文化事業部主任，「婦人週報」発行・編集人
[生年月日]明治16年（1883年）7月23日
[没年月日]大正11年（1922年）5月11日
[出生地]静岡県 [学歴]日本女子大学校国文学部〔明治37年〕卒

柳八重子と共に母校の同窓会誌「家庭週報」、「家庭」の編集人を経て、日本YWCAの機関誌「明治の女子」、キリスト教婦人雑誌「新女界」の編集に参加。大正3年「読売新聞」婦人付録の編集主任となり、4〜8年「婦人週報」の発行並編集人をつとめた。さらに記者倶楽部づくりに努め、日本基督教婦人矯風会の公娼全廃運動に参加。8年米国コロンビア大学に留学、10年帰国し主婦之友社に入社、文化事業部主任となる。「サンガー婦人会見記」を書くが、直後に没した。

小早川 秀雄
こばやかわ・ひでお

九州日日新聞主筆，熊本県議
[生年月日]明治3年（1870年）3月27日
[没年月日]大正9年（1920年）4月15日
[出生地]肥後国熊本（熊本県熊本市） [別名等]号＝鉄軒 [学歴]熊本師範卒

朝鮮の漢城新報記者を務めていた明治28年、安達謙蔵に従い閔妃暗殺事件に荷担し、広島に入獄する。32年九州日日新聞主筆、のち社長に就任。また熊本県議を務めた。

小林 橘川
こばやし・きっせん

新聞記者，名古屋新聞副社長，名古屋市長，僧侶
[生年月日]明治15年（1882年）10月1日
[没年月日]昭和36年（1961年）3月16日
[出生地]滋賀県 [本名]小林海音 [旧名]山本 [別名等]幼名＝音次郎 [学歴]浄土宗高等学院〔明治36年〕中退，大正大学卒

明治38年近江新報主筆に迎えられ、44年名古屋新聞主任となり、大正3年主筆となる。記者として社会批判の筆をふるい、9年名古屋労働者協会を創立。昭和5年名古屋新聞副社長となり、22年中部日本新聞

取締役論説委員。27年、名古屋市初の革新市長となり、同市の復興と発展に尽くしたが、3選半ばで没した。その死を悼み「静黙の人―小林橘川を偲ぶ―」が出版された。

小林 蹴月
こばやし・しゅうげつ

新聞記者, 小説家, 劇作家
[生年月日]明治2年(1869年)12月28日
[没年月日]昭和19年(1944年)(？)
[出生地]長野県　[本名]小林芳三郎

中央新聞、やまと新聞の記者を歴任し、同紙のほか「文芸倶楽部」などに小説を寄稿。著書に「うもれ咲」「夜半の鐘」などがある。

小林 清作
こばやし・せいさく

京都日出新聞主筆, 愛知淑徳学園創立者
[生年月日]明治4年(1871年)
[没年月日]昭和10年(1935年)
[出生地]新潟県西蒲原郡燕町(燕市)　[学歴]東京帝国大学卒　[家族等]義母＝吉森梅子(愛知淑徳学園創立者)

京都日出新聞主筆を経て、明治38年愛知淑徳女学校を創設。39年愛知淑徳高等女学校と改称、県下初の高等女学校となった。

小林 存
こばやし・ながろう

新聞記者, 「新潟新聞」主筆, 民俗学者
[生年月日]明治10年(1877年)6月6日
[没年月日]昭和36年(1961年)3月10日
[出生地]新潟県蒲原郡横越村(新潟市)　[別名等]号＝粲楼, 烏啼　[学歴]東京専門学校英文科〔明治29年〕卒　[受賞]新潟日報文化賞

大庄屋の家に8人兄妹の末っ子として生まれ、兄たちが相次いで早逝していたことから、生きてほしいとの願いをこめて"ながろう"と名づけられた。一時期佐賀県で英語教師を務めたが、のち郷里新潟に戻って明治37年から「新潟新聞」の主筆を務めた。大正2年退社。5年高志社を興して「高志時報」を創刊。その後、新潟の民俗及び歴史研究に専念し、昭和10年郷土研究雑誌「高志路」を創刊。28年には新潟民俗学会を設立、新潟県における民俗学の先駆者として活躍。同年越後の文人・鈴木牧之の「秋山紀行」に記された木の皮や草の繊維を使って編んだ幻の布"アンギン"を発見した。「横越村誌」や「新津市誌」の編纂にも携わった。著書に「県内地名新考」「越後方言考」などがある。

小林 秀二郎
こばやし・ひでじろう

写真家, 東京写真研究会理事長
[生年月日]明治28年(1895年)
[没年月日]昭和29年(1954年)1月3日
[出身地]山口県萩市

造機設計の技術者として三菱重工業で勤務。傍ら、写真撮影を趣味とし、東京写真研究会にも参加した。のち同社を退社して小西六商店編集部に入社。大正末期には東京朝日新聞に移り、「アサヒグラフ」の編集などに携わった。また、全関東写真連盟幹事、東京写真研究会幹事などを歴任。昭和27年東京写真研究会理事長。著書に「最新写真引伸法」「最新密着印画法」などがある。

小林 光政
こばやし・みつまさ

読売新聞専務, 文部省教学局長

小林 雄一
こばやし・ゆういち

[生年月日]明治25年（1892年）1月13日
[没年月日]昭和37年（1962年）7月9日
[出生地]栃木県下都賀郡絹村（小山市）　[学歴]東京帝国大学法科大学独法科〔大正6年〕卒
[叙勲]勲二等瑞宝章　[家族等]義兄＝飯沼一省（内務次官）

警視庁、朝鮮総督府に勤務、大正13年正力松太郎に請われて読売新聞総務局長となったが、14年退社。同年台湾総督府保安課長、昭和3年帰国して警察講習所教授、4年警視庁官房主事、6年福岡県内務部長、7年埼玉県内務部長を経て、9年青森県知事、11年高知県知事、14年文部省教学局長。15年退官。同年読売新聞の九州日報合併で同社社長、17年読売新聞専務、18年日本放送協会常務理事、同年大阪翼賛会総務局長、19年読売新聞顧問で復社、20年専務兼主事。21年公職追放で退社した。

小林 雄一
こばやし・ゆういち

ジャーナリスト，評論家
[生年月日]明治35年（1902年）11月5日
[没年月日]昭和43年（1968年）4月10日
[出生地]広島県尾道　[学歴]九州帝大法文学部〔昭和4年〕卒

昭和5年読売新聞社に入り、経済部、15年ニューヨーク支局長、17年交換船で帰国し、欧米部次長。戦後、23年欧米部長となり、資料部長、論説委員、編集局次長兼外報部長、30年欧州総局長（ロンドン）を歴任し、32年定年退職、社友。在職中AP通信や欧米主要新聞雑誌との特約網開拓に尽力。35年日本ジャーナリスト会議を創設、議長となりアジア諸国と交流。41年中国問題で分裂し、中国派で日本ジャーナリスト同盟を別に設け初代代表となる。

小松 理平
こまつ・りへい

新聞記者
[生年月日]明治23年（1890年）
[没年月日]昭和4年（1929年）11月
[出生地]山形県西置賜郡豊原村（酒田市）　[学歴]早稲田大学法科卒

明治38年東京に出て、苦学して大学を卒業し東京弁護士会事務所に入って雑誌「法治国」の編集をした後、満州に渡り奉天新聞編集長となる。中国問題に興味を抱き、大正14年郭松齢の反乱に加わった殷汝耕・斉世英ら7名が新民屯日本領事館へ亡命に来たのを助け、以降、中国国民党に助力した。

小松原 英太郎
こまつばら・えいたろう

新聞記者，官僚，枢密顧問官，文相，貴院議員（勅選）
[生年月日]嘉永5年（1852年）2月6日
[没年月日]大正8年（1919年）12月26日
[出生地]備前国御野郡（岡山県岡山市）　[学歴]慶応義塾中退　[叙勲]勲二等

明治8年から「曙新聞」「評論新誌」などに執筆、9年筆禍事件で入獄、11年出獄。「朝野新聞」に入り、12年岡山で「山陽新報」発行。13年外務省に入り、17年ベルリン駐在、20年帰国後埼玉県知事となり、以後内務省警保局長、静岡、長崎各県知事、司法、内務各次官を歴任。33年勅選貴院議員。41年第2次桂内閣で文相兼農商務相、大正5〜8年枢密顧問官。その間、大阪毎日新聞社長、日英博覧会総裁、港湾調査会長、さらに東洋協会専門学校（現・拓殖大学）校長、日華学会、東洋協会各会長、皇典講究所長、国学院大学長などを歴任した。

小宮山 天香
こみやま・てんこう

新聞記者, 翻訳家, 小説家
[生年月日]安政2年(1855年)4月11日
[没年月日]昭和5年(1930年)3月20日
[出生地]常陸国磯浜(茨城県水戸市) [本名]小宮山桂介(こみやま・けいすけ), 小宮山昌絲(こみやま・まさよし), 小宮山昌由

常陸国磯浜に水戸藩士の子として生まれる。新聞記者として甲府の「観風新聞」をふり出しに「朝野新聞」「魁新聞」「大阪日報」「日本立憲政党新聞」などで健筆をふるう。明治20年「東京朝日新聞」の主筆としてむかえられ硬派記者を統率した。半井桃水が樋口一葉に尊敬する師として小宮山を紹介したことがあった。「椿姫」「マダム・テレーズ」などの翻訳を発表し、政治小説、翻訳小説家として有名になった。

小村 俊三郎
こむら・しゅんざぶろう

ジャーナリスト, 東京朝日新聞論説委員, 外交官
[生年月日]明治3年(1870年)9月3日
[没年月日]昭和8年(1933年)4月12日
[出生地]日向国(宮崎県) [学歴]高等師範中退

明治30年再従兄・小村寿太郎の後援により北京に留学し中国語を修める。のち訳官となり北京公使館に入り、青木宣純中佐の秘書官や一等通訳官などを務め、日中外交に尽くす。この間、外務書記生として渡英した。退官後、東京朝日新聞・読売新聞・東京日日新聞などの論説委員となり中国問題を論評した。

小室 重弘
こむろ・しげひろ

新聞記者, 衆院議員, 詩人
[生年月日]安政5年(1858年)9月
[没年月日]明治41年(1908年)6月13日
[出生地]下野国宇都宮(栃木県宇都宮市) [別名等]号=屈山

明治12年頃から「栃木新聞」に執筆。15年「自由新聞」記者。17年「深山自由新聞」「信府日日新聞」主筆。22年「新愛知」主筆となり26年衆議員議員に当選。この間、「岡山日報」「やまと新聞」「函館日日新聞」主筆となる。上京後「団団珍聞」に狂詩などを発表。「新体詩歌」第1集(竹内隆信編)の序文及び「自由の歌」「花月の歌」によって知られている。遺稿集「範文 自然と社会」がある。

小室 信介
こむろ・しんすけ

ジャーナリスト, 政治小説家, 自由民権家
[生年月日]嘉永5年(1852年)7月21日
[没年月日]明治18年(1885年)8月25日
[出生地]丹後国宮津(京都府宮津市) [旧名]小笠原 [別名等]幼名=鋪吉, 少, 筆名=小室案外堂, 案外坊, 大江仙人

小学校教師などをしていたが、国会開設運動に加わり、明治11年「京都日日新聞」をおこす。12年「大阪日報」社員、のち社長。13年「朝日新聞」に「大阪日報」在籍のまま主筆格の主任として迎えられる。平仮名国会論を書いた。「平仮名」とは「やさしい」という意味で、当時の国会の論争についての常識的な解説であった。ところがこれでもこの社説は当局の反発を買い、大阪府知事から発行停止を命じられた。これが朝日にとって初めての発停処分となった。15年立憲政党幹事、

16年には「自由新聞」社員として、自由民権の論陣をはる。以後朝鮮や中国に渡り、自由党員として活躍。また政治小説も執筆した。著書に『東洋民権百家伝』『勤王為経民権為緯 新編大和錦』『興亜綺談 夢恋々』『自由艶舌女文章』などの著書がある。

子安 峻
こやす・たかし

新聞経営者，実業家，読売新聞初代社長，日就社創業者，日本銀行初代監事
[生年月日] 天保7年（1836年）1月2日
[没年月日] 明治31年（1898年）1月15日
[出生地] 美濃国大垣（岐阜県大垣市）　[別名等] 幼名＝鉄五郎，号＝悟風

美濃大垣藩士。藩の俊英であり、選ばれて江戸に遊学し、大村益次郎に蘭学、佐久間象山に砲術を学んだ。嘉永6年（1853年）ペリー率いる米国艦隊到着の報を聞いて師・象山とともに浦賀に赴き、黒船を実見。文久2年（1862年）洋書調所教授手伝となり、さらに語学の才能を買われて横浜運上所翻訳通訳係に挙げられた。慶応3年（1867年）いったん帰藩するが、間もなく神奈川に戻って前の職に復帰し、明治維新後は神奈川裁判所翻訳官として新政府に出仕。明治2年かねてからの知人であり神奈川裁判所初代判事でもあった寺島宗則の手引きで外務省翻訳官となり、5年のマリアルース号事件では外務少丞として事件の解決に尽力、その功績によりロシア皇帝から神聖アンナ第三等勲章を授与された。のち外務権大丞に進む。傍ら、3年日本ではじめて木活字を用いた洋紙両面刷の日刊紙である横浜毎日新聞の創刊に参画し、創刊初期の企画立案と編集を担当。同年本野盛亨、柴田昌吉と活版印刷技術の向上を目的として印刷所・日就社を横浜に設立し、外国人を雇い入れて日本人職工に技術を習得させた。6年ジョン・オウグルヴィーの英語辞書を対訳して英和辞書『附音挿図・英和字彙』を同社から出版。同年社を東京に移し、7年読売新聞を創刊して初代社長に就任。10年外務省退官後は新聞界の他、実業界でも活動し、13年貿易会社・扶桑商会を設立したのをはじめ、共済五百名社、貯蓄銀行の創立、三田農具製作所、瀧水会社、炭鉱事業などの経営、日比谷能楽堂や芝の紅葉館建築などを手がけた。15年日本銀行創立事務御用掛を命ぜられ、日銀の創立とともに初代監事に就任。22年読売新聞社長を辞したが、24年まで社主として在社した。26年小説家・石橋思案らを記者に、いさみ新聞（のち勇新聞）を創刊したが、不振に終わった。初めて和文モールス信号を考案した人物としても知られる。

小山 愛司
こやま・あいじ

ジャーナリスト，郷土史家，長野県議，弁護士
[生年月日] 慶応1年（1865年）
[没年月日] 昭和18年（1943年）
[出生地] 信濃国（長野県）佐久郡前山村（佐久市）　[旧名] 茂木　[学歴] 東京専門学校法律科卒

明治18年長野県野沢に市立日曜義塾を開設し、自ら学費を蓄えたのち、19年上京して東京専門学校法律科に学ぶ。同校を首席で卒業後、弁護士を開業。28年「信濃雑誌」を編集・発行し、また「信濃新聞」を発刊して健筆を振るった。30年長野県議に当選し、図書館の設置、中学校の増設、県道変換問題などで活躍。33年高崎地方裁判所の判事に任用されたが、父が死去したため退官し、再び弁護士となった。間もなく病気のため弁護士を廃業したが、回復後は満州語研究や長野の

地方史研究に没頭した。著書に「信濃史源考」「満洲地之略沿革記・満文研究録」などがある。

小山 完吾
こやま・かんご

ジャーナリスト，時事新報社長，貴院議員
[生年月日]明治8年(1875年)5月
[没年月日]昭和30年(1955年)7月23日
[出生地]長野県　[学歴]慶応義塾卒

ロンドン大学に留学後、妻の祖父・福沢諭吉が創設の時事新報社の記者となり、大正15年社長に就任。この間、明治45年衆院議員(政友会)に当選、大正8年パリ講和会議に全権随員として出席した。昭和21年貴族院議員。著書に「小山完吾日記」がある。

小山 枯柴
こやま・こさい

ジャーナリスト，郷土史家
[生年月日]明治7年(1874年)
[没年月日]昭和20年(1945年)
[出生地]静岡県安倍郡鷹匠町(静岡市)　[別名等]号＝有言

旧幕臣の家に生まれる。明治32年加藤雪腸主宰の俳誌「芙蓉」などに寄稿し、34年自ら薔薇会を結成して純文芸雑誌「さうび」を創刊した。36年日本柑橘会の機関誌「柑橘」「果樹」の編集人に就任し、さらに「静岡民友新聞」「国民新聞」の記者も務めた。のち大正末期創刊の「本道楽」の編集を担当するようになり、昭和15年の終刊まで続けた。静岡県の伝説・伝承や郷土史にも明るく、「駿府の伝説」「遠江の伝説」「伊豆の伝説」「駿河の伝説」などを著した。16年には収集した史料や自身の幼少時の見聞なども基にして「維新前後の静岡」を刊行。20年静岡空襲により行方不明となった。

小山 松寿
こやま・しょうじゅ

名古屋新聞社長，衆院議長，衆院議員(民政党)
[生年月日]明治8年(1875年)1月29日
[没年月日]昭和34年(1959年)11月25日
[出生地]長野県与良町(小諸市)　[本名]小山松寿(こやま・まつじゅ)　[学歴]東京専門学校(現・早稲田大学)邦語法律科〔明治28年〕卒　[叙勲]勲一等瑞宝章〔昭和16年〕，勲一等旭日章〔昭和34年〕　[家族等]岳父＝森英太郎(教育家)，義兄＝森一兵(名古屋新聞社長)，女婿＝小山龍三(中日新聞社主)，小山武夫(中日ドラゴンズオーナー)

長野県小諸の小山一族の出身で、分家・山一家の一人息子。名前は"まつじゅ"が正しいが、一般的には"しょうじゅ"と呼ばれる。小学校高等科同級には同族で、衆院議員となった小山完吾がいた。明治20年小諸を訪れた中江兆民と対面、兆民より"なかなか元気のある利口そうな子どもじゃないかね"と声を掛けられ、滞在中に傍らについて親炙した。25年兆民から大隈重信を紹介され、大隈の創設した東京専門学校(現・早稲田大学)邦語法律科に入学。大隈夫人のお手許金学生として寄宿舎に起居することになり、隣室は文学者の島村抱月、もう一方の隣室には政治家の斎藤隆夫がいた。28年卒業すると研究科に入って都市政策や感化救済事業を専攻。29年父の死により小諸に戻り、30年母を伴い上京。共済慈善会授産場に勤めた。32年清国の福州に渡り、35年帰国。大阪朝日新聞に入ると初代名古屋通信部長に任命され、まもなく杉野喜精、原田勘七郎と"名古屋三人男"の一人に数えられるまでになった(杉野の東京転

出後は永田金三郎、田中小太郎、熊谷常光を加えて"名古屋五人男"と呼ばれた)。39年中京新報社長の山田才吉より同紙を譲り受けて名古屋新聞を創刊、初代社長に就任。40年新聞記者の経験がなかった旧友の与良松三郎をいきなり主筆に迎え、二人三脚で同紙を育て上げた。大正12年株式合資会社に改組。一方、明治40年〜大正14年名古屋市議を務め、4年には衆院議員に当選。以来連続10選。立憲民政党に属し、昭和4年党幹事長。5年衆院副議長、12年衆院議長となり、16年まで議長に4年5ヶ月在職した。17年新聞統合により名古屋新聞は新愛知と合併、中部日本新聞(中日新聞)となり、新聞界の第一線を退いた。戦後の21年、公職追放となってからは一切の公職から身を退いた。

小山 久之助
こやま・ひさのすけ

東雲新聞創立者、民権運動家、衆院議員
[生年月日]安政6年(1859年)2月
[没年月日]明治34年(1901年)10月3日
[出生地]信濃国小諸(長野県小諸市) [別名等]号＝騁斎

郷里・信濃小諸で山本杏園の漢学塾に学ぶ。のち新潟県師範学校に進むが、間もなく上京して仏学塾に入門。また中江兆民に師事し、幸徳秋水と並んで兆民門下の双璧と謳われた。師の自由民権思想に共鳴し、師とともに「政理叢談」を発刊。明治20年に兆民らが保安条例のために皇居三里外追放の処分を受けると、後藤象二郎らと全国を遊説し、民権思想の鼓吹に尽力した。さらに、21年には兆民や幸徳らと「東雲新聞」を創刊。31年長野県五区から衆議院選挙に出馬し、初当選。はじめ自由党に属するが、党首・板垣退助の変節に憤って兆民と共に脱党し、立憲改進党に入った。

五来 欣造
ごらい・きんぞう

読売新聞主筆、政治学者
[生年月日]明治8年(1875年)6月
[没年月日]昭和19年(1944年)8月1日
[出生地]茨城県 [別名等]俳号＝素川 [学歴]東京帝大法科大学仏法学科〔明治33年〕卒 政治学博士

フランス、ドイツに留学後、大正3年に帰国。読売新聞主筆、明治大学講師を経て、昭和2年早稲田大学教授。日本におけるファシズム研究の第一人者といわれ、昭和14年「滅教読本」を刊行して青少年の"思想国防隊"の編成を提唱した。また、「東西両京の大学」を著した明治期のジャーナリスト斬馬剣禅と同一人物であるとも言われている。著書に「フランス及びフランス人」「文明一新の先駆イタリア」など。

是枝 恭二
これえだ・きょうじ

無産者新聞編集主任、社会運動家
[生年月日]明治37年(1904年)10月16日
[没年月日]昭和9年(1934年)6月10日
[出生地]鹿児島県鹿児島郡谷山村(鹿児島市)
[別名等]筆名＝秋山次郎 [学歴]東京帝大文学部社会学科

東大時代新人会のリーダーとして活躍。大正15年の京都学連事件で検挙され懲役7年に処せられる。保釈出獄後、共産党に入党し、「マルクス主義」に秋山次郎の筆名で執筆、「無産者新聞」の編集主任となった。昭和3年の3.15事件で検挙される。保釈出獄後も党活動をし8年再入獄し、9年堺刑務所で獄死した。

渾大防 芳造
こんだいぼう・よしぞう

新聞記者,実業家,大阪メリヤス創業者
[生年月日]慶応4年(1868年)6月
[没年月日]昭和12年(1937年)4月11日
[出生地]備中国上房郡水田村(岡山県高梁市)
[旧名]太田 [家族等]義父=渾大防益三郎(実業家)

上京して遊学後、日本新聞の記者となり、明治26年実業界に転じる。35年実業家・渾大防益三郎の養子(二女の女婿)となる。大阪の泉州紡績支配人、福島紡績社長を経て、45年嘉門長蔵らと明正紡織の前身、大阪莫大小(大阪メリヤス)を創業。日本の国紡績産業の開拓者の一人で、大阪商業会議所議員にも選ばれた。

近藤 寿市郎
こんどう・じゅいちろう

新聞記者,実業家,衆院議員(政友会),豊橋市長
[生年月日]明治3年(1870年)4月15日
[没年月日]昭和35年(1960年)4月14日
[出身地]三河国(愛知県)

漢学・法律学を修める。高松村助役、渥美郡議、愛知県議を経て、昭和7年衆院議員(政友会)に当選1回。のち豊橋市助役を経て、16年市長となる。戦後は豊川用水の実現に尽力した。また雑誌「旭光」記者、東海日報記者、豊橋商業会議所書記長、豊橋牛乳組合長、豊橋織物工業組合理事長、全国山林会連合会理事、豊橋魚市場取締役などを歴任。東海興業を創立し社長に就任するなど実業界でも活躍した。

権藤 震二
ごんどう・しんじ

新聞記者,ジャーナリスト,実業家,日本電報通信社常務
[生年月日]明治4年(1871年)12月3日
[没年月日]大正9年(1920年)1月21日
[出生地]三潴県(福岡県)御井郡山川村(久留米市) [別名等]号=雷軒、高良山人 [学歴]専修学校(現・専修大学)〔明治27年〕卒 [家族等]父=権藤松門(郷士・国学者)、兄=権藤成卿(農本主義思想家)

明治27年「東京日日新聞」に入社し、日清戦争で従軍記者として活躍。のち台湾総督府官吏となったが、まもなく「東京日日新聞」に復帰。その後、「北國新聞」主筆、「二六新報」に転じ、40年日本電報通信社の創立に尽力、常務に就任した。大正3年シーメンス事件に連座し、退社。著書に「従征日録」「雷軒唾屑」など。

近藤 芳太郎
こんどう・よしたろう

日刊工業新聞創業者
[生年月日]不詳
[没年月日]昭和9年(1934年)1月20日

明治44年鉄工造船新聞を創刊。大正4年大阪古鉄日報と改め発行。5年改題し工学・工業雑誌「鉄世界」を発行。10年工業新聞、11年日刊工業新聞と改題した。その後、昭和10年株式会社に改組。17年新聞統制令により中外商業新報と合併。20年工業新聞の題字で復刊。25年日刊工業新聞と改めた。

【さ】

西園寺 公望
さいおんじ・きんもち

公爵,首相,元老,政友会総裁,明治大学創

立者

[生年月日]嘉永2年（1849年）10月23日
[没年月日]昭和15年（1940年）11月24日
[出生地]京都府京都市　[別名等]幼名＝美麿, 号＝陶庵　[学歴]パリ第4大学（ソルボンヌ）卒　[家族等]父＝徳大寺公純（公卿）, 兄＝徳大寺実則（明治天皇侍従長）, 弟＝住友友純（住友銀行創設者）, 孫＝西園寺公一（政治家）, 甥＝高千穂宣麿（英彦山神社座主・博物学者）

徳大寺公純の二男で、嘉永5年（1852年）西園寺師季の養子となる。安政4年（1857年）元服して昇殿を許され、文久元年（1861年）右近衛権中将・近習となり、宮中に出仕。慶応3年（1867年）王政復古の政変により新政府の参与となり、戊辰戦争にも従軍。明治元年新潟府知事。3年パリ・コミューンの渦中にあるフランスへ渡り、パリ第4大学（ソルボンヌ）で学ぶとともに若き日のクレマンソーや中江兆民らと交わる。13年帰国し、14年明治法律学校（現・明治大学）を創立。また、フランス帰りの自由主義者として兆民とともに「東洋自由新聞」を創刊し社長となったが、明治天皇の咎めを受けて退社した。同年参事院議官補に任ぜられ、15年伊藤博文に随って渡欧し憲法調査に従事。16年帰国後は参事院議官、18年駐オーストリア公使、20年駐ドイツ公使兼ベルギー公使を経て、24年賞勲局総裁となり、傍ら法典調査会副総裁などを兼ねて法典調査に当たった。23年帝国議会発足当初より貴院議員となり、26年副議長。27年第二次伊藤内閣に文相として初入閣。28年陸奥宗光外相の病気辞職により外相を兼任。31年第三次伊藤内閣でも文相に任ぜられたが、間もなく病気で辞任。33年伊藤らと政友会を創立し、総務委員。同年枢密院議長となるが、36年辞職し、伊藤の後任として政友会総裁。39年桂内閣退陣の後を受けて第一次西園寺内閣を組閣。44年第二次桂内閣のあと、第二次西園寺内閣を組織するが、大正元年陸軍が要求する2個師団増設問題で陸軍と対立し、総辞職を余儀なくされた。この桂太郎と交互に政権を担当した時期を"桂園時代"という。3年憲政擁護運動により第三次桂内閣打倒の機運が高まると、政友会総裁を原敬に譲って辞任。7年寺内内閣退陣後も組閣の大命を受けたが拝辞し、代わりに原を推薦した。8年パリ平和会議首席全権に任ぜられ、ベルサイユ条約に調印。大正元年より元老として遇され、松方正義の没後は"最後の元老"として英国流の立憲君主主義と自由主義的な議会政治を実現するため、選挙により衆議院の多数派となった政党指導者を首相に推薦し、政党政治を"憲政の常道"を定着させた。この間、明治17年侯爵、大正9年公爵。

彩霞園　柳香
さいかえん・りゅうこう

新聞記者, 戯作者
[生年月日]安政4年（1857年）
[没年月日]明治35年（1902年）5月23日
[出生地]大坂　[本名]広岡広太郎　[旧名]雑貨　[別名等]別号＝豊州, 東洋太郎

仮名垣魯文門下で、「いろは新聞」などで記者生活をおくり多くの戯作類を執筆した。実録的傾向の強い作品が多い。のち狂言作者となり川上音二郎らと地方巡業した。主な作品に「冬楓月夕栄」「蓆旗群馬嘶」など。「復讐美談」「片輪車」など探偵小説の先駆となる作品もある。

斎田　元次郎
さいだ・もとじろう

美術ジャーナリスト
[生年月日]明治26年（1893年）8月17日

[没年月日]昭和26年(1951年)12月15日
[出生地]兵庫県多紀郡篠山町　[学歴]国学院大学師範部卒

大正8年から昭和6年末まで新聞社社会部美術記者として、やまと新聞、時事新報、読売新聞各社に勤務。7年より雑誌「塔影」「国画」を編集発行し、美術ジャーナリズムの分野で活躍、戦後は「純美」を主宰した。

斎藤 弔花
さいとう・ちょうか

新聞記者，小説家，随筆家
[生年月日]明治10年(1877年)2月8日
[没年月日]昭和25年(1950年)5月3日
[出生地]大阪府高槻市　[本名]斎藤謙蔵　[学歴]京都中学退学

金港堂、神戸新聞で記者などをし、明治42年神戸新聞社を退社。のち東京日日新聞、関西日報などの記者をする。昭和17年「独歩と武蔵野」を刊行するなど、多くの著書がある。

斎藤 巴江
さいとう・はこう

新聞記者，福島毎日新聞初代編集長
[生年月日]明治16年(1883年)8月24日
[没年月日]昭和20年(1945年)9月10日
[出身地]福島県　[本名]斎藤亀一郎　[別名等]号＝花迷路

明治41年「福島民報」に入社。同年文芸結社連翹社を結成し、「桑の実」を創刊。のち「福島民友新聞」に移り、大正15年「福島毎日新聞」の初代編集長となった。

斎藤 正躬
さいとう・まさみ

ジャーナリスト
[生年月日]明治44年(1911年)10月30日
[没年月日]昭和42年(1967年)3月16日
[出生地]千葉県東金市　[学歴]水戸高等学校文科〔昭和8年〕中退

昭和9年新聞連合社に入り社会部に勤め、11年同社の同盟通信社への発展的解消で同盟通信社に入り社会部、中国特派員、ストックホルム支局長となった。20年同社解散、共同通信社となり、21年帰国して同社渉外部次長、社会部次長、社会部長。25年レッド・パージに職制ながら反対、退社した。27年被解雇者と会社側が和解して復社、社会部次長、社会部長、ワルシャワ支局長、編集局総務、特信局総務となり、40年退社。著書に「独立への苦悶」「スポーツ」「オリンピック」「名選手」などがある。

斎藤 緑雨
さいとう・りょくう

新聞編集者，小説家，評論家，随筆家
[生年月日]慶応3年(1867年)12月31日
[没年月日]明治37年(1904年)4月13日
[出生地]伊勢国神戸(三重県鈴鹿市)　[本名]斎藤賢(さとう・まさる)　[別名等]別号＝正直正太夫，江東みどり，真猿，緑雨酔客，登仙坊　[学歴]明治法律学校中退　[家族等]父＝斎藤利光(神戸藩典医)

神戸藩典医の長男に生まれ、8歳の時一家で上京。明治17年「今日新聞」の編集に携わり仮名垣魯文に認められ、18年「自由之燈」記者となる。17年「初夏述懐」を発表し、19年初めて小説「善悪(ふたおもて)押絵羽子板」を発表。22年正直正太夫の名で「小説八宗」を著し、批評家

153

デビュー。以後小説、評論の面で幅広く活躍。29年森鷗外・幸田露伴と合評「三人冗語」を開始、30年代には「おぼえ帳」などの随筆や「眼前口頭」などのアフォリズムに新しい作風をもたらした。37年自作の死亡広告「僕本月本日を以て目出度死去仕候間比段広告仕候也」を残して死去。「あま蛙」「かくれんぼ」「油地獄」「門三味線」などの作品がある。「斎藤緑雨全集」(全8巻、筑摩書房)が刊行されている。平成4年斎藤緑雨文学賞が創設された。

嵯峨 保二
さが・やすじ

新聞・放送経営者
[生年月日]明治31年(1898年)10月18日
[没年月日]昭和34年(1959年)11月18日
[出生地]石川県　[学歴]慶応義塾大学〔大正9年〕中退

大本に入信して大学を中退。大正10年北國新聞社に入社、東京支社に勤めたが、養父の遺志で金沢に戻った。昭和12年常務、18年社長に就任。戦時新聞統合を自ら実現。21年富山新聞を発行、26年北陸放送を創設した。大本信仰の感化で宗教、教育面に活躍、また美術工芸の振興、原水禁、世界連邦などの平和運動に貢献した。

酒井 泉
さかい・いずみ

新聞記者、陸軍通訳官
[生年月日]不詳
[没年月日]不詳
[出身地]佐賀県　[学歴]東京外国語学校露語科〔明治37年〕卒

明治37年東京外国語学校露語科卒業後、陸軍通訳官に任官。松山の捕虜収容所勤務を経て、長崎で東洋日の出新聞記者となる。ロシア革命党領袖のニコライ・ラッセルに近づき、中国革命党との接近・提携を図った。のち新潟商事漁業会社、日露水産組合に勤めたが、不遇の内に没した。

阪井 久良伎
さかい・くらき

新聞記者、歌人、川柳作家、書道家
[生年月日]明治2年(1869年)1月24日
[没年月日]昭和20年(1945年)4月3日
[出生地]武蔵国久良岐郡野毛(神奈川県横浜市野毛町)　[本名]阪井弁(さかい・わかち)
[別名等]号=徒然坊、別名=阪井久良岐　[学歴]東京高師国文学科卒

早くから渡辺重石丸の門に入り「日本」「報知新聞」の記者となり「心の華」に歌論を書く。のち川柳新派へなづち派の宗匠となる。著書に「文壇笑魔経」「へなづち集」「川柳久良伎全集」(全6巻)がある。

酒井 憲次郎
さかい・けんじろう

飛行家、朝日新聞機一等操縦士
[生年月日]明治36年(1903年)
[没年月日]昭和7年(1932年)9月
[出身地]新潟県新津市　[学歴]長岡工卒　[受賞]ハーモントロフィー(昭3年度)

大正11年逓信省航空局委託生として陸軍飛行学校に学び、14年一等飛士となる。小樽新聞社を経て、昭和2年朝日新聞社に入社。新聞・写真原稿の空輸に携わる傍ら、同社が開設した国内初の商業航空で、東京・立川-大阪間を結んだ"東西定期航空"にも従事。国内の延べ飛行時間・距離の新記録を樹立し、パリの国際飛行連盟より各国の最も優秀な記録を作った操縦士に与えられるハーモントロフィーを贈

られた。米国の飛行家・リンドバーグが大西洋単独無着陸横断に成功すると北太平洋横断を志したが、6年リンドバーグ夫妻に先を越されたため断念。同年満州事変が勃発すると事変2日後の満州・奉天に民間機として最初に入り、以後同地と日本の間を70回以上往復。7年9月満州国独立の写真を空輸中に鳥取県沖で遭難した。平成14年千歳空港に最初に着陸した業績をたたえ、同空港広場にブロンズ像が設置される。

坂井 犀水
さかい・さいすい

美術評論家，美術ジャーナリスト
[生年月日]明治4年（1871年）3月13日
[没年月日]昭和15年（1940年）7月31日
[出生地]石川県金沢　[本名]坂井義三郎

明治24年帝国博物館技手兼臨時全国宝物取調局技手、のち辞任して関西学院などで宗教学を研究、34年「東京評論」を発行、また「美術画報」編集に従事。38年白馬会機関紙「光風」の編集に当たりながら「月刊スケッチ」を発刊、さらに43年美術新報主幹となり、白馬会会員。その後美術週報主筆となった。大正2年国民美術協会創立に参加、理事兼主事。美術評論家として西洋美術を紹介、明治末期画家の批評を行った。著書に「画聖ラファエル」「黒田清輝」などがある。

堺 利彦
さかい・としひこ

ジャーナリスト，評論家，小説家
[生年月日]明治3年（1870年）11月25日
[没年月日]昭和8年（1933年）1月23日
[出生地]豊前国仲津郡豊津村（福岡県京都郡みやこ町）　[別名等]号＝堺枯川，筆名＝貝塚渋六　[学歴]一高〔明治21年〕中退　[家族等]妻＝堺為子（社会運動家），長女＝近藤真柄（婦人運動家），兄＝本吉欠伸（小説家）

旧豊前豊津藩士の子。明治19年豊津中学を首席で卒業して上京、同人社、共立学校を経て、一高に入学。在学中に寄宿舎の友人たちと「英学雑誌」を作るが、21年学費滞納のため中退した。22年はじめて書いた小説「悪魔」が「福岡日日新聞」で連載される。同年大阪・天王寺高等小学校の英語教師となるが、26年教職を辞して新聞記者に転じ、「大阪毎朝新聞」「新浪華」「実業新聞」などを転々とした。30年末松謙澄の紹介で毛利家編集所に入り、「防長回天史」の編纂に従事。32年万朝報社に入社し、文芸評論などを担当する一方、社会主義への関心を深め、日露戦争の開戦前夜には幸徳秋水、内村鑑三らと共に同紙上で非戦論を展開した。36年主戦論に転向した同紙を退社して秋水らと平民社を創設し、週刊「平民新聞」を発刊、たびたび発行禁止や入獄などの弾圧を受けながら社会主義の思想を鼓吹した。39年日本社会党結成に参加、同党禁止後は秋水系の金曜会に属したが、41年赤旗事件で入獄。44年出獄後は文章代筆・原稿作成を目的に売文社を設立、大正3年には「へちまの花」を創刊。社会主義の"冬の時代"を売文によってしのいだ。7年同社を高畠素之・山川均との共同経営とするが、高畠が国家社会主義に移行したため、8年同社を解散し、新たに新社会社を創立。9年日本社会主義同盟を結成し、11年日本共産党創立に参加して総務幹事長（委員長）に就任。12年検挙後は社会民主主義に転じ、無産政党を支持。昭和2年共産党を脱党し、「労農」の創刊に参画した。4年普通選挙法による東京市議選に最高点で当選した。著書に「肥えた旦那」「楽天

囚人」「売文集」「猫のあくび」「猫の百日咳」などがある。

酒井　寅吉
さかい・とらきち

ジャーナリスト，評論家，月曜書房創業者，東京新聞編集局長
[生年月日]明治42年（1909年）9月8日
[没年月日]昭和44年（1969年）12月25日
[出生地]新潟県長岡市　[学歴]早稲田大学政経学部〔昭和8年〕卒

早大在学中はファシズムの研究に没頭。昭和8年朝日新聞社に入社、長野支局、整理部に在籍。16年マレー戦線特派員としてシンガポール攻略戦の報道に従事、17年「マレー戦記」を出版してベストセラーとなった。19年横浜事件に巻き込まれ、投獄された。戦後は出版事業に転じ、21年月曜書房を創業して専務に就任。次いで前田義徳とともに国際出版社を設立、取締役編集部長となった。26年大蔵財務協会出版部長。27年時事新報社に入社して新聞界に復帰、30年同社を吸収合併した産経新聞社に引き続き勤務したが、31年夕刊専門誌であった「東京新聞」が朝刊を発行するのに際して企画委員に迎えられ、34年編集局次長、35年編集局長、37年記事審査委員長を歴任した。38年退社して東京社理事となり、39年「総合ジャーナリズム研究」、43年「新聞と教育」を創刊・主宰。44年日本出版学会常任理事。著書に「ジャーナリスト」「戦後ジャーナリズム」などがある。

酒井　雄三郎
さかい・ゆうざぶろう

評論家，社会運動家
[生年月日]万延1年（1860年）9月9日
[没年月日]明治33年（1900年）12月9日
[出生地]肥前国小城（佐賀県小城市）　[別名等]号＝九皐，茫々学人

佐賀県立中学を卒業後、上京して中江兆民の仏学塾に学び、卒業後も中江兆民に師事。明治14年3月23日、「東洋自由新聞ノ発行ヲ祝ス」を「東洋自由新聞」に発表。4月15日、「国会ノ開設ナキハ国民政治上ノ思想ヲ激昂スルノ媒タラサル乎」を同紙第21号に発表。そのため同紙は発行停止となるが、酒井は署名「酒井雄」を別人と言い張り無罪となる。15年には兆民主宰の「欧米政理叢談」の編集に従事し、自由民権論を唱導した。また、「国民之友」などに関係し、明治23年農商務省嘱託として渡仏。そこで社会運動に関心を抱き、24年の第2インタナショナル・ブリュッセル大会に日本人最初のインタナショナル大会列席者として出席するなど、民主主義者としてまた社会運動の先駆的紹介者として活躍。25年には社会問題研究会を組織する。また西園寺公望の朝鮮行に随行し、32年には「朝日新聞」の特別通信員として2度目の渡仏をするが、現地で客死した。著書に「列国社会党大会議」など。

坂口　二郎
さかぐち・じろう

万朝報編集局長
[生年月日]不詳
[没年月日]昭和24年（1949年）1月31日

大正に初めに憲政擁護運動、護憲運動に参加した。

坂崎　斌
さかざき・びん

ジャーナリスト，高知新聞編集長，政治小説

家，自由民権運動家
[生年月日]嘉永6年(1853年)11月7日
[没年月日]大正2年(1913年)2月17日
[出生地]江戸(東京都) [出身地]土佐国(高知県) [本名]坂崎斌(さかざき・さかん) [別名等]号=坂崎紫瀾，幼名=謙次，別名=鉄香女史，芸名=馬鹿林鈍翁 [家族等]長男=坂崎侃(哲学者)

江戸の土佐藩邸に藩医・坂崎耕芸の二男として生まれる。安政3年(1856年)土佐に戻り、藩校・致道館で漢学などを修める。明治5年彦根の学校教官となったが、上京して7年板垣退助の愛国公党結成に参画。8年司法省に出仕、松本裁判所判事に就任したが、征韓論のため下野。10年松本新聞主筆に転じ、11年高知に帰り、百做社編集長。13年高知新聞編集長となり、以後、「土陽新聞」「自由燈」などの新聞で自由民権の論陣を張った。15年政治演説が禁止されると遊芸稼人の鑑札を受けて馬鹿林鈍翁を名乗り、民権講釈の一座を組むが、芸能界初の不敬罪に問われた。また同年板垣の遭難事件を劇化した「東洋自由曙」を上演。「自由燈」退社後は諸新聞の記者を務める傍ら執筆活動を行い、後藤象二郎や板垣の伝記を著した。晩年は維新史料編纂局編纂委員を務めた。著作に坂本龍馬を描いた小説「汗血千里駒」の他、「鯨海酔侯」「維新土佐勤王史」などがある。日本で初めてビクトル・ユゴーの翻訳を手がけたことでも知られる。

佐川 良視
さがわ・よしみ

新聞記者，郷土史家
[生年月日]明治31年(1898年)11月13日
[没年月日]昭和40年(1965年)12月24日
[出生地]岩手県江刺郡岩谷堂町(江刺市) [出身地]秋田県横手市

横手警察署、横手裁判所書記補を経て、羽後新報、秋田魁新報社横手支局、湯沢支局に勤める。昭和27年には羽後新報を復刊させた。地方史に詳しく、三浦修一、吉沢郁二、伊沢慶治らと横手研究のサロンを形成し、26年横手史編纂会を再発足させた。著作に「横手郷土史年表」「秋田県における歴史研究の現状と問題点」「横手の若勢市」などがある。

崎久保 誓一
さきくぼ・せいいち

新聞記者，ジャーナリスト
[生年月日]明治18年(1885年)10月12日
[没年月日]昭和30年(1955年)10月30日
[出生地]三重県南牟婁郡市木村(御浜町) [学歴]高小卒

明治39年「紀南新報」記者となり、ついで「滋賀日報」「牟婁新報」記者をしているなかで大石誠之助を知り、大逆事件に連坐して無期懲役となる。昭和4年仮出獄し、農業に従事した。

佐久間 貞一
さくま・ていいち

実業家，秀英舎創業者，大日本図書創業者
[生年月日]嘉永1年(1848年)5月10日
[没年月日]明治31年(1898年)11月6日
[出生地]江戸下谷南稲荷町(東京都台東区)
[別名等]幼名=千三郎 [叙勲]緑綬褒章〔明治31年〕 [家族等]長男=佐久間長吉郎(大日本印刷社長)，養子=佐久間鋼三郎(東洋移民会社社長)，孫=佐久間裕三(大日本図書社長)，義兄=保田久成(秀英舎社長)

幕臣・佐久間家の二男。兄が短命であったことから実質上の長男であり、父も早く亡くして母の手ひとつで育てられた。慶応4年(1868年)彰義隊士として上野の戦いに参加した。明治維新後、静岡の沼

津兵学校に入り、3年薩摩藩が兵学校を設立して沼津兵学校から教師を招聘すると、その一人に選ばれ、鹿児島に赴任。5年長崎や熊本などを訪れた際、天草島民を北海道浦川に移住させることを提案・実施させた。6年東京に戻ると大教院に新聞発行の必要を訴え、7年大内青巒と教会新聞を創刊した。8年同紙が廃刊となると、大内の提案で宏仏海と明教社を設立して仏教系新聞の明教新誌を出した。9年同紙印刷のため印刷所を買収し、秀英舎を創業。すぐに中村正直「西国立志編」の印刷を手がけ、同書が良く売れたおかげで創業初期の基盤を確立。12年沼間守一が東京横浜毎日新聞を起こすと、編集局を秀英舎内に置き、印刷も担当した。14年秀英舎に鋳造部製文堂を設置として活字の自家鋳造を、18年同部に石版部を設けて石版印刷を開始。19年東京板紙会社、23年大日本図書会社を設立。26年大日本図書会社、27年秀英舎を株式会社に改組した。24年には印刷雑誌社を創業して「印刷雑誌」を創刊、先進諸国の印刷技術の紹介・啓蒙に努めた。また、同年吉川泰二郎と共働して日本吉佐移民合名会社を、吉川没後の30年には同社の事業一切を継承する東洋移民合資会社を設立して海外移民事業にも取り組んだ。一方、工場経営者として使い捨てにされていく職工たちを目の当たりにし、労働問題や社会問題にも積極的に発言。明治期の労働運動を幅広く応援し、"日本のロバート・オーウェン"とも称された。労働問題などに関する論文を集めた「佐久間貞一全集」(全1巻)もある。22年より東京市議も4期務めた。没後、秀英舎は早稲田大学系の印刷所である日清印刷と合併し、昭和10年大日本印刷株式会社となった。

桜井 熊太郎
さくらい・くまたろう

新聞記者、弁護士
[生年月日]元治1年(1864年)8月
[没年月日]明治44年(1911年)3月1日
[出生地]備中国上房郡高梁町(岡山県高梁市)
[別名等]号＝禿山、不苟軒、高梁 [学歴]帝国大学法科大学〔明治28年〕卒

備中松山城下の薬種商の長男に生まれる。有終館で荘田霜渓に漢学を学んだ後、明治17年上京して洋学を修める。21年帝国大学法科大学に入学、28年卒業して内務省に入り社寺沿革の調査に従事、のち拓殖務省に移る。32年退官して弁護士を開業する。翌33年二六新聞社員となり、娼妓の廃業問題や足尾鉱毒事件について論じ、38年には日露戦争の戦後処理を非難して世論に訴え、日露講和条約反対の民衆暴動・日比谷焼打事件に連座して下獄するが、のち無罪となった。また高梁市立図書館には「桜井文庫」として熊太郎が集めた古典・漢籍・法律書など約1900冊が寄贈されている。

柵瀬 軍之佐
さくらい・ぐんのすけ

北國新聞発刊者の一人、実業家、衆院議員
[生年月日]明治2年(1869年)1月15日
[没年月日]昭和7年(1932年)8月28日
[出生地]陸中国西磐井郡中里村(岩手県一関市) [学歴]英吉利法律学校〔明治22年〕卒

山梨日日新聞主筆から明治25年噯鳴社、さらに毎日新聞編集長に転じ、立憲改進党入党。その後赤羽萬次郎と北國新聞を発刊。27年日清戦争には毎日新聞戦時通信員となった。31年大倉組台湾支店支配人、38年合名会社柵瀬商会を設立、石炭、火薬、銅鉄などを販売。40年以来衆院議

員当選6回。大正14年加藤高明内閣商工政務次官となり、昭和2年辞職、立憲民政党相談役。商工審議会、関税審議会、肥料調査委員会各委員も務めた。

桜井　静
さくらい・しずか

総房共立新聞社長，衆院議員（憲政本党）
[生年月日]安政4年（1857年）10月
[没年月日]明治38年（1905年）8月25日
[出身地]下総国香取郡東条村（千葉県香取郡多古町）　[旧名]吉川

千葉県立学校を卒業し千葉県吏となる。明治12年「国会開設懇請協議案」を各府県会に送付し、14年「総房共立新聞」を創刊、社長に就任。海外移住殖民調査のため北米およびカナダ各国を巡遊、のち北海道で造林・開墾事業に従事し、ついで大連で桜井組を経営、大連居留民会長を務める。その後、千葉県議を経て、35年から衆院議員（憲政本党）に当選2回。

桜井　轍三
さくらい・てつぞう

新聞記者
[生年月日]明治6年（1873年）
[没年月日]昭和9年（1934年）10月4日
[出身地]茨城県　[学歴]東京法学院（現・中央大学）〔明治27年〕卒

明治27年時事新報社に入る。42年政治部長の時、朝鮮の親日政治団体・一進会が始めた日韓合邦運動を支持するなど、名記者として知られ、各方面の士と交わり対外問題などに関して有志家と共に活躍した。同社理事を経て、大正14年退社後も大阪毎日新聞客員となって新聞・雑誌業界に重きを為した。

桜内　幸雄
さくらうち・ゆきお

新聞記者，実業家，弁護士，蔵相，農相，商工相，衆院議員（民政党）
[生年月日]明治13年（1880年）8月14日
[没年月日]昭和22年（1947年）10月9日
[出身地]島根県　[学歴]東京専門学校（現・早稲田大学）中退　[家族等]四男＝桜内義雄（元衆院議員）

岐阜新聞、愛知新聞などで記者を務めていたが、実業家の雨宮敬次郎に認められ、実業界に入り、大日本軌道、日本高架鉄道の設立に参画、明治40年東洋競馬会を起こして理事。また銚子、石巻、埼玉、逗子などで電燈会社を創業、43年日本電燈株式会社を設立、取締役。のち揖斐川電気、琴川電力、出雲電気各社長を務めた。他に支那興業、利根川水力など電力数十社の重役、相談役を兼ねた。その間大正9年以来衆院議員（島根1区）当選8回、政友本党で政調会長、総務、民政党に合して初代幹事長、総務。昭和6年第2次若槻礼次郎内閣の商工相、14年平沼騏一郎内閣農相、15年米内光政内閣蔵相を歴任。翼政会、日政会各顧問、鈴木貫太郎内閣の顧問、20年枢密院顧問官。21年公職追放。自伝に「蒼天一夕談」。

桜田　文吾
さくらだ・ぶんご

ジャーナリスト，京都市議
[生年月日]文久3年（1863年）
[没年月日]大正11年（1922年）12月31日
[出身地]陸奥国仙台（宮城県仙台市）　[別名等]号＝大我，一寸法師　[学歴]東京法学院

小学校の助教を務めたのち東京法学院に学ぶ。同卒業後、陸羯南主宰の日本新聞社に入り、記者となる。明治24年より「日

本」紙上に日本初の東京・大阪の貧民街ルポを連載し、二葉亭四迷・松原岩五郎・横山源之助らのちの文士・ジャーナリストに大きな影響を与えた。その後、京都に移って京都通信社・京華社を設立。また京都市会議員に当選するなど、政界でも活動。著書に「貧天地饑寒窟探検記」などがある。

桜田 百衛
さくらだ・ももえ

小説家
[生年月日]安政6年(1859年)
[没年月日]明治16年(1883年)1月18日
[出生地]備前国 [別名等]号＝百華園主人 [学歴]東京外語学校中退

生年は安政6年あるいは4年といわれる。初期の政治小説家。明治7年愛国公党に参加するが、13年病をえて帰郷。14年自由党の結成に参加し15年「自由新聞」の創刊からデュマペールの「仏国革命起源 西洋血潮小暴風」を連載。同年「絵入自由新聞」に発刊の辞を寄せ、寄稿するが、その年の晩秋には病床につき、翌年1月没した。16年9月遺稿「阿国民造 自由迺錦袍」が刊行された。

佐近 益栄
さこん・ますえ

新聞記者
[生年月日]明治23年(1890年)8月7日
[没年月日]昭和5年(1930年)12月14日
[出生地]鳥取県西伯郡余子村大字福定(境港市) [旧名]大田 [別名等]号＝江外 [学歴]鳥取師範〔昭和2年〕卒

昭和9年報知新聞社に入社。「文壇は一新した」「霜田君の下宿」など発表。共著書に「談話室」がある。

左近允 孝之進
さこんじょう・こうのしん

神戸盲学院創設者
[生年月日]明治3年(1870年)5月
[没年月日]明治42年(1909年)
[出生地]鹿児島県鹿児島市上竜尾町

日清戦争に従軍したのち除隊し、その後、26歳で白内障のために失明。鍼灸の技術を習得する一方で、点字活版印刷機の発明や、盲目の子どもたちのために神戸盲学院を設立するなど、視覚障害者教育に尽くした。38年には日本初の点字新聞「あけぼの」を刊行した。

佐々 元十
さ さ・げんじゅう

映画運動家，記録映画作家，雑誌編集者
[生年月日]明治36年(1903年)1月14日
[没年月日]昭和34年(1959年)7月7日
[出生地]広島県双三郡三次町(三次市) [本名]佐々木高成 [学歴]東京帝国大学文学部仏文科中退

昭和2年日本プロレタリア芸術連盟所属のプロレタリア劇場映画班として、小型映画による日本最初のプロレタリア映画「メーデー」を製作した。3年「戦旗」に論文「玩具・武器―撮影機」を発売、プロレタリア映画運動を呼びかけ、4年には岩崎昶らと日本プロレタリア映画同盟(プロキノ)を結成、以後中心的な幹部として活動した。プロキノ解消後は評論活動のほか、「文化映画」編集長、映画日本社調査部長をつとめた。

小砂丘 忠義
ささおか・ただよし

教育運動家

[生年月日]明治30年（1897年）4月25日
[没年月日]昭和12年（1937年）10月10日
[出生地]高知県長岡郡東本山村　[本名]笹岡忠義　[別名等]筆名＝祝木真探白日同人　[学歴]高知師範〔大正6年〕卒

大正6年郷里の小学校訓導になり、綴方を基本にすえた教育活動を始める。10年SNK協会、地軸社を結成、同人となり、雑誌「地軸」「極北」を創刊、同誌などに寄稿する（いずれも後に県学務課の圧力で停止）。また、児童文集「山の唄」「蒼空」などを発行。12年岡豊小校長、14年井村小校長となるが、同年退職し教育の世紀社同人を頼って上京、雑誌「教育の世紀」や「鑑賞文選」の編集に従事。昭和4年「綴方生活」（志垣寛主幹）を創刊し、全国の綴方教師を結集。5年志垣らと別れて郷土社を創立、「綴方生活」第2次宣言を発表し、生活綴方の実践運動に大きな影響をもたらした。さらに「綴方読本」を主宰して児童文の選評を行った。「綴方生活」の編集方針は全国の生活綴方教師の実践への指針となった。遺稿集に「私の綴方生活」。28年作文教育の発展を目的として"小砂丘忠義賞"（のち日本作文の会賞と改称）が創設された。

佐々木　節
ささき・せつ

労働運動家，東京合同労組中央委員・政治部長
[生年月日]明治36年（1903年）
[没年月日]昭和30年（1955年）7月
[出生地]東京府南葛飾郡大島町（現・江東区）

大正12年南葛労働会の結成に参加し、のちに総同盟関東地方評議会に加わる。14年東京合同労組が結成され、初代執行委員長となる。のち私生活の乱れから評議会を去り、昭和10年「労働事情」を創刊し、16年「内外労働週報」の主幹となった。

佐々木　信曄
ささき・のぶあき

写真家，ジャーナリスト
[生年月日]明治27年（1894年）
[没年月日]不詳
[出身地]鳥取県八頭郡散岐村（鳥取市）

明治43年頃から写真に興味を持ち始め、友人のつてを頼って中央新聞社の写真部に入社。大正6年朝日新聞社に移るが、シベリア出兵ののち博物館に入り、雑誌の制作に携わった。12年朝日新聞社に復社、以後は一貫して新聞写真の業務に従事。昭和10年には同社の名古屋支社写真課に転任した。

佐々木　秀雄
ささき・ひでお

神奈川新聞社会長
[生年月日]不詳
[没年月日]昭和44年（1969年）1月18日

東京周辺の神奈川、埼玉、千葉の三紙が東京三紙に持分合同された際、神奈川新聞社長に就任。前職は朝日新聞参与。

佐佐木　茂索
ささき・もさく

小説家，文藝春秋新社社長
[生年月日]明治27年（1894年）11月11日
[没年月日]昭和41年（1966年）12月1日
[出生地]京都府京都市上京区下立売千本西入稲葉町　[学歴]京都一中中退　[家族等]妻＝ささきふさ（小説家），義兄＝長岡隆一郎（貴院議員・警視総監）

生家は京都で種油製造業を営んだが倒産、高等小学校を卒業すると朝鮮の仁川へ渡り、英国系銀行に勤めた。大正7年金子薫園の世話で新潮社に入社したが、8年中央

美術社に移り「中央美術」編集主幹。9年時事新報社に入り、文芸部主任として14年まで勤める。この間、8年芥川龍之介の紹介で「新小説」に処女作「おぢいさんとおばあさんの話」を発表し小説家としてデビュー。以後「ある死、次の死」「選挙立合人」「曠日」などを発表して新進作家としての地位を固め、13年第一小説集「春の外套」を刊行した。14年女流作家の大橋房子（ささきふさ）と結婚。昭和4年文藝春秋社に入社し総編集長に就任、7年専務。10年芥川賞・直木賞を制定して両賞の銓衡委員となった。太平洋戦争末期に副社長を最後に身を退いたが、21年創業者の菊池寛が文藝春秋社の解散を決めると、それに反対する池島信平らの要請を受け文藝春秋新社を設立して社長に就任。22年公職追放に遭い辞任するも、23年追放解除により社長に復帰した。文士出身ながら経営に才能を発揮、菊池の道楽から出発した文藝春秋社が大手出版社へと脱皮する基礎を固めた。著書に「夢ほどの話」「天の魚」「南京の皿」「困った人達」などがある。

佐々木 安五郎
ささき・やすごろう

ジャーナリスト，衆院議員（新正倶楽部）
[生年月日] 明治5年（1872年）1月17日
[没年月日] 昭和9年（1934年）1月1日
[出生地] 山口県豊浦郡阿川村（下関市）　[別名等] 号＝照山　[学歴] 九州学院〔明治27年〕卒

明治27年日清戦争に出征、のち台湾総督府吏員となったが、すぐ辞職、雑誌「高山国」を発刊、また「台湾民報」主筆となり、総督府を批判した。37年大和の資産家土倉鶴松の依嘱で内蒙古を探検、"蒙古王"といわれた。帰国後41年以来衆院議員当選4回、又新会、立憲国民党、革新倶楽部、新正倶楽部などに属し、野党闘将として活躍。浪人会にも所属。

笹島 吉太郎
ささじま・きちたろう

ジャーナリスト
[生年月日] 安政4年（1857年）
[没年月日] 大正9年（1920年）8月26日
[出生地] 常陸国水戸（茨城県水戸）

明治10年「東京曙新聞」仮編輯長、11年「茨城新報」編輯長、山梨の「峡中新報」「甲府日日新聞」14年「東北毎日新聞」論説記者を経て15年「茨城日日新聞」入社。この間、13年水戸で民権結社・共民公会を組織して「国民合約論」を刊行したが、発禁処分を受けた。

指原 安三
さしはら・やすぞう

編集者，漢学者
[生年月日] 嘉永3年（1850年）3月
[没年月日] 明治36年（1903年）3月9日
[出生地] 豊後国臼杵（大分県臼杵市）　[別名等] 号＝左腕居士，豊洲

大阪で藤沢南岳に漢学を学び、明治維新後東京で三島中洲、中村敬宇に師事。共立学舎幹事となり、漢文を教授。明治20年東洋哲学会に入会、鳥尾小弥太を知り、22年保守党中正派結集に尽力。機関誌「保守新論」の編集に従事、「治外法権論」「条約改正論」などを執筆した。その後西村茂樹の日本弘道会に入り、晩年陸軍士官学校教官となり、漢文を教えた。25〜26年代表作「明治政史」（1，2巻）を編集・刊行。

佐々 友房
さっさ・ともふさ

紫溟雑誌創立者，衆院議員（大同倶楽部）
[生年月日]安政1年（1854年）1月23日
[没年月日]明治39年（1906年）9月28日
[出生地]肥後国熊本（熊本県熊本市坪井町）
[別名等]幼名＝寅雄，坤次，号＝克堂，鵬洲
[家族等]弟＝佐々正之（ジャーナリスト），三男＝佐々弘雄（法学者・参院議員），孫＝紀平悌子（参院議員），佐々淳行（評論家・元防衛施設庁長官）

旧熊本藩士の子。藩校時習館に学び、のち水戸学の影響を受ける。征韓論決裂後、「時勢論」を著し、西南戦争では熊本隊を組織して、薩軍に属す。明治15年同心学舎を発展させた私立中学・済々黌を設立。また、政治結社・紫溟会を組織し、15年3月「紫溟雑誌」を創刊、顧問となった。同年8月には「紫溟新報」を創刊、21年10月に「九州日日新聞」に改名し、社長を務めた。23年熊本国権党副総理となり、以後衆院議員に9期連続当選を果たす。この間、国民協会、帝国党、大同倶楽部などの中心メンバーとして活躍。また大陸通として知られ、東亜同文会とも関係があった。著書に「戦袍日記」など。

佐々 弘雄
さっさ・ひろお

熊本日日新聞社長，法学者，政治評論家，九州帝大教授，参院議員（緑風会）
[生年月日]明治30年（1897年）1月23日
[没年月日]昭和23年（1948年）10月9日
[出生地]熊本県熊本市 [学歴]東京帝大法学部政治学科〔大正9年〕卒 [家族等]父＝佐々友房（衆院議員），息子＝佐々淳行（評論家・元防衛施設庁長官），娘＝紀平悌子（参院議員）

東京帝大助手、外務省嘱託を経て、九州帝大教授に就任するが、昭和3年九大事件で大学を追われる。その後、9年東京朝日新聞論説委員、のち同論説主幹、熊本日日新聞社長を歴任。熊本日日新聞社長就任に際して、佐々は熊本の名門であり朝日新聞で健筆を振る穏健な人物として期待されたが、病気のため在籍わずか1年3か月で急逝した。11～15年昭和研究会のメンバーとなり、新体制運動の理論家として活動。戦後、22年第1回参議院議員選挙（全国区）に立候補して当選。政治評論家としても知られ、著書に「日本ファッシズムの発展過程」「人物春秋」などがある。

佐々 正之
さっさ・まさゆき

ジャーナリスト
[生年月日]文久2年（1862年）1月
[没年月日]昭和3年（1928年）6月2日
[出生地]肥後国熊本城下内坪井（熊本県熊本市） [家族等]兄＝佐々友房（政治家）

政治家の佐々友房の弟。日清戦争が起こると「九州日日新聞」特派員として朝鮮に渡る。明治28年安達謙蔵が「漢城日報」を創刊すると、兄と共に参画、39年廃刊になるまで経営に携わった。この間、28年この間、朝鮮王妃・閔妃暗殺に関与したとして投獄されたが、間もなく無罪放免となった。

薩摩 雄次
さつま・ゆうじ

国民新聞主筆，衆院議員（自民党）
[生年月日]明治30年（1897年）12月1日
[没年月日]昭和41年（1966年）8月4日
[出身地]福井県 [学歴]拓殖大学支那語科〔大正12年〕卒 [家族等]甥＝渡辺秀央（参院議員）

中国・ドイツに留学。拓殖大学、大東文化学院、東京高等殖民留易学校教授、理

事、国民新聞編集局長、主筆になる。昭和17年4月に福井全県区より衆院議員に初当選。以後通算4回当選。鉄道省、台湾総督府各嘱託、衆院建設委員長を務める。また東方会青年部長、進歩党総務、改進党中央常任委員、日本民主党遊説部長など多くの役職にもつく。著書に「政治の人格化」「哲学統体観」「支那の生態」などがある。

佐藤 謙蔵
さとう・けんぞう

新聞記者，社会運動家
[生年月日]明治37年（1904年）11月15日
[没年月日]昭和21年（1946年）3月28日
[出生地]秋田県秋田市 [学歴]弘前高〔大正10年〕中退

代用教員を経て能代新報記者となり、大正13年頃から秋田労農社に出入し、14年土崎合同労働組合の結成に参加して争議を指導。昭和3年共産党に入り、3.15事件で検挙される。のち東京木材通信社能代支局、北羽新報などの記者をしたが、14年「満州国」協和会職員となって満州に渡った。

佐藤 垢石
さとう・こうせき

新聞社勤務，随筆家，釣り師
[生年月日]明治21年（1888年）6月18日
[没年月日]昭和31年（1956年）7月4日
[出生地]群馬県群馬郡東村（前橋市） [本名]佐藤亀吉（さとう・かめきち） [学歴]郁文館中（旧制）〔明治40年〕卒、早稲田大学英文科〔明治40年〕中退

農家の三男で、幼い頃から利根川で鮎釣りを始め友釣りの名手といわれた。明治38年前橋中学在学中に校長排斥のストライキを指導して退学処分となり、上京。40年郁文館中学から早稲田大学に進むが間もなく中退、帰郷して前橋市第二銀行に勤務した。41年再度上京、42年前橋中学の先輩である平井晩村の紹介で報知新聞社に入社。44年背広を着用しなかったことで上層部と対立し、豊橋支局に左遷。同年東京社会部に戻るが、今度は社会部長の野村長一（胡堂）と喧嘩をし、前橋支局に飛ばされた。その後、小田原、甲府、静岡、水戸の各支局勤務を経て、大正13年前橋支局長。昭和3年退職後は下野新聞通信員、配達夫、煙突掃除人夫など職を転々とするが、報知時代の同僚の勧めで執筆した釣り随筆が好評を博し、以降は文筆生活に入った。4年「京都日之出新聞」主筆。また「報知新聞」嘱託となり、釣り欄を担当した。9年「鮎の友釣」を刊行。16年刊行の随筆集「たぬき汁」はベストセラーとなった。戦時中は郷里・群馬県に疎開。21年つり人社を設立して主幹となり、雑誌「つり人」を創刊した。

佐藤 紅緑
さとう・こうろく

新聞記者，小説家，劇作家，俳人，児童文学者
[生年月日]明治7年（1874年）7月6日
[没年月日]昭和24年（1949年）6月3日
[出生地]青森県弘前市親方町 [本名]佐藤洽六 [学歴]弘前中中退 [家族等]息子＝サトウハチロー（詩人）、娘＝佐藤愛子（作家）

明治26年上京し、27年日本新聞社に入社、子規に俳句の手ほどきをうける。28年帰郷し、東奥日報、陸奥日報、東北日報を経て、31年富山日報主筆となり、以後も万朝報などの記者を転々とする。37年「蕪村俳句評釈」を刊行。39年戯曲「侠艶録」、小説「行火」を発表して注目され、作家となる。大正12年外務省嘱託として映画研

究のため外遊。昭和2年少年小説「あゝ玉杯に花受けて」を発表し、少年少女小説の大家となる。大衆小説、婦人小説、少年少女小説と幅広く活躍し、著書は数多く、代表作に「富士に題す」「乳房」などがあり、句集も「花紅柳録」などがある。晩年「ホトトギス」同人に迎えられた。

佐藤 渾
さとう・こん

雑誌記者
[生年月日]慶応4年（1868年）8月9日
[没年月日]昭和26年（1951年）7月21日
[出生地]武蔵国谷保村（東京都国立市） [別名等]号＝柳坡 [学歴]東京専門学校（現・早稲田大学）卒

東京専門学校（現・早稲田大学）に学び、卒業後の明治26年小西本店に入る。27年同店が写真材料商の冊子として「写真月報」を創刊すると、その初代編集長に就任。29年同店を辞して東京府庁に勤めるが、のち六桜社に入って燐光器を発明した。写真に関する著述もあり、ヘップウォースの「写真自在」などを訳している。

佐藤 忠男
さとう・ただお

朝日新聞記者
[生年月日]不詳
[没年月日]昭和20年（1945年）2月3日

昭和17年6月朝日新聞東京本社政経部から太平洋戦争の従軍記者としてニューギニアに派遣される。18年2月には中部太平洋のニューブリテン島ラバウルに報道班員として派遣されたが、20年2月フィリピンのルソン島で消息を絶った。ニューギニアに一緒に派遣された大阪本社社会部記者の岡田誠三は、紙上に「ニューギニア血戦記」を連載し、19年には雑誌「新青年」にニューギニア戦線を題材とした「ニューギニア山岳戦」を発表。同年8月、同作で直木賞を受賞した。

佐藤 顕理
さとう・へんり

ジャーナリスト
[生年月日]安政6年（1859年）12月
[没年月日]大正14年（1925年）6月22日
[出生地]江戸 [本名]佐藤重道（さとう・しげみち） [別名等]筆名＝サトウ，ヘンリー〈Satoh, Henry〉

幕臣として江戸城明け渡し後、徳川宗家に従って静岡に行き、そこで英語など外国知識を身につける。明治13年上京、その後は英学者、弁論家、歴史家、農商務省勤務、さらには国際通信社編集長など国際ジャーナリストとして多面的に活動した。大正9年少年時代の体験、見聞、修行を綴った自伝「My Boyfood」（邦題「サムライボーイ物語」）を英文で出版。他に英文の井伊直弼伝、西郷隆盛伝、勝海舟伝、日本政党史、日本刀論など多数の著書がある。

佐藤 北江
さとう・ほっこう

ジャーナリスト
[生年月日]明治1年（1868年）12月22日
[没年月日]大正3年（1914年）10月30日
[出生地]陸中国盛岡（岩手県盛岡市） [本名]佐藤真一

岩手県盛岡に南部藩士の子として生まれる。漢詩人・川上玄之（東巌）に入門。自由民権の求我社に加盟する。「盛岡新誌」「岩手新聞」に記者となる。自由党系の結社・求我社に加盟して自由民権運動に加

わる。明治20年上京。「めさまし新聞」から「東京朝日新聞」へ移り、草創期の朝日新聞の編集長として活躍した。石川啄木を校正係に採用した人物としても知られる。追悼文集に「佐藤北江」がある。

佐藤 密蔵
さとう・みつぞう

新聞記者，「エコノミスト」主筆
[生年月日]明治5年(1872年)
[没年月日]大正14年(1925年)5月20日
[出生地]青森県弘前 [学歴]慶応義塾卒

三井銀行、日本鉄道会社を経て、明治38年大阪毎日新聞社に入社。経済部長、「エコノミスト」誌編集長、同誌主筆となり、のち同社編集局顧問に就任した。

佐藤 義夫
さとう・よしお

新聞・放送経営者，中部日本放送社長
[生年月日]明治32年(1899年)3月13日
[没年月日]昭和36年(1961年)7月29日
[出生地]岩手県江刺 [学歴]慶応義塾大学法科〔大正11年〕卒

星製薬に入り、時事新報を経て、昭和10年岩手日報社専務、17年新愛知新聞大阪支社長となり、同年中部日本新聞に入り、総務局長、取締役、21年常務となった。中日が推進した民間放送計画に尽力、25年中部日本放送創立と同時に代表取締役専務となり、26年9月1日の新日本放送とともに民法ラジオ開局第1声をあげた。31年テレビ兼営でも活躍、34年社長となった。

佐藤 義夫
さとう・よしお

出版人，新潮社社長

[生年月日]明治33年(1900年)8月31日
[没年月日]昭和42年(1967年)4月28日
[出生地]東京 [学歴]日本中〔昭和7年〕卒 [家族等]父=佐藤義亮(新潮社創業者)、長男=佐藤亮一(新潮社名誉会長)、孫=佐藤隆信(新潮社社長)、弟=佐藤俊夫(元新潮社社長)、甥=佐藤俊一(新潮社相談役)

昭和7年中学を出てすぐ父の経営する新潮社に入社、副社長、21年父の引退で新潮社社長となった。22年「小説新潮」を創刊、27年「現代世界文学全集」を刊行して大成功。さらに31年出版社系週刊誌のトップとして「週刊新潮」を刊行、内外の反対にもかかわらず40万部を売り、週刊誌ブームを巻き起こした。日本雑誌協会常任理事、日本書籍協会監事、全国出版協会理事なども務めた。

佐藤 六石
さとう・ろくせき

新聞編集者，漢詩人
[生年月日]元治1年(1864年)
[没年月日]昭和2年(1927年)4月22日
[出生地]越後国新発田(新潟県新発田市) [本名]佐藤寛(さとう・ひろし) [別名等]字=公緯 [学歴]皇典講究所〔明治20年〕卒

越後新発田藩士の家に生れる。明治15年「新潟日日新聞」編集長となり、筆禍により入獄。17年上京。森槐南の主宰する星社に加盟して漢詩壇に活躍するかたわら、国学院、慶応義塾などに出講した。伊藤博文が朝鮮統監の職にあったとき、李王の顧問をつとめたこともあった。大正6年から随鴎吟社主幹。昭和4年詩文集「六石山房詩文鈔」を刊行した。

佐藤 肋骨
さとう・ろっこつ

大阪毎日新聞社友，陸軍少将，衆院議員(政

友会），俳人
[生年月日]明治4年（1871年）1月21日
[没年月日]昭和19年（1944年）3月14日
[出生地]東京都　[本名]佐藤安之助（さとう・やすのすけ）　[旧名]高橋　[学歴]陸士〔明治28年〕卒

高橋正兵衛の四男で、佐藤家の養嗣子となった。明治28年陸軍少尉に任官。長く在外武官を務め、大正5年スイス公使館付武官を経て、8年陸軍少将。10年臨時軍事調査委員長。11年退役。昭和3年衆院議員に当選、1期。東洋協会理事、拓殖大学評議員、大阪毎日新聞社友なども務めた。支那通として知られ「満蒙問題を中心とする日支関係」「支那問題」などの著書がある。一方、近衛連隊在職中に五百木瓢亭、新海非風らに刺激されて俳句の道に入り、正岡子規の薫陶を受けた。日清戦争で片足を失い、別号を隻脚庵主人また低囊ともいった。句集はないが「新俳句」「春夏秋冬」などに多く選ばれている。蔵書和漢洋合わせて3千余冊と拓本1千余枚は拓殖大学に寄贈された。「佐藤文庫分類目録」（昭和44年）がある。

里見 甫
さとみ・はじめ

満州国通信社社長，日本商事社長，天津庸報社長，里見特務機関長
[生年月日]明治29年（1896年）
[没年月日]昭和40年（1965年）3月21日
[出生地]福岡県・小倉　[学歴]東亜同文書院卒

中国・天津の京津日日新聞に入社。国策通信社・満州国通信社の設立に奔走し、昭和12年初代社長に就任。一方、上海を本拠に様々な謀略、テロ、アヘン密売に関わり、"アヘン王"として上海の闇社会に君臨した。戦争中は上海の民間特務機関・里見機関長として働いた。

寒川 鼠骨
さむかわ・そこつ

新聞記者，俳人，写生文作家
[生年月日]明治8年（1875年）11月3日
[没年月日]昭和29年（1954年）8月18日
[出生地]愛媛県松山市三番町　[本名]寒川陽光
[学歴]三高中退

同郷の河東碧梧桐の紹介で正岡子規に師事し、句作する。明治29年大阪朝日新聞に入社するが、のちに「日本」記者となり、子規と親しく接した。写生文にすぐれており「ふうちゃん」「新囚人」などの作品があり、写生文集「寒川鼠骨集」まとめられている。子規の死後、「日本」を退社し、「医学時報」「日本及日本人」の編集に携わったが、大正13年以後は子規の遺稿編纂に力を傾け、「子規全集」「分類俳句全集」「子規千秋」「子規画日記」などを刊行。晩年は根岸の子規庵に住み、戦災後は復興に尽した。

猿田 千代
さるた・ちよ

新聞記者
[生年月日]明治23年（1890年）4月7日
[没年月日]昭和41年（1966年）4月2日
[出生地]茨城県常北町　[別名等]筆名＝小松原暁子　[学歴]日本女子大中退

茨城県常北町で尋常高小教師を務める。傍ら、「いばらき新聞」に短歌を投稿。大正10年主筆である本多文雄の勧めにより茨城新聞に入社、同県初の女性記者となった。昭和35年常北町議。

沙和 宋一
さわ・そういち

東奥日報論説委員，児童文学者，小説家

[生年月日]明治40年(1907年)9月20日
[没年月日]昭和43年(1968年)1月1日
[出生地]茨城県結城郡水海道町(常総市) [本名]山中勝衛

印刷工をしていたが、昭和3年弘前の茶太楼新聞社に勤務する。4年の4.16事件で検挙され懲役3年に処せられる。出獄後は東奥日報社などに勤務し、その間何度か検挙される。戦後東奥日報社に復帰し、論説委員として活躍。新日本文学会員。また共産党にも参加した。著書に「オホーツク海」「北海の漁夫」「生活の探求」などがある。

沢田 撫松
さわだ・ぶしょう

新聞記者,小説家
[生年月日]明治4年(1871年)5月1日
[没年月日]昭和2年(1927年)4月13日
[出生地]京都 [本名]沢田忠次郎 [学歴]明治法律学校卒

二六新報、国民新聞、読売新聞などの新聞記者を20余年間務め、特に司法記者として犯罪事実をもとに、中央公論、婦人倶楽部、新小説などに物語を執筆した。主な短編に大正9年「女の心・男の心」、14年「春宵島原巷譚」、15年「秋雨の宿」、同年7月の週刊朝日「足にさはった女」などがある。

佐原 篤介
さわら・とくすけ

新聞記者,中国問題研究家
[生年月日]明治7年(1874年)2月4日
[没年月日]昭和7年(1932年)7月17日
[出生地]東京神田(東京都千代田区) [本名]佐原希元 [別名等]筆名＝滬上槎客 [学歴]慶応義塾〔明治26年〕卒

明治26年弁護士となり、31年「時事新報」記者に転じ、32年同社特派員として上海に渡る。以来約30年間同地に留まり、「大阪毎日新聞」などの通信員として健筆を揮い、英字新聞「マーキュリー」の副主筆兼取締役も務める。また週刊「上海」を主宰し、上海の言論界に異彩を放った。一方、佐原研究室を設けて中国問題に関する多くの資料を蒐集し、政治・経済・外交ほかの調査・研究に尽力した。大正15年満州(中国東北部)に移り盛京時報社長となり、満州の言論界にも重きをなし、満蒙問題にも貢献した。

【し】

塩津 誠作
しおつ・せいさく

新聞記者
[生年月日]明治9年(1876年)12月26日
[没年月日]昭和7年(1932年)7月9日
[出生地]岡山県都窪郡茶屋町(倉敷市) [学歴]同志社〔明治31年〕卒

閑谷黌に学ぶ。明治31年同志社を卒業し近衛篤麿の東亜同文会の編集部に入る。32年「国民新聞」に転じ外報部主任となり英文欄を担当。傍ら、「ジャパン・ガゼット」「ノースチャイナ」「デイリーニュース」の通信員となり外報記者の先駆者として活躍、日露戦争には外国人記者の斡旋に努めた。のちロンドンの「デーリー・テレグラフ」、北米の「シカゴ・トリビューン」の通信員、「ジャパン・ガゼット」東京支局長などを歴任。晩年は電報通信社に入って10余年務めた。

志賀 重昂
しが・しげたか

ジャーナリスト,地理学者,衆院議員
[生年月日]文久3年(1863年)11月15日
[没年月日]昭和2年(1927年)4月6日
[出生地]三河国岡崎康生町(愛知県岡崎市)
[別名等]号＝矧川　[学歴]札幌農学校〔明治17年〕卒

明治7年上京、攻玉社、東大予備門を経て、17年札幌農学校を卒業。同年長野県立長野中学校教諭となるが、翌年退職。上京し、丸善書店入社。19年軍艦"筑波"に便乗、約10ヶ月間かけて、カロリン、オーストラリア、ニュージーランド、フィジー諸島を視察、ハワイ経由で帰国し、20年「南洋時事」を刊行。大いに名をあげた。21年三宅雪嶺らと政教社を結成、雑誌「日本人」を創刊、主筆として開明的ナショナリズムを主張。この雑誌は「亜細亜」、第二次「日本人」、第三次「日本人」と続き「日本及日本人」と改題した。尚、志賀が関係したのは「亜細亜」までであった。「国会」「東北日報」の主筆を務めた。その後、中央政社、同志会で活躍。また進歩党、憲政党、憲政本党、立憲政友会に所属。35年、36年衆院議員に当選した。37年以降政界を離れ、地理学者、旅行家として活動。実地調査に全力を傾注した日本地理学の開拓者。著書に「日本風景論」「知られざる国々」「世界山水図説」などの他、「志賀重昂全集」(全8巻)がある。

志賀 祐五郎
しが・すけごろう

新聞記者
[生年月日]文久3年(1863年)10月4日
[没年月日]大正8年(1919年)2月7日
[出生地]出羽国秋田郡久保田(秋田県秋田市)
[別名等]号＝遮莫、竜湖

出羽久保田(秋田)藩で評定奉行を務めた志賀為吉の四男に生まれる。父は平田篤胤の甥に当たる。号は遮莫、竜湖。東京の岡松甕谷に儒学を学び、また山田顕義に学んだ。司法官を務めた後、井上馨が朝鮮公使の時に「東京日日新聞」記者として特派され、通信文「韓山風雲録」が評判となる。明治30年「台湾日報」主筆となり、内藤湖南を台湾に迎える。その後、府知事渡辺洪基の秘書を務めた後、佃信夫と兄弟の義を結び、中国浪人として活躍。帰国して黒龍会に入り東亜問題に活動した。晩年は「二六新聞」に務めた。

鹿倉 吉次
しかくら・きちじ

毎日新聞専務、ラジオ東京社長
[生年月日]明治18年(1885年)3月21日
[没年月日]昭和44年(1969年)10月23日
[出生地]神奈川県中郡　[学歴]京北中学校中退、慶応義塾大学〔大正2年〕中退

慶応義塾の学僕をしながら独学、大正3年大阪毎日新聞社に入り、販売部で九州・朝鮮などを担当、また販売店毎日会を作り、12〜13年の大毎・大朝の百万部突破競争に活躍、15年販売部長となった。昭和3年高石真五郎編集主幹について外遊、13年常務・営業局長兼印刷局長、17年専務、戦後21年相談役。公職追放で相談役辞任、25年解除、民間放送計画で足立正、原安三郎らに請われ、朝日、毎日、読売、電通4者合流のラジオ東京(東京放送)出願から26年の創立に活躍、専務となった。同年12月民放ラジオ初開局、足立社長を助け30年テレビ兼営後もキー局として発展に尽くし、35年社長、40年取締役相談役。また毎日新聞最高顧問、全日本放送広告会委員長、民間放送連盟放送政策委員長などを務めた。

式 正次
しき・せいじ

新聞之新聞社創業者
[生年月日]明治27年（1894年）9月3日
[没年月日]昭和39年（1964年）12月20日
[出生地]福岡県山門郡三橋村（柳川市） [学歴]早稲田大学商学部〔大正5年〕卒 M.A.（ノースカロライナ大学）

早稲田大学を卒業後、米国ノースカロライナ大学へ留学してマスター・オブ・アーツの学位を取得。帰国して函館商工会議所書記、「大正日日新聞」記者、「日本電報通信社」通信部記者を経て、大正13年月刊新聞業界誌「新聞之新聞」を創刊、14年日刊とした。昭和6年精華書房を併設して図書の出版・販売業を営んだ。16年「文化情報」と改称したが、18年戦時統制で廃刊。戦後の21年3月復刊した。

宍戸 左行
ししど・さこう

漫画家
[生年月日]明治21年（1888年）11月5日
[没年月日]昭和44年（1969年）2月3日
[出生地]福島県 [本名]宍戸嘉兵衛 [学歴]福島中卒

明治44年洋画修業のため渡米。洋画、漫画の技術を学ぶ。大正10年頃帰国し、毎夕新聞社に入社、同紙に政治風俗漫画を連載した。昭和4年渡米生活を綴った「漫画・漫談アメリカの横ッ腹」を出版し、注目を浴びる。5年以降「読売新聞」日曜版付録「読売サンデー漫画」にSF冒険漫画「スピード太郎」を連載、映画的手法を駆使したこの漫画は、今日のストーリー漫画の先駆となった。

後川 文蔵
しっかわ・ぶんぞう

京都日出新聞社長，京華社社長
[生年月日]慶応4年（1868年）7月3日
[没年月日]昭和6年（1931年）12月22日
[出生地]摂津国豊能郡秦野村（大阪府池田市）
[旧名]井手 [学歴]慶応義塾卒

井手用平の2男として生まれ、のち分家して後川と称す。通信省勤務を経て、明治28年京都に京華社を創立し、新聞通信、広告取扱い業を営む。大正9年京都日出新聞社（京都新聞社の前身）社長。京都自動車社長も務めた。

品川 緑
しながわ・みどり

ジャーナリスト
[生年月日]明治28年（1895年）
[没年月日]昭和39年（1964年）
[出生地]福岡県朝倉郡

大正13年九州日報入社、昭和8年福岡日日新聞に移り25年に退職。一方では昭和初年から美術会と深い接触をもち、多くの画家を支えた。戦前戦後を通じて福岡の美術界の裏方として活躍した。

篠田 鉱造
しのだ・こうぞう

新聞記者，幕末・明治風俗研究家，俳人
[生年月日]明治4年（1871年）12月6日
[没年月日]昭和40年（1965年）3月18日
[出生地]東京赤坂（東京都港区） [別名等]俳号＝胡蝶庵

明治28年報知新聞社に入り村井弦斎の指導を受けながら記者活動。33年読者のための安信部を設けた。古老の実話を聞き書きした「夏夜物語」を35年7月26日から

連載、さらに「秋夜物語」を連載し、38年この二つの物語を「幕末百話」として刊行、昭和4年増補版を出した。5年退社して文筆に専念した。俳句をよくし胡蝶庵と号した。著書に「明治百話」「幕末明治女百話」「銀座百話」「明治新聞綺談」などがある。

篠原 叶
しのはら・かのう

上毛新聞創業者
[生年月日]嘉永3年（1850年）6月25日
[没年月日]大正15年（1926年）6月27日
[出身地]武蔵国忍（埼玉県行田市） [本名]篠原義直 [別名等]号＝香雨

房州北条陣屋（忍藩飛地）で生まれる。武蔵忍藩士で、桃井春蔵より剣術を学び極意皆伝を得て剣術教授を務める。維新ののち蘭学者・堀田敬直より活版印刷の技術を習得。明治10年群馬県前橋に印刷所・成立舎を開業。20年日刊紙「群馬日報」を創刊、同年「上毛新聞」と改めた。

篠原 和市
しのはら・わいち

新聞記者，衆院議員
[生年月日]明治14年（1881年）3月
[没年月日]昭和5年（1930年）8月14日
[出生地]長野県南佐久郡岸野村（佐久市） [学歴]小諸義塾卒

明治39年大阪毎日新聞社に入り、毎日電報の政治記者で活躍。その後東京日日新聞社に移った。大正12年退社、政界に入り、14年以来衆院議員当選3回。司法大臣秘書官、内務大臣秘書官を務め、政友会幹事。

信夫 淳平
しのぶ・じゅんぺい

新愛知主筆，早稲田大学教授
[生年月日]明治4年（1871年）9月1日
[没年月日]昭和37年（1962年）11月1日
[出生地]鳥取県 [学歴]東京高商［明治27年］卒 法学博士 [資格]帝国学士院会員 [受賞]帝国学士院賞恩賜賞〔昭和18年〕 [家族等]父＝信夫恕軒（漢学者），長男＝信夫韓一郎（新聞人），三男＝信夫清三郎（政治学者）

漢学者信夫恕軒の長男。外務省に入り書記官、総領事などを務めたが、日清戦争中、有賀長雄に師事して国際法、外交史を研究。大正6年退官、「新愛知」の主筆、顧問を経て8年早稲田大学講師となり、国際法、外交史を講じた。10〜12年中華民国政府顧問。昭和18年「戦時国際法講義」（全4巻）により帝国学士院恩賜賞を受賞。戦後26年早大教授となった。学士院会員。著書は他に「近世外交史」「小村寿太郎」などがある。

芝 染太郎
しば・そめたろう

ジャパン・タイムス社長
[生年月日]明治3年（1870年）
[没年月日]昭和24年（1949年）

明治27年ハワイに渡り「布哇新報」を発行。その後英字新聞「ジャパン・タイムス」の社長を務めた。一方大正9年日本で初めて設立された東京ロータリークラブで活動。太平洋戦争直前、日本のロータリーの専任幹事として、軍部の圧力で解散に追い込まれたロータリー存続のため、旧満州を含めた日満ロータリー連合会の設立に尽力。同連合会は直ぐ解散したが、戦争開戦前に茨城県・神栖町に疎開し、晴耕会を結成、ロータリー精神を貫き、地

道な活動を続けた。のち茨城県内の国際ロータリー第2820地区が結成した調査研究委員会により3年がかりでその生涯が本にまとめられ、平成8年「ふりかえれば未来が見える」として出版された。

斯波 貞吉
しば・ていきち

ジャーナリスト，衆院議員（立憲民政党）
[生年月日]明治2年（1869年）8月
[没年月日]昭和14年（1939年）10月14日
[出生地]福井県 [学歴]東京帝大文科大学英文科選科〔明治29年〕卒，オックスフォード大学卒

明治24年2年間に及ぶオックスフォード大学留学より帰国。26年東京帝国大学英文学選科に入り29年卒業。盛岡中学校教諭、高輪仏教高等中学・同大学各教授を務め、31年万朝報に入り、英文記者、編集局長となった。社長黒岩涙香の下、石川半山、茅原華山らと大正初期の憲政擁護に健筆をふるい、黒岩没後は常務兼主筆。堺利彦らの週刊「平民新聞」英文欄も執筆。38年山路愛山らと国家社会党を創立。大正14年東京大勢新聞社を創立、社長に就任。同年東京府から衆院補欠選挙に立候補、当選、憲政会、立憲民政党に属し、当選6回。著書に「国家社会党論」などあり。

柴田 かよ
しばた・かよ

新聞記者
[生年月日]明治17年（1884年）8月7日
[没年月日]昭和33年（1958年）2月3日
[出身地]岐阜県 [学歴]フェリス女学院卒 [家族等]夫＝柴田清美（新聞記者）

フェリス女学院を卒業後、結婚して2児を生むが離婚。郷里の岐阜県に帰り、明治41年新聞記者の柴田清美と再婚。大正2年「青鞜」会員となる。のち名古屋新聞、濃飛日報で記者を務めた。

柴田 流星
しばた・りゅうせい

新聞記者，小説家，翻訳家，編集者
[生年月日]明治12年（1879年）2月28日
[没年月日]大正2年（1913年）9月27日
[出生地]東京府小石川（東京都文京区） [本名]柴田勇

中学卒業後、英国人について英語を学び、のち巌谷小波の門下となる。語学力を買われて小波門下の集まりである木曜会の機関紙「活文壇」で海外文壇欄を担当し、キップリングの童話などを紹介。また、明治末年まで時事新報社記者として活動し、のち佐久良書房の編集主任を務めた。著書に「伝説の江戸」「残されたる江戸」「東京の女」「唯一人」「菜の花姫」などがあり、訳書に「アンナカレンナ」、永井荷風との共訳「船中の盗人」、塚原渋柿園との共訳「蛮勇」などがある。

柴原 亀二
しばはら・かめじ

新聞記者，弁護士
[生年月日]慶応3年（1867年）
[没年月日]昭和10年（1935年）
[出生地]播磨国（兵庫県） [別名等]号＝楫川 [学歴]東京帝大法科〔明治21年〕卒 [家族等]父＝柴原和（貴院議員）

龍野藩士・柴原和の長男に生まれる。明治22年欧州に留学し英国、ドイツ、フランスで法律学を学び、28年帰国し弁護士となる。29年台湾総督府参事官に選ばれ、のち鳳山支庁長に就任。33年職を辞し東

京で翻訳、著述などを行う。35年大阪朝日新聞に論説記者として入社し、36年清国に特派され、北京で公使・内田康哉らと関わる。38年帰国後退社し、44年フィリピンとの貿易を計画し神戸にユニオン商会を設立したが失敗に終わり、大正10年神戸で再び弁護士を開業し、傍ら著述に従事した。著書に「政府及政党」など。

渋江 保
しぶえ・たもつ

東海暁鐘新聞主筆, 作家, 翻訳家, 心霊研究家
[生年月日]安政4年（1857年）7月26日
[没年月日]昭和5年（1930年）4月7日
[出生地]江戸本所（東京都墨田区） [本名]渋江成善（しぶえ・しげよし） [別名等]幼名＝三吉, 通称＝道陸, 筆名＝羽化仙史, 渋江不鳴, 乾坤独歩, 府南隠士, 幸福散史 [学歴]東京師範卒, 慶応義塾本科卒 [家族等]父＝渋江抽斎（儒医・書誌学者）

浜松師範教頭、愛知中学校長、攻玉舎及び慶応義塾の英語教師、東海暁鐘新聞主筆などを経て、明治23年出版社・博文館に入社し文筆活動に入る。16歳でカッケンズの翻訳「小米国史」を刊行。以後、無類の博識ぶりを発揮して、科学・数学・地理・歴史・文学・哲学・教育・心理学から催眠術・記憶術・手品のタネ本にまで及ぶ広範囲な分野の教養書を執筆。38年博文館を退社。以後、羽化仙史など4種類のペンネームを使って冒険小説、SF、怪奇小説を執筆した。主な著訳書に「百難旅行」（スティーブンソン原作）「月世界探検」「空中電気旅行」「催眠術」（ジョーンスツロム著）などがある。また、易学界でも先駆的研究家として高く評価されている。

渋川 玄耳
しぶかわ・げんじ

東京朝日新聞社会部長, 著述家, ジャーナリスト, 俳人
[生年月日]明治5年（1872年）4月28日
[没年月日]大正15年（1926年）4月9日
[出生地]佐賀県杵島郡西川登村（武雄市） [本名]渋川柳次郎 [別名等]別筆名＝藪野椋十
[学歴]東京法学院（現・中央大学）中退

高等文官試験、弁護士試験に合格し、熊本第6師団法官部に勤務。日露戦争では同師団法官部理事として出征。明治40年東京朝日新聞社に社会部長として入社、大正2年退社。その間、夏目漱石の朝日新聞入社に尽力し、明治43年には「朝日歌壇」を再設して石川啄木を選者とした。俳句は正岡子規から手紙により指導を受け「新俳句」に所収。熊本第6師団俳句結社・紫溟吟社の幹部でもあった。日露戦争従軍時の俳句日記「従軍三年」をはじめ、随筆「閑耳目」「藪野椋十東京見物」「藪野椋十上方見物」「藪野椋十朝鮮見物」等を著わし、好評を博す。3年対独戦争で「国民新聞」の従軍記者として青島に渡り、戦後青島民生顧問となった。11年「大阪新報」の主幹となるが、まもなく病気のため辞め、以後著述に専念、中国珍籍の収集、翻訳・刊行に携わった。著書に「飩語」、歌集「山東にあり」など。ほかに高田素次編「渋川玄耳句稿」がある。

渋谷 良平
しぶや・りょうへい

新愛知新聞創立者, 愛知県議
[生年月日]弘化1年（1844年）
[没年月日]昭和8年（1933年）4月2日

豊後の広瀬淡窓の塾に入り漢詩を学んだ。のち名古屋に出て市会、県会各議員を務

め、地方自治に尽力。自由党尾張支部長として活躍。また「新愛知」新聞を創刊した。

島川 観水
しまかわ・かんすい

日本時計商工新聞社長，作詞家，郷土史家
[生年月日]明治14年（1881年）
[没年月日]昭和18年（1943年）
[出生地]青森県西津軽郡深浦町　[本名]島川久一郎

早くから俳句、漢詩を得意とし、「東奥青年文学会」「有声無声」などを発行して青森のみならず日本各地の同好者の詩歌を掲載。その後、上京して日本時計商工新聞社を設立、社長を務めた。一方で青森県民謡の普及に尽くし、東京・浅草で民謡仲間を出演させたほか、自ら「深浦小唄」「西海岸行進曲」「仙台小唄」などを作詞。昭和15年鰺ケ沢築港落成を記念して「鰺ケ沢音頭」が作られた際には、実際に作詞した大沢清三の名では知名度が足りないということで、観水を作詞者としてレコード化されている。晩年は郷里・青森県深浦に帰り、同地の観光を目的とした「西海岸の風景」などを発行した。また徳富蘇峰、孫文、佐藤惣之助らとも交流した。郷土史にも関心があり「西津軽郡誌」を著した他、句日記を残すなど多芸多才の人物として知られた。

島田 数雄
しまだ・かずお

上海日報主筆
[生年月日]慶応2年（1866年）
[没年月日]昭和3年（1928年）5月23日
[出生地]肥後国（熊本県）　[別名等]号＝太堂
[学歴]二松学舎卒

熊本藩士の子に生まれる。東京に遊学し、二松学舎で三島中洲・塩野時敏に師事して漢学を修め、郷里・熊本の済々黌で教職に就く。明治33年頃に井手三郎らと上海に同文滬報館を設立、漢字新聞「亜洲日報」を創刊。ついで井手が創刊した邦字新聞「上海日報」の主筆となり、30年間近く編集を担当した。

島田 五空
しまだ・ごくう

北羽新報経営者，俳人
[生年月日]明治8年（1875年）4月1日
[没年月日]昭和3年（1928年）12月26日
[出生地]秋田県　[本名]島田豊三郎　[別名等]別号＝香車，悟空，五工，山頭火

佐々木北涯に俳句を学び、郷土（現・秋田県能代市）で北羽新報を経営。明治33年に石井露月と日本派の俳誌「俳星」を発行、東北俳檀に重きをなした。「五空句集・裘（かわごろも）」のほか、文集「有用無用」がある。

島田 三郎
しまだ・さぶろう

毎日新聞社長，ジャーナリスト，衆院議長
[生年月日]嘉永5年（1852年）11月7日
[没年月日]大正12年（1923年）11月14日
[出生地]江戸　[旧名]鈴木　[別名等]幼名＝鐘三郎，号＝沼南　[学歴]昌平黌卒，沼津兵学校卒，大学南校卒，大蔵省付属英学校卒　[家族等]養父＝島田豊寛（横浜毎日新聞社員総代）

明治7年横浜毎日新聞社主・島田豊寛の養子に入り、同紙の主筆となり、自由民権をとなえる。のち元老院などの官職についたが、明治14年政変で下野し、再び毎日新聞に入り、27年社長に就任。この間、15年立憲改進党の創立に参加。19年

植村正久牧師により受洗。ついで「条約改正論」「開国始末」など執筆。また23年から衆院議員に連続14回当選し、27年副議長、大正4年議長に就任。進歩党、憲政会、立憲国民党、革新倶楽部憲政本党などに属した。労働問題に早くから理解を示し、廃娼問題、足尾鉱山鉱毒事件、普通選挙運動、シーメンス事件などで活躍した。また雄弁家として知られ、"島田しゃべ郎"の異名をとった。「島田三郎全集」（全7巻、龍渓書舎）がある。

嶋中 雄作
しまなか・ゆうさく

中央公論社社長
[生年月日]明治20年（1887年）2月2日
[没年月日]昭和24年（1949年）1月17日
[出生地]奈良県磯城郡三輪町（桜井市）　[本名]嶋中雄作（しまなか・ゆうさく）　[別名等]筆名＝涙湖　[学歴]畝傍中（旧制）卒、早稲田大学哲学科〔明治45年〕卒　[家族等]長男＝嶋中鵬也（編集者）、二男＝嶋中鵬二（中央公論社社長）、兄＝嶋中雄三（社会運動家）

医師・島中雄碩の四男。早稲田大学卒業後の明治45年、島村抱月、金子筑水の紹介で反省社（大正3年より中央公論社）に入社し、約3年間にわたって滝田樗陰の下で「中央公論」の編集に従事。2年樗陰に進言し同誌の増刊号として「婦人問題号」を発行したところ好評を博したため、5年「婦人公論」創刊とともに主幹となり、婦人の地位向上と自立を掲げ、大正期の婦人運動の展開に大きな役割を果たした。樗陰没後の15年からは「中央公論」主幹も兼任。昭和3年同社の経営不振により麻田駒之助から社の経営を譲られ、2代目社長に就任。4年出版部を創設、同年刊行のレマルク著・秦豊吉訳「西部戦線異常なし」が20万部を超えるベストセラーとなり経営が安定。以後、8年の坪内逍遥訳「新修シェークスピヤ全集」、14年の谷崎潤一郎現代語訳「源氏物語」などの話題作を次々と出版して社業の基礎を固めた。雑誌「中央公論」も自由主義的な論調で「改造」とともに論壇をリードし、満州事変の勃発後には同誌上で日本の右傾化を警戒する論陣を展開。しかし軍部から言論統制の強化を受け、19年当局の命令により同誌及び「婦人公論」は廃刊、社も解散という"自発的廃業"に追い込まれた。敗戦直後の20年10月社を再建し、21年には「中央公論」「婦人公論」を復刊。さらに戦時中に中断させられた谷崎の小説「細雪」を再開させた。国民学術協会理事長、国民生活協会理事長なども務めた。

島中 雄三
しまなか・ゆうぞう

ジャーナリスト、評論家
[生年月日]明治14年（1881年）2月18日
[没年月日]昭和15年（1940年）9月16日
[出生地]奈良県磯城郡三輪町（桜井市）

明治38年「火鞭」の同人となった頃から社会主義に関心を抱き、雑誌編集者としてすごす。大正12年政治問題研究会を作り、15年社会民衆党創立で執行委員となる。のち東京市議にもなり、東京市政刷新に関心をもった。

島村 抱月
しまむら・ほうげつ

評論家、美学者、新劇運動家、演出家、早稲田大学教授、芸術座主宰者
[生年月日]明治4年（1871年）1月10日
[没年月日]大正7年（1918年）11月5日
[出生地]石見国久佐村（島根県浜田市）　[本名]

島村滝太郎　[旧名]佐々山　[学歴]東京専門学校（現・早大）文学科〔明治27年〕卒

東京専門学校で坪内逍遥の教えを受け、卒業後は「早稲田文学」記者となり、かたわら東京専門学校講師となる。「西鶴論」「新体詩の形について」などで評論家として認められ、明治33年共著「風雲集」を刊行。この間31年には高田早苗、坪内逍遥の推薦により読売新聞に入社し、文芸欄「月曜附録」の担当編集者を務めた。しかし自然主義の抱月は尾崎紅葉が率いる硯友社の力が強かった当時の読売新聞の空気になじめず在職一年余りで退社した。尚、抱月が始めた文芸・教育・美術界の消息欄「よみうり抄」は現在まで続いている。35年「新美辞学」を刊行し、38年までヨーロッパに留学。帰国後、早大教授に就任し、また39年再刊された「早稲田文学」主宰者となり「囚はれたる文芸」を発表。一方、逍遥の文芸協会で新劇指導者としても活躍し、44年「人形の家」を帝劇で上演。大正2年文芸協会を退会、松井須磨子と共に芸術座を組織し、早大教授を辞した。以後はその主宰者・演出家として須磨子とともに全国を巡回するが、7年11月スペイン風邪のため死亡した。ほかの著書に評論集「近代文芸之研究」、脚本集「影と影」、小品集「雫」などがある。

清水　卯三郎
しみず・うさぶろう

印刷技術者、瑞穂屋主人
[生年月日]文政12年（1829年）3月4日
[没年月日]明治43年（1910年）1月20日
[出生地]武蔵国羽生村（埼玉県羽生市）　[別名等]諱名＝直、字＝子礼、号＝蕉軒

吉川波山に漢学を、江戸に出て箕作阮甫に蘭学を学んだ。安政元年（1854年）伊豆下田に来航したロシア使節に接して露語を学び、文久3年（1863年）の薩英戦争で英国艦隊旗艦に通訳として乗った。この間、江戸～横浜を往来して商業に従事。慶応3年（1867年）パリ万博に吉田六左衛門と共に渡航、日本の美術工芸品、日本紙を出品して銀牌を受けた。パリでは陶器七宝の術を学び、また仮名活字を鋳造させ活版石版の機械器具類を購入、明治元年米国経由で帰国した。浅草で瑞穂屋という店を開き洋書や器具類を売るかたわら石版印刷を試み、2年3月「六合新聞」を発行（翌月第7号で終刊）。6年明六社の会計係となり「明六雑誌」第7号に「平仮名ノ説」を発表、ひらがな表記運動を展開した。8年本町に移り初めて米国から歯科医療機械を輸入、窯業用薬品を製造販売した。9年2月には「東洋紀聞」を創刊したが、翌月第2号で終刊となった。また西洋花火の書も出した。自伝「わがよのき　上」「ゑんぎりしことば」などがある。東京日日新聞第21号から海外特報として米国南北戦争の話を連載した。

清水　紫琴
しみず・しきん

雑誌編集者、小説家、女権運動家
[生年月日]慶応4年（1868年）1月11日
[没年月日]昭和8年（1933年）7月31日
[出生地]備前国和気郡片上村（岡山県備前市）
[出身地]京都府京都市　[本名]古在とよ　[旧名]清水　[別名等]別名＝古在紫琴、清水つゆ子、生野ふみ子、号＝紫琴、花園、通称＝豊子　[学歴]京都府立第一高女〔明治14年〕卒　[家族等]夫＝古在由直（農芸化学者・東京帝大総長）、二男＝古在由重（哲学者）

漢学者・清水貞幹の三女。3歳の頃京都に移住。女学校卒業後、明治18年弁護士・

岡崎晴正と結婚（22年離婚）、夫とともに奈良の大同団結運動に参加。22年植木枝盛、景山英子らと知り合い、女権拡張運動で活躍。23年上京、女学雑誌社に入社。「女学雑誌」の主筆・編集責任者となり、女性初のジャーナリストとして人権問題と女子教育についての評論を発表する。小説も書き、24年自伝的処女作「こわれ指輪」で認められる。翌年、東京帝大農科大助教授・古在由直と再婚、一時文学活動を休止するが、28年から復活。その後は主に「文芸倶楽部」に発表、主要作に「心の鬼」「したゆく水」などがあり、32年最後の作品「移民学園」は「破戒」の原型といわれる。33年以降は家庭の人となり、社会的な活動はしなかった。「清水紫琴全集」（全1巻, 昭和58年）がある。

清水 芳太郎
しみず・よしたろう

九州日報（現・西日新聞）社長, 発明家
[生年月日]明治32年（1899年）
[没年月日]昭和16年（1941年）
[出生地]和歌山県東牟婁郡那智勝浦町 [学歴]早稲田大学政治経済学部卒

大学卒業後、三宅雪嶺主宰の政治評論誌「我観」の編集を担当。政治家・中野正剛が注目し、昭和3年28歳の時、九州日報の主筆に抜てき。一方、民衆救済、生産力向上を媒介にした国家改造を目的に、発明に没頭。5年福岡市に清水理化学研究所を設立し、灸点探索器や高圧鍋、骨かまぼこ、もやし米などユニークな作品を次々発表。傍ら、クローン技術の出現を予見する「人間の改作」と題した連載記事や、50年後の福岡を予測した「五十年の眠」など科学信仰と未来への予見が交錯した文章を紙面で発表し、話題となった。次第に軍事関連技術の開発に傾倒す

るようになり、15年九州日報社長を辞任し、立川市に陸軍の肝いりで理化学研究所を再建。無音機関銃や竜巻飛行機、濃霧透視機などを発明。16年軍用機で福岡に向う途上の遭難事故で死去。

下田 憲一郎
しもだ・けんいちろう

ジャーナリスト, 「東京パック」主宰
[生年月日]明治22年（1889年）12月11日
[没年月日]昭和18年（1943年）9月12日
[出生地]秋田県横手市 [学歴]横手尋常高小〔明治36年〕卒 [家族等]妹＝波田うた（東村山市議）

秋田県横手に酒造店の長男として生まれたが、父の没後に店は倒産。小学校卒業後、市内の書肆・大沢鮮進堂で約7年間修業し、次いで東江堂に勤めた。明治末年頃に上京し、代議士秘書などを経て、大正8年よりカラー漫画誌「東京パック」の編集に従事。同誌は12年に休刊するが、昭和3年自身が主宰となって復刊させ、以後、柳瀬正夢、大月源二らの活動を後援する傍ら、須山計一、松山文雄ら新進漫画家の育成に尽力。度重なる発売禁止・起訴などの弾圧や経営難などに苦しみながら社会風刺漫画の分野を守り、自らも「吐雲記」などを執筆して軍部や政府を批判した。しかし、満州事変勃発後は時流に抗しきれず軍隊慰問の雑誌となり、16年3月終刊。その後、後世に残すため、同誌に寄せられた漫画家の原画を妹に託した。

下田 将美
しもだ・まさみ

新聞人, 随筆家
[生年月日]明治23年（1890年）5月17日
[没年月日]昭和34年（1959年）3月27日

［出生地］東京 ［旧名］本多 ［学歴］慶応義塾大学理財科〔大正3年〕卒

時事新報社に入り、大正15年経済部長。その後大阪毎日新聞社副主筆、編集局顧問、営業局次長、昭和13年取締役、15年常務となり主筆、編集主幹、出版局長を兼任。敗戦で辞任、公職追放。その間日米通信取締役を務め、25年大有社を創立、社長となった。著書に「愛蘭革命史」「煙草礼讃」「今なら話せる」などがある。

下中 弥三郎
しもなか・やさぶろう

出版人，社会運動家，平凡社創業者
［生年月日］明治11年（1878年）6月12日
［没年月日］昭和36年（1961年）2月21日
［出生地］兵庫県多紀郡今田村下立杭（篠山市）
［別名等］号＝芳岳，山雨楼主人 ［叙勲］紫綬褒章〔昭和34年〕，勲一等瑞宝章〔昭和36年〕
［受賞］今田町名誉町民〔昭和33年〕 ［家族等］三男＝下中直也（平凡社社長），四男＝下中邦彦（平凡社社長），孫＝下中弘（平凡社社長），下中直人（平凡社社長）

2人姉弟の長男。明治13年2歳で父を亡くし、小学校時代に債務により家を追われた。21年小学校を卒業すると家業の立杭焼に従事して一人前の陶工となるが、独学で小学校の教員検定試験に合格して小学校教員に転じた。33年「小学校に於ける国語及び其教授法」を自費出版。35年上京、小栗栖香平と「児童新聞」を創刊。38年婦女新聞記者を兼務。大正3年平凡社を創業して自著「ポケット顧問 や、此は便利だ」を出版。9年には日本最初のメーデーに参加して代表演説を行い、他のメーデー主催団体と労働組合同盟会を結成するなど、労働運動、農民運動、婦人運動などに奔走した。12年平凡社を株式会社に改組して本格的に出版活動を始め、昭和初期の円本ブームにのって「現代大衆文学全集」（全60巻）、「世界美術全集」（全36巻）などを刊行。昭和6～9年には「大百科事典」（全28巻）を出し、事典出版社としての地歩を固めた。昭和に入ると国家社会主義的な立場に立ち、新日本国民同盟や大亜細亜協会、東亜建設国民連盟などの結成に参加。15年には大政翼賛会中央協力会議議員に推され、第四委員会（文化）の委員長となった。22年東京印書館を設立、社長。23年公職追放となり、26年同解除により平凡社社長に復帰。34年会長。30～34年林達夫を編集長に迎え、「世界大百科事典」（全32巻）を完成させた。

下村 海南
しもむら・かいなん

新聞人，朝日新聞副社長，国務相，貴院議員（勅選），歌人
［生年月日］明治8年（1875年）5月11日
［没年月日］昭和32年（1957年）12月9日
［出生地］和歌山県和歌山市 ［本名］下村宏（しもむら・ひろし） ［学歴］東京帝国大学法学部政治学科〔明治31年〕卒 法学博士〔大正7年〕
［家族等］息子＝下村正夫（演出家），孫＝下村宏彰（福井大教授・数学）

逓信省に入省。郵便貯金局長などを経て、大正4年台湾総督府民政長官。10年朝日新聞社に入社、11年専務、昭和5年副社長を歴任。緒方竹虎と共に同社の近代化を推進した。広田弘毅内閣の拓相として有力視されていたが、軍の反対で実現せず、11年退社。12年勅選貴院議員となり、20年4月鈴木貫太郎内閣の国務相兼情報局総裁に就任。この間、18年から日本放送協会会長をつとめ、終戦時に玉音放送の成功を導いた。戦後、参院選に出馬したが落選。平成2年昭和20年当時の手帳が見つ

かった。著書に「終戦秘史」「財政読本」など。また歌人でもあり、歌集に「芭蕉の葉蔭」「天地」「白雲集」「蘇鉄」などがある。

下村 房次郎
しもむら・ふさじろう

実業家，新聞人
[生年月日]安政3年（1856年）4月4日
[没年月日]大正2年（1913年）2月21日
[出生地]紀伊国和歌山（和歌山県和歌山市）
[家族等]長男＝下村海南（ジャーナリスト）

旧和歌山藩士。年少の頃、藩立の時習館および兵学寮に学び、のち大阪に出て学を修め、明治9年和歌山県準判任御用掛となり、13年「和歌山日日新聞」主幹を経て、18年東京に出て逓信省に務め、郵便電信学校の創設など行政の整備と吏員の養成に尽くし、また雑誌「交通」を発刊する。26年退職し、以後、「東京日日新聞」客員となり、内国生命保険の設立に関わり顧問を務める。34年には日露貿易の急務を唱え、当局者に力説すると共にロシア国公使と会見して貿易に関する覚え書きを交換し、また同志25名とロシアに赴くなど日露貿易を推進した。この間、台湾茶株式会社の創立に尽力、傍ら通信官吏練習所講師を兼ねた。著書に「教育新論」「済世小言」「交通汎論」「官吏論」「鉄道論」などのほか多数。ジャーナリストの下村宏（海南）は長男。

釈 瓢斎
しゃく・ひょうさい

大阪朝日新聞論説委員，俳人
[生年月日]明治14年（1881年）9月26日
[没年月日]昭和20年（1945年）8月6日
[出身地]島根県安来 [本名]永井栄蔵 [学歴]東京帝大卒

ながく大阪朝日新聞論説委員として「天声人語」に健筆をふるった。仏教や美術に造詣が深く、俳誌「趣味」を主宰、落柿舎保存にも尽力した。著書は「瓢斎随筆」「評註嵯峨日記」などの他、小説、宗教書、紀行随筆など多岐にわたる。

尚 順
しょう・じゅん

琉球新報創業者，実業家，男爵，貴院議員
[生年月日]尚泰26年（1873年）4月6日
[没年月日]昭和20年（1945年）6月16日
[出生地]琉球国首里（沖縄県那覇市） [別名等]通称＝松山王子、号＝鷺泉 [家族等]父＝尚泰（最後の琉球王）、兄＝尚典（貴院議員）、六男＝尚詮（元琉球新報取締役）

最後の琉球王である尚泰の四男。明治5〜12年の琉球処分により父と上京したが、25年帰県。26年沖縄最初の新聞である琉球新報を創刊、社長。32年沖縄銀行を創設した他、船会社や農園など様々な事業を展開した。尚家の分家として男爵を授けられ、37年〜大正4年貴院議員。昭和20年6月沖縄戦の最中、避難濠の中で死去した。

庄司 良朗
しょうじ・よしろう

駿豆新聞社長，衆院議員（政友会）
[生年月日]明治12年（1879年）12月
[没年月日]昭和6年（1931年）6月22日
[出身地]静岡県駿東郡原町（沼津市） [学歴]早稲田大学卒

沼津商業教諭を経て駿東郡会議員、同議長、静岡県会議員、同参事会員。駿豆新聞社長兼主筆、のち静岡朝報を経営した。他に東駿銀行監査役、沼津市畜産組合長

庄野 金十郎
しょうの・きんじゅうろう

福岡日日新聞社長，弁護士，衆院議員（政友会）
[生年月日]安政4年（1857年）2月28日
[没年月日]昭和3年（1928年）8月12日
[出身地]筑前国（福岡県） [旧名]渡辺

渡辺平内の長男に生まれ、のち庄野家の養子となる。明治13年福岡で弁護士を開業し、福岡弁護士会会長を務め法曹界に重きをなした。一方、福岡県議・議長を経て、41年衆院議員に当選1回、政友会福岡支部長として地方政界に活躍した。また長年に渡って福岡日日新聞に関与し、のち社長も務めた。

条野 採菊
じょうの・さいぎく

新聞記者，戯作者
[生年月日]天保3年（1832年）9月1日
[没年月日]明治35年（1902年）1月24日
[出生地]江戸日本橋（東京都中央区） [本名]条野伝平 [別名等]別号＝山々亭有人，彩ая散人，朧月亭有人 [家族等]息子＝鏑木清方（日本画家）

地本問屋を営む家に生まれ、若い頃より国文学の書物を愛読。17歳で5世川柳に入門して"狂句沓掛にも名誉あり"と評された。東京・本郷の呉服問屋・伊豆蔵の番頭となり、得意先であった老中・阿部伊勢守の知遇を得て戯作者となった。直接の師系は明らかではないものの、人情本を得意とし、国文学の知識を生かして作品の端々に古歌や古文を織り交ぜながら艶麗な雰囲気を醸し出す作風で"為永春水

以来の作家"といわれ、「春色恋廼染分解」「春色江戸紫」「三人於七花暦封文」などを執筆して人気を博した。また、文久から元治年間にかけて河竹新七（黙阿弥）、3代目瀬川如皐、仮名垣魯文らとともに三題噺のグループ・粋興連を組織して創作活動を行い、初代三遊亭円朝、柳亭左楽ら落語家の技芸向上に寄与した。一方、魯文の紹介で福地桜痴と知り合い、ともに慶応4年（1868年）4月江湖新聞を発行。しかし、明治政府に反対する姿勢をとったため、薩摩・長州ら西国諸藩が江戸に入った後の5月に同紙は廃刊を余儀なくされ、桜痴は投獄、自身も困窮の身となった。明治期に入ってからは「脇釜」と称する草双紙を数種刊行しただけで、明治5年新聞記者に転身。浅草茅町1丁目の茶野の家で落合芳幾らかつての江湖新聞のメンバーとともに東京日日新聞を創刊し、編集者・印刷者として活動。7年には桜痴を主筆に迎えた。19年同紙を離れて、やまと新聞を創刊。呼びものに人気絶頂の初代円朝の口演速記を載せて人気を集めた。新作人情噺の陰の作者といわれ、円朝支援の功績も大きい。また、この頃には創作も再開し、同紙に「廓雀小稲出来秋」などの新聞連載小説を執筆した。演劇方面でも活躍し「千金の涙」「依田の苗代」などの脚本を書いた他、やまと新聞に毎日劇作を掲載した。これらにより、明治20年代中期には再びかつての文名を取り戻し、25年刊の「早稲田文学」の「現代小説家の項」という記事で"新聞社派"の作家の一人としてその名が挙げられるまでに至った。晩年には随筆や回想記にも才筆を振るった。別号の山々亭有人は"さんざんでありんす"をもじったといわれる。他の作品に「春色玉襷」「毬唄三人娘」「近世紀聞」「涙の媒介」「見聞逸話」

などがある。日本画家・鏑木清方の父。

正力 松太郎
しょうりき・まつたろう

新聞人，読売新聞社主，日本テレビ放送網社長，衆院議員，科学技術庁長官，日本野球連盟会長

[生年月日] 明治18年（1885年）4月11日
[没年月日] 昭和44年（1969年）10月9日
[出生地] 富山県射水郡枇杷首村（射水市） [学歴] 高岡中（旧制）卒，四高卒，東京帝国大学法科大学独法科〔明治44年〕卒 [叙勲] レジオン・ド・ヌール勲章〔昭和39年〕，勲一等旭日大綬章〔昭和39年〕 [受賞] 駒沢大学名誉文学博士〔昭和37年〕 [家族等] 長男＝正力亨（読売新聞グループ本社社主），女婿＝小林与三次（自治事務次官・読売新聞社長），関根長三郎（よみうりランド社長）

土木請負業を営む正力庄次郎の二男。5歳のときに近所を流れる庄川の増水で溺死しそうになるが、母の懸命な救助により一命を取りとめたという。成績優秀であったが、高岡中学時代にはストライキへの参加により操行点が"丁"だったため、常に下位に甘んじていた。四高進学後は柔道に熱中。明治40年東京帝国大学法科大学独法科に進み、同級に芦田均、石坂泰三、五島慶太らがいた。44年内閣統計局に入局。大正元年高等文官試験に合格して、2年同郷の先輩である南弘の勧めで警視庁に入庁。早稲田大学騒動、米騒動、普選運動、東京市電争議などで活躍した。10年警視庁官房主事となり、後藤新平らの知遇を得るなど政界に人脈を構築。12年警務部長の昇進したが、同年に起こった虎の門事件の責任をとり、13年警視庁を退職した。同年摂政宮（昭和天皇）の婚礼による特赦を受けるが、むしろこれを機に官界から離れ、後藤から10万円の融資を受け、13年経営不振の状態にあった読売新聞の社長に就任。以降、徹底的な合理化と大衆化を断行し、14年他紙に先駆けてのラジオ欄創設、15年日曜夕刊の発行、昭和5年色刷り漫画の連載開始、6年少年新聞の創刊など新たな企画を次々と進め、また囲碁・将棋欄、日曜夕刊のグラフ欄、スポーツ欄などを新設して紙面の刷新を図り、短期間で発行部数を激増させた。イベント面でも充実を図り、4年全国各地の宝物を集めた大規模な東京名宝展覧会を主催して大成功を収めた。一方で、野球の振興にも努め、6年新聞拡張策の一環として米国から大リーグ選抜チームを招いて国内9都市で試合を行い、9年にはベーブ・ルースを含む全米選抜チームを再度来日させて全日本チームと戦わせた。さらに同年、この全日本チームに参加した選手を中心に日本初のプロ野球球団となる大日本東京野球倶楽部を設立し、日本のプロ野球興隆にも貢献。満州事変以降には見出しや紙面作りなどで独自のセンセーショナリズムを押し出して読者数を更に増やし、朝日新聞・毎日新聞と並ぶ3大紙の一つに数えられるまでに至った。15年大政翼賛会総務となるが、16年に政府から出された戦時新聞統合案には断固として反対し、ついにこれを撤回させた。19年貴族院議員。敗戦後、A級戦犯容疑となったが、22年釈放。この間、21～26年公職追放。24年初のプロ野球コミッショナー、日本野球連盟会長。傍ら、鮎川義介からテレビ事業の創始を勧められ、毎日・朝日両新聞や鉄鋼・製紙業界から資金を募り、追放解除後の27年に初のテレビ放送予備免許を取得して日本テレビ放送網を設立、社長に就任。29年読売新聞社主。30年以来衆院議員に5選。同年第三次鳩山一郎内閣の北海道開発庁長官、31年原子力委員会委員長、初代科学技術

庁長官、32年第一次岸信介改造内閣の国家公安委員長などを歴任。東海村原子力研究所や原子力産業会議を創設するなど、原子力事業にも力を尽くした。34年野球殿堂入り。37年日本武道館初代会長。仏教の信仰に厚く、全日本仏教会顧問なども兼務。晩年はサッカークラブチームの読売クラブの創設にも関わった。"大衆とともに歩んだ人"といわれ、酒も煙草もやらず、生涯を仕事の鬼として通した。没後、その野球界に対する功績を記念してプロ野球界に貢献した関係者を対象とする正力松太郎賞が設けられた。

ジョセフ・ヒコ
じょせふ・ひこ

「海外新聞」発行者、通訳、貿易商、米国神奈川領事官通訳
[生年月日] 天保8年（1837年）8月21日
[没年月日] 明治30年（1897年）12月12日
[出生地] 播磨国加古郡（兵庫県加古郡播磨町）
[旧名] 浜田彦蔵（はまだ・ひこぞう） [別名等] 幼名＝彦太郎、通称＝アメリカ彦蔵、播州彦蔵、別表記＝ジョセフ・彦

嘉永3年（1850年）14歳の時に江戸へ上り、帰路遠州灘で暴風雨に遭い、50日余り漂流、米国船に救助され渡米。ボルチモアの実業家・サンダースに認められ、我が子同然にかわいがられて教育を受ける。安政5年（1858年）正式に帰化し、初めて米国市民権を得た日本人となり、ジョセフ・ヒコと称した。6年新任の神奈川領事ドールの通訳として9年ぶりに帰国。米国領事館通訳として日米通商条約交渉、使節派遣、ロシア士官殺傷事件などに活躍。万延元年（1860年）尊王攘夷派が勢いを持つと危険を感じて職を辞し、一時帰米したが、文久2年（1862年）帰国。3年四国連合艦隊の下関砲撃事件では米国船に乗り込み、砲撃を目撃した。元治元年（1864年）横浜で岸田吟香らと木版刷りで英字新聞を抄訳した日本最初の新聞「海外新聞」を発行。慶応2年（1866年）長崎に本拠を移して貿易に従事し、伊藤博文、木戸孝允らとも交友を持った。明治5年大蔵省に勤務し、渋沢栄一の下で国立銀行条例の編纂にあたった。8年神戸に移り、30年東京で没した。著書に「漂流記」「アメリカ彦蔵自伝」（全2巻）がある。

白石 潔
しらいし・きよし

評論家、推理作家、報知新聞編集局長
[生年月日] 明治37年（1904年）7月
[没年月日] 昭和44年（1969年）2月19日
[出生地] 東京 [別名等] 筆名＝碧川浩一 [学歴] 明治大学政治経済学部卒

読売新聞社に入社。昭和24年報知新聞編集局長となり、江戸川乱歩の戦後最初の作品「断崖」を担当。評論集に「探偵小説の郷愁について」「行動文学としての探偵小説」があるほか、実作にも手を染め、碧川浩一名義で「借金鬼」「美の盗賊」などの作品がある。

白川 福儀
しらかわ・とみよし

松山市長、海南新聞社長
[生年月日] 安政5年（1858年）9月10日
[没年月日] 大正5年（1916年）1月4日
[出生地] 伊予国松山（愛媛県松山市） [旧名] 門田 [別名等] 号＝拓北

松山藩校の明教館に学んだのち上京し、漢学者三島中州の経営する私塾に入る。明治12年に帰郷して自由民権運動に参加。以後、長尾忠明・藤野政高らの民権系政治結社・公共社に拠り、その機関紙「海

南新聞」の編集を担当。同編集長を経て明治17年には同社長に就任するなど、自由党系の論客として活躍した。25年愛媛県議になると同時に議長に選ばれ、29年には松山市長に就任。市長を退いた後は教育界で活動し、北予中学会専務理事や北予中学校長を歴任。

白河 鯉洋
しらかわ・りよう

新聞記者, 中国文学者, 衆院議員
[生年月日] 明治7年 (1874年) 3月2日
[没年月日] 大正8年 (1919年) 12月25日
[出身地] 福岡県 [本名] 白河次郎 (しらかわ・じろう) [学歴] 東京帝国大学文科大学漢学科 〔明治30年〕卒

学生時代から「江湖文学」を創刊、文筆活動を始めた。明治31年神戸新聞、32年九州日報主幹を務め、36年中国南京の江南高等学堂総教習。帰国後早大講師、45年大阪日報主筆。大正6年大阪市から衆院議員当選、立憲国民党に属した。著書に「陶淵明」「支那文学大綱」「支那文明史」「孔子」「諸葛孔明」などがある。

進藤 信義
しんどう・のぶよし

神戸新聞社長
[生年月日] 明治11年 (1878年) 3月3日
[没年月日] 昭和26年 (1951年) 3月11日
[出生地] 愛媛県 [学歴] 東京専門学校 (現・早大)

東京専門学校在学中より「世界之日本」に寄稿。21歳の時「人民」入社。神戸新聞を振り出しに、大阪毎日新聞を経て、明治42年神戸新聞に主幹として返り咲き、30余年間社長を務め、同紙を地方新聞界の雄に育て上げた。その間、京都日日新聞、大阪時事新報を合併、三都合同新聞社を創設、力のある地方紙網を計画して買収の手を広げたが失敗した。以後は神戸新聞経営に専念、常にリベラルな立場を通す。天長節に皇室を賛える社説を掲載しないなど、当時の国策に迎合しなかったため、特高警察ににらまれ、株の譲渡を強要されて退任に追い込まれた。

【す】

末永 純一郎
すえなが・じゅんいちろう

ジャーナリスト
[生年月日] 慶応3年 (1867年) 3月2日
[没年月日] 大正2年 (1913年) 12月31日
[出生地] 筑前国筑紫郡住吉町 (福岡県福岡市)
[別名等] 号＝鉄巌 [学歴] 帝大法科大学 (現・東大法学部) 選科

父茂世は住吉神社の神官で国学者。明治16年17歳で上京し、杉浦重剛の塾に学ぶ。のち「日本新聞」「二六新報」紙上で活躍。日清戦争に際し、従軍記者として中国へ渡り、孫文、康有為らと親交があった。東邦協会、東亜同文会、対露同志会で活躍。31年政府の新聞紙課題に反対運動を展開し中止させる。また地租増徴にも反対した。日露戦争末期、大連で「遼東新聞」をおこし、満州における邦字新聞の鼻祖となる。

末広 鉄腸
すえひろ・てっちょう

ジャーナリスト, 小説家, 「朝野新聞」編集長, 衆院議員 (無所属)
[生年月日] 嘉永2年 (1849年) 2月21日

[没年月日]明治29年（1896年）2月5日
[出生地]伊予国宇和島城下笹町（愛媛県宇和島市） [本名]末広重恭（すえひろ・しげやす）
[別名等]幼名＝雄三郎，字＝子倹，別号＝浩斎
[家族等]長男＝末広重雄（法学者），二男＝末広五二（造船工学者），孫＝末広恭雄（魚類学者），末広重二（気象庁長官）

伊予宇和島藩の勘定役・末広禎介の子。早くに両親を亡くし、姉夫婦に育てられた。藩校・明倫館に学び、慶応元年（1865年）同舎長、明治2年教授となる。3年京都へ出て陽明学者の春日潜庵に師事。5年明倫館教授に再任したのを経て、愛媛県聴訴課長となるが、上司と合わず辞職。7年上京して大蔵省に出仕するも退官、8年「曙新聞」に入社。同年成島柳北の招きで「朝野新聞」に転じて編集長として健筆をふるい、9年井上毅、尾崎三良を誹謗したとして柳北ともども讒謗律で投獄されるが、硬骨のジャーナリストとして声望を高めた。14年馬場辰猪らと国友社を結成したのを経て、板垣退助の自由党に入り、党議員として「自由新聞」の社説を担当。15年板垣の外遊問題で同党を離れ、馬場らと独立党を組織したが、間もなく病気のため政治や執筆活動を中止した。療養中は小説類など読書に専念するも、やがて自らも執筆するようになり、19年「二十三年未来記」「雪中梅」、20年「花間鶯」を立て続けに発表して大衆的人気を博す。21年外遊し各国の新聞事情を調査した。帰国後は改進党に接近した朝野新聞と袂を分かち、22年、村山龍平が創刊した「東京公論」に主筆として入社し社説を担当した。その後「関西日報」「大同新聞」に転じ、23年村山が「東京公論」を廃刊し「国会」を創刊するとその主筆を務め、大同団結を主張し続けた。同年第1回衆議院選挙に当選。25年落選。26年頃に舌がんに罹るが、手術に成功して、27年の第4回総選挙で返り咲くも、29年病死した。

末松 謙澄
すえまつ・けんちょう

新聞記者，評論家，文学者，法学者，子爵，衆院議員，内務相，通信相，枢密顧問官
[生年月日]安政2年（1855年）8月20日
[没年月日]大正9年（1920年）10月5日
[出生地]豊前国京都郡前田村（福岡県行橋市）
[別名等]幼名＝線松，号＝青萍 [学歴]東京高師中退，ケンブリッジ大学卒 文学博士〔明治21年〕，法学博士〔大正5年〕 [資格]帝国学士院会員〔明治40年〕 [家族等]岳父＝伊藤博文（首相）

大庄屋の家に生まれる。村上仏山の私塾・水哉園に学び、明治4年上京して近藤塾で英学数学を修め、7年福地桜痴認められ「東京日日新聞」の記者に。伊藤博文の知遇を得て官界に転じ、11年外交官として英国に留学、その間15年に「源氏物語」を英訳。在英中もしばしば「東京日日新聞」に寄稿した。19年帰国し、文部・内務省に勤務しつつ、演劇改良運動にも尽力。23年第1回総選挙で政界入り、衆院議員に連続3期当選。のち、法制局長官、貴院議員、通信相、内務相、枢密顧問官などの要職を歴任。40年子爵。40年学士院会員。この間法律書など150編の著作があり、とくに「修訂・防長回天史」（12巻）の編纂は有名。また翻訳小説「谷間の姫百合」も人気を博した。

末吉 安恭
すえよし・あんきょう

新聞記者，俳人，民俗学者
[生年月日]明治19年（1886年）
[没年月日]大正13年（1924年）12月25日
[出生地]沖縄県首里儀保村（那覇市） [別名等]俳号＝麦門冬

小学校を出た後独学。沖縄毎日新聞、琉球新報、沖縄タイムスなどを転々とし、俳壇やコラムを担当。江戸文学に造けいが深く、俳句に優れ、折口信夫に南島第一の軟文学者といわれた。また南方熊楠と交流、平成8年には熊楠の南島研究のもとになったとされる書簡が発見される。民俗学者でもあり、"南島の小熊楠"ともいわれた。

菅 忠雄
すが・ただお

「文藝春秋」編集長，小説家
[生年月日]明治32年（1899年）2月5日
[没年月日]昭和17年（1942年）7月9日
[出生地]東京市小石川区竹早町（東京都文京区）　[学歴]上智大学文科予科中退

夏目漱石の旧友であるドイツ語学者・菅虎雄の二男。5歳頃から喘息を患う。逗子開成中学時代に父の教え子である芥川龍之介と親しみ、家庭教師として英語を教わった。上智大学文科予科に進むも中退、芥川に兄事して文学を志し、大正10年大仏次郎らと同人誌「潜在」を発行。13年父を通じて久米正雄や菊池寛を知り、文藝春秋社に入社。「文藝春秋」編集長、昭和6年「オール読物」編集長を歴任。小説家としては新感覚派が拠った「文芸時代」の創刊同人であり、同誌や「文藝春秋」に作品を発表して新進作家として地歩を固め、5年平凡社から刊行された「新進傑作小説全集」では「関口次郎・菅忠雄集」が立てられた。11年頃から結核に倒れ、17年に亡くなった。

杉浦 重剛
すぎうら・じゅうごう

東京朝日新聞客員，教育家，思想家，東京英語学校創立者，東宮御学問所御用掛，衆院議員
[生年月日]安政2年（1855年）3月3日
[没年月日]大正13年（1924年）2月13日
[出生地]近江国膳所別保（滋賀県大津市）　[別名等]幼名=謙次郎，号=梅窓，天台道士，鬼哭子，破扇子，礫川　[学歴]大学南校（現・東京大学）卒

近江膳所藩の藩儒の家に生まれる。高橋坦堂に漢学を、黒田麹廬に英語・フランス語・天文・理化学などを授けられ、はじめて西洋の学術に触れた。明治元年京都に上り巌垣月洲に入門。3年藩の進貢生として大学南校（現・東京大学）に入り、9年海外留学生に選抜され英国へ留学。13年帰国した。同年東京大学理学部博物場掛取締となり、14年には事務掛として小石川植物園に勤務。15年大学予備門長に任ぜられ、同校寄宿舎掛取締を兼務した。傍ら、私塾の称好塾や東京英語専門学校を開き、公教育以外でも活動。18年大学予備門独立に反対して辞職。以降は読売新聞で論説を担当して教育や外交などを論じた他、自著の著述や染物業の紅霓社の経営、ナシ・ブドウといった果樹の栽培なども行っている。20年小村寿太郎、高橋健三らと乾坤社を興し、井上馨外相の条約改正案を排撃。21年三宅雪嶺、井上円了、志賀重昂らと政教社を設立して雑誌「日本人」の創刊に尽力、当時蔓延していた表層的な欧化政策に対抗して日本古来の文化や民族の独自性を保存しようとする日本主義（国粋主義）を鼓吹した。同年文部省専門学務局次長を経て、23年第1回総選挙で衆院議員に当選。大成会に属したが間もなく脱会し、24年には議員も辞職した。この間も陸羯南の新聞・日本の後援や、大隈重信外相の条約改正案に反対すべく日本倶楽部を結成するなど、言論界で異彩を放った。25年東京朝日新聞に客員として迎えられ社説を担当

した。東朝論説に杉浦時代という一時代を築いた。身近なテーマに材料をとった社説は杉浦の教育家らしい面をのぞかせるものであった。初社説は「贅沢的必須品」という題だった。教育界では、23年東京英語学校校長となり、25年校名を私立日本中学に改めて以後亡くなるまで同校長を務めた。30年国学院学監、32年皇典講究所幹事長、35年東亜同文書院院長を歴任、大正3年東宮御学問所御用掛に任ぜられ、皇太子裕仁親王(昭和天皇)に倫理科を進講した。著書に「日本通鑑」(共著、全7巻)、「倫理御進講草案」「杉浦重剛座談録」などがある。名は「しげたけ」ともいう。

杉浦 譲
すぎうら・ゆずる

官僚，駅逓正
[生年月日]天保6年(1835年)9月25日
[没年月日]明治10年(1877年)8月22日
[出生地]甲斐国山梨郡府中二十人町(山梨県甲府市) [別名等]幼名＝昌太郎，名＝愛蔵，字＝子基，号＝温斎

幕臣で3代にわたって甲府勤番を務める杉浦家に、7人きょうだい(5男2女)の一番上の長男として生まれる。昌平黌分校である徽典館に学び、嘉永6年(1853年)教授方手伝見習、万延元年(1860年)助教見習となり、同年には田宮流居合の免許皆伝となって居合道場を開いた。文久元年(1861年)江戸に出て外国奉行支配書物御用出役となり、3年(1863年)外国奉行・池田筑後守の随員として渡仏。ナポレオン3世と交渉、鎖港の予定が開国の必要を痛感、元治元年(1864年)帰国するとその旨を建言した。慶応3年(1867年)外国奉行支配調役としてパリ万国博覧会使節の徳川昭武に随行。4年(1868年)外国奉行

支配組頭に就任、明治維新に際しては新政府に外交事務の引き継ぎを行った。大政奉還により静岡に移った後は静岡学問所教授となった。この頃、中村正直がサミュエル・スマイルズ「西国立志編」を訳するとその刊行を勧めた。明治3年親友である渋沢栄一の推挙もあって新政府に民部省改正掛として出仕。4年には郵便制度創業に際して最高責任者の駅逓権正に就任、外遊中の前任者で、友人の前島密に代わってその制度の整備・確立に尽くした。4年初代駅逓正に昇格。7年内務地理頭となり内務大丞と戸籍頭を兼務。10年内務大書記官地理局長となったが、在任中に病死した。この間、富岡製糸場の建設実務に携わった他、5年日報社から創刊された東京日日新聞に関与。条野採菊らにフランスで見聞した日刊新聞について話し、土地や資金に力を貸し、免許願書や日報社の社則・社員信条を起草するなど、社主的な立場で同紙に関わった。また、浮床という新聞の即売スタンドを提案した。

杉田 定一
すぎた・ていいち

北陸自由新聞創立者，民権運動家，衆院議長，立憲政友会幹事長
[生年月日]嘉永4年(1851年)6月2日
[没年月日]昭和4年(1929年)3月23日
[出生地]越前国坂井郡波寄村(福井県福井市)
[別名等]号＝鶉山

吉田東篁の塾などに学び、海老原穆の「評論新聞」に入り民権論を提唱、時の政府を攻撃して入獄。明治11年板垣退助らと愛国社を再興、福井県の地租改正再調査運動を指導、筆禍で入獄。13年には「経世新論」を著し、禁錮6ヶ月に処された。14年自由党結成に参加。南越自由党の結

成に努力すると共にその機関誌の創刊を期し、15年11月「北陸自由新聞」を創刊した。17年清仏戦争で清国に渡航し、上海に東洋学館を興した。18年欧米漫遊、20年帰国。23年以来衆院議員当選9回、憲政党結成に参加、31年大隈内閣の北海道庁長官。33年立憲政友会創立に参画、36年衆院副議長、38～41年議長。41年政友会幹事長。45年～昭和4年勅選貴院議員。大正13年政友本党に属したが、昭和2年政友会に復帰して顧問。著書に「血痕記」「国是策」「東亜管見」などがある。

杉村 楚人冠
すぎむら・そじんかん

新聞人、随筆家、朝日新聞調査部長
[生年月日]明治5年(1872年)7月25日
[没年月日]昭和20年(1945年)10月3日
[出生地]和歌山県和歌山市谷町　[本名]杉村広太郎(すぎむら・こうたろう)　[別名等]別号＝縦横　[学歴]英吉利法律学校(現・中央大学)、自由神学校先進学院〔明治26年〕卒　[家族等]四男＝杉村武(評論家・ジャーナリスト)

旧紀伊藩士の陸軍軍人の長男で、3歳で父を失い家督を相続した。明治19年和歌山中学に進むが中退。20年上京して英吉利法律学校(現・中央大学)に学び、次いで国民英学会で米人教師イーストレーキに親炙した。24年卒業後に病を得て帰郷し、25年招かれて「和歌山新報」主筆となる。26年再び上京し、ユニテリアン協会の自由神学校先進学院に入学。29年卒業後は京都の本願寺文学寮の英語教師兼寄宿舎舎監を経て、30年東京に戻って正則英語学校教員となり、傍ら「欧文反省雑誌」の編集を担当した。32年同年米国公使館に入り、通訳・翻訳を務める。一方で同年高島米峰、境野黄洋らと仏教清徒同志会を結成し、33年より同会の機関紙として創刊された「新仏教」の編集に従事。36年東京朝日新聞社に入社して編集局外電係となり、主筆・池辺三山の推挙で日露戦争後の満州・朝鮮を視察。40年には英国国王戴冠式の特派員としてロンドンに赴き、その時の紀行文「大英游記」が好評を博した。44年その発案により同紙に日本で初めて新聞編集資料の収集・整理を行う調査部が設置されると初代部長に就任。大正8年朝日新聞社の株式会社に伴って監査役となり、縮刷版の発行(8年)や読者からの苦情を受け付ける記事審査部の設置(11年)を提案するなど、同紙の近代化に貢献した。12年グラフ局を創設し、日本初の写真新聞雑誌である「アサヒグラフ」を創刊して編集長を兼ねた。同年編集局顧問。昭和12年朝日新聞社顧問。ユーモアに富む筆致で随筆家としても名高く、随筆集に「へちまのかは」「湖畔吟」「山中説法」「と見かう見」などがあり、他に「最近新聞紙学」や小説「うるさき人々」「旋風」などがある。

杉村 濬
すぎむら・ふかし

新聞記者、外交官、駐ブラジル公使
[生年月日]弘化5年(1848年)2月16日
[没年月日]明治39年(1906年)5月21日
[出生地]陸奥国盛岡(岩手県盛岡市)　[別名等]幼名＝順八　[家族等]息子＝杉村陽太郎(外交官)

南部藩士の家に生まれ、のち江戸に出て、島田重礼に入門し塾頭となる。明治7年征台の役に参加、8年退官し、「横浜毎日新聞」の論説記者となった。13年外務省御用掛、のち外務省書記生として朝鮮・京城に赴任、15年壬午の変ではあやうく難をのがれた。19年京城公使館書記官。28年閔妃暗殺事件に関連して逮捕されたが、

翌年免訴、ついで台湾総督府事務官に就任。33年外務省通商局長として海外移民計画を立案、37年南米移民事業促進のためブラジル公使となった。著書に「在韓苦心録」がある。

杉山 幹
すぎやま・かん

新聞人
[生年月日]明治19年（1886年）8月16日
[没年月日]昭和15年（1940年）8月29日
[出生地]山形県　[学歴]慶応義塾大学部政治科〔大正3年〕卒

大正3年大阪毎日新聞社に入り、7年欧米留学、9年帰国。のち整理部長、東京日日新聞経済部長を経て、昭和8年編集総務、9年取締役、11年編集主幹。

須崎 芳三郎
すざき・よしさぶろう

ジャーナリスト
[生年月日]文久3年（1863年）11月9日
[没年月日]昭和24年（1949年）4月28日
[出生地]武蔵国多摩郡砂川村（東京都立川市）
[別名等]号＝黙堂　[学歴]帝国大学法科大学政治学科〔明治22年〕卒

明治22年渡辺洪基主宰の国家主義雑誌「利園新誌」編集記者となり、23年「近江新報」主筆、27〜31年岡山県立中学校長を経て、同年8月大阪朝日新聞社に入るが、32年退社し欧米を旅行。34年「日本」新聞に入社、41年「報知新聞」に転じ論説を担当。大正5年12月発売禁止処分の社説「宮中闕入事件」は有名であり、常に時流に迎合することなく執筆活動を行い、8年編集顧問となり同社の重鎮として活躍した。昭和2〜11年取締役。著書に「露西亜侵略史」「教育革命論」など。

鈴江 言一
すずえ・げんいち

新聞記者，中国研究者，社会運動家
[生年月日]明治27年（1894年）12月31日
[没年月日]昭和20年（1945年）3月15日
[出生地]島根県飯石郡　[別名等]筆名＝王子言，王枢之，王乃文　[学歴]明治大学別科中退

北京の邦字紙「新支那」の記者を経て大正10年国際通信社北京支局記者となり、中国の多くの革命家や中江丑吉と親交。ついで満鉄北京公所の研究生となり、「改造」などに中国問題を発表する。昭和9年外務省文化事業部の研究生、12年満鉄嘱託となったが17年、治安維持法違反容疑で関東軍憲兵隊に逮捕され、ハルピンに送られ、翌年釈放された。病気療法のため帰国後、まもなく死去。著書に「支那革命の階級対立」「孫文伝」などがある。

鈴木 梅四郎
すずき・うめしろう

新聞記者，実業家，衆院議員（立憲政友会）
[生年月日]文久2年（1862年）4月26日
[没年月日]昭和15年（1940年）4月15日
[出生地]信濃国水内郡友茂里村（長野県長野市）　[学歴]慶応義塾〔明治20年〕卒

明治20年慶應義塾卒業後時事新報記者となる。24年横浜貿易新報社社長に。27年三井銀行に入り、35年王子製紙専務。この間明治43年に苫小牧に新聞用紙専門工場を建設した。日本殖民会社社長を兼任。晩成社を設立、育英事業に尽力。また社団法人実費診療所を創立した。45年に衆院議員に立ち当選5回。犬養毅の国民党に属し党幹事長。他に第一火災保険、三越など数社の重役を兼ねた。著書に「平和的世界統一政策」「医業国営論」「昭和維新の大国是」「立憲哲人政治」「福沢先生

の手紙」などがある。

鈴木 券太郎
すずき・けんたろう

新聞記者，教育家
[生年月日]文久2年（1862年）12月
[没年月日]昭和14年（1939年）3月14日
[出生地]岡山県 [出身地]神奈川県 [別名等]号＝醇庵，乳水陳人，毛山狂生

「嚶鳴雑誌」「東京横浜毎日新聞」「日本立憲政党新聞」「日本」の記者として活躍後、「山陽新報」に入り、明治18年、26年の2度主筆を務める。その後、教育界に身を転じ群馬、函館、天王寺中学校長を歴任した。著書に「亜細亜人」「貨幣論」など。

鈴木 力
すずき・ちから

新聞記者，評論家，ジャーナリスト，東洋日の出新聞社長，衆院議員（国民党）
[生年月日]慶応3年（1867年）7月8日
[没年月日]大正15年（1926年）12月10日
[出生地]陸奥国二本松（福島県二本松市） [別名等]号＝鈴木天眼 [学歴]大学予備門中退

陸奥二本松藩士の子。明治23年北村三郎らと雑誌「活世界」を発刊、日本精神と大陸経営を説いた。26年秋山定輔創刊の「二六新聞」主筆となり、27年全国同志新聞記者連合に参加。日清関係の緊迫で朝鮮に渡り、天佑俠を組織。31年「九州日の出新聞」、35年「東洋日の出新聞」を創刊、社長。41年長崎から衆院議員当選。43年軍艦生駒に便乗、南アフリカ、南米、ヨーロッパをまわり、大正3年には南洋を視察した。「独尊子」「活青年」「小日本歟大日本歟」を刊行、訳書にフレッベル「教育哲学史」、ヘロルド「教育哲学年表」などがある。

鈴木 利貞
すずき・としさだ

日本評論社社長
[生年月日]明治20年（1887年）8月23日
[没年月日]昭和42年（1967年）12月23日
[出身地]岩手県水沢市（奥州市） [学歴]一関中（旧制）卒 [家族等]女婿＝鈴木三男吉（日本評論社社長）

大正8年日本評論社に入社。14年創業者の茅原茂の没後に経営を引き継ぎ、15年評論や随筆を中心とした月刊経済誌「経済往来」を創刊。昭和3年株式会社に改組して社長に就任。"円本ブーム"の中で「社会経済大系」（全24巻）、「明治文化全集」（全24巻）、「現代法学全集」（全39巻）などを次々と刊行、社会科学分野を中心に戦前の出版界で独自の地位を築く一方、10年「経済往来」を「日本評論」に改題、室伏高信を主筆に迎えて「中央公論」「改造」に匹敵する総合誌に育てあげた。27年社長を退任。この間、20年日本出版協会の初代会長。

鈴木 秀三郎
すずき・ひでさぶろう

ジャーナリスト
[生年月日]明治26年（1893年）
[没年月日]昭和37年（1962年）
[出生地]愛知県名古屋市 [学歴]東京帝国大学法学部政治学科〔大正9年〕卒

外務省、東京日日新聞社を経て、名古屋毎日新聞社専務取締役。昭和3～4年にかけてフランス、ドイツのジャーナリズム研究のため渡欧。内閣情報局、国際文化振興会等の嘱託を経て、戦後は京都アメリカ文化センター顧問、関西アジア協会常任委員などを歴任。著書に「ロベスピエル物語」「本邦新聞の起源」「新版本邦

新聞の起源」他。

鈴木 文史朗
すずき・ぶんしろう

ジャーナリスト，評論家，朝日新聞常務，「リーダーズ・ダイジェスト」日本版初代編集長，参院議員(緑風会)
[生年月日]明治23年(1890年)3月19日
[没年月日]昭和26年(1951年)2月23日
[出生地]千葉県海上郡豊浦町(銚子市) [本名]鈴木文四郎(すずき・ぶんしろう) [学歴]銚子中(旧制)〔明治42年〕卒，東京外国語学校(現・東京外国語大学)英語学科〔大正2年〕卒

大正3年「フーズフー・イン・オリエント」編集，4年三菱合資会社地所部を経て、6年東京朝日新聞社に入社。7年抜擢されてシベリア出兵の従軍記者となり、その後も特派員としてパリ講和会議、ロンドン軍縮会議、ワシントン軍縮会議などに派遣された。11年杉村楚人冠の下でグラフ局編集部長となり、雑誌「アサヒグラフ」の創刊・編集に従事。14年社会部長に就任し、大正から昭和という時代の変り目において第一線で活躍した。その後、昭和5年整理部長兼論説委員、9年編集総務、10年名古屋支社長などを歴任。17年政府の要請でジャワへ渡り、同地おける新聞発行の基礎を固めた。帰国後、常務を経て、20年3月出版総局長。10月日本出版協会の初代会長に選ばれたが間もなく社内事情により辞退。戦後は21年「リーダーズ・ダイジェスト」日本版編集長に迎えられ、24～25年同支社長。24年全国出版協会名誉会長。日本青年館理事長として青年運動にも尽力した。25年参院議員に当選したが、間もなく病死した。著書に「米欧変転記」「文史朗随筆」「心を打つもの」などがある。

鈴木田 正雄
すずきだ・まさお

ジャーナリスト，「読売新聞」初代編集者
[生年月日]弘化2年(1845年)
[没年月日]明治38年(1905年)5月2日
[出生地]江戸

明治4年日就社に枝正方として入社。7年「読売新聞」に入り、初代編集長となり親しみやすい筆調で人気を博し名編集長と言われた。13年退社し、「都新聞」「有喜世新聞」「東北自由新聞」「奥羽日日新聞」「東京絵入新聞」「群馬日報」「改進新聞」などを転々とした。「読売新聞」退職後の記者生活は本人が自負したほどの手腕は発揮できなかったものと見られる。

須藤 鐘一
すどう・しょういち

新聞記者，小説家
[生年月日]明治19年(1886年)2月1日
[没年月日]昭和31年(1956年)3月9日
[出生地]島根県能義郡比田村(安来市) [本名]須藤荘一 [学歴]早稲田大学英文科〔明治43年〕卒

報知新聞記者から大正2年博文館に入り「淑女画報」の編集主任を勤める。そのかたわら自らも創作をし、7年「白鼠を飼ふ」を発表。8年「傷める花片」を刊行した。他の著書に「愛憎」「勝敗」「人間哀史」などのほか、句集「春待」など多くの著書がある。

須藤 南翠
すどう・なんすい

新聞記者，小説家
[生年月日]安政4年(1857年)11月3日
[没年月日]大正9年(1920年)2月4日
[出生地]伊予国宇和島(愛媛県宇和島市) [本

名]須藤光暉(すどう・みつてる)　[別名等]幼名=孟，別号=土屋南翠，土屋郁之助，揚外堂主人，古蒼楼，坎圩山人　[学歴]松山師範卒

三津浜小教員をしていたが、間もなく上京して放浪生活をし、明治11年「有喜世新聞」に印刷工として入り、のちに探訪員、編集部員となる。そのかたわら雑報や時事諷喩の戯文を発表。16年「有喜世新聞」が発行停止となるが、「開花新聞」として再発足するのに尽力。この頃から創作活動に入り、同年「昔語千代田刃傷」を発表し、以後「旭日美譚」などを発表。毒婦もので人気を博す。18年徴兵令違反で重禁錮6カ月の処分を受け、出獄後は政治小説家として「新粧之佳人」などを発表。25年大阪朝日新聞社に招かれて関西に移住、「優兵士」や劇評などを発表。同年浪華文学会を結成し、「浪花文学」を発行。他の主な作品に「照日葵」「緑蓑談」などがある。

須永　金三郎
すなが・きんざぶろう

ジャーナリスト，郷土史家
[生年月日]慶応2年(1866年)10月
[没年月日]大正12年(1923年)2月25日
[出生地]下野国足利新田町(栃木県足利市)
[別名等]号=須菩提，蘆山　[学歴]東京専門学校卒

東京専門学校在学中に博文館主・大橋佐平に認められ「大日本織物史」「倫理学」「財政学」「英国史」などを著し、卒業後は同社編集次長を務める。明治27年退社し、右文社を設立し雑誌「少年子」を刊行したが、28年帰郷し、栃木県足利の占春館で「両毛新報」を発行する。足尾鉱毒事件関連の記事を執筆する一方、鉱毒議会、足尾鉱毒救済会の設立に尽力し被害者の救済に当たった。31年代議士・三田村甚三郎に招かれ「福井新聞」の経営に当たり、政治評論の傍ら「柴田史料」「朝倉叢書」を刊行する。43年再び足利に戻り郷土史・南画研究に務めた。著書に「鉱毒論考」「足利学校遺蹟考」「早雲先生小伝」「足利地名考」「殉国志士青木春方碧血録」など多数。

砂川　雄峻
すなかわ・かつたか

新聞記者，弁護士，衆院議員(憲政本党)，大阪弁護士会会長
[生年月日]安政7年(1860年)2月
[没年月日]昭和8年(1933年)4月15日
[出生地]播磨国姫路(兵庫県)　[学歴]東京大学法学部法律科(明治15年)卒

江戸へ遊学、開成学校に学び、同校が東京大学に改称すると英法・仏法を修め、明治15年卒業。大隈重信の頼みで坪内逍遙・高田早苗らと東京専門学校(現・早稲田大学)の創立に参画し、創立後は講師となり法律を教えた。同年10月に創刊された、立憲改進党内鷗渡会系新聞「内外政党事情」の記者としても署名している。16年大阪に移り弁護士を開業すると共に東京で重信が組織した改進党の関西での活動事務を司る。以後、25年大阪府議、30年府会議長となり、大阪弁護士会会長、大阪商工会議所議員などを務める。35年衆院議員(憲政本党)に当選1回、政界でも活躍。また関西大学理事に就任、同大及び大阪英法学校の講師を兼務。関西法律学校監事・講師も務める。晩年は弁護士に徹し関西法曹界の重鎮といわれた。

角田　宏顕
すみた・こうけん

新聞記者

[生年月日]明治10年（1877年）
[没年月日]大正7年（1918年）4月3日
[出身地]佐賀県　[学歴]東京専門学校（現・早稲田大学）卒

日露戦争後、満州（中国東北部）に渡り、末永純一郎主宰の「遼東新報」記者となる。辛亥革命で革命派を援助した。

頭本 元貞
ずもと・もとさだ

新聞経営者
[生年月日]文久2年（1862年）12月4日
[没年月日]昭和18年（1943年）2月15日
[出生地]因幡国（鳥取県）　[学歴]札幌農学校〔明治17年〕卒

ジャパン・メールの翻訳記者となったが、明治28年伊藤博文の信を得て秘書官となり、29年新聞経営視察のため渡欧、30年伊藤の援助で英字紙ジャパン・タイムスを創刊、主筆となり、44年社長。また朝鮮総督府嘱託も務めた。この間42年にはニューヨークでオリエンタル・レビューを発刊、国際記者協会長を兼務して日本事情の海外紹介に尽力した。大正3年タイムズ退社、雑誌社ヘラルド・オブ・エシアを設立、社長となった。英語教育用の本を多数著した。

【せ】

瀬川 光行
せがわ・みつゆき

元々堂書房創業者
[生年月日]元治1年（1864年）
[没年月日]不詳
[出生地]出羽国雄勝郡湯沢（秋田県湯沢市）

[学歴]東京専門学校（現・早稲田大学）〔明治19年〕卒

三百年来酒造業を営む名家に生まれるが、家運衰えて明治16年上京、東京専門学校（現・早稲田大学）に入り政治経済学を修め19年卒業。20年以後「商業電報」及び「読売新聞」記者を数年勤め、26年より歴史伝記類の編纂出版に従事し、32年史伝編纂所を設立して有益な図書を刊行。36年合資会社元々堂書房をおこし主に中等教科書及参考書を出版。日露戦争中は蹄鉄業をはじめ軍需品を供給、40年資を投じて元々堂書房を個人経営とした。

関 謙之
せき・けんし

新聞記者，卜筮家
[生年月日]安政1年（1854年）11月5日
[没年月日]明治40年（1907年）3月27日
[出生地]豊後国（大分県）　[別名等]号＝梅痴

豊後日出藩家老で儒者・関蕉川の孫に生まれる。幼い頃より神童と呼ばれ、7歳で「唐詩選」を暗誦し、10歳で「周易」を読み、17歳の時に藩の選抜生となって大阪開成校に入る。明治4年廃藩後、大分県学務課に出仕するが、間もなく辞して東京に出て同人社に入った。のち「郵便報知新聞」などで執筆、福地桜痴・栗本鋤雲・成島柳北らと交わり、14年丸山作楽・太田実らと忠愛社を起こし「明治日報」を発刊、主筆となる。17年司法省奏任御用掛を命じられ、19年検事に補し新潟県新発田に赴任。22年東京始審裁判所に転じ、幾ばくもなく枢密院書記官となる。26年日報社に入り「東京日日新聞」散録欄を担当、風刺の筆を揮い散録魔王の名と共に知られ、更に「なんでもこい」の欄を設けて難解な問題の解釈に応じて好評を

関 新吾
せき・しんご

山陽新聞社長
[生年月日]嘉永7年（1854年）5月
[没年月日]大正4年（1915年）9月13日
[出生地]備前国岡山城下（岡山県岡山市）

藩校で英語を学び、明治7年小松原英太郎と共に上京。新聞記者となり、「曙新聞」「評論新聞」などに執筆、のち岡山に帰郷して地元の新聞で活躍し、自由民権拡張を鼓吹した。その後文筆生活を離れ、元老院書記官、内務書記官、福井県知事などを歴任。明治32年官を辞して大阪の実業界に入り、さらに大阪朝日新聞社の社員となる。38年再度帰郷し、山陽新聞社長に就任。その傍ら教員慈善事業に尽力し、岡山県教育会長も務めた。

関 如来
せき・にょらい

新聞記者，美術評論家
[生年月日]慶応2年（1866年）11月16日
[没年月日]昭和13年（1938年）2月20日
[出生地]大和国（奈良県）　[本名]関厳二郎　[別名等]別号＝履風，自然庵　[家族]長女＝関鑑子（声楽家）

明治27～大正2年「読売新聞」記者。樋口一葉の家に出入りし、一葉の「水のうへ日記」にもその名が登場。退社後美術評論家となり、第2次院展創設時、横山大観と画壇の革新に活躍。雑誌「塔野」に「日本画壇回顧四十年」を連載した。

関 和知
せき・わち

新聞記者，衆院議員
[生年月日]明治3年（1870年）10月
[没年月日]大正14年（1925年）2月18日
[出生地]千葉県長生郡東浪見村（一宮町）　[別名等]号＝白洋　[学歴]東京専門学校邦語政治科〔明治28年〕卒，プリンストン大学卒

千葉民報主筆となり、明治30年日刊紙「新総房」を発行、主筆兼印刷工、配達夫で活躍。35年エール大留学、プリンストン大に転じた。39年帰国、万朝報、東京毎日新聞記者、英文雑誌「日本の産業」編集主任を務めた。41年以来衆院議員当選7回、憲政会に属した。大正2年ハーグ万国平和会議出席、のち司法省副参政官を経て、加藤高明内閣の陸軍政務次官。著書に「現代政治の理想と現実」。

関口 泰
せきぐち・たい

ジャーナリスト，登山家，横浜市立大学初代学長，朝日新聞政治部長
[生年月日]明治22年（1889年）3月1日
[没年月日]昭和31年（1956年）4月14日
[出生地]静岡県静岡市　[学歴]東京帝国大学法科大学〔大正3年〕卒

大正8年大阪朝日新聞社入社。調査部長、論説委員、政治部長を歴任し、昭和14年退社。20年教育研修所長兼文部省社会教育局長となる。民衆の立場から多くの論説を執筆し、著書に「時局と青年教育」「普選講座」「国民の憲法」「関口泰文集」など多数。その後、横浜市立大学の学長に迎えられた。登山家としても知られ、槍ヶ岳、穂高、妙高、吾妻など縦走し、ユ

ングフラウ、モンテローザなどにも登頂、日本山岳会誌「山岳」に研究・エッセイを多数発表した。憂鬱症にとりつかれ、31年に自殺。

千田 軍之助
せんだ・ぐんのすけ

紀陽新聞発刊者、衆院議員（政友会）
[生年月日]安政3年（1856年）2月
[没年月日]大正3年（1914年）3月2日
[出生地]紀伊国那賀郡長田村（和歌山県紀の川市）

明治19年和歌山県那賀郡の自由民権会を組織、紀陽新聞を発刊。27年以来和歌山県から衆院議員当選4回、政友会に属し、院内幹事、協議員を務めた。農民の福利増進に努め、紀勢縦貫鉄道の建設に尽力。また私立猛山学校を設立、子弟育成にも貢献した。

【そ】

相賀 安太郎
そうが・やすたろう

ジャーナリスト
[生年月日]明治6年（1873年）3月10日
[没年月日]昭和32年（1957年）3月3日
[出生地]東京　[別名等]号＝渓芳　[学歴]東京法学院（現・中央大学）中退

明治29年ハワイに移住。移民会社没落の後、38年「やまと新聞」主筆、39年「日布時事」と改称、社長兼主筆となった。41年根来源之とハワイで初めての耕地労働組合・増給期成会を結成、人種差別的待遇改善の大労働争議を指揮し、投獄された。著書に戦時収容所体験記録「鉄柵生活」「五十年間のハワイ回顧」がある。

痩々亭 骨皮
そうそうてい・こっぴ

新聞編集者、小説家、狂詩人
[生年月日]文久1年（1861年）
[没年月日]大正2年（1913年）1月19日
[出生地]伊予国温泉郡善与町（愛媛県松山市）
[本名]西森武城　[別名等]別号＝骨皮道人、愛柳、喃々子

早くから狂詩・川柳などの風刺文学を愛好し、明治初年に上京して「朝野新聞」「団団珍聞」などの編集に関与。また一時期は教員を務めた。自由民権運動にも関心を持ち、明治16年には三多摩地区における民権派の文芸・評論誌「武蔵野叢誌」の編集人に就任。同誌では論説のみならず戯文・狂詩・川柳などに才筆をふるうが、17年筆禍のため編集人を退いた。その後、東京に戻って小説家として立ち、国会開設や欧化政策・日清戦争などの事件や明治中期の世相を風刺した滑稽小説を多数執筆して世の人々に歓迎され、明治20年代には流行作家となった。一方、川柳壇では旧派の代表作家・柳風会の幹部として9世柄井川柳を助け、25年明治前期の狂句を集めた「古今川柳一万葉」を編纂。狂詩壇では明治中期の斯界を代表する作家として活躍し、「浮世狂界詩林選」などの狂詩アンソロジーを編んだ。またこの間、「やまと新聞」「東京小間新報」の編集者も務めた。著書は他に「滑稽国滑怪戯事抱腸録」「骨皮笑談」「作文独稽古」「素人同士稽古演説」など多数。

副島 次郎
そえじま・じろう

新聞記者、中央アジア探検家

[生年月日]明治29年(1896年)
[没年月日]大正15年(1926年)6月2日
[出生地]佐賀県　[学歴]佐賀中学卒

大正4年満州に渡り、各地を放浪。11年天津の「京津日日新聞」の記者となり、のち大連の東周報社に移る。13年より約2年間にわたり、遠くトルコにまで至る中央アジアを探検・調査した。

曽我　鍛
そが・きたえ

新聞記者，郷土史家
[生年月日]明治12年(1879年)7月15日
[没年月日]昭和34年(1959年)12月28日
[出生地]愛媛県西宇和郡布喜川村　[別名等]号＝正堂，黄塔　[学歴]早稲田大学文学部〔明治37年〕

新聞界に入り、大正2年「伊予日日新聞」主筆や8年「大阪毎日新聞」松山通信部主任を歴任。昭和8年には同新聞松山支局長に就任し、9年に退職。他方、愛媛県の郷土史研究にも従事し、大正3年から昭和20年までの約30年に渡って「伊予史談」編集主任を務め、大正11年からは「予陽叢書」全9巻の編集・刊行にも携わった（昭和13年に完結）。昭和11年から「愛媛文化」の編集・発行に当たり、戦後は西宇和郡双岩村民生委員や同村農地委員長などを務めた。著書に「正岡子規伝」「井上要翁伝」などがある。

染崎　延房
そめざき・のぶふさ

新聞記者，作家(戯作者)
[生年月日]文政1年(1818年)10月
[没年月日]明治19年(1886年)9月27日
[出生地]江戸　[別名等]別号＝為永春笑，為永春水，柳北軒

対馬藩士に生まれる。天保7年ころ為永春水の門に入り、師の死後その2世を名のったが春水調の艶麗な作風よりも勧善懲悪的傾向に特色をみせた。嘉永8年合巻「時代鏡」を刊行。維新後は通俗史「近世紀聞」や実録もの「浪華史略」を刊行、戯作とは絶縁した。明治8年平仮名絵入新聞に入社し雑報、続き物を執筆した。

征矢野　半弥
そやの・はんや

福岡日日新聞社長，衆院議員(政友会)
[生年月日]安政4年(1857年)8月
[没年月日]明治45年(1912年)2月9日
[出生地]筑前国福岡(福岡県福岡市)

筑前福岡藩士。福岡県議、同議長を経て、明治22年福岡日日新聞社長となる。27年から衆院議員に6選。晩年国民の海外発展を策し、朝鮮・中国・豪州などに人を派遣して調査させた。

【た】

大藤　治郎
だいとう・じろう

時事新報文芸部長，詩人
[生年月日]明治28年(1895年)2月12日
[没年月日]大正15年(1926年)10月29日
[出生地]東京市本所区(東京都墨田区)　[学歴]京華中(旧制)卒

貿易商店員となってヨーロッパ各地に滞在。第一次大戦の際、ドイツで捕虜となり、大正8年帰国。帰国後は「東方時論」を編集する傍ら、「日本詩集」「詩聖」などに詩作を発表。詩集「忘れた顔」「西欧を行く」、訳詩集「現代英国詩集」などが

ある。

田岡 嶺雲
たおか・れいうん

新聞記者，文芸評論家，社会運動家，中国文学者，俳人
[生年月日]明治3年(1870年)11月28日
[没年月日]大正1年(1912年)9月7日
[出生地]土佐国土佐郡井口村（現・高知県高知市） [本名]田岡佐代治(たおか・さよじ) [別名等]筆名＝栩々生，爛腸，夜鬼窟主，金馬門人 [学歴]帝大文科大学（現・東京大学文学部）漢学科選科〔明治27年〕卒 [家族等]息子＝田岡良一（東大名誉教授）

土佐藩士の家に生まれ，小学校を中退し，民権結社のメンバーになる。明治16年大阪官立中学（三高の前身）に入学したが，軍国主義化に抗して退学。東大文科に入学，在学中に「ハインリヒ・ハイネ」や「蘇東坡」論を発表。27年山県五十雄と共に文学雑誌「青年文」を創刊。のち中学校教師，「万朝報」「いはらき新聞」の記者などをし，34年「中国民報」主筆に就任。文筆人としてすでに名を成した田岡の文章は，新聞に文学的色彩を加えることに貢献した。38年「天鼓」を創刊。俳句は子規の新俳句運動に共鳴し，「日本」「俳諧」に投句。筑波会会員として句作に励み作品は「帝国文学」に発表された。社会評論にも力を注ぎ自由民権運動家として，近代資本主義の暗黒面を摘発。著作に「嶺雲揺曳」「壺中観」「明治叛臣伝」，自伝「数奇伝」のほか，「田岡嶺雲全集」（全8巻，法政大学出版局）がある。

高石 真五郎
たかいし・しんごろう

毎日新聞社社長
[生年月日]明治11年(1878年)9月22日f
[没年月日]昭和42年(1967年)2月25日
[出生地]千葉県鶴舞町 [別名等]号＝飄々 [学歴]慶応義塾大学法学部〔明治34年〕卒 [叙勲]勲一等瑞宝章〔昭和39年〕 [受賞]文化功労者〔昭和41年〕，新聞文化賞〔昭和36年〕，オリンピック功労章

明治34年大阪毎日新聞社入社、外信部から35年海外留学、特派6年余。外信部長、主筆、会長を経て昭和20年9月社長に就任、11月辞任。その間、明治38年日露戦争直後初の日本人特派員としてロシア入り。40年のハーグ万国平和会議では、韓国が独立要求キャンペーンのため密使を派遣していたことをスクープした。大正7年のパリ講和会議にも渡欧。昭和12年には近衛文麿首相の特使として渡米、中国問題で巡回講演するなど国際的新聞人として活躍した。またIOC委員として東京五輪、札幌冬期五輪招致に尽くした。

高木 利太
たかぎ・とした

新聞記者，大毎専務
[生年月日]明治4年(1871年)1月19日
[没年月日]昭和8年(1933年)1月23日
[出身地]豊前国中津（大分県中津市） [学歴]慶応義塾〔明治24年〕卒

豊前中津藩士・寅次郎の子に生まれる。明治24年大阪毎日新聞に入社。日清戦争には従軍記者となり常に戦闘の現場を取材し戦況を報じた。28年農商務省特派員・志村源太郎、江口敬之助と共に南清に渡り、蘇州・杭州より重慶に至り新開港場を視察報道する。29年藤田組に転じたが、30年再び復社し、33年大阪の実業家数名と共に渡欧、パリ博覧会を視察、帰途米国を巡遊した。39年電報新聞売却の話を聞き本山社長と共に奔走、これを買収して毎日電報に改名し自ら主幹となる。の

ち本社経済部長、副主幹、営業局長などを歴任。大正7年専務に就任する。15年退任したが、昭和3年再び常務となり、7年退職した。

高木　信威
たかぎ・のぶたけ

新聞記者，政治学者，中央大学教授
[生年月日]明治5年（1872年）10月25日
[没年月日]昭和10年（1935年）11月27日
[出生地]静岡県　[別名等]号＝清藤　[資格]英国王立学芸協会終身会員〔昭和10年〕

明治25年より、国民新聞、国民之友、静岡新報、やまと新聞、中央新聞などの理事、主筆をつとめ、東京日日新聞編集局長となる。大正11年中央大学講師、12年教授に就任し、昭和8年まで務めた。その間大正3年渡英、政治経済問題を研究し、5年帰国。10年"Fellow of Royal Society of Arts"の称号を受けた。著書に「有為生活」など。

高須　芳次郎
たかす・よしじろう

ジャーナリスト，評論家，水戸学研究家
[生年月日]明治13年（1880年）4月13日
[没年月日]昭和23年（1948年）2月2日
[出生地]大阪　[別名等]別名＝高須梅渓　[学歴]早稲田大学英文科〔明治38年〕卒 文学博士

明治30年浪華青年文学会を結成し「よしあし草」を創刊。31年上京し「新声」の編集にたずさわり、以後文芸評論、時事評論、美文、散文詩、翻訳と幅広く活躍。国民新聞、東京毎日新聞、二六新報などにも勤務し、34年刊行の「美文集」をはじめ「青春雑筆」「平家の人々」「近代文芸史論」「日本現代文学十二講」などの著書がある。昭和に入って「水戸学全集」なども編集し、水戸学研究者として「水戸学派の尊皇及び経綸」などの著もある。

高瀬　羽皐
たかせ・うこう

ジャーナリスト，社会事業家
[生年月日]嘉永6年（1853年）
[没年月日]大正13年（1924年）11月17日
[出生地]常陸国水戸（茨城県水戸市）　[本名]高瀬真卿（たかせ・しんきょう）　[別名等]別号＝菊亭静，茂顕，茂卿など

「甲府日日新聞」「茨城新聞」「仙台日日」などを主宰。上京後は戯作者に転じ、「二十三年未来記」「書生肝漬誌」などを刊行。明治17年監獄の教誨師となり、翌年東京感化院を創設。

高田　早苗
たかだ・さなえ

読売新聞主筆，政治学者，文芸批評家，早稲田大学総長，文相，衆院議員（憲政本党），貴院議員（勅選）
[生年月日]安政7年（1860年）3月14日
[没年月日]昭和13年（1938年）12月3日
[出生地]江戸深川（東京都江東区）　[別名等]幼名＝銈之助，筆名＝松屋主人，号＝高田半峰　[学歴]東京大学文学部〔明治15年〕卒 法学博士〔明治34年〕　[資格]帝国学士院会員〔昭和3年〕　[家族等]岳父＝前島密（官僚・政治家・男爵）

生家は江戸・深川で通船問屋を営み、曾祖父は国学者として著名な小山田与清。家はかつて豪商として盛名を謳われたが、明治維新前後の動乱で財産と家を失い、少年時代は借家を転々とした。2人の兄も他家の養子に行ったため、三男でありながら将来の相続者として育てられた。明治6年叔父の勧めで神田の共立学校に学び、その後、東京英語学校を経て、9年開成学

校に入学。同校は間もなく大学予備門に改組され、この時代に終生親交を結ぶ坪内逍遥、市島謙吉（春城）、山田一郎、山田喜之助らを知った。10年官費貸費生として東京大学に進学し、在学中の14年、小野梓の知遇を得、市島、天野為之らと小野を盟主とした鷗渡会の結成に参加。さらに小野から大隈重信を紹介され、15年大隈の立憲改進党結党にも参画した。大学卒業後の同年10月、大隈の東京専門学校（現・早稲田大学）の創立に協力し、政治学部講師となる。傍ら、16年読売新聞に主筆として入社し、松屋主人の筆名で論説を発表。また、近代的文芸評論に先鞭をつけるとともに尾崎紅葉や幸田露伴ら青年文学者を発掘するなど文芸に力を注いで購読者を倍増させた。19年東京専門学校を大隈の財政援助から独立させ、通信教育や講義録の刊行を開始。23年国会開設に当たり衆院議員に立候補して全国最年少で当選。以後、6回当選し、大隈の懐刀として活躍した。27年東京専門学校に出版部を創始して部長を兼務。28年より「早稲田叢書」の刊行を始め、ウイルソン著・自身訳の「政治汎論」などを刊行した。30年松方・大隈連立内閣（松隈内閣）で外務省通商局長、31年大隈・板垣連立内閣（隈板内閣）で文部省参事官、専門学務局長などを歴任。隈板内閣瓦解後に政界より身を引いてからは教育事業に専念し、38年早稲田大学に清国留学生部を設け、その学生募集のため中国を視察した。40年前島密らとともに日清保険会社の創立に参画。また同年盟友・市島らや増田義一、坂本嘉治馬、江草斧太郎ら出版人の協力を得て日清印刷会社を設立。同年早稲田大学の組織改正に伴って初代学長に就任し、42年理工科の新設、早稲田工手学校の開設などを進めた。4年貴院議員に勅選。同年学長を辞し、第二次大隈内閣に文相として入閣。7年名誉学長として復帰。12年前年に没した大隈の後を受けて同大総長となった。昭和6年総長を辞し、晩年は国府津の別荘で悠々自適の生活を送った。自伝「半峰昔ばなし」がある。

高津 弌
たかつ・はじめ

歯科医，日本歯科評論社創業者
[生年月日]明治27年（1894年）3月17日
[没年月日]昭和40年（1965年）4月20日
[出生地]愛知県知多郡横須賀町（東海市）[学歴]東京歯科医学校（現・東京歯科大学）〔明治45年〕卒

大正3年郷里で歯科医を開業。8年日本歯科評論社を創業し、月刊誌「中京歯科評論」を創刊。12年日本連合歯科医師会書記長。14年大森で開業。6月4日を虫歯予防デーとした発案者でもある。

鷹野 弥三郎
たかの・やさぶろう

新聞記者，評論家
[生年月日]明治19年（1886年）
[没年月日]昭和18年（1943年）
[出生地]長野県南佐久郡北牧村（小海町）[家族等]妻＝鷹野つぎ（小説家・評論家）

明治40年小説家・評論家の鷹野つぎ（旧姓・岸）と結婚。遠江新聞社、名古屋新聞社、報知新聞社を経て、大正6年時事新報社に勤務。12年関東大震災で会社が罹災し失職。著書に「山窩の生活」「都市経営上から観た市福島」がある。

高野江 基太郎
たかのえ・もとたろう

ジャーナリスト

[生年月日]慶応2年(1866年)
[没年月日]大正5年(1916年)
[出生地]肥前国(佐賀県)　[別名等]号＝鼎湖

長崎に出て「長崎鎮西日報」「門司日日新聞」に執筆。のち石炭事情に詳しい事から筑豊石炭鉱業組合に招かれ、文筆活動を行った。筑紫史談会の幹事として史実の研究につとめるなど、また地方史家としても知られる。著書に「筑豊炭鉱誌」「本邦石炭事情」「日本炭鉱誌」などがある。

高橋 健三
たかはし・けんぞう

ジャーナリスト，内閣書記官長
[生年月日]安政2年(1855年)9月
[没年月日]明治31年(1898年)7月22日
[出生地]江戸本所(東京都墨田区)　[別名等]号＝自恃居士　[学歴]東京大学〔明治11年〕中退　[家族等]父＝高橋石斎(書家)

書家・高橋石斎の第3子。明治3年下総曽我野藩の貢進生として大学南校(現・東京大学)に入り、法律学を学ぶ。12年駅逓局に入って官吏となり、15年文部権少書記官、16年官報報告掛長、18年官報局次長を経て、22年内閣官報局長に就任。二葉亭四迷は官報局長時代の部下であった。この間、「東京電報」の創刊に関与し、22年同紙を「日本」に改組して杉浦重剛、陸羯南らとともに国粋主義を鼓吹した。23年フランスへ出張。25年官報局長を辞し、26年より「大阪朝日新聞」に客員として迎えられ論説を担当した。「内地雑居論」「戦局善後策」に代表される論説によって読者は、その論調の重厚さ、格調の高さに魅せられ、人物の高潔さに圧倒されたという。大朝の声価を大いに高めた。このほか岡倉天心と美術雑誌「国華」を発刊した。27年雑誌「二十六世紀」を創刊・主宰し、政府攻撃の論陣を張った。29年松方正義と大隈重信の連立内閣となった第二次松方内閣(松隈内閣)の書記官長に就任したが、同年「二十六世紀」における土方久元宮内相批判記事が問題となり、また肺結核の悪化もあって、31年辞職した。

高橋 千代
たかはし・ちよ

新聞記者，婦人運動家，教育者，新日本婦人協会副会長
[生年月日]明治23年(1890年)8月26日
[没年月日]昭和44年(1969年)3月3日
[出生地]山口県熊毛郡三井村(光市)　[旧名]山本千代(やまもと・ちよ)　[学歴]徳基女学校(現・厚狭高)卒　[叙勲]紫綬褒章〔昭和40年〕　[家族等]夫＝高橋幾造(教育者)

在学中に17歳で高橋幾造(のち弁護士・教育家)と結婚。卒業後、中国蘭州大学に赴任する夫と共に中国へ渡り、明治41年に帰国して東京に住んだ。のち婦人運動に目覚め、大正9年平塚らいてうが主宰する新婦人協会の婦人参政権獲得運動に加わった。同協会解散後は12年に婦人参政同盟を設立し、理事として請願や署名活動などを展開。また、女性の法律知識向上を志し、女性も弁護士となれるように弁護士法改正を求めた。13年には明治大学内に無料法律講習会を開き、昭和3年東京神田の村田簿記学校内に女性弁護士養成を目的とした東京女子法学院を開設。これらの運動の結果、4年の明治大学女子部の開設、8年の弁護士法改正が実現した。この間、大正15年から「婦女新聞」記者としても活動。昭和8年には婦人参政同盟を離れて新日本婦人協会を結成し、機関誌「女性日本」の編集を担当した。戦後は婦人有権者同盟や婦人税制研究会、東京婦人愛市協会などに参加して婦人の政治知識向上に努めた。40年紫綬褒章を受章。

著書に教育小説「教太郎」などがある。

高橋 長秋
たかはし・ながあき

紫溟雑誌創立者, 実業家, 肥後銀行頭取
[生年月日]安政5年(1858年)9月13日
[没年月日]昭和4年(1929年)7月3日
[出生地]肥後国熊本城下内坪井町(熊本県熊本市)

肥後熊本藩士。明治10年西南戦争では熊本隊に加わり池辺吉十郎に従って政府軍と戦う。12年同心学舎(済々黌高の前身)の創立に参画。14年紫溟会を結成、翌年「紫溟雑誌」を創刊。また「紫溟新報」を発刊。やがて日刊紙に発展して21年「九州日日新聞」と改題。熊本地方の最有力紙となった。のち佐賀県勤務を経て、第一高等中学校の舎監に転じたが、20年から実業界に入り、33～34年の財界恐慌に敏腕を揮った。さらに大阪百三十銀行副頭取となり経営破綻を救済し財政手腕を認められた。肥後銀行頭取などを経て、熊本電気を創立し、熊本市の電車開通などに尽力した。

高橋 聿郎
たかはし・のぶお

ジャーナリスト
[生年月日]明治13年(1880年)3月6日
[没年月日]大正11年(1922年)11月11日
[出生地]徳島県 [学歴]京都帝大法科〔明治37年〕卒

語学の教授などをして学費を得ながら、第三高等学校を経て、明治37年京都帝大法科を卒業し、一時司法官試補となったが、日露戦争に際し海軍中主計として軍艦三笠に乗り組んだ。のち大阪朝日新聞に入り北京特派員を務める。2年で退社し

て帰国後、大阪で弁護士を開業した。その後、東京に出て政治雑誌などを発行するが成功せず、大正3年大連に渡り、満州日日新聞政治部長として名声を得、のち主筆を務める。8年辞して大連に法律事務所を開き、傍ら日華興業や東洋商事を設立して社長となり、また立川雲平らと共に大連新聞を興し、満州における論壇の重鎮として対中問題などに尽力した。

高橋 秀臣
たかはし・ひでおみ

新聞記者, 衆院議員(民政党)
[生年月日]元治1年(1864年)4月
[没年月日]昭和10年(1935年)11月14日
[出生地]伊予国(愛媛県) [学歴]明治法律学校法律政治学科修了

進歩党党報、憲政党党報の各記者、北陸タイムス社長兼主筆を歴任。東京市議を経て、昭和5年衆院議員に当選、1期。著書に「日本帝国之富力」「日本の富力」などがある。

高橋 光威
たかはし・みつたけ

衆院議員, 「大阪新報」主筆
[生年月日]慶応3年(1867年)12月
[没年月日]昭和7年(1932年)4月9日
[出生地]越後国北蒲原郡(新潟県) [学歴]慶応義塾法科〔明治26年〕卒

福岡日日新聞社に入り、間もなく渡欧、ケンブリッジ大などで法律、経済を学び、農商務省嘱託としてトラストについて研究、出版。また米国製鉄王カーネギーの著書を翻訳「米国繁昌記」として出版。カーネギーの招きで渡米、帰国後福日主事。のち原敬の大阪新報主筆となり、原内閣成立で内閣書記官長。明治41年以来

新潟県から衆院議員当選8回。日魯漁業、大北漁業各監査役も務めた。

高畠 藍泉
たかばたけ・らんせん

新聞記者，戯作者
[生年月日]天保9年（1838年）5月12日
[没年月日]明治18年（1885年）11月18日
[出生地]江戸下谷（東京都台東区） [本名]高畠政（たかばたけ・ただす） [別名等]幼名＝瓶三郎，諱＝高畑直吉，別号＝柳亭種彦，転々堂主人，足薪翁

生家は幕府のお坊主衆、初め幕府に仕えたが、家を弟に譲り、絵の修業をした。俳句、茶、芝居などを好み、一葉舎、転々堂とも称した。戊辰戦争には榎本武揚のため幕府の御用商人から資金を調達し武器を送った。明治5年「東京日日新聞」の創刊に参加、執筆の中心となった。8年落合芳幾を説いて「平仮名絵入新聞」を起こさせ、主筆となり、9年読売新聞に入社。10年には最初の夕刊紙「東京毎夕新聞」を出したが成功せず、大阪新聞、東京曙新聞、東洋新報などを転々とした。のち、主として「芳譚雑誌」に作品を掲載して注目され、15年1月3代目柳亭種彦を襲名した。当時戯作界は仮名垣派、為永派、柳亭派の3派があり、柳亭派の主将として名声を博した。17年病気のため浅草千束村に引きこもり、晩年は悲惨な生活を送った。代表作は「怪化百物語」「巷説児手柏」「岡山紀聞筆之命毛」「三巴里之奇談」「蝶鳥筑波裾模様」「絵本五月雨物語」「柳亭叢書」など多数。

高浜 天我
たかはま・てんが

新聞記者，編集者，詩人
[生年月日]明治17年（1884年）9月
[没年月日]昭和41年（1966年）12月10日
[出生地]兵庫県姫路市 [本名]高浜二郎 [学歴]姫路中中退 [受賞]栃木県文化功労賞

主に「鷺城新聞」記者として活躍。明治38年文芸誌「みかしほ」を創刊、内海泡沫、有本芳水、入沢涼月らを知り、「新声」「心の花」等に投稿。韓満の記者生活を経て、40年12月上京。「成蹊」編集に参加、また児玉花外、高浜長江の「火柱」発刊に協力。晩年、蒲生君平研究により栃木県より文化功労賞を受ける。

高原 操
たかはら・みさお

新聞人
[生年月日]明治8年（1875年）12月
[没年月日]昭和21年（1946年）11月21日
[出生地]福岡県 [別名等]号＝蟹堂 [学歴]東京帝国大学文科大学哲学科〔明治34年〕卒，京都帝国大学法科大学〔明治39年〕卒

明治39年大阪朝日新聞社に入社、経済課に勤務し、大正5年経済部長に就任。7年取締役に就任し、臨時編集局長、9年編集局長、次いで大阪朝日新聞主筆となり、蟹堂の号で論陣をはり、昭和初期には軍部のファッショ化に抵抗し批判を続けた。昭和15年取締役を退任し、名誉主筆となった。

高松 棟一郎
たかまつ・とういちろう

評論家，東京大学新聞研究所教授，毎日新聞社会部次長
[生年月日]明治44年（1911年）1月8日
[没年月日]昭和34年（1959年）5月26日
[出生地]栃木県芳賀郡 [学歴]東京帝国大学独文科卒

東京日日新聞社に入社し、戦時中はロン

ドン、ニューヨークで特派員生活を送る。戦後、毎日新聞社会部次長として東京裁判を担当。のちサンデー毎日編集長をつとめ、昭和25年東大新聞研究所教授に就任。著書に「西欧通信」やライシャワーの「太平洋の彼岸」の翻訳などがある。

鷹見 思水
たかみ・しすい

編集者
[生年月日]明治8年(1875年)12月8日
[没年月日]昭和20年(1945年)11月3日
[出生地]茨城県古河市 [本名]鷹見久太郎 [家族等]曽祖父＝鷹見泉石(蘭学者)

蘭学者・鷹見泉石の曽孫。明治39年近事画報社を国木田独歩が引き継ぎ独歩社を興した際、それまでの「婦人画報」担当から「近事画報」の編集担当として独歩社の一員となった。

高宮 太平
たかみや・たへい

新聞記者, ジャーナリスト, 京城日報社長
[生年月日]明治30年(1897年)
[没年月日]昭和36年(1961年)7月22日
[出生地]福岡県福岡市

大正日日新聞、読売新聞を経て、朝日新聞社に入社。1920年代から30年代にかけて陸軍記者随一の存在として活躍。満州支局次長を経て、昭和17年京城日報社長。内閣情報局嘱託も務めた。著書に「順逆の昭和史」「人間緒方竹虎」「軍国太平記」「米内光政」などがある。

高山 毅
たかやま・つよし

ジャーナリスト, 文芸評論家, 児童文学評論家
[生年月日]明治44年(1911年)8月1日
[没年月日]昭和36年(1961年)10月28日
[出生地]岡山県苫田郡高田村 [学歴]姫路高卒, 東京帝国大学宗教科〔昭和11年〕卒

東大在学中第12次「新思潮」で活躍。卒業後朝日新聞社に入社。ジャーナリストとして活躍するかたわら、文学の面でも活躍し昭和23年「戦後の文学」を刊行。他の著書に「危機の児童文学」「児童文学の世界」などがある。

財部 熊次郎
たからべ・くまじろう

樺太日日新聞経営者, 東亜同文会幹事
[生年月日]明治5年(1872年)4月10日
[没年月日]大正13年(1924年)3月15日
[出生地]大分県中津町(中津市) [旧名]藤田
[別名等]筆名＝山東山人 [学歴]東京専門学校(現・早稲田大学)卒

大分県中津町の藤田氏に生まれ、長じて鹿児島県人・財部某の養子となった。初め同志社に学ぶ。ついで東京専門学校政治科を卒業し、近衛篤麿の知遇を受け、東亜同文会が設立されると幹事となり、山東山人と号して文筆に長じ機関誌編集を担当、東亜問題などに尽力した。日露戦争後、樺太に赴き「樺太日日新聞」の経営、雑誌の発行に従事した。また同地で伐木事業を経営したが、いずれも失敗に終わり、晩年不遇の中、東京に没した。

田川 大吉郎
たがわ・だいきちろう

ジャーナリスト, 衆院議員(社会党)
[生年月日]明治2年(1869年)10月26日
[没年月日]昭和22年(1947年)10月9日
[出生地]長崎県東彼杵郡西大村(大村市) [学歴]東京専門学校(現・早稲田大学)〔明治23年〕卒

報知新聞、都新聞の主筆を多年にわたってつとめ、その間日清、日露の両戦争に陸軍通訳として従軍した。明治41年尾崎行雄の知遇を受けて東京市助役となり、同年衆院議員に初当選、以来9回当選。又新会、中正会、憲政会、革新倶楽部などに所属し、普選運動で活躍した。その間、基督教教育同盟理事、明治学院総理などを歴任した。戦後は日本社会党に属し、世界平和協会理事長、民主外交協会副会長などをつとめ、昭和22年の東京都知事選に立候補した。著書に「都市政策汎論」がある。

滝沢 素水
たきざわ・そすい

雑誌編集者，実業家，児童文学作家
[生年月日]明治17年（1884年）
[没年月日]不詳
[出生地]秋田県秋田市 [本名]滝沢永二 [学歴]早稲田大学英文科〔明治40年〕卒

明治40年実業之日本社入社。「婦人世界」「日本少年」などの編集に携わり、出版部長も務めた。「少女の友」「日本少年」などに少年冒険小説を発表している。大正7年退社し実業界入り。大正証券、大和自動車などの取締役となる。11年雑誌「新女性」を発行、13年には銀行通信社を設立している。作品に「怪洞の奇蹟」「難船崎の怪」「空中魔」など。

滝田 樗陰
たきた・ちょいん

編集者
[生年月日]明治15年（1882年）6月28日
[没年月日]大正14年（1925年）10月27日
[出生地]秋田県秋田市手形新町 [本名]滝田哲太郎 [学歴]東京帝大法科中退

東大在学中に「中央公論」で翻訳の仕事を始め、明治37年中央公論社に正式に入社し編集者となる。一時期、新聞記者にあこがれて国民新聞社に入社したが、間もなく中央公論社に復帰。宗教的、倫理的色彩の強かった「中央公論」に文芸欄をもうけ、小説を載せたので発行部数がのびることとなった。明治39年以降年4回の「文芸付録」は文壇の檜舞台となり、ここに登場するかどうかが作家の文壇的地位を決定するほどであった。新人の発掘にも力をそそぎ、多くの作家をも育成した。文芸のみならず政治、社会思想にも関心が深く、吉野作造や大山郁夫らにも多く執筆させ、大正デモクラシーの拠点となった。明治後期から大正時代の名編集者として知られている。

滝本 静良
たきもと・しずよし

北海道新聞社長
[生年月日]不詳
[没年月日]昭和27年（1952年）10月1日

戦時統合が行われていた昭和17年11月北海タイムスなど十一紙が合同し北海道新聞が発足。その際、監査役を務める。後、北海道新聞社長。

滝本 誠一
たきもと・せいいち

新聞記者，経済史学者，慶応義塾大学教授
[生年月日]安政4年（1857年）9月27日
[没年月日]昭和7年（1932年）8月20日
[出生地]江戸麻布龍土町（東京都港区） [出身地]愛媛県 [学歴]慶応義塾〔明治14年〕卒 法学博士〔大正7年〕

江戸の宇和島藩邸に生まれる。宇和島に戻って藩校・明倫館に学び、明治6年宇和

島の郡立不棄学校では中上川彦次郎に英語を学んだ。14年慶応義塾卒業生の資格を修得。和歌山自修私学校英語教師の後、「日本立憲政党新聞」「大阪日報」「神戸又新日報」記者を経て、「東京公論」主筆。「東京公論」廃刊後は「国会」記者。25年退社。千葉での開拓事業などを経て、大正3年同志社大学教授、8年慶応義塾大学経済学部講師、9年教授。東京高等工商学校（現・芝浦工業大学）の初代校長も務めた。日本経済史研究の権威で、またヨーロッパ経済史、経済学史の研究にも従事。江戸時代を中心に日本の経済書を収集し、「日本経済叢書」36巻、「日本経済大典」54巻、「佐藤信淵家学全集」3巻などを編纂した。著書に「経済的帝国論」「日本経済史―徳川封建制度の経済的説明」「日本経済典籍考」「日本封建経済史」などがある。

田口　卯吉
たぐち・うきち

経済学者，史論家，ジャーナリスト，衆院議員，経済雑誌社社主，両毛鉄道社長
[生年月日]安政2年（1855年）4月29日
[没年月日]明治38年（1905年）4月13日
[出生地]江戸目白台（東京都文京区）　[本名]田口鉉　[別名等]字＝子玉，号＝田口鼎軒　[学歴]法学博士〔明治32年〕　[家族等]姉＝木村鐙子（教育家），義兄＝木村熊二（教育家）

幕臣の二男。幕府瓦解により士分を脱して横浜に移り、英語を習う。明治2年沼津に移住して沼津兵学校に通う傍ら、中根香亭に漢学を学んだ。3年医学を研修するため静岡に赴くが、4年東京での修学を命ぜられ、尺振八の私立共立学舎などで学ぶ。5年大蔵省翻訳局に入り、洋書翻訳に従事する傍ら経済学を専攻。7年紙幣寮に勤務。10年嚶鳴社に参加。歴史の研究も進め、同年よりバックル「英国文明史」の影響を受けた啓蒙主義的文明史観で日本の文化史を論じた「日本開化小史」の執筆を開始し、一気に文名を高めた。11年紙幣寮の廃止に伴って退官し、以後は著述に専念。12年経済雑誌社を設立して「東京経済雑誌」を創刊し、自由主義的な立場から政府の経済政策を批判。政治評論の分野でも健筆を振るい、輸出税全廃、地租増徴、日露主戦論などを主張した。一方で政界でも活動し、13年牛込区議、同年東京府議となって市区改正問題に取り組む。20年両毛鉄道社長に就任。27年衆院議員に当選。政党には入らず、反藩閥中立の立場を貫いた。この間、17年「大日本人名辞書」の編纂に着手し、19年に完成させた。24年「史海」を発行して史学の科学的研究に貢献。また、重野安繹、久米邦武、黒板勝美らの修史事業にも協力し、「国史大系」や「群書類従」など基礎史料集の編纂・刊行にも当たった。他の著書に「自由貿易日本経済論」「支那開化小史」（全5巻）「日本開化の性質」「日本之意匠及情交」「楽天録」などがある。

田口　松圃
たぐち・しょうほ

「仙北新報」社長，秋田県議
[生年月日]明治16年（1883年）2月6日
[没年月日]昭和31年（1956年）1月16日
[出生地]秋田県大曲市　[本名]田口謙蔵　[学歴]東京専門学校卒

上京して東京専門学校に学び、坪内逍遙に師事。同卒業後に帰郷して「仙北新報」の記者となり、大正7年には小西伝助の後任として同紙の社長となった。のち、政界でも活躍し、大曲町長・秋田県会議員などを歴任して地域の活性化に大きく貢献。また、俳人としても一家をなし、赤川菊村・安藤和風・斉藤路葉ら秋田在住

の作家と交流して俳句雑誌「まるこ川」や大型文芸誌「白虹」を創刊。絵画の制作・鑑賞にもすぐれ、昭和23年より県重要美術調査委員を務めた。

武井 武夫
たけい・たけお

新聞記者
[生年月日]不詳
[没年月日]不詳
[家族等]妻＝武井冨美子（東大和市議）、長男＝武井共夫（弁護士）

同盟通信社に入社。外信部の科学担当記者を務める。昭和20年9月原爆投下の直後、外電などをもとに冊子「原子爆弾」を発行。原爆に関する日本初の出版物として原爆の残虐性と非人道性をいち早く指摘、20万部のベストセラーとなった。平成7年被爆50年を機に妻と長男により「復刻・原子爆弾―亡き夫に愛をこめて」として再出版された。

竹内 金太郎
たけうち・きんたろう

新聞記者、弁護士
[生年月日]明治3年（1870年）2月11日
[没年月日]昭和32年（1957年）11月11日
[出生地]新潟県高田（上越市） [学歴]東京帝大英法科［明治33年］卒

明治33年農商務省に入ったが、大正4年大浦兼武内相の疑獄事件に連座して辞任。東京日日新聞に入り編集主幹となった。42年10月伊藤博文暗殺を「伊藤薨去」の号外で連報した。その後、弁護士を開業、鈴弁殺し、阿部定事件、血盟団事件、2.26事件、極東国際軍事裁判などの弁護人として活躍。尾崎秀実事件では尾崎をスパイでなく、愛国者として遇したことで知られ、阿部定は出獄後、竹内家に入り老夫妻の世話をするなど、かつて弁護した元被告たちに愛された。

竹内 明太郎
たけうち・めいたろう

東京絵入自由新聞発行者、小松製作所創業者、衆院議員（政友会）
[生年月日]安政7年（1860年）2月28日
[没年月日]昭和3年（1928年）3月23日
[出生地]土佐国宿毛村（高知県宿毛市） [家族等]長男＝竹内強一郎（小松製作所専務）、父＝竹内綱（実業家・政治家）、弟＝吉田茂（首相）、孫＝竹内啓一（一橋大学名誉教授）、義弟＝白石直治（実業家・政治家）、中田薫（法制史学者）、甥＝吉田健一（評論家・英文学者・小説家）、白石多士良（土木工学者）、白石宗城（新日窒社長）

実業家・政治家の竹内綱の長男で、首相となった吉田茂は実弟。明治3年父に従って大阪に出て岩崎英語塾に、6年父の転勤により上京し東京同文社や仏学塾に学んだ。父と同じく自由民権運動に挺身し、自由党に入党して「東京絵入自由新聞」を発行。実業家でもあった父を助け、明治19年佐賀県芳谷鉱山の経営や、27年竹内鉱業株式会社の設立に参画。34年欧米を視察。帰国後、茨城無煙炭、夕張炭鉱各社重役、さらに竹内鉱業会社、九州唐津鉄工場の重役を歴任。35年より石川県小松の遊泉寺銅山を経営。大正3年には橋本増次郎が製造した国産自動車第1号「DAT号」の出資者となる（DATとは同じく製造に関わった田健治郎、青山禄郎、竹内の頭文字からとられたものである）。6年鉱山機械製造・修理の小松鉄工所を設立したが、9年第一次大戦後の不況と銅価の下落が原因となり、遊泉寺鉱山を閉山。10年小松鉄工所を改組して小松製作所に創立し、オーナー兼相談役として経営に参

画した。一方、大正4年衆院議員に当選、以後6年、9年と3選し、政友会相談役などを務めた。また、父とともに高知工業学校(現・県立高知工業高校)設立に協力した他、早稲田大学理工科の新設にも尽力した。

竹尾 弌
たけお・はじめ

新聞記者, 著述家, 衆院議員(自民党)
[生年月日]明治29年(1896年)12月11日
[没年月日]昭和33年(1958年)2月8日
[出生地]千葉県 [学歴]東京外国語学校露語科〔大正7年〕卒

朝鮮銀行浦塩支店に勤務したのち、報知新聞、東京毎夕新聞記者となる。そのかたわら著述面でも活躍し、また国士館高等拓殖学校講師となり、のち朝鮮林業協会付属北方産業研究所主事となる。昭和22年政界に入り、衆院選に千葉2区から立候補し、連続5回当選。その間、文部政務次官、文教委員会理事などを歴任。著書に「ソヴィエト統制経済論」「世界外交史」などがある。

竹川 藤太郎
たけかわ・とうたろう

ジャーナリスト, 重慶日報発行者
[生年月日]慶応4年(1868年)5月25日
[没年月日]明治44年(1911年)5月5日
[出生地]甲斐国山梨郡中下部(山梨県山梨市)

明治21年米国に渡りサンフランシスコで「十九世紀新聞」「遠征」を発行した。30年帰国後、一時紙巻き煙草の製造を始めたが、33年北清事変に際し新聞「日本」の特派員となって従軍、報道に当たる。36年上海で「上海新報」を、37年重慶で「重慶日報」(漢字紙)を創刊した。

竹越 竹代
たけこし・たけよ

新聞記者, 婦人運動家
[生年月日]明治3年(1870年)10月12日
[没年月日]昭和19年(1944年)12月19日
[出生地]備前国岡山(岡山県岡山市) [旧名]中村 [学歴]大阪梅花女学校〔明治22年〕卒
[家族等]祖父=石坂堅壮(儒学者)、夫=竹越与三郎(新聞記者, 政治家)

明治13年に父と死別し、母の手で育てられる。16年岡山におけるキリスト教の先駆者・金森通倫から洗礼を受け、キリスト教徒となった。22年に大阪梅花女学校を卒業後、新聞記者の竹越与三郎と結婚。23年徳富蘇峰の民友社に招かれた夫と共に上京し、「国民新聞」の創刊に協力。また、自身も同紙に寄稿するなど、日本初の女性新聞記者として活躍した。24年東京婦人矯風会委員となり、26年には日本基督教婦人矯風会の結成に参画。以来、その委員として一夫一婦制の確立を主張したほか、同士の矢島楫子らとともに廃娼や禁酒・禁煙運動を進めた。しかし、次男の誕生を機に文筆活動から離れ、夫が民友社を退社すると矯風運動からも身を引いた。のち曹洞宗に傾倒し、東京・大久保の金竜寺に参禅。さらに、晩年には天台宗にも興味を示した。編著に「婦人立志篇」「ウェスト女史遺訓」などがある。

竹越 与三郎
たけこし・よさぶろう

新聞記者, 衆院議員(政友会), 貴院議員(勅選), 枢密顧問官
[生年月日]慶応1年(1865年)10月14日
[没年月日]昭和25年(1950年)1月12日
[出生地]武蔵国本庄(埼玉県本庄市) [旧名]清野 [別名等]号=竹越三叉 [学歴]慶応義塾中退

同人社、慶応義塾に学び、明治16年時事新報に入社。のち「基督教新聞」「大阪公論新聞」を経て、23年徳富蘇峰の「国民新聞」発刊に参加、民友社の同人としても活躍。一方、史書「新日本史」(24・25年)「二千五百年史」(29年)を刊行、啓蒙的立場から文明史観の史論を展開した。陸奥宗光、西園寺公望の知遇を得、29～33年「世界之日本」主筆。32年渡欧。35年以来政友会から衆院議員に5選。大正11年貴院議員となり、宮内省帝室編修官長を経て、昭和15年枢密顧問官。22年公職追放。著書は他に「日本経済史」（全8巻）「台湾統治史」「三叉小品」「読画楼随筆」など。

武田　鶯塘
たけだ・おうとう

新聞記者，俳人，小説家
[生年月日]明治4年(1871年)10月10日
[没年月日]昭和10年(1935年)5月31日
[出生地]東京　[本名]武田桜桃四郎（たけだ・おとしろう）　[別名等]別号＝桜桃，修古庵
[学歴]改玉社中

明治25年山岸荷葉（硯友社派）らと「詞海」を発行。28年博文館に入り「太陽」「文芸倶楽部」「少年世界」の編集に従事、巌谷小波や江見水蔭らの下で助筆、「中学世界」でも執筆選評、少年文の言文一致体に貢献した。その後毎日電報、大阪毎日新聞、中外新報などの社会部長を務めた。俳句は紅葉らの紫吟社に学び、大正2年小波らの賛助で俳誌「南柯」を創刊、主宰。「俳諧自由自在」のほか自撰句集「鶯塘集」がある。小説も「文芸倶楽部」などに執筆。

武田　仰天子
たけだ・ぎょうてんし

新聞記者，小説家
[生年月日]嘉永7年(1854年)7月25日
[没年月日]大正15年(1926年)4月10日
[出生地]大坂　[本名]武田穎　[学歴]河泉学校(堺市)卒

大阪で小学教師をし、明治22年「都の花」に「三都の花」を発表、文壇に入った。23年「新著百種」に「新世帯」を発表、京阪の新文学運動に参加。24年雑誌「なにはがた」を発刊、「浪花文学」に至るまで関西文壇に重きをなした。また大阪いろか新聞などの三面記者を経て30年東京朝日新聞に入社。小説「諏訪都」、34年「何」「梅若心中」、以後歴史小説「明智光秀」「荒木又右衛門」「清正」などを同紙に執筆、半井桃水とともに東朝の通俗物語の双璧として活躍。「二代忠孝」「競馬」など少年ものも多く、「婦女界」にも執筆、大衆文学の先駆となった。

竹田　敏彦
たけだ・としひこ

新聞記者，小説家，劇作家
[生年月日]明治24年(1891年)7月15日
[没年月日]昭和36年(1961年)11月15日
[出生地]香川県仲多度郡多度津町　[本名]竹田敏太郎　[学歴]早稲田大学英文科〔明治44年〕中退

丸亀中在学時代に生家の没落にあい、以後苦学を続ける。早大中退後大阪時事新報、大阪毎日新聞の司法記者となるが、大正13年上京し、新国劇の文芸部長となる。昭和4年発表の「早慶決勝の日」が新国劇で上演され、好評を得る。以後流行作家となって「子は誰のもの」「検事の妹」などを発表。戦後も「母と子の窓」などを

発表。また郷里の多度津に更生施設「丸亀少女の家」を創立した。

武富 時敏
たけとみ・ときとし

肥筑日報社長，蔵相，貴院議員（勅選）
[生年月日]安政2年（1855年）12月9日
[没年月日]昭和13年（1938年）12月22日
[出生地]肥前国（佐賀県） [別名等]号＝唇堂
[家族等]息子＝武富敏彦（外交官）

明治初年東京に遊学し、のち佐賀の乱に加わったが無罪となる。その後再上京し大学南校に学び、また九州改進党の結成に参加。16年佐賀県議となり、18年議長に就任。19年「肥筑日報」の創刊とともに社長になる。23年の第1回総選挙で当選し、3回から14回まで連続当選、大正13年貴院議員に勅選される。この間、農商務省商工局長、大蔵省参事官、内閣書記官長などを歴任し、のち逓信大臣、大蔵大臣に就任した。紅木屋侯爵のあだ名があった。また、短期間であったが、明治42年には「東京毎日新聞」の社長に就任した。

竹中 繁
たけなか・しげ

朝日新聞記者
[生年月日]明治8年（1875年）11月1日
[没年月日]昭和43年（1968年）10月29日
[出生地]東京神田淡路町（東京都千代田区）
[本名]竹中シケ [別名等]別名＝竹中繁子 [学歴]女子学院高等部〔明治28年〕卒

司法省の役人だった父の方針で、早くから英語教育を受ける。明治44年東京朝日新聞に同社初の女性記者として入社。通報員として学芸部で主に女性問題を担当。昭和5年退社。一方、婦人運動家の市川房枝と親交を結び、大正9年市川、平塚明子、

奥むめおが発起人となった結成した新婦人協会の初会合にも出席。以後市川の活動に多大の支援を続けた。中国の女性解放運動にも詳しく、中国留学生の世話もした。遺言により遺産は老人福祉のための基金に。

竹廼門 静枝
たけのと・しずえ

「日出新聞」記者，狂歌師
[生年月日]嘉永4年（1851年）
[没年月日]明治42年（1909年）2月14日
[出生地]越後国（新潟県） [本名]金子錦二 [別名等]別号＝可猫散史

京都に住み、「日出新聞」記者を務めるかたわら狂歌、狂句を発表した。

武林 無想庵
たけばやし・むそうあん

新聞社勤務，小説家，翻訳家
[生年月日]明治13年（1880年）2月23日
[没年月日]昭和37年（1962年）3月27日
[出生地]北海道・札幌 [本名]武林盛一 [旧名]武林磐雄 [学歴]東京帝国大学文科大学〔明治38年〕中退

東京帝大在学中「帝国文学」の編集委員となり、明治36年「神秘」を発表。38年、大学を中退し、京都新聞社につとめるが、放蕩、放浪を重ねる。その間、大正2年「サフォ」を、5年には「サニン」を翻訳刊行したりし、9年「ピルロニストのやうに」を発表。9年から11年迄フランスを旅行し、11年「結婚礼讃」を、12年にエッセイ集「文明病患者」を刊行、共に代表作となる。12年から昭和9年迄、再度フランスに渡った。8年に右眼を18年に左眼を失明するが、その間にもゾラの「大地」などを翻訳する。戦後24年に共産党に入党

竹村 良貞
たけむら・よしさだ

帝国通信社社長，衆院議員（憲政会）
[生年月日] 文久1年（1861年）11月25日
[没年月日] 昭和15年（1940年）6月9日
[出身地] 越後国（新潟県） [学歴] 慶応義塾卒

明治16年、郷里の新潟県高田で「高田新聞」を創刊するが、高田事件で入獄。その後、上京して「郵便報知新聞」に入る。25年帝国通信社社長。政治家としては、東京市議を経て、衆院議員に2選。

田子 健吉
たご・けんきち

福島民友新聞社長
[生年月日] 不詳
[没年月日] 昭和33年（1958年）5月14日
[出身地] 福島

寺沢元良に次いで福島民友社長に就任。後援を憲政党から政友会に替え、社員の大半が退職する「民友騒動」を引き起こした。

田沢 田軒
たざわ・でんけん

美術記者
[生年月日] 明治18年（1885年）2月23日
[没年月日] 昭和27年（1952年）11月8日
[出身地] 東京・麻布宮下町 [本名] 田沢良夫

中学卒業後、軍隊生活を送り、大正5年東京毎夕新聞社に入社。美術部を創設して美術部長となり、昭和12年外交部長を経て、編集局長となった。15年北京の東亜新報社に転じ、東京支社駐在員として美術、学芸欄の記事を担当した。25年産業経済新聞社に入社、美術部主任となった。

田島 象二
たじま・しょうじ

新聞記者，戯文家，読売新聞主筆
[生年月日] 嘉永5年（1852年）
[没年月日] 明治42年（1909年）8月30日
[出生地] 江戸 [別名等] 号＝任天，酔多道士，御門情人

幼少より和漢の学を修めたが、のち国学に転じ、幕末期には尊皇攘夷を奉じて国事に奔走。維新後は越前や薩摩など各地を転々とするが、明治7年東京に戻って戯文家となり、酔多道士、任天居士などの号で滑稽諷刺の漢戯文を執筆した。10年「団団珍聞」に入社して一躍文名を高め、11年「妙々雑俎」、12年「同楽相談」を経て、15年招かれて「読売新聞」主筆に就任。のち名古屋に転居し、「扶桑新聞」「新愛知」「天下新報」などで活躍。一時、「大阪日日新聞」に入社したが、同紙の廃刊後は名古屋に戻り、「新愛知」などで記者を務めた。一方で熱田築港や知多運河開削など公共事業にも尽くし、35年愛知県郡部から衆院選に立候補したが落選した。著書に「一大奇書 書林之庫」「花柳事情」「西国烈女伝」「任天居士漂流記」などがある。

田島 利三郎
たじま・りさぶろう

新聞記者，沖縄研究家
[生年月日] 明治3年（1870年）7月2日
[没年月日] 昭和4年（1929年）9月5日
[出生地] 新潟県岩船郡荒川町（村上市） [学歴] 皇典講究所（現・国学院大学）卒

明治26年沖縄中学に国語教師として赴任。着任後、沖縄県庁編集の資料中に琉球語

の文書「おもろさうし」を見出し、この文書を中心に沖縄の言語文化を研究。28年学校を免職となり、「琉球新報」の記者を務める傍ら、研究を続ける。30年上京し、片山潜らと親交。しばらく教え子の伊波普猷のもとに滞在、のち伊波に「おもろさうし」などの自筆写本を譲り、沖縄研究の大成を勧めた。その後、台湾に渡り、朝鮮などを放浪。「漢口公論」の編集者兼発行人として活動するが、漢口暴動の報道で発禁となった。

田添 鉄二
たぞえ・てつじ

新聞記者，社会主義者
[生年月日] 明治8年(1875年)7月24日
[没年月日] 明治41年(1908年)3月19日
[出生地] 熊本県飽田郡美登利村(熊本市) [学歴] 鎮西学院神学科，シカゴ大学(神学・社会学)

熊本英学校で学び、明治25年メソジスト教会で受洗。31～33年シカゴ大学に留学。帰国後、「絵入長崎新聞」および「鎮西日報」主筆を務めた後、37年上京して「経済進化論」を刊行。早くから社会主義に近づき、39年の日本社会党発足では評議員に選ばれる。「新紀元」「平民新聞」などに評論を発表し、明治初期社会主義者として活躍した。他の著書に「近世社会主義史」などがある。

多田 恵一
ただ・えいち

新聞記者，探検家
[生年月日] 明治16年(1883年)1月30日
[没年月日] 昭和34年(1959年)10月17日
[出生地] 岡山県津高郡江与味村(久米郡美咲町) [別名等] 号＝義堂

小学校卒業後、村の富田黄山の私塾で語学や文学を修める。日露戦争に従軍したのち、上京して牛込英語学校に通った。明治43年白瀬矗率いる初の南極探検隊に書記長として参加。44年1回目の探検が結氷に阻まれて失敗した後、船長と共に資金調達などのために一時帰国し、再び探検隊に戻り、45年南極に上陸した。帰国後、「南極探検日記」を刊行して話題を呼んだ。新聞や雑誌の記者を務め、大正初期には東南アジアのボルネオ島の探検に向かい、「南洋西ボルネオ」「南洋見物」「南洋渡航案内」などの著書を出した。

多田 房之輔
ただ・ふさのすけ

教育者，教育ジャーナリスト
[生年月日] 文久2年(1862年)6月
[没年月日] 昭和15年(1940年)11月18日
[出身地] 安房国(千葉県) [学歴] 千葉師範卒

千葉県教育会幹事を経て、千葉・東京・栃木の小学校校長を歴任。この間、栃木県学務課属、福島県小学督業を務める。明治32年国民教育学会を設立し、「日本之小学教師」を発行、初等教育の向上と教員の生活擁護に尽力した。

橘 正三
たちばな・しょうぞう

新聞社勤務，郷土史家
[生年月日] 安政6年(1859年)7月8日
[没年月日] 昭和12年(1937年)7月5日
[出身地] 岩手県 [別名等] 号＝不染

自由民権運動に共鳴して巡査を退職、岩手新聞に入る。郷土史家として知られ、著書に「もりおか明治舶来づくし」などがある。

橘 樸
たちばな・しらき

ジャーナリスト，中国研究家
[生年月日]明治14年（1881年）10月14日
[没年月日]昭和20年（1945年）10月25日
[出生地]大分県臼杵市海添　[学歴]五高〔明治34年〕中退，早稲田大学〔明治36年〕中退

明治34年北海タイムス社に入社。39年満州に渡り，ついで北京に渡って中国社会に強く関心をいだく。「遼東新報」記者，「日華公論」主筆，満鉄嘱託などを歴任し，評論家として活躍。この間，大正13年「月刊支那研究」を創刊。昭和6年「満州評論」を創刊，主幹。7年満州国協和会創立とともに理事，15年昭和研究会に参加。敗戦後，奉天で客死した。著書に「十匪」「道教」「満州と日本」「支那社会研究」「支那思想研究」「中華民国三十年史」「中国革命史論」などがある。

橘 静二
たちばな・せいじ

新文館創業者，「大日本」社長
[生年月日]明治19年（1886年）8月20日
[没年月日]昭和6年（1931年）8月26日
[出生地]東京市本郷区（東京都文京区）　[出身地]大阪府　[学歴]北野中（旧制）〔明治37年〕卒，早稲田大学文学部文学科〔明治41年〕卒
[家族等]祖父＝橘機郎（教育家），伯父＝高木貞衛（万年社社長），従弟＝高木貞二（東京大学名誉教授）

祖父は大学進学予備校・進文学社を経営していた橘機郎。明治30年父の事業失敗により大阪に移り，37年早稲田大学入学のため一家で東京へ戻る。野球の早慶戦では早大の応援長を務め，応援歌「敵塁如何に」を作詞した。41年卒業後は母校に事務員として勤め，44年から大学経営研究のため欧米へ留学。45年帰国と同時に高田早苗学長の秘書となり，大学運営・改革に携わるが，6年早稲田騒動のため母校を去った。同年父の名を冠した橘顕三経営研究所を設立，また出版社・新文館を興して出版活動にも意欲を示し，月刊大学問題評論誌「大学及大学生」を刊行。7年には実弟・橘三千三が編集人となり雑誌「露西亜評論」を創刊したが，8年両誌とも廃刊した。同年渡米，シカゴで日刊邦字新聞「大日本」を発行したが，昭和6年同地で客死した。

辰井 梅吉
たつい・うめきち

新聞経営者
[生年月日]明治2年（1869年）4月12日
[没年月日]昭和17年（1942年）1月27日
[出生地]大阪　[旧名]石井　[学歴]慶応義塾大学部理財科〔明治26年〕中退

明治19年内閣官報局簿記記帳係となり，官報局長高橋健三の書生となる。22年創刊の「国華」の経理を担当し，25年慶応義塾に入るが，26年中退。28年辰井伊兵衛の養子となり，同年朝日新聞社に入社。会計兼用度を担当し，38年用度課長，43年監工課長を兼任。大正5年経理課長兼監工課長となり，11年相談役，12年常任監査役を経て，昭和5年大阪朝日新聞営業局長取締役となり，8年には印刷局長を兼任し，9年専務取締役，12年取締役，15年相談役となって朝日ビルディング社長を兼務した。小西勝一とならんで大阪朝日新聞経営面での柱礎とされる。

伊達 源一郎
だて・げんいちろう

新聞記者，鳥類研究家，「ジャパン・タイムス」社長，参院議員（緑風会）

[生年月日]明治7年(1874年)3月15日
[没年月日]昭和36年(1961年)7月15日
[出生地]島根県能義郡井尻村(安来市) [別名等]号=樸堂 [学歴]同志社本科政治科〔明治32年〕卒 [受賞]松江市名誉市民〔昭和33年〕

明治32年に卒業ののち一時愛媛県下の小学校で英語を教えた。33年「国民新聞」に入社、外報部に配属され、45年に編集局長となる。大正4年に国際通信社報道部長。次いで7年「読売新聞」に転じて主筆に就任し、日本全権随員としてパリ平和会議を取材した。帰国ののち外務省嘱託となり、省内に情報部を創設。9年には中国関係情報を専門とした東方通信社を設立。さらに同社を国際通信社と合併させ、15年に日本新聞連合を発足させた。その後、昭和6年に国民新聞社長、7年にジャパン・タイムス社長を歴任。戦後、20年に帰郷して島根新聞社長となり、28年まで在任した。その間、22年島根県から参院議員に当選し、緑風会に所属。国会では内閣委員長や外務委員として活躍。26年には吉田茂首相の要請により、サンフランシスコ講和会議の全権委員代理として外国新聞対策に当たった。他方、鳥類の研究家としても一家を成し、その収集にかかる1600点以上の鳥類標本は島根県立博物館に伊達コレクションとして所蔵されている。

立野 寛
たての・ひろし

広島新聞発刊者、安芸広島藩士
[生年月日]天保1年(1830年)4月22日
[没年月日]明治18年(1885年)3月15日
[出生地]安芸国(広島県)

安芸広島藩士の家に生まれ、藩校及び坂井虎山に学ぶ。16歳で藩校句読師となり、嘉永6年(1853年)藩用達所詰。文久2年(1862年)藩が江戸に周旋方を設けると同時にその一員となって尊攘を唱え、征長の役の頃には長州藩との連絡を担当した。戊辰戦争では日誌方兼参謀として越後に出陣。2年版籍奉還は藩の大属となり、廃藩置県後も引き続き大属を務めたが、7年退官。11年同志と共に「広島新聞」を発刊した。

田中 清文
たなか・きよふみ

北日本新聞社長、田中銀行頭取、衆院議員、貴院議員(多額納税)
[生年月日]明治5年(1872年)10月
[没年月日]昭和26年(1951年)10月3日
[出身地]富山県 [学歴]中央大学法律科〔明治36年〕卒

北陸タイムス社を創立、社長。のち合同により北日本新聞社長。この間、明治45年より衆院議員1期、大正7~14年多額納税貴院議員を務めた。

田中 三郎
たなか・さぶろう

キネマ旬報社長、映画評論家、木曜会主宰
[生年月日]明治32年(1899年)6月4日
[没年月日]昭和40年(1965年)8月6日
[出身地]広島県 [学歴]静岡中(旧制)〔大正6年〕卒、東京高工応用化学科(現・東京工業大学)〔大正9年〕卒

父は梨本宮家の馬術指南役であった。静岡中学から東京高工に進み、応用化学を専攻。傍ら、活動写真や音楽に熱中し、在学中の大正8年に級友・田村幸彦らと映画の同人雑誌「キネマ旬報」を創刊。9年卒業後は大阪の芝川商店化学薬品部や松竹の外国部に勤めながら同誌の発行に当たるが、11年以降は同誌に専念し、13年に

は「キネマ旬報ベストテン」を開始するなど"映画の羅針盤"として親しまれた。14年には映画批評を主体とした雑誌「映画往来」を発刊。昭和2年株式会社キネマ旬報を創設し、社長に就任。一方で映画鑑賞会の開催や優秀映画の表彰、映画研究会・木曜会の主宰、映画ライブラリ設立などを企画・実行し映画文化の発展に貢献した他、双葉十三郎、内田岐三雄、岸松雄ら多くの映画批評家・映画人を育成した。15年戦時の出版統制のため「キネマ旬報」を廃刊、日本映画雑誌協会理事長となる。19年大日本映画協会参与。戦後「キネマ旬報」の誌名を友田純一郎に譲った。

田中 正造
たなか・しょうぞう

栃木新聞創立者，社会運動家，衆院議員（無所属）
[生年月日]天保12年（1841年）11月3日
[没年月日]大正2年（1913年）9月4日
[出生地]下野国安蘇郡小中村（栃木県佐野市）
[別名等]幼名＝兼三郎

19歳で名主を継ぎ、領主・六角家を批判して領地追放となる（六角家事件）。江刺県官吏を経て、明治11年、横堀三子らと啓蒙的報道新聞として「栃木新聞」を創刊。自由民権運動に参加。13年栃木県議、19年県会議長。この間中節社を組織、県令・三島通庸の施政に反対して投獄される。23年第1回衆院選で当選、以来6期つとめる。24年から半生をかけて足尾鉱毒問題にとりくみ古河財閥や政府を追及、議会活動と被害農民の"押出し"（大挙上京請願運動）を展開。33年の大弾圧（川俣事件）後、憲政本党を脱党、34年議員を辞し、幸徳秋水筆の直訴状により天皇に直訴。37年谷中村に居を移し、39年以降は谷中村遊水池化反対運動にかかわり、44年下野治水要道会を設立、利根川・渡良瀬川の治水問題に貢献した。「田中正造全集」（全20巻）がある。

田中 都吉
たなか・ときち

ジャパン・タイムス社長，外交官，新聞人
[生年月日]明治10年（1877年）1月26日
[没年月日]昭和36年（1961年）10月3日
[出生地]京都府宮津市　[学歴]東京高等商業学校専攻部領事科〔明治31年〕卒

明治31年外交官試験に合格して外務省に入る。領事官補、領事、参事官などを歴任し、大正10年通商局長となり、以後情報部次長、11年外務次官、12年退官。13～14年ジャパン・タイムス社長などを経て、14年から昭和5年にかけて駐ソ大使となる。8年退官し中外商業新報社長になり、17年日本新聞協会会長に就任した。18～21年貴族院議員、21～26年公職追放。

田中 斉
たなか・ひとし

ジャーナリスト，明大教授
[生年月日]明治30年（1897年）10月4日
[没年月日]昭和41年（1966年）12月27日
[出生地]愛知県　[旧名]鈴木　[学歴]明治大学専門部商科〔大正9年〕卒，ジョンズ・ホプキンス大学（アメリカ）大学院〔大正12年〕修了

大正14年新愛知新聞に入り経済部長、昭和5年主幹兼編集局長に就任。新愛知が国民新聞を買収した後は、その経営にたずさわる。17年の新聞統合で両社を退社。この間職業野球の東京軍オーナー、名古屋軍代表も務めた。戦後、衆院議員となるが公職追放となる。戦前から明大講師を務め、31年教授となり、41年商学部長

となった。

田中 弥助
たなか・やすけ

出版人，俳人，第一法規出版創業者，衆院議員（政友会）
[生年月日]明治16年（1883年）3月6日
[没年月日]昭和18年（1943年）10月9日
[出生地]長野県上水内郡芹田村（長野市） [別名等]号＝田中美穂 [学歴]芹田小尋常科〔明治26年〕卒 [家族等]長男＝田中重弥（第一法規出版社長・衆院議員），四男＝田中富弥（第一法規出版社長），兄＝田中喜重郎（大日本法令出版社長）

明治26年小学校を卒業して長野市の中村活版所に入る。43年長野新聞に移り、活版石版部を創設して主幹となった。大正元年同社支配人を兼務。この間、加除式出版の合名会社・令省社の設立に参画、6年大日本法令出版創立発起人となり、副社長に就任（社長は実兄）。14年長野新聞活版石版部を田中印刷合名会社に改称し、昭和7年同社を大日本法令出版へ合併。15年同社長。同社を加除式法令出版の一方の雄に育て上げ、18年戦時の企業整備で同業の20余社を統合して第一法規出版を設立、社長に就任。また、大正12年より長野県議を2期務め、昭和11年衆院議員に当選（1期）。長野商工会議所会頭、長野商工会連合会会長なども歴任した。中村活版所の工具時代から俳句を趣味とし、島田九万字と「葉月」「山」を創刊。臼田亜浪主宰「石楠」の創刊同人で、美穂と号して一家をなした。

田辺 南鶴（12代目）
たなべ・なんかく

講談師
[生年月日]明治28年（1895年）8月2日
[没年月日]昭和43年（1968年）6月23日
[出生地]滋賀県 [出身地]東京都 [本名]柴田久弥 [別名等]別名＝三遊亭金平，桃川如水
[学歴]正則英語学校

16歳で2代目三遊亭金馬に入門、金平を名のるが、のち講談に転じる。「講談研究」を発行、またキリスト教の伝尊講談も行った。

谷口 久吉
たにぐち・ひさきち

山陽新聞社長，俳人
[生年月日]明治22年（1889年）12月1日
[没年月日]昭和43年（1968年）11月2日
[出生地]岡山県津山市 [別名等]号＝古杏 [学歴]大阪泰西学館中学部〔明治41年〕卒 [受賞]岡山市名誉市民，津山市名誉市民 [家族等]養子＝谷口澄夫（岡山大学学長）

谷口徳治郎の長男に生まれる。明治41年妹尾銀行に入行、銀行合併で、昭和21年中国銀行副頭取となり、22年合同新聞社社長に就任。23年岡山で日本初の日展地方開催を実現、更に岡山県名宝展を開いた。太平洋戦争で荒廃していた岡山・後楽園の延養亭や能楽堂の復旧にも尽力、同園の整備に精力を傾け、戦後の混迷期に文化面へ多くの事跡を残した。26年山陽新聞社会長、28年ラジオ山陽創立と共に初代社長となる。30年頃には岡山県総合文化センター期成会副会長、明るい県民運動推進のための会会長、良寛生誕200年奉賛会長などのほか100を超える公職にあった。中でも岡山大学施設整備委員会副会長として同大の創設に尽力、多額の寄付集めに奔走、中央の政財学界の支持を取り付けるなど、同大の基盤作りに大いに貢献した。陶芸にも通じ益子焼の浜田庄司らと親交し、茶道は裏千家老分として家元を補佐、岡山県淡交会支部長を

務めた。また俳句への造詣が深く、7年臼田亜浪門に入ってから本格化、俳人として知られた。長尾蟬水・越智幸雄らと俳誌「白道」の同人となり、亜浪主宰の「石楠」派重鎮として句界を導いた。合同新聞社時代、復刊した「白道」を「合同俳句」と改題して各流派に解放した。句集に「萩の塚句集」「杏」「白百合」「吉備国源」などがある。

田能村 秋皐
たのむら・しゅうこう

新聞記者，教歌作者
[生年月日]明治1年（1868年）
[没年月日]大正4年（1915年）1月16日
[出身地]豊後国（大分県）　[本名]田能村孝靖
[別名等]通称＝梅士　[学歴]明治法律学校（現・明治大学）卒　[家族等]曽父＝田能村竹田

文人画家・田能村竹田の曾孫に生まれ、幼時好んで詩を作る。明治法律学校に入り、のち中国法制史を研究し書籍を1冊著す。その後、読売新聞社に入り、流行語などを入れた新趣向の狂歌を「へなぶり」と名付け、朴念仁、朴山人の筆名で新聞に掲載した。のち日本新聞社に転じた。

頼母木 桂吉
たのもぎ・けいきち

報知新聞社長，東京市長，衆院議員（民政党），逓信相
[生年月日]慶応3年（1867年）10月10日
[没年月日]昭和15年（1940年）2月19日
[出身地]安芸国（広島県）　[旧名]井上　[学歴]東京第一高等中学校（一高）卒　[家族等]養子＝頼母木真六（政治家），妻＝頼母木駒子（バイオリニスト）

アメリカに留学し、帰国後浅草区議、東京市議をつとめる。また報知新聞記者、同社営業部長を経て実業界に入り、東京毎日新聞社、帝国通信社などの社長を歴任。大正4年東京市より衆院議員となり、連続9回当選。この間、公友倶楽部、憲政会に所属し、大正11年憲政会幹事長、13年同総務、14年〜昭和2年逓信政務次官、4年民政党総務などを歴任し、11年広田内閣の通信大臣となる。のち報知新聞社長、14年東京市長となった。

頼母木 真六
たのもぎ・しんろく

ジャーナリスト，衆院議員（日本進歩党）
[生年月日]明治32年（1899年）1月26日
[没年月日]昭和43年（1968年）8月3日
[出生地]東京　[旧名]関　[学歴]慶応義塾大学文学部独文科〔昭和9年〕中退　[家族等]養父＝頼母木桂吉（政治家），養母＝頼母木駒子（バイオリニスト）

カリフォルニア大学に学び、カリフォルニア州日米新聞記者、大阪朝日新聞サンフランシスコ特置員、東京朝日新聞記者となる。その後日本放送協会に入り、国際課長、部長を歴任。昭和17年衆院議員となり、運輸大臣秘書官となった。戦後はいちじ追放されたが、26年解除され、改進党副幹事長などをつとめた。

玉井 喜作
たまい・きさく

新聞記者
[生年月日]慶応2年（1866年）
[没年月日]明治39年（1906年）9月26日
[出生地]周防国熊毛郡光井村（山口県光市）

始め医学を志して明治17年大学予備門に入るが、のち札幌農学校に招かれドイツ語教師を約3年務めた後、農業に従事した。経済的に行詰まり、24年ロシアのウラジオストックに密入国。26年キャラバンに

まぎれて、酷寒のシベリアを横断。28年ドイツ・ベルリンに達し、日刊新聞「ケルニッセツァイツング」記者となる。その後独立し、31年日独貿易の機関紙「Ost＝Asien（東亜）」を創刊し、日独貿易に貢献。同年ドイツ語の旅行記を「西比利亜征橇紀行」をベルリンの出版社から発行。ベルリンの私設領事といわれ、訪れる日本人の面倒をみた。邦訳は昭和38年「シベリア隊商紀行」と題して発表された。

田村 栄太郎
たむら・えいたろう

ジャーナリスト，日本史家
[生年月日]明治26年（1893年）9月25日
[没年月日]昭和44年（1969年）11月29日
[出生地]群馬県西群馬郡高崎町（高崎市）［学歴］高崎商卒

家業の人力車宿を経営、明治末から地元の農民運動に参加、大正12年群馬共産党事件で検挙され、禁固刑で入獄。14年出獄し「沼田領農民運動史資料」を発表、磔茂左衛門を紹介した。昭和4年家業を捨てて上京、「都新聞」の「大波小波」に書評、学界時評などを書きながら農民運動史を研究した。以後、一貫して在野に身を置く。天皇制批判と民衆史重視の立場から農民一揆史、交通史、生活風俗史などの研究を進め、また唯物論研究会に入ったり、個人誌「日本の風俗」（13～15年）を発行。戦後は民科歴史部会、地方史研究協議会、歴史教育者協議会などにも参加、実地調査に活躍した。著書は「日本農民一揆録」「日本風俗史」「近世日本交通史」「板倉伊賀守」「川路聖護」「日本工業文化史」「戦争を覘く」「渡辺崋山の人と思想」「裏返し忠臣蔵」「やくざ考」「妖婦列伝」など多種多様で、「田村栄太郎著作集」（全7巻，雄山閣）が刊行されている。

田村 三治
たむら・さんじ

新聞記者
[生年月日]明治6年（1873年）2月11日
[没年月日]昭和14年（1939年）4月24日
[出生地]東京府本所（東京都墨田区）［別名等］号＝江東　[学歴]東京専門学校（現・早稲田大学）邦語政治科〔明治25年〕卒

在学中文壇、青年文学同人となり、国木田独歩と親交を結んだ。明治27年中央新聞社に入社、のち主筆となる。独歩の死後、田山花袋らと「欺かざるの記」を校訂した。また「中央新聞」に伝記ものなどを書いた。

田村 木国
たむら・もっこく

新聞社勤務，俳人
[生年月日]明治22年（1889年）1月1日
[没年月日]昭和39年（1964年）6月6日
[出生地]和歌山県笠田町　[本名]田村省三　[学歴]北野中卒

大阪朝日新聞に勤め、明治43年全国中等学校野球大会（現・全国高等学校野球大会）を企画、創始した。その後大阪毎日新聞社整理部長。少年時代から俳句を作り、行友李風らと洗堰吟社を創立、河東碧梧桐の影響を受けた。大正6年虚子の門に入り「ホトトギス」同人、11年俳誌「山茶花」同人、戦後同名の「山茶花」創刊、主宰。

田母野 秀顕
たもの・ひであき

福島自由新聞創刊関係者，自由民権運動家
[生年月日]嘉永2年（1849年）
[没年月日]明治16年（1883年）11月29日
[出生地]陸奥国三春（福島県田村郡三春町）

[旧名]赤松 [別名等]幼名=恵寛, 前名=田母野千秋

陸奥三春藩士の子に生れるが、幼くして父を失い、修験者田母野浄因に養われる。戊辰戦争の際、河野広中らと三春藩の恭順を説き、会津討伐の官軍に協力。のち河野らと共に自由民権運動に加わり、明治11年三師社を設立、自由党福島部の結成、「福島自由新聞」の創刊に尽力し、東北地方に民権論をおこした。会津地方の自由党激励のため訪れていた若松で、時の県令三島通庸の腹心である帝政党員に襲撃され重傷を負った（清水屋事件）。国会開設運動、自由党結成などに活躍したが、15年福島事件に連座し、翌16年軽禁獄6年の刑を受け、石川島に幽閉され、獄死した。

田山 花袋
たやま・かたい

従軍記者, 小説家, 詩人
[生年月日]明治4年（1871年）12月13日
[没年月日]昭和5年（1930年）5月13日
[出生地]栃木県邑楽郡館林町（群馬県館林市）
[本名]田山録弥 [別名等]別号=汲古 [家族等]兄=田山実（地震史家）

明治32年博文館に入社。はじめは写実的な作風であったが、35年「重右衛門の最後」、37年評論「露骨なる描写」を著して自然主義に傾倒。37年博文館の私設写真部主任として日露戦争に従軍し、写真師の小笠原長政とともに行動、金州や南山、遼陽などで戦況を撮影し、帰国後「第二軍従征日記」を出版した。この時の過酷な戦場体験が冷徹な人間観察眼を培ったといわれ、以後「蒲団」「田舎教師」や「生」「妻」「縁」3部作などの名作を次々と世に送り出し、日本自然主義の代表的な作家としての地位をゆるぎないものとした。大正期に入ってからも「時は過ぎゆく」「一兵卒の銃殺」などを発表。小説のほかに文壇回想記「東京の三十年」や随筆、紀行文、ルポルタージュにも優れた手腕を発揮した。

【ち】

地崎 宇三郎（2代目）
ちざき・うさぶろう

小樽新聞社長, 衆院議員（民主党）, 地崎組社長
[生年月日]明治30年（1897年）1月2日
[没年月日]昭和26年（1951年）6月29日
[出生地]北海道札幌市 [旧名]晴次 [学歴]秋田鉱専（現・秋田大学）中退 [家族等]父=地崎宇三郎（1代目）, 長男=地崎宇三郎（3代目）

大正8年独断で工事の益金をつぎ込み、大農法による農業の改革を試みたが失敗、父から勘当された。のち各地を転々としたが、昭和初期に小樽市に戻り、モノレール構想をひっさげて財界に進出。小樽-定山渓間自動車道路を建設、株式会社化して社長となる。昭和11年父の死後間もなく親類縁者に相続を宣言、生地・北海道札幌市で父が創立した土建業・地崎組社長を継ぎ、2代目宇三郎を名乗る。12年当時の北海道を代表する小樽新聞社の社長にも就任し、本道財界・言論界の重鎮の地位を占めた。ほかに北方文化出版社長、北海道造船社長、北海道新聞社取締役などを務める。戦後、21年衆院議員に当選してからは社長業を長男・九一（3代目宇三郎）に譲り政治活動に専念。民主党結成に奔走するが、幹事長就任直後に公職追放となった。芦田内閣生みの親の一人といわれる。また東京神田の古本を戦災

遅塚 麗水
ちずか・れいすい

新聞記者，ジャーナリスト，小説家，紀行文家
[生年月日]慶応2年（1866年）12月27日
[没年月日]昭和17年（1942年）8月23日
[出生地]駿河国沼津（静岡県沼津市）[本名]遅塚金太郎 [別名等]別号＝紫仙波，踏波山，俳号＝松白

幼なじみの幸田露伴のすすめで小説を書き始め，明治23年郵便報知新聞社に入社。26年山岳文学の先駆とされる「不二の高根」を発表し，好評を得る。日清戦争では従軍記者として活躍。その後も小説執筆のかたわら南洋諸島などを歴訪し，紀行作家としても独自の地位を築いた。著書に「陣中日記」「日本名勝記」など。

千葉 亀雄
ちば・かめお

評論家，ジャーナリスト，読売新聞編集局長，東京日日新聞学芸部長・編集局長
[生年月日]明治11年（1878年）9月24日
[没年月日]昭和10年（1935年）10月4日
[出生地]山形県酒田市 [別名等]号＝江東，莫愁，露靄火 [学歴]早稲田高師部中退，東京外語中退

「文庫」「日本」「日本及日本人」の記者をしたあと国民新聞，時事新報，読売新聞，東京日日新聞等の学芸部長や編集局長を歴任。読売時代には「婦人」欄を設けて婦人問題にも多大の関心を示した。一方，文芸評論家としても活躍し，大正13年には「世紀」に「新感覚派の誕生」と題する評論をのせ，横光利一，川端康成らの

から守る目的で始めた「地崎文庫」は，のち札幌学院大学に移管され，歴史研究に供されている。著書に「間宮海峡埋立論」がある。文学グループを"新感覚派"と名付けている。また立教大学などで教べんをとった。著書に「悩みの近代芸術」「異性を観る」「明治の文学」「大正文学概説」「ペン縦横」「新聞十六講」など。

千原 楠蔵
ちはら・くすぞう

ジャーナリスト
[生年月日]不詳
[没年月日]昭和20年（1945年）3月12日
[学歴]東亜同文書院〔大正10年〕卒

大正10年大阪朝日新聞社の支部部に入社。15年東京朝日新聞に移り，支那部，欧米部に所属した。漢口や南京の特派員なども務め，昭和14年退社。陸軍軍人の石原莞爾と交流を持ち，19年石原の主張を載せた反東条英機のパンフレットを配ったことから憲兵隊に検挙され，20年3月収容先の陸軍刑務所で獄死した。

【つ】

塚越 停春
つかごし・ていしゅん

評論家，東京市編纂員
[生年月日]元治1年（1864年）3月3日
[没年月日]昭和22年（1947年）12月31日
[出生地]上野国碓氷郡岩氷村（群馬県高崎市）
[本名]塚越芳太郎（つかごし・よしたろう）
[別名等]筆名＝停春楼，雲野通路

高崎の暢発学校（師範学校の前身）卒業後教員生活に入り，群馬県内の小学校に首席訓導として勤める。傍ら，上毛青年連合会の廃娼運動に参加し，その機関誌に論説を寄せた。明治23年徳富蘇峰の知遇

を得て民友社に入り、「国民新聞」「国民之友」に史論・評論・詩歌などを精力的に発表する。25年「家庭雑誌」が創刊されると編集人として社説を執筆した。32年いわゆる蘇峰の変節に伴い退社、憲政党に入党しその機関紙「日刊人民」の主筆となる。この後、超人的筆力を以て著作に従事し29もの著書をものし、そこでは新時代の国民像を示し、また都市化がもたらす多くの課題とその解決策を論述した。39年東京市編纂員となり、翌年「東京市史稿」編纂方針と事業計画を策定。以後は著作活動を休止、名利を度外視して市史編纂事業に精魂を傾け、44年「東京市史稿」皇城篇を刊行。大正10年市史編纂掛長。昭和10年自治功労者として東京市より表彰を受けた。

塚原 渋柿園
つかはら・じゅうしえん

新聞記者，小説家
[生年月日]嘉永1年(1848年)3月1日
[没年月日]大正6年(1917年)7月5日
[出生地]江戸市ケ谷合羽坂(東京都新宿区)
[本名]塚原靖(つかはら・しずむ) [別名等]幼名＝直太郎、別号＝縦死，蓼州，志かま，十四庵

家は代々幕臣で鉄砲組の与力。沼津兵学校、静岡医学校、浅間下集学所で洋学を修め、明治6年「魯国事情」を翻訳。7年横浜毎日新聞に入社。11年福地桜痴を知り東京日日新聞に移る。15年京城の壬午事変に際して渡鮮、「入韓紀実」を同紙に掲載。19年処女作「何ごとも金づく 慾情新話」を発表。以後作家として活躍し、政治小説「条約改正」、歴史小説「敵討 浄瑠璃坂」「北条早雲」「由井正雪」「天草一揆」、翻案「昆太利物語」などを発表。著作集「渋柿叢書」(全12巻)がある。

塚本 三
つかもと・ぞう

ジャーナリスト，名古屋市長，衆院議員(翼賛議員同盟)
[生年月日]明治22年(1889年)4月21日
[没年月日]昭和27年(1952年)8月25日
[出生地]愛知県名古屋市 [旧名]井筧 [学歴]名古屋中学〔明治40年〕卒

日本陶器に入社し、森村組を経て、大正9年名古屋新聞政治記者となり、11年編集長、総務部長となる。10年以降名古屋市議に4回当選し、副議長、議長などを歴任。昭和12年衆院議員となり、1期つとめる。22年から名古屋市長に2選、27年全国市長会長になった。

都河 龍
つがわ・しげみ

婦女界社創業者
[生年月日]明治13年(1880年)6月2日
[没年月日]不詳
[出生地]広島県 [学歴]東洋大学〔明治36年〕卒

大学卒業後、電報通信社の校正掛から博報堂に入り、「教育新聞」の編集に当たる。明治40年香川坂出町の商業学校で教師となるが、間もなく辞めて再上京し同文館に入社。雑誌「婦女界」の編集担当となり手腕を発揮、大正2年同誌の編集営業の一切を引受けて独立し婦女界社を創立。個人経営となるや業務を改善、誌面を刷新して、毎月数十万部を発行する盛況を示した。昭和18年企業整備で解散。戦後の21年、二男の都河吉生が復刊したが時代のずれもあって間もなく休刊した。

月岡 芳年
つきおか・よしとし

挿絵画家，浮世絵師
[生年月日]天保10年（1839年）3月17日
[没年月日]明治25年（1892年）6月9日
[出生地]江戸・新橋丸屋町（東京都港区）[本名]月岡半次郎 [旧名]吉岡 [別名等]別名＝大蘇芳年，別号＝一魁斎，玉桜楼，大蘇 [家族等]養父＝月岡雪斎（風俗画家）

嘉永3年12歳の時、浮世絵師歌川国芳に師事。6年15歳で平家一門の最期を主題にした大版錦絵三枚続きの処女作が注目された。慶応元年月岡雪斎の養子となる。西洋画の影響を受け絵空事でない写実的な絵を描き、慶応2年同門の落合芳幾と共作した無残絵「英名二十八衆句」は、怪奇残酷趣味による芳年の代表作。明治に入ると歴史上の人物や出来事を多く描き、郵便報知新聞などの別刷「新聞錦絵」の制作を担当し評判に。また15年ごろからは絵入自由新聞社に入り、漫画のほか新聞挿絵を手がけ人気を博した。江戸浮世絵師最後の人。他の代表作に「大日本名将鑑」「風俗三十二相」「新撰東錦絵」「新形三十六怪撰」「月百姿」など。

辻 寛
つじ・ゆたか

三重新聞社長，衆院議員（憲政会）
[生年月日]文久1年（1861年）10月
[没年月日]昭和4年（1929年）9月24日
[出生地]伊勢国三重郡水沢村（三重県四日市市）[学歴]三重師範卒，東京専門学校政治経済科卒 [叙勲]勲三等

中学校教員から、三重県会議員に。また、三重新聞を創設、社長。衆院議員当選3回、地方政界に重きをなした。

辻野 惣兵衛
つじの・そうべえ

紀伊毎日新聞社長，和歌山県議
[生年月日]嘉永7年（1854年）5月21日
[没年月日]昭和3年（1928年）12月6日
[出身地]紀伊国那賀郡（和歌山県）

明治20年和歌山県議となり、27年議長。一方、26年「紀伊毎日新聞」を創刊、社長。和歌山米穀取引所理事長、和歌山農工銀行重役なども務めた。

対馬 健之助
つしま・けんのすけ

新聞記者，大阪毎日新聞社専務
[生年月日]慶応4年（1868年）1月
[没年月日]大正12年（1923年）5月9日
[出身地]陸奥国津軽郡（青森県）[学歴]慶応義塾大学卒

明治22年、慶應義塾卒業と共に時事新報入社。時事新報社在職中の31年、大隈内閣の農商務相秘書官となる。37年大阪毎日新聞社に転じ、「東京日日新聞」編集主幹を経て、大正7年大阪毎日新聞社専務となった。

津田 静一
つだ・せいいち

九州日日新聞創立者，政治運動家
[生年月日]嘉永5年（1852年）
[没年月日]明治42年（1909年）11月28日
[出身地]肥後国熊本城下坪井（熊本県熊本市）[別名等]通称＝亀太郎，号＝海渓，図南 [学歴]エール大学（米国）〔明治2年〕入学

明治2年渡米、8年北京公使館一等書記官見習、次いで大蔵省紙幣局学場幹事兼教員となった。辞任後熊本に帰り、14年、佐々友房、古荘嘉門らと紫溟学会を設け、自由民権を排し、国権論を唱えた。「紫溟

雑誌」、「九州日日新聞」を創刊。18〜20年ロンドンに留学、その後再び文学館を興し、植民事業を説き県民に南米移民を勧め、県民数百人を連れて台湾の蕃地開発を実践、成功した。晩年旧主細川家の家令を務めた。

津田 貞
つだ・てい

新聞記者
[生年月日]弘化元年（1844年）
[没年月日]明治15年（1882年）9月24日
[別名等]号＝聿水，別名＝斧太郎，富田公平

土佐藩馬廻役の長男に生まれる。藩主山内容堂に才を認められ、幕末京都で各藩志士の間を周旋した。後、大阪に出て米相場で数千円を儲け料理屋を経営。その一方、富田公平名で政論や社会批評を書き盛んに「大阪日報」に投書した。その能文は大阪言論人の間で高い評価となった。こういう縁もあり、明治10年「大阪日報」が分裂し「大阪新報」発刊の折には主筆として招かれる。その活躍を目にしていた木村騰、平八親子より「朝日新聞」創刊時に主幹として招かれ入社。社内全般を統率する地位についた。津田は大阪新報にいた岡野武平（半牧）ともと山梨日日新聞編輯長だった永元源蔵を招くなどして編集陣を刷新した。12〜13年実績で「朝日新聞」は発行部数大阪1位となった。ところが津田と経営陣の間に確執が起こり13年津田は「朝日新聞」を去り、同年「魁新聞」を創刊した。15年9月コレラのため39歳の若さで急死した。

津田 真道
つだ・まみち

言論人，洋学者，啓蒙思想家，男爵，衆院副議長，元老院議官
[生年月日]文政12年（1829年）6月25日
[没年月日]明治36年（1903年）9月3日
[出生地]美作国津山城下林田（岡山県津山市）
[別名等]幼名＝喜久治，真一郎，行彦，号＝天外如来 [学歴]法学博士 [資格]東京学士会院会員〔明治12年〕

美作津山藩の料理番の長男。藩儒・大村桐陽に師事し、嘉永3年（1850年）江戸に出て同郷の箕作阮甫に蘭学を、佐久間象山に兵学を学び、4年には伊東玄朴に入門。安政4年（1857年）蕃書調所の創設とともに教授手伝並となる。文久2年（1862年）西周、榎本武揚らとオランダに留学し、ライデン大学のフィッセリングの下で国法学、経済学、統計学などを修め、慶応元年（1865年）帰国。2年幕府直参となって開成所教授職に任ぜられ、大政奉還に際しては幕府中心の憲法草案の起草に当たった。明治元年には日本初の西洋法学の通論であるフィッセリング「泰西国法論」を翻訳・刊行。2年新政府に出仕して徴士刑法官権判事となり、新律綱領など諸法令の制定に関わった。3年刑部少判事、刑部中判事を経て、4年外務権大丞を兼ね、伊達宗城に随行して中国に渡り、日清修好条規の締結に尽力。6年明六社の創立に参画し、「明六雑誌」では同人中最多となる24編の論文を寄せ、廃娼や出版の自由などを主張した。同年陸軍省に移り、陸軍刑法の制定に関係。9年元老院議官、12年東京学士会院会員、13年民法編纂委員、18年高等法院陪席裁判官などを歴任。23年第1回総選挙では東京から出馬して当選し、初代衆院副議長を務めた。29年勅選貴院議員。33年男爵。他の著書に「表記提綱」「如是我観」などがある。

土屋 元作
つちや・もとさく

新聞記者，大阪時事新報社主筆
[生年月日]慶応2年（1866年）6月3日
[没年月日]昭和7年（1932年）5月18日
[出身地]豊後国（大分県） [別名等]号＝大夢
[学歴]東京専門学校（現・早稲田大学）卒

年少より漢学・英学を修め、東京専門学校に学んだが、のち福沢諭吉に私淑、渡米して苦学し、明治30年帰国して時事新報社に入る。のち大阪毎日新聞を経て、大阪朝日新聞社に移り東京支局長を務める。大正13年大阪時事新報社に転じて主筆となった。

堤 隆
つつみ・のぼる

布哇毎日新聞主筆，衆院議員（社会党）
[生年月日]明治22年（1889年）5月
[没年月日]昭和22年（1947年）2月27日
[出身地]滋賀県 [学歴]京都帝大哲学科〔大正6年〕卒 [家族等]妻＝堤ツルヨ（衆院議員）

小学校訓導となるが、のちハワイに渡航。在ヒロ市日本人ハイスクール校長、「布哇毎日新聞」主筆、ハワイ日本人労働連盟書記長を歴任。戦後の昭和21年日本社会党より衆院議員に当選したが、翌年死亡。他に社会民衆党江東支部長、財団法人田附興風会北野病院事務長、大阪府病院連合会副会長などを務めた。

坪内 逍遙
つぼうち・しょうよう

読売新聞文学主筆、小説家、評論家、劇作家、翻訳家、教育家、早稲田大学教授
[生年月日]安政6年（1859年）5月22日
[没年月日]昭和10年（1935年）2月28日
[出身地]美濃国加茂郡太田村（岐阜県美濃加茂市） [本名]坪内雄蔵（つぼうち・ゆうぞう） [別名等]幼名＝勇蔵 [学歴]東京大学文学部政治経済学科〔明治16年〕卒 文学博士 [家族等]養女＝飯塚くに（「父 逍遙の背中」の著者）

代官手代の三男に生まれる。明治16年東京専門学校（現・早稲田大学）の講師となる。高田早苗が主筆を務めた読売新聞に文芸部主任として入社。19年読売新聞「雑譚」を委嘱され、20年客員。23年には文学主筆として文芸欄を主宰した。18年から19年にかけて小説「当世書生気質」、小説論「小説神髄」を刊行し、小説改良の呼びかけとなり、近代日本文学の指導者となる。23年専門学校に文学科（文学部）を創設し、24年「早稲田文学」を創刊。24年から25年にかけて、森鷗外との間に"没理想論争"をおこす。この間、従来のシェークスピア研究・翻訳を続け、さらに近松研究も加わり、27～28年史劇「桐一葉」、30年「沓手鳥孤城落月」を発表。37年頃からは新劇革新運動に参加。42年島村抱月が主導して結成された文芸協会の会長となり、俳優の養成や沙翁（シェークスピア）劇などを上演、大正2年には解散。4年早稲田大学教授を辞職し、以後文筆に専念した。小説、演劇、評論と文学・演劇面での著書は多く、また倫理学の本もある。15年～昭和2年「逍遙選集」（自選，全15巻）、明治42年～昭和3年「沙翁全集」（全40巻）を刊行。一方、大正13年頃から和歌や俳句に親しむようになり、没後に「歌・俳集」（昭和30年）が刊行された。昭和3年古希を記念して早大構内に坪内博士記念演劇博物館が設立された。平成6年生誕地の岐阜県美濃加茂市によって坪内逍遙大賞が創設された。

坪谷 善四郎
つぼや・ぜんしろう

編集者，図書館功労者，俳人，博文館取締役編集局長，東京市議，大橋図書館館長
[生年月日]文久2年（1862年）2月26日
[没年月日]昭和24年（1949年）3月25日
[出生地]越後国南蒲原郡加茂町（新潟県加茂市）　[別名等]号＝坪谷水哉　[学歴]東京専門学校（現・早稲田大学）邦語政治科〔明治21年〕・行政科〔明治22年〕卒

明治18年上京、東京専門学校在学中の21年、博文館に入社。同社主・大橋佐平の薫陶を受け、22年編集主幹、25年編集局長、27年内外通信社主幹を歴任。28年同社が雑誌「太陽」を創刊するとその編集に当たり、33年「東洋戦争実記」を発刊するなど同社躍進に大きく寄与した。日露戦争時には「日露戦争実記」の創刊・編集に携わり、特派員として実際の戦場に赴いて海城・済州・東清鉄道沿線などの各地で写真を撮影、帰国後には「日露戦争海軍写真集」シリーズなど写真をふんだんに使用した戦争画報を次々と刊行して好評を博した。大正7年取締役に就任。この間、明治34年東京市議に当選して7期を務め、市立日比谷図書館設立にも尽力。大正6年大橋図書館（現・三康図書館）館長、7年日本図書館協会会長。著書に「内外豪商列伝」「大橋佐平翁伝」「博文館五十年史」「大橋図書館四十年史」などがある。俳人としても著名で、水哉と号して秋声会に属した。

妻木 頼矩
つまき・よりのり

ジャーナリスト，静岡藩権大参事，「横浜毎日新聞」編集長
[生年月日]文政8年（1825年）
[没年月日]明治24年（1891年）1月12日
[別名等]通称，田宮，号＝棲碧

幕臣。幕末期に甲府学問所学頭や目付を歴任。慶応4年（1868年）の鳥羽伏見の戦いでは、将軍徳川慶喜の退却後も大坂城に留まり、長州藩との間で城の明け渡し交渉を行った（この間の手記「妻木頼矩手記・戊辰正月大坂城引渡始末」は鳥羽伏見の戦いに関する貴重な史料として有名）。同年、大目付に昇進。維新後は、静岡藩権大参事などを経て、明治3年神奈川県令・井関守良が発行人となって創刊された日本初の日刊新聞「横浜毎日新聞」の初代編集長に就任。その後、文部省や宮内省に勤めたという。編著に「正宗国師兎専使稿」「文部省沿革略記」などがある。

【て】

寺尾 幸夫
てらお・さちお

読売新聞社会部長，小説家
[生年月日]明治22年（1889年）8月30日
[没年月日]昭和8年（1933年）1月1日
[出生地]東京・小石川　[本名]玉虫孝五郎（たまむし・こうごろう）　[別名等]号＝戯象　[学歴]早稲田大学英文科中退

在学中から博文館の「冒険世界」に戯象の名で書いた。大学を中退して読売新聞社に入り社会部長を務めたが昭和6年退社、作家活動に入った。「細君解放記」「結婚適齢期」「高女物語」「愛は何処まで」「夫唱婦随」などユーモア小説を多く書いた。

寺島 権蔵
てらしま・ごんぞう

ジャーナリスト，衆院議員（立憲民政党）

[生年月日]明治21年(1888年)1月18日
[没年月日]昭和15年(1940年)4月9日
[出生地]富山県　[学歴]早稲田大学政治科〔大正2年〕卒

大正2年扶桑通信社に入り、独立通信記者を経て東京毎日新聞政治部長。13年民政党所属衆院議員となり、広田弘毅内閣の商工参与官を務め、14年から富山県三日市町長を兼任、それぞれ5期。昭和2年富山県米穀商同業組合連合会長、5年富山日報、魚津製氷各社長。また日本海員掖済会三日市委員長、日本新聞協会評議員などを務めた。

寺田 市正
てらだ・いちまさ

新聞記者, 川内市長, 衆院議員(日本進歩党)
[生年月日]明治9年(1876年)4月
[没年月日]昭和33年(1958年)8月21日
[出生地]鹿児島県　[学歴]明治法律学校〔明治33年〕卒

時事新報記者、自由通信社主幹、同副社長を務める。大正13年から衆院議員に当選8回。平沼内閣拓務政務次官を務め、派遣軍慰問議員団として満州および中支那へ派遣される。また、川内市長も務めた。

寺山 星川
てらやま・せいせん

新聞記者, 評論家
[生年月日]慶応3年(1867年)2月15日
[没年月日]明治43年(1910年)3月2日
[出生地]武蔵国(埼玉県)　[本名]寺山啓介　[学歴]慶応義塾中退

城南評論主筆となり「坪内逍遙氏の没理想弁を読む」などを批評、評論家として知られた。明治25年時事新報社に入り、文学美術担当記者として活躍。36年「少年」創刊で移籍、編集を担当。著書に「浄瑠璃史」「名人逸話」などがある。

【と】

土居 光華
どい・こうか

東海暁鐘新聞発行者, 自由民権運動家, 衆院議員(自由党)
[生年月日]弘化4年(1847年)6月24日
[没年月日]大正7年(1918年)12月11日
[出生地]淡路国三原郡倭文村(兵庫県南あわじ市)　[別名等]号=淡山　[学歴]大阪開成学校修了

森田節斎に師事し、和歌を橘千蔭、海上胤平らに学ぶ。維新時は岩倉具視に侍した。明治7年民権派の「報国新誌」を創刊。徳島藩校教授、公議人、弁事を経て、翻訳を主とする北辰社の社長となり、「東海暁鐘新聞」を発行、岳南自由党総理などとなる。16年頃漆間真学等と会員組織の日本出版会社を興し、バックルの「自由之理評論」「英国文明史」などを翻訳・刊行。19年三重県飯高、飯野、多気三郡長に就任、27年から衆院議員に連続2選。女子教育や被差別部落解放などにも先駆的な活動をした。著書に「孟子七篇」「七珠講義」などがある。

東海 散士
とうかい・さんし

ジャーナリスト, 衆院議員(憲政本党)
[生年月日]嘉永5年(1852年)12月2日
[没年月日]大正11年(1922年)9月25日
[出生地]安房国富津(千葉県)　[本名]柴四朗(しば・しろう)　[家族等]弟=柴五郎(陸軍大将), 甥=木村信二(大陸浪人)

陸奥会津藩士で戊辰戦争に従軍、官軍の会津城攻撃に対戦、落城後東京に拘禁。明治10年西南戦争では東京日日新聞に戦報を送った。11年渡米、ハーバード大学、ペンシルベニア大学で経済学を学び18年帰国。政治小説「佳人之奇遇」初編を刊行、文名をあげ、19〜30年にかけ続編を執筆。一方国権主義を主張、農商務相・谷干城に招かれ19年再び洋行。20年帰国、21年「大阪毎日新聞」主筆となり、また雑誌「経世評論」を発刊し、後藤象二郎の大同団結運動に尽力。25年第2回衆院選挙に福島から当選、憲政本党に所属、農商務次官、外務参政官などを務めた。著書は他に「東洋之佳人」「埃及近世史」などがある。

東条 貞
とうじょう・ただし

新聞記者，衆院議員（無所属倶楽部）
[生年月日]明治18年（1885年）2月
[没年月日]昭和25年（1950年）11月29日
[出身地]北海道

室蘭タイムス記者、北海中央新聞記者、北見実業新聞記者を経て、日刊網走新聞を創刊。のち農牧業に転じ、北海水産工業取締役に就任。網走町議、北海道議となり、昭和5年衆院議員に当選、通算5期を務めた。その間拓務大臣秘書官、阿部内閣の通信参与官、通信省委員を務めた。著書に「網走築港調査書」「北見之林業」など。

藤平 謹一郎
とうへい・きんいちろう

下野新聞社長，栃木県議
[生年月日]文久2年（1862年）11月
[没年月日]昭和4年（1929年）10月28日
[出生地]下野国芳賀郡市羽村（栃木県芳賀郡市貝町） [家族等]息子＝藤平真（教育者）

宇都宮倉庫や下野銀行・下野新聞社などの社長や取締役を歴任し、栃木県の財界における要人であった。また、栃木県会議員としても活躍し、民政党に所属。その他にも、用水の整備や農業の指導、清原農学寮（のちの栃木県農業大学校）の設立など、社会事業の方面でも大きな業績を残した。

当真 嗣合
とうま・しごう

ジャーナリスト，衆院議員（民政党）
[生年月日]明治17年（1884年）11月10日
[没年月日]昭和21年（1946年）8月24日
[出身地]沖縄県首里 [学歴]国学院中退

明治39年琉球新報に入り、大正4年退社して沖縄朝日新聞社を設立した。昭和4年民政党から「窮乏の沖縄救済」を叫んで衆院議員に当選、以後沖縄航路の改善、沖縄県振興15年計画の実現に尽力。著書に「沖縄の経済難局と其対策」。

頭山 満
とうやま・みつる

福陵新報社長，国家主義者
[生年月日]安政2年（1855年）4月12日
[没年月日]昭和19年（1944年）10月5日
[出生地]筑前国福岡（福岡県福岡市） [旧名]筒井 [別名等]号＝立雲 [学歴]興志塾 [家族等]三男＝頭山秀三（国家主義者）

福岡藩士の子として生れる。興志塾に学び、西郷隆盛の大陸政策に共鳴、明治8年矯志社を結成。萩の乱に参加して入獄していたため西南の役には参加できなかった。12年向陽社を組織し、国会開設運動を推進。14年箱田六輔、平岡浩太郎らと

玄洋社を結成、自由民権運動の一派として活動し、大陸進出を主張する大アジア主義を唱え、金玉均、孫文、ボースらの亡命者を助けた。20年「福陵新報」を発刊し社長を務めた。22年条約改正問題や対露開戦論などを論じ、日本国家主義運動の中心人物として活躍した。

外狩 素心庵
とがり・そしんあん

新聞記者，美術評論家
[生年月日]明治26年（1893年）
[没年月日]昭和19年（1944年）4月21日
[出生地]愛知県 [本名]外狩顕章 [学歴]曹洞宗大学卒，二松学舎〔大正2年〕卒

大正2年中外商業新報社入社、美術記者として活躍。13年学芸部長、昭和3年参事、18年嘱託。南画をよくし、公募展にも発表、古美術に詳しかった。また漢詩、俳句にも親しみ、編著に「竹田」「観音五十首」「崋山先生百年展若干記」「童品二十品」「続相軒庵美術集成図録」などがある。

徳田 秋声
とくだ・しゅうせい

小説家
[生年月日]明治4年（1871年）12月23日
[没年月日]昭和18年（1943年）11月18日
[出生地]石川県金沢市横山町二番丁 [本名]徳田末雄 [学歴]第四高等中学校（四高）〔明治24年〕中退 [資格]帝国芸術院会員〔昭和12年〕 [受賞]菊池寛賞（第1回）〔昭和13年〕「仮装人物」 [家族等]長男＝徳田一穂（小説家）

明治28年上京して博文館に入り、同郷の泉鏡花の勧めで尾崎紅葉に入門。32年紅葉の推薦により読売新聞社に入社。33年「雲のゆくへ」で小説家としての地位を確立。36年紅葉の死後、自然主義へと移行、「新世帯」「黴」「爛」「あらくれ」などを発表して自然主義文学の巨匠と目された。大正15年妻の急死後、若い作家志望の山田順子と親しくなり、"順子のもの"の一連の作品を書く。以後、私小説・心境小説に手を染め、「仮装人物」は名作とされる。戦時中は軍情報局の弾圧をうけ、「縮図」は未完のまま中絶した。膨大な数の作品を残し、川端康成から"小説の名人"と評された。

徳富 蘇峰
とくとみ・そほう

評論家，新聞人，歴史家，民友社創立者，国民新聞主宰，貴院議員（勅選）
[生年月日]文久3年（1863年）1月25日
[没年月日]昭和32年（1957年）11月2日
[出生地]肥後国上益城郡津森村杉堂（熊本県上益城郡益城町） [出身地]肥後国葦北郡水俣（熊本県水俣市） [本名]徳富猪一郎（とくとみ・いいちろう） [学歴]熊本洋学校卒，同志社英学校〔明治13年〕中退 [資格]帝国学士院会員〔大正14年〕(昭和21年辞退)，帝国芸術院会員〔昭和12年〕(21年辞退) [叙勲]勲三等〔大正4年〕，文化勲章〔昭和18年〕 [受賞]帝国学士院賞恩賜賞（第13回）〔大正12年〕「近世日本国民史」，熊本市名誉市民，水俣市名誉市民 [家族等]父＝徳富一敬（漢学者），弟＝徳冨蘆花（小説家），伯母（母方）＝竹崎順子（教育家），叔母＝矢島楫子（教育家），義兄＝湯浅治郎（キリスト教社会運動家），従兄＝横井時雄（牧師・ジャーナリスト），海老名弾正（牧師・同志社総長），女婿＝三宅驥一（植物学者）

熊本洋学校に学び、14歳の最年少で熊本バンドに参加。同志社を中退して明治14年郷里熊本に自由民権を旗印に大江義塾を開く。19年に上京して「将来之日本」を刊行。20年民友社を創立し、「国民之友」を創刊、23年には「国民新聞」を発刊して平民主義を唱え、一躍ジャーナリズムのリーダーとなる。しかし、次第に国家

主義的な論調に変貌しはじめ、日清戦争には国民新聞社をあげてジャーナリズム方面から協力した。日清戦争後は内務省参事官になるなどして変節を非難されたが、桂内閣の論客として「国民新聞」に健筆をふるい、皇室中心の思想を唱えた。44年勅選貴族院議員、大正2年には政界を離れ、以後評論活動に力を注いだ。昭和4年経営不振から国民新聞社を退社。徳富の唱えた皇室中心の国家主義思想は十五年戦争下の言論・思想界の一中心となり、17年からは大日本言論報国会会長、日本文学報国会会長を務める。戦後はA級戦犯容疑者、公職追放の指名を受け、熱海に引き籠った。主著に「吉田松陰」「杜甫と弥耳敦」、「近世日本国民史」(全100巻)など。明治・大正・昭和3代にわたって言論界のオピニオン・リーダーとして重きをなした。

徳永 保之助
とくなが・やすのすけ

新聞記者, 詩人
[生年月日]明治22年(1889年)8月10日
[没年月日]大正14年(1925年)12月13日
[出生地]東京

幸徳秋水らが平民社を結成し、週刊「平民新聞」を創刊すると、給仕として入社。社会主義運動に関心を強め、日刊「平民新聞」校正係主任となる。のち「やまと新聞」記者となり、外国電報係となった。はじめ山口孤剣の影響を受けて短歌を作るが、大杉栄らの「近代思想」創刊号(大正元年10月)に官憲の言論弾圧を諷刺した詩「愚かなるものよ」を発表して注目された。小説にも筆を染め、「新戦場」(「新評論」4年5月)などを発表。

刀祢館 正雄
とねだち・まさお

新聞経営者
[生年月日]明治21年(1888年)4月
[没年月日]昭和18年(1943年)1月27日
[出生地]三重県　[学歴]神戸高等商業学校〔明治43年〕卒

川崎銀行預金課長、勝田造船営業課長を経て、大正12年、同窓後輩の石井光次郎(朝日新聞営業部長)に請われ、東京朝日新聞に入社、関東大震災後の販売部門建て直しに奮闘。大阪朝日新聞営業局長を経て昭和14年取締役、次いで常任監査役となった。著書に「新聞経営研究」、歌集「旅」「故郷」などがある。

富 村雄
とみ・むらお

島根新聞発行者
[生年月日]天保7年(1836年)11月10日
[没年月日]明治20年(1887年)11月1日
[出生地]出雲国意宇郡熊野村(島根県松江市)
[旧名]熊野　[別名等]前名=饒夫, 字=孝楯

熊野家に生まれ、富家の養子となった。幕末には討幕運動に参加。明治維新後、山陰立志社を結成し、明治6年その機関紙として島根県初の新聞である島根新聞を発行したが、7年廃刊。西南戦争では西郷軍に参加して戦った。

富田 鷗波
とみた・おうは

撮要新聞発行者, 漢学者
[生年月日]天保7年(1836年)8月29日
[没年月日]明治40年(1907年)4月30日
[出身地]越前国福井(福井県福井市)　[本名]富田久稼　[別名等]字=美卿, 通称=材輔, 厚積

越前福井藩士。幼少より藩儒・高野真斎らについて詩文を学び、藩校・明道館の典籍方に起用され、藩命により江戸で安積艮斎・安井息軒らに学んだ。明治3年藩校の一等教授に抜擢される。廃藩後、足羽県権大属として学校掛となる。5年学務の傍ら、福井県初の新聞「撮要新聞」を発行した。のち敦賀県、大蔵省、司法省に勤務し、12年明新中学校長を務めた。14年誌史編纂職に転じ、18年官途を退いた。

富田 幸次郎
とみた・こうじろう

ジャーナリスト，衆院議長（民政党），高知新聞社長・主筆
[生年月日]明治5年（1872年）11月1日
[没年月日]昭和13年（1938年）3月23日
[出生地]高知県安芸郡川北村　[別名等]俳号＝双川　[学歴]芸陽学舎〔明治22年〕卒

板垣退助の自由民権運動に参加、高知で「土陽新聞」主筆、次いで「高知新聞」を創刊、社長兼主筆となる。明治41年以来高知県から衆院議員当選10回、憲政会幹事長、民政党総務、同幹事長を務めた。昭和6年臨時行財政審議会委員。同年第2次若槻礼次郎内閣の危機に、安達謙蔵らと政・民協力内閣工作に参画。8年復党し、常任顧問。12年以来没するまで衆院議長を務めた。その間帝国通信社、日本高速度鋼、日本紡織機各社長。また教科書調査会、選挙革正審議会各委員を務めた。

鳥谷部 春汀
とやべ・しゅんてい

ジャーナリスト，評論家，「太陽」主幹
[生年月日]元治2年（1865年）3月3日
[没年月日]明治41年（1908年）12月21日
[出生地]陸奥国三戸郡五戸村（青森県三戸郡五戸町）　[本名]鳥谷部銑太郎　[旧名]木村銑太郎　[学歴]青森専門学校農芸科卒，東京専門学校（現・早稲田大学）英語普通科〔明治23年〕・英語科〔明治24年〕卒

剣客として著名であった陸奥南部藩士・木村忠治の長男で、母方の鳥谷部家を継いだ。明治9年五戸小学校を首席で卒業後、同校で助教を務める。のち青森専門学校農芸科に入るが、15年上京して清国渡航を企てるも失敗。17年脚気を病んで一旦帰郷し、3年間五戸小学校で教鞭を執った。21年再度上京して東京専門学校（現・早稲田大学）に入学。卒業後の25年、島田三郎に認められて毎日新聞記者となり、社説を執筆。27年退社し、近衛篤麿の機関誌「精神」（のち「明治評論」と改題）の経営を任され、人物月旦の執筆を始める。30年博文館に招かれ雑誌「太陽」記者となり、引き続き人物評論に才筆を振るった。33年報知新聞主筆。35年博文館に戻り「太陽」の主幹に就任。著書に「東洋治安策」「通俗政治汎論」「明治人物評論」「続明治人物評論」「明治人物小観」「時代人物月旦」などがある。

豊国 義孝
とよくに・ぎこう

新聞記者，郷土史家，僧侶，群馬県史蹟名勝天然記念物調査委員
[生年月日]慶応1年（1865年）
[没年月日]昭和29年（1954年）2月4日
[出生地]上野国多胡郡日野（群馬県藤岡市）
[別名等]号＝覚堂

生家は上野国多胡郡日野の興春寺。はじめ三宅雪嶺が主筆を務めた「江湖新聞」で宗教担当記者を務め、のち週刊紙「土曜報知」の創刊に参画。明治28年に帰郷して群馬の有力紙「上毛新報」記者となり、32年より大胡町長善寺住職。日露戦争後には出征兵士の慰労を目的として征露記

念高崎図書館創立事務所を設立し、地域文化の発展にも寄与した。その一方で群馬県上毛地方の郷土史研究にも力を注ぎ、大正2年上毛郷土史研究会を設立して機関誌「上毛及上毛人」を発行、以来300号まで刊行を続け、多数の論考を執筆するとともに郷土史家の養成にも尽力した。また10年から昭和20年まで群馬県史蹟名勝天然記念物調査委員を務めている。著書に「高崎繁盛記」「前橋繁盛記」「前橋風土記」などがある。

鳥居 素川
とりい・そせん

新聞人，政論家，大阪朝日新聞主筆
[生年月日]慶応3年(1867年)7月4日
[没年月日]昭和3年(1928年)3月10日
[出生地]肥後国熊本城下本荘(熊本県熊本市)
[本名]鳥居赫雄(とりい・てるお) [学歴]済々黌独逸専門学校中退

明治19年中国に渡るが病気のため帰国。23年陸羯南の「日本」に入り、27年日清戦争に従軍。30年池辺三山の招きで大阪朝日新聞社に入社。34～36年ドイツに留学、37年日露戦争に従軍。大正3年編集責任者となって、政府の長州閥、軍閥を批判した。しかし、7年"米騒動"の際の寺内内閣糾弾記大会の記事で筆禍事件をおこして退社(白虹筆禍事件)。8年、長谷川如是閑、大山郁夫、丸山幹治、井口孝親、伊豆富人と「我等」発刊。著書に「頰杖つきて」、歌集に「松籟」がある。

鳥海 時雨郎
とりのうみ・じうろう

新聞人，衆院議員(自由党)
[生年月日]天保15年(1844年)8月4日
[没年月日]明治26年(1893年)6月16日
[出生地]羽後国飽海郡上蕨岡村(山形県飽海郡遊佐町) [別名等]号＝南泉坊

はじめ東之院に漢学と仏学を学ぶ。次いで皇学を常世長胤に師事し、大物忌神社禰宜少講義となった。早くから自由民権運動に挺身し、明治14年、森藤右衛門ら同志とともに「両羽新報」を発刊。同紙は16年2月に発行禁止となったが、その後ただちに「両羽日日新聞」の発行が計画され、同年7月に創刊された。その発起人に名を連ねている。19年には重野謙次郎、丸山督らと山形義会という組織を結成、その機関紙として「山形新報」を創刊し社長となった。22年に山形義会を解散、山形新報の社長を辞す。23年、酒田で「荘内新報」を発刊した。山形県議としては、明治12年に選ばれて以来、23年まで在職し、この間、副議長、議長にも選ばれた。23年7月の第1回衆議院選挙では自由党から出馬して当選、25年まで1期2年を務めた。

【な】

内藤 湖南
ないとう・こなん

新聞記者，東洋史学者，京都帝大名誉教授
[生年月日]慶応2年(1866年)7月18日
[没年月日]昭和9年(1934年)6月26日
[出生地]陸奥国鹿角郡毛馬内村(秋田県鹿角市十和田毛馬内) [本名]内藤虎次郎(ないとう・とらじろう) [学歴]秋田師範高等科〔明治18年〕卒 文学博士〔明治43年〕 [資格]帝国学士院会員〔大正15年〕

旧南部藩の藩儒の家に生まれる。明治18年秋田師範卒業後、小学校教育に従事。20年上京、23年「日本人」記者。「明教新誌」

の編集に従事。27年大阪朝日新聞に入り、以後、「台湾日報」主筆、「万朝報」主幹、「大阪朝日新聞」記者を経て、40年京都帝大講師となり、42年教授に就任。大阪朝日新聞在社中の湖南の執筆した論説は膨大なもので、署名が確認できるものだけでも269を数えるという。大正15年帝国学士院会員、京都帝大を定年退官。昭和2年京都帝大名誉教授。4年東方文化学院京都研究所(現・京大人文科学研究所)評議員。この間、数次にわたり、中国、朝鮮、満州、欧州を訪問、敦煌文書などを調査した。狩野直喜とともに、東洋史・支那学における京都学派を育てた。主著に「近世文学史論」「日本文化史研究」「清朝史通論」「支那論」「支那史学史」「中国絵画史」などがある他、「内藤湖南全集」(全14巻、筑摩書房)がある。書家としても知られる。

内藤 伝右衛門
ないとう・でんえもん

峡中新聞創立者、出版人、温故堂主
[生年月日]弘化1年(1844年)1月14日
[没年月日]明治39年(1906年)11月18日
[出生地]甲斐国八幡北村(山梨県山梨市北)
[別名等]幼名=猪之甫、別名=内藤恒右衛門
[家族等]孫=坂本篤(有光書房社主)

農家に生まれるが、幼くして古本・古着・反物などを扱う商家・藤屋の養子となる。万延元年(1860年)養父の死に伴い内藤伝右衛門を襲名。一方で養母に国学と本屋商売を学ぶ。明治5年山梨県の命により県下初となる新聞・峡中新聞を創刊。近代学校教育が始まると教科書出版なる新市場が出現、文部省や山梨県の翻刻教科書を製本発売、ついで独自の各科教科書を編輯出版して繁昌した。活版印刷機を導入して県布達類の印刷配布を請負い、「をとめ新聞」「初版甲斐国志」「甲斐叢記」などを発行。また既存の板木を買収し(求板)手間をかけずに大いに出版点数を増やした。その中には「増評唐宋八大家文読本」「読史余論」があって、後にそれらの版権をめぐって訴訟沙汰をおこすことになる。しかし経営が傾くと印刷業を主として、新聞・出版事業から退いた。この後上京、温故書院という出版社で引き続き出版を行ったが、文部省との版権訴訟で敗れるなど、晩年は振わなかった。

直木 三十五
なおき・さんじゅうご

小説家、映画監督、出版プロデューサー
[生年月日]明治24年(1891年)2月12日
[没年月日]昭和9年(1934年)2月24日
[出生地]大阪府大阪市南区内安堂寺町 [本名]植村宗一 [別名等]筆名=直木三十一、直木三十二、直木三十三、竹林賢七、村田春樹 [学歴]早稲田大学英文科中退 [家族等]弟=植村清二(新潟大学名誉教授)、甥=植村鞆音(テレビ東京常務)

古物商を営む家に生まれる。中学を卒業して半年ほど代用教員を務めたのち上京し、明治44年早稲田大学英文科予科に入学。同窓に西条八十、木村毅、青野季吉らがいた。しかし恋人との同棲などがあり月謝が続かず、高等師範部に転じるも間もなく除籍された。その後、長女が生まれ、家計を助けるために薬剤師会の書記となるが、大正7年トルストイ全集刊行会(のち春秋社)を設立し、雑誌「主潮」を創刊。同社が分裂すると、鷲尾雨工とともに冬夏社を、三上於菟吉とともに元泉社を興こしたがいずれも失敗に終わった。関東大震災後、大阪に戻りプラトン社に入社、月刊誌「苦楽」の編集に従事するとともに、同誌の創刊号に「仇討十種」

を連載して本格的に創作活動を開始。この間、31歳の時に自身の年齢にちなむ直木三十一の筆名で「時事新報」に月評を書き、以後年齢が増えるごとに筆名を改め、34歳の誕生日に三十四で署名したが編集者の手違いで三十五にされてしまい、それからは直木三十五で定着した。14年プラトン社退社後、親交のあった根岸寛一の紹介で牧野省三を知り、京都で連合映画芸術家協会を設立。同会ではプロデューサーとして衣笠貞之助監督「日輪」、伊藤大輔監督の「京子と倭文子」などを製作したが、末期には財政的に行き詰まり、志波西果監督で撮影が進行していた江戸川乱歩原作の「一寸法師」を、志波の逃亡後に引き継いで監督したり、製作途中で日活に転じた伊藤大輔監督の「對火」の最終的な取りまとめを行うなど、孤軍奮闘で会を盛り立てたものの、昭和2年財政破綻のため解散した。のち再度上京してからは文筆活動に専念し、4年「週刊朝日」に「由比根元大殺記」を連載して作家としての地位を確立し、5年〜6年にかけて東京日日新聞に発表した「南国太平記」で時代小説の花形作家となった。以来、時代小説では「荒木又右衛門」などの仇討ちものから、「楠木正成」「源九郎義経」などのそれまでにあまり人が手をつけなかった戦国以前の時代を扱ったものまで幅広く手がけ、さらには時局小説や現代小説にも手を染めて「青春行状記」「日本の戦慄」「光・罪と共に」などの作品を次々と発表した。「直木三十五全集」（全21巻、改造社）「直木三十五作品集」がある。没後の10年、友人の菊池寛によって直木三十五賞が設けられ、現在に至るまで大衆文学の発展と新人の発掘に寄与しつづけている。

直野 碧玲瓏
なおの・へきれいろう

新聞編集者、俳人
[生年月日]明治8年（1875年）9月25日
[没年月日]明治38年（1905年）6月5日
[出生地]石川県金沢市観音町　[本名]直野了晋
[旧名]越野　[学歴]小学校卒

北國新聞社の文選工となり、のち編輯部に転じて7年間勤務し、若越新聞社に転じ、数年間勤める。明治25年上京して国民新聞編輯局員となった。31年病のため帰郷、再び北國新聞社に入り、社会部を担当の傍ら俳句を選考した。36年「北國俳壇」を創設。

長井 氏克
ながい・うじかつ

伊勢新聞社社長、衆院議員（政友会）、津市長
[生年月日]天保13年（1842年）10月
[没年月日]明治37年（1904年）10月9日
[出身地]伊勢国津（三重県津市）

伊勢津藩士で、津藩学校に学ぶ。戊辰戦争には大軍監として従軍。明治12年三重県議となり、13年から3期連続議長を務めた。23年津市長を経て、35年衆院議員に当選。政友会に所属し、3期務めた。また伊勢新聞社を設立、日本赤十字社三重県委員長などを歴任した。

中井 錦城
なかい・きんじょう

新聞記者、随筆家
[生年月日]元治1年（1864年）8月28日
[没年月日]大正13年（1924年）4月25日
[出生地]周防国岩国城下山手小路（山口県岩国市）　[本名]中井喜太郎（なかい・きたろう）
[学歴]帝国大学〔明治22年〕中退

明治13年上京して成立学舎に入り、15年

大学予備門に入学。22年ころ読売新聞社に入り、編集長、主筆として論説に筆を執る。この間、東亜会、国民同盟会、対露同志会に深く関わり、対外問題に奔走。のち朝鮮に渡り漢城新報社長となり、対露開戦促進に動く。41年朝鮮咸鏡北道の書記官となり、その後南洋開発にも関心を示した。著書に「無用の書」「南洋談」「Y新聞時代」などがある。

永井 瓢斎
ながい・ひょうさい

新聞記者，朝日新聞「天声人語」専任，俳人
[生年月日]明治14年（1881年）
[没年月日]昭和20年（1945年）8月
[出生地]島根県安来市 [本名]永井栄蔵 [学歴]東京帝大経済科卒 [家族等]甥＝木幡久右衛門（島根新聞社長）

明治45年大阪朝日新聞入社、社会部長、京都支局長を経て大正13年から「天声人語」専任となり、約10年間健筆をふるい、名文で一世を風靡した。また小説「弘法大師」連載中の直木三十五死去のため、その続きを書いた。昭和11年退社、宗教新聞「中外日報」に執筆、立命館大学講師も務めた。俳句、俳画をよくし、俳誌「趣味」を発刊。京都嵯峨野にある向井去来の別荘落柿舎保存会を組織して大修理を行った。

永井 万助
ながい・まんすけ

東京朝日新聞外報部長，外交評論家
[生年月日]明治12年（1879年）5月8日
[没年月日]昭和30年（1955年）4月4日
[出生地]島根県 [別名等]号＝朴公 [学歴]立教学院英語専修学校高等師範科〔明治35年〕卒 [家族等]弟＝永井瓢斎（朝日新聞社天声人語子）

郷里で家業の酒造業に就き、松江市の修道館で英語を教えた。明治45年外務大臣官房報告課嘱託となり、翻訳に従事。大正3年東京朝日新聞社外報部に転じ、11年論説班員を兼務、欧米に派遣され、ローザンヌ会議の報道などで活躍。13〜昭和4年外報部長、9年退社。著書に「明治大正史」（外交編）がある。

永井 柳太郎
ながい・りゅうたろう

北陸毎日新聞社長，評論家，戯曲家，衆院議員（翼賛政治会），通信相
[生年月日]明治14年（1881年）4月16日
[没年月日]昭和19年（1944年）12月4日
[出生地]石川県金沢市 [学歴]早稲田大学〔明治38年〕卒，オックスフォード大学 [家族等]長男＝永井道雄（教育学者・文相），孫＝鮫島宗明（衆院議員）

明治39年オックスフォード大学に留学。42年帰国し早大教授となり植民政策・社会政策を担当。44年雑誌「新日本」主筆となる。大正2年3月号に「選挙権拡張論」を掲載して普選論を展開、「中央公論」3年4月号特集「民衆の勢力によって時局を解決せんとする風潮を論ず」に「院内の議会と院外の議会」を寄稿し、第1次護憲運動を支持する民衆政治論を提唱して注目された。6年早稲田騒動に巻き込まれて、早大教授ならびに「新日本」主筆の職を追われた。同年、郷里金沢市より総選挙に出馬したが、落選。8年政界人・ジャーナリストを中心に結成された革新的超党派政治グループ改造同盟に参加し、普選断行・政界革新など民本主義の実行を提唱した。9年憲政会から衆院議員に当選し、8期つとめた。雄弁、隻脚の大衆政治家として常に時流と共に歩む。また、昭和3年から昭和7年5月まで、石川県民政党の

機関紙「北陸毎日新聞」で2回社長を務めた。6年民政党幹事長、7年斎藤内閣の拓相、12年第1次近衛内閣の逓信相、14年阿部内閣の逓信相兼鉄道相などを歴任。15年脱党して東亜新秩序論者に変貌し、太平洋戦争中は大政翼賛会興亜局長、翼賛政治会常任総務、大日本教育会長などを務めた。普通選挙実現を説いて原内閣を批判した「西レーニン、東に原敬」の演説が特に有名で、「永井柳太郎氏大演説集」(大日本雄弁会編)がある。

中内 蝶二
なかうち・ちょうじ

編集者、劇作家、劇評家、邦楽研究家
[生年月日]明治8年(1875年)5月5日
[没年月日]昭和12年(1937年)2月19日
[出生地]高知県吾川郡南浦戸(高知市) [本名]中内義一 [学歴]東京帝国大学国文科〔明治33年〕卒

6歳で高知市に移り、母が料理屋を開業。博文館編輯部に入り、「難破船」などの小説を発表。明治38年万朝報、のち国民新聞に移り、劇評を担当するかたわら小説、戯曲、邦楽の作詞を発表。小説家としては江戸の巷話や通俗史に取材したものが多い。戯曲家としては「山上山」「未亡人」「箱根の小説」などを書き、大正11年のヴィクトル・グルットゲン「憲兵モエビウス」からの翻案「大尉の娘」が名作として知られる。この他にも長唄「紀文大尽」などの作詞が多数あり、著書に「日本俗曲通」、歌詞集「日本音曲全集」(共編)がある。晩年読売新聞社の嘱託、長唄協会理事などをつとめた。

中江 兆民
なかえ・ちょうみん

東洋自由新聞創立者、思想家、民権運動家
[生年月日]弘化4年(1847年)11月1日
[没年月日]明治34年(1901年)12月13日
[出生地]土佐国高知城下山田町(高知県高知市) [本名]中江篤介(なかえ・とくすけ) [別名等]通称=竹馬、篤助、別号=青陵、秋水、南海仙漁、木強生、火の番翁 [家族等]長男=中江丑吉(中国思想研究者)

土佐藩足軽の家に生まれ、文久2年(1862年)藩校文武館に入る。その後、長崎・横浜・江戸でフランス語学を学び、明治4～7年岩倉使節団に随行してフランスに留学。帰国後、東京麹町に仏蘭西学舎(のち仏学塾)を開き、民権思想を教えた。14年「東洋自由新聞」を創刊して専制政府を批判、以後民権左派の理論的指導者となる。15年ルソーの「社会契約論」を翻訳・解説した「民約訳解」を刊行、民権派青年に大きな影響を与え、"東洋のルソー"といわれた。20年名著「三酔人経綸問答」を刊行。同年末保安条例で東京から追放、大阪で「東雲新聞」を発刊。23年第1回総選挙に当選したが、民党の堕落を憤って翌年辞任。北海道にわたり「北門新報」主筆。以降、大阪などを転々、事業にも失敗を重ねて苦悶した。34年食道癌で余命一年半と宣告され、告発書「一年有年」「続一年有年」を著わした。「中江兆民全集」(全18巻)がある。

長尾 景弼
ながお・かげすけ

博聞社創業者
[生年月日]不詳
[没年月日]明治28年(1895年)2月6日
[家族等]父=股野達軒(儒学者)、兄=股野琢(宮中顧問官)、弟=股野潜(博聞社経営者)

播磨龍野藩儒・股野達軒の二男。長兄は宮中顧問官を務めた股野琢、弟・潜は共同経営者。廃藩後上京、明治5年9月木版冊子体新聞「博聞新誌」発行のため博聞社を開業。6年芝愛宕下に移転、印刷業は軌道に乗り、翌年以降京都、大阪、千葉、埼玉に分社を設立。10年銀座4丁目に移り印刷所兼用の大店を開き、法令その他官庁の御用出版を専らとした。25年8万円余の巨額負債を抱え差し押さえ事件となるが、和解し経営再建に腐心する最中、28年病没。東京書籍商組合員有志は業界のために献身したこの2代目頭取を追悼し、久米邦武撰文「賛奎運」を向島木母寺境内に建立した。

中川 源造
なかがわ・げんぞう

高田新聞創刊関係者，衆院議員（憲政本党）
[生年月日]安政2年（1855年）3月4日
[没年月日]明治40年（1907年）4月14日
[出生地]越後国高田（新潟県上越市）

明治13年新潟県議となり、15年市島謙吉、室孝次郎らと上越立憲改進党を結成。翌年「高田新聞」の創刊に加わり、信濃鉄道布設にも尽力。22年高田町長、32年県会副議長を経て、36年衆院議員に当選。憲政本党に所属し、1期務めた。他に、高田中学校、高田農学校、高田師範学校の設立にも力を尽くした。

中川 克一
なかがわ・かついち

中正日報主筆，漢詩人
[生年月日]文久2年（1862年）11月3日
[没年月日]大正2年（1913年）1月16日
[出生地]淡路国洲本町物部（兵庫県洲本市）
[別名等]号＝黄庵，牛門隠士

家は代々学を以て名をなし、村長を20余年務めた惟一を父に生まれる。幼少より学を好み玉井竹堂に従い、のち肥前の楠本碩水、東京の川田甕江に学ぶ。明治22年東京麹町に私塾・日新学舎を設け広く子弟を招いて教育し、のち牛込に靖献書院を開いた。鳥尾小弥太と交わり保守中正派の機関紙「中正日報」の主筆も務めた。また学士・軍人・宗教家・政治家らと幅広く交流、晩年には乃木希典将軍とも親交があった。著書に「黄庵詩文」がある。

中川 重麗
なかがわ・しげあき

新聞社勤務，美学者，俳人，書籍編集者，京都市立工芸学校教授
[生年月日]嘉永2年（1849年）2月2日
[没年月日]大正6年（1917年）5月16日
[出生地]京都府　[本名]中川登代蔵　[旧名]下田　[別名等]号＝紫明，四明，霞城山人　[学歴]京都中卒

京都町奉行与力の三男として生まれ、剣の達人・中川藤次郎の養子となる。京都見廻組に加わった他、鳥羽伏見の戦いにも従軍。安井息軒の三計塾で学んだのち、京都中学でドイツ語を修める。京都私立独逸学校初代校主を経て、京都府に出仕。東京大学予備門教師を退職後、明治20年より日本新聞社、23年京都中外電報社に勤める。32年より大阪朝日新聞社に勤務。京都中外電報時代に同僚の巌谷小波と俳句をはじめ、29年正岡子規の日本派俳句を広めるため日本派地方俳壇の嚆矢となった京阪満月会を創設。37年には大谷光演らと俳誌「懸葵」を創刊した。また、霞

城山人の筆名で児童雑誌「少年文武」を出版、最初期のグリム童話の翻訳者としても知られる。美学者として京都市立工芸学校などで講じ、「形以神韻 触背美学」では日本で初めて映画美学に言及した。

長沢 別天
ながさわ・べってん

新聞記者、評論家
[生年月日]慶応4年（1868年）5月11日
[没年月日]明治32年（1899年）11月22日
[出生地]常陸国新治郡常名村（茨城県土浦市）
[本名]長沢説（ながざわ・せつ）[別名等]別号＝半眼子、坂東太郎、別天楼など

築地の立教学校で英語を学び、江東義塾の教師となる。明治21年から22年にかけて同校から刊行された「学」「書生」「筆の力」に英文学の評論、紀行文を発表。23年創刊の「江湖新聞」記者となり「貧民と文学」や詩論、外国文学の紹介などを発表。24年米国のスタンフォード大学に留学し、「亜細亜」に通信を書いた。26年帰国後、政教社に復帰し、「社会主義一斑」を「日本人」に発表。27年岡山の「山陽新聞」主筆、31年「東京新聞」に転じた。著書にミルトンの評伝をまとめた「盲詩人」などがある。

中島 勝義
なかじま・かつよし

ジャーナリスト、「攪民雑誌」主幹
[生年月日]安政5年（1858年）5月5日
[没年月日]昭和7年（1932年）7月15日
[出生地]西蝦夷地イシカリ（北海道石狩郡）
[別名等]字＝子彬、号＝玩球、狩水漁長、中州

明治9年「評論新聞」に投稿した「日本民権論」が筆禍となり、禁錮2ヶ月の刑を受ける。出獄後、「東京曙新聞」編集長を経て大阪へ移り、10年2月より「攪民雑誌」の編集に参加、主幹を務めた。しかし、間もなく発行禁止を命じられたため、同年「興民雑誌」を創刊し、11年に廃刊するまでその中心人物として活躍。19年以後は「教育雑誌」（のち「学芸之世界」に改題）の編集・経営に当たり、20年に同誌を「知識之戦場」に合併させ、経営権を万代義勝に譲渡した。

中島 俊子
なかじま・としこ

日本立憲政党新聞客員、自由民権運動家、女権論者
[生年月日]文久3年（1863年）12月5日
[没年月日]明治34年（1901年）5月25日
[出生地]京都 [旧名]岸田俊子（きしだ・としこ）[別名等]号＝中島湘烟、岸田湘烟、筆名＝しゅん女、粧園、花妹、花の妹 [家族等]夫＝中島信行（政治家）

号は湘烟ともしるす。17歳の時宮中に奉仕したが2年で退職。その後自由民権思想を抱くようになり、明治15年日本立憲政党新聞の客員に迎えられる。各地で民権と女権を一体のものととらえた演説を行い、16年演説「函入娘」で下獄。17年には「同胞姉妹に告ぐ」を「自由燈」に連載するなど、女性解放のために活躍した。18年自由党副総理中島信行と結婚。晩年は「女学雑誌」に多くの論文を投稿、横浜フェリス女学校（現・フェリス女学院大学）の学監もつとめた。没後の36年「湘烟日記」が刊行された。「湘烟選集」（全4巻）がある。

永嶋 暢子
ながしま・ようこ

新聞記者、婦人運動家
[生年月日]明治30年（1897年）1月16日

[没年月日]昭和21年（1946年）1月4日
[出生地]青森県八戸　[本名]永嶋ヨネ　[別名等]筆名＝轟木歌，松出美代，新島まち，木下淳子，陸奥光代　[学歴]青森県立実科高等女学校卒

卒業後上京し，大正9年平塚らいてうらの新婦人協会の婦人運動に加わる。関東大震災における被災者の救援活動を機として東京連合婦人会が発足すると，その常任書記として会の中心的な役割を担った。この頃からマルクス主義に傾倒し，学習会や講座などにも参加。また婦人運動の傍ら評論家としても活動し，「婦人公論」などに寄稿。14年婦女新聞社に入社し，次いで昭和4年には女性運動家の神近市子の後任として「女人芸術」の社会時評欄担当となり，女性や労働の問題など社会の矛盾を鋭く批判した。その後，モップル（国際赤色救援会）や日本労働組合全国協議会（全協）に拠ってマルクス主義的な運動を展開するが，9年全協の繊維女工オルグ中に検挙。2年の獄中生活を経て出所ののち13年中国に渡り，「月刊満州」「鉱工満州」などの編集に携わりながらも運動を続け，17年9月の第1次満鉄事件に連座して逮捕された。終戦後は孤児の収容施設開設を志すが，果たせず病死した。一説にはロシア軍侵入に際して自殺したとも言われている。

仲田　勝之助
なかだ・かつのすけ

美術評論家，浮世絵研究家
[生年月日]明治19年（1886年）1月28日
[没年月日]昭和20年（1945年）12月25日
[出生地]東京神田（東京都千代田区）　[学歴]早稲田大学英文科卒，東京帝国大学美学美術史科卒　[家族等]弟＝仲田定之助（美術評論家・実業家）

はじめ読売新聞社に入社し，のち朝日新聞調査部に移り，美術批評，書評などを担当。日本美術，東洋美術を専門とし，岡本一平らとの共著「漫画と訳文」や「写楽」「絵本の研究」などの著書がある。

永田　善三郎
ながた・ぜんざぶろう

静岡民友新聞社長，衆院議員（立憲民政党）
[生年月日]明治18年（1885年）6月
[没年月日]昭和25年（1950年）12月6日
[出身地]静岡県　[学歴]早稲田大学政治経済科

台湾日日新報記者，満州日日新聞編集長，永田鉱業社長，大連関東報社長，静岡民友新聞社長を務める。大正13年から衆院議員に当選5回。満州経済調査委員，広田内閣海軍参与官となったほか，第15回万国議院商事会議（ベルリン）に参列した。

中田　良夫
なかだ・よしお

新聞人，栃木新聞創業者
[生年月日]弘化2年（1845年）
[没年月日]明治27年（1894年）4月1日
[出生地]越後国（新潟県）　[別名等]俳号＝寄居虫庵鷗里

米問屋の長男。明治11年万象堂から第一次栃木新聞を発行し，同紙編集人。第二次栃木新聞では幹事兼印刷長。足利新報印刷長を経て，同紙と合併した第三次栃木新聞でも印刷長を務めた。

永戸　政治
ながと・まさじ

東京日日新聞主筆
[生年月日]明治24年（1891年）1月6日
[没年月日]昭和31年（1956年）10月28日
[出生地]福島県郡山

大正10年米国留学から帰国、連合通信社に入ったが、11年東京日日新聞に転じ、欧米部員、論説委員、副主筆、取締役主筆を歴任。外交、国際問題に健筆をふるった。昭和21年に社是「毎日憲章」制定に尽力。その後公職追放、解除後に客員、28年相談役となった。

中西 牛郎
なかにし・うしお

新聞記者，宗教思想家，扶桑教大教正
[生年月日]安政6年（1859年）1月18日
[没年月日]昭和5年（1930年）10月18日
[出生地]肥後国（熊本県）[別名等]号＝蘇山

幼少より中村直方、平河駿太に漢学、木村弦雄に漢学、洋学を学ぶ。のち東京の勧学義塾で英語を修め、更に同志社に転学。明治14年神水義塾を開き、傍ら済々黌で教鞭をとる。政党が起こると「紫溟雑誌」「紫溟新報」記者となり、また仏教を研究した。21年米国へ遊学、帰国後西本願寺文学寮の教頭となり、その傍ら雑誌「経世博義」を刊行して国粋主義を鼓吹した。井上円了、村上専精らに代表される「破邪顕正」運動の最盛期に、「宗教革命論」「組織仏教論」「宗教大勢論」「仏教大難論」「新仏教論」などを刊行し、宗教文壇の一方の雄と見られた。のち「大阪毎日新聞」「東京日日新聞」の記者となり、32年清国政府官報局翻訳主任、同年天理教の教典編述に従事、また台湾の土地調査局、台湾総督府の嘱託として活躍。昭和2年神道扶桑教権大教正となり、同教の教典の撰述に従い、ついで同教大教正に就任した。

中野 権六
なかの・ごんろく

佐賀毎日新聞社長，佐賀県議
[生年月日]文久1年（1861年）
[没年月日]大正10年（1921年）6月4日
[出生地]肥前国藤津郡七浦村（佐賀県藤津郡太良町）[学歴]大学予備門卒

肥前佐賀藩士の長男。明治18年渡米し、「日本人新聞」を主宰。23年帰国後横浜で雑誌「進歩」を主宰。帰郷後、38年佐賀県議となり、また佐賀県農工銀行、朝鮮京城共同社などを創立。のち佐賀毎日新聞社長に就任。

中野 正剛
なかの・せいごう

ジャーナリスト，東方会総裁，衆院議員（無所属）
[生年月日]明治19年（1886年）2月12日
[没年月日]昭和18年（1943年）10月27日
[出生地]福岡県福岡市 [別名等]幼名＝甚太郎，号＝耕堂 [学歴]早稲田大学政経科〔明治42年〕卒 [家族等]弟＝中野秀人（詩人・評論家），息子＝中野泰雄（亜細亜大学名誉教授），義父＝三宅雪嶺（雑誌「日本及日本人」主宰）

東京朝日新聞に入り、政治評論を執筆。大正5年東方時論社に移り、主筆兼社長に就任。日本外交を批判した「講和会議を目撃して」がベストセラーとなる。9年以来衆院議員に当選8回。革新倶楽部、憲政会から立憲民政党に移り遊説部長。この間、大蔵参与官、逓信政務次官、民政党総務などを歴任。昭和6年安達謙蔵と共に脱党し、7年国民同盟を結成、ファシズムに走る。11年から全体主義政党・東方会（のち東方同志会）総裁として"アジア・モンロー主義"的な運動を展開、南進論、日独伊三国同盟などを提唱。15年大政翼賛会総務となるが、その権力強化に反発

237

して17年を脱会。18年「戦時宰相論」を執筆して東条内閣を批判、憲兵隊の取調べを受け割腹自決した。雄弁で筆も立ち大衆的人気があった。

中野 秀人
なかの・ひでと

新聞記者, 詩人, 画家, 評論家, 小説家, 戯曲家
[生年月日] 明治31年（1898年）5月17日
[没年月日] 昭和41年（1966年）5月13日
[出生地] 福岡県福岡市　[学歴] 慶応義塾大学高等予科中退、早稲田大学政経学部中退　[受賞] 文芸汎論詩集賞（第5回）〔昭和13年〕「聖歌隊」
[家族等] 兄＝中野正剛（政治家）

大正9年プロレタリア文学を論じた「第四階級の文学」が「文章世界」の懸賞論文に当選する。早大中退後は国民新聞を経て、大正11年朝日新聞記者となり、そのかたわら詩などを発表。記者生活を退め、大正15年英、仏に渡る。帰国後は詩人、評論家として活躍、昭和13年処女詩集「聖歌隊」を刊行し、文芸汎論詩集賞を受賞。14年には童話集「黄色い虹」を刊行。15年花田清輝らと「文化組織」を創刊。戦後は新日本文学会などに参加し、共産党にも入党するが、36年脱退する。23年には長篇「聖霊の家」を刊行した。

中村 京太郎
なかむら・きょうたろう

点字大阪毎日新聞編集長, 盲人教育者
[生年月日] 明治13年（1880年）3月25日
[没年月日] 昭和39年（1964年）12月24日
[出生地] 静岡県浜松　[学歴] 東京盲唖学校〔明治31年〕卒、英国盲人高等師範学校〔大正3年〕卒　[受賞] ヘレンケラー賞、岩橋賞、日本ライトハウス賞

幼時失明。明治33年東京盲唖学校教員となり、34年台湾で盲教育に従事。45年英国留学、フランス、ドイツ、ロシアの盲教育、盲人福祉事業を視察して帰国。大正8年点字新聞「あけぼの」を刊行。11年大阪毎日新聞の週刊「点字大阪毎日新聞」創刊で初代編集長となり、昭和18年定年退職後も編集顧問を務め、点字毎日の発展に貢献。4年文部省の盲学校用図書編纂委員として点字教科書制作に協力、盲人国際会議に4回出席。戦後も盲人教育、福祉、厚生事業に従事した。

中村 舜次郎
なかむら・しゅんじろう

新聞記者, 衆院議員（政友会）
[生年月日] 弘化4年（1847年）8月5日
[没年月日] 昭和6年（1931年）3月14日
[出生地] 相模国足柄上郡松田惣領（神奈川県足柄上郡松田町）

豪農の家に生まれ、幕末期に百姓代を務めた。明治5年神奈川県内では横浜以外で初となる週刊新聞「足柄新聞」の経営を引き継ぎ、啓蒙的な活動を行う。11年足柄上郡長に就任し、以来、神奈川の国会開設運動や東海道本線開通を支援。また、治水事業でも実績があった。交詢社社員として福沢諭吉とも親交。41年には衆院議員に当選、政友会に属した。

中村 弼
なかむら・たすく

ジャーナリスト, 「二六新報」主筆
[生年月日] 慶応1年（1865年）
[没年月日] 大正8年（1919年）2月22日
[出身地] 越後国（新潟県）　[家族等] 弟＝中村進午（国際法学者）

尾崎行雄文相秘書官を経て、明治33年「二六新報」主筆。大正3年日本移民協会の創

立に参画、幹事長に就任。

中村 兵衛
なかむら・ひょうえ

新聞記者，探偵小説作家
[生年月日]不詳
[没年月日]不詳

神戸又新日報記者で探偵小説も書いた。著書に「魔の池」「宝暦秘史 熱血義人」など。

中村 正直
なかむら・まさなお

明六雑誌発行者，啓蒙思想家，教育家，東京大学文学部教授
[生年月日]天保3年（1832年）5月26日
[没年月日]明治24年（1891年）6月7日
[出生地]江戸麻布円波谷（東京都港区）　[本名]中村敬太郎　[別名等]号＝中村敬宇、幼名＝釧太郎、敬輔　[学歴]文学博士（東京大学）〔明治21年〕　[資格]東京学士会院会員〔明治12年〕

幼少から漢学を学び、嘉永元年（1848年）昌平黌で儒学を修めた。安政2年（1855年）学問所教授方出役、4年勤番として甲府徽典館教頭、同年儒者勤向見習、文久2年（1862年）儒官。慶応2年（1866年）俊秀少年12人の英国留学監督としてロンドン滞在、明治元年帰国後、徳川家達の知事移封に従い静岡学問所教授。3～4年S.スマイルズの「西国立志編」（11冊）、5年J.S.ミルの「自由之理」を翻訳刊行し、人心に大きな感化を与えた。5年大蔵省翻訳御用を務める傍ら、6年東京・小石川に私塾同人社を設立、7年福沢諭吉らと明六社を設立、「明六雑誌」を発行。同年キリスト教の洗礼を受け、宣教にも参加。8年東京女子師範学校摂理嘱託、12年同人社女学校を設立、13年には盲人教育のため訓盲院を開設、14年東京大学文学部教授嘱託、19年元老院議官、23年女子高等師範学校長兼任、同年勅選貴院議員。この間小石川区議、東京市議を務めた。他の著書に「敬宇日乗」（全8巻）「敬宇文集」「敬宇詩集」、自伝代わりの「自叙千文字」、翻訳「西洋品行論」など。

中村 楽天
なかむら・らくてん

新聞記者，俳人
[生年月日]慶応1年（1865年）7月10日
[没年月日]昭和14年（1939年）9月19日
[出生地]播磨国飾磨郡辻井村（兵庫県姫路市）
[本名]中村修一

明治18年上京、国民新聞記者を経て「国民之友」編集に従事、和歌山新報記者の後33年から「二六新報」に勤めた。正岡子規、高浜虚子に俳句を学び、晩年は雑誌「草の実」を創刊主宰した。

永元 源蔵
ながもと・げんぞう

新聞記者，実業家
[生年月日]安政2年（1855年）2月
[没年月日]大正11年（1922年）1月5日
[別名等]号＝南涯

旧膳所藩士の子。明治11年「甲府日日新聞」入社、編輯長。12年、大阪で「でっち新聞」記者の後、同年「朝日新聞」に入社。大阪初の民選府会が開かれた時、政治部記者として傍聴記を執筆した。15年「京都滋賀新報」入社。20年政教社に入り、その後住友家に勤務。

永山 就次
ながやま・しゅうじ

新聞記者, 劇作家
[生年月日]明治45年（1912年）1月20日
[没年月日]昭和32年（1957年）3月10日
[出生地]広島県比婆郡口和村　[学歴]九州帝大経済学部〔昭和15年〕卒

福岡日日新聞社、京城日報編集記者を経て、昭和23年東京都立高校教師に。傍ら、劇作家として「原之城」「鏃と玉」「左馬頭義朝」「能褒野」などを著し、没後、平成2年永山就次著書刊行会によって代表作が「劇作 鏃と玉」「劇作 原之城」として上梓された。

中山 太郎
なかやま・たろう

新聞社勤務, 民俗学者
[生年月日]明治9年（1876年）11月13日
[没年月日]昭和22年（1947年）6月13日
[出生地]栃木県梁田郡梁田村（足利市）　[本名]中山太郎治　[旧名]相場　[学歴]東京専門学校（現・早稲田大学）邦語法律学科〔明治32年〕卒

報知新聞社や博文館に勤務する傍ら、柳田国男に師事して民俗学を学ぶ。退職後は研究・執筆に専念。南方熊楠、折口信夫、N.ネフスキーらと交流し、金田一京助と北方文明研究会を組織。文献資料を用いて一種の社会史や文化史を描く学風で、同時に先駆的な着眼と幅広い関心を持っていた。「日本民俗学」（全4巻）「日本民俗学辞典」「売笑三千年史」「日本巫女史」「日本盲人史」「日本婚姻史」「万葉集の民俗学的研究」など著書多数。

中山 直熊
なかやま・なおくま

新聞記者, 軍事探偵
[生年月日]明治13年（1880年）5月
[没年月日]明治37年（1904年）4月15日
[出生地]熊本県　[学歴]中学済々黌卒

肥後熊本藩士の家に生まれる。税関に勤めた後、明治26年清国へ渡航。北京振華学堂に学び、天津の邦字紙・北支日日新聞記者となった。37年日露戦争が起こると横川省三、沖禎介らと特別任務に従事。ロシア軍の補給路に当たる東清鉄道の爆破を図ったが、襲撃を受けて戦死した。

中山 正男
なかやま・まさお

小説家, 出版人, 第一世論社社長
[生年月日]明治44年（1911年）1月26日
[没年月日]昭和44年（1969年）10月22日
[出生地]北海道常呂郡佐呂間町　[学歴]専修大学法科〔昭和8年〕中退

昭和8年大学を中退し独力で陸軍画報社を設立、雑誌「陸軍画報」を刊行。日中戦争中、南京城攻略戦に従軍して書いた「脇坂部隊」は当時ベストセラーになった。34年第一世論社社長。戦後、下中弥三郎らの後援で若者たちのための"日本ユースホステル"運動を推進した。著書には自伝的小説「馬喰一代」「続馬喰一代」「無法者」のほか「一軍国主義者の直言」などがある。

永代 静雄
ながよ・しずお

新聞記者, ジャーナリスト
[生年月日]明治19年（1886年）2月12日
[没年月日]昭和19年（1944年）8月10日
[出生地]兵庫県　[学歴]早稲田大学

明治41年東京毎夕新聞に入社。中央新聞に転じるが、大正7年毎夕新聞社会部長となり、8年編集局長に就任。9年「新聞及

新聞記者」創刊。11年新聞研究所を創立し、自ら所長として「日本記者年鑑」を発行。また伝書鳩の飼育普及につとめ、雑誌「普鳩」を発行した。翻訳に「死ぬる土」、小説に「都会病」などがあり、雑誌「中外」にも評論「比較的上出来」（大正7年）などを発表。田山花袋「蒲団」の横山芳子のモデルである岡田美知代と結婚、芳子の相手の田中秀夫のモデルでもある。

半井 桃水
なからい・とうすい

新聞記者，小説家
[生年月日]万延1年(1860年)12月2日
[没年月日]大正15年(1926年)11月21日
[出生地]対馬国府中(長崎県対馬市) [本名]半井洌(なからい・きよし) [別名等]別号＝菊阿弥，桃水痴史 [家族等]父＝半井湛四郎(対馬藩主宗家の典医)

父は対馬藩の医師で、たびたび釜山を朝鮮人参検査などのため訪れており、半井もたびたび釜山に渡った。このため朝鮮事情に明るく、朝鮮語にも通じていた。11歳で上京、共立学舎で学び、三菱に入社したが、けんかして退職。西京新聞入社。明治13年大阪魁新聞に入社したが、廃刊後、父が医院を開いていた釜山に渡る。21年東京朝日新聞記者となり、22年同紙に「啞聾子」を発表。以後小説記者として「くされ縁」「海王丸」、23年「業平竹」、24年「胡沙吹く風」など次々発表、人気作家となった。31年からは大阪朝日新聞にも歴史小説を執筆した。晩年(40年)の代表作に「天狗回状」がある。樋口一葉の師であり、恋人といわれた。

夏目 漱石
なつめ・そうせき

小説家，英文学者
[生年月日]慶応3年(1867年)1月5日
[没年月日]大正5年(1916年)12月9日
[出生地]江戸(東京都)牛込馬場下横町(新宿区喜久井町) [本名]夏目金之助(なつめ・きんのすけ) [学歴]帝国大学文科大学(現・東京大学文学部)英文科〔明治26年〕卒 [家族等]長男＝夏目純一(バイオリニスト)，孫＝夏目房之介(コラムニスト)，義父＝中根重一(貴族院書記長)

明治26年東京高師、28年松山中学、29年五高教授を経て、33年英国に留学し、"漢文学と英文学の違い"などから研究を断念、強度の神経症に陥る。36年に帰国後一高、東京帝国人学各講師を歴任。38年高浜虚子の勧めで「ホトトギス」に「吾輩は猫である」を発表。さらに39年、「坊ちゃん」「草枕」を発表し、作家としての文名を高める。40年教職を辞して東京朝日新聞社に入り、本格的な作家活動に入る。同時期、読売新聞からも熱心に誘われていたが、条件面で折り合わなかった。朝日新聞には月給200円、賞与は年2回でそれぞれ月給1か月分という破格の待遇（東京帝大の年収は800円）であった。「人生意気に感ずとか何とか云ふ。変わり物の余を変わり物に適する様な境遇に置いてくれた朝日新聞の為めに、変わり物として出来得る限りを尽すは余の嬉しき義務である」と入社の辞で結んでいる。朝日新聞入社後、漱石は「虞美人草」「それから」などを連載した。また他の作家に小説執筆を依頼したりし朝日の小説欄充実に貢献した。中勘助の「銀の匙」などはこうして生まれた。加えて文芸欄が漱石の発案によって朝日新聞に設けられた。漱石は自らその編集にあたった。晩年に

いたるまで"木曜会"を続け、森田草平、鈴木三重吉、芥川龍之介など秀れた門下を多く出した。また、子規の影響を受け俳句や漢詩も嗜しんだ。他の代表作に39年「倫敦塔」、40年「虞美人草」、41年「坑夫」「夢十夜」「三四郎」、42年「それから」、43年「門」、45年「彼岸過迄」、大正元年「行人」、3年「こゝろ」「道草」など。この間明治42年胃かいようで大吐血（修善寺の大患）、44年文学博士を辞退、大正2年神経衰弱に悩む。5年最後の「明暗」の完成を見ずに死去した。「漱石全集」（全18巻、岩波書店）などがある。昭和59年発行の千円札紙幣の肖像になった。

名取 洋之助
なとり・ようのすけ

写真家、アートディレクター
[生年月日]明治43年（1910年）9月3日
[没年月日]昭和37年（1962年）11月23日
[出生地]東京市芝区高輪（東京都港区）　[学歴]慶応義塾普通部卒、ミュンヘン美術工芸学校　[受賞]菊池寛賞（第1回）〔昭和28年〕「岩波写真文庫」、日本写真協会賞（第4回）〔昭和29年〕　[家族等]父＝名取和作（実業家・銀行家）、娘＝名取美和（バーン・ロム・サイ代表）

実業家・名取和作の三男として生まれる。昭和3年慶応義塾普通部を卒業してドイツに留学、ミュンヘン美術工芸学校に学ぶ。写真ジャーナリズムに興味を持ち、6年ライカを手に入れてユダヤ人写真家ランズホーフから写真の手ほどきを受ける。ミュンヘン市立博物館の火災現場跡の写真が「ミュンヘナー・イルストリーテル・グラッセ」（ミュンヘン絵入り新聞）に掲載されてデビュー。間もなくベルリンにあるウイルシュタイン社の契約写真家となり、7年同社特派員として帰国。8年満州事変取材後は日本に留まり、同年木村伊兵衛、伊奈信男、原弘、岡田桑三と日本工房を設立。9年分裂後、第2次日本工房を再建し、写真を主体とする海外向け日本紹介のグラフ誌「NIPPON」を創刊。土門拳、亀倉雄策、山名文夫らを育て、戦前では他に類を見ない質の高いものにした。11年ベルリン五輪取材のためドイツへ渡り、帰路に米国を撮影。12年「日本の兵士」が「LIFE」の表紙を飾り、同年日本人初の同誌契約写真家となった。14年日本工房を国際報道工芸に改組。その後、支那派遣軍の要請で日本軍の宣撫工作に従事。20年南京で敗戦を迎え、21年帰国。22年日本の「LIFE」を目指して「週刊サンニュース」を創刊、編集長に就任。25年「岩波写真文庫」を創刊に参画、独自の組写真による編集で34年までに286冊を刊行。31年招かれて中国に渡り、32年写真集「麦積山の石窟」を発表。34年以降は講談社「世界美術大系」の仕事でヨーロッパに取材を重ね、37年写真集「ロマネスク」を発表した。フォトジャーナリスト・編集者として活躍するとともに、多くの写真家を育てた。死後、写真論集「写真の読み方」が刊行される。また、平成17年日本写真家協会により、主にドキュメンタリー分野で活躍する30歳以下の写真家を対象とした名取洋之助賞が創設された。

生井 英俊
なまい・ひでとし

郷土史家
[生年月日]明治29年（1896年）
[没年月日]昭和35年（1960年）
[出生地]栃木県芳賀郡須藤村（茂木町）

農業の傍ら、歴史を研究。大正12年下野新聞に論文「地方と人物」を49回にわたっ

て掲載。のち、村の計画する満州分村の先遣隊として渡満。戦後は、村の青年団・公民館活動の指導者として活動。郷土史家としても活躍し、著書に「須藤村誌」「生井郷土誌」などがある。

生江 健次
なまえ・けんじ

報道記者，劇作家，小説家
[生年月日]明治40年（1907年）11月24日
[没年月日]昭和20年（1945年）7月26日
[出生地]兵庫県神戸市　[学歴]慶応義塾大学卒
[家族等]父＝生江孝之（社会運動家、廃娼運動の草分け）

慶大在学中の昭和2年戯曲「部落挿話」、評論「藤森成吉小論」を発表。ボルシェビキに走り、「戦旗」の編集に従事、6年「ナップ」に「過程」を発表。転向後は文藝春秋社に入ったが、18年報道班員としてフィリピンに渡り20年ルソン島で餓死。作品「過程」は戦後「全集・現代文学の発見」に再掲された。

奈良崎 八郎
ならざき・はちろう

新聞記者，大陸浪人
[生年月日]慶応1年（1865年）10月
[没年月日]明治40年（1907年）5月20日
[出生地]筑前国福岡（福岡県福岡市）　[別名等]号＝放南

同郷の頭山満の感化を受け、明治21年上海に遊学。以来清（中国）・韓国の地を往来して画策に努め、26年東学党の乱に尽力。27年朝鮮で甲午農民運動が起こると現地で工作に当たる。日清戦争では博多「福陵新報」の従軍記者となり大島混成旅団に従って台湾に渡った。日露戦争では特別任務班に加わり特に東蒙古方面で功を立てた。

成沢 玲川
なるさわ・れいせん

編集者，「アサヒグラフ」編集長
[生年月日]明治10年（1877年）12月14日
[没年月日]昭和37年（1962年）10月20日
[出生地]長野県上田市　[本名]成沢金兵衛　[別名等]幼名＝金弥　[学歴]上田中退　[受賞]日本写真協会賞（第2回）〔昭和27年〕　[家族等]弟＝立木真六郎（写真家），甥＝品川力（ペリカン書房主人），品川工（版画家）

青年時代に内村鑑三に心酔し、その門下生となる。明治39年に渡米し、邦字新聞「央州日報」を経営。この間に写真術を習得、同紙の写真部長を兼務する傍ら、在米同胞の活動状態を数多く撮影した。大正2年帰国。のち佐々木茂索と教育誌「子宝」を編集した。7年東京朝日新聞社に入社。12年週刊グラフ誌として復活した「アサヒグラフ」の編集長となり、同誌が日本を代表するグラフ雑誌となる基礎を築いた。15年には「アサヒカメラ」の初代編集長に就任。写真及びカメラの総合雑誌化を図って成功し、現在も続く息の長い雑誌となっている。また岡田桑三、村山知義とともにドイツ工作連盟主催「映画と写真国際展」の日本招聘に尽力し、昭和6年にはその写真部門だけを「独逸国際移動写真展」として東京・大阪で開催。当時欧米の最先端だった近代写真の粋を集めたこの展覧会は、安井仲治や木村伊兵衛ら次代の新進作家たちに多大なる影響を与えた。9年日本放送協会報道部長。戦時中は大日本写真報国会理事長なども務め、戦後「日本写真年報」の編集などに従事した。著作に「新撰渡米案内」（北沢寅之助との共著）「新聞戦線」「音と影」などがある。

成島 柳北
なるしま・りゅうほく

ジャーナリスト，朝野新聞社長，漢詩人，随筆家
[生年月日]天保8年(1837年)2月16日
[没年月日]明治17年(1884年)11月30日
[出生地]江戸・浅草御厩河岸(東京都台東区)
[本名]成島惟弘(なるしま・これひろ) [別名等]幼名＝甲子麿，通称＝甲子太郎，字＝保民，別号＝確堂，誰園，我楽多堂 [家族等]祖父＝成島東岳(儒学者)，父＝成島稼堂(＝筑山，儒学者)，孫＝大島隆一(美術評論家)

徳川幕府の奥儒者の名門に生まれ，18歳で家督を継いで，祖父の著書「東照宮実記」500余巻，父の著書「後鑑」375巻の編集を担当。安政6年から万延元年にかけて「柳橋新誌」を執筆。のち外国奉行，会計副総裁まで昇進したが維新で退官。明治3年浅草・本願寺に学舎を設けて師弟を指導。5〜6年外遊し，のち旅行記「航西日乗」(明14〜17)を著す。7年「柳橋新誌第2編」を刊行。同年朝野新聞社長に就任，主筆として，反骨精神を発揮した。9年筆禍で入獄し，「柳橋新誌第3編」は発禁処分を受けた。また，10年に勃発した西南戦争の際には反政府側に立ち，このころから社運が傾きはじめたが，同年に創刊した漢詩文雑誌「花月新誌」に力を注いだ。他に戯文集「伊都満底草(いつまでぐさ)」「柳北奇文」「成島柳北全集」(博文館)などがある。

難波 清人
なんば・きよと

新聞記者，衆院議員(昭和会)
[生年月日]明治21年(1888年)8月28日
[没年月日]昭和15年(1940年)10月11日
[出生地]岡山県上道郡平井村(岡山市) [学歴]明治大学法律科〔大正2年〕卒

中外商業新報の記者を務め、経済市場部長も務めた。大正15年衆院議員に当選、通算3期。犬養毅の側近として知られた。

【 に 】

新居 格
にい・いたる

新聞記者，評論家，社会運動家，杉並区長，日本ユネスコ協会理事
[生年月日]明治21年(1888年)3月9日
[没年月日]昭和26年(1951年)11月15日
[出生地]徳島県 [学歴]東京帝大政治科卒

読売新聞、大阪毎日新聞、東洋経済新報などの記者を経て、12年文筆生活に入る。アナキズムの立場で、社会評論から文芸評論まで幅広く活躍。13年には安部磯雄らと日本フェビアン協会を結成、14年には日本プロレタリア文芸連盟にも参加した。同年「文芸批評」を創刊。黒色青年連盟などの運動にも協力、文化学院の教授もつとめた。昭和初期には「モボ」「モガ」などの新語をつくって流行させた。戦後の昭和23年、東京・杉並区長選に立候補して当選、杉並を理想的な文化地域にしようと数々の改革に手をつけたが、現実とのギャップに在職1年足らずで辞職。だが、在職中は区議らと1度も宴席を共にせず、一方、手がけた生活協同組合運動はその後の住民運動のさきがけとなった。著書に「左傾思潮」「月夜の喫煙」「季節の登場者」「アナキズム芸術論」「区長日記」、訳書にパールバック「大地」、スタインベック「怒りの葡萄」などがある。

新美 卯一郎
にいみ・ういちろう

新聞記者，社会主義者，ジャーナリスト
[生年月日]明治12年（1879年）1月12日
[没年月日]明治44年（1911年）1月24日
[出生地]熊本県飽託郡大江村（熊本市）[別名等]筆名＝江湉　[学歴]早稲田専門学校（現・早稲田大学）中退

「鎮西日報」「熊本毎日新聞」の記者などをし，明治40年松尾卯一太とともに「熊本評論」を創刊。土地復権同志会の宮崎民蔵らの文章を載せるなどして，筆禍事件を起こし，罰金刑を受けたりした。明治43年の大逆事件に連坐し，処刑された。

西 道仙
にし・どうせん

長崎自由新聞社長，教育家
[生年月日]天保7年（1836年）
[没年月日]大正2年（1913年）7月10日
[出生地]肥後国天草郡御領村（熊本県天草市）

生家は代々長崎御役医師。帆足万里，池田宗度に儒と医を学び，文久3年（1863年）長崎酒屋町に医者を開業し，沢宣嘉，坂本龍馬らと交わる。明治5年同地に瓊林学館を創立。8年「長崎新聞」（9年「西海新聞」と改称）を刊行して編集長となり健筆を揮った。その傍ら笑談会という集まりを作り，社会改良をさけび世論を賑わした。10年「長崎自由新聞」を発刊，社長となる。25年長崎文庫を創立し，古文書を収集，刊行。また市会議員，医師会会長など地方自治に寄与した。

西内 青藍
にしうち・せいらん

中外商業新報主筆，歴史家，経済評論家

[生年月日]明治6年（1873年）
[没年月日]昭和6年（1931年）10月7日
[出生地]高知県長岡郡宍崎（南国市）[本名]西内繁馬

東京銀行集会所、東洋新報勤務を経て，「実業通信」を創刊。また，雑誌「金星」に経済時論を執筆。のち，中外商業新報社に招かれ，主筆となる。明治44年には「偉人野中兼山」を刊行。他の著書に「日本経済史」などがある。

西尾 吉太郎
にしお・きちたろう

新聞人，山陽新報社主
[生年月日]安政5年（1858年）2月10日
[没年月日]昭和5年（1930年）2月27日
[出生地]備前国岡山（岡山県岡山市）

明治9年に所用で上京した折り，新聞を売り歩く読み売りを見て新聞の発行を志す。郷里岡山に戻ったのち，岡山県師範学校副校長の野崎又六の協力を得て元「東京評論新聞」編集長の小松原英太郎を主筆に迎え，12年「山陽新報」を創刊。はじめは岡山県令高崎五六と協調したが，のちには自由民権運動の高揚で官憲批判に乗り出し，14年には長期の発行停止処分を受けた。同年県令側が「吉備日々新聞」を発行して「山陽新報」に対抗すると，18年には全国に先駆けて夕刊を発行し，巻き返しに成功。その後も，同社主として経営に邁進し，徐々に発行部数を伸ばして今日の「山陽新聞」の基盤を固めた。38年に同社を引退し，以降は岡山市議・岡山商業会議所議員などを歴任。

西岡 竹次郎
にしおか・たけじろう

新聞記者，長崎県知事，衆院議員（政友会），

長崎民友新聞社長
[生年月日]明治23年（1890年）5月28日
[没年月日]昭和33年（1958年）1月14日
[出生地]長崎県長崎市　[旧名]手島　[学歴]早稲田大学法科〔大正5年〕卒　[家族等]妻＝西岡ハル（参院議員），長男＝西岡武夫（参院議員），息子＝西岡公夫（長崎県議）

在学中、都新聞記者となり、青年急進党を結成、「普選即行、治安警察法撤廃」を主張。大正5年雑誌「青年雄弁」を発行。6年普通選挙期成同盟幹事、8年青年改造連盟を結成、普選運動に尽力。この間検挙投獄7回。10年ロンドン大学留学、帰国後13年衆院議員に当選、中正倶楽部に属したが、選挙法違反で失脚。昭和3年の総選挙で議員に復帰、立憲政友会所属。戦時中は興亜議員同盟に属し、当選6回。一方大正13年「長崎民友新聞」を創刊、戦時統合で「長崎日報」となり、19年同紙会長。戦後「長崎民友新聞」を復刊、社長。22年公職追放、25年解除、26年長崎県知事に当選、30年再選した。

西垣　武一
にしがき・ぶいち

広告事業家，新聞資料収集家
[生年月日]明治34年（1901年）4月6日
[没年月日]昭和42年（1967年）8月2日
[出生地]京都　[学歴]早稲田大学政治経済学部〔昭和2年〕卒

昭和2年時事新報に入り、同年11月報知新聞社に転じ、4年博報堂に移り、理事、連絡部長となった。戦後21年三栄広告社を創立、代表取締役、社長となった。趣味として新聞資料を収集、33年日本新聞資料協会を設立、会長として新聞資料収集、愛好家交流に尽力。1万点余の収集資料は死後、早大図書館に寄贈され、西垣文庫となった。

西河　通徹
にしかわ・つうてつ

新聞記者，「朝日新聞」京城特派員
[生年月日]安政3年（1856年）11月18日
[没年月日]昭和4年（1929年）9月29日
[出生地]伊予宇和島（愛媛県宇和島市）　[別名等]幼名＝敬次郎，篤之助，直一，号＝鬼城
[家族等]父＝西河謙一（学者）

伊予宇和島藩校明倫館教授を務めた西河謙一の息子。伊予の儒学者・上甲振洋に師事。のち上京し、慶応義塾に入って英学を学ぶとともに自由民権思想の影響を受けて新聞などへの投書をはじめた。明治9年「評論新聞」に入るが、8年の「朝野新聞」への投書のために投獄された。出獄後、10年「松山新報」主筆を皮切りに「信濃毎日新聞」「総房共立新聞」「自由新聞」「山形毎日新聞」「秋田日報」「絵入朝野新聞」「大阪公論」「秋田魁新報」など全国各地の新聞紙で主筆・局長・論説を歴任。一貫して民権派の論客として活動し、民権論の興起と新聞界の発展に大きく寄与した。この間、松山中学校長や私塾戊子英語館を経営するなど教育界でも活動。その後も大同団結派の機関誌「政論」や大阪の「新浪華」などで健筆を揮い、28年には「朝日新聞」京城（現・ソウル）特派員に就任。以後、約10年に渡って日清戦争後における激動の朝鮮半島情勢を報道し続けた。39年引退。著書に「汽車之発明」「魯国虚無党事情」「鬼城自叙伝」などがある。

西田　源蔵
にしだ・げんぞう

青森日報主筆，油川町（青森県）町長，郷土史家
[生年月日]明治16年（1883年）

[没年月日]昭和7年（1932年）
[出生地]青森県東津軽郡油川町（青森市）[別名等]号＝孤萍，青海　[学歴]早稲田大学〔明治38年〕卒

祖先は天明年間に大庄屋を務めた綿屋三郎右衛門。明治38年早稲田大学を卒業した後、樺太新聞記者となり、大正1年「樺太風土記」を刊行。帰郷後、青森県商業会議所書記長を経て、青森日報主筆に就任し、健筆を振るった。13年油川町長に選ばれたが、昭和7年在任中に死去。青海と号して歴史を好み、町長在任中の3年には「油川町誌」を編纂した他、「青森県誌」「東津軽郡誌」などを著した。また囲碁や詩文、文章にも長じた文人町長であった。

西田　常三郎
にしだ・つねさぶろう

元山毎日新聞社長
[生年月日]明治13年（1880年）8月15日
[没年月日]昭和15年（1940年）6月6日
[出生地]岡山県真庭郡　[学歴]早稲田大学政治経済学科〔明治38年〕卒

明治38年早大を卒業して朝鮮に渡り、39年元山で北鮮実業新聞を創刊。42年元山毎日新聞に改題した。

西田　伝助
にしだ・でんすけ

東京日日新聞創立者
[生年月日]天保9年（1838年）4月
[没年月日]明治43年（1910年）
[出生地]江戸浅草御蔵前瓦町（東京都台東区）
[別名等]俳号＝西田鼓汀，西田菫坡，関の家妙伝寿　[家族等]甥＝西田青坡（日本画家）

父は札差・坂倉屋林右衛門で豊かな家に育ったが、天保13年（1842年）、天保の改革で打撃を受け、嘉永5年（1852年）店は閉店。さらに安政2年（1855年）には安政の大地震で家族5人を失った。10代初め頃から俳句を作り、由誓門下。句集に「妙伝集」があり、俳号は幕末には鼓汀または関の家妙伝寿、明治以後は菫坡（きんは）としている。明治5年条野伝平、落合幾次郎と共に東京日日新聞を創刊した。

西村　正三郎
にしむら・しょうざぶろう

「教育時論」主筆，開発社社長
[生年月日]万延2年（1861年）1月28日
[没年月日]明治29年（1896年）1月26日
[出身地]下総国関宿（千葉県野田市）

下総関宿藩士の子として江戸小日向の藩邸で生まれる。維新後、午季徒弟より身を起し、埼玉県下の小学教師を務め、明治13年同県学務課長川島楳坪の抜擢をうけ県属（学務課）に任じられた。教育諸団体の会員として活動中に、普及舎辻敬之から招聘されて「教育時論」（開発社）主筆となり、教育雑誌に新風を吹き込む。22年教育の学術方法を究めるため米国へ遊学、同地の師範学校や大学校で学び、24年12月帰朝。再び主筆として教育問題などを広く論評啓蒙、傍ら小学校の教科書及び参考書を編纂して普及舎の事業に協力した。25年辻の死去後は開発社社長として社務を統轄し、また健筆をふるって同誌の声価を高めた。教育雑誌記者として天下の耳目を集める中、病を得て34歳の壮齢で長逝した。

西村　天囚
にしむら・てんしゅう

ジャーナリスト，小説家，漢学者
[生年月日]慶応1年（1865年）7月23日
[没年月日]大正13年（1924年）7月29日

にしむら

[出生地]大隅国熊毛郡西之表（鹿児島県西之表市）　[本名]西村時彦（にしむら・ときつね）　[別名等]別号＝碩園、紫駿道人　[学歴]帝国大学文科大学古典講習科〔明治19年〕中退　文学博士〔大正9年〕

明治13年上京。16年東京大学文学部古典講習科に合格し官費生となる。このころ生活に窮し行楽の自由がなく「天の囚なり」と嘆いたことが雅号につながったという。20年社会時事諷刺小説「屑屋の籠」を出版して注目され、「さざなみ新聞」「大阪公論」などを経て、23年大阪朝日新聞記者となる。その間「なにはがた」「浪花文学」を創刊。日清戦争後は文学から離れ、新聞記者に専念する。29年東京朝日新聞に移るが、35年再び大阪朝日新聞に戻る。大正7年の白虹事件後、編輯顧問となり、「朝日新聞編輯綱領」を起草した。8年朝日新聞を退社。また漢学研究にもつとめ「日本宋学史附宋学考」を明治42年に刊行。京都帝大講師、宮内省御用掛などを歴任した。

西村　道太郎
にしむら・みちたろう

新聞人
[生年月日]明治27年（1894年）12月
[没年月日]昭和38年（1963年）2月11日
[出生地]大阪府大阪市　[学歴]早稲田大学政治経済学科〔大正8年〕卒

大正10年大阪朝日新聞京都通信部に入り、昭和9年神戸支局長、11年京都支局長、12年大阪朝日通信部長。17年マニラ支局長、18年2月大阪本社経済部長、同年12月西部本社編集局次長兼通信部長。21年取締役大阪本社代表、24年常務、西部本社代表。26年退任、27年退社した。

西本　省三
にしもと・しょうぞう

中国研究家、ジャーナリスト
[生年月日]明治11年（1878年）11月20日
[没年月日]昭和3年（1928年）5月8日
[出生地]熊本県菊池郡瀬田村大林（大津町）
[別名等]号＝白川　[学歴]東亜同文書院〔明治36年〕卒

郷士の子に生れ、済々黌に学び、明治32年新設の南京同文書院（のち東亜同文書院）に留学。日露戦争には通訳として従軍。戦後、東亜同文書院の中国語教員となる。清朝の儒家・沈子培に師事。44年辛亥革命に際して上海に春申社をおこし、雑誌「上海」を創刊、同誌を主宰して16年間にわたって反革命の論陣をはり、革命後の中国を偽国家と目して孫文らを攻撃した。その傍ら、日森虎雄ら多くの中国通を育てた。著書に満州皇帝に献じた大著「康煕大帝」のほか「支那思想と現代」「現代支那史的考察」「大儒沈子培」など。

新渡戸　仙岳
にとべ・せんがく

新聞記者、岩手毎日新聞社長、教育者、郷土史家、盛岡高等女学校長
[生年月日]安政5年（1858年）8月29日
[没年月日]昭和24年（1949年）9月26日
[出生地]陸奥国盛岡（岩手県盛岡市）　[学歴]岩手師範卒

藩学作人館で皇典や英学を学習し、明治17年に気仙予備校助教授となったのを皮切りに22年盛岡高等小学校校長、33年盛岡高等女学校校長などを歴任、岩手の地域教育発展に貢献。40年に退職したのち新聞界に転出して岩手日報主筆となり、盛岡高等小学校時代の教え子石川啄木に「百回通信」を連載させた。昭和4年岩手

毎日新聞社長に就任。また、岩手の郷土史にも明るく、「岩手県誌」編纂委員長や「南部藩史」編纂委員、岩手県史蹟名勝天然記念物調査委員などを歴任。晩年に所蔵する資料（「新渡戸文書」）を岩手県立図書館に寄贈。

蜷川 新
にながわ・あらた

新聞記者，国際法学者
[生年月日]明治6年（1873年）5月15日
[没年月日]昭和34年（1959年）8月17日
[出生地]静岡　[学歴]東京帝大法学部〔明治34年〕卒　法学博士（東京帝大）〔大正1年〕

大蔵省に勤め明治35年辞職、読売新聞の記者となり、日露戦争に国際法顧問として従軍、以後韓国宮内府勤務。パリ留学後、同志社大学、駒沢大学各教授、日本赤十字社顧問、ジュネーブの赤十字社連盟理事を務め、ベルサイユ、ジュネーブなどの国際会議に列席。戦後公職追放。国際マーク・トウェン協会名誉会員。著書に「日本憲法とグナイスト談話」「列強の外交政策」「ビスマルク」「維新前後の政争と小栗上野の死」「満州における帝国の権利」「天皇」などがある。

二宮 熊次郎
にのみや・くまじろう

新聞記者
[生年月日]慶応1年（1865年）5月10日
[没年月日]大正5年（1916年）12月17日
[出生地]伊予国宇和島（愛媛県宇和島市）　[旧名]尾崎　[別名等]号＝孤松，震堂，画美人楼主人

宇和島藩士の子として生まれる。早くから才覚をあらわし、わずか15歳で藩校明倫館の助教となる。明治16年に上京し、ジャーナリスト末広鉄腸の世話で「朝野新聞」に入社。20年時事通信社に転じるが、21年にはドイツに留学し、政治・経済を修めた。この間、陸軍の元勲山県有朋の知遇を得、25年に帰国後はその斡旋によって内務省嘱託。さらに27年に日清戦争の勃発すると、山県の秘書となって戦地に赴いた。のち言論界に戻り、31年山県の援助で日刊「京華日報」を発行。37年には雑誌「世界」を創刊し、大正5年に没するまでその編集に当たった。

【ぬ】

沼間 守一
ぬま・もりかず

ジャーナリスト，東京府会議長，嚶鳴社主宰
[生年月日]天保14年（1843年）12月2日
[没年月日]明治23年（1890年）5月17日
[出生地]江戸・牛込（東京都新宿区）　[旧名]高梨　[別名等]幼名＝慎次郎，号＝弄花生

安政6年養父に同行して長崎に行き、英語を学ぶ。慶応元年幕府伝習所で洋式兵術を学び、幕臣として戊辰戦争を戦う。維新後、明治5年新政府大蔵省租税寮に入り、まもなく司法省に転じて欧州に派遣される。一年間の滞欧中、民権思想にふれ、帰国後の6年法律講習会を主宰し、11年嚶鳴社と改組。この間、判事、元老院権大書記官を歴任するが、12年辞職。同年「嚶鳴雑誌」を創刊、また「東京横浜毎日新聞」社長、東京府議となる。15年東京府会議長。一方、国会開設・自由民権思想の普及に務め、14年自由党結成に参加したが、15年嚶鳴社を率いて立憲改進党創立に参加し、最左派の領袖となる。

名演説家としても知られる。

沼田 藤次
ぬまた・とうじ

編集者，教育家
[生年月日]明治14年(1881年)10月22日
[没年月日]昭和11年(1936年)1月29日
[出生地]兵庫県神崎郡中寺村(姫路市) [別名等]号＝笠峰 [学歴]国民英学会[明治38年]卒

神戸聚美学館に学ぶ。ついで国民英学会に進み、明治38年卒業して教育学術研究会で藤井健次郎の指導を受け、同文館に入って「教育学術界」「日本の家庭」の編集に当たる。39年博文館に移って「少女世界」の主筆となり笠峰と号した。大正10年辞して以降は頌栄高等女学校で教鞭を執り女子教育に尽力した。

【の】

野口 雨情
のぐち・うじょう

新聞社勤務，詩人
[生年月日]明治15年(1882年)5月29日
[没年月日]昭和20年(1945年)1月27日
[出生地]茨城県多賀郡北中郷村磯原(北茨城市磯原町) [本名]野口英吉(のぐち・えいきち) [別名等]雅号＝北洞 [学歴]東京専門学校(現・早稲田大学)英文科[明治35年]中退 [家族等]長男＝野口存弥(国文学者)，伯父＝野口勝一(代議士)

中学時代から詩作、句作を始め、明治38年日本で初めての創作民謡集「枯草」を刊行。40年三木露風らと早稲田新社を結成。同年北海道に渡り、北鳴新聞、小樽日報社、北海タイムス社、胆振新報社と移り、42年帰郷。その後、郷里で植林事業に専念した後、大正8年から童謡を書き始める。9年上京、キンノツノ社に入社し、「金の船」(のち「金の星」)を中心に、白秋、八十らと近代童謡の基礎をかため、以後も童謡、地方民謡の創作と活躍した。代表作に「船頭小唄」「十五夜お月さん」「七つの子」「青い眼の人形」「波浮の港」「紅屋の娘」などがある。

野口 英夫
のぐち・えいふ

甲府日日新聞社長，山梨県議
[生年月日]安政3年(1856年)9月3日
[没年月日]大正11年(1922年)2月20日
[出身地]阿波国(徳島県) [家族等]二男＝野口二郎(山梨日日新聞社長)，孫＝野口英史(山梨日日新聞社長)

中村正直の同人社に学ぶ。明治12年「甲府日日新聞」主筆となり、13年社長。また18年から山梨県議を4期務め、中央線敷設運動や山梨農工銀行創立などに携わった。

野口 勝一
のぐち・かついち

茨城日日新聞社長，衆院議員(自由党)
[生年月日]嘉永1年(1848年)10月16日
[没年月日]明治38年(1905年)11月23日
[出生地]常陸国多賀郡磯原村(茨城県北茨城市) [別名等]号＝珂北，北厳 [学歴]茨城師範卒 [家族等]叔父＝西丸帯刀(志士)，甥＝野口雨情

水戸藩郷士の長男で、丙辰丸の盟約(破成の約定)を結んだ水戸藩郷士・西丸帯刀は叔父に当たる。自由民権運動から政治の世界に入り、茨城県議・議長を経て、明治25年衆院議員に当選、以来3回当選。茨城新報主筆、茨城日日新聞社長なども務めた。また北厳塾を開き、子弟の教育

に当たる一方、維新資料の収集につとめた。書画をよくし、蝦蟇の絵を得意とした。著書に「桜田始末」「印旛沼開疏論」「征露戦史」など。

野口 竹次郎
のぐち・たけじろう

女子文壇社創業者
[生年月日]慶応3年（1867年）10月14日
[没年月日]不詳
[出生地]越後国長岡（新潟県長岡市）

明治15年ごろから博文館の創業者である大橋佐平が経営していた越佐毎日新聞社の編集局に勤める。20年上京し、博文館に入社。38年独立して女子文壇社を設立し、河井酔茗を編集に迎えて月刊投稿雑誌「女子文壇」を創刊。同誌には竹久夢二らも作品を投稿しており、彼が世に出るきっかけともなった。41年以降は横瀬夜雨が選者に代わり、女流作家の育成に力を注いだが、大正2年に終刊。一方、明治42年からは「少女」（のち「お伽世界」に改題）を発行したほか、単行本の出版も手がけた。

野口 米次郎
のぐち・よねじろう

新聞記者，詩人，慶応義塾大学名誉教授
[生年月日]明治8年（1875年）12月8日
[没年月日]昭和22年（1947年）7月13日
[出生地]愛知県海部郡津島町（津島市） [別名等]別名＝Yone Noguchi [学歴]慶応義塾中退
[家族等]息子＝ノグチ，イサム（彫刻家），甥＝野口進（金城学院大学教授）

明治26年19歳で渡米し、苦学して28年サンフランシスコの日本字新聞記者となる。ポー、ホイットマン、キーツらの詩に親しみ、29年第一詩集「Seen and Unseen」を刊行、以後ヨネ・ノグチの名でアメリカ詩壇で注目される。続いて「The Voice of the Valley」「From the Eastern Sea」を刊行。37年アメリカ新聞の報道員として日露戦争の取材で帰国。同年「帰朝の記」を刊行。38年慶応義塾大学英文科教授に就任し、のち名誉教授。帰国後日本詩を作るようになり「二重国籍者の詩」「林檎一つ落つ」「最後の舞踏」など多くの詩集を刊行したほか「英詩の推移」「ポオ評伝」などの著書もある。

野崎 左文
のざき・さぶん

新聞記者，狂歌師
[生年月日]安政5年（1858年）9月26日
[没年月日]昭和10年（1935年）6月8日
[出生地]土佐国（高知県） [本名]野崎城雄 [別名等]別号＝蟹廼屋，愛蟹子

明治2年藩費生として上京し大学南校、さらに大阪の開成学校に学ぶ。6年鉄道寮の外国技師付き雇員となり、7年工部省の技師になるが、9年仮名垣魯文の門下生となる。13年「仮名読新聞」に関係し、以後明治日報、いろは新聞、東京絵入新聞などの各新聞社を転々とする。のち日本鉄道会社、北海道官設鉄道、九州鉄道会社などを経て鉄道院副参事となる。狂歌の創作、研究で業績を残し、著書に「私の見た明治文壇」（昭和2年）がある。

野沢 藤吉
のざわ・とうきち

新聞記者，新聞記者協会専務理事
[生年月日]明治5年（1872年）9月
[没年月日]昭和11年（1936年）9月30日
[出生地]山梨県 [別名等]号＝枕城

明治35年「横浜新報」を創刊。ついで「布

哇新報」主筆を務める。のち二六新報社に入り、編集局長となる。退社後、新聞記者協会専務理事に就任した。

野間 清治
のま・せいじ

出版人，講談社創業者，報知新聞社長
[生年月日]明治11年（1878年）12月17日
[没年月日]昭和13年（1938年）10月16日
[出生地]群馬県山田郡新宿村（桐生市）　[学歴]群馬師範〔明治33年〕卒，東京帝国大学文科大学臨時教員養成所〔明治37年〕卒　[家族等]妻＝野間左衛（講談社社長），長男＝野間恒（講談社社長），祖父＝森要蔵（剣客），甥＝森寅雄（剣道家）

3人きょうだい（2男1女）の二男で、兄が早世したことから事実上の長男として育つ。母方の祖父は幕末の剣客・森要蔵。明治26年東京に遊学して陸軍幼年学校の試験を受けるが不合格。28年小学校の代用教員を経て、29年群馬県立尋常師範学校に入った。33年卒業して母校の訓導となり、35年東京帝国大学文科大学臨時教員養成所に入学、37年卒業すると沖縄中学教諭、39年沖縄県視学を務め、40年東京帝国大学法科大学首席書記に就任。42年学内の緑会弁論部の発会演説会が開かれたのを機に演説の模範を示す雑誌の発行を思いつき、大日本雄弁会を設立。43年雑誌「雄弁」を創刊。44年講談社を設立して「講談倶楽部」を発刊。以後、大日本雄弁会と講談社の2つの名前を併用したが、大正14年大日本雄弁会講談社と改称。この間、"おもしろくて、ためになる"を謳い、「少年倶楽部」「面白倶楽部」（昭和3年「富士」に改題）「現代」「婦人倶楽部」「少女倶楽部」「キング」「幼年倶楽部」の"九大雑誌"を相次いで創刊。アカデミックな"岩波文化"に対応する、大衆向けの"講談社文化"で一時代を築いた。昭和6年報知新聞の経営に乗り出し全権を握る。読売新聞に対抗し付録作戦などにでた。講談社の伝統精神である善行美談をもって編集面の特色としたが新聞では受け入れらたとは言い難く、報知新聞の経営は好転しなかった。13年入浴中に急性狭心症により急逝。長男・野間恒が事業を継いだが、1ケ月も立たないうちに直腸癌のため30歳で亡くなった。著書に「体験を語る」「栄えゆく道」「私の半生」などがある。

野村 胡堂
のむら・こどう

小説家，音楽評論家
[生年月日]明治15年（1882年）10月15日
[没年月日]昭和38年（1963年）4月14日
[出生地]岩手県紫波郡彦部村　[本名]野村長一（のむら・おさかず）　[別名等]俳号＝薫舟，別名＝野村あらえびす　[学歴]東京帝国大学法科中退　[叙勲]紫綬褒章〔昭和35年〕　[受賞]菊池寛賞（第6回）〔昭和33年〕　[家族等]二女＝松田瓊子（小説家）

明治45年報知新聞社入社、社会部長、文芸部長を歴任。大正2年胡堂名義の処女作を発表。代表作「銭形平次捕物控」は昭和6年4月から32年8月まで書き続けられ、岡本綺堂の傑作「半七捕物帳」としばしば対比される。綺堂が英国型なのに対し、胡堂はアメリカ型のユーモア感覚を持つと言われる。不気味な怪奇譚「奇談クラブ」も代表作の一つ。24年捕物作家クラブ結成以来会長をつとめた。33年菊池寛賞受賞、35年には紫綬褒章を受章。"あらえびす"の別名で音楽評論にも健筆を振るい、名著「名曲決定盤」などがある。38年1億円を投じて財団法人野村学芸財団を設立、育英奨学金や学術研究の助成を図っ

た。平成7年岩手県紫波町に野村胡堂・あらえびす記念館が完成。12年SPレコードのコレクションがCD化され、「あらえびすSP名曲決定盤」(全10枚)として発売される。

野村 治一良
のむら・じいちろう

雑誌編集者，日本海汽船社長
[生年月日]明治8年(1875年)12月23日
[没年月日]昭和40年(1965年)12月7日
[出生地]滋賀県

代々庄屋の家に生まれる。明治27年頃、大阪朝日新聞社入社。同社主筆の高橋健三が主宰する雑誌「二十六世紀」の署名編集人となった。28年「新華族と宮内大臣以下当該官の責任」と題した論文で同誌は発行停止。署名編集人であった野村は起訴され重禁錮1月15日、罰金10円に処せられることとなり大阪堀川監獄で服役した。しかしこの事件を契機に、新聞紙条例から発行停止や禁止条項を除く改正が実現した。野村は後に事件の経緯を「米寿閑話―言論の自由と『二十六世紀事件』」でまとめ公刊した。32年北京通信員。38年大阪商船東洋課長、昭和2年摂津商船を設立。そのほか北日本汽船会長、日本海汽船社長、北海道開発、栗林商会、函館船渠、横浜港運各監査役。日通理事、名村汽船取締役、商船運輸監査役などを歴任。

野村 秀雄
のむら・ひでお

NHK会長，朝日新聞社代表取締役
[生年月日]明治21年(1888年)1月8日
[没年月日]昭和39年(1964年)6月20日
[出生地]広島県三次市 [学歴]早大専門部卒
[叙勲]勲一等瑞宝章〔昭和39年〕 [受賞]新聞文化賞〔昭和38年〕

国民新聞社を経て大正9年朝日新聞社入社。博覧強記で知られ、政治部長時代、取材体制の近代化、政治記事の刷新に成果をあげた。論説委員、経済、東亜部長、ジャワ新聞社長などを歴任。終戦時の役員総辞職の際、代表取締役として残り、事後処理に当たったが、昭和21年退任した。その後、熊本日日新聞社長、国家公安委員などを経て、33年NHK会長に就任した。NHKでは「アカだ」という非難、圧力に抵抗、また暴力番組追放にも力を入れ、殺人場面は避けるよう指示した。「政治部記者だよ」が口ぐせで、38年新聞文化賞を受けた。

野村 文夫
のむら・ふみお

ジャーナリスト，団団社主
[生年月日]天保7年(1836年)4月5日
[没年月日]明治24年(1891年)10月27日
[出生地]安芸国広島(広島県広島市) [別名等]幼名=虎吉，文機，号=雨荘，簾雨，秋野人

安芸広島藩に仕える眼科医・野村正硯の子に生まれ同藩医村田家の養子となる。大坂で緒方洪庵に蘭学・医学を学び、のち長崎で英学を修める。慶応元年(1865年)肥前佐賀藩士石丸虎五郎、馬渡八郎と共に藩命を得ずに英国へ密航、明治元年帰国。藩はこれを罰せず、洋学教授に抜擢した。3年民部省に出仕、内務省五等出仕に進んだ。のち辞官し、10年団団(まるまる)社をおこして、時事を諷刺した雑誌「団団珍聞」、11年「驥尾団子」を創刊。この時、生家野村姓に復した。また15年立憲改進党に入り、のち国民派に転じ、政治に奔走した。著書に「西洋聞見録」「洋語音訳筌」「東西蒙求録」がある。

野依 秀市
のより・ひでいち

出版人，ジャーナリスト，実業之世界社社長，帝都日日新聞社長，衆院議員（自民党）
[生年月日]明治18年（1885年）7月19日
[没年月日]昭和43年（1968年）3月31日
[出生地]大分県下毛郡中津町（中津市）　[別名等]別名＝不屈生，一寸法師，四尺八寸生，芝野山人　[学歴]慶応商業卒

呉服店主の二男。明治36年3度目の出奔で上京、慶応義塾商業夜学校に通った。在学中の38年、同校で知り合った石山賢吉らと三田商業研究会を設立して雑誌「三田商業界」を創刊。出版・ジャーナリズムの世界に足を踏み入れ、広告獲得に才能を発揮して頭角を現した。39年石山と対立して同誌を離れ日本新聞社の広告主任に転じたが、40年退社して「大日本実業評論」を創刊。間もなく同誌を隆文館の「活動之日本」と合併させ同社に移り、41年同誌を「実業倶楽部」に改題。同年三田商業研究会に復帰して社長に就任、「三田商業界」を「実業之世界」に改題した。同誌の他に「女の世界」「世の中」「探偵雑誌」「野依雑誌」などの雑誌を創刊。この間、東京電灯の料金値下げ問題にからむ恐喝罪などでたびたび入獄し、獄中で浄土真宗に帰依したことから「真宗の世界」「ルンビニ」「仏教思想」といった仏教雑誌も出した。昭和7年には日刊紙「帝都日日新聞」を創刊。売文社の堺利彦や大杉栄、荒畑寒村、また白柳秀湖、安成貞雄らを執筆陣に起用。社会悪とみなした相手に対して言論攻撃を加える"敵本意主義の喧嘩ジャーナリズム"を特徴とし、大正・昭和期のジャーナリズムにおいて独自の地位を築いた。太平洋戦争下では東条英機内閣を攻撃し、19年「帝都日日新聞」は廃刊に追い込まれた。大正13年衆院選に立候補して以来、政界にも進出を図り、昭和7年大分1区から衆院議員に初当選。戦後は公職追放解除後に再び衆院議員となったが、33年落選。通算2期。同年「帝都日日新聞」を復刊、深沢七郎の「風流夢譚」問題をめぐって中央公論社を攻撃、話題となった。著書に「宗教と社会主義と資本主義」「印度仏教史講話」などがある。

乗竹 孝太郎
のりたけ・こうたろう

経済評論家，東京経済雑誌社社長
[生年月日]万延1年（1860年）8月15日
[没年月日]明治42年（1909年）1月5日
[出生地]但馬国出石（兵庫県豊岡市）　[別名等]号＝粛堂

16歳で上京し、尺振八の共立学舎で英語を学び、修業後同塾助教となる。明治12年田口卯吉の東京経済雑誌社の創立に参加し、「東京経済雑誌」の編集や欧米雑誌の翻訳に当たる。また嚶鳴社に入って民権論を提唱した。21年から横浜正金銀行に勤務したが、38年田口の死により東京経済雑誌社社長に就任、さかんに自由貿易論を主張した。著書に「粛堂遺稿」（全4巻）、訳書にスペンサー「社会学原理」など。

【は】

萩谷 籌夫
はぎたに・かずお

新聞記者，朝鮮新聞社社長，俳人
[生年月日]明治2年（1869年）10月9日
[没年月日]昭和10年（1935年）9月27日

[出身地]常陸国（茨城県） [別名等]号＝成村

「下野新聞」「いはらき新聞」記者などを経て、明治32年「朝鮮新報」に入社。41年「朝鮮タイムス」と合併して「朝鮮新聞」を創立、社長に就任。俳人としても知られた。

橋爪 貫一
はしずめ・かんいち

新聞記者
[生年月日]文政3年（1820年）
[没年月日]明治17年（1884年）9月5日
[別名等]号＝松園、松廼屋

幕臣。幼少時に父を失う。幕末期、幕府の軍艦役並見習として活躍。幕府崩壊ののち慶応4年（1868年）に「内外新報」を発刊して以来、新聞人として活動し、「公私雑報」「日々新聞」「開智新報」「東京新報」などの編集に当たった。また開明的な思想家・著述家として知られ、明治4年に「世界商売往来」を著してエプロンやリボン・チョコレートなど西洋の文物を紹介。化学や英学・諸機械の製造法にも通じ、6年には東京・小石川に東京健全社を設立し、身体の健康保護を目的に日本で初となるスープの販売を行っている。編著は他に、「開智新編」「童蒙手引草」「洋算独学」「英語往来」などがある。

橋戸 頑鉄
はしど・がんてつ

新聞記者，野球選手，早稲田大学野球部初代主将，毎日新聞記者
[生年月日]明治12年（1879年）3月10日
[没年月日]昭和11年（1936年）3月23日
[出生地]東京府芝区金杉（現・東京都港区）
[本名]橋戸信（はしど・まこと） [学歴]早稲田大学卒

青山学院中等部在学中から野球で活躍し、明治34年早大に入学、翌年野球部を創設し、初代主将をつとめた。遊撃手で強打を誇り、"無敵早稲田"の名をとどろかせ、38年には初のアメリカ遠征を実現した。大学卒業後は「万朝報」「大阪朝日新聞」「東京日日新聞」などの記者として、都市対抗野球などに健筆を振った。昭和11年彼を顕彰するために全国都市対抗野球大会の最高殊勲選手に与えられる橋戸賞が制定された。34年特別表彰として野球殿堂入り。著書に「最新野球術」がある。

橋本 恵子
はしもと・けいこ

新聞記者
[生年月日]明治26年（1893年）3月10日
[没年月日]昭和28年（1953年）9月13日
[出生地]千葉県印旛郡酒々井村（酒々井町）
[旧名]加瀬 [学歴]千葉高等女学校卒

在学中から短歌を嗜み、「明星」などに投稿を行う。同校を卒業後は千葉県内の小学校で訓導を務めた。大正1年橋本貞藤と結婚。1男1女を産むが、夫が自動車輸入業に成功し、家庭を顧みぬようになったため、関東大震災後に二人の子を連れて実家に帰った。その後、自立のために14年「日刊千葉」に入社。以後、婦人記者として活躍し、昭和5年には「千葉日々新聞」に移籍、さらに7年に発足された県政記者会に所属し、さかんに千葉県政を論じた。15年には「千葉新報」創刊と共に入社し、記者から編集に転じるが、19年に退社して引退した。

箸本 太吉
はしもと・たきち

新聞記者，衆院議員（日本自由党）

[生年月日]明治25年(1892年)7月
[没年月日]昭和36年(1961年)7月25日
[出身地]石川県　[学歴]日本大学政治科

中外商業新報社政治部記者を経て、万朝報社常務、専務兼主筆を務めた。昭和3年衆議院議員に当選。以来5選される。14年平沼内閣の外務参与官、外務省委員に就任。また、日本大学総長秘書、日本加工紙工業会会長、大倉電気取締役もつとめた。

橋本 富三郎
はしもと・とみさぶろう

合同新聞社長, 岡山市長
[生年月日]明治19年(1886年)6月8日
[没年月日]昭和30年(1955年)5月3日
[出身地]滋賀県　[別名等]号＝魚青　[学歴]早稲田大学卒

大正3年倉敷紡績に入社。倉敷・岡山などの工場長を歴任。昭和14年合同新聞社長、20年岡山市長となる。松瀬青々に師事して俳句・俳画を学び、死後「魚青句鈔」が出版された。

長谷川 了
はせがわ・さとる

九州日報主幹, 外交評論家, 日本大学名誉教授
[生年月日]明治29年(1896年)
[没年月日]昭和44年(1969年)2月18日
[学歴]法学博士

やまと新聞政治部長、九州日報主幹を経て、昭和23年日本大学法学部教授に就任。著書に「新聞学に関する諸問題」など。

長谷川 伸
はせがわ・しん

新聞記者, 小説家, 劇作家
[生年月日]明治17年(1884年)3月15日
[没年月日]昭和38年(1963年)6月11日
[出生地]神奈川県横浜市太田日の出町　[本名]長谷川伸二郎, のち伸　[別名等]別筆名＝山野芋作, 長谷川芋生, 浜の里人　[受賞]菊池寛賞〔昭和31年〕, 朝日文化賞(昭和36年度)〔昭和37年〕　[家族等]義弟＝三谷隆正(教育家), 三谷隆信(昭和天皇侍従長)

小学校中退後、小僧、土方、石工などをし、その間に文学の勉強をする。以後、内外商事週報、ジャパン・ガゼットなどの臨時雇い記者を務め、明治42年横浜毎朝新聞を経て、44年都新聞に移り、「都新聞」紙上に「横浜音頭」などを発表。大正11年「サンデー毎日」に「天正殺人鬼」他短編を発表。13年発表の「作手伝五左衛門」以降、長谷川伸の筆名を使う。同年発表の「夜もすがら検校」が出世作となり、14年都新聞を退社して作家活動に入る。以後、「沓掛時次郎」(昭3年)、「瞼の母」(5年)、「一本刀土俵入」(6年)など股旅物の戯曲や「紅蝙蝠」(5〜6年)、「刺青判官」(8年)などの時代小説で一時代を画す。とくに股旅物は沢田正二郎の舞台上演や映画化で人気を博した。やがて史実を尊重した歴史小説へと傾倒し、「荒木又右衛門」(11〜12年)や「相楽総三とその同志」(15〜16年)などを発表。戦後はさらに徹底した史伝体の「日本捕虜志」(24〜25年)を書き、31年同書および多年の文学活動で菊池寛賞を受賞、37年には多年にわたる演劇界への貢献で朝日文化賞を受賞した。また戦前から二十六日会、新鷹会など研究会を自宅で開き、山手樹一郎、山岡荘八、村上元三ら多くの後進を育てた。「長谷川伸全集」(全16巻、朝日新聞社)がある。遺志により財団法人・新鷹会と長谷川伸賞が設立された。

長谷川　淑夫
はせがわ・としお

函館新聞社長
[生年月日]明治4年(1871年)10月24日
[没年月日]昭和17年(1942年)
[出生地]新潟県佐渡郡奥野村　[別名等]号＝楽天、世民　[家族等]息子＝長谷川海太郎(作家)、長谷川潾二郎(画家)、長谷川濬(ロシア文学者)、長谷川四郎(作家)

江戸金座の家柄で代々佐渡金山の役人。本籍は日本橋。東京に遊学、帰郷して佐渡新聞で健筆を振るう。明治35年函館に移住、北海新聞主筆。44年官僚政治打破の筆禍で新聞発行停止、投獄。出獄後、函館新聞を創刊、主筆、のち社長。

長谷川　如是閑
はせがわ・にょぜかん

新聞記者，評論家，ジャーナリスト，思想家
[生年月日]明治8年(1875年)11月30日
[没年月日]昭和44年(1969年)11月11日
[出生地]東京・深川扇町(現・東京都江東区)
[本名]長谷川万治郎(はせがわ・まんじろう)
[旧名]山本　[別名等]別号＝胡恋、胡蓮、如是閑叟　[学歴]東京法学院(現・中央大学)邦語法学科〔明治31年〕卒　[資格]帝国芸術院会員〔昭和22年〕　[叙勲]文化勲章〔昭和23年〕　[受賞]文化功労者〔昭和26年〕、東京都名誉都民〔昭和29年〕　[家族等]父＝山本金蔵(浅草花屋敷創設者)、兄＝山本笑月(ジャーナリスト)、弟＝大野静方(画家)

木場の生まれ、生家は材木商。9歳で曽祖母の養子となり長谷川姓に。中央大学の前身東京法学院在学中に結核をわずらい、その間、新聞「日本」に投稿、社長の陸羯南に投稿を認められる。明治35年日本新聞社に入ったが、4年後、社内紛争のため三宅雪嶺らとともに退社。40年から雑誌「日本及日本人」同人として小説を中心に寄稿。41年鳥居素川に迎えられ大阪朝日新聞社に入り「天声人語」や小説、紀行で自由主義評論家として知られた。大正3年社会課長、5年部長に就任。余りにも多忙な彼を見かねた友人が"是クノ如ク閑ナリ"の筆名を贈った。池辺三山、大山郁夫らと寺内毅内閣を非立憲内閣と批判し憲政擁護運動を支持したが、7年の米騒動の際、白虹筆禍事件で鳥居、大山らと退社。翌年大山らと雑誌「我等」を創刊、後「批判」と改題。9年の東大森戸事件では、大学の自治、言論の自由を主張。昭和7年出版した「日本ファシズム批判」は発禁処分を受けたが、治安維持法下、満州事変勃発の厳しい政治状況の中で、一貫して国家主義思想を批判、民主・反専制の論陣を張った。「批判」終刊後は読売新聞で「一日一題」を執筆。10年には日本ペン倶楽部の創立に参画。このころから日本文化研究に専念。11年「本居宣長集」を編集解題、13年「日本的性格」を刊行した。戦後は21年勅選貴院議員、22年帝国芸術院会員、23年文化勲章受章、26年文化功労者に指定され、29年東京都名誉都民に推された。著書は他に「現代国家批判」「現代社会批判」「ある心の自叙伝」などのほか、「長谷川如是閑選集」(全8巻、栗田出版社)、「長谷川如是閑集」(全8巻)がある。

長谷川　義雄
はせがわ・よしお

西鮮日日新聞創立者
[生年月日]明治6年(1873年)8月8日
[没年月日]昭和5年(1930年)1月23日
[出生地]熊本山崎町　[別名等]号＝華汀

明治から昭和に亘る朝鮮における新聞経営者。

羽田 浪之紹
はだ・なみのじょう

新聞記者
[生年月日]明治3年(1870年)
[没年月日]大正6年(1917年)7月5日
[出身地]越後国(新潟県) [学歴]同志社卒

竹越与三郎の下で雑誌「世界之日本」編集に従事。明治30年大阪毎日新聞社に入社。のち「東京日日新聞」編集主幹を務めた。

波多野 秋子
はたの・あきこ

編集者
[生年月日]明治27年(1894年)
[没年月日]大正12年(1923年)6月9日
[学歴]実践女学校〔大正1年〕卒,青山学院専門部〔大正7年〕卒

母は新橋芸者、実父は実業家・林謙吉郎といわれる。実践女学校卒業後の大正2年、英語塾講師の波多野春房と結婚。才色兼備で、青山学院専門部に学ぶ傍ら婦人問題や社会生活に関する論文を執筆、6年「国民新聞」懸賞論文に当選した。7年高嶋米峰の紹介で中央公論社に入社、「婦人公論」記者として芥川龍之介や田山花袋らに原稿を書かせるなど敏腕女性記者として活躍した。やがて有島武郎と知り合い恋愛、それが夫に知られたことがきっかけとなり、12年6月軽井沢の有島の別荘で共に心中(縊死)。遺体は7月に発見された。

波多野 乾一
はたの・けんいち

新聞記者,ジャーナリスト,中国研究家
[生年月日]明治23年(1890年)12月23日
[没年月日]昭和38年(1963年)12月29日
[出生地]大分県 [別名等]筆名=榛原茂樹 [学歴]東亜同文書院政治科〔大正1年〕卒

大正2年大阪朝日新聞社に入社。大阪毎日新聞北京特派員、北京新聞主幹、時事新報北京特派員など中国専門記者として活躍。昭和7年外務省嘱託。戦後サンケイ新聞論説委員。著書に「中国共産党史」(全7巻)、「現代支那の政治と人物」「支那の政党」「支那劇大観」などがある。

波多野 承五郎
はたの・しょうごろう

新聞記者,実業家,朝野新聞社長,衆院議員
[生年月日]安政1年(1854年)11月27日
[没年月日]昭和4年(1929年)9月16日
[出生地]遠江国掛川(静岡県掛川市) [学歴]慶応義塾大学〔明治9年〕卒

慶応義塾大学教授を経て、明治15年東京市議となる。のち「郵便報知」「時事新報」記者となったが間もなく外務省に入り、天津領事、外務書記官などを務めた。28年外務省を退職、朝野新聞を買収して社長兼主筆となった。のち三井銀行に入り取締役に就任、以後王子製紙、東神倉庫、北海道炭砿汽船など三井系の会社の重役を兼ねた。この間、大正9年から衆院議員を1期務めた。

波多野 伝三郎
はたの・でんざぶろう

新聞記者,実業家,衆院議員(憲政本党),福井県知事
[生年月日]安政3年(1856年)8月22日
[没年月日]明治40年(1907年)2月13日
[出生地]越後国長岡(新潟県長岡市) [別名等]幼名=友弥 [学歴]共立学舎

明治4年波多野家を嗣ぐ。7年上京し、共

立学舎に学び、のち同舎で教鞭をとり、12年舎長となる。同年嚶鳴社に加入。13年共立学舎を退き文部省に入省するが翌年辞職。同年「東京横浜毎日新聞」社員となり、政治・言論活動に入る。15年立憲改進党結成に参加。19年まで「東京横浜毎日新聞」に在社。21年新潟県議に当選したが、22年に再び同新聞の記者になった。24年以来衆院議員に当選5回。この間、30年第2次松方内閣の下で福井県知事に任命される（31年辞職）。また石油会社役員など実業界でも活躍した。

服部 敬吉
はっとり・けいきち

新聞記者，山形新聞社長
[生年月日]不詳
[没年月日]昭和27年（1952年）12月1日

明治5年、15歳の時、新潟に出て新聞記者を志す。しかし若年ということで記者としては採用されず。活版工として働きながら夜学に通って勉強した。その後、仙台東北日報（河北新報の前身）の記者となる。改進党県支部機関誌山形口報に入り健筆をふるった。山形自由新聞に移り、主筆、編集部長、営業部長となった。

服部 徹
はっとり・てつ

新聞記者，南洋探検家
[生年月日]不詳
[没年月日]明治41年（1908年）5月24日
[出身地]高知県　[別名等]号＝図南

明治24年伊豆七島を踏破して、植物学に関する本を著す。南洋スマトラを探険して植物採集を行ったのち、東亜貿易新聞主筆として釜山に渡る。明治41年大阪日報の記者として香港から瓜哇に向かう途中、誤って河舫より墜死した。

服部 撫松
はっとり・ぶしょう

江湖新報創立者，戯文家，ジャーナリスト
[生年月日]天保12年（1841年）2月15日
[没年月日]明治41年（1908年）8月15日
[出身地]陸奥国安達郡岳下村（福島県二本松市）　[本名]服部誠一（はっとり・せいいち）

文久年間に江戸に出、湯島聖堂で学ぶ。明治2年二本松藩の儒官に任じられるが、間もなく上京し廃藩と共に家塾を開く。7年「東京新繁昌記」初編を刊行。9年九春社をおこし漢文戯作雑誌「東京新誌」を創刊。また「広易問答新報」「中外広問新報」「江湖新報」など政論新聞を創刊。雑誌の面でも「春野草紙」などを創刊。そのかたわら「東京新繁盛記」を14年にかけて全7編で完成させた。他の著書に「第二世無想兵衛胡蝶物語」「東京 柳巷新誌」「二十三年国会未来記」などがある。

花岡 敏隆
はなおか・としたか

ジャーナリスト，「エコノミスト」編集長
[生年月日]明治12年（1879年）6月12日
[没年月日]大正15年（1926年）5月23日
[出身地]徳島県　[学歴]慶応義塾卒

大阪毎日新聞社に入り、京都、神戸支局長を経て、大正11年東京日日新聞社経済部長。14年「エコノミスト」編集長。

花笠 文京（2代目）
はながさ・ぶんきょう

新聞記者，戯作者
[生年月日]安政4年（1857年）
[没年月日]大正15年（1926年）
[出生地]江戸　[本名]渡辺義方　[別名等]別号＝

湾白童子．文京舎文京

仮名垣魯文門下で、「いろは新聞」「絵入自由新聞」などの新聞記者だったがのちに実業界に転じた。代表作に広沢参議暗殺事件に取材した「名広沢辺萍」、毒婦ものの「冬児立闇鵐」、芸者ものの「金花胡蝶幻」がある。

花園　兼定
はなぞの・かねさだ

新聞記者，英語学者
[生年月日]明治19年（1886年）2月13日
[没年月日]昭和19年（1944年）12月2日
[出生地]東京・浅草　[別名等]号＝緑人　[学歴]早稲田大学英文科〔明治43年〕卒

「ジャパン・タイムス」「ヘラルド・オヴ・エシア」などの記者を経て、大正8年東京日日新聞に入社。ニューヨーク特派員として活躍後、約3年間「英文毎日」の編集に携わる。昭和3年より早稲田高等学院講師、早大高等師範部講師を兼任。著書に「日本の新聞とその先駆者」「異人の言葉」「洋学百花」などがある。

花田　比露思
はなだ・ひろし

新聞記者，ジャーナリスト，別府大学学長，大分大学学長，福岡商科大学学長，歌人
[生年月日]明治15年（1882年）3月11日
[没年月日]昭和42年（1967年）7月26日
[出生地]福岡県朝倉郡安川村（朝倉市）　[本名]花田大五郎（はなだ・だいごろう）　[学歴]京都帝国大学法科大学〔明治41年〕卒

大阪朝日新聞に入り調査部長兼論説委員として、時の寺内内閣を攻撃したが、大正7年の米騒動にからんだ白虹筆禍事件で連帯責任を取って辞任。のち大正日日新聞、読売新聞などに勤め、13年京都帝国大学学生監に招かれた。その後、和歌山高商校長をはじめ、福岡商科大学、大分大学、別府大学各学長を歴任、教育界に貢献した。大正4年には歌誌「潮騒」（10年に「あけび」と改題）を主宰し歌人として活躍。歌集に「さんげ」、歌論集に「歌に就ての考察」「万葉集私解」など。

羽仁　もと子
はに・もとこ

新聞記者，教育家，自由学園創立者
[生年月日]明治6年（1873年）9月8日
[没年月日]昭和32年（1957年）4月7日
[出生地]青森県三戸郡八戸町（八戸市）　[旧名]松岡　[学歴]東京府立第一高女〔明治24年〕卒，明治女学校高等科卒　[家族等]夫＝羽仁吉一（自由学園創設者），娘＝羽仁説子（評論家），羽仁恵子（自由学園園長），孫＝羽仁進（映画監督），羽仁協子（コダーイ芸術教育研究所所長），女婿＝羽仁五郎（歴史学者），曽孫＝羽仁未央（映画監督・エッセイスト）

明治22年上京、新設の東京府立第一高等女学校に入学。在学中の23年、築地明石町教会で洗礼を受ける。24年同校を卒業して明治女学校高等科に学んだ。郷里の小学校や盛岡女学校で教鞭を執った後、31年報知新聞社で婦人記者第1号として活躍。34年同じ報知新聞記者であった7歳下の羽仁吉一と結婚・退社。36年夫婦で協力して「家庭之友」（当初は内外出版協会から刊行）を創刊。37年には家計簿を創案し出版した他、39年「家庭女学講義」、40年「青年之友」など家庭向けの雑誌を編集した。41年「家庭之友」を「婦人之友」に改め、42年婦人之友社を設立。以降はその経営と編集に専念し、大正3年「子供之友」、4年「新少女」（9年「まなびの友」に改称）など少女向けの雑誌も刊行した。10年長女・説子が小学校を終えたのを機に「婦人之友」の主張を実現す

る場として、夫と自由学園を創立。学校には一人の雇人もおかず、子どもたち自らが知識・技術・信仰を自発的に身につけるという生活中心のユニークな教育を実践的に追求し、昭和2年小学校、10年男子部、13年北京生活学校を開設するなど、学校の規模を徐々に拡大した。戦後は24年に男子最高学部、25年女子最高学部を開き、文部省の基準によらない独自の総合的な学園構想実現へ努力した。

羽仁 吉一
はに・よしかず

新聞編集者，教育家，出版人，自由学園創立者，婦人之友社創業者
[生年月日]明治13年（1880年）5月1日
[没年月日]昭和30年（1955年）10月26日
[出生地]山口県佐波郡三田尻村（防府市）　[学歴]周陽学舎〔明治26年〕中退　[家族等]妻＝羽仁もと子（自由学園創立者），娘＝羽仁説子（評論家），羽仁恵子（自由学園園長），孫＝羽仁進（映画監督），羽仁協子（コダーイ芸術教育研究所所長）

漢学塾の周陽学舎を中退後、「防府実業新聞」の編集に従事。明治30年上京して矢野龍渓の書生となり、33年報知新聞社に入社、34年同紙編集長。同年日本初の婦人記者・松岡もと子と結婚。間もなく報知新聞社を退社し新潟の「高田新聞」主筆に転じるが、35年には東京に戻った。36年夫婦協力して雑誌「家庭之友」を創刊（当初は内外出版協会から刊行）、その後も39年「家庭女学講義」、40年「青年之友」など家庭向けの雑誌を編集。一方で、36年「電報新聞」を発刊（39年「毎日電報」に改題）、政治部長となった。41年「家庭之友」を「婦人之友」に改め、42年婦人之友社を設立。以降は社主として経営と編集に専念し、大正3年「子供之友」、4年「新少女」（9年「まなびの友」に改題）など少女向けの雑誌も刊行した。10年「婦人之友」の主張を実現する場として妻と自由学園を創立、生涯教育・社会教育分野でも先駆的役割を果たし、昭和2年小学校、10年男子部、13年北京生活学校、24年男子最高学部、25年女子最高学部を開設と学校の規模を徐々に拡大した。

馬場 辰猪
ばば・たつい

ジャーナリスト，自由民権家
[生年月日]嘉永3年（1850年）5月15日
[没年月日]明治21年（1888年）11月1日
[出生地]土佐国高知城下中島町（高知県）　[学歴]慶応義塾　[家族等]弟＝馬場孤蝶（評論家）

慶応義塾で経済学を専攻。明治3年と8年と2回に渡って渡英し、法律研究のかたわら英文で「日本語文典」「日英条約改正論」などを刊行。11年帰国し、小野梓の共存同衆、14年国友会に所属して自由民権運動に参加し、同年自由党に入党。「朝野新聞」「自由新聞」紙上で論陣を張った。共存同衆の機関誌「共存雑誌」には多くの演説筆記の掲載がある。15年「天賦人権論」を刊行し、加藤弘之の"人権新説"を批判。この間訴訟鑑定所を開いて法律実務に従事し、明治義塾で教鞭を執る。板垣退助と対立し16年自由党を脱党。18年爆発物取締規則違反容疑で逮捕され、約6ケ月の入獄を経て裁判で無罪。翌年釈放後渡米。新聞に「日本人監獄論」などを執筆して藩閥政府批判を続けたが、フィラデルフィアで客死した。他の著書に「条約改正論」「雄弁法」、「馬場辰猪全集」（全4巻，岩波書店）など。

馬場 恒吾
ばば・つねご

ジャーナリスト，政治評論家，読売新聞社社長，日本新聞協会会長
[生年月日]明治8年（1875年）7月13日
[没年月日]昭和31年（1956年）4月5日
[出生地]岡山県邑久郡牛窓町長浜（瀬戸内市）
[学歴]東京専門学校（現・早大）英語政治科〔明治33年〕中退 [受賞]新聞文化賞（第1回）〔昭和26年〕，新聞人顕彰〔昭和35年〕

明治33年ジャパン・タイムス社入社。42年渡米して「オリエンタル・レビュー」という日本紹介の英文雑誌を刊行したが続かず、大正2年帰国、ジャパン・タイムスに戻り編集長。翌年徳富蘇峰の国民新聞社に転じ、外報部長、編集局長、政治部長、理事を歴任。その間、パリ講和会議に特派員として随行。13年退社、社会大衆党顧問として普選運動、無産運動に参加。新聞、「中央公論」「改造」などに政治評論、人物論を書き、リベラルな論陣を張った。戦争中一時執筆を禁止されたが、節を曲げなかった。昭和20年正力松太郎社長がA級戦犯で退社後の読売新聞社長に迎えられ、読売争議の解決に当たった。26年社長を辞任、顧問となる。24～26年日本新聞協会会長を務め、26年第1回新聞文化賞を受けた。著書に「現代人物評論」「議会政治論」「自伝点描」など。

土生 彰
はぶ・あきら

新聞記者，衆院議員（民政党），武生町（福井県）町長
[生年月日]元治1年（1864年）2月22日
[没年月日]昭和18年（1943年）7月20日
[出生地]越前国（福井県） [学歴]福井師範卒

富山日報、福井新報、日刊新聞「福井」、若越新聞の各主筆を経て、明治32年福井新聞に入り主筆を務める。コラム「福井余滴」で知られた。一方、福井県武生町長、福井県地方教育会議議員、福井市議などを経て、44年福井県議となり、以後通算16年間在職した。この間、大正13年衆院議員（民政党）に当選1回。

浜岡 光哲
はまおか・こうてつ

京都日出新聞社長，衆院議員
[生年月日]嘉永6年（1853年）5月29日
[没年月日]昭和11年（1936年）12月6日
[出生地]山城国（京都府）嵯峨村（京都市） [旧名]福原 [別名等]幼名＝他千代 [叙勲]勲四等瑞宝章〔大正5年〕、勲三等瑞宝章〔昭和3年〕 [家族等]長男＝浜岡達郎、孫＝浜岡雄一（東都銀行取締役）、浜岡晋（日本ホッケー協会副会長）、従兄＝田中源太郎（実業家・政治家）、女婿＝浜岡五雄（日本銀行理事）

南朝方に仕えた公卿・日野家の子孫で、代々京都の大覚寺で坊官を務めた。5人きょうだい（3男2女）の三男。生家は野路井家だが、故あって福原姓を名のった。安政5年（1858年）父を亡くし、母より漢籍の素読を授けられ、野口左門に詩文を習う。明治元年院承任御経蔵所・浜岡家の養嗣子となった。7年より山本覚馬に親炙。10年浜岡家先代と親交のあった岩倉具視に謁見、岩倉より皇室東下後の京都の振興を頼まれ、これに尽くすことを決意した。11年村上作夫の創設した漢学塾・叡麓学舎を同舎の行っていた印刷業ごと継承、出版していた商事迅報も継続したが、時勢もあって漢学塾は流行らず解散し、商事迅報も廃刊した。12年京都新報を創刊、同年京都滋賀新報、13年中外電報と改題。18年姉妹紙である京都日出新聞を創刊、22年中外電報を廃刊して京

日出新聞社長に就任。一方、15年京都商工会議所創設に参画して副会長、17年会長。23年京都商業会議所設立に際して会頭。昭和3年商業会議所の商工会議所改称に伴い辞任。明治19年京都商工銀行、27年京都鉄道、大正11年京都火災の設立に際して初代頭取・社長を務めるなど、京都実業界で重きをなした。また、22年京都市議、23年第1回総選挙に立候補して衆院議員に当選。通算3期。20～21年海外を視察した折には、ローマ法王やブラジル国王に謁見した。大正12年発明協会会長。

浜田 長策
はまだ・ちょうさく

新聞記者, 実業家
[生年月日]明治5年（1872年）11月2日
[没年月日]大正15年（1926年）10月31日
[出生地]兵庫県三原郡松帆村（南あわじ市）
[学歴]慶応義塾〔明治26年〕卒

明治26年慶応義塾を卒業して「神戸新聞」「時事新報」などに筆を執ったが、のち実業界に転じ日本樟脳支配人を経て、千代田生命保険専務となる。大正11年政府の嘱託として欧米に出張し保険事業の調査・研究を行い、帰国後、保険業界に大いに貢献した。

浜本 浩
はまもと・ひろし

新聞記者, 小説家
[生年月日]明治24年（1891年）4月20日
[没年月日]昭和34年（1959年）3月12日
[出生地]愛媛県 [出身地]高知県高知市 [学歴]同志社中学部〔明治42年〕中退 [受賞]新潮社文芸賞（第1回）〔昭和13年〕「浅草の灯」

博文館に入るが、のち南信日日新聞、信濃毎日新聞、高知新聞の記者を歴任し、大正8年改造社京都支局長になる。昭和7年改造社を辞して作家活動に入り、「十二階下の少年達」「浅草の灯」などを発表。戦時中は海軍報道隊員としてラバウルなどに従軍した。

林 儀作
はやし・ぎさく

新聞記者, 実業家, 衆院議員（政友会）
[生年月日]明治16年（1883年）2月
[没年月日]昭和10年（1935年）1月20日
[出生地]新潟県佐渡郡相川町（佐渡市） [出身地]北海道 [別名等]号＝濁川

「北海新聞」「函館新聞」の記者・編集長を経て、大正7年「函館日日新聞」創刊に加わり、理事・主筆となる。号は濁川。更に東洋印刷社長、函館共働宿泊所理事長、私立の函館東部職業紹介所長などを務め、また北海道議、函館市議に選ばれた。昭和7年北海道から衆院議員（政友会）に当選1回。

早嶋 喜一
はやしま・きいち

新聞記者, 旭屋書店創業者, 産業経済新聞社長
[生年月日]明治33年（1900年）12月28日
[没年月日]昭和41年（1966年）2月4日
[出生地]岡山県苫田郡高田村（津山市） [学歴]津山中（旧制）〔大正8年〕中退, 早稲田大学中退 [家族等]長男＝早嶋健（旭屋書店社長）, 孫＝早嶋茂（旭屋書店社長）

大正8年津山中学を卒業して上京、早稲田大学に学ぶが中退。京染めの店員や筆箱の行商などを経て、24歳で南大阪新聞社に入社。新聞料金の集金や広告取りをしていたが文才が認められて取材記者に転身、専務を経て、産経新聞初代社長。昭和21年大阪駅前に旭屋書店を開く。旧来

の商習慣にとらわれず合理的革新的な本屋経営を実践。船場の商人教育を書店業に取入れて人材を養成、仕入部門の強化によって大型店舗の全国展開を図るなどして業績を拡大した。41年2月羽田沖の全日空機墜落事故で死去。また、55歳を過ぎて油絵を描きはじめ、38年二科展に初入選。40年二科展特選となり無鑑査となった。

早速 整爾
はやみ・せいじ

芸備日日新聞経営者，蔵相，農相，衆院議員（憲政会）
[生月日]明治1年（1868年）10月2日
[没月日]大正15年（1926年）9月13日
[出生地]安芸国沼田郡新荘村（広島県三篠村）
[旧名]中山　[学歴]東京専門学校（現・早稲田大学）政治科卒　[叙勲]勲一等

埼玉英和学校教師、博文館勤務後、明治22年芸備日日新聞に入社、社主早速家の養子となり、また主筆ともなり、のち経営に携わる。かたわら広島市会議長、広島商業会議所会頭、広島電燈、山口瓦斯、日清燐寸などの重役を兼任。35年以来衆院議員当選8回、その間花井卓蔵らと又新会、中正会を組織、のち憲政会領袖となり、大正4年衆院副議長、14年第2次加藤内閣農相、15年第1次若槻内閣の蔵相・農相を務めた。

原 澄治
はら・すみじ

中国民報社主，社会事業家，倉敷紡績取締役
[生月日]明治11年（1878年）7月23日
[没月日]昭和43年（1968年）1月4日
[出生地]岡山県児島郡藤戸村（倉敷市）　[旧名]星島　[学歴]早稲田大学政治経済科〔明治36年〕卒　[叙勲]藍綬褒章〔昭和39年〕　[受賞]倉敷市名誉市民〔昭和35年〕

中外商業新報記者となり、のち経済部長を務める。明治40年倉敷紡績に入社、42年倉敷町の原長と結婚し原家を継ぐ。大正4年取締役に就任し社長・大原孫三郎の側近として補佐すると共に、昭和20年辞任するまで系列の奨農土地会長、倉敷絹織取締役、中国信託社長、岡山合同貯蓄銀行頭取、中国銀行取締役などを兼任する。一方、大正2年大原が坂本金弥から買収した中国民報（山陽新聞の前身）社主に就任、7年四国民報の初代社主も兼務した。また明治45年から郡議、町議を務め、大正7～13年名誉倉敷町長に就任、水道敷設を完成させる。12年蔵書を寄贈し倉敷図書館を設立、15年私財を投じて倉敷天文台を創設、名誉台長となる。他方、6年岡山県済世顧問制度最初の済世顧問となり、貧困者救済に尽力。8年自費で倉敷人事相談所や倉敷職業紹介所を設置し自ら所長を務めたほか、14年倉敷町済世会を創設し会長となり地域福祉の向上にも努めた。ほかに岡山県農業会初代会長、県海外移住組合理事長、倉敷市教育会長、倉敷市文化連盟会長、県公安委員長など数多くの要職を歴任。政財界・文化・教育・福祉など多方面に功績を残した。著書に「彰邦百話」「続彰邦百話」がある。

原 敬
はら・たかし

大阪毎日新聞社長，首相，政友会総裁，外務次官
[生月日]安政3年（1856年）2月9日
[没月日]大正10年（1921年）11月4日
[出生地]陸奥国本宮村（岩手県盛岡市）　[別名等]号＝一山、逸山　[学歴]司法省法学校〔明治12年〕中退

陸奥南部藩の上士の二男。明治5年藩が東

京に設立した共慣義塾を中退して神学校に入り、6年受洗。7年新潟に移り、エブラル神父の学僕となってフランス語を修めた。8年分家したため平民となり、再度上京して箕作秋坪の三叉学舎を経て、9年司法省法学校に入学するが、12年賄征伐から端を発した薩摩出身の校長排斥運動を主唱したかどで同窓の陸羯南、福本日南、国分青厓、加藤拓川らと退学処分を受けた。同年中井弘の推薦で「郵便報知新聞」に入社し、フランス新聞の翻訳や評論を担当するも、15年矢野龍渓の社長就任に伴い退社。同年立憲帝政党系の「大東日報」に移るが間もなく退社し、井上馨の知遇を得て外務省御用掛となって官界入り。16年在天津領事、18年パリ日本公使館勤務を経て、21年帰国。22年農商務省に転じ、24年官房秘書課長。陸奥宗光農商務相の信任を受け、25年陸奥の辞職とともに同省を離れるが、同年8月に陸奥が第二次伊藤内閣の外相になると外務省通商局長に抜擢され、28年外務次官、29年駐朝鮮公使を務めた。30年陸奥の死去により退官して「大阪毎日新聞」に入社して編輯総理、31年社長。元外務次官、前朝鮮公使といった大物の社長就任は世間を驚かせた。また5000円という高額な年俸が話題となった。原の社説は、財政、法律、教育、労働など幅広い分野に亘った。その中でも外交は得意分野であった。33年伊藤博文を総裁とする政友会の創立に参画し、同年第四次伊藤内閣の通信相として初入閣。35年より衆院議員に連続8選。第2代政友会総裁となった西園寺公望を補佐し、桂太郎との提携によって39年第一次西園寺内閣を成立させ、内相に就任。44年~大正元年の第二次西園寺内閣、2~3年第一次山本内閣でも内相を務め、地方制度や行財政の改革を行って藩閥・官僚の勢力削減を図り、政党勢力の拡張に尽力。3年第3代政友会総裁となり、一旦は野党に転落するものの6年の総選挙で大勝。7年米騒動を受けて退陣した寺内内閣に代り内閣を組織、藩閥や貴族の出身でもなかったことから"平民宰相"と呼ばれて世論の支持を受けた。しかし、衆議院での多数の議席を背景とした強硬政策や普通選挙の導入拒否、汚職事件などで批判が高まり、10年東京駅頭で当時19歳の国鉄職員・中岡艮一に短刀で胸を刺され死去した。

原田 譲二
はらだ・じょうじ

新聞記者，朝日新聞西部本社代表，貴院議員（勅撰），詩人
[生年月日]明治18年(1885年)3月26日
[没年月日]昭和39年(1964年)2月10日
[出生地]岡山県後月郡西江原村　[別名等]筆名=原田ゆづる　[学歴]早稲田大学英文科〔明治41年〕卒

読売新聞を経て、大正3年報知新聞社に入社。4年東京朝日新聞社に移り、昭和5年論説委員、9年編集局長、15年西部本社代表を歴任。21年岡山から衆院選に立候補したが落選、同年貴族院議員に勅撰された。

原田 種道
はらだ・たねみち

雑誌記者
[生年月日]不詳
[没年月日]不詳
[別名等]号=栗園

浅沼商会に関係し、「写真新報」記者として活躍。また日本乾板に入社したが、明治42年に退社した。大正7年東亜写真学会

を設立。編著に「芸術写真」「写真にうつる心得」「実地活用写真光線法」などがあり、長谷川保定との共著で「景色写真術階梯」がある。

原田 棟一郎
はらだ・とういちろう

神戸新聞社長
[生年月日]明治13年(1880年)3月
[没年月日]昭和19年(1944年)5月14日
[出生地]大阪　[学歴]日本中学校卒

高橋健三に師事。明治31年大阪朝日新聞社に入り、同紙に評伝「西太后」を発表。40年上海特派員、44年ニューヨーク特派員以後整理部長、連絡部長、外報部長を経て大正8年監査役、14年編集主幹、昭和5年取締役、10年九州支社長、12年常務。17年退社して神戸新聞社長となった。漢詩、書道に長じ著書に「紐育」「新聞道」「米国新聞史論」「米国の朦朧主義」などがある。

【ひ】

檜垣 正義
ひがき・まさよし

「土陽新聞」理事，高知県議
[生年月日]文久1年(1861年)11月
[没年月日]大正13年(1924年)7月4日
[出生地]土佐国安芸郡羽根村（高知県室戸市）
[旧名]鍋島　[別名等]初名＝芳馬

明治15年より羽根村議を務める傍ら、自由民権運動に挺身し、安芸郡内における自由党の中心人物と目された。20年三大事件建白運動に際し、同村総代として上京するが、保安条例に抵触して東京より強制退去。帰郷後、21年に高知県会議員に選ばれ、5期に渡る在任中に議長も務めた。その間、明治33年に立憲政友会高知支部の創設に参加し、支部内の取りまとめに尽力。また「新土佐新聞」を創刊して主筆・社長を歴任し、同紙が「土陽新聞」に吸収されると、その理事となった。さらに、移民事業や真珠の養殖・漁業・実業界などでも活躍し、土佐農工銀行取締役・高知県水産組合長をはじめ、各種団体・企業の役員に就いた。

干河岸 桜所
ひがし・おうしょ

新聞編集者，著作家
[生年月日]不詳
[没年月日]昭和5年(1930年)3月4日

東京師範学校在学中の明治7年「郵便報知新聞」に投書が掲載される。同年創刊の仏教に関する雑誌「報四叢談」の編輯人に。後「東京日日新聞」入社。「絵入日曜新聞」編輯長。10年「大阪日報」に入社し編輯長に。16年創刊の「奇日新報」の社長を22年まで務める。19年「大阪朝日新聞」の東京在住通信主任となる。22年明治憲法全文を「大阪朝日新聞」に電送し掲載するという画期的な作業を行う。著書に「問対略解」「法雨余滴」「徳川時代の文学」「村山龍平伝」など。

樋口 銅牛
ひぐち・どうぎゅう

新聞記者，漢学者，書家，俳人
[生年月日]慶応1年(1865年)12月20日
[没年月日]昭和7年(1932年)1月15日
[出生地]筑後国久留米（福岡県久留米市）　[本名]樋口勇夫　[別名等]別号＝得川，東涯

父は旧久留米藩士漢学者源深。鹿児島県立二中で教鞭をとり、のち九州日報記者

となる。明治41年東京朝日新聞社会部に入社。中塚一碧楼とともに「朝日俳壇」選者をつとめた。「漢字雑話」などの読物も連載。大正元年退社後は、早大、国学院大、法政大学等の講師をつとめた。著書に「俳句新研究」がある。書家としても名高く、泰東書道院総務の職にあった。

久木 独石馬
ひさき・どくせきば

新聞記者,評論家
[生年月日]明治18年（1885年）9月10日
[没年月日]昭和13年（1938年）10月20日
[出身地]茨城県　[本名]久木東海男

常総新聞記者などを経て、明治43年大阪毎日新聞に入社。大正7年退社し、上京執筆活動に専念。著作に「新聞先覚評論」などがある。

久富 達夫
ひさとみ・たつお

新聞人,内閣情報局次長,毎日新聞政治部長,日本出版会初代会長
[生年月日]明治31年（1898年）10月2日
[没年月日]昭和43年（1968年）12月29日
[出生地]東京市深川区西森下町（東京都江東区）　[旧名]郷　[学歴]東京府立一中（旧制）〔大正6年〕卒、一高二部卒、東京帝国大学工学部造兵学科〔大正11年〕卒・法学部政治学科〔大正14年〕卒　[叙勲]藍綬褒章〔昭和39年〕、ポール・ティサンディエ褒章（国際航空協会）〔昭和43年〕、勲二等旭日重光章〔昭和43年〕
[受賞]交通文化賞〔昭和38年〕　[家族等]兄＝郷隆（大日本体育会理事長）、祖父＝郷純造（大蔵次官・男爵）、伯父＝郷誠之助（実業家・男爵）

父は医師で、4人兄妹（2男2女）の二男。兄は大日本体育会理事長を務めた郷隆で、実業家・郷誠之助は母方の伯父。一高か

ら東京帝国大学造兵学科に進み、大正11年卒業すると法学部に入り直し、14年卒業。この間、久富家を継ぎ、また、帝国大学新聞の創始者の一人となる。同年大阪毎日新聞社に入社、15年アフリカに特派され紙上に「東アフリカの旅」を連載。昭和4年東京日日新聞政治部に転じて主に海軍関係を取材、6年政治部副部長、9年同部長に抜擢される。13年編集総務、14年編集局理事。15年近衛文麿首相に望まれて内閣情報局次長に転じ、16年1月大政翼賛会宣伝部長も兼務したが、10月近衛内閣総辞職と共に退任。17年日本出版文化協会専務理事、18年日本出版会の初代会長。同年大日本出版報国団長、19年NHK専務理事を経て、20年再び内閣情報局次長。同年8月太平洋戦争敗戦に際し、玉音放送の実施を下村宏情報局総裁に進言した。22年公職追放に遭い、27年解除後は日本航空協会副会長、日本教科図書販売社長などを務める一方、アマスポーツ界の重鎮として、33年国立競技場会長、35年JOC委員などを歴任。東京五輪の開催に尽力した。柔道8段。

久松 義典
ひさまつ・よしのり

新聞記者,教育家,政治家,小説家
[生年月日]安政2年（1855年）10月
[没年月日]明治38年（1905年）6月2日
[出生地]江戸　[出身地]伊勢国桑名（三重県桑名市）　[別名等]幼名＝芳次郎，号＝狷堂　[学歴]東京英語学校中退

明治12年栃木の師範学校へ赴任し、間もなく校長となる。同年「泰西 雄弁大家集」正続2冊を刊行。栃木県内で自由民権の利を説き、15年辞職して上京、立憲改進党に入党すると共に報知新聞社に入社、「泰西 革命史鑑」を刊行。23年「北海道毎日

新聞」主筆。この間、大阪新報社に招かれ改進主義を遊説。小説家、政治家、新聞記者として幅広く活躍し、その後も「代議政体月雪花」や、社会主義的な「近世社会主義評論」「社会小説 東洋社会党」などを刊行した。

人見 一太郎
ひとみ・いちたろう

新聞記者, 評論家, ジャーナリスト, 実業家
[生年月日]慶応1年(1865年)11月11日
[没年月日]大正13年(1924年)9月29日
[出生地]肥後国宇土郡段原村(熊本県宇土市)
[別名等]号=呑牛, 的面生, 鬼的面 [学歴]熊本師範〔明治17年〕卒

明治18年徳富蘇峰の大江義塾に入り、以後蘇峰と行動を共にし民友社で活躍。20年「国民之友」編集人、23年「国民新聞」論説記者を務めた。その一方で大日本青年協会を組織し、20年機関誌「青年思海」を創刊。23年には青年文学会を結成。22年から24年にかけてJ.ブライスの「平民政治」全25冊を民友社から刊行。26年「第二之維新」「国民的大問題」を著わす。30年民友社を退社、32年渡仏し、帰国後「欧洲見聞録」を著わした。36年実業界に転じ、製糖業に従事した。他の著書に「ユーゴー」「警文学者」など。

日向 輝武
ひなた・てるたけ

人民新聞社長, 衆院議員(政友会), 草津鉱山重役
[生年月日]明治3年(1870年)8月3日
[没年月日]大正7年(1918年)5月28日
[出生地]群馬県西群馬郡井出村(高崎市) [学歴]東京専門学校(現・早稲田大学)卒 [家族等]妻=林きむ子(日本舞踊家)、四女=林一枝(日本舞踊家)

米国に留学、パシフィック大学で政治、経済学を学び、滞米10年、この間サンフランシスコで新聞を発行。明治30年帰国し、草津鉱山、茂浦鉄道重役となり、人民新聞社長、日本電報通信社取締役を兼任。35年以来群馬県から衆院議員当選5回。尾崎行雄らと同志研究会を組織、反政府運動に走ったが、のち政友会に入った。

日森 虎雄
ひもり・とらお

新聞記者, ジャーナリスト
[生年月日]明治32年(1899年)
[没年月日]昭和20年(1945年)5月24日
[出身地]熊本県下益城郡砥用町

山村の農家に生まれたが、若くして海外雄飛を志す。台湾を経て、大正11年上海に渡る。春申社に入り社主・西本省三の薫陶を受け、昭和3年「上海日日新聞」記者となる。日中戦争から太平洋戦争にかけて、満鉄、軍、大使館の援助のもとに日森研究所を設立し、中国の政治情報、特に中国共産党に関する情報の収集に従事した。20年軍との関係が悪化し、「帰りなん、いざ」の一文を「上海大陸新報」に投じて帰国した。同年5月の東京大空襲で亡くなった。著書に「中国遊撃運動現勢」「中共二十年史」「現代支那の政党」など。

平井 晩村
ひらい・ばんそん

上野毎日新聞主幹, 詩人, 小説家
[生年月日]明治17年(1884年)5月13日
[没年月日]大正8年(1919年)9月2日
[出生地]群馬県前橋市 [本名]平井駒次郎 [学歴]早稲田大学高等師範部国漢科〔明治36年〕卒

早くから詩作を投稿し、文庫派の詩人として注目される。卒業後報知新聞社に入

り「陸奥福堂下獄記」などを連載するが、大正3年退社、作家生活に入る。4年前橋に帰郷し、晩年は上野毎日新聞主幹を務めた。

平川 清風
ひらかわ・せいふう

新聞人，大阪毎日新聞常務取締役・編集主幹，「華文毎日」主幹
[生年月日]明治24年（1891年）4月7日
[没年月日]昭和15年（1940年）1月26日
[出生地]熊本県熊本市 [学歴]東京帝大法科大学〔大正4年〕卒

大阪毎日新聞社に入社。上海特派員、整理部長、社会部長、編集総務などを経て、昭和13年常務取締役・編集主幹、華文毎日主幹兼任。孫文、汪兆銘らと親交、東亜問題に卓見。

平田 久
ひらた・ひさし

新聞記者
[生年月日]明治4年（1871年）9月
[没年月日]大正12年（1923年）9月1日
[出生地]京都府宮津 [学歴]同志社〔明治24年〕卒

国民新聞に入り、敏腕の記者として鳴らした。民友社退社後は宮内省や三井物産に関係し、晩年は印刷事業を手がけた。主著に「拾弐文豪」の第1巻「カーライル」、「宮中儀式略」「新聞記者之十年間」などがある。関東大震災に遇い没した。

平田 文右衛門（2代目）
ひらた・ぶんえもん

函館毎日新聞社長
[生年月日]嘉永2年（1849年）7月25日
[没年月日]明治34年（1901年）10月7日
[出身地]蝦夷（北海道） [別名等]幼名＝兵五郎

北海道函館の呉服太物商平田家8代目。明治8年和洋建築鉄物商に転じ、函館区議、函館毎日新聞社長なども務めた。また実業家・渡辺熊四郎らと共に、学校や病院の設立など、公共事業に尽力した。

平塚 篤
ひらつか・あつし

新聞記者
[生年月日]明治16年（1883年）9月
[没年月日]不詳
[出生地]茨城県 [学歴]東京専門学校（現・早稲田大学）中退

雑誌や新聞の記者、会社経営など職業を転々としたのち、昭和初年頃には国民新聞社に勤務した。編著書に「伊藤博文秘録」（正・続）、「伊藤公を語る」など、伊藤博文関係のものが多い。

平野 零児
ひらの・れいじ

新聞記者，小説家
[生年月日]明治30年（1897年）2月6日
[没年月日]昭和36年（1961年）8月26日
[出生地]兵庫県 [本名]平野嶺夫 [別名等]別名＝平野零二 [学歴]正則英語学校中退

大阪毎日新聞、東京日日新聞記者を経て、馬場孤蝶に師事して作家生活に入る。戦争小説、軍事読物などを執筆し、戦後はその裏面をあばく読物を発表した。著書に随筆集「満洲国皇帝」他。

平林 初之輔
ひらばやし・はつのすけ

通信社記者，文芸評論家，翻訳家，早稲田大学助教授

[生年月日]明治25年（1892年）11月8日
[没年月日]昭和6年（1931年）6月15日
[出生地]京都府竹野郡深田村黒部（京丹後市）
[学歴]早稲田大学文学部英文科〔大正6年〕卒

生家は小地主で農業を営み、6人きょうだいの長男。早くから平林霞水の筆名で「中学世界」に短歌や俳句、小品などを投稿。大正2年卒業直前の京都師範を中退して上京。早稲田大学文学部英文科に入り、6年卒業。7年「やまと新聞」に入社して文芸評論を執筆。9年友人の市川正一や青野季吉が勤める国際通信社に入り、外国電報翻訳記者として勤務。この頃から社会主義、共産主義についての研究を進め、社会主義評論家として注目される。12年第一評論集「無産階級の文化」を出版。11年第一次日本共産党に入党、「種蒔く人」「文芸戦線」「解放」などの同人となり初期のプロレタリア文学の指導的理論家として活躍したが、やがてプロレタリア文学から距離を置いた。15年博文館の「太陽」編集主幹に就任したが、昭和3年同誌廃刊により退社。6年早稲田大学助教授となり、フランスへ留学したが、同地で客死した。また、探偵小説の評論や実作も手がけた。他の著書に「文芸理論の諸問題」「近世社会思想講話」などがあり、ルソー「エミール」など多くの翻訳もある。

平山 陳平
ひらやま・ちんぺい

ジャーナリスト
[生年月日]天保10年（1839年）
[没年月日]明治22年（1889年）
[出生地]甲斐国甲府（山梨県甲府市）　[別名等]号＝機陽　[家族等]養父＝平山省斎（幕臣）

幕臣の六男として生まれる。明治維新後、駿河に移り、平山省斎の門下生となり、養子となる。省斎の家塾をあずかり、教導職大講義として布教にもあたった。明治8年提醒社に入り、静岡新聞編集長、重新静岡新聞局長を歴任し、教育雑誌「鶯蛬新報」を創刊。12年参同社（のち函右日報社）から「函右日報」を創刊。民権家ジャーナリストとして幅広く活躍した。地誌国史編集にもあたった。14年静岡県改進党結成の際には中心人物として参画し、常議員となるが、16年離党。同年函右日報社を退職し、17年上京、警視庁御用係となった。警視庁記録課長を務めていた時に死去。著書に「駿河風土記」「静岡県誌」などがある。

平山 蘆江
ひらやま・ろこう

新聞記者，小説家，随筆家
[生年月日]明治15年（1882年）11月15日
[没年月日]昭和28年（1953年）4月18日
[出生地]兵庫県神戸市　[本名]平山壮太郎　[旧名]田中　[学歴]東京府立四中中退　[家族等]曽孫＝平山瑞穂（小説家）

明治40年都新聞社に入社。花柳・演芸欄の担当記者として活躍するかたわら、作家として、大正14年には直木三十五、長谷川伸らと第一次「大衆文芸」を創刊、大衆文芸開拓へのきっかけとなった。昭和5年都新聞社を退社し、作家活動に専念。歴史小説や怪談を手がけた。代表作品に「西南戦争」「唐人船」などがある。また都々逸の洒脱さを好み、東京神田で都々逸学校を開くなど、その発展のために尽力したことでも知られる。

広井 一
ひろい・はじめ

北越新報社長，長岡銀行常務，新潟県議
[生年月日]慶応1年（1865年）9月11日

[没年月日]昭和9年（1934年）1月17日
[出生地]越後国古志郡小栗山村（新潟県小千谷市）　[学歴]東京専門学校〔明治18年〕卒

長岡学校を経て、東京専門学校に入学、小野梓らに師事し、明治18年卒業ののち帰郷して郷里・新潟の政治・文化・産業の開発を図り、20年「越佐毎日新聞」主筆となる。ついで北越新報、新潟新聞の経営に当たり、大正15年北越新報社社長に就任。また新潟県議となる。一方、長岡銀行の創立に尽力し支配人、のち常務を務める。北越鉄道・越後鉄道の創立にも貢献し、長岡病院（日本赤十字病院の前身）、長岡商業会議所、長岡貯蓄銀行、長岡市教育会などの創設・経営など地方社会事業にも関わった。文明協会理事、早稲田大学評議員を歴任。著書に「北越偉人の片鱗」「山口権三郎伝」などがある。

広岡 幸助
ひろおか・こうすけ

東京日日新聞創刊関係者、栄泉社主人
[生年月日]文政12年（1829年）
[没年月日]大正7年（1918年）7月
[出生地]江戸堀留町（東京都中央区）　[別名等]別名＝広岡菊寿堂、俳号＝広岡羽扇

安政6年（1859年）地本問屋となり、ベストセラー「白縫譚（しらぬいものがたり）」発行の権利を得る。通人で、仮名垣魯文、山山亭有人らとともに「興画会」の常連であった。明治5年西田伝助、落合芳幾などと東京日日新聞の創刊に関わったが、14年日報社の改組を機に退社し戯作に復帰。15年栄泉社をおこし江戸時代の実録写本を活字翻刻した「今古実録」シリーズを刊行し人気を博した。

【ふ】

深井 英五
ふかい・えいご

新聞記者、日本銀行総裁、枢密顧問官
[生年月日]明治4年（1871年）11月20日
[没年月日]昭和20年（1945年）10月21日
[出生地]群馬県高崎市　[学歴]同志社〔明治24年〕卒　[家族等]女婿＝萩原雄祐（天文学者）

明治25年、民友社に入り、平民叢書の編集発行に携わる。翌年「国民新聞」に移り、議会記者として活動。日清戦争には従軍記者として参加した。33年に退社したが、その間には、徳富蘇峰が発行していた「The Far East」の編集も行っていた。その後、松方正義の秘書を経て、34年日銀に転じ、検査局調査役、理事、副総裁を経て、昭和10年第13代日銀総裁に就任。この間、大正8年パリ講和会議、10年ワシントン軍縮会議の全権委員随員、昭和8年ロンドン国際経済会議の全権委員を務めた。一貫して"高橋財政"を支えてきたが、11年の2.26事件で高橋が暗殺され、12年2月総裁を辞任。同年貴族院議員に勅選され、13年枢密院顧問官に任命される。著書に「通貨調節論」「人物と思想」「回顧七十年」などがある。

福井 三郎
ふくい・さぶろう

新聞記者、衆院議員（政友本党）
[生年月日]安政4年（1857年）5月5日
[没年月日]昭和10年（1935年）12月7日
[出生地]美作国真島郡木山村（岡山県真庭市）
[学歴]岡山師範学校〔明治8年〕卒　[家族等]長男＝半井清（大阪府知事）

甲府日日新聞記者、峡中新報主幹、東京米穀取引所監査役を務める。日清戦争の際朝鮮に渡り、排日運動に対抗して鶏林奨業団を組織する。明治36年以来衆院議員に6選、大正9年までつとめた。

福井　文雄
ふくい・ふみお

新聞人，外交評論家
[生年月日]明治34年(1901年)11月6日
[没年月日]昭和44年(1969年)12月8日
[出生地]福岡県　[学歴]東京帝大経済学部〔大正14年〕卒

昭和3年朝日新聞社入社。9年ニューヨーク特派員、15年ロンドン通信局長、18年欧米部長、20年大阪本社渉外部長、21年出版局次長、22年論説委員。のち再びロンドン特派員、30年調査研究室長兼論説委員。晩年「ジャパン・クォータリー」誌エグゼクティブ・エディターとなった。著書に「世界の外交ABC」。

福沢　捨次郎
ふくざわ・すてじろう

時事新報社長
[生年月日]慶応1年(1865年)9月21日
[没年月日]大正15年(1926年)11月3日
[出生地]江戸　[学歴]慶応義塾〔明治16年〕卒
[家族等]父＝福沢諭吉

福沢諭吉の二男として江戸に生まれる。明治16年米国に留学、ボストン大学に入学し土木工学を学び、21年帰国、山陽鉄道技師となる。34年父の没後、時事新報社を継ぎ社長に就任、政治記事のほか社会面にも力を入れ漫画を取り入れるなど紙面を刷新した。38年大阪時事新報社を設立し社長を兼任、「大阪時事新報」を創刊。

福沢　諭吉
ふくざわ・ゆきち

時事新報創立者，啓蒙思想家，教育家，慶応義塾創立者
[生年月日]天保5年(1834年)12月12日
[没年月日]明治34年(1901年)2月3日
[出生地]大坂堂島(大阪府大阪市)　[出身地]豊前国中津(大分県中津市)　[資格]東京学士会院会員〔明治12年〕　[家族等]孫＝清岡暎一(慶応義塾大学名誉教授)、福沢進太郎(慶応義塾大学教授)、女婿＝福沢桃介(実業家)、甥＝今泉一瓢(漫画家)

豊前中津藩士の五子。はじめ蘭語を学ぶが、一念発起して英学に転じ、万延元年(1860年)幕府が遣米使節を派遣するに際し、志願して軍艦奉行・木村喜毅の従僕という名目で幕府軍艦・咸臨丸に乗り込み渡米。同地では通訳として同行していた中浜万次郎とともに日本人ではじめて「ウェブスター大辞書」を購入。同年8月に帰国後、米国で手に入れた広東語・英語対訳による「華英通語」に日本語の訳語を付した「増訂華英通語」を自身初の著作として刊行。また自身の蘭学塾を英学に転換するとともに、幕府の外国方で外交文書の翻訳に従事した。文久元年(1861年)幕府の遣欧使節に随行し、約1年間に渡って仏英をはじめとする欧州各国を歴訪。元治元年(1864年)には幕府の外国奉行翻訳方に任ぜられた。慶応2年(1866年)幕府の軍艦受取委員の一行に参加して再渡米。帰国後は執筆活動を本格化させ、同年「西洋事情」の初編を刊行(外編は明治元年、三編は明治3年にそれぞれ刊行)、これは偽版も含めて20万部を売り上げる大ベストセラーとなり、西洋の諸制度や思想の紹介に大きく貢献した。王政復古後は新政府からの仕官の勧めを固辞し、以降は帯刀も廃し平民として生き、官職

や生前の栄典は一切受けなかった。明治元年芝新銭座に塾を移転し、慶応義塾と改称。以後、塾生の指導に心血を注ぎながら著述を進め、欧米事情通の知識人として近代合理化主義を提唱するなど啓蒙活動に尽力した。2年福沢屋諭吉を名のり、出版業にも着手。4年には塾を三田に再移転。5年「学問のすゝめ」を刊行し、当時の日本人に多大なる影響を与えた。6年には西周、津田真道、森有礼らとともに明六社を結成。8年「文明論之概略」を著し、啓蒙的文明史論を展開した。12年西周らと東京学士院（のち日本学士院）を創設し、初代会長となる。13年社交クラブとして交詢社を設立。自由民権思想の高揚に際しては"内安外競"を説いて距離をおき、15年には"官民調和""不偏不党"の思想に基づく「時事新報」を創刊して政治問題や時事問題、社会問題などで活発な論陣を張った。他の著書に「丁丑公論」「国会論」「帝室論」「脱亜論」「福翁自伝」「福翁百話」などがあり、「福沢諭吉全集」（全21巻，岩波書店）、「福沢諭吉著作集」（全12巻，慶応義塾大学出版会）にまとめられている。また昭和59年11月から紙幣1万円札の肖像になっており、平成16年にデザイン変更された後でも引き続き一万円札の"顔"となっている。

福島 四郎
ふくしま・しろう

「婦女新聞」発行者
[生年月日]明治7年（1874年）
[没年月日]昭和20年（1945年）2月15日
[出生地]兵庫県　[学歴]早稲田専門学校〔明治31年〕卒

明治33年まで教員生活を送り、同年「婦女新聞」を発刊。大正8年「女子高等教育門戸解放の請願」を帝国議会に提出。9年「婦女新聞」を雑誌形式に改める。昭和2年母子扶助法の請願。17年42年間続けた「婦女新聞」を廃刊。20年没。生涯を男女の地位の不公正不合理是正のために闘い、女性の向上のために捧げた。著書に「婦人界三十五年」「正史忠臣蔵」がある。

福島 俊雄
ふくしま・としお

日本短波放送初代社長
[生年月日]明治34年（1901年）4月21日
[没年月日]昭和41年（1966年）1月3日
[出生地]東京・赤坂　[旧名]三沢　[学歴]早稲田大学政治経済学部〔大正12年〕卒

中外商業新報に入り、経済部長、市場部長、大阪中外商業新報社副主幹から昭和17年大阪支社長、20年業務局長、取締役、23年常務。29年日本短波放送初代社長、31年日本経済新聞監査役を歴任。

福田 英助
ふくだ・えいすけ

東京新聞創立者
[生年月日]明治13年（1880年）10月30日
[没年月日]昭和30年（1955年）6月22日
[出生地]栃木県足利　[家族等]息子＝福田恭助（東京新聞社長）

早くから機業に従事、福田合資会社、両野工業を設立。大正8年楠本正敏男爵から都新聞を引き継いで社長。昭和17年国民新聞と合併、社団法人東京新聞社を設立、20年社長となった。

福田 恭助
ふくだ・きょうすけ

東京新聞社長
[生年月日]明治38年（1905年）4月23日
[没年月日]昭和41年（1966年）4月10日

[出生地]栃木県足利市 [学歴]ダートーマス大学〔昭和5年〕卒 [家族等]父＝福田英助（東京新聞創立者），妻＝福田正（東京社会長），長男＝福田寛（中日新聞社取締役）

昭和5年ジャパン・タイムス、6年都新聞に入社、副主幹、編集局長から15年副社長。17年東京新聞設立後理事、業務局長、23年副社長、30年社長となった。朝刊、週刊東京発行や編集方針の反動化などで経営悪化、38年中日新聞の経営下に入り、会長となった。

福田 徳三
ふくだ・とくぞう

雑誌編集者，経済学者，東京商科大学教授
[生年月日]明治7年（1874年）12月2日
[没年月日]昭和5年（1930年）5月8日
[出生地]東京府神田元柳原町（現・東京都千代田区） [学歴]高等商業学校（現・一橋大学）研究科〔明治29年〕卒，ミュンヘン大学卒 経済学博士（ミュンヘン大学）〔明治33年〕，法学博士〔明治38年〕 [資格]帝国学士院会員〔大正11年〕

神戸商業学校の教師の後、明治29年高等商業学校講師。31年ドイツへ留学、ミュンヘン大でブレンターノ教授の下で経済学を専攻。留学中に「日本経済史論」（独文）と「労働経済論」を刊行。34年帰国後、東京高商（のち東京商大）教授。37年校長と衝突し退職。39年慶応義塾大学部教員に転出するが、43年東京高商に講師として復帰。大正8年東京商大教授となり経済史など担当。マルクス主義経済学にも関心を示し、労働者階級のストライキ権を擁護した。同年吉野作造らと黎明会を組織、急進的な雑誌「解放」の編集に従事。民本主義運動の指導者・自由主義者として多くの論説を発表し、河上肇とのデモクラシー論争は当時のジャーナリズムをわかせた。11年帝国学士院会員。14年第6回万国学士院連合会に出席。著書は「福田徳三経済学全集」（全6巻）ほか、「唯物史観経済史出発点の再吟味」「厚生経済研究」など。

福田 理三郎
ふくだ・りさぶろう

平民運動創立者，社会運動家
[生年月日]明治31年（1898年）5月3日
[没年月日]昭和32年（1957年）12月11日
[出生地]島根県八束郡生馬村浜佐田（松江市）
[学歴]松江農林学校卒，教員養成所卒

大正6年小学教員となったが、同僚と「童話会」を作ったことを理由に、8年解雇される。のち「新しき村」に参加し、11年上京。関東大震災後帰郷し、農民運動に参加。この間「平民新聞」などを創刊し、昭和4年松江で初のメーデーを組織。6年新労農党から松江市議となるが、同年治安維持法違反で検挙され懲役3年に処せられた。戦後は社会党に入り、県本部執行委員などを歴任し、また島根県労働組合連合会書記長を4期つとめた。

福田 和五郎
ふくだ・わごろう

新聞人，ジャーナリスト，大陸浪人
[生年月日]慶応3年（1867年）2月7日
[没年月日]昭和2年（1927年）8月27日
[出生地]上野国（群馬県） [旧名]都筑

蒲生重章の家塾を経て、「国民之友」編集に従事。「京都新聞」「二六新報」の主筆を務め、「日本新聞」を創刊。大正4年小川平吉、花井卓蔵らと国民外交同盟会を結成して幹事となり、政府の対中国外交を批判した。

福地 源一郎
ふくち・げんいちろう

ジャーナリスト，劇作家，小説家，東京日日新聞社長，衆院議員（無所属）
[生年月日]天保12年（1841年）3月23日
[没年月日]明治39年（1906年）1月4日
[出生地]肥前国長崎（長崎県長崎市） [別名等]号＝福地桜痴，福地星泓，福地吾曹子，夢之舎主人，幼名＝八十吉，諱＝万世，字＝尚甫

15歳の時オランダ通詞名村花蹊に蘭学を学び、安政5年江戸に出て英学を学んだ。また幕府に出仕して通訳、翻訳の仕事に従事。文久元年と慶応元年に幕府使節の一員として渡欧。明治元年条野採菊と共に佐幕派の新聞「江湖新聞」を発刊したが、新政府から逮捕、発禁処分を受けた。3年渋沢栄一の紹介で伊藤博文と会い意気投合、渡米する伊藤に随行。同年大蔵省御雇となり、4年には岩倉具視の率いる米欧巡遊に一等書記官として参加。7年条野採菊が創刊した「東京日日新聞」主筆に迎えられ、政府擁護の立場で自由民権派批判の筆をふるった。御用新聞の悪評もあったが、社説は好評だった。9年社長。11年東京府議に当選、12年議長に就任。15年水野寅次郎らと立憲帝政党を組織、北海道開拓使払い下げ問題で、21年東日社長を引退した。その後は演劇に深く関心、22年歌舞伎改良を提唱して歌舞伎座を建設、座主となる。9代目市川団十郎と投合、改良史劇を続々発表、人気一等となった。傍ら、史書の著述に専念。団十郎の死で劇壇を退き、その後政界に転じ、37年衆議院議員に当選した。著書は「幕府衰亡論」「懐往事談」「幕末政治家」などの歴史物から小説「もしや草紙」「嘘八百」「伏魔殿」「大策士」「山県大弐」「水野閣老」、劇作「春日局」「侠客春雨傘」「大森彦七」「芳哉義士誉」など多数。

福永 挽
ふくなが・きよし

新聞記者，詩人，翻訳家，小説家
[生年月日]明治19年（1886年）3月22日
[没年月日]昭和11年（1936年）5月5日
[出生地]福井県福井市 [別名等]筆名＝福永挽歌，福永冬浦 [学歴]早稲田大学文学部英文科〔明治41年〕卒

二六新報、東京日日新聞、名古屋新聞等の記者を経て、万朝報に入社。早くから「早稲田文学」「文章世界」などに詩や小説を発表。明治45年詩集「習作」、大正9年小説集「夜の海」を刊行。また翻訳にはデュマの「椿姫」など多数ある。

福本 日南
ふくもと・にちなん

新聞人，史論家，政論家，ジャーナリスト，歌人，九州日報社長，衆院議員（国民党）
[生年月日]安政4年（1857年）5月23日
[没年月日]大正10年（1921年）9月2日
[出生地]筑前国那珂郡地形下町（福岡県福岡市） [本名]福本誠 [別名等]幼名＝巴，別号＝利鎌の舎，誠巴，赤日南緯之人 [学歴]司法省法学校〔明治12年〕中退

筑前福岡藩士で国学者の福本泰風の長男。幼い頃に大西兵五、正木昌陽から経書を学んだ。明治7年上京、9年司法省法学校に入学。同窓に陸羯南、国分青厓、加藤拓川らがおり、12年賄征伐に絡む学校騒動で陸、加藤、原敬らと退学。同年自由民権運動への関心から「普通民権論」を出版して資金を稼ぎ、14年北海道に渡り原野の開拓を試みた。21年陸が創刊した「東京電報」に参加し、22年同誌が「日本」に改組した後もその中心的な社員として論説・編集に従事。安易な西洋追従に警鐘を鳴らして国粋主義を標榜し、硬派の論客として政論・史論で活躍した。一方、憂

国の熱情から国威伸長のために南進論を唱え、22年と24年にフィリピンに渡って南方進出を計画。その際に南洋で黄道を8回越えたことから、"赤日緯南之人""日南"の号を得た。31年～32年渡欧し、通信文を「日本」に寄稿。33年北清事変に際して中国に出張し、さらに香港、シンガポールを見聞した。38年「九州日報」の社長兼主筆に就任。41年福岡県から衆院議員に当選。はじめ憲政本党に属し、43年同党と又新会などの合同によって結成された立憲国民党に参加した。傍ら、独自の英雄論に基づく史伝の執筆に力を注ぎ、42年には赤穂義士の事績を著述した明治史伝中の傑作「元禄快挙録」を発表。大正5年赤穂義士を顕彰する中央義士会の創立に参画し、幹事長となった。6年には「新潟新聞」主筆に迎えられ、新潟出身の堀部安兵衛の伝記を連載して好評を博した。また、歌もよくした。他の著書に「英雄論」「日南草蘆集」「豊太閤」「石臼のへそ」などがある。

福山　寿久
ふくやま・としひさ

ジャーナリスト，郷土史家
[生年月日]明治12年（1879年）
[没年月日]昭和23年（1948年）
[出身地]長野県松本市　[別名等]号＝天陰　[学歴]中野補習学校卒

中野補習学校を卒業後、19歳で教員検定試験に合格。26歳で平根小学校校長となった。その後、新聞界に入り、信濃毎日新聞編集長を経て、明治43年やまと新聞に入社。44年には東京を発し山梨・長野を経由して名古屋に至る中央線及び、同線岡谷駅から分岐して長野に至る篠ノ井線の沿道風景や歴史を織り込んだ「中央線鉄道唱歌」を作詞した（作曲は長野県師範学校教諭の福井直秋）。新聞界での活躍の一方、長野の郷土史研究にも力を注ぎ、大正2年から3年にかけて同県史における基礎史料を網羅した「信濃史料叢書」5巻を刊行。また頼山陽の研究でも知られる。6年東京日日新聞に移り、地方部副部長、庶務部長などを務め、昭和8年定年退社したのちは郷里の松本に住んだ。天陰と号し、漢詩、和歌もよくした。他の著書に「信濃史蹟」「宗良親王」「日本楽府物語」「頼山陽の日本詩史」などがある。

福良　虎雄
ふくら・とらお

新聞記者，ジャーナリスト，夕刊大阪新聞常務・編集主幹
[生年月日]明治3年（1870年）10月22日
[没年月日]昭和16年（1941年）9月13日
[出身地]徳島県　[別名等]号＝竹亭　[学歴]徳島中学校卒

明治26年報知新聞社、36年大阪毎日新聞社に転じ、通信部記者。44年東京日日新聞に転任、政治兼通信部長。大正8年ワシントンの第1回国際労働会議に特派員として活躍。9年帰国、大阪毎日新聞内国通信部長。14年退社して夕刊大阪新聞相談役、のち主幹、常務取締役編集主幹となった。

藤井　猪勢治
ふじい・いせじ

新聞記者
[生年月日]明治32年（1899年）4月15日
[没年月日]昭和20年（1945年）8月6日
[出身地]広島県　[旧名]佐々木　[学歴]修道中学卒

大正9年中国新聞社に入社、運動部記者となる。横綱・安芸ノ海の名づけ親といわれる。昭和6年中国駅伝創設に携わった。

藤井 高蔵
ふじい・こうぞう

新大和新聞主筆,女子教育家,奈良育英学園創立者
[生年月日]明治13年(1880年)7月1日
[没年月日]大正13年(1924年)6月9日
[出生地]奈良県吉野郡小古田村(五条市) [学歴]明治法律学校法政科〔明治37年〕卒 [家族等]妻=藤井ショウ(奈良育英学園創立者)

三島毅の私塾・二松学舎で漢文学を、夜間国民英学会で英語を学ぶ。明治法律学校を卒業後、新大和新聞主筆となる。明治41年それまで廃絶状態にあった同志記者倶楽部を再興し、その代表発起人となった。同年白銀村議に当選。また、奈良基督教会の青年団体・日新社理事となり、経営に関わった。大正5年妻・ショウと私立育英女学校を創立、9〜13年校長を務めた。12年奈良育英高等女学校(現・奈良育英高校)と改称。

藤井 種太郎
ふじい・たねたろう

新聞社勤務,玄洋社幹事
[生年月日]明治3年(1870年)6月16日
[没年月日]大正3年(1914年)11月21日
[出生地]福岡県筑紫郡住吉村(福岡市) [学歴]慶応義塾

明治18年玄洋社に入り、高場乱の塾で漢籍を学ぶ。20年頭山満の「福陵新報」創刊と同時に入社。のち上京、23年慶応義塾に入学。日清戦争後再び玄洋社の運動に従い、37年日露戦争では満州義勇軍に参加した。のち立憲同志会支部幹部、玄洋社幹事として活動、中国第一革命(辛亥革命)時には頭山満とともに参加した。

藤井 孫次郎
ふじい・まごじろう

新聞人,めさまし新聞創立者,福岡県議
[生年月日]弘化4年(1847年)9月27日
[没年月日]明治40年(1907年)9月16日
[出生地]筑前国(福岡県)博多(福岡市) [別名等]幼名=富次郎 [家族等]孫=那珂太郎(詩人)

博多上呉服町の呉服商・笠野屋の三男。前年に長男と二男が疫病のために相次いで亡くなっており、事実上の長男として育つ。生まれて間もなく母と離別、4歳まで里子に出された。その後、後妻に育てられるも、両親の愛情は異母弟に注がれ、文久元年(1861年)京都の呉服卸商・日野伝兵衛方に丁稚奉公に出た。以後、京都・大阪と奉公先を変え、慶応2年(1866年)父と衝突して家を飛び出して生母の実家・酒井家の食客となり、反物行商の傍ら、文事に親しんだ。明治2年家督を異母弟に譲って分家、国産ろうそく商・五楽堂を経営した。5年商用で上京した際に新聞の効用を実感すると、福岡に東京の新聞を取り寄せて自宅に新聞縦覧所を開設、一般への新聞の啓発に努めた。10年筑紫新聞創刊に参加(年内で廃刊)。11年独力でめさまし新聞を発行。12年筑紫新報と改題、13年合併により福岡日日新聞となり、今日の西日本新聞の源流となった。17年福岡県議に当選。21年共同事業教科書出版会社星文舘の失敗により破産。以後、不遇の生涯を送った。

藤岡 紫朗
ふじおか・しろう

新聞特派員,ロサンゼルス日本人会会長
[生年月日]不詳
[没年月日]昭和32年(1957年)12月18日

[出生地]青森県 [学歴]早稲田大学卒

大学卒業後、渡米。シアトルの日本人会会長、ポーツマス条約調印の時の邦字新聞特派員、ロサンゼルス日本人会会長を歴任。著書に第2次大戦後在米日本人の歴史をまとめた「歩みのあと」がある。

藤実 人華
ふじざね・にんげ

「近世医学」創立者, 診断と治療社創業者
[生年月日]明治12年（1879年）9月1日
[没年月日]昭和38年（1963年）1月23日
[出生地]福岡県 [別名等]号＝艸宇 [学歴]哲学館卒

日露戦争に出征したのち哲学館に入り、井上円了に師事。卒業後は医薬品輸入事業に従事したが、大正3年第4回日本医学会総会を機に近世医学社を創業し、日本初の臨床総合雑誌「近世医学」を創刊。12年の関東大震災をきっかけとして誌名を「診断と治療」に改め、さらに社名も診断と治療社に変更した。その後も、昭和8年単科雑誌としては日本初となる産婦人科誌「産科と婦人科」、12年初の小児科誌「小児科診療」をそれぞれ出版した。この間、10年社屋を東京・丸の内に移転。戦後の25年には同社を株式会社化した。他方、艸宇の号でホトトギス派の俳人としても知られ、句集に「寒桜」「掛頭巾」などがある。

藤田 西湖
ふじた・せいこ

新聞記者, 忍術家, 甲賀流忍術14世
[生年月日]明治32年（1899年）8月
[没年月日]昭和41年（1966年）1月4日
[出生地]東京 [本名]藤田勇治 [学歴]日本大学宗教科卒

甲賀忍者の江州和田伊賀守の14代目。祖父に忍術を習い、7歳で山伏と山野に生活、8歳で千里眼といわれた。早大文科に入ったが奇行のため退学、各大学を転々、日大卒業後、東京日日新聞、やまと新聞、国民新聞、中外商業新報などで新聞記者生活を送る。かたわら忍術の奥義研究に没頭。畳針200本を体に刺したり、天井に張りつくなど忍術を実演。のち陸軍中野学校創設に参加、敵地潜入などスパイ術策を指導、陸士、陸・海大でも講義した。

藤田 茂吉
ふじた・もきち

新聞記者, 郵便報知新聞主幹, 衆院議員, 翻訳家
[生年月日]嘉永5年（1852年）6月25日
[没年月日]明治25年（1892年）8月19日
[出生地]豊後国南海部郡佐伯村（大分県佐伯市） [旧名]林 [別名等]号＝藤田鳴鶴, 鶴谷山人, 九皐外史 [学歴]慶応義塾〔明治7年〕卒

豊後佐伯藩士・林家に生まれ、親戚の藤田家を継いだ。藩儒・楠文蔚に師事したのを経て、明治4年同郷の矢野龍渓の勧めで上京、慶応義塾に入学。福沢諭吉にその才能を認められ、8年同校を卒業して諭吉の推薦で「郵便報知新聞」に入社、直ちに主幹となって自由民権の立場で論陣を張り、官権論を唱える「東京日日新聞」の福地桜痴と論戦を交わした。一方で政界でも活動し、14年東京府議となり、日本橋区会議長などを歴任。15年大隈重信、矢野、犬養毅らと立憲改進党の結党に参加。17年には日本中世における西洋文明輸入の経過を明晰な論理で叙した日本文明論「文明東漸史」を刊行し、文名を高めた。22年同書の印税で欧米を視察。20年甲信鉄道社長を務め、23年第1回総選挙に当選、25年の第2回総選挙でも再選を果

たしたが、在職に病死した。

藤田 積中
ふじた・もりちか

「湊川濯余」発行者，兵庫県議
[生年月日]文政12年(1829年)6月25日
[没年月日]明治21年(1888年)1月8日
[別名等]名＝積蔵，積径，通称＝亀蔵，徳三郎，号＝旭湾

広瀬淡窓に師事した。慶応4年(1868年)兵庫最初の官許新聞「湊川濯余」を発行、勤王論の立場から幕府系新聞を批判した。同年大小の寺子屋を統合して明親館が新設されるとその教師となったが、初代兵庫県令である伊藤博文に抜擢され、官界に入り兵庫県聴訟吏に就任。また、通商・工部・鉄道・勧業の諸官庁に出仕した。12年兵庫県議。兵庫商法会議所副会頭なども務めた。

藤原 相之助
ふじわら・あいのすけ

河北新報編集局長，郷土史家
[生年月日]慶応3年(1867年)12月15日
[没年月日]昭和22年(1947年)12月23日
[出生地]出羽国(秋田県仙北市) [別名等]号＝非想庵 [学歴]宮城医学校中退

秋田県角館町の河原田静修塾で漢学を学び、17歳で岩手医学校へ入学。統合のために仙台の宮城医学校へ転校するが中退。宮城県職員を経て、東北新聞社に入社。さらに河北新報社に移り、主筆、編集局長として活躍した。歴史学、民俗学、考古学の分野でも旺盛な執筆活動を行い、著書に「仙台戊辰史」「奥州古史考証」「日本先住民族史」「仙台史」「宮城県史」「藤原秀衡」などがある。

藤原 銀次郎
ふじわら・ぎんじろう

新聞記者，実業家，王子製紙社長，商工相，軍需相
[生年月日]明治2年(1869年)6月17日
[没年月日]昭和35年(1960年)3月17日
[出生地]長野県安茂里村(長野市) [学歴]慶応義塾〔明治23年〕卒

慶応義塾を卒業後、福沢諭吉の推薦で松江日報に入社して主筆を務める。若干22歳であった。しかし藤原の書いた社説「山陰道の前途」は志賀重昂に認められ日本新聞紙上で賞讃を受け、論文「国家論」が中央論壇の注目をひいた。しかし松江日報の経営は苦しく辞任、東京に引き上げざるを得なかった。明治28年三井銀行に入社。30年富岡製糸場、31年王子製紙出向を経て、32年三井物産に転出し、台湾支店長や木材部長などを歴任した。44年それまでの経験と紙・パルプ業に明るいことを買われて業績不振に陥っていた三井系の王子製紙専務に就任。以来、有能な人材の発掘及び活用と、北海道苫小牧工場を拠点とする徹底的な合理化を推進し、第一次大戦にともなう洋紙の高騰にも助けられ、会社の再建に成功。大正9年には社長となり、欧米の経営法や先進技術を導入するため積極的に社員を海外に派遣し、自身もたびたび欧米視察に赴いた他、樺太・朝鮮・中国などにも工場を進出させた。昭和8年にはライバル会社であった富士製紙、樺太製紙との製紙大合同を実現させることにより王子製紙を日本の製紙の90％を占める巨大企業に成長させ、"製紙王"の異名をとった。13年会長。この間、内閣顧問、海軍顧問などを歴任し、昭和4年貴院議員に勅撰。15年には米内内閣に商工相として初入閣し、18年東条内閣の国務相、19年小磯内閣の軍需

相を歴任した。一方、14年古稀を機に私財を投じ、工業への貢献と英語・数学など基礎を重視した工学教育を行うため横浜・日吉に藤原工業大学を設立。同校は19年学園に工学部を必要としていた慶応義塾大学に寄付され、同大工学部となったが、子どものいない彼は月に何度か大学を訪れて学生や卒業生たちと交歓するのを楽しみにしていたという。戦後、23年公職追放となり、王子製紙も三分割された。晩年は趣味に生きて静かに余生を送り、34年残った財産で藤原科学財団を設立し、すぐれた技術者に贈られる藤原賞を創設。また、それまで製紙のために木を切った罪滅ぼしとして植林事業を展開した。著書に「欧米の製紙界」「労働問題帰趨」「工業日本精神」「藤原銀次郎回顧八十年」などがある。

布施 勝治
ふせ・かつじ

産業経済新聞論説委員
[生年月日]明治19年（1886年）10月16日
[没年月日]昭和28年（1953年）11月27日
[出身地]新潟県　[学歴]東京外国語学校露語部〔明治40年〕卒

東京外国語学校でロシア語を学ぶ。大正5年東京日日新聞に入り、モスクワ、欧米特派員を務めた。ロシア革命の予言・取材などでロシア通の記者として著名。9年レーニンと会見、第1回会見記は発売禁止、2回目は6月10日に掲載され、昭和45年万国博で展示された。15年取締役、21年公職追放、26年解除後は産業経済新聞社論説委員。著書「労農露国より帰りて」「ソヴェート東方策」「スターリン伝」がある。

二葉亭 四迷
ふたばてい・しめい

新聞記者，小説家，翻訳家
[生年月日]元治1年（1864年）2月28日
[没年月日]明治42年（1909年）5月10日
[出生地]江戸市ケ谷（東京都新宿区）　[本名]長谷川辰之助（はせがわ・たつのすけ）　[別名等]別号＝冷々亭杏雨　[学歴]東京外国語学校露語部〔明治19年〕中退

尾州藩士の子として江戸の藩邸で生まれる。旧制愛知県立第一中学校を経て、東京外国語学校露語部を中退。明治19年坪内逍遙の勧めで「小説総論」を発表し、20年「浮雲」第一編を発表。"言文一致"による文体で日本近代小説の先駆となった。また、ツルゲーネフの「あひゞき」（21年）、「めぐりあひ」（22年）などを翻訳して注目される。30年ゴーゴリ「肖像画」やツルゲーネフ「うき草」を翻訳。32年東京外国語学校教授に就任、35年辞任して大陸に渡り北京を訪ねる。37年大阪朝日新聞東京出張員となりロシア事情やロシア新聞の翻訳記事を書いた。39年「其面影」、40年「平凡」を発表。一方、25年頃から俳句に親しみ、盛んに句作する。句集はないが、俳句愛好の文人の一人でもあった。41年宿願のロシア行を朝日新聞特派員として実現することになり、ペテルブルクにおもむき、日露両国民の相互理解などにつとめたが、航路帰国の途中死去した。「二葉亭四迷全集」（全9巻，岩波書店）がある。

二見 敏雄
ふたみ・としお

新聞特派員，社会運動家
[生年月日]明治38年（1905年）
[没年月日]昭和42年（1967年）9月15日
[出生地]神奈川県足柄下郡湯河原町　[学歴]東

京第一外国語学校ドイツ語科中退
早稲田中学、日本中学を中退し、いったん帰郷し運送店に勤務。昭和2年上海に渡り、3年帰国し東京第一外語に入る。中退後、退役海軍大佐の父が経営する豆相時事新聞社に勤務し、特派員として数度上海に渡る。その間大正末頃からアナキズムに関心を抱き、昭和5年黒色青年連盟に加入。8年日本無政府共産主義者連盟を結成。10年の無政府共産党事件で検挙され無期懲役に処せられた。戦後出獄し、日本自治同盟に参加したが、のち実践運動から身を退いた。

淵田 忠良
ふちだ・ただよし

編集者、講談社常務
[生年月日]明治20年（1887年）9月27日
[没年月日]昭和28年（1953年）12月15日
[出生地]長野県小県郡　[学歴]早稲田大学英文科

上田中学から早稲田大学英文科に学ぶ。大日本雄弁会の雑誌「雄弁」創刊当時から編集事務を手伝い、明治45年正式に入社して社員第1号となる。看板雑誌である「講談倶楽部」「キング」編集長を歴任する一方、「面白倶楽部」「雄弁」「婦人倶楽部」の編集長を兼務したこともあり、同社の事実上の総編集長であった。編集した雑誌の合計は527冊にのぼるといわれる。

古川 精一
ふるかわ・せいいち

新聞記者、戯作者
[生年月日]安政1年（1854年）
[没年月日]明治41年（1908年）8月20日
[出生地]江戸　[別名等]号＝魁蕾、古江山人、鬼斗生

「東京さきがけ新聞」「東京絵入新聞」「読売新聞」などを転々としたが、染崎延房を師として人情本風な新聞小説に才筆をふるい、岡本起泉、饗庭篁村とともに三才子と称された。主な作品に「花茨胡蝶廼彩色」など。

古沢 滋
ふるさわ・しげる

「自由新聞」主筆、自由民権運動家、官僚、貴院議員（勅選）、山口県知事
[生年月日]弘化4年（1847年）1月11日
[没年月日]明治44年（1911年）12月24日
[出生地]土佐国高岡郡佐川村（高知県高岡郡佐川町）　[別名等]初名＝光迂、別名＝古沢迂郎、号＝介堂　[家族等]兄＝岩神主一郎（島根県知事）

土佐藩士・古沢南洋の二男。父と尊王攘夷運動に挺身し、文久2年（1862年）より京都で活動するが、元治元年（1864年）藩に捕らえられた。慶応3年（1867年）出獄。明治2年新政府に出仕し、3年大蔵省に入って官命により英国に留学して立憲思想や議会制度を研究。6年帰国後は官吏の身でありながら立花光臣の筆名で「日新真事誌」などに寄稿し、同年「郵便報知新聞」主筆となる。7年下野した板垣退助らと愛国公党を結成し、民撰議院設立建白書を起草、自由民権運動の先頭に立った。また、立志社、愛国社結成にも尽力。13年「大阪日報」社長、15年「自由新聞」主筆として英国流の立憲思想の普及に尽くした。自由党解党後の19年、官界に復帰。23年逓信省郵便局長を経て、27年奈良県知事、29年石川県知事、32年山口県知事を歴任。37年勅選貴院議員。漢詩人としても知られ、奈良県知事在職中に平城吟社を起こし、奈良の詩壇の発展に貢献した。

古野 伊之助
ふるの・いのすけ

新聞人，同盟通信社社長
[生年月日]明治24年(1891年)11月13日
[没年月日]昭和41年(1966年)4月24日
[出生地]三重県三重郡 [学歴]早稲田大学専門部政治学科〔大正2年〕中退 [受賞]新聞文化賞（日本新聞協会）〔昭和38年〕

15歳で上京、米AP通信社東京支局で給仕などをして、早大専門部に学んだあと国際通信社に入社、北京、ロンドン各支局長を歴任。大正15年からは国際通信社を改組した連合通信社で専務理事・岩永裕吉を助ける。昭和10年に同盟通信社が設立されると、社長に就任する岩永とともに同社に移った。14年に岩永が死亡したあと2代目社長に就任。太平洋戦争中は大政翼賛会総務、貴族院議員などの要職に就きながら、国策通信社の社長として腕を振るった。戦後はA級戦犯容疑で収監されたが、間もなく無罪となり、追放解除後は電電公社経営委員長のほか時事通信社、電通、東京タイムズなどの重役を務める。

降旗 元太郎
ふるはた・もとたろう

信濃日報社長，衆院議員（民政党）帝国蚕糸取締役
[生年月日]元治1年(1864年)5月
[没年月日]昭和6年(1931年)9月15日
[出生地]信濃国東筑摩郡本郷村（長野県松本市） [学歴]東京専門学校卒 [叙勲]従四位勲二等

明治19年本郷蚕種業組合を創立し、組合長。当時農商務省は繊維の細い秋蚕が米国で不評として、廃止の方針を出したが、抗争2年後、同省の非を認めさせた。以来東筑農事政良会長、信濃蚕業伝習所長、帝国蚕糸取締役などを歴任。一方扶桑新報、内外新報など新聞を発行。青木貞三らと出資し信陽日報を発行（松本日日を合併。のち信府日報、信濃日報と改題）、社長となる。その間長崎県会議員、同参事会員を経て、29年普選期成同盟会を組織、31年以来長野県から衆院議員当選11回。山下倶楽部専任幹事を経て、憲政会結成に尽くし幹事。のち陸海、鉄道各政務次官、立憲民政党顧問を歴任した。

古谷 久綱
ふるや・ひさつな

新聞記者，官僚，衆院議員（政友会），伊藤博文首相秘書官
[生年月日]明治7年(1874年)6月17日
[没年月日]大正8年(1919年)2月11日
[出生地]愛媛県 [学歴]同志社〔明治16年〕卒，ブリュッセル大学卒 [叙勲]勲三等

国民新聞記者を経て、明治33年東京高商教授、同年伊藤博文首相秘書官となり、35年伊藤の欧米巡遊に随行。38年伊藤が韓国統監になるとその秘書官、41年伊藤枢密院議長秘書官。42年伊藤の死後宮内省勅任式部官となり、李王家御用掛兼任。大正3年辞任、4年以来愛媛県から衆院議員当選2回、政友会に属した。

【ほ】

法木 徳兵衛
ほうき・とくべえ

新聞社勤務，法木書店創業者
[生年月日]天保2年(1831年)
[没年月日]明治41年(1908年)2月16日

[出生地]江戸深川（東京都江東区）

明治4年毎日新聞が発行されると同社社長・島田豊寛の姻戚であったことから同社東京支局主任となる。また、新聞雑誌売捌所を経営。5年法木書店を創業、新聞の連載小説を単行本出版した。20年一旦同店を閉店し、21年新聞雑誌発売会社として再開するが、のち再び閉店した。東京テレメン会社、鉄道貸本所、石版印刷業などにも関与した。

帆刈 芳之助
ほかり・よしのすけ

新聞記者, 帆刈出版通信主宰
[生年月日]明治16年（1883年）1月10日
[没年月日]昭和38年（1903年）12月3日
[出生地]新潟県　[別名等]筆名＝夏川清丸　[学歴]新潟中（旧制）卒, 早稲田大学中退

新潟中学卒業後に上京し、秀英舎の活版職工となる。いったん帰郷して長岡日報社に勤務するが、のち再び上京し、早稲田大学に学ぶも中退。のち長岡日報社に復帰したのを皮切りに新聞記者生活を再開、三たび東京に出て「時事新報」を経て、「やまと新聞」に入り、政治記者を務めた。その後、記者を辞して原稿執筆などで生計を立てたが、大正4年書籍小売店を開業。8年越山堂を創業して出版業に乗り出し、特に生田春月の「日本近代詩集」「泰西名詩名訳集」の発行で読者人に支持された。昭和4年ガリ版刷りの出版業界紙「出版研究所報」を創刊。15年にはいち早く戦時統制を見越して同業の「出版通信」などと合同し、「出版同盟新聞」に改編した。戦後の21年「帆刈出版通信」を発刊し、没するまで出版報道と論説を続けたが、没後の41年に廃刊した。

甫喜山 景雄
ほきやま・かげお

東京日日新聞編集者
[生年月日]文政12年（1829年）
[没年月日]明治17年（1884年）3月4日
[旧名]白木

武蔵忍藩士・白木三右衛門の二男で、のち神田明神に仕える社家・甫喜山家の養子となる。若い頃幕府に仕え、維新後は新政府への出仕を経て明治5年頃、「東京日日新聞」を発行する日報社に入社。新聞編集に携る一方、「古書保存 我自刊我書屋」を興し、古典、稀覯本を出版。9年創刊の「通俗支那事情」編集長も務めた。雑報（社会記事）には定評があり、「大阪日報」にも出向、のち東京に戻り、17年日報社内で倒れ、死去した。

星 亨
ほし・とおる

ジャーナリスト, 逓信相, 衆院議員（政友会）, 東京市参事会員
[生年月日]嘉永3年（1850年）4月
[没年月日]明治34年（1901年）6月21日
[出生地]江戸築地小田原町（東京都中央区）
[別名等]幼名＝浜吉, 登

横浜で英語を学び、大阪の塾で陸奥宗光に英語を教えた。その縁で明治7年横浜税関長となった。同年英国留学、法律を修め10年帰国、11年司法省付属代言人となる。15年自由党に入り「自由新聞」により藩閥政府を批判。17年「自由燈」（燈新聞、めさまし新聞と改題）を創刊し星は海坊主浄海と題する風刺小説を書いて、三菱および改進党を攻撃した。16年福島事件の河野広中を弁護。17年官吏侮辱の罪に問われ、20年保安条例発布で東京を追われた。21年出版条例違反で入獄。22

年出獄し、欧米漫遊。25年栃木県から衆院議員に当選、議長となったが、相馬事件などの嫌疑を受け除名。次の選挙に当選、29年駐米公使。31年憲政党基盤の大隈内閣成立を知り帰国、憲政党を分裂させ、33年立憲政友会創立に参加、第4次伊藤内閣で逓信相となったが、東京市疑獄事件で辞職。のち東京市議、市参事会員となり、政友会院内総務として活躍した。政敵も多く、34年6月剣客・伊庭想太郎により東京市役所内で刺殺された。

星 一
ほし・はじめ

ジャパン・アンド・アメリカ発刊者、星製薬創業者、参院議員(国民民主党)、衆院議員(政友会)
[生年月日]明治6年(1873年)12月25日
[没年月日]昭和26年(1951年)1月19日
[出身地]福島県いわき市 [学歴]東京高商(現・一橋大学)卒、コロンビア大学(米国)政治経済科〔明治34年〕卒 [家族等]長男=星新一(SF作家)

明治27年に渡米、7年間の留学中に英字新聞「ジャパン・アンド・アメリカ」を発刊。34年に400円を携えて帰国、製薬事業に乗り出し、43年星製薬を設立、のち星薬学専門学校(星薬科大学)を建学した。星製薬を"クスリハホシ"のキャッチフレーズで代表的な製薬会社に仕立て上げ、後に"日本の製薬王"といわれた。一方、41年衆院議員(政友会)に初当選。後藤新平の政治資金の提供者になるなど関係を深め、その世話で台湾産阿片の払い下げを独占した。そのため、大正13年に後藤が失脚したあと、召喚・逮捕(のち無罪)などが続き、昭和6年には破産宣告をする。12年以後衆院議員に連続3回当選。戦後、22年4月第1回参院選で全国区から出馬、48万余票を得票してトップ当選。当時、「名前が覚えやすいから」と陰口をたたかれ、4年後米国で客死する。

細井 肇
ほそい・はじめ

新聞記者、評論家
[生年月日]明治19年(1886年)2月
[没年月日]昭和9年(1934年)10月19日
[出生地]東京・品川 [別名等]号=吼哦

18歳で長崎新聞記者。明治40年朝鮮に渡り、内田良平らの合邦促進運動を支援。44年週刊朝日記者となり、一方「大国民」を経営。大正元年東京朝日新聞社に入り、政治部記者を7年つとめ、8年騒乱状態続年朝鮮へ再渡航。9年自由討究社を興し、朝鮮民族について研究、12年朝鮮問題をかかげて全国を講演旅行した。昭和2年ジュネーブ軍縮会議の斎藤全権に随行。5年月旦社を設け、「人の噂」を発行、のち「人と国策」主宰。国民外支協会、独立国策協会、時局懇談会などで国事に奔走した。著書に「朝鮮文化史論」「朝鮮問題の帰趨」「女王閔妃」「国太公の眦」「日本の決意」などがある。

細川 嘉六
ほそかわ・かろく

評論家、社会運動家、参院議員(共産党)
[生年月日]明治21年(1888年)9月27日
[没年月日]昭和37年(1962年)12月2日
[出生地]富山県下新川郡泊町(朝日町) [学歴]東京帝大法学部政治学科〔大正6年〕卒

住友総本店に入社後、読売新聞、東京帝大助手を経て、大正10年大原社会問題研究所研究員となった。植民地問題、労働問題の研究、調査に従事。15年ヨーロッパ留学、モスクワで会った片山潜に勧め

られ、帰国後、富山県から始まった米騒動の研究に専念。昭和2年秋、大原社会問題研究所内に、尾崎秀実と中国革命研究会を開く。8年共産党シンパとして治安維持法違反で検挙され有罪判決。大原社会問題研究所の解散後、満鉄調査部嘱託、昭和研究会にも参加、風見章、尾崎秀実らと中国研究所を設立したが、17年雑誌「改造」8、9月号に発表した「世界史の動向と日本」が陸軍情報部の忌諱にふれ、共産主義者の疑いで検挙され、横浜事件の発端となった。20年釈放され日本共産党に入党、22年全国区参議院議員に当選、25年再選、共産党国会議員団長を務めた。26年占領軍命令で公職追放された。社会科学研究所長も務めた。著書には「アジア民族論」「植民史」のほか「細川嘉六著作集」(全3巻)などがある。

細川 忠雄
ほそかわ・ただお

読売新聞論説委員
[生年月日]明治42年(1909年)11月20日
[没年月日]昭和44年(1969年)11月29日
[出身地]山梨県甲府市 [学歴]東京外国語学校仏語部〔昭和7年〕卒

昭和8年東京市役所に勤め、14年読売新聞社に転じ、ハノイ特派員、バンコク支局長、渉外部長、文化部長を経て、30年論説委員となった。夕刊コラム「よみうり寸評」を担当。著書に「柱時計の音」「よみうり寸評」「続よみうり寸評」「零落園春秋」などがある。

細木原 青起
ほそきばら・せいき

漫画家、画家、俳人
[生年月日]明治18年(1885年)5月15日
[没年月日]昭和33年(1958年)1月27日
[出身地]岡山県 [本名]細木原辰江 [別名等]別名＝鳥越静岐 [学歴]日本美術院卒

明治の中期、京城で「京城日報」「朝鮮パック」などに鳥越静岐の名で漫画を描いた。明治42年日本に帰り「東京パック」「東京日日新聞」「中外商業新聞」「大阪朝日新聞」などに漫画を描き、漫画スケッチ、時代もの、文芸漫画、さらにユーモア小説も手がけた。また、明治35年ごろから「日本俳句」「ホトトギス」などに投句、のち「日本俳句」に専念した。著書に「日本漫画史」「晴れ後曇り」「ふし穴から」などがある。

堀 紫山
ほり・しざん

新聞記者
[生年月日]慶応3年(1867年)10月23日
[没年月日]昭和15年(1940年)3月16日
[出身地]常陸国下館(茨城県筑西市) [本名]堀成之

明治22年頃読売新聞社に入社。社会部長をつとめた。23年尾崎紅葉と共同生活を送ったことから、硯友派文人と親交があり、自らも「お柳」などの小説を「都の花」に発表。一時大阪朝日新聞社に移ったのち読売に復帰、さらに二六新報社に転じた。晩年は二六新報客員となり、政治家秋田清の文章代筆などを行った。児童文学関係の評論も発表し、作品に「大塩平八郎」がある。

堀江 帰一
ほりえ・きいち

新聞記者，経済学者，慶応義塾大学経済学部長
[生年月日]明治9年(1876年)4月27日
[没年月日]昭和2年(1927年)12月9日

[出生地]東京市芝区白金（現・東京都港区）
[旧名]滝山　[学歴]慶応義塾理財科〔明治29年〕卒　法学博士〔明治43年〕

明治30年「時事新報」論説記者を経て、32年慶応義塾教員となって米・英・独に3年間留学、帰国後同理財科経済学教授となった。傍ら「時事新報」の社説を担当。43年再び欧米で社会問題を研究し、帰国後文部省教員検定試験委員、大正9年慶大経済学部長をつとめ、14年辞任。また友愛会評議員となり、団結権、罷業権、組合運動の自由を主張した民主主義者であった。晩年は公益事業の固有化、生産的消費組合、産業デモクラシーを説く国家資本主義を提唱した。著書に「貨幣論」「金融論」などのほか、「堀江帰一全集」（全10巻）がある。

堀江　三五郎
ほりえ・さんごろう

新聞記者，郷土史家，実業家，上田商工会議所専務理事
[生年月日]明治32年（1899年）12月13日
[没年月日]昭和38年（1963年）10月26日
[出生地]長野県上田市　[学歴]小県蚕業学校卒

はじめ代用教員を務めるが、のち「信濃毎日新聞」の記者に転じた。同社の上諏訪・上田支局長などを務める傍ら、主筆の風見章の勧めにより信濃の郷土史研究を開始。特に農民史・百姓一揆史を専門とし、昭和8年には莫大な資料をもとに「諏訪湖氾濫三百年史」を著述・刊行した。日中戦争時には従軍記者として活躍。のち実業界に転じ、18年には上田商工会議所専務理事に就任して「上田商工会議所五十年史」の編纂に従事した。戦後、公職追放に遭い、21年松田産業株式会社を設立して社長に就任した。著書は他に「義民弥助」「従軍記」などがある。

本城　安太郎
ほんじょう・やすたろう

新聞記者，大陸浪人，玄洋社社員
[生年月日]万延1年（1860年）
[没年月日]大正7年（1918年）7月4日
[出生地]筑前国（福岡県）

福岡藩士の家に生れる。明治9年上京し、「日本新聞」記者を経て、22年フランスに渡る。帰国後河上操六大将の知遇を受け、25年日清開戦に先立ち、軍の密命を受け中国芝罘方面に渡る。日清戦争には陸軍通訳官として従軍。以来、義和団事変（北清事変）、日露戦争、辛亥革命などで中国大陸工作要員として偵察、裏面工作等に従事した。また、玄洋社社員として活動し、のち黒龍会同人として対支連合会、国民外交同盟会の評議員をつとめた。

本多　精一
ほんだ・せいいち

ジャーナリスト
[生年月日]明治4年（1871年）2月12日
[没年月日]大正9年（1920年）1月10日
[出生地]福井県武生町（越前市）　[別名等]字＝允中、号＝雪堂　[学歴]帝国大学法科大学〔明治29年〕卒　法学博士〔大正5年〕

明治29年同志社教授となり、32年「大阪朝日新聞」経済部長に就任。大阪ガス会社報償問題の世論喚起に務め成果をあげる。38年退社し、政治経済・新聞事業の視察・研究のため外遊、帰国後「東京日日新聞」社長兼主筆となる。44年再び大阪朝日新聞社客員。大正元年憲政擁護の第一次護憲運動が起こると、竹越与三郎、斯波貞吉らと発起人となり憲政擁護会を創立、各地で遊説を行い、精力的に運動の推進力として活動。桂内閣が倒れ山本内閣が成立後に運動を収束。3年財政時報

社を設立し、「財政経済時報」を発刊、国家財政の論評には定評があった。著書に「地方財政問題百話」「新日本の財政経済」など。

本田 美禅
ほんだ・びぜん

新聞記者，小説家
[生年月日]慶応4年(1868年)5月20日
[没年月日]昭和21年(1946年)3月29日
[出生地]信濃国(長野県飯田市) [本名]本田浜太郎 [学歴]小学校中退

丁稚奉公ののち、明治14年砲兵工廠の職工となる。16年検定試験を受けて神戸小学校訓導補助員に。18年砲兵工廠の火工科入学試験に合格、20年卒業して熊本の第六師団野戦砲兵隊付となる。24年熊本忠愛新報に入社し東京の駐在員となるが、間もなく新聞が廃刊となり、26年大阪のプール女学校講師、27年日清戦争の従軍記者となる。38年「大阪新報」の脚本募集に「日本丸」が当選。他の代表作に「御洒落狂女」がある。

本間 清雄
ほんま・きよお

海外新聞関係者，外交官
[生年月日]天保14年(1843年)3月27日
[没年月日]大正12年(1923年)
[出生地]遠江国小笠郡平田村(静岡県菊川市)
[別名等]幼名＝潜蔵

医師・本間鶴翁の二男。14歳の時に家を出て横浜に赴き、米国人ヘボンについて語学を学ぶ。元治元年(1864年)ジョセフ・ヒコの知遇を得、筆記方として彼が発刊した日本初の民間新聞・海外新聞を助けた。慶応2年末(1866年)同紙が廃刊すると、海外渡航の機会を窺い、3年パリ万博に参列する徳川昭武の一行に従ってヨーロッパに渡った。明治維新後は外務省に勤務し、明治3年駐オーストリア代理公使としてヨーロッパに派遣。フランクフルトで紙幣製造監督を務め、7年ウィーンに赴任。西園寺公望ら歴代公使を補佐し、18年帰国。24年無任所弁理公使となり、26年退官。34年赤十字社常議員。また、植村正久の洗礼でキリスト教徒となり、東京神学校の後援にも力を尽くした。

【ま】

米田 実
まいた・みのる

東京朝日新聞外報部長，外交史家，国際問題評論家
[生年月日]明治11年(1878年)12月11日
[没年月日]昭和23年(1948年)1月9日
[出生地]福岡県 [学歴]オレゴン大学卒、アイオワ大学大学院修了 法学博士〔大正11年〕

16歳で上京、勝海舟に学費を給付され、明治29年渡米、オレゴン大でバチェラー・オブ・ロースを取得、さらにアイオワ大に学び、サンフランシスコの日米新聞編集長を務めた。40年帰国、41年池辺三山の勧めで東京朝日新聞社入社。外報部のかたわら論説を執筆。大正4年外報部長、5年ロンドン特派員。第1次世界大戦休戦後帰国、外報部長兼論説委員となり、東京商大、明大で外交史を講義。11年論説委員長、12年相談役、13年編輯局顧問を経て、昭和8年定年退職、顧問。21年社友。この間、明大教授も務めた。著書に「世界最近の外交」「現代外交講話」「世界の大勢」などがある。

前川 静夫
まえかわ・しずお

新聞記者，ジャーナリスト，徳島新聞社社長，四国放送会長
[生年月日]明治35年（1902年）1月23日
[没年月日]昭和44年（1969年）3月9日
[出生地]広島県　[学歴]東京外国語学校〔大正11年〕中退

大正12年国民新聞社入社。昭和5年神戸新聞、6年大阪毎日新聞社に転じ、整理記者として活躍。8年10月城戸事件で退社。以後二六新報、中央新聞を経て11年読売新聞社に入り、整理部長、南方総局長、ビルマ新聞編集局長を務めた。18年日本新聞会に入り「日本新聞報」初代編集長。19年社団法人徳島新聞社発足で専務理事・主筆・編集局長となり、33年会長、38年社長。他に四国放送設立に尽力、27年社長、38年会長を務めた。著書に「阿波なまり」がある。

前川 虎造
まえかわ・とらぞう

新聞記者，衆院議員（国民党）
[生年月日]元治1年（1864年）3月
[没年月日]大正15年（1926年）6月15日
[出身地]紀伊国和歌山（和歌山県和歌山市）
[学歴]旧制中学卒

中等学校を卒業し、和歌山県の巡査、のち新聞記者となり「紀陽新報」「中国民報」の主筆などを経て、大正4年から衆院議員に当選3回。立憲国民党総務、政務調査会長を務めた。

前芝 確三
まえしば・かくぞう

新聞特派員，立命館大学名誉教授
[生年月日]明治35年（1902年）7月25日
[没年月日]昭和44年（1969年）3月5日
[出生地]兵庫県神戸市　[学歴]京都帝国大学経済学部〔大正14年〕卒　法学博士

大正14年毎日新聞社に入社。上海特派員、ハルビン支局長、モスクワ特派員、外信部長、論説委員を歴任。昭和24年立命館大学法学部教授に転じ、法学部長を2期務め、43年定年退職。この間、33年憲法問題研究会の結成に参画、また日本学術会議会員を4期務めた。著書に「国際政治学大綱」「ソヴェトの政治」「近代政治史」「国際政治入門」などがある。

前島 豊太郎
まえじま・とよたろう

東海暁鐘新報創立者，民権運動家，弁護士，静岡県議
[生年月日]天保6年（1835年）7月5日
[没年月日]明治33年（1900年）3月13日
[出生地]駿河国有度郡古庄村（静岡県静岡市）

幕末期は郷里・駿河国古庄村の組頭や名主を務め、幕府寄りの行動をとった。維新後は戸長や静岡県出仕を歴任するが、間もなく辞して明治7年東京へ遊学。9年には代言人（弁護士）資格を取得し、静岡に代言人事務所・択善社を開業した（静岡県初の弁護士）。12年民権家の大江孝之らと自由民権団体・陵陽社を設立。13年には静岡県議に選出されるが、備荒儲蓄法案の問題で同県令・大迫忠清と衝突し、14年に辞職した。同年、同志と共に攪眠社を結成。さらに国文学者・土居光華らを招いて「東海暁鐘新報」創刊し、民権思想を鼓吹した。しかし、同年10月に行った演説「事物変遷論」が讒謗律違反となり、逮捕・入獄。17年に出獄したのちも言論活動を続けるが、第1回・第2回の総選挙に立候補して連敗を喫し、25年に政治活動から身を引いた。

前島 密
まえじま・ひそか

郵便報知新聞創立者，男爵，逓信次官，貴院議員（勅選），北越鉄道社長
[生年月日]天保6年（1835年）1月7日
[没年月日]大正8年（1919年）4月27日
[出生地]越後国頸城郡下池部村（新潟県上越市）　[旧名]上野　[別名等]幼名＝房五郎

越後の豪農・上野家に生まれる。弘化4年江戸に出て医学を修め，のち幕府の箱館諸術調所で洋学を学ぶ。慶応2年幕吏前島錠次郎の家を継ぐ。明治2年民部，大蔵の両省に出仕，3年駅逓権頭兼租税権頭。飛脚に代わる郵便制度調査のため渡欧，4年帰国し，国営による全国均一料金の近代的郵便制度の確立に尽くした。"郵便""切手"などの名称も考案。また，電話官業を制定するなど功多く，次いで内務少輔，同大輔，駅逓総官，勧業局長，元老院議官などを歴任。同年郵便報知新聞を自らが発案者となり創刊。社主には秘書の小西義敬があたった。前島は新聞原稿の無料逓送の普及をこれによって図った。大隈重信と親交があり，"明治14年の政変"で大隈と共に辞職し，立憲改進党に参加。19年東京専門学校長，21年逓信次官をつとめたが，実業界に入り，北越鉄道，東館汽船，石狩石炭，日清生命保険など各社の重役に就任した。35年男爵に叙せられ，38年勅選貴院議員。国字改良論者としても有名で，晩年文部省の国語調査会委員になった。

前田 香雪
まえだ・こうせつ

新聞記者，鑑識家，美術家
[生年月日]天保12年（1841年）1月7日
[没年月日]大正5年（1916年）12月12日
[出生地]江戸下谷御徒士町（東京都台東区）
[本名]前田健次郎　[別名等]別号＝小羅浮洞主人，通称＝夏繁

明治8年，知人の高畠藍泉に誘われ「平仮名絵入新聞」に入社。また「朝野新聞」等に寄稿し，作品「転宅叢談」「水と石」などを発表。のち美術界で活躍し，29年東京美術学校講師に就任。また工芸協会役員，日本美術協会副委員長などを歴任した。

前田 三遊
まえだ・さんゆう

新聞記者，ジャーナリスト，部落解放運動家，広島毎日新聞社長・主筆
[生年月日]明治2年（1869年）10月17日
[没年月日]大正12年（1923年）11月15日
[出生地]京都府紀伊郡納所村（京都市伏見区）
[本名]前田貞次郎　[学歴]共立学校

中江兆民に師事して仏学塾に通い，明治22年兆民主宰の「東雲新聞」に入る。24年「芸備日日新聞」に入社，その後「東京自由新聞」「仙台自由新聞」などの記者を経て，29年再び「芸備日日新聞」に戻り主筆，大正8年「広島毎日新聞」の社長兼主筆となる。その間，「芸備日日新聞」「中央公論」などに部落解放問題に関する論文を発表。また部落解放運動にも参加し，やがて融和運動に近づく。ほかに6年には友愛会広島支部支部長になった。著書に「前田三遊論集」がある。

前田 雀郎
まえだ・じゃくろう

新聞記者，川柳作家
[生年月日]明治30年（1897年）3月27日
[没年月日]昭和35年（1960年）1月27日
[出生地]栃木県宇都宮市旧脇本陣　[本名]前田源一郎　[別名等]別号＝榴花洞　[学歴]宇都宮市立商業学校卒　[受賞]宇都宮市文化功労章

家業の足袋商を手伝い、大正5年「演芸画報」読者文芸川柳に入選、上京して講談社に入った。のち都新聞記者となり20年勤める。川柳は少年時代から作り、阪井久良岐に師事したが、川柳の俳諧性を主張して破門。柳誌「句集」「せんりゅう」を発刊。

前田 多門
まえだ・たもん

新聞論説委員，公明選挙連盟理事長，文相，貴院議員（勅選）
[生年月日]明治17年（1884年）5月11日
[没年月日]昭和37年（1962年）6月4日
[出生地]大阪 [学歴]東京帝大法科大学独法科〔明治42年〕卒 [家族等]長男＝前田陽一（東大名誉教授・仏文学者）、女婿＝井深大（ソニー最高相談役）

明治42年内務省に入り、都市計画課課長などを経て、大正9年東京市第三助役、11年東京市政調査会を設立。12年ILO政府代表としてジュネーブへ。昭和3年朝日新聞論説委員。13年退社後はニューヨークの日本文化会館館長、18年新潟県知事など歴任。20年貴院議員となり、東久邇内閣の文相に就任。幣原内閣でも留任し、異色の人材を起用し教育改革を推進するが公職追放となり、東京通信工業社長に就任。その後、日本育英会、日本ユネスコ国内委員会、日本ILO協会各会長、公明選挙連盟理事長などを歴任した。著書に「国際労働」「地方自治の話」「アメリカ人の日本把握」など。

前田 普羅
まえだ・ふら

新聞記者，俳人
[生年月日]明治17年（1884年）4月18日
[没年月日]昭和29年（1954年）8月8日

[出生地]東京・芝 [本名]前田忠吉 [別名等]別号＝清浄観子 [学歴]早稲田大学英文科中退

大学中退後裁判所書記を7年間務め、大正5年時事新聞社に入社。のち報知新聞社に移り、富山支局長などを務める。昭和4年に退社し、以後俳句に専念する。

前田 蓮山
まえだ・れんざん

政治評論家，時事新報政治部記者
[生年月日]明治7年（1874年）
[没年月日]昭和36年（1961年）9月12日
[出生地]長崎県 [本名]前田又吉 [学歴]早稲田大学政治学科卒

東京高等師範学校、早稲田大学政治学科に学び、電通を経て、東京毎日新聞社に入社。雑誌「太陽」に「今日主義の原敬」を執筆して認められ、時事新報に入社。政治部記者として原敬首相と親しく接したが、大正10年原敬暗殺以後、原敬研究に没頭した。その間中央新聞主筆、読売新聞論説客員も務めたが、筆一本の政治記者を貫いた。著書に「政治哲学」「政党政治の科学的検討」「星亨伝」「原敬伝」「自由民権時代」「歴代内閣物語」などがある。

前田河 広一郎
まえだこう・ひろいちろう

編集者，小説家
[生年月日]明治21年（1888年）11月13日
[没年月日]昭和32年（1957年）12月4日
[出生地]宮城県仙台市 [学歴]宮城県立一中〔明治38年〕中退

中学中退後上京して新紀元社に入社。「新紀元」廃刊後は農業などをして、明治40年渡米。シカゴで様々の仕事をし、在米社会主義者と交わり短篇「二十世紀」などを発表。大正5年シカゴからニューヨーク

に移り「今日の日本文壇」を発表。第一次大戦後は「日米週報」の編集長となり、9年13年間の在米生活を打ち切って帰国。「中外」編集長となり11年「三等船客」を刊行。昭和20年「千葉新聞」創刊時には編集局長。「赤い馬車」「麺麭」「最後に笑ふ者」「快楽師の群」などを刊行。「文芸戦線」に参加し、プロレタリア文学作家として活躍。他の著書に「支那」「蘆花伝」「青春の自画像」などがある。

牧 巻次郎
まき・まきじろう

新聞記者
[生年月日] 慶応4年 (1868年) 5月15日
[没年月日] 大正4年 (1915年) 12月26日
[出身地] 美作国 (岡山県) [学歴] 東京専門学校 (現・早稲田大学)

備前の閑谷黌を経て、明治17年東京専門学校に学び、26年上海の「東亜時報」記者となる。31年大阪朝日新聞社の上海特派員となり放浪生の名で健筆を振るう。北清事変後、北京特派員に転じ、35年露清密約をスクープするなど活躍。38年帰国して通信課長となり論説記者を兼任、傍ら中国近世史の資料蒐集と研究に務めた。没後「放浪書簡集」が出版された。

牧野 武夫
まきの・たけお

編集者、牧野書店創業者
[生年月日] 明治29年 (1896年) 6月6日
[没年月日] 昭和40年 (1965年) 10月13日
[出身地] 奈良県磯城郡田原本町 [学歴] 奈良師範卒

婦人新聞、改造社に勤めたが、嶋中雄作に請われて中央公論社に転社。出版部を創設し、E・M・レマルクの「西部戦線異状なし」を刊行、書籍出版の基礎を築いた。昭和14年退社、牧野書店を創立、戦時統合で乾元社と改称。戦後両社を再興し、「南方熊楠全集」などを刊行した。ラジオ技術社専務、電通顧問。著書に「雲か山か——雑誌出版うらばなし」などがある。

牧野 輝智
まきの・てるとし

新聞記者、早稲田大学教授
[生年月日] 明治12年 (1879年) 1月4日
[没年月日] 昭和16年 (1941年) 8月29日
[出身地] 熊本県 [学歴] 東京専門学校卒 経済学博士 [昭和4年]

熊本商業学校、佐賀中学校各教諭、農商務省嘱託を経て、明治44年東京朝日新聞社入社。大正8年政治部長、次いで経済部長、編集局主幹、顧問を歴任。昭和9年早大教授となり、東京商大講師も務めた。著書に「貨幣学の実証的研究」「財政概論」「新金融論」「農業金融」「日本財政論」などがある。

牧野 平五郎
まきの・へいごろう

富山実業新聞創立者、実業家、衆院議員、富山市長
[生年月日] 元治1年 (1864年) 8月1日
[没年月日] 昭和3年 (1928年) 5月10日
[出身地] 越中国 (富山県) [別名等] 幼名=金太郎

呉服商に生まれ、漢学・数学を修め、家業を継ぐ。一方、富山市議・議長、富山県議・議長を経て、明治36年から衆院議員に当選2回。大正8年から富山市長を3期務める。富山商業会議所会頭、十二銀行・北陸商業銀行・第四十七銀行・中越鉄道・北陸生命保険・富山電燈・富山鉄

道などの取締役も務めた。また「富山実業新聞」を創刊した。

牧野　望東
まきの・ぼうとう

農民新聞社主幹，俳人
[生年月日]明治9年(1876年)1月29日
[没年月日]大正2年(1913年)1月16日
[出生地]東京　[本名]牧野誠一　[学歴]慶応義塾卒

帝国図書館に勤務。農民新聞社主幹をつとめた。角田竹冷に俳句を学び、「卯杖」の編集に参与。明治43年服部耕石とともに「高潮」を創刊したが、病弱のため経営を続けることができなかった。

牧山　耕蔵
まきやま・こうぞう

佐世保新聞社長，衆院議員（同交会）
[生年月日]明治15年(1882年)1月
[没年月日]昭和36年(1961年)6月5日
[出身地]東京　[学歴]早稲田大学政治経済学部卒

京城居留民団議員、京城学校組合会議員を経て、大正6年4月長崎2区より衆院議員初当選。以後7回当選を果たし、第2次若槻内閣においては海軍政務次官を務めた。その他、政友本党代議士会長、立憲民政党総務をも務めた。また、朝鮮新聞社・長崎日日新聞社・佐世保新聞社等社長としても活躍した。

政尾　藤吉
まさお・とうきち

ジャパン・タイムス主筆代理，衆院議員（政友会）
[生年月日]明治3年(1870年)11月17日
[没年月日]大正10年(1921年)8月11日
[出生地]伊予国喜多郡大洲町（愛媛県大洲市）
[学歴]東京専門学校〔明治22年〕卒，西バージニア大学〔明治29年〕卒，エール大学 法学博士〔明治36年〕

伊予大洲藩御用商・政尾吉左衛門の長男に生まれる。渡米しエール大学などで法学を学び、のち同大助手となる。明治30年帰国し「ジャパン・タイムス」主筆代理を経て、外務省の委嘱で、同年シャム（タイ）政府法律顧問となり近代法典編集に参画。34年シャム司法省顧問として刑法、民法、商法を起草した。大正4年から衆議院議員に当選2回。10年シャム特命全権公使となり、同年バンコクで死去。

正岡　芸陽
まさおか・げいよう

大阪日報主筆，評論家，ジャーナリスト
[生年月日]明治14年(1881年)9月5日
[没年月日]大正9年(1920年)3月24日
[出生地]広島県　[本名]正岡猶一　[学歴]青山学院

明治27年頃キリスト教の布教に従事していたが、32年「新声」の同人となり執筆活動を続け、34年「新聞社の裏面」「婦人の側面」「時代思想の権化」「嗚呼売淫国」とやつぎばやに刊行。35年には「人道之戦士 田中正造」などを刊行し、36年「新声」主筆となる。38年「やまと新聞」からポーツマス会議の特派員として渡米。40年「大阪日報」の主筆となった。人道主義の立場から社会を批判する著作で注目された。

正岡　子規
まさおか・しき

「日本」従軍記者，俳人，歌人
[生年月日]慶応3年(1867年)9月17日

[没年月日]明治35年（1902年）9月19日
[出生地]伊予国温泉郡（愛媛県松山市） [本名]正岡常規（まさおか・つねのり） [別名等]幼名＝処之助，通称＝升，号＝獺祭書屋主人，竹の里人 [学歴]松山中〔明治16年〕中退，帝大〔明治26年〕中退

明治16年に上京し、翌年大学予備門（一高）に入学、夏目金之助（漱石）を知る。18年頃から文学に接近し、当初は小説を書いていたが、24年「俳句分類」の仕事に着手し、25年「獺祭書屋俳話」を発表、俳句革新にのり出す。同年、陸羯南の「日本」新聞社に入社。28年3月日清戦争に従軍したが、5月に喀血し、以後病床生活に入る。この年以降、文学上の仕事は充実し、29年には3000句以上を残した。30年「古白遺稿」を刊行。同年松山から「ホトトギス」が創刊され支援する。31年「歌よみに与ふる書」を発表して短歌革新にのり出すと共に根岸短歌会をはじめ、ホトトギス発行所を東京に移した。32年「俳諧大要」を刊行。34年「墨汁一滴」を発表、また「仰臥漫録」を記しはじめ、35年に「病牀六尺」の連載をはじめたが、9月に死去した。死後になって作品がまとめられ、「筆まかせ」「寒山落木」「竹乃里歌」などが刊行され、命日には獺祭忌が営まれている。大学予備門（のちの一高）時代から野球に熱中し、弄球（野球）、打者、走者、死球、飛球など現在でも使われている用語、ルールの翻訳も手掛けた。平成14年新世紀特別枠として野球殿堂入り。松山市道後公園に子規記念博物館がある。

正宗 白鳥
まさむね・はくちょう

新聞人，小説家，劇作家，評論家
[生年月日]明治12年（1879年）3月3日
[没年月日]昭和37年（1962年）10月28日
[出生地]岡山県和気郡穂浪村（備前市穂浪町）
[本名]正宗忠夫 [別名等]別号＝白丁，剣菱
[学歴]東京専門学校（現・早稲田大学）〔明治34年〕卒 [資格]帝国芸術院会員〔昭和16年〕
[叙勲]文化勲章〔昭和25年〕 [受賞]文化功労者〔昭和26年〕，菊池寛賞（第5回）〔昭和32年〕，読売文学賞（第11回・小説賞）〔昭和34年〕「今年の秋」 [家族等]弟＝正宗敦夫（万葉学者），正宗得三郎（洋画家），妹＝辻村乙未（小説家）

小学校時代から文学書を耽読する。またキリスト教に傾倒し、明治30年に植村正久によって受洗する。34年「読売新聞」の「月曜文学」欄に評論を発表する。36年読売新聞社に入社、7年間在籍。この間、37年「寂寞」を発表して小説を書きはじめ、40年の「塵埃」、41年発表の「何処へ」で自然主義作家の登場と目され、以後小説、評論、随筆の面で幅広く活躍。昭和25年文化勲章を受章。32年批評活動で菊池寛賞を、34年「今年の秋」で読売文学賞を受賞した。他の代表作に「微光」「入江のほとり」「人を殺したが…」「今年の秋」「リー兄さん」などの小説、「人生の幸福」などの戯曲、評論「文壇人物評論」「作家論」「内村鑑三」「自然主義文学盛衰史」、自伝「文壇五十年」など。「正宗白鳥全集」（全30巻，福武書店）がある。

増田 顕邦
ますだ・あきくに

日刊工業新聞社長
[生年月日]明治37年（1904年）3月17日
[没年月日]昭和40年（1965年）9月26日
[出生地]福岡県 [学歴]三井鉱山社員養成所〔大正13年〕卒 [叙勲]藍綬褒章，紫綬褒章，勲三等瑞宝章

東京市役所公園課から昭和6年日刊工業新聞社入社。調査局長、企画局長などを務めて17年退社、軍事工業新聞主幹となり、

軍需産業技術振興に尽力。20年工業新聞を復刊して社長に就任。25年日刊工業新聞と改称した。他に新日本印刷、増田建設、浅間観光、新日本機械工業を設立し社長を務めた。

増田 義一
ますだ・ぎいち

出版人，実業之日本社創業者，衆院議員（日本進歩党）
[生年月日]明治2年（1869年）10月21日
[没年月日]昭和24年（1949年）4月27日
[出生地]新潟県中頸城郡板倉村（上越市） [別名等]幼名＝義一郎，号＝奎城，筆名＝奎城生
[学歴]東京専門学校（現・早稲田大学）邦語政治科[明治26年]卒 [家族等]長男＝増田義彦（実業之日本社社長），孫＝増田義和（実業之日本社社長）

父は旧家の出身で、母の実家は浄土真宗の玄興寺。明治22年相次いで父母を亡くしたため教職を辞し、改進党系の高田新聞の記者となる。23年同紙の高橋文質らの援助で東京専門学校（現・早稲田大学）邦語政治科に進み、学業の傍ら改進党の政治活動にも参加した。28年恩師・高田早苗の推薦で読売新聞社に入社して経済部主任記者となり、渋沢栄一、大倉喜八郎、初代安田善次郎ら財界の名士らの知遇を得た。一方で、同年東京専門学校同窓の光岡威一郎らと実業の発達振興を図ることを目的に大日本実業学会を創立し、30年松方正義内閣の財政を論じた「金貨本位之日本」を刊行、また実業における実際問題攻究の雑誌として「実業之日本」を創刊すると、新聞記者の傍らその編集を担当。33年健康状態が悪化した光岡から同誌の経営権を譲り受け、読売新聞を退社して実業之日本社を設立し、以降は同誌の編集・発行に専念した。その後、39年「日本少年」「婦人世界」、41年「少女の友」といった新雑誌を創刊。一方、「実業之日本」では大隈重信や高田、渋沢らの後援を受けて順調に発展し、42年からは新渡戸稲造を編集顧問に迎え、実業に関する記事から文芸作品や成功談・修養談・健康法などまで幅広く取り扱うようになって読者の支持を集めた。また、45年より衆院議員に8選。大正3年恩師・高田とともにシベリア経由で欧米を視察。昭和4年実業之日本社を株式会社化。10年秀英社と日清印刷が合併して大日本印刷が創立その初代社長に就任した。16年日本印刷文化協会の発足に伴い、同会長。著書には「青年と修養」「茶前茶後」などがある。

益田 孝
ますだ・たかし

中外物価新報創立者，実業家，茶人，男爵，三井物産初代社長，三井合名会社理事長
[生年月日]嘉永1年（1848年）10月17日
[没年月日]昭和13年（1938年）12月28日
[出生地]佐渡国相川（新潟県佐渡市） [別名等]通称＝徳之進，進，号＝益田鈍翁，別名＝中屋徳兵衛 [家族等]二男（嗣子）＝益田太郎（劇作家・実業家），弟＝益田克徳（実業家），益田英作（茶人）

安政6年（1859年）父が外国方支配目付役に転任したのに伴って江戸に上り、漢学・英語を習った。文久3年（1863年）遣欧使節・池田長発の随員となった父の従者としてヨーロッパに渡航。帰国後は幕府で新たに編制された陸軍に入って騎兵を志願し、騎兵差図役、騎兵頭などを務めた。明治維新後は、中屋徳兵衛の屋号で横浜に茶や海産物の売込み問屋を開業したがうまくいかず、横浜居留地のウォルシュ・ホール商会に入って商業や貿易の業務を

学んだ。5年岡田兵蔵の手引きで井上馨の知遇を得、その勧めで大蔵省に入り造幣権頭となるが、6年予算をめぐって大蔵大輔を辞職した井上に続き、自らも退官。7年井上とともに毛布・絨・武器の輸入と銅・石炭・紙、米・茶などの輸出とを行う貿易商社の先収会社を創立、頭取となる。9年井上が政界に復帰したのに伴って先収会社が解散したが、代わりに新しい商社の設立を画策していた三井家に招かれ、三井物産会社の創業に参画。同社は三井高尚（武之助）、三井高明（養之助）を社主として出発したが、自身は初代社長として全面的に実際の経営を委任され、三池炭鉱で算出された石炭や国産米の海外輸出などを手がけて徐々に事業を拡大、三井物産を日本最大の貿易商社に育て上げた。これによって同社を三井家の中核とし、同家の近代化及び財閥化にも貢献。40年三井三郎助とともに洋行して各国の財産・事業管理を調査。帰国後は三井財閥の主力である三井銀行、三井物産、三井鉱山をそれぞれ株式会社化して三井合名会社を創立し、理事長に就任。昭和3年同顧問に退いた。この間、明治9年商業上の知識を普及する新聞として中外物価新報を創刊。11年には渋沢栄一とともに東京商法会議所を創設した。他にも台湾製糖、東京人造肥料会社、大阪紡績などの創業に関与した。晩年は小田原で茶と農園経営に勤しみ、悠々自適の生活を送った。7年男爵。自伝に「自叙益田孝翁伝」がある。

増田 藤之助
ますだ・とうのすけ

日本英学新誌創立者，英文学者，早稲田大学名誉教授
[生年月日]元治2年（1865年）2月13日
[没年月日]昭和17年（1942年）1月24日
[出生地]伊勢国津（三重県津市）　[家族等]養子＝増田綱（早稲田大学名誉教授）

郷里で「伊勢新聞」の記者となるが、18歳の時上京。明治23年頃国民英学会や日本英語専修学校（現・立教大学英米文学科）の英語教授に従事。兼ねて「自由新聞」の客員として論説や翻訳を執筆した。25年「日本英学新誌」を創刊。27年東京専門学校文科に迎えられ、逍遙と同文科の双璧であった。のち早大名誉教授。主著に「英和双解熟語大辞典」「英和比較英文法十講」「新撰英和辞典」など。

増田 連也
ますだ・れんや

新聞記者，衆院議員（改進党）
[生年月日]明治25年（1892年）12月
[没年月日]昭和40年（1965年）8月22日
[出生地]群馬県邑楽郡伊奈良村（板倉町）　[学歴]四高中退　[家族等]父＝増田甚平（群馬県議），兄＝増田長吉（群馬県議）

群馬県議を務めた増田甚平の三男。満州日報の政治記者として大正3年までアジア各地を視察。昭和10年群馬県議に当選、16年副議長、22年議長。24年衆院議員に当選、1期務めた。

真渓 涙骨
またに・るいこつ

宗教ジャーナリスト，中外日報創立者
[生年月日]明治2年（1869年）1月27日
[没年月日]昭和31年（1956年）4月14日
[出生地]福井県敦賀市　[本名]真渓正遵（またに・しょうじゅん）　[学歴]西本願寺文学寮（現・龍谷大学）卒

浄土真宗本願寺派・興隆寺に長男として生まれる。明治18年博多・万行寺の七里恒

順に師事。のちに西本願寺文学寮（現・龍谷大学）に学ぶ。30年教学報知新聞を創刊、35年総合的な宗教新聞を志して紙名を中外日報に変更。以後60年間にわたり、宗教や思想界の報道・論評に携わった。著書に「人生目録」「一関また一関」などがある。

又吉 康和
またよし・こうわ

新聞記者，ジャーナリスト，琉球新報社長，那覇市長
[生年月日] 明治20年（1887年）9月21日
[没年月日] 昭和28年（1953年）9月22日
[出身地] 沖縄県　[学歴] 早稲田大学卒

琉球新報記者となり、昭和14年社長に就任。16年一県一紙への統合で沖縄新報の常任監査役となる。戦後、沖縄民政府副知事を務め、27年琉球新報（戦後発足）の社長となってその基盤を築く。那覇市長を1期務めた。

町田 梓楼
まちだ・しろう

新聞記者
[生年月日] 不詳
[没年月日] 昭和30年（1955年）5月28日
[出身地] 長野

昭和12年9月、政府の欧米諸国への国民使節としてフランスに特派された。。当時は朝日新聞論説委員を務めていた。

町田 忠治
まちだ・ちゅうじ

東洋経済新報社社長，報知新聞社長，実業家，衆院議員（民政党），農相，商工相，蔵相
[生年月日] 文久3年（1863年）3月30日
[没年月日] 昭和21年（1946年）11月12日
[出生地] 出羽国秋田郡秋田（秋田県秋田市）
[別名等] 号＝幾堂　[学歴] 秋田師範学校中学師範予備科〔明治13年〕卒、帝国大学法科大学選科〔明治20年〕卒　[叙勲] 勲三等旭日中綬章〔大正5年〕、勲二等瑞宝章〔大正15年〕、勲一等瑞宝章〔昭和6年〕

出羽秋田藩主・佐竹家の支族に当たる町田家に6人きょうだい（5男1女）の四男として生まれる。3歳で父を亡くして祖父や母の手で育てられ、明治8年伯母・町田ナヲの養子となる。13年秋田師範学校中学師範予備科を卒業、県の留学生に選ばれて上京。大学予備門に入るが、15年脚気を患い帰郷。16年秋田日報主筆として犬養毅が秋田に来ると、その私塾・致遠館で政治・経済を学び、犬養の思想に大きな影響を受けた。17年秋田に来ていた内田康哉と再び上京し、東京大学選科に入学。傍ら犬養と行動を共にし、その紹介で大隈重信らの知遇を得た。20年大学を卒業すると法制局に勤務したが、21年朝野新聞社に入り新聞記者となる。24年犬養、尾崎行雄らと同社を辞めて郵便報知新聞に転じた。26年経済上の調査のため欧米を視察。27年日清戦争の勃発により帰国し、28年東洋経済新報社を設立、主幹となった。29年同社を天野為之に譲り、30年日本銀行に入行して副支配役、大阪支店次席、同支店金庫監査役などを務めた。32年山本達雄の日銀総裁を巡る、いわゆる"日銀騒動"に絡んで同行を辞した後、請われて在阪の山口銀行総理事に就任、大阪銀行集会所委員長なども兼ねて関西財界の有力者となったが、43年辞職。45年秋田県から衆院議員に当選して政界に入り、以後当選10回。はじめ立憲国民党に属したが、大正2年立憲同志会、5年憲政会の結党に参加。同党の会計監督や総務、筆頭総務などを歴任。一方で2年百十銀行理事、8〜13年報知新聞社長、9〜15

年秋田銀行取締役を務めるなど、実業界でも重きを成した。15年第一次若槻礼次郎内閣の改造に伴い農林大臣として初入閣。以降、昭和4年浜口雄幸内閣、6年第二次若槻内閣の各農相、9年岡田啓介内閣の商工相兼蔵相、19年小磯国昭内閣の国務相として入閣。この間、2年立憲民政党の結党に際してその総務となり、10年総裁に就任。また、12～15年内閣参議。近衛新体制運動による政党の解体には一貫して抵抗し続けたが、15年同党の解党を余儀なくされた。16年翼賛議員同盟顧問、17年翼賛政治会顧問。戦後、20年日本進歩党結成に際して総裁に推されたが、21年公職追放により総裁を幣原喜重郎に譲り、政界を引退した。その風貌が、麻生豊の4コマ漫画「ノンキナトウサン」の主人公によく似ていることから "ノントー" さんの愛称で衆望を集める一方、財政通として知られ、コッサ「財政学」の訳書がある。

松井 柏軒
まつい・はっけん

新聞記者
[生年月日] 慶応2年（1866年）11月23日
[没年月日] 昭和12年（1937年）1月10日
[出生地] 越後国中蒲原郡村松町（新潟県五泉市）　[本名] 松井広吉（まつい・ひろきち）

大橋佐平に招かれて長岡市の「越佐新聞」主筆となったのを振り出しに新聞界に入り、上京して「中央新聞」「万朝報」「やまと新聞」に執筆した。この間、博文館の創立に参画。大正10年松江の「松陽新聞」主筆となった。著書に「日本内閣論」「日本帝国史」「柏軒論集」「冷語熱語」など。

松尾 宇一
まつお・ういち

新聞記者、ジャーナリスト、郷土史家
[生年月日] 明治19年（1886年）7月10日
[没年月日] 昭和38年（1963年）9月23日
[出生地] 宮崎県　[学歴] 京都法政大学（現・立命館大学）卒

明治44年宮崎毎日記者。のち宮崎新聞、京都日出新聞編集長を経て、雑誌「太陽」主筆。戦後、宮崎市復興部長、宮崎県文化財専門委員を務めた。編著に「日向郷土事典」などがある。

松尾 卯一太
まつお・ういった

熊本評論創立者、社会運動家
[生年月日] 明治12年（1879年）1月27日
[没年月日] 明治44年（1911年）1月24日
[出生地] 熊本県玉名郡豊水村（玉名市）　[学歴] 済々黌4年修了

土地復権同志会の運動に関心を抱き、明治40年「熊本評論」を創刊し、土地復権運動に紙面を提供し、また社会主義運動の記事を掲載し、41年弾圧のため廃刊となる。同年上京し、幸徳秋水と会う。そのため43年の大逆事件に連坐し、死刑に処せられた。

松岡 好一
まつおか・こういち

新聞記者、大陸浪人
[生年月日] 慶応1年（1865年）
[没年月日] 大正10年（1921年）6月29日
[出生地] 信濃国南安曇郡長尾村（長野県安曇野市）

15歳で上京し、新門辰五郎のもとに投じ、剣客榊原健吉に入門。のち「東洋自由新聞」記者となり、また芝の温知学舎に学

ぶ。明治16年小笠原島に渡って小学教師となるが、在島中何かの罪に問われて東京鍛冶橋監獄に投ぜられ、出獄後九州方面に流浪して高島炭鉱の坑夫などにもなった。21年雑誌「日本人」に高島炭鉱坑夫虐待事件を摘発したルポルタージュを発表し話題となる。三宅雪嶺の北守南進論に共鳴し、24年シドニーに渡り日本人の南洋諸島進出の基礎をつくった。30年香港に赴き、宮崎滔天、平山周らと交わり中国問題を討究。のち康有為の「知新報」客筆となった。34年広東の時敏学堂教師となり、傍ら香港に旅館を経営し、台湾総督府に情報を通じた。

松岡 正男
まつおか・まさお

時事新報社長
[生年月日]明治13年（1880年）
[没年月日]昭和19年（1944年）10月28日
[出生地]青森県八戸市 [学歴]慶応義塾大学〔明治37年〕卒

京城新聞、時事新報社長。時事新報社長時は再建に尽くすが果たせず、時事新報は昭和11年東京日日新聞に併合された。青森県出身。

松崎 天民
まつざき・てんみん

新聞記者，ジャーナリスト，作家
[生年月日]明治11年（1878年）5月18日
[没年月日]昭和9年（1934年）7月22日
[出生地]岡山県真島郡垂水村（真庭市） [本名]松崎市郎

小学4年修了後、行商、牛乳配達、工場労務者など職を転々とし、明治33年「大阪新報」記者となる。以後、持って生まれた文才で「大阪朝日新聞」「国民新聞」「東京朝日新聞」などで25年にわたり新聞記者として活躍、独特の社会探訪記事がルポルタージュの先駆けとなる。また、大の食通であったところから昭和3年より雑誌「食道楽」を7年間主宰。民俗や社会の裏面を描くその文章は抒情的名文といわれた。著書に「淪落の女」「闇路を辿る女」「赤い恋と青い酒」「人生探訪」「浅草」「銀座」など。

松沢 求策
まつざわ・きゅうさく

「松本新聞」主筆，自由民権運動家，国会期成同盟創設者
[生年月日]安政2年（1855年）6月15日
[没年月日]明治20年（1887年）6月25日
[出生地]信濃国安曇郡等々力町林（長野県安曇野市） [別名等]号＝鶴舟

明治8年地元の武居用拙の塾で漢学を修めた。東京の大井憲太郎らの講法学社でも学ぶ。12年松本で「松本新聞」主筆となり、自由民権思想を広めた。13年長野県における国会開設政治結社・奨匡社創立に参加、代表として大阪の国会開設請願運動総代会に出席、同盟規約起草委員となり、上京して請願に奔走。同年河野広中、田中正造らと国会期成同盟を結成、政党樹立を提案。14年「東洋自由新聞」を創刊、西園寺公望を社長に迎えたが、政府の圧力で西園寺は退社、真相糾明を訴えて投獄された。出獄後八丈島に会社を創立したが失敗。のち長野県議に選ばれたが、20年代言人試験問題漏洩の罪で再び入獄した。

松下 軍治
まつした・ぐんじ

新聞経営者，やまと新聞社主，衆院議員（立

憲同志会）
[生年月日]慶応3年（1867年）3月15日
[没年月日]大正4年（1915年）10月23日
[出生地]信濃国水内郡津和村（長野県長野市）
[旧名]坂戸

25歳で上京、漢方医宅の食客となり、株式、鉱山業を経営して蓄財。明治32年「時論日報」創刊、次いで33年「やまと新聞」を買収し社主となった。活動写真の地方巡業を後援、45年には地方版、夕刊、正午版を発行するなど読者サービスに努めた。その間40年以来東京市から衆院議員当選2回、立憲同志会に属した。

松島　宗衛
まつしま・しゅうえ

新聞記者，評論家
[生年月日]明治4年（1871年）8月25日
[没年月日]昭和10年（1935年）2月5日
[出生地]熊本県八代郡八代町（八代市）　[別名等]号＝金華山　[学歴]東京専門学校卒

九州日日新聞に入り、明治27年から日清戦争に従軍記者。九州でセメント会社副支配人を経て東京日日新聞記者となった。33年北京特派員となり、北京通信界で活躍。日露戦争中満州日報副社長に転出。戦後香港に行き「香港日報」を創刊、社長。大正10年帰国、金鶏学院教授となり、時事研究社を主宰、東亜問題の研究を行い、雑誌「大日」などに論文を発表。中国美術に造詣深く、中国美術評論は注目された。著書に「横川省三伝」「清朝末路史」「黒林新語」などがある。

松島　廉作
まつしま・れんさく

静岡民友新聞創刊関係者，衆院議員（無所属）
[生年月日]安政3年（1856年）8月

[没年月日]昭和14年（1939年）4月22日
[出身地]静岡県　[学歴]東京専門学校法律科・経済学科

農業を営み、明治25年2月衆院議員初当選。その後5回の当選を果たした。また、明治24年、改進党機関新聞の「静岡民友新聞」を山梨易司らと創刊した。

松田　正久
まつだ・まさひさ

西海日報創立者，男爵，司法相，蔵相，文相，衆院議長，衆院議員（政友会）
[生年月日]弘化2年（1845年）4月12日
[没年月日]大正3年（1914年）3月4日
[出生地]肥前国（佐賀県）　[旧名]横尾　[叙勲]勲一等旭日桐花大綬章

藩校に学び、明治5年陸軍省からフランスに留学、政治・法律を学んで帰国、陸軍翻訳官となり、のち検事となった。14年退官し、西園寺公望と共に「東洋自由新聞」を創刊。15年、松田源五郎、西道仙などと「西海日報」を創刊。のち鹿児島造士館教諭・教頭、次いで文部省参事官。その後九州進歩党に参加、長崎県議、同県会議長となる。23年以来佐賀県から衆院議員当選7回。31年大隈内閣の蔵相。33年政友会に参画し、第4次伊藤内閣の文相となり、以後、37～39年衆院議長、39年西園寺内閣の司法相兼蔵相、44年第2次西園寺内閣、大正2年山本内閣の各司法相を歴任。原敬と並ぶ政友会重鎮。3年男爵。

松野　志気雄
まつの・しげお

編集者，「アサヒカメラ」編集長
[生年月日]明治35年（1902年）11月14日
[没年月日]昭和26年（1951年）3月29日
[出生地]神奈川県　[学歴]早稲田大学商科（現・商学部）卒

早稲田大学商科を卒業後、大正14年朝日新聞社に入社。昭和3年頃に写真雑誌「アサヒカメラ」編集長に就任し、同誌を写真・カメラの総合雑誌として大きく躍進させた。終戦直後、同社を退社して出版業に携わったが挫折。25年イブニングスター社発行の「カメラファン」編集部に入ったが、間もなく死去した。著書に「広告写真術」がある。

松原 寛
まつばら・かん

新聞記者，日本大学教授
[生年月日]明治25年（1892年）7月1日
[没年月日]昭和33年（1958年）9月12日
[出生地]長崎県　[学歴]京都帝大文科大学哲学科〔大正7年〕卒　文学博士〔昭和7年〕

大阪毎日新聞の美術記者を経て、大正10年日大教授となる。13年ドイツのハイデルベルク大に留学し、15年帰国。著書に「宗教文化の建設」「ヘーゲルと歴史哲学」「青年の哲学」など。

松原 二十三階堂
まつばら・にじゅうさんかいどう

従軍記者，小説家，記録文学者，ジャーナリスト
[生年月日]慶応2年（1866年）8月6日
[没年月日]昭和10年（1935年）2月26日
[出生地]伯耆国淀江町（鳥取県米子市）　[本名]松原岩五郎（まつばら・いわごろう）　[旧名]吹野　[別名等]別号＝乾坤一布衣，大盃満引生，岫雲

明治15年頃家出して大阪に出、のち上京、いろいろな仕事をしながら苦学し、21年「文明疑問」を自費出版する。その後雑誌に作品を発表し、23年「好色二人息子」を刊行し、24年「かくし妻」「長者鑑」などを刊行。25年国民新聞社に入社、「国民新聞」に「芝浦の朝烟」をはじめ「東京の最下層」などのルポルタージュを連載し、26年記録文学の傑作といわれる「最暗黒之東京」を刊行。日清戦争では従軍記者となり、最前線からの記事を送る。戦後、民友社文学部長に就任。34年博文館から創刊された「女学世界」の編集長となる。他の著書に「征塵余録」「社会百方面」などがある。

松実 喜代太
まつみ・きよた

新聞記者，衆院議員（立憲政友会）
[生年月日]慶応2年（1866年）11月
[没年月日]昭和28年（1953年）5月2日
[出身地]北海道　[学歴]成城学校，慶応義塾，横浜商業学校〔明治23年〕卒

北海タイムス記者となり、のち札幌毎日新聞社を経営する。北海道議、北海道拓殖計画調査委員を務め、大正9年から衆院議員に連続5回選出された。

松宮 幹樹
まつみや・かんじゅ

新聞記者，奉天毎日新聞社長
[生年月日]明治18年（1885年）
[没年月日]大正15年（1926年）11月7日
[出生地]福井県大飯郡高浜町

大正7年大阪毎日新聞の奉天特派員となり、中国に渡る。奉天内外通信社の事業を継承して、10年組織を改め「奉天毎日新聞」を創刊して社長となった。張作霖に反抗して兵を起こした郭松齢が敗れ、その外交部長格の殷汝耕が、15年新民屯の日本領事館に逃げ込んだ際には、その救出に活躍した。

松村 秀逸
まつむら・しゅういつ

兵器本廠付新聞班員，陸軍少将，参院議員（自民党）
[生年月日]明治33年（1900年）3月1日
[没年月日]昭和37年（1962年）9月7日
[出生地]熊本県　[学歴]陸士卒，陸大〔昭和3年〕卒

大正9年砲兵少尉任官。参謀本部付、野砲兵学校教官、10年兵器本廠付新聞班員となり、11年の2.26事件で「兵に告ぐ」の放送文を作成。13年3月関東軍参謀、同年7月軍務局付、14年大本営陸軍報道部長、15年情報局第2部第1課長、17年同第2部長心得、18年大本営陸軍報道部長、19年少将。20年2月大本営報道部は陸海軍一体となり同第1部長。同年7月広島の第59軍参謀長となり原爆被爆。戦後公職追放、解除後の31年参院選全国区に当選、参院法務委員長、自民党国防部長をつとめ、37年参院議員に再選された。戦争中の報道責任者として新聞統制を行ったり、「改造」「中央公論」の廃刊など、数々の言論統制を行った。

松本 雲舟
まつもと・うんしゅう

編集者，翻訳家
[生年月日]明治15年（1882年）12月7日
[没年月日]昭和23年（1948年）9月28日
[出生地]神奈川県　[本名]松本越　[別名等]別号＝漁民，漁翁　[学歴]早稲田大学卒

東京毎日新聞、新橋教文館、読売新聞、趣味之婦人などに勤務し、編集に従事する傍ら、宗教文学の著作、翻訳を発表。晩年は真鶴町長を務めた。シエンキエヰチ「何処へ行く クオヴァヂス」は「クォ・ヴァディス」の最初の翻訳として著名。他にメレジコフスキー「神々の死」などの翻訳がある。

松本 英子
まつもと・えいこ

ジャーナリスト，評論家
[生年月日]慶応2年（1866年）3月18日
[没年月日]昭和3年（1928年）4月23日
[出生地]下総国望陀郡茅野村（千葉県木更津市）　[本名]永井ゑい子（ながい・えいこ）　[旧名]松本ゑい子（ながい・えいこ）　[別名等]別名＝松本栄子，家永ゑい子，筆名＝みどり子　[学歴]女子商業師範学校（お茶の水女子大学の前身）〔明治23年〕卒

津田仙の三田救世学校（青山学院大学の前身）で学び18歳で同校の教師に。明治19年高等師範学校女子部（女子高等師範学校，現・お茶の水女子大学）に入学。23年学業終了後、賛美歌の日本語訳と編纂に参加、また華族女学校などの教壇にも立つ。結婚、出産、離婚と体験したあと、34年島田三郎社主の毎日新聞社（現在の毎日新聞とは別）に入社。足尾鉱毒事件の連載を担当し、同年11月21日からペンネーム"みどり子"で「鉱毒地の惨状」と題して掲載。35年3月23日付で中断したが、この連載は、足尾鉱毒の現場で被害者から直接に聞いた窮状を読者に伝え、その後の救済運動や田中正造の"直訴"（34年12月）にも大きな影響を与えた。35年渡米、現地邦人の永井元と再婚後もスタンフォード大学などで勉強をつづけ、第一次大戦中は米国内各紙を舞台に非戦の論陣をはった。没後「永井ゑい子詩文」が刊行された。

松本 君平
まつもと・くんぺい

ニューヨーク・トリビューン記者，ジャーナ

リスト，衆院議員（政友会）
[生年月日]明治3年（1870年）4月
[没年月日]昭和19年（1944年）7月28日
[出身地]静岡県菊川町（菊川市）　[学歴]フィラデルフィア大学，ブラウン大学大学院　文学博士

「ニューヨーク・トリビューン」記者、「東京日日新聞」記者、「自由新聞」主筆を経て、雑誌「大日本」を発刊する。その後中国に渡り、英文紙「チャイナ・タイムス」、「週刊チャイナ・トリビューン」を天津で発行、また北京では「日刊新支那」を発刊する。明治37年に衆院議員となり、通算5期務め、広東軍政府顧問、田中義一内閣海軍参与官となった。「金貨本位論」「新聞学」「欧風米雲録」など多くの著書がある。

松本　潤一郎
まつもと・じゅんいちろう

新聞記者，社会学者
[生年月日]明治26年（1893年）7月22日
[没年月日]昭和22年（1947年）6月12日
[出身地]千葉県銚子　[学歴]東京帝大文科大学哲学科〔昭和7年〕卒

大阪毎日新聞記者から日大、中大、東京女子大各講師、法政大教授を経て、昭和13年東京高師教授となった。一時日本出版文化協会文化局長も務めた。社会学者として社会集団、社会過程、社会形象の3対象を総合的に把握する総社会学を構想した。著書に「社会学原論」「集団社会学原理」「文化社会学原理」「現代社会学説研究」などがある。

松山　忠二郎
まつやま・ちゅうじろう

新聞記者，満州日報社長

[生年月日]明治2年（1869年）12月12日
[没年月日]昭和17年（1942年）8月16日
[出生地]近江国（滋賀県）　[別名等]号＝哲堂
[学歴]東京専門学校政治経済学科〔明治27年〕卒

明治27年東京経済雑誌社に入社し経済記者として修業。30年大阪朝日新聞社に入り、32年社命で米国留学、コロンビア大学で経済学を学ぶ。帰国後、東京朝日新聞に転じ、経済部長、44年編集局長。大正7年白虹事件の後、退社。9年読売新聞社を買収し社長兼主筆に就任。紙面刷新、販売拡充をはかったが関東大震災により社屋全焼した痛手が大きく、正力松太郎に社を譲った。昭和6～9年満州日報社長を務めた。

的野　半介
まとの・はんすけ

九州日報社長，衆院議員（憲政会）
[生年月日]安政5年（1858年）5月28日
[没年月日]大正6年（1917年）11月29日
[出生地]筑前国福岡（福岡県福岡市）

筑前福岡藩士で、漢学を学ぶ。平岡浩太郎・頭山満らの玄洋社の社員となり自由党に入る。明治41年から衆院議員（憲政会）に当選3回。また九州日報（福陵新報より改題）社長、関門新報社長、遼東新報顧問、若松取引所理事、筑豊坑業組合幹事などを務めた。

丸山　幹治
まるやま・かんじ

新聞記者，ジャーナリスト，政治評論家，毎日新聞「余録」コラムニスト
[生年月日]明治13年（1880年）5月2日
[没年月日]昭和30年（1955年）8月16日
[出生地]長野県　[別名等]号＝侃堂　[学歴]東京専門学校（現・早稲田大学）〔明治34年〕卒

[受賞]新聞文化賞〔昭和29年〕　[家族等]長男＝丸山鉄雄(音楽芸能プロデューサー)，二男＝丸山真男(政治学者)，三男＝丸山邦男(評論家)

日露戦争の旅順包囲戦に日本新聞社の従軍記者を務め、戦争の悲惨さを報じて軍部の怒りを買う。明治42年大阪朝日新聞社に入社、「天声人語」を担当したが、大正7年の米騒動をめぐる筆禍事件(白虹事件)のため、大山郁夫、長谷川如是閑らとともに退社。その後、読売新聞、中外新報、京城日報を経て、昭和3年には大阪毎日新聞社に入り、コラム「硯滴」を執筆。11年東京日日新聞に移っても「余録」と名を変えたコラムを合わせて25年間担当した。朝日「天声人語」の荒垣秀雄、読売「編集手帳」の高木健夫と並び称される。著書に「副島種臣伯」「硯滴余録」「余録二十五年」など。

丸山 作楽
まるやま・さくら

明治日報創立者，歌人，貴院議員(勅選)
[生年月日]天保11年(1840年)10月3日
[没年月日]明治32年(1899年)8月19日
[出生地]江戸芝三田四国町(東京都港区)　[出身地]長崎県　[本名]丸山正路　[別名等]幼名＝勇太郎，号＝盤之屋

肥前島原藩士の長男。幼くして坊主見習いとなり、平田銕胤らに学ぶ。文久、元治年間は志士と交わり国事に奔走し、慶応2年(1866年)入獄する。明治元年作楽と改名。官途に就いたが、対外硬派となり5年内乱のかどで終身禁錮刑に処せられ、13年恩赦で出獄。14年忠愛社をおこして「明治日報」を創刊。15年福地源一郎らと立憲帝政党を結成。19年宮内省図書助となり、憲法・皇室典範の調査に当たる。20年外遊。23年6月元老院議官、9月貴院議員となった。国学者として万葉調の和歌をよくし、歌集に没後の32年刊行された「盤之屋歌集」がある。

丸山 名政
まるやま・なまさ

新聞記者，衆院議員(同志研究会)
[生年月日]安政4年(1857年)9月25日
[没年月日]大正11年(1922年)11月21日
[出生地]江戸　[出身地]信濃国須坂(長野県須坂市)　[学歴]明治法律学校(現・明治大学)修了

講法学舎、明治法律学校に学び、内務省地理局に勤務。のち自由民権運動を始め、立憲改進党結成に参画。明治14年「東京輿論新誌」の編集に従事、「東京横浜毎日新聞」記者、16年「下野新聞」主筆、18年代言人となる。弁護士、東京市議、東京府議を経て、25年第2回総選挙に長野2区より出馬、衆院議員に。36年第8回総選挙では東京2区から当選。また、東京市助役、日本証券社長、松本瓦斯取締役も務めた。著書に「通俗憲法論」「国会之準備」「憲法論 大日本帝国憲法註釈」がある。

【み】

三浦 数平
みうら・かずへい

新聞記者，弁護士，衆院議員(政友会)，大分市長
[生年月日]明治4年(1871年)1月
[没年月日]昭和4年(1929年)9月7日
[出生地]大分県大分郡荏隈村(大分市)　[旧名]桜井　[学歴]明治法律学校卒　[家族等]息子＝三浦義一(国家主義者・歌人)

卒業後寺尾亨教授について国際私法を専攻。新総房主筆、朝日新聞記者から、判検事試験に合格して司法官試補となり、次いで大分町で弁護士、特許弁理士の事務所を開業。大分町会議員、同市会議員、同議長、県会議員を経て、大分市長を10年務めた。昭和元年郷里から衆院議員当選、3年再選、立憲政友会に属した。著書に「公民必携選挙法規と判決例」がある。

三浦 鑿
みうら・さく

ブラジルの新聞人，「日伯新聞」社主・主筆
[生年月日]明治14年（1881年）12月6日
[没年月日]昭和20年（1945年）10月26日
[出生地]愛媛県　[本名]三浦鑿造　[学歴]国民英学会中退

明治41年ブラジル海軍練習艦で渡航、海軍で柔道を教えた。大正8年「日伯新聞」の社主兼主筆となり、反体制的な社会時評に健筆をふるった。絶えず移民の側に立ち、移民会社と官憲の御用新聞に対抗、毒舌と洒脱なユーモアで出先官憲・武官の偏狭な日本国粋主義を批判した。このため昭和6、14年の2回国外追放処分を受け、戦時中は東京で何度も拘留された。戦後政治犯釈放令で巣鴨から出獄、間もなく死亡。筋金入りのリベラリストでブラジル移民中、異色の言論人であった。

三木 愛花
みき・あいか

新聞記者，戯文家
[生年月日]文久1年（1861年）4月5日
[没年月日]昭和8年（1933年）2月6日
[出生地]上総国山武郡大網（千葉県山武郡大網白里町）　[本名]三木貞一

明治13年上京し、田中従吾軒の塾に寓し漢学を修めた。「東京新誌」の記者を振出しにその後身「吾妻新誌」の主筆となり、さらに「朝野新聞」「東京公論」の記者を経て、新聞「寸鉄」を創刊。のち「万朝報」に入り、大正12年まで角力と将棋に力を尽した。主な作品に「東都仙洞綺話」「東都仙洞余譚」「社会仮粧舞」など。

三木 清
みき・きよし

哲学者，評論家，思想家
[生年月日]明治30年（1897年）1月5日
[没年月日]昭和20年（1945年）9月26日
[出生地]兵庫県揖保郡西村（たつの市）　[学歴]京都帝国大学文学部哲学科〔大正9年〕卒
[受賞]龍野市名誉市民〔平成10年〕　[家族等]弟＝三木克己（元大谷大学教授），三木繁（哲学）

京都帝国大学で西田幾多郎、波多野精一らに学ぶ。大正11年独仏に留学し、ハイデルベルク大学でリッケルト、マールブルク大学でハイデッガーの教えを受ける。カール・マンハイムや羽仁五郎、大内兵衛らとの交友で西欧マルクス主義に開眼。14年帰国。同年三高講師を経て、昭和2年法政大学教授。岩波文庫創刊に協力し、3年盟友羽仁五郎と「新興科学の旗の下に」を発刊。また同年の「唯物史観と現代の意識」は社会主義と哲学との結合について知識人に大きな影響を与え、マルクス主義哲学者として注目をあつめた。5年共産党に資金を提供した容疑で治安維持法違反に問われ検挙、投獄中に教職を失い著作活動に入る。以後マルクス主義から一定の距離を保ち、実在主義と宗教への関心を示し、やがて西田哲学と親鸞の研究に移った。この間反マルクス派とはならずにジャーナリズムの場で時代と文化の批判を展開、ファシズムと軍国主義に

抗して"新しいヒューマニズム"を主張。13年には近衛文麿のブレーンとして結成された昭和研究会に参加、体制内抵抗の道を模索したが挫折。17年陸軍に徴用され報道班員としてマニラに派遣。19年友人の共産主義者を自宅にかくまったことから、20年3月再度の治安維持法違反容疑で投獄、同年9月獄死。未完の遺稿に「親鸞」がある。主著に「パスカルに於ける人間の研究」「歴史哲学」「構想力の論理」（全2巻）「哲学ノート」「人生ノート」のほか、「三木清著作集」（全20巻、岩波書店）がある。

三木 善八
みき・ぜんぱち

新聞人，報知新聞社主
[生年月日] 安政3年（1856年）12月25日
[没年月日] 昭和6年（1931年）3月7日
[出生地] 淡路国洲本町（兵庫県洲本市）

「淡路新聞」「神戸港新聞」「大阪新報」の営業に携わったのち上京。明治19年矢野龍渓が「郵便報知新聞」の大改革を行ったとき請われて入社、営業を助けた。のち大隈重信から経営を一任されて社主となり、27年「報知新聞」に改名。さらに直営販売店の創設、色刷り輪転機の導入、夕刊の発行など着々と改良に成功して、明治末から大正にかけて都下第一の新聞に育て上げ、"新聞経営の神様"といわれた。

右田 寅彦
みぎた・のぶひこ

新聞記者，戯作者，歌舞伎狂言作者
[生年月日] 慶応2年（1866年）2月6日
[没年月日] 大正9年（1920年）1月11日
[出生地] 豊後国北海部郡臼杵村（大分県臼杵市）　[別名] 号＝柳塢亭、矮亭主人　[家族]兄＝右田年英（浮世絵師）

明治8年11歳で上京し、三田英学校や漢学塾で学ぶ。12年高畠藍泉（3代目柳亭種彦）に師事し、戯作者（小説家）を志す。「めさまし新聞」「都新聞」「東京朝日新聞」記者となり、艶種、雑報に才筆をふるう。22年小説「平松姫小松」を発表し好評を得る。44年帝国劇場開場とともに立作者となり、代表作に「塩原高尾」「堀部妙海尼」「二月堂」「鎌倉武士」「生島新五郎」「水谷高尾」などがある。また俳優・女優の育成にも尽力した。

三崎 亀之助
みさき・かめのすけ

新聞記者，官僚，衆院議員（自由党），貴院議員（勅選），横浜正金銀行副頭取
[生年月日] 安政5年（1858年）1月2日
[没年月日] 明治39年（1906年）3月16日
[出生地] 讃岐国丸亀（香川県丸亀市）　[学歴] 東京大学法学部〔明治15年〕卒　[叙勲] 勲四等

「明治日報」記者を経て、明治17年外務省御用掛となり、外務書記官として米国公使館駐在。さらに公使官書記官としてワシントン駐在、次いで外務省参事官となった。辞任後、京都の「中外電報」に執筆。23年以来香川県から衆議院議員に連続当選4回、立憲自由党（弥生倶楽部）に所属。29～31年内務省県治局長。29～39年勅選貴院議員。退官後、32年横浜正金銀行支配人となり、33～39年副頭取を務めた。

三品 藺渓
みしな・りんけい

新聞記者，戯作者
[生年月日] 安政4年（1857年）1月1日
[没年月日] 昭和12年（1937年）1月26日
[出生地] 江戸浅草（東京都台東区）　[本名] 三

品長三郎　[別名等]別号＝柳条亭華彦　[学歴]工部大学校電気建築科〔明治7年〕中退

明治8年工部省に入り、10年には西南戦争のため九州に出張するが健康を害し、13年に退職。療養中の新聞への投稿が高畠藍泉（三世柳亭種彦）に認められその門下となって戯作を執筆。15年東京絵入新聞の記者となる。29年東京朝日新聞に移る。代表作に「竹節清談」「噂の橘」。

水田　南陽
みずた・なんよう

新聞記者，小説家，翻訳家
[生年月日]明治2年（1869年）1月25日
[没年月日]昭和33年（1958年）1月3日
[出生地]淡路国籠江（兵庫県洲本市）　[本名]水田栄雄　[別名等]別名＝水田南陽外史　[学歴]立教大学卒

大学在学中、東京能弁学会に加盟し、機関誌「能弁」に寄稿、のち編集に加わる。明治24年頃「中央新聞」に入る。翻訳家・探偵小説家の黒岩涙香から原本の提供を受け、水田南陽外史の名で探偵小説を発表。29～32年渡欧して英国滞在中にコナン・ドイルを知る。帰国後、「不思議の探偵」の総題目で「シャーロック・ホームズの冒険」を翻訳、日本のホームズ紹介の先駆となった。33年「大英国漫遊実記」を博文館から刊行。43年編集総長で同社を退いて実業界に入り、糖業連合会の事務長などを務めた。

水谷　幻花
みずたに・げんか

新聞記者，演劇評論家
[生年月日]慶応1年（1865年）7月17日
[没年月日]昭和18年（1943年）6月20日
[出生地]江戸深川（東京都江東区）　[本名]水谷乙次郎

独学で文学を学び、硯友社に参加、万朝報記者を経て、明治33年東京朝日新聞社会部に入った。41年10月から同紙に「劇界風聞録」（のち演芸風聞録と改題）を連載し、演劇消息、ゴシップ、劇評などが好評を得た。大正12年退社。作品に「清玄と宗玄」「変てこな仇討」など。

水谷　竹紫
みずたに・ちくし

新聞記者，演出家，劇作家，第二次芸術座主幹
[生年月日]明治15年（1882年）10月8日
[没年月日]昭和10年（1935年）9月14日
[出生地]長崎県　[本名]水谷武　[学歴]早稲田大学文学部〔明治39年〕卒　[家族等]義妹＝水谷八重子（新派女優）

文芸協会から大正2年島村抱月の芸術座理事。また第2次「早稲田文学」の劇評を担当。「やまと新聞」、「東京日日新聞」の記者となった。13年第2次芸術座を再興、演出、経営に尽力、義妹の水谷八重子を育成した。昭和7年には中村吉蔵と雑誌「演劇」を主宰。戯曲「戦国の女」、小説「熱灰」などがある。

水谷　不倒
みずたに・ふとう

新聞記者，国文学者，小説家
[生年月日]安政5年（1858年）11月15日
[没年月日]昭和18年（1943年）6月21日
[出生地]尾張国名古屋長者町（愛知県名古屋市）　[本名]水谷弓彦　[学歴]東京専門学校（現・早稲田大学）英語部〔明治27年〕卒　[家族等]父＝水谷民彦（国学者），義父＝山口小太郎（独語学者）

尾張の国学者水谷民彦の六男として生まれる。明治元年東京に出て陸軍教導団に

入り、21年歩兵曹長を最後に除隊。東京専門学校で近松を中心とする近世文学を学び、卒業後「錆刀」「薄唇」「めなしちご」などの小説を発表する傍ら、「続帝国文庫」の浄瑠璃、脚本類の校訂に携わる。32～38年大阪毎日新聞記者を務め、40年精華書院に入社、「独逸語学雑誌」「初等独逸語研究」等多くのドイツ語雑誌を発行。

三田 澪人
みた・れいじん

新聞記者, 歌人
[生年月日]明治27年(1894年)1月7日
[没年月日]昭和41年(1966年)1月2日
[出生地]愛知県一宮市　[本名]柴田儀雄

26歳で名古屋新聞記者となる。大正10年歌集「水脈」を刊行。12年「短歌」を創刊。戦時中は中部日本新聞南方総局長に就任。

三田村 鳶魚
みたむら・えんぎょ

新聞記者, 江戸文化風俗研究家, 考証家, 随筆家
[生年月日]明治3年(1870年)3月17日
[没年月日]昭和27年(1952年)5月14日
[出生地]武蔵国南多摩郡八王子(現・東京都八王子市)　[本名]三田村玄龍　[学歴]東京法学校卒

東京・八王子の織物豪商の次男に生まれ、法学校を出たあと硯学島田蕃根に師事。明治22年20歳のころ三多摩壮士として民権運動に関与して検挙されたことがある。その後、星亨の自由の燈社に入ってから各地の新聞社を転々とし、40年に三宅雪嶺の政教社社員となり、「日本及日本人」に近世考証随筆を発表。そして3年後の「元禄快挙別録」を皮切りに大正、昭和にかけて約半世紀もの間、江戸時代のあらゆる分野にわたって考証と執筆を続け、"江戸"の生き字引といわれた。昭和13年「江戸読本」を創刊、主宰。主な著書に「江戸の珍物」「伊賀の水月」「芝居うらおもて」「好色一代男論講」「江戸っ子」「江戸の白浪」「お家騒動」「捕物の話」「大衆文芸評判記」など。生涯アカデミズムとは無縁で、没後に再評価され、「三田村鳶魚・江戸ばなし」(20冊, 柴田宵曲編)「三田村鳶魚全集」(27巻・別巻1, 中央公論社)が刊行されている。なお鳶魚というのは筆名で、詩経の「鳶飛んで天にいたり魚淵におどる」からとったもの。

三田村 甚三郎
みたむら・じんざぶろう

福井新聞社長, 衆院議員(民政党), 武生町(福井県)町長
[生年月日]慶応3年(1867年)10月
[没年月日]昭和9年(1934年)2月13日
[出生地]越前国武生(福井県越前市)　[別名等]前名=欽二　[学歴]東京専門学校政治科(現・早稲田大学)〔明治23年〕卒

先代・甚三郎の長男に生まれる。明治23年家督を継いで、前名・欽二を改めた。同年東京専門学校政治科を卒業して福井県武生で打刃物商を営む。傍ら、越前打刃物同業組合長、第五十七銀行取締役、南越鉄道取締役、大同肥料取締役を務める。一方、31年衆院議員に当選。憲政本党に属し、機関紙「福井新聞」(第4次)を創刊し社長も務めた。昭和5年民政党から出馬して2度目の当選を果たす。また福井県議、産業組合武生金庫組合長を歴任。晩年には福井県武生町長となった。

光岡 威一郎
みつおか・いいちろう

大日本実業学会「実業之日本」創業者
[生年月日]明治2年（1872年）3月15日
[没年月日]明治33年（1900年）9月6日
[出生地]肥前国杵島郡武雄（佐賀県武雄市）
[学歴]武雄中（旧制）〔明治19年〕卒、東京専門学校（現・早稲田大学）政治科〔明治26年〕卒

幼い時に両親を喪い叔父夫婦に養育される。明治19年武雄中学を優等で卒業、この間地元の儒者に就いて漢学を修める。23年まで地域の小学校で訓導を務め、夜学の普及など地方教育の刷新に尽力した。同年10月郷関を出て東京専門学校（現・早稲田大学）政治科に入学、同学の親友に増田義一がいた。26年7月卒業、引き続き研究科に入り応用経済学専攻の傍ら講義録の編輯に従事する。28年実業教育の振興をはかるため大日本実業学会を設立、農科商科の講義録を発刊し家居独習の途を開き会員3万余を数えた。30年6月機関誌として「実業之日本」を創刊、両輪相俟って実業発達の魁となり広く社会の信望を博した。翌年には後に重役となる都倉義一が入社し同誌の編輯に従った。2つの事業経営に精励苦心する中、33年病を得て夭折、享年僅か28。「実業之日本」は増田義一に譲られた。

満川 亀太郎
みつかわ・かめたろう

編集者、国家主義者、東亜問題研究家、拓殖大学教授
[生年月日]明治21年（1888年）1月18日
[没年月日]昭和11年（1936年）5月12日
[出生地]大阪府豊能郡南畠島　[学歴]早稲田大学〔明治40年〕中退、東京外国語学校（現・東京外国語大学）卒　[家族等]兄＝川島元次郎（日本近世史研究者）

「民声新聞」「海国日報」「大日本」編集を経て、大正7年世話人となって左右思想家や軍人の社交集団、老壮会を結成。8年には老壮会を母体とし、北一輝、大川周明とともに猶存社を成立。温厚で世話好きなため、北から"天神さん"とアダナされた。猶存社解散後、大川と行地社を結成。昭和2年一新社、5年興亜学塾を創設。6年には下中弥三郎の国民主義運動に参画し、7年新日本国民同盟中央常任委員。8年拓殖大学教授。著書に「黒人問題」、自伝「三国干渉以後」など。

三土 忠造
みつち・ちゅうぞう

新聞記者、衆院議員（立憲政友会）、内相
[生年月日]明治4年（1871年）6月25日
[没年月日]昭和23年（1948年）4月1日
[出生地]香川県　[旧名]宮脇　[学歴]東京高等師範学校〔明治30年〕卒　[家族等]弟＝宮脇長吉（衆院議員）、宮脇梅吉（内務官僚）

明治35年から4年間イギリスに留学、帰国後母校東京高師の教授となった。その後、東京日日新聞の記者となり編集長、相談役。韓国学政参与官を経て41年政界入り、衆院議員当選11回。政友会幹事、総務を務めたほか、大正9年大蔵参事官、ついで高橋是清内閣の内閣書記官長、加藤高明内閣の農商務・農林各政務次官。昭和2年田中義一内閣の文相、蔵相、6年犬養毅内閣の逓相、7年斎藤実内閣の鉄道相となった。辞任後の9年帝人事件に関連して偽証罪に問われ起訴されたが、12年全員無罪。15年枢密顧問官。戦後、幣原喜重郎内閣の内相兼運輸相、貴族院議員となった。信濃毎日新聞の特別寄稿家を務めた。

光永 星郎
みつなが・ほしお

電通創業者，貴院議員（勅選）
[生年月日]慶応2年（1866年）7月26日
[没年月日]昭和20年（1945年）2月20日
[出生地]肥後国八代郡野津村（熊本県八代郡氷川町） [別名等]幼名＝喜一，号＝八火 [叙勲]勲三等瑞宝章〔昭和16年〕 [家族等]弟＝光永真三（電通社長）

長男として生まれる。東光寺小学校を卒業後、私塾で漢学を学ぶ。また、横井小楠の高弟である徳富一敬の共立学舎に入り、一敬の子である徳富蘇峰にも師事した。明治16年当時高揚していた自由民権運動の九州の実情を見て回り、福岡では頭山満と出会い、その大陸経営論に大きな影響を受けたといわれる。そして、学資不要でも大陸に雄飛できる職業として軍人を志し、18年陸軍士官学校の試験を受けたが失敗。同年上京、旧肥後熊本藩主・細川家が建てた有斐校の給費生となり苦学を続けたが、履き物を履かず裸足で通していたことがもとで右足が凍傷にかかり、これが原因となって右膝関節の自由を失い、軍人志望を断念せざるを得なくなった。20年自由民権運動に参加、保安条例違反で東京から半年間追放された。22年大阪朝日新聞の嘱託通信員、23年大阪公論記者となったが、同年多額納税で第1回貴院議員に選ばれた郷里の資産家・井芹典太の政治顧問を委嘱されて再び上京。東京では星亨の院外政治団体・自由倶楽部の党員となり、26年朝鮮を視察。27年甲午農民戦争が起こると、めさまし新聞特派員として再び同地へ渡り、同年の日清戦争でも従軍記者も務めた。29年台湾への派兵に従軍、このとき毎日新聞特派員として派遣された権藤震二（権藤成卿の実兄）と同行、親交を結んだ。同年喜一から星郎に改名。台湾では新聞記者から官吏に転じたが、31年辞職して上京。しかし、憲政党内の政争に巻き込まれ、板垣退助の紹介で北海道へ渡り、釧路で北海道庁の開拓事業に従事した。34年日向輝武、山崎嘉太郎の後援を得て日本広告株式会社を創立して常務となり、同年個人経営の電報通信社を発足。実務は権藤が担った。39年株式会社電報通信社を設立して専務となり、40年両社を合併して日本電報通信社と改称（のちの電通）、通信業と広告代理業の一体経営化を実現させた。大正12年社長制を敷いて初代社長に就任。この間、明治40年米国のUP通信社と提携、ロイター通信社の独占であった日本の国際通信界に新生面を開いた。昭和8年勅選貴院議員。11年国策により通信部門を分離して同盟通信社に譲渡、代わって同盟広告部を吸収して広告代理業専業となり、博報堂と並ぶ日本の2大広告代理店となった電通の基礎を築いた。日本新聞協会理事長も務めた。

光行 寿
みつゆき・ひさし

新聞記者，学陽書房創業者
[生年月日]明治40年（1907年）
[没年月日]昭和38年（1963年）10月23日
[学歴]京都帝国大学法学部卒 [家族等]妻＝光行宮子（学陽書房社長），息子＝光行紘二（学陽書房社長）

京都帝国大学法学部を卒業後、毎日新聞記者、阿部信行首相秘書などを経て昭和23年東京・日本橋茅場町に学陽書房を創業。翌24年には雑司が谷の菊池寛邸に社屋を移転した。創業時は文芸出版を志向したが、新憲法の発布に伴って行政制度や諸法令が刷新されたのに着目し、「地方自治小六法」などをはじめとする各種の

六法・法令・行政実務書の出版に転じて業績を伸ばした。

南 新二
みなみ・しんじ

新聞記者，小説家
[生年月日]天保6年(1835年)1月7日
[没年月日]明治28年(1895年)12月29日
[出生地]江戸下谷(東京都台東区) [本名]谷村要助 [別名等]別号＝北古三，東の喜三二

幕府の御数奇屋坊主で、明治に入って東京絵入新聞、東京日日新聞、やまと新聞の記者などを歴任。また作家としても活躍し、明治23年「鎌倉武士」を刊行。江戸戯作系の特異な作家として、落語や小噺ものこしている。

箕浦 勝人
みのうら・かつんど

郵便報知新聞社社長，通信相，衆院副議長，衆院議員(憲政会)
[生年月日]嘉永7年(1854年)2月15日
[没年月日]昭和4年(1929年)8月30日
[出生地]豊後国臼杵(大分県臼杵市) [旧名]実相寺 [学歴]慶応義塾〔明治7年〕卒 [叙勲]勲一等

実相寺の僧の二男で、のちに臼杵藩側用人箕浦家の養子となる。明治4年上京。8年郵便報知新聞社に入り、12年主筆、20〜大正2年社長に就任。この間明治12年宮城県師範学校長、13年神戸商業講習所長となり教育に従事。14年立憲改進党に入党、15年東京府会議員、23年以来衆院議員に連続15回当選。29年農商務局長、31年通信次官、36年衆院副議長を歴任。大正2年立憲同志会成立で加盟し、3年大隈内閣の通信参与官、4年通信相となる。同志会が憲政会に合流後、加藤高明の下で役員。15年大阪松島遊廓移転にからむ疑獄に連座し、拘引されたが無罪判決を受ける。

宮川 武行
みやかわ・たけゆき

九州日報社長
[生年月日]安政1年(1854年)
[没年月日]明治45年(1912年)2月15日
[出生地]筑前国福岡(福岡県福岡市)

もと筑前福岡藩士で、玄洋社同人。明治11〜12年頃福岡に平仮名新聞を創刊し、当地言語界の先駆をなしたが、まもなく廃刊。ついで福岡県、鳥取県の警察官を経て、台湾の雲林支庁長となり開墾と産業開発に努めた。34年任を辞し帰郷して九州日報社長に就任。39年伊藤博文統監の時、韓国に赴任して警察部長となる。日鮮融和に貢献し帰郷後、43年頃九州板紙を創立した。

宮川 鉄次郎
みやがわ・てつじろう

新聞記者，東京市助役
[生年月日]慶応4年(1868年)2月19日
[没年月日]大正8年(1919年)5月16日
[出生地]静岡県 [学歴]東京専門学校(現・早稲田大学)卒

東京専門学校を卒業して直ちに会計検査院勤務となり、中央新聞記者、都新聞記者などを約15年間務め、のち東京の牛込区議・議長となる。牛込区長を5年間務め、明治41年から東京市助役となって、市区改正、水道拡張などに努めた。

三宅 周太郎
みやけ・しゅうたろう

編集者，演劇評論家
[生年月日]明治25年（1892年）7月22日
[没年月日]昭和42年（1967年）2月14日
[出生地]兵庫県加古川市 [学歴]慶応義塾大学文科〔大正7年〕卒 [受賞]日本芸術院賞恩賜賞〔昭和42年〕，菊池寛賞〔昭和39年〕

少年時代から演劇に親しみ、慶大在学中に演劇評論家として出発し、大正11年「演劇往来」を刊行。12年大阪毎日新聞に入社し、13年から「演劇新潮」を編集する。その一方で歌舞伎や文楽も好んだ。他の著書に「文楽之研究」「演劇評話」「演劇巡礼」「観劇半世紀」などがある。

三宅 晴輝
みやけ・せいき

経済評論家
[生年月日]明治29年（1896年）3月4日
[没年月日]昭和41年（1966年）9月1日
[出生地]兵庫県 [学歴]早稲田大学商科〔大正8年〕卒

三菱商事に入社したが大正13年東洋経済新報社に転じ、電力部門を担当、松永安左エ門、小林一三らの知遇を得た。昭和15年常務理事となった後退社。戦時中、九州の旅館で朝香宮の行状を女中に話したことが刑事に知れ、不敬罪で懲役1年半（執行猶予2年）の判決を受けた。戦後NHK理事から23年東宝取締役となったが、東宝争議で退社。産経新聞論説委員、NHK放送審議会委員などを歴任した。経済評論家としても著名。著書に「日本銀行」など。

三宅 青軒
みやけ・せいけん

新聞記者，小説家
[生年月日]元治1年（1864年）5月23日
[没年月日]大正3年（1914年）1月6日
[出生地]京都 [本名]三宅彦弥 [別名等]別号＝緑旋風，雨柳子

博文館の「文芸倶楽部」、金港堂の編集を経て二六新聞記者となった。明治25年刊「小説花相撲」に作品「この眼」が収録。当時深刻小説といわれた「奔馬」「堕落」「怨めしや」などを文芸倶楽部に執筆。39〜44年にかけ大学館から「武士道小説・土手の道哲」、続編、「豪傑小説・拳骨勇蔵」、「豪傑小説・国姓爺の妻」、後編を、三芳屋書店から「女優菊園露子」「後の菊園露子」などを緑旋風の名で刊行。英雄、探奇など大衆作家に終始した。

三宅 雪嶺
みやけ・せつれい

新聞記者，ジャーナリスト，評論家，哲学者，「我観」主宰
[生年月日]万延1年（1860年）5月19日
[没年月日]昭和20年（1945年）11月26日
[出生地]加賀国金沢城下新堅町（石川県金沢市） [本名]三宅雄二郎（みやけ・ゆうじろう） [別名等]幼名＝雄次郎，雄叔 [学歴]東京大学文学部哲学科〔明治16年〕卒 文学博士〔明治34年〕 [資格]帝国芸術院会員〔昭和12年〕 [叙勲]文化勲章〔昭和18年〕 [家族等]妻＝三宅花圃（小説家），兄＝三宅恒徳（法学者），岳父＝田辺太一（幕臣），女婿＝中野正剛（ジャーナリスト），甥＝三宅恒方（昆虫学者）

加賀藩の儒医・三宅恒（立軒）の第4子。河波有道について四書五経の素読を受け、次いで金沢の仏語学校・英語学校に学ぶ。明治8年学制改革により名古屋の愛知英語学校に転入したのを経て、9年上京して開成学校（現・東京大学）に進学。11年軍人を志して一旦退学するが、12年東京大学文学部哲学科に再入学し、フェノロサ、外山正一、中村正直らに師事する一方、図

書館でスペンサー、ヘーゲル、カーライルなどの著書を読み漁った。16年卒業後、東大文学部准教授兼編集方となり、日本仏教史の編纂に従事。この頃より新聞・雑誌への投稿をはじめ、17年には自由新聞記者の肩書きで秩父事件を視察した。19年文部省編集局に転じ、最初の著書である『日本仏教史』を刊行。20年より東京専門学校（現・早稲田大学）政治学科講師として論理学などを、哲学館（のちの東洋大学）講師として西洋哲学史を講じた。同年上司と衝突して文部省を退官し、以後は終生官途に就かず在野を貫く。21年杉浦重剛、志賀重昂、井上円了らと政教社を設立し、自身の命名による雑誌『日本人』を創刊、井上馨・大隈重信両外相の条約改正交渉案や政府の欧化政策、藩閥政府を鋭く批判したのをはじめ、古今東西にわたる該博な知識を駆使して時事・政治・哲学から歴史・宗教・芸術などにいたるまで幅広い分野において論評を加え、西洋優位と見られていた当時の思潮に対して東洋ひいては日本への回帰を促す国粋保存主義の代表的言論人として、明治20年代以降の論壇を牽引した。23年『江湖新聞』主筆。24年『国会新聞』特別客員として論説を担当。同年『日本人』所載の論文をめぐり当局から発売禁止を命ぜられたため、同誌を廃刊して新たに週刊誌『亜細亜』を発行したが、これもたびたび発行停止処分を受けたため、26年『日本人』を復活させた。27年からは陸羯南の主宰する新聞『日本』に署名入りで執筆を開始。35〜36年渡欧。37年『日本』の従軍記者として日露戦争を観戦。38年より陸羯南が病気のため『日本』の社説を担当したが、39年同紙の経営権を取得した伊藤欽亮の方針を不服として退社した古島一雄、長谷川如是閑ら同紙の記者らを迎え入れ、新聞『日本』の精神を継ぐものとして雑誌『日本人』を『日本及日本人』に改称、その主筆として40年1月発行の創刊号より毎号題言や論説を発表した。この間もヘーゲル、スペンサー、王陽明らの思想を紹介するなど東西哲学の研究を進めながら独自の体系的な思想構築を目指し、24年『真善美日本人』『偽醜悪日本人』、25年『我観小景』、42年『宇宙』、大正2年『明治思想小史』などを刊行。9年には『女性日本人』を創刊し、巻頭言や論説を寄稿した。12年関東大震災で政教社の社屋が消失したのを機に同社を退社。同年女婿の中野正剛とともに我観社を設立して個人雑誌『我観』（昭和11年『東大陸』、19年第二次『我観』に改題）を創刊し、以降は同誌を中心として引き続き健筆を振るった。昭和7年からは野依秀市の依頼で『帝都日日新聞』に隔日で小文を寄稿。12年同郷の林銑十郎が組閣した際、文相として入閣を要請されたが固辞した。18年文化勲章を受章。20年空襲で自宅が全焼し、戦後狛江に転居して間もなく死去した。他の著書に『同時代史』（全6巻）『東洋教政対西洋教政』（全2巻）、『東西英雄一夕話』『人物論』『英雄論』などがある。

三宅 磐
みやけ・ばん

横浜貿易新報社長，衆院議員（民政党）
[生年月日]明治9年（1876年）6月8日
[没年月日]昭和10年（1935年）5月23日
[出生地]岡山県岡山市西田町　[別名等]号＝操山　[学歴]東京専門学校英語政治科〔明治32年〕卒

明治32年大阪朝日新聞社経済部に入社。34年関西労働組合期成会結成に参加し、演説会で「都市と社会主義」などを発表。

38年大阪同志会を設立。39年東京日日新聞に移り経済部長となる。41年横浜市政顧問となり、42年から「横浜貿易新報」社長兼主筆。その後、横浜市議、神奈川県議などを歴任し、昭和7年から3回衆院議員に当選した。著書に「都市の研究」がある。

宮崎 三昧
みやざき・さんまい

新聞記者, 小説家
[生年月日]安政6年(1859年)8月1日
[没年月日]大正8年(1919年)3月22日
[出生地]江戸下谷御徒町(東京都台東区) [本名]宮崎璋蔵 [学歴]東京師範〔明治12年〕卒

幼少時に儒者であった父と別れ、母の手で育てられる。父の弟子・伊藤六石や芳野金陵らに漢学を習う。茗渓学校を経て、明治12年東京師範学校を卒業し、一時は佐倉の中学や母校などで教えたが、13年新聞記者に転じて「東京日日新聞」に入社し、校正、雑報、論説を担当した。その後、19年「やまと新聞」、21年「電報新聞」を経て、同年招かれて「大阪毎日新聞」に入り、論説や小説を発表。一方で「都の花」「新著百種」などに「嵯峨の尼物語」「松花録」などの小説を寄せた。22年「大阪朝日新聞」、23年「東京朝日新聞」に入社し、同紙上に「かつら姫」などを連載し、特に歴史小説「塙団右衛門」は好評を博した。30年以降は妻女の病気にため小説から遠ざかって劇評や随筆を書くにとどまり、晩年は江戸文学の校訂、翻刻に専念した。江戸趣味の通人であり、饗庭篁村、幸堂得知、幸田露伴らによる江戸趣味の文人グループである根岸派のメンバーとしても知られる。他の著書に「二夫婦」「珍書百種」「真偽不保証」などがある。

宮崎 晴瀾
みやざき・せいらん

長野新聞主筆, 漢詩人
[生年月日]慶応4年(1868年)8月20日
[没年月日]昭和19年(1944年)2月2日
[出生地]土佐国(高知県) [本名]宮崎宣政

上京して「自由新聞」で活躍。「長野新聞」主筆を務める。明治23年森槐南を盟主として詩友と星社を復興するが、のち木蘇岐山らと脱会。伊藤博文、矢土錦山、野口寧斎らと親交があった。詩集に「晴瀾焚詩」(29年)がある。

宮崎 滔天
みやざき・とうてん

言論人, 評論家
[生年月日]明治3年(1870年)12月3日
[没年月日]大正11年(1922年)12月6日
[出生地]肥後国玉名郡荒尾村(熊本県荒尾市)
[本名]宮崎虎蔵 [別名等]通称=宮崎寅蔵, 別号=南蛮鉄, 白寅学人, 不忍庵主, 雲介, 白浪庵滔天, 桃中軒牛右衛門など [学歴]大江義塾, 東京専門学校(現・早稲田大学)中退 [家族等]長男=宮崎龍介(東大新人会の創始者), 兄=宮崎八郎(自由民権運動家), 宮崎民蔵(社会運動家), 宮崎弥蔵(革命家)

豪農の6人兄弟の末っ子で、「官軍や官員は泥棒の類」を信条に成長。兄たちの感化もあって社会主義やアジア問題に深い関心を抱く。大陸雄飛の志を抱き、シャム(タイ)に渡るなどしたのち、犬養毅の口ききで外務省嘱託として中国に渡る。帰国後、明治30年に横浜で亡命中の孫文に会って傾倒、翌年5月には「九州日報」に孫逸仙「幽囚録」を訳載して、初めて孫文を日本に紹介した。犬養や頭山満とともに中国の革命運動やアギナルドのフィリピン独立運動に無欲の援助をしたが、いずれも失敗に帰したため一時、桃中軒雲

右衛門の弟子となって浪曲を語りもした。35年「二六新報」に自伝「三十三年之夢」を書いたところ、これが漢訳されて孫文の紹介書となり、中国人の間に滔天の名を高めた。日露戦争中は、東京の中国人留学生の間に革命の機運が高まっていたが、38年孫文の来日を機に中国同盟会を発足させ、自らは同盟会の日本全権委員に。39年「革命評論」を創刊。44年辛亥革命が成立すると中国に渡り、革命の同志として総統府顧問に迎えられたが、同盟会は改組して国民党となった。晩年は「上海日日新聞」などで日本の大陸政策を批判し、中国革命に無私の献身をつづけたが、大正9年の五四運動とその後の排日運動の高まりの中で病死した。「宮崎滔天全集」（全5巻，平凡社）がある。

宮崎　夢柳
みやざき・むりゅう

新聞記者，翻訳家，小説家
[生年月日]安政2年（1855年）
[没年月日]明治22年（1889年）7月23日
[出生地]土佐国（高知県）　[本名]宮崎富要　[別名等]別号＝宮崎芙蓉，戯号＝夢柳狂士

藩校致道館に学び、藩主容堂公に詩才を賞された。東京に遊学した後、明治13年自由党系の「高知新聞」記者となる。自由民権運動に加わり、15年上京して「絵入自由新聞」「自由燈」に政治小説を連載。主な作品にデュマの翻案「仏蘭西革命記自由乃凱歌」、ステプニャック「地底のロシヤ」に拠った「虚無党実伝記鬼啾啾」などがある。

宮武　外骨
みやたけ・がいこつ

ジャーナリスト，明治文化史研究家，新聞雑誌研究家，明治新聞雑誌文庫初代主任
[生年月日]慶応3年（1867年）1月18日
[没年月日]昭和30年（1955年）7月28日
[出生地]讃岐国小野村（香川県綾歌郡綾川町）
[別名等]幼名＝亀四郎，別号＝半狂堂　[学歴]進文学舎　[家族等]甥＝吉野孝雄（宮武外骨研究家）

豪農の四男に生まれる。雑誌作りに憧れて18歳で上京、明治20年に「頓智協会雑誌」を創刊したが、3年後の28号で折からの憲法発布を諷刺して重禁固3年、罰金100円、監視1年の刑。出所後は失敗や不運続きで、32年に台湾へ渡り、帰国の翌34年、大阪で「滑稽新聞」を創刊、処罰覚悟の捨て身の官僚攻撃で読者を沸かせ、言論界に復帰した。政府からは社会主義者＝特別要視察人に指定され、浮世絵雑誌や新聞などのメディアを操ってこれに抵抗後、大正4年衆院選落選を置き土産に上京。不運続きの中でも部分的成功はあったが、大正の中ごろからは江戸文化を中心としたワイセツ研究に転向。13年から吉野作造らと明治文化研究会を開催。15年に東京帝大法学部内に明治新聞雑誌文庫が設立されるとその主任となり、以後約30年間、同文庫の充実に尽力した。その間、昭和6年には懺悔録「自家性的犠牲史」を書いて奇名を挙げている。古川柳・浮世絵の研究家としても知られ、晩年は日本新聞史の研究に没頭した。生涯を通じて発禁20回、罰金16回、入獄2回を記録。著書も「筆禍史」「賭博史」「売春婦異名集」など奇書が多い。

宮部　寸七翁
みやべ・すなお

新聞記者，ジャーナリスト，俳人
[生年月日]明治20年（1887年）1月12日
[没年月日]大正15年（1926年）1月30日

[出生地]熊本県下益城郡杉上村（熊本市） [本名]宮部俊夫 [別名等]号＝峻峰 [学歴]早稲田大学政経学部卒 [家族等]叔父＝三隅雲涛（ジャーナリスト）

農家の一人息子として生まれる。大学卒業後、九州新聞記者となり、峻峰の号で活躍するが、同社のストライキ事件に巻き込まれ退社。大正元年肥後青年倶楽部を組織。九州立憲新聞経営を経て、叔父の三隅雲涛が経営する博多毎日新聞編集長となる。5年結核を発病、句作を始め、「ホトトギス」などに投句。熊本俳壇に現れた女流俳人・斎藤破魔子（のち中村汀女）と親交を持ち、指導した。15年病没。昭和4年吉岡禅寺洞により「寸七翁句集」が編まれた。

三好 米吉
みよし・よねきち

新聞記者，柳屋画廊主人
[生年月日]不詳
[没年月日]昭和18年（1943年）
[出生地]兵庫県神戸市 [出身地]広島県 [別名等]筆名＝何尾幽蘭，幽蘭女史

大阪江戸堀の米屋の息子として生まれる。明治34年20歳で近所にあった宮武外骨主宰の滑稽新聞社に入社。何尾幽蘭、幽蘭女史の筆名で活躍し、筆禍により度々監獄に入る。滑稽新聞廃刊後は柳屋書店を開業、大正10年には場所を移転して名を柳屋画廊に改め、本格的な画廊経営に乗り出す。同店は与謝野晶子の指導の下で錦絵や郷土玩具、有名文士の揮毫短冊の他、竹久夢二デザインの便箋や封筒なども販売し、店の装飾は陶芸家の富本憲吉が手掛けた。また書店時代から刊行していた販売目録「美術と文芸」を「柳屋」と改め、個人雑誌スタイルにして刊行し続けた。彼の周辺を記した資料に「柳屋一家、三好米吉と其の周辺の古い思い出の記」がある。

三輪 精一
みわ・せいいち

新聞記者，衆院議員（自民党）
[生年月日]明治35年（1902年）8月
[没年月日]昭和39年（1964年）6月14日
[出生地]青森県 [学歴]中央大学卒

東京民友新聞、やまと新聞各記者を経て、日刊北辰日報を発行。社長兼主筆になる。のちに事業にも手を染め、青森県議を経て、昭和27年10月衆院議員に初当選。以後、通算4回当選。この間、第1次池田内閣建設政務次官や自民党幹事、国会対策副委員長等を務めた。

【む】

武藤 金吉
むとう・きんきち

上野新聞主宰者，実業家，衆院議員（政友会），帝国蚕糸重役
[生年月日]慶応2年（1866年）5月15日
[没年月日]昭和3年（1928年）4月22日
[出生地]上野国山田郡休泊村龍舞（群馬県太田市） [別名等]号＝龍山 [学歴]英吉利法律学校卒 [叙勲]従四位勲二等

自由党に入り自由民権を唱え、足尾鉱毒事件に活動。明治16年上京、法律学校卒業後は実業新聞、上野新聞を主宰。のち実業界に入り、帝国蚕糸、群馬農工銀行、山保毛織などの重役を務めた。23年以来群馬県から衆院議員当選8回、その間赤城事件に連座、獄中立候補して当選した。立憲政友会に属し、43年ベルギーの万国

議員会議に出席、前後3回欧米漫遊。イタリア、中国の蚕糸業を視察、蚕糸業発展に尽した。生産調査会委員、大日本蚕糸会評議員、大日本蚕糸同業組合中央特別議員などを務めた。昭和2年田中義一内閣の内務政務次官に就任。

武藤 山治
むとう・さんじ

時事新報社長，実業家，鐘淵紡績社長，衆院議員
[生年月日]慶応3年（1867年）3月1日
[没年月日]昭和9年（1934年）3月10日
[出生地]尾張国海部郡鍋田村（愛知県）　[旧名]佐久間　[学歴]慶応義塾〔明治17年〕卒　[家族等]二男＝武藤糸治（鐘紡社長），孫＝武藤治太（ダイワボウ会長）

美濃国（岐阜県）の豪農・佐久間国三郎の長男に生まれ、のち武藤家の養子となる。明治17年慶応義塾卒業後に渡米、カリフォルニア州のパシフィック大で学ぶ。20年帰国し、ジャパン・ガゼット新聞社に勤務する傍ら、日本で最初の広告取次業をはじめ、「博聞雑誌」を刊行。26年中上川彦次郎の誘いで三井銀行入り。27年鐘淵紡績に移り、兵庫工場支配人、本社支配人、41年専務を経て、大正10年社長。鐘紡を大阪紡、三重紡、富士紡とならぶ4大紡の一つに成長させた。12年実業同志会を創立、会長となり、13年以降衆院議員当選3回。昭和5年鐘紡退社、7年政界を引退、時事新報社長に就任した。9年同紙の連載「番町会を暴く」で帝人事件火つけ役ともなるが、同年鎌倉で狙撃され死亡した。著書に「紡績大合同論」、「武藤山治全集」（全9巻）などがある。

宗方 小太郎
むなかた・こたろう

東方通信社長，大陸浪人，軍事探偵
[生年月日]元治1年（1864年）7月5日
[没年月日]大正12年（1923年）2月3日
[出生地]肥後国宇土（熊本県宇土市）　[別名等]号＝北平，中国名＝宗大亮

肥後宇土藩士の子として生まれる。佐々友房の済々黌に学び、明治17年佐々に従って渡清、上海の東洋学館で中国語を学ぶ。21年参謀本部より派遣された荒尾精の楽善堂北京支部に入って清国事情の調査に当り、特に日清戦争中は特別任務班にあった。戦後、漢口で「漢報」、福州で「閩報」の新聞を主宰。ついで東亜同文会、東亜同文書院の設立に参画し、大正3年東方通信社を設立した。

宗貞 利登
むねさだ・としたか

朝日新聞那覇支局長
[生年月日]不詳
[没年月日]昭和20年（1945年）6月25日
[家族等]又従兄弟＝織井青吾（作家）

昭和19年朝日新聞台北支局から那覇支局長として単身赴任。支局員の上間正ятとともに従軍記者として戦争報道に従事。20年の米軍沖縄本島上陸の際も原稿を本社に送り、従軍第一報として写真入りで掲載された。同年6月死去。又従兄弟にあたる作家の織井青吾が、軍への不信を抱きながらも規制下で記事を書かざるを得なかった宗貞の無念さをドキュメンタリータッチで描き、平成3年「最後の特派員—沖縄に散った新聞記者」として出版した。

村井 啓太郎
むらい・けいたろう

新聞記者,実業家
[生年月日]明治8年(1875年)
[没年月日]昭和27年(1952年)
[別名等]別名＝筑紫二郎

旧久留米藩士の長男。明治32年東京大学政治学科を卒業し池辺三山の紹介で「東京朝日新聞」に入社。同年北京通信員として赴任。33年の北清事変では2か月に及ぶ籠城の様子を綴り、東京、大阪朝日新聞紙上で「北京籠城日記」として報じ大きな反響を呼んだ。40年退社して満鉄入社。大正9年大連市長を経て、満州銀行頭取などを勤めた。

村井 弦斎
むらい・げんさい

新聞記者,小説家
[生年月日]文久3年(1863年)12月18日
[没年月日]昭和2年(1927年)7月30日
[出生地]三河国豊橋(愛知県豊橋市) [本名]村井寛 [別名等]号＝楽水 [学歴]東京外語学校〔明治13年〕中退、東京専門学校〔明治23年〕中退 [家族等]長女＝村井米子(登山家・随筆家)

三河国豊橋(愛知県)の儒者の家に生まれ、慶応3年(1867年)父に伴われて上京。維新後、一家は零落。明治6年東京外語学校に入りロシア語を修めるが、13年中退。以後、独学で法律、経済、政治などを学び、15年「毎日新聞」の懸賞論文に応募した「内地雑居利害論」が3等に入選。17〜20年渡米。この間、同地で矢野龍渓の知遇を得、21年処女作「加利保留尼亜」を発表。「郵便報知新聞」の客員となる傍ら、東京専門学校に学ぶが、23年中退して同紙の正社員となった。同紙では小説・雑報を担当、「鉄欄干」「小説家」「小猫」などの作品を発表、文名を馳せた。28年師である森田思軒に代わって「報知新聞」編集長に就任、ゴシップを押さえた社会的な紙面作りを図った他、連載小説での読者獲得を試み、"発明発見小説"と銘打った奇抜な小説「写真術」「芙蓉峰」「町医者」を執筆。中でも「日の出島」は6年間にわたる長期連載となり、部数を大幅に伸ばした。時々の話題や情報を即座に小説に取り入れる手法に長じ、36年には和洋中と分野を問わず献立と料理法を紹介した実用小説「食道楽」を連載、続編・続々編が書かれるベストセラーとなった。他にも「釣道楽」「酒道楽」「女道楽」など"百道楽"と呼ばれる一連のシリーズを連載。39年「婦人世界」編集顧問となり、家庭生活の改善・合理化を説いた評論を毎号執筆した。他の作品に「桜の御所」「旭日桜」「小弓御所」「花」「台所重宝記」などがある。

村上 田長
むらかみ・たおさ

田舎新聞社創立者,儒者,医師,大分師範学校校長
[生年月日]天保9年(1838年)
[没年月日]明治39年(1906年)2月21日
[出生地]筑前国秋月(福岡県朝倉市) [出身地]豊前国中津(大分県中津市) [旧名]杉全

筑前秋月藩医・杉全家に生まれ、豊前中津藩医・村上晴海の養嗣子となる。秋月在住の頃に中島衡平に、のち国東の元田竹渓(白羊)に儒学を学ぶ。中津に移って藩命で江戸に出て医学を修め、藩侯の典医となる。戊辰戦争には中津隊の医官として従軍。のち医業のほか藩黌の学監も務める。のち村上樟江と共に巨資を投じて耶馬渓跡田村に学塾を開き、村上如南

も教授となったが、火災に遭い閉校した。明治9年山口半七ら民権論の同志と共に田舎新聞社（二豊新聞の前身）を創立、増田宋太郎を社長とした。17年新設の大分尋常中学校初代校長に推され、また大分師範学校校長を兼任する。数年後、玖珠郡長に転じたが、交通の便を図るため中津-玖珠間にトンネルを通し深瀬谷の険しい道を改修したことが経済上から郡民の反感を買い、退職する。のち中津に帰って再び医業を開き、官選の郡参事会員として郡政に尽力した。一方、詩歌を好み、画を嗜み、中津画壇の同笑会、また詩筵の扇城吟社などにも加盟した。佐藤一斎に私淑し、その著書はことごとく読破したという。

村上 濁浪
むらかみ・だくろう

成功雑誌社創業者
[生年月日]明治5年（1872年）1月
[没月日]大正13年（1924年）10月20日
[出生地]静岡県引佐郡中川村（浜松市）　[本名]村上俊蔵

明治32年上京して青山学院の松島剛発行雑誌「学窓余談」の編輯を手伝う。同誌廃刊の後、35年10月本郷弓町の自宅で"立志独立進歩の友"とする「成功」を創刊、一時は出版界に"成功"の二字を多く見る程に流行した。43年頃、日本が南極探検に後れをとっていることに発憤、白瀬中尉の南極遠征を後援した。

村上 浪六
むらかみ・なみろく

太平新聞創立者，小説家
[生年月日]慶応1年（1865年）11月1日
[没月日]昭和19年（1944年）12月1日

[出生地]大阪府堺　[本名]村上信（むらかみ・まこと）　[別名等]別号＝ちぬの浦浪六，眠獅庵，無名氏　[家族等]三男＝村上信彦（作家，女性史研究家）

明治18年上京して農商務省の官吏になるが、政治家その他を夢みて各地を転々、大金を手にすると豪遊し、貧窮生活をすることをくり返す。23年郵便報知新聞社に入社し、24年「三日月」を発表、発表と同時に好評をもってむかえられたが文学的野心はなく、年末に退社。後、東京朝日新聞社に入社し「鬼奴」「当世五人男」などを発表したが、29年に退社。32年太平新聞を創刊。文壇での交遊は狭く、むしろ政財界に顔が広く、野心もあったので、作風は通俗的大衆的制約がある。作品では人生議論が多いが、大正11年発表の「時代相」以降文壇の表面に出ず、米相場、大連取引所設立などで活躍した。

村嶋 帰之
むらしま・よりゆき

ジャーナリスト，ルポルタージュ作家
[生年月日]明治24年（1891年）10月20日
[没月日]昭和40年（1965年）1月13日
[出生地]奈良県磯城郡桜井町（桜井市）　[学歴]早稲田大学政治経済学部〔大正3年〕卒　[家族等]父＝滝口帰一（衆院議員）

父は衆院議員を務めた滝口帰一。大正4年大阪毎日新聞社に入社、社会問題、労働問題に強い関心を抱き、6年スラム街のルポルタージュ「ドン底生活」が大きな反響を呼び、"ドンちゃん"の愛称で活躍。8年友愛会関西労働同盟会が結成されると理事となる。同年毎日新聞神戸支局に転勤となり、同紙に労働問題などの記事を多く執筆、友愛会神戸連合会機関紙「新神戸」の編集顧問を務めたり、サボタージュ闘争を支援した。9年川崎造船所労働

者による日本最初の労働者劇団の顧問となる。同年大阪本社に復帰。その後も労農運動を啓蒙し、11年には官業労働総同盟評議員や日農理事を務めた。昭和12年毎日新聞社を退職し、社会事業団体・白十字会の総主事となり、戦後は平和学園の学園長となった。著書に「労働問題の実際知識」「サボタージュ」「カフェー時代」などがある。平成16年から「大正・昭和の風俗批評と社会探訪―村嶋帰之著作選集」(全5巻)が刊行された。

村田 孜郎
むらた・しろう

ジャーナリスト
[生年月日]不詳
[没年月日]昭和20年(1945年)
[出身地]佐賀県 [学歴]東亜同文書院卒

佐賀藩主一門・村田家に生まれ、青年時に遊びが過ぎて勘当を受ける。のち大阪毎日新聞に入社し上海支局長、東京日日新聞の東亜課長、読売新聞の東亜部長などを歴任。昭和20年戦後の上海で客死した。中国語に堪能で、中国を紹介した著書も多い。著書に「支那の左翼戦線」(昭5年)、「蒙古と新疆」(昭10年)、「支那女人譚」、「宋美齢」(昭14年)、共訳に「支那は生存し得るか」(昭12年)などがある。

村松 恒一郎
むらまつ・つねいちろう

新聞記者, 衆院議員(立憲民政党)
[生年月日]元治1年(1864年)4月
[没年月日]昭和15年(1940年)6月5日
[出身地]伊予国(愛媛県) [学歴]同人社〔明治17年〕卒

高野山大学英学教師、東京朝日新聞などの記者を経て、明治39年政治雑誌「大国民」を発刊し、また日刊大東通信社社長となる。41年衆院議員となり当選5回。社会事業調査会委員、立憲民政党総務を務めた。

紫安 新九郎
むらやす・しんくろう

新聞記者, 衆院議員(日本自由党)
[生年月日]明治6年(1873年)8月
[没年月日]昭和27年(1952年)7月8日
[出身地]兵庫県 [学歴]東京専門学校邦語政治科〔明治32年〕卒

鎮西日報主筆、万朝報記者を務める。その後、大蔵省副参政官、第2次若槻内閣の拓務政務次官、立憲民政党総務を歴任。明治45年衆院議員に初当選。以来通算10回当選。

村山 照吉
むらやま・てるきち

濃飛日報創立者, 自由民権運動家
[生年月日]安政2年(1855年)12月16日
[没年月日]昭和17年(1942年)1月26日
[出身地]飛騨国村山村(岐阜県高山市)

明治14年濃飛自由党の結成に参加。21年機関紙「濃飛日報」創刊に尽くした。23年社説が孝明天皇国賊論とみなされて不敬罪にとわれ、投獄された。

村山 俊太郎
むらやま・としたろう

新聞記者, 教育家, 労働運動家, 山形県教組副委員長
[生年月日]明治38年(1905年)7月15日
[没年月日]昭和23年(1948年)12月9日
[出身地]福島県岩瀬郡須賀川町(須賀川市)
[出身地]山形県北村山郡山口村 [学歴]山形師範専攻科〔昭和3年〕卒 [家族等]妻=村山ひ

で(教育家)

大正10年尋常高等小学校を卒業して16歳で代用教員、13年検定試験で本科正教員の免状取得。15年山形県師範2部卒業、昭和3年山形師範専攻科を卒業、東沢小学校教員。6年山形県教育労働者組合を結成、7年検挙され起訴猶予となったが免職。8年日刊山形新聞記者。9～10年「綴方生活」地方同人として見解を発表、「北方教育」誌で北日本国語教育連盟結成運動を支援。11年「生活児童詩の理論と実践」を刊行。12年復職、14年第1回教育科学研究会全国集会に参加。15年生活綴方事件で検挙され、17年実刑5年の判決。病気のため入獄延期のまま終戦を迎え、戦後21年日本共産党に入党、山形県教組副委員長となり10月闘争指導、翌年2.1ストの途中、倒れた。著書に「村山俊太郎著作集」(全3巻)があり、夫人ひでにも「北方の火とともに」「明けない夜はない」などがある。

村山 龍平
むらやま・りょうへい

新聞人、朝日新聞創業者、衆院議員、貴院議員(勅選)
[生年月日]嘉永3年(1850年)4月3日
[没年月日]昭和8年(1933年)11月24日
[出生地]伊勢国田丸(三重県度会郡玉城町)
[別名等]号＝香雪 [叙勲]勲三等瑞宝章[大正4年]、レジオン・ド・ヌール勲章シュバリエ章[大正12年]、紺綬褒章[大正15年]、ドイツ赤十字第一等名誉章[昭和5年]、勲一等瑞宝章[昭和8年] [受賞]新聞事業功労者[昭和5年] [家族等]長女＝村山於藤(香雪美術館理事長)、孫＝村山美知子(朝日新聞社主)、女婿＝村山長挙(朝日新聞社長)

伊勢田丸藩士・村山守雄の長男。明治4年一家で大阪に移住、同年家督を相続して龍平を名のった。5年西洋雑貨商・田丸屋を始め、9年より協同で西洋雑貨店・玉泉舎を経営。また、朝鮮貿易にも進出。12年玉泉舎の協同経営者で媒酌人でもあった木村平八の長男・木村騰が新聞発行を画策すると、その懇請により同社社長に就くことになり、資本主・木村平八、経営担当・木村騰、編集主幹・津田貞の体制で朝日新聞の創業に参画。13年津田が退社して木村騰が社主から外れると、14年木村平八より新聞の所有権を譲られて名実ともに同紙を担うことになり、以来新聞経営に専念。同年より上野理一との匿名組合として共同経営を行うことになった。21年星亨のめさまし新聞を買収して東京朝日新聞を創刊、22年従来からの朝日新聞に大阪を冠して大阪朝日新聞とした。28年朝日新聞社を合名組織とし、村山合名大阪朝日新聞会社、村山合名東京朝日新聞会社に改組。41年大阪・東京両社を合併して朝日新聞合資会社に改組して社長に就任。上野理一は監査役となり、以来2人で社長と監査役を1年交替で務めた。この間、24年衆院議員に当選、通算3期。昭和5年貴院議員に勅選された。

【も】

毛利 柴庵
もうり・さいあん

「牟婁新報」主筆、ジャーナリスト、高山寺(真言宗)住職、和歌山県議
[生年月日]明治4年(1871年)9月28日
[没年月日]昭和13年(1938年)12月10日
[出生地]和歌山県新宮(新宮市) [本名]毛利清雅(もうり・せいが) [別名等]幼名＝熊二郎、筆名＝田辺のマークス、別名＝成石熊二郎 [学歴]高野山大学林(現・高野山大学)[明治28年]卒

高野山に学び、明治28年田辺の高山寺住職となる。33年牟婁新報社創立に参加し、主筆。34年東京遊学、35年「新仏教」同人となり、杉村縦横、高嶋米峰、堺利彦、木下尚江らと知る。36年再び「牟婁新報」主筆となり、紀州における社会主義の一牙城をつくった。43年の大逆事件後は地方政客の道を歩み、田辺町議を経て、和歌山県議在職中に没した。著書に「獄中の修養」「皇室と紀伊」など。

望月 小太郎
もちずき・こたろう

英文通信社社長,衆院議員（新党倶楽部）
[生年月日]慶応1年（1865年）11月15日
[没年月日]昭和2年（1927年）5月19日
[出生地]甲斐国南巨摩郡身延村（山梨県南巨摩郡身延町）　[学歴]山梨師範〔明治15年〕卒,慶応義塾卒,ロンドン大学卒,ミッドル・テンプル大学法科卒　[叙勲]勲三等

山県有朋の推薦で英国に留学、ロンドン大学など卒業後も留まって「日英実業雑誌」を発行。のち欧州各国を巡遊して帰国。明治29年山県有朋に随行してロシア皇帝戴冠式に出席、30年伊藤博文に従い英国ビクトリア女王即位60年式典参列。また大蔵省・農商務省の嘱託で欧米各国を視察。35年以来山梨県から衆院議員当選7回、はじめ立憲政友会に属したが、大正4年以後は立憲同志会、憲政会に所属。この間、日露戦争後、英文通信社を創立し、「日刊英文通信」「英文日本財政経済月報」を発行、欧米各国に日本事情を紹介した。著書に「独逸の現勢」、英文「日本と亜米利加」「現時の日本」などがある。

望月 茂
もちずき・しげる

雑誌編集者,評論家,小説家
[生年月日]明治21年（1888年）5月20日
[没年月日]昭和30年（1955年）4月19日
[出生地]茨城県新治郡都和村（土浦市並木町）
[別名等]号＝紫峰,筆名＝筑波四郎　[学歴]第七高等学校中退

国民新聞記者となり、明治末、実業家野間清治に勧めて「講談倶楽部」を創刊、初代編集長となり、大衆雑誌流行のきっかけを作った。自ら筑波四郎の筆名で「国定忠治」など多くの大衆小説を書いた。大正6年退社、明治維新史を研究し、同年日本初の週刊誌「週」編集長となった。著書に「生野義挙と其同志」「藤森天山伝」「佐久良東雄」などがある。

望月 二郎
もちずき・じろう

出版人
[生年月日]嘉永4年（1851年）
[没年月日]明治34年（1901年）8月8日
[出身地]江戸

御家人の二男に生まれる。講武所で洋式兵学を修め、江戸開城の際に江原素六・古川宣誉らと江戸を脱出、千葉・市川で官軍と戦うが敗れる。明治3年沼津兵学校に入り、鹿児島藩兵学校教員を務め、廃藩後は大蔵省翻訳局で官費生となり学ぶ。卒業後、大蔵省に出仕する。12年田口卯吉らと経済雑誌社を興し、卯吉を助けて社務を処理した。

望月 辰太郎
もちずき・しんたろう

埼玉自治新聞発行者,部落解放運動家

[生年月日]明治32年(1899年)7月8日
[没年月日]昭和41年(1966年)2月3日
[出生地]静岡県庵原郡富士川町岩淵　[出身地]東京・牛込　[学歴]早稲田大学〔大正6年〕中退

大正11年全国水平社創立大会に参加。13年大宮に無差別社を創設し、以後部落解放運動、小作人運動に参加。昭和3年大宮で「埼玉自治新聞」を発行するなど、大正末期から昭和初期にかけて、大宮を中心にアナキズムの立場から農民運動、水平社運動に従事した。

茂木 茂
もてぎ・しげる

雑誌編集者、光文社社長
[生年月日]明治34年(1901年)2月1日
[没年月日]昭和33年(1958年)10月27日
[出生地]群馬県新田郡木崎町(太田市)　[学歴]新田学館〔大正5年〕卒

中学卒業後、郷里の先達である講談社社長・野間清治を頼って上京し、大正5年同社の少年部員となる。8年正社員として宣伝部に配属され、14年雑誌広告作成主任。昭和12年「婦人倶楽部」編集長に転じた。20年9月講談社の別働会社として雑誌「征旗」の発行を手がけていた日本報道社が衣替えして光文社が誕生すると、11月野間省一社長の命により同社に出向。専務を経て、27年社長に就任。21年少年向け雑誌「少年」、24年少女向け雑誌「少女」を立て続けに発刊。また出版局長であった神吉晴夫の手腕によって、25年波多野勤子の往復書簡集「少年期」が大ヒットしたのをはじめ、石井桃子「ノンちゃん雲にのる」、壺井栄「二十四の瞳」、松本清張「点と線」など次々とベストセラーを世に送り出し、29年には新書版の「カッパ・ブックス」を創刊した。編集の神吉、業務の五十嵐勝弥との三本柱で社業の基礎を確立した。

本野 盛亨
もとの・もりみち

新聞人、読売新聞社長
[生年月日]天保7年(1836年)8月15日
[没年月日]明治42年(1909年)12月10日
[出生地]肥前国佐賀(佐賀県佐賀市)　[旧名]八田　[別名等]通称＝周造　[家族等]長男＝本野一郎(外交官)、二男＝本野英吉郎(化学者)、四男＝本野亨(電気工学者)、五男＝本野精吾(建築家)、孫＝本野盛一(外交官)、曽孫＝本野盛幸(外交官)

肥前佐賀藩士・八田家に生まれ、同藩士・本野権太夫の養子となる。谷口藍田、広瀬旭荘に漢学を、大坂で緒方洪庵に蘭学を、長崎でフルベッキらに英語を学ぶ。大坂では福沢諭吉が、長崎では大隈重信、柴田昌吉らが学友であった。海外事情に明るかったことから藩主・鍋島直正に用いられ、同藩の海軍創設に尽力。慶応2年(1866年)藩命により江戸に出る。明治維新時、藩主・鍋島直大が横浜副総督兼外国事務局権輔に任じられたことから、自身も新政府に出仕して神奈川県御用掛となり、2年水原県大参事、4年5月外務権少丞、8月神奈川県大参事、9月租税権助兼横浜出張運上所事務取扱、5年7月大蔵省租税寮租税助、8月神戸運上所兼大阪運上所を歴任。この間、3年子安峻や学友の柴田とともに活版印刷技術の向上を目的として印刷所・日就社を横浜に設立し、外人を雇い入れて日本人職工に技術を習得させた。また、従来の新聞が漢学の素養がある知識人向けであったのに対し、子安、柴田と図って全文を通俗語で書き、漢字には傍訓を付した大衆向け新聞の発行を企図したが、5年10月駐英日本公使館一等書記官に任ぜられたことから、計画を

子安・柴田に託して渡欧。滞欧中の7年、子安・柴田はかねてからの計画を実行し、読売新聞を創刊した。9年帰国して横浜税関長、14年大蔵大書記官、15年大阪控訴裁判所検事を経て、20年官界を引退。22年子安の後を受けて読売新聞の2代目社長に就任し、以降20年に亘り経営にあたった。経営難から藩閥や政党の介入を許す新聞社が多い中、独立独歩の経営を守り抜いた。

本山 荻舟
もとやま・てきしゅう

新聞記者，小説家，料理研究家，演劇評論家
[生年月日]明治14年(1881年)3月27日
[没年月日]昭和33年(1958年)10月19日
[出生地]岡山県　[本名]本山仲造　[学歴]天城高小〔明治26年〕卒

早くから「文庫」などに投稿し、明治33年「明星」の同人となって岡山で「星光」を創刊。同年山陽新報に入社、のち中国民報、二六新報、報知新聞、読売新聞などで記者生活をする(昭和19年まで)。一方、大正期に入って小説を執筆し「近世数奇伝」「近世剣客伝」「日蓮」などの作品がある。新聞社では演劇や料理記事を担当し、みずから京橋に「蔦屋」を経営。「日本食養道」「飲食日本史」「飲食事典」などは名著といわれる。演劇評論に「歌舞伎読本」「名人畸人」などがある。

本山 彦一
もとやま・ひこいち

新聞人，毎日新聞社長
[生年月日]嘉永6年(1853年)8月10日
[没年月日]昭和7年(1932年)12月30日
[出生地]肥後国熊本城下東子飼(熊本県熊本市)　[学歴]三叉学舎　[家族等]孫＝本山道子(能面作家)

三叉学舎で洋学を学んだあと福沢諭吉に師事。25歳で書いた「條約改正論」が外字新聞にも転載されて認められた。兵庫県勧業課長、神戸師範学校長を経て、明治15年大阪新報に入社。時事新報で会計局長まで務めた後、大阪の藤田組支配人となったが、22年大阪毎日新聞の創刊で相談役として迎えられ、36年社長に就任。以後経営合理化の一方、不偏不党、読みやすさ、実益中心などの編集方針を立て、大衆紙としての毎日新聞を方向づける。その後44年には東京日日新聞を買収して東京進出を果たし、死去するまで30年近くも社長の座にあった。この間、昭和5年には勅選貴族院議員に選ばれている。

本吉 欠伸
もとよし・けっしん

新聞記者，小説家
[生年月日]元治2年(1865年)1月
[没年月日]明治30年(1897年)8月10日
[出生地]豊前国小倉(福岡県北九州市)　[本名]堺乙槌(さかい・おとずち)　[別名等]筆名＝欠伸居士，別号＝桃南子，あくび　[学歴]慶応義塾中退　[家族等]弟＝堺利彦(社会主義運動家)

遊学中の明治19年、新文学の影響を受け帰郷、福岡日日新聞に小説を寄稿。22年大阪に出て、文芸誌「花かたみ」を発行、駸々堂から小説「幼なじみ」「むら雲」「涙の淵」などを刊行。また大阪日日新聞記者となり、24年西村天囚らと浪華文学会を結成、機関紙「なにはがた」編集人。同年大阪朝日新聞社入社、「寒紅梅」「人命犯」「牛疫」などで名をあげた。27年解雇されて上京、都新聞、めさまし新聞などに勤め、「刀痕浪人」「壮士の犯罪」など乱作したが、放縦な生活のため養子先の豊津の士族・本吉家と断絶、新聞社も解

雇、肺結核となり、実弟堺利彦の世話を受けた。

森 一兵
もり・いっぺい

新聞人，写真家，名古屋新聞社長
[生年月日]明治10年（1877年）6月
[没年月日]昭和20年（1945年）11月13日
[出生地]岡山県勝田郡勝北町　[本名]新谷一兵
[学歴]東京専門学校卒　[受賞]東京写真研究会研展3等賞（第1回）　[家族等]父＝森英太郎（教育家），義弟＝小山松寿（新聞人・政治家）

教育家・森英太郎の長男として生まれる。東京専門学校を卒業後、博文館発行の雑誌「太陽」の記者や三井銀行勤務などを経て、岡山商業会議所書記長となる。松昌洋行社長・山本唯三郎の秘書を務め、大正5年には山本が創刊した岡山新聞社長に就任。その後、京都で新聞業に従事したが、13年義弟の小山松寿が経営する名古屋新聞社に理事として招かれてからは、その経営を援けた。昭和10年名古屋新聞販売社長を兼任、11年名古屋新聞社社長。戦時中に用紙の不足や新聞への統制が深刻化すると、有力地方紙の連携によって中央紙に対抗する"新聞連衡論"を唱えたが、17年新聞統合を機に退社。この間、明治37年公用で朝鮮・満州に出張した際、実用の目的で写真をはじめ、同年浪華写真倶楽部の創立と同時に入会。以来、同人として重きをなし、実作のみならず写真評論や講演でも活躍した。また東京写真研究会にも籍を置き、第1回研展で3等賞を受賞。大正元年米谷紅浪、横山錦渓ら浪華写真倶楽部の有力同人らと天弓会を設立。15年には中部写真連盟を結成し、中京写壇の結束力強化に貢献した。ゴルフの名手としても知られる。著書に「森一兵鮮満視察談」「独伊と日本」

などがある。

森 暁紅
もり・ぎょうこう

新聞記者，編集者，演芸記者，戯文家
[生年月日]明治15年（1882年）11月25日
[没年月日]昭和17年（1942年）4月9日
[出生地]東京神田（東京都千代田区）　[本名]森庄助

早くから歌舞伎、講釈、落語などの芸能に親しみ、戯文にひいでて明治40年「芸壇三百人評」を刊行。石橋思案の見出され、大正5年博文館に入社、「文芸倶楽部」の編集を担当。のち「都新聞」に演芸記事を寄せ、岡鬼太郎と落語研究会を創立した。

森 正蔵
もり・しょうぞう

ジャーナリスト，毎日新聞社取締役
[生年月日]明治33年（1900年）7月1日
[没年月日]昭和28年（1953年）1月11日
[出生地]滋賀県滋賀郡小松村　[学歴]東京外語露語部〔大正13年〕卒　[家族等]長男＝森桂（毎日新聞文化報道センター編集委員長）

大正15年大阪毎日新聞社に入社。京都支局、ハルビン、奉天勤務などを経て、昭和10〜15年ソ連特派員としてモスクワに駐在。大阪本社外信部ロシア課長、東京本社論説委員を経て、20年8月敗戦直後より社会部長。23年出版局長、のち論説委員長などを歴任し、25年取締役に就任。著書に「旋風二十年」「転落の歴史」「風雪の碑」「戦後風雲録」の4部作があり、いずれもベストセラーとなった。

森 晋太郎
もり・しんたろう

新聞記者，翻訳家
[生年月日]明治4年(1871年)2月
[没年月日]昭和2年(1927年)8月26日
[出生地]大阪府大阪市 [別名等]号＝﨟峰 [学歴]慶応義塾中退

明治30年時事新報社に入る。39年「文芸週報」主任。訳書にイプセン「社会の敵」、プルタルコス「英雄伝」などがある。

森 隆介
もり・たかすけ

常総之青年発刊者，自由民権運動家，衆院議員
[生年月日]安政3年(1856年)10月
[没年月日]昭和8年(1933年)2月27日
[出生地]下総国豊田郡本宗道村(茨城県下妻市) [学歴]慶応義塾卒

漢学者・菊池三渓の晴雪塾や福沢諭吉の慶応義塾に学ぶ。自由民権運動に身を投じ、郷里茨城県で絹水社・同舟社・常総共立社などの結社を組織。また、自由党の結成にも加わり、栗原良一ら同志と交流を深めた。20年啓蒙的な雑誌「常総之青年」を発刊。その後、県会議員などを経て25年衆議院議員となり、東洋自由党に所属した。34年には普通選挙同盟会に参加、35年に社会主義者の幸徳秋水や堺利彦らが創刊した「平民新聞」にも同情的な立場をとるなど、革新的な活動で知られた。著書に「常総農事要論」「革新同志会と総選挙」などがある。

森 多平
もり・たへい

深山自由新聞創立者，民権運動家
[生年月日]天保11年(1840年)3月20日
[没年月日]大正7年(1918年)11月29日
[出生地]信濃国伊那郡川路村(長野県飯田市)
[別名等]幼名＝銀吾

祖父の許で育てられ、漢学や剣術を修める。長じて家業の酒造に従事し、庄屋役なども務めた。維新後は社会改革を志し、明治8年下伊那34町村の地租軽減運動を指揮。また、政治結社奨匡社に拠って自由民権運動を進め、14年には自由党の結党に参加した。この時、同党の領袖板垣退助から新聞の発行を勧められ、15年郷里長野県飯田で「深山自由新聞」を創刊。以後、社説や記事などで民権の思想を鼓吹し、伊那地方における近代民主主義の確立に大きな業績を残した。しかし、そのために官憲の弾圧を受けてたびたび社屋を移転し、16年に廃刊。その後も政党人として教化運動などで活躍した。

森丘 正唯
もりおか・まさただ

北日本新聞社長，富山県議，富山県農協中央会初代会長
[生年月日]明治13年(1880年)3月23日
[没年月日]昭和42年(1967年)9月10日
[出生地]富山県大布施村(黒部市) [学歴]早稲田大学卒

20歳で生地・富山県大布施村の村長となる。のち富山県議、昭和11年県会議長、15年初代桜井町長、29年富山県農協中央会初代会長を歴任。のち北日本新聞社長も務めた。

森下 雨村
もりした・うそん

新聞記者，編集者，翻訳家，小説家，博文館編集局長
[生年月日]明治23年(1890年)2月23日
[没年月日]昭和40年(1965年)5月16日

[出生地]高知県高岡郡佐川村(佐川町) [本名]森下岩太郎 [別名等]別名＝佐川春風 [学歴]高知一中卒、早稲田大学英文科〔明治43年〕卒 [家族等]二男＝森下時男(名古屋テレビ放送専務)

高知県佐川村の大地主の長男。高知一中から早大英文科に進み、在学中は高知県出身者による交流雑誌「霧生関」の編集に従事。また、馬場孤蝶、長谷川天渓らの知遇を得、ロシア文学をはじめとする外国文学に眼を開いた。大正3年同郷の先輩・田中光顕の斡旋で「やまと新聞」記者となり、社会部に配属。7年天渓の誘いで博文館に移り、8年「冒険世界」編集長。9年「新青年」創刊とともに編集長に就任、クロポトキン、クロフツ、コリンズなど海外の探偵小説を積極的に紹介する一方、江戸川乱歩、甲賀三郎、大下宇陀児、海野十三らを発掘・育成し、"探偵小説の父"と呼ばれた。自身も創作の筆を執り、同誌以外にも佐川春風の筆名を用いて多数の作品を発表。昭和2年同誌を横溝正史に譲って「文芸倶楽部」編集長に転じ、更に博文館編集局長となって大衆誌「朝日」編集長も兼任。6年退社後は文筆業に専念。22年日本探偵作家クラブ(現・日本推理作家協会)の発足と共に名誉会員。

森田 思軒
もりた・しけん

新聞記者，翻訳家
[生年月日]文久1年(1861年)7月21日
[没年月日]明治30年(1897年)11月14日
[出生地]備中国小田郡笠岡(岡山県笠岡市)
[本名]森田文蔵 [別名等]別号＝埜客、紅芍園主人、羊角山人、白蓮庵主人 [学歴]慶応義塾〔明治11年〕中退

矢野龍渓に認められ、明治15年郵便報知新聞社に入社。18年から19年にかけて特派員として中国やヨーロッパ諸国、米国を歴訪。この間、紀行文や翻訳作品を紙上に発表。20年ヴェルヌ「仏曼二学士の譚」(のち「銀世界」に改題)を刊行して翻訳家として出発。25年郵便報知新聞社を退社、国会新聞に客員で入社。この間、翻訳作品、評論、論説と幅広く活躍し、"翻訳王"と呼ばれた。29年には万朝報に入社。主な訳書にユゴー「探偵ユーベル」「死刑前の六時間」、ヴェルヌ「十五少年」などがある。

森本 駿
もりもと・しゅん

新聞記者，衆院議員(立憲政友会)
[生年月日]安政5年(1858年)12月
[没年月日]昭和19年(1944年)10月17日
[出身地]兵庫県 [旧名]永井、桜井

「明治日報」「関西日報」「大同新報」「国会」「自由党党報」の財政通記者。明治25年頃、政教社に在籍。26年、「自由新聞」記者。31年の憲政党内閣で大蔵大臣秘書官を勤め、33年、パリ万国博覧会では農商務省嘱託として出席。35年8月、衆議院議員に当選。39年2月、普選運動に同情して普通選挙請願書を社会主義者たちから受け取り衆議院に提出。41年、日糖事件で失脚。以後は、出石町長などを務め、実業界で活躍した。

守山 義雄
もりやま・よしお

ジャーナリスト，朝日新聞編集委員
[生年月日]明治43年(1910年)11月21日
[没年月日]昭和39年(1964年)8月27日
[出生地]大阪府大阪市 [学歴]大阪外国語学校独逸語部〔昭和6年〕卒 [受賞]朝日編輯賞

〔昭和19年〕，徳富蘇峰新聞賞〔昭和19年〕「パリ入城記」

大阪朝日新聞社に入り、社会部勤務。昭和14年ベルリン特派員、同年9月第2次世界大戦勃発、欧州戦線報道に従事。15年6月ドイツ軍に従軍して「パリ入城記」を書き、19年一連の報道で「朝日編輯賞」など受賞。20年7月帰社、24年大阪本社社会部長、26年部長職でサンフランシスコ対日講和会議を報道。のち東京本社学芸、社会各部長、大阪本社編集局次長を経て、37年編集委員となり、日曜版「世界名作の旅」取材のため海外特派されたが、病を得て挫折。病床で書いたサマセット・モーム「雨のパンゴ」が遺稿となった。

【や】

矢崎 弾
やざき・だん

評論家
[生年月日]明治39年（1906年）2月1日
[没年月日]昭和21年（1946年）8月9日
[出生地]新潟県佐渡 [本名]神蔵芳太郎 [学歴]慶応義塾大学英文科〔昭和6年〕卒

中央新聞社に勤務するかたわら文芸批評を多く執筆し、昭和9年から文筆活動に入る。9年「新文学の環境」を刊行。他の著書に「過渡期文芸の断層」「文芸の日本的形成」「転形期文芸の羽搏き」「近代自我の日本的形成」などがある。

安岡 雄吉
やすおか・おきち

新聞記者，衆院議員
[生年月日]嘉永7年（1854年）3月

[没年月日]大正9年（1920年）11月1日
[出生地]土佐国幡多郡中村（高知県四万十市）
[学歴]慶応義塾卒

幼時、父について漢学を修める。上京して慶応義塾に学んだのち、官吏となり元老院御用掛や東京府御用掛を歴任。明治20年郷党の先輩である政治家後藤象二郎の大同団結運動に加わり、その幹部として機関誌「政論」の編集・執筆を担当した。23に年創刊された東洋新報に記者として在籍。25年第2回総選挙に吏党側の国民党から立候補し当選するが、党による投票箱紛失や投票破棄などの違反を自由党の林有造・片岡健吉に指摘され、失職。のち、37年の第9回総選挙に再び出馬して当選、猶興会に所属した。

安岡 道太郎
やすおか・みちたろう

新聞記者
[生年月日]弘化4年（1847年）3月8日
[没年月日]明治19年（1886年）6月26日
[出身地]土佐国香美郡山北村（高知県香南市）
[別名等]別名＝道之助，筆名＝暁鴉山人 [家族等]兄＝安岡覚之助（志士），安岡嘉助（志士）

志士として活動した安岡覚之助・嘉助の弟。文久元年（1861年）覚之助と大坂・住吉の高知藩陣屋に勤め、戊辰戦争にも従軍。明治維新後は自由民権運動に携わり、明治11年杉田定一と北陸・九州地方を遊説。海南新誌や土陽新聞の編集・印刷を行った他、暁鴉山人の筆名で編纂した民権歌「よしや武士（よしや節）」を流布させた。

安田 庄司
やすだ・しょうじ

読売新聞代表取締役主幹，セ・リーグ初代会長

[生年月日]明治28年（1895年）1月25日
[没年月日]昭和30年（1955年）2月9日
[出生地]滋賀県　[学歴]上智大学中退　[叙勲]レジオン・ド・ヌール勲章シュバリエ章〔昭和28年〕

大正12年東京毎夕新聞に入り、のち国民新聞、時事新報を経て、昭和5年読売新聞社入社。商工省、農林省詰めの経済部記者として活躍、10年経済部長、15年編集局次長兼務、調査局長で17年退社。陸軍省嘱託南方軍司令部付。18年読売に再入社、副主筆。20年終戦で辞任、21年読売争議収拾のため再々入社、編集局顧問、同年6月鈴木東民に代わり編集局長、同年取締役、24年副社長兼編集主幹。26年代表取締役、27年主幹。この間24年プロ野球2リーグ分裂で初代セ・リーグ会長。27年大阪読売発刊で同社取締役会長。著書に「日本工業資源論」など。

安成　貞雄
やすなり・さだお

ジャーナリスト，評論家，文学者
[生年月日]明治18年（1885年）4月2日
[没年月日]大正13年（1924年）7月23日
[出生地]秋田県北秋田郡阿仁合通（北秋田市）
[別名等]号＝路台，魯大，清風草堂主人　[学歴]早稲田大学文学部英文科〔明治42年〕卒
[家族等]弟＝安成二郎（歌人）

中学時代から俳句で頭角を現し、早大在学中はトルストイ研究会に参加、明治38年「火鞭」同人となり、平民社にも出入りする。39年結成の日本社会党の運動に参加する。卒業後、「二六新報」「万朝報」「実業之世界」「やまと新聞」などの記者を転々とし、「近代思想」や「へちまの花」などに参加。大正6年「中外」の創刊に参加し、10年「種蒔く人」の同人となった。著書に「文壇与太話」がある。

安成　三郎
やすなり・さぶろう

編集者，民俗学者
[生年月日]明治22年（1889年）10月15日
[没年月日]昭和31年（1956年）4月10日
[出生地]秋田県北秋田郡（北秋田市）　[別名等]号＝山魯　[学歴]大館中中退　[家族等]兄＝安成貞雄（新聞記者・評論家），安成二郎（新聞記者・歌人），弟＝安成四郎（雑誌記者）

評論家・安成貞雄、歌人・安成二郎の弟。明治38年一家の上京に伴い、大館中を中退。41年台湾に渡り、精糖業に従事するが、大正2年に辞して帰京し、実業之世界社に入った。のち資生堂の福原信三を知り、その秘書として10年写真芸術社の設立に参加。同社の発行した「写真芸術」の編集にも従事した。また字が上手ではないために文章執筆を億劫がった信三の代筆も手がけ、福原の写真画集「光と其諧調」の文章部分をはじめ写真論や随筆などの口述筆記を担当し"安成さんは福原さんの「手」"と言われた。12年関東大震災で「写真芸術」が休刊すると、13年自宅を発行所に「建築の日本」を創刊。同誌廃刊後は信三のもとに戻り、23年彼が没するまでその秘書を務めた。この間、俳句や民俗学研究もさかんに行う。26年には尊敬する哲学者西田幾多郎の歌碑を鎌倉・稲村ガ崎に建立した。晩年は再び資生堂に招かれ、同社の社史編纂に携わったが、完成を見ることなく没した。編著に「故福原会長芸術年譜」（日本写真会）「怪力乱神」がある。

柳河　春三
やながわ・しゅんさん

編集者，出版人，洋学者
[生年月日]天保3年（1832年）2月25日

[没年月日]明治3年(1870年)2月20日
[出生地]尾張国名古屋(愛知県名古屋市) [旧名]栗本 [別名等]初名=辰助, 名=春蔭, 諱=朝陽, 通称=西村良三, 号=楊大昕, 皦, 柳園, 臥孟, 揚江, 艮庵, 酔雅

幼少の頃から神童と評判が高く, 蘭学を本草学者の伊藤圭介に, 砲術を尾張藩の上田帯刀に学ぶ。のち, 英語・フランス語を習得。安政4年(1857年)紀州藩新宮城主・水野忠央の知遇を得て洋書の翻訳に携わり, 日本で初めて西洋の数学を紹介した「洋算用法」などを著した。のち幕府の蛮書調所に招かれ, 文久3年(1863年)からは幕閣に情報を提供するため外字新聞日本関係記事を訳した。また江戸・横浜在住の洋学者らと会訳社を設立し, 回覧雑誌「新聞薈叢」を編集。元治元年(1864年)開成所教授。慶応3年(1867年)日本初の定期刊行雑誌「西洋雑誌」創刊。西洋文物の紹介や翻訳に力を注ぎ, 写真術の研究にも着手, 草創期における写真解説の名著として名高い「写真鏡図説」初篇(中外堂)を刊行した。明治元年には日本人による初の新聞「中外新聞」を発行。維新後は開成所頭取, 翻訳校正掛, 大学少博士などを歴任した。著書は他に「洋学便覧」「法朗西文典」などがある。

柳田 国男
やなぎた・くにお

新聞論説委員, 民俗学者, 農政学者, 詩人, 国学院大学大学院教授, 枢密顧問官
[生年月日]明治8年(1875年)7月31日
[没年月日]昭和37年(1962年)8月8日
[出生地]兵庫県神東郡田原村辻川(神崎郡福崎町) [旧名]松岡 [別名等]筆名=久米長目など [学歴]東京帝大法科大学政治学科〔明治33年〕卒 [資格]日本芸術院会員〔昭和22年〕, 日本学士院会員〔昭和23年〕 [叙勲]文化勲章〔昭和26年〕 [受賞]文化功労者〔昭和27年〕, 朝日文化賞〔昭和16年〕, 福崎町名誉町民 [家族等]兄=井上通泰(歌人・国文学者・医学博士), 弟=松岡静雄(海軍軍人・民族学者・言語学者), 松岡映丘(日本画家・東京美術学校教授), 息子=柳田為正(お茶の水女子大名誉教授・生物学者)

在村の医者・漢学者松岡操の六男に生れる。幼少年期より文学的才能に恵まれ, 短歌, 抒情詩を発表。青年時代, 田山花袋, 島崎藤村, 国木田独歩らと交わり, 新体詩人として知られた。明治33年東京帝大卒業後, 農商務省に入省。同時に早稲田大学(初め東京専門学校)で農政学を講じる。34年大審院判事柳田直平の養嗣子となる。35年内閣法制局参事官に転じ, 大正3年貴族院書記官長に就任。この間, 明治38年花袋, 独歩, 蒲原有明らと文学研究会竜土会を始め, 40年藤村, 小山内薫らとイプセン会を主宰。大正8年貴族院議長徳川家達と相容れず, 書記官長を辞して下野。9年東京朝日新聞社入社, 翌10年から12年まで国際連盟委任統治委員会委員としてジュネーブ在勤。13年から昭和7年まで朝日新聞論説委員をつとめる。政治, 外交, 経済, 事件に対する内容が多かった社説に, 金の義歯の悪趣味をついた「金歯の国」などの一風変わった論を社説に掲げた。21年枢密顧問官に任官。一方, 民間伝承に関心を深め早くから全国を行脚し, 明治42年日本民俗学の出発点といわれる民俗誌「後狩詞記」を発表。43年新渡戸稲造, 石黒忠篤らと郷土研究の郷土会を結成, 大正2年「郷土研究」を発行。「石神問答」「遠野物語」「山の人生」「雪国の春」「桃太郎の誕生」「民間伝承論」「木綿以前の事」「不幸なる芸術」「海上の道」など多数の著書を刊行, "柳田学"を樹立した。また昭和22年に民俗学研究所を, 24年には日本民俗学会を設立するなど, 日本民俗学の樹立・発展につとめ, 後

世に大きな影響を与えた。この間、26〜36年国学院大学大学院教授として理論神道学の講座を担当。国語教育と社会科教育にも力を注ぎ、28年国立国語研究所評議会会長を務めた。専門の農政学においては産業組合の育成に尽力した。22年日本芸術院会員、23年日本学士院会員、26年文化勲章受章。詩集「野辺のゆきゝ」、「定本柳田国男集」(全31巻・別巻4, 筑摩書房)、文庫版「柳田国男全集」がある。

柳原 極堂
やなぎはら・きょくどう

伊予日日新聞社長, 俳人
[生年月日]慶応3年(1867年)2月11日
[没年月日]昭和32年(1957年)10月7日
[出生地]伊予国(愛媛県松山市) [本名]柳原正之 [別名等]初号=碌堂 [学歴]松山中中退

正岡子規のもとで句作し、明治30年松山で「ほとゝぎす」を創刊して編集経営にあたる。39年「伊予日日新聞」を再発刊させる。昭和7年上京して「鶏頭」を創刊するが、17年廃刊して故郷に帰って子規会を結成し、もっぱら子規の顕彰にあたった。著書に句集「草雲雀」や「友人子規」「子規の話」などがある。

柳瀬 正夢
やなせ・まさむ

漫画家, 洋画家, 詩人
[生年月日]明治33年(1900年)1月12日
[没年月日]昭和20年(1945年)5月25日
[出生地]愛媛県松山市大街道町 [本名]柳瀬正六(やなせ・まさむ) [別名等]筆名=夏川八朗 [学歴]門司市松本尋常高小卒, 日本水彩画会研究所, 日本美術院研究所

明治44年門司に移住。大正3年上京、日本水彩画会研究所や日本美術院研究所に学び、4年日本水彩画会第2回展に初入選。日本美術院洋画部にも出品し、第2回院展初入選。9年読売新聞社に入社し、政治漫画を描く。10年「種蒔く人」同人、その後、未来派美術協会、マヴォ(MAVO)などの前衛美術運動に参加。14年日本プロレタリア文芸連盟、昭和3年全日本無産者芸術連盟(ナップ)、4年日本プロレタリア美術家同盟の各創立に参画。この間、大正15年に日本漫画家連盟創立委員として参加。昭和6年には日本共産党に入党。7年12月治安維持法違反で起訴され、8年9月懲役2年、執行猶予5年で保釈。この間「無産者新聞」「赤旗」に政治漫画・カットを描き、「戦旗」「文芸戦線」などの雑誌の表紙やポスターに腕を振るった。画集に「柳瀬正夢画集」がある。

簗田 欽次郎
やなだ・きゅうじろう

中外商業新聞社長
[生年月日]明治8年(1875年)8月15日
[没年月日]昭和29年(1954年)11月13日
[出生地]広島県福山市 [学歴]専修大学理財科〔明治27年〕卒, 中央大学法律科〔明治29年〕卒

明治32年「中外商業新報」に入社し、その発展に貢献。昭和8年停年により退任。団琢磨の死によって三井内部の支持を失ったためともいわれている。

矢野 酉雄
やの・とりお

教育家, ジャーナリスト, 生長の家教育部長・編集部長, 参院議員(緑風会), 教育公論社長
[生年月日]明治30年(1897年)10月6日
[没年月日]昭和38年(1963年)11月20日
[出生地]福岡県 [別名等]号=孤山 [学歴]福岡師範〔大正6年〕卒 [家族等]妻=矢野克子

(詩人, 徳田球一の妹)

中大法科、日大高等師範科に学び、福岡県で小学校訓導。のち沖縄女子師範、福岡県立嘉穂中各教諭を経て、昭和8年講談社に入り評論活動。11年「生長の家」に入り教育部長兼編集部長、本部理事。22年辞職し、全国区から参院議員に当選、緑風会に属し、第3次吉田茂内閣の厚生政務次官。のち教育公論社長、矢野経済研究所会長を務めた。著書に「胎教と幼児教育」「日本を建設するもの」などがある。

矢野 正世
やの・まさよ

著述家, 「財務」主筆
[生年月日]明治22年(1889年)1月12日
[没年月日]昭和11年(1936年)10月17日
[出生地]茨城県北相馬郡大野村野木崎 [別名等]号＝錦浪, 俳号＝不孤庵有隣, 筆名＝谷孫六

大正2年東京毎夕新聞に入社。12年の関東大震災後、万朝報、内外通信社、読売新聞社で営業局長などを務める。昭和6年花王石鹸本舗の長瀬商会常務兼支配人となったが、11年辞して雑誌「財の教」を創刊した。のち「財務」主筆。この間、蓄財に関する著作を著し、また錦浪の名で川柳後援者としても知られた。俳号は不孤庵有隣。母方の曾祖父・谷孫六の名を後年になって筆名に用いた。著書に「岡辰押切帳」「貨殖全集」「大正柳だる」「逆説法」「著眼の天才」「孫六銭話」「孫六の戦法」「孟子の説法」「生きた富豪術」などがある。

矢野 龍渓
やの・りゅうけい

ジャーナリスト, 小説家, 政治家

[生年月日]嘉永3年(1850年)12月1日
[没年月日]昭和6年(1931年)6月18日
[出生地]豊後国南海部郡佐伯(大分県佐伯市)
[本名]矢野文雄 [学歴]慶応義塾〔明治6年〕卒 [家族等]父＝矢野光儀(政治家), 弟＝小栗貞雄(衆院議員)

豊後佐伯藩士・矢野光儀の子。明治3年父の葛飾県知事就任に従って上京、慶応義塾に学ぶ。6年卒業と同時に同塾の教師となった。9年郵便報知新聞に入社して副主筆となり、政治経済や社会問題で健筆を振るった。11年大隈重信や福沢諭吉の推薦で大蔵省少書記官として仕官したが、明治14年の政変で大隈とともに下野。以後は藤田茂吉、犬養毅、尾崎行雄らと政社東洋議政会を結成し、郵便報知新聞を買収。15年大隈の立憲改進党の結党に参加してからは、同紙を同党の機関紙として論陣を張った。16年古代ギリシアのテーベの盛衰を描くとともに自由民権の思想を鼓吹した政治小説「経国美談」前篇を刊行(後篇は17年刊)、青年たちに影響を与えた。17年欧米を遊学して憲法・議会制度や新聞事情を視察し、19年帰国。22年政界引退を宣言。23年郵便報知新聞に冒険小説「浮城物語」を連載、評判を呼んだ。国会開設後は宮内省、次いで外務省に出仕し、30年駐清特命全権公使として中国に赴任した。32年官を辞してからは文筆・新聞界に復帰して、社会問題に目を向けるとともに近事画報社顧問、毎日電報相談役、大阪毎日新聞社副社長などを歴任。この間、13年慶応義塾医学校の跡地に三田予備校を設立し、14年には芝愛宕町に移転して三田英学校に改称。32年錦城中学(現・錦城学園高校)に改組、大正12年まで校長を務めた。他の著書に「人権新説駁論」「周遊雑記」「新社会」、随筆「出鱈目の記」「龍渓随筆」「龍渓閑話」、伝記「安田善次郎伝」、小説「不必

山浦　貫一
やまうら・かんいち

新聞記者，政治評論家，ジャーナリスト
[生年月日]明治26年（1893年）3月20日
[没年月日]昭和42年（1967年）9月26日
[出生地]長野県　[学歴]上田中学校〔明治45年〕卒　[家族等]父＝山浦善右衛門（川辺銀行頭取）

大正8年時事新報記者となり、13年東京日日新聞に転じ、さらに昭和2年新愛知東京支社、ついで国民新聞、読売新聞各論説委員を務め、戦後23年読売を定年退社。その後、東京新聞編集顧問、NHK中央番組審議委員、中央選挙管理委員などを務めた。晩年東京新聞のコラム「放射線」に池上五六の筆名で反共評論を書いた。著書には戦前知遇を得た政友会の長老「森恪」（2巻）、鳩山一郎の名前で「日本の顔」を書き、戦後鳩山追放の因となった。

山岡　景命
やまおか・かげのぶ

「江越日報」社主
[生年月日]弘化2年（1845年）
[没年月日]大正12年（1923年）9月15日
[出生地]近江国（滋賀県）

明治5年「滋賀新聞」編集人。14年「淡海日報」社主となり、「江越日報」と改名。15年廃刊した。

山鹿　元次郎
やまが・もとじろう

新聞記者，牧師，社会事業家，弘前女学校理事長
[生年月日]安政5年（1858年）12月30日
[没年月日]昭和22年（1947年）12月31日
[出生地]江戸　[旧名]古田　[学歴]東奥義塾卒

弘前藩士古田家の出身で、のち山鹿家を継ぐ。青森の東奥義塾に学び、キリスト教信者であった同校経営者本多庸一やJ.イングの影響で明治8年に受洗。卒業後に新聞記者となり「青森新聞」社主に就任するが、17年に筆禍事件を起こして教職に転身し牧師の資格を取得。19年来徳女学校（のち弘前女学校・弘学院）創立に参画し、同校教授や各地の教会などを経て37年弘前教会牧師となった。大正2年母校東奥義塾が廃校になると、その再興に尽力。また同年の東北地方における大凶作に際して教会内に凶作救済委員会を設立、被害にあった農民の救護に乗りだし、上京して東京市長らに援助を求めるなど全国的な募金・救援活動を展開した。さらに3年にチフスが流行すると、健康園を開設し徹底した健康管理のもとで児童を収容、併せて幼児を預かる託児園（のちサムエル保育園）も設置した。のち東奥義塾や弘前女学校の理事・理事長などを歴任。

山県　五十雄
やまがた・いそお

新聞記者，ジャーナリスト，英学者
[生年月日]明治2年（1869年）3月15日
[没年月日]昭和34年（1959年）3月15日
[出生地]滋賀県水口町（甲賀市）　[別名等]筆号＝螽湖　[学歴]東京帝国大学英文科中退

「少年園」の編集を手伝っていたが、のち「万朝報」に移り英文欄を担当、主筆となる。その間「Herald of Asia」などの主筆をつとめ、太平洋戦争中は外務省嘱託となる。「英文学研究」（全6冊）などの著書がある。

山県 勇三郎
やまがた・ゆうざぶろう

根室毎日新聞経営者，実業家
[生年月日]万延1年（1860年）
[没年月日]大正13年（1924年）2月25日
[出生地]肥前国平戸（長崎県平戸市）　[旧名]中村

父は肥前平戸藩の勘定奉行。21歳のとき北海道根室に渡り、海産物業を営んで基礎を固め、のちには漁業・海運・牧場・鉱山・木材工業など幅広く事業を展開。全国各地に支店を置くまでに成長し、根室実習学校の開設や「根室日報」「根室毎日新聞」など新聞経営も行った。日露戦争時には兵站や薪炭の補給を無償で行うが、そのために商店の財政が危機に瀕し、41年国内の経営を兄弟に任せ、新天地を求めてブラジルのリオ州マカエに移住。ここで5000町歩の土地を購入し、大規模農場と酒造業を経営、次第に漁業や製塩業に進出した。またブラジル初の水産学校を開き、のちには造船業の経営や大学の開設をも志したが果たせなかった。イギリスの植民地主義者セシル・ローズに範をとった快男児で、その生き方は若い日本人移民たちに大きな影響を与えた。

山上 正義
やまがみ・まさよし

新聞記者，ジャーナリスト，社会運動家
[生年月日]明治29年（1896年）7月10日
[没年月日]昭和13年（1938年）12月14日
[出生地]鹿児島県鹿児島市清水町　[別名等]筆名＝林守仁　[学歴]鹿児島高等農林卒

鹿児島県農林技師をしていた頃キリスト教に入信。のち上京するが、大正10年暁民共産党事件で検挙され、12年釈放される。14年頃上海に渡り、日本語新聞「上海日報」に勤務、のち新聞連合社に勤務。以後、上海を中心に文化人として幅広く活躍。中国の進歩的な文学者達と交流し、魯迅を訪ねてルポを雑誌に発表。昭和2年の広東コンミューンを目撃し、日本人記者では唯一人これを報道した。6年「阿Q正伝」を林守仁の名で翻訳し、出版。8年上海支局長代理から、北京支局長に転任し、11年同盟通信本社外務部次長に就任のため帰国し、以後中国評論家として活躍。13年モスクワ支局長を命ぜられるが、赴任準備中に急逝した。

山川 均
やまかわ・ひとし

編集者，社会主義理論家，社会運動家
[生年月日]明治13年（1880年）12月20日
[没年月日]昭和33年（1958年）3月23日
[出生地]岡山県倉敷村（倉敷市）　[学歴]同志社〔明治29年〕中退　[家族等]妻＝山川菊栄（婦人解放運動家），長男＝山川振作（東大名誉教授）

明治30年上京し、33年「青年の福音」を発刊。同年、同誌第3号に掲載した論説が不敬罪に問われ、入獄。獄中で経済学の書物を読む。39年日本社会党に入党し、翌年には同党機関紙「日刊平民新聞」の編集にかかわる。41年赤旗事件で入獄。大正5年堺利彦の売文社に入社、「新社会」を編集。荒畑寒村と労働組合研究会を作り「青服」を発行、8年「社会主義研究」刊行、9年社会主義同盟に、11年日本共産党結成に参加。のち"山川イズム"を提唱し、共産党との関係を絶った。11年には個人雑誌「前衛」を発刊。昭和2年雑誌「労農」を創刊、労農派の論客として活動。6年第一線より引退し、以後評論活動に専念する。12年人民戦線事件で検挙される。戦後の21年、民主人民戦線を提唱し、民主

人民連盟委員長となるが，胃がんのため2ケ年病臥する。26年大内兵衛とともに社会主義協会を結成，社会党左派の理論的指導にあたった。同協会機関紙「社会主義」を発刊。著書は「日本民主革命論」「山川均自伝—ある凡人の記録」，「山川均全集」（全20巻，勁草書房）などがある。

山口　勝清
やまぐち・かつきよ

新聞記者，アナキスト
[生年月日]明治38年（1905年）1月7日
[没年月日]昭和20年（1945年）8月6日
[出生地]広島県福山市　[学歴]中学4年中退

商店員となったが，間もなく上京して苦学する。大正14年新聞労働連盟に加入するが，翌年脱退し，静岡の平等新聞記者となる。のち帰郷し，昭和2年福山市で黎明社を結成し，機関紙「解放運動」を創刊。同年鞆鋲釘会社の争議を応援して検挙され，懲役8カ月に処せられる。3年山陽黒旗連盟を結成し7年「解放をめざして」を発行。8年倉敷市に移り，倉敷日報の印刷を請負う。のち毎日新聞記者となるが，広島支局で原爆にあい死去した。

山口　喜一
やまぐち・きいち

北海タイムス社長
[生年月日]明治14年（1881年）11月22日
[没年月日]昭和44年（1969年）5月22日
[出生地]福島県大沼郡　[学歴]東京政治学校卒

北海タイムス編集長時代，入社希望の石川啄木の面接を担当。余りに文学青年で外交には不向きとして採用しなかったと山口は語っている。

山口　天来
やまぐち・てんらい

新聞記者，ジャーナリスト，衆院議員，博多電灯会社社長
[生年月日]明治6年（1873年）2月
[没年月日]昭和16年（1941年）4月
[出生地]和歌山県　[本名]山口恒太郎　[学歴]英吉利法律学校（現・中央大学）卒

徳富蘇峰の国民新聞に入るが，明治32年，福岡日日新聞（西日本新聞の前身）に移る。初めは巻きたばこをふかすばかりのずぼら記者であったが，月給が50円から70円に上ったので発奮。33年の北京・義和団の乱の際大活躍して主筆に昇進。38年の日露戦争終結時には，国力の疲弊を説く勇気ある自重論「講和と国民」を執筆。39年，実業界に転じ博多電灯会社社長，博多商業会議所会頭など務めた。上京して雑誌「新公論」や中央新聞を主宰のあと，大正6年から衆議員議員3期，立憲政友会総務を務めた。

山口　六郎次
やまぐち・ろくろうじ

埼玉新聞社理事，衆院議員（自民党）
[生年月日]明治29年（1896年）7月21日
[没年月日]昭和36年（1961年）11月28日
[出身地]埼玉県　[学歴]明治大学専門部政治経済科卒　[家族等]息子＝山口敏夫

報知新聞記者を経て，明治大学役員，大日本体育協会理事，埼玉新聞社理事などを歴任する。昭和22年衆院議員に初当選し，以来当選5回。行政管理政務次官，自民党副幹事長，衆院法務委員長なども務めた。

山崎 猛
やまざき・たけし

満州日報社長，衆院議長，内相，運輸相，民主自由党幹事長
[生年月日]明治19年（1886年）6月15日
[没年月日]昭和32年（1957年）12月27日
[出生地]茨城県水戸市　[学歴]一高中退

朝鮮併合後の明治43年、徳富蘇峰の招きで京城日報に入り、後大連に移って満州日報の社長に。大正9年埼玉県から衆議院議員に当選。終戦後は日本自由党に入党し、昭和21年三木武吉が公職追放されたあと、衆院議長を務める。23年に民主自由党の結成に参加して同党幹事長となり、芦田内閣総辞職後、民主党から次期首班候補に推されたが、益谷秀次の説得で辞退、議員を辞した。のち第3次吉田内閣の運輸相、国務相、経済審議庁長官を歴任する。当選10回。

山崎 伝之助
やまさき・でんのすけ

和歌山日日新聞創業者，衆院議員（民政党）
[生年月日]明治4年（1871年）6月8日
[没年月日]昭和16年（1941年）2月7日
[出生地]和歌山県　[学歴]日本法律学校（現・日本大学）〔明治33年〕卒

明治33年日本法律学校を卒業して郷里の和歌山県に戻り、和歌山県議となる。45年同県で南海公論社を興し、社長に就任。大正3年和歌山日日新聞社を創立し社長を務めた。昭和3年から衆院議員（民政党）に当選2回。著書に「和歌山県人材録」「大言壮語録」「酒と人生」「世相録」「新聞人之声」がある。

山崎 安雄
やまざき・やすお

ジャーナリスト，評論家
[生年月日]明治43年（1910年）1月12日
[没年月日]昭和39年（1964年）7月3日
[出生地]埼玉県熊谷市　[学歴]同志社大学予科中退，文化学院文学部卒

昭和13年毎日新聞社に入社。出版関係の著書を多く刊行し、「著者と出版社」「日本雑誌物語」「岩波文庫物語」「春陽堂物語」などがある。

山崎 寧
やまざき・やすし

新聞記者
[生年月日]明治3年（1870年）5月
[没年月日]昭和20年（1945年）10月18日
[出身地]富山県

生後まもなく父と死別し、13歳で上京。学校に通う傍ら、東京横浜毎日新聞社に勤務。明治21年、福沢諭吉の提唱するアメリカ移住論に触発され渡米。のちカナダへ渡り、同国での日本人社会の形成に尽力した。40年には邦人紙「大陸日報」を刊行。42年カナダ日本人会を設立し、初代会長に就任。カナダ移民史における功労者。昭和9年に帰国した後は終生日本で暮らした。

山路 愛山
やまじ・あいざん

史論家，批評家，ジャーナリスト，信濃毎日新聞主筆
[生年月日]元治1年（1864年）12月26日
[没年月日]大正6年（1917年）3月15日
[出生地]江戸・浅草（東京都台東区）　[本名]山路弥吉（やまじ・やきち）　[別名等]別号＝如山　[学歴]東洋英和学校卒　[家族等]三男＝

山路平四郎(早稲田大学名誉教授)，孫＝山路昭平(産経新聞専務)

旧幕臣の子。維新後静岡に移り、明治19年メソジスト教会に入信。22年上京し、東洋英和学校に学ぶ。25年徳富蘇峰の民友社に入り、「国民新聞」や「国民之友」などに史論・評論を次々に発表、「頼襄を論ず」など北村透谷、高山樗牛との論争で文名を高めた。この間、26年に「荻生徂徠」を処女出版。30年民友社を退社、毛利家編纂所に入り、同年～31年「防長国天史」の編纂に従事。32年には「信濃毎日新聞」の主筆に迎えられて長野に居を移し、36年「独立評論」を創刊、日露戦争では主戦論を唱えた。38年斯波貞吉らと国家社会党を結成、普選運動や東京市電の電車賃値上げ反対運動に参加。43年「国民雑誌」創刊。晩年は「源義経」「足利尊氏」など英雄伝説の執筆に専念した。著書は「基督教評論」「現代金権史」「社会主義管見」、「時代代表日本英雄伝」「勝海舟」「新井白石」「徳川家康」など50冊に近く、山路史学の総決算ともいうべき「日本人民史」を執筆中に病死した。「山路愛山選集」(全3巻)、「山路愛山史論集」がある。

山道 襄一
やまじ・じょういち

新聞記者，衆院議員(民政党)
[生年月日]明治15年(1882年)3月15日
[没年月日]昭和16年(1941年)5月11日
[出身地]広島県　[学歴]早稲田大学政経学部〔明治39年〕卒

鳥取新報、大韓日報で主筆を務め、中国新聞記者を経て、明治45年以来衆院議員に当選10回。憲政会、民政党に属し、会幹事長、党幹事長を務めた。一時民政党脱党、国民同盟幹事長となったが、民政党に戻り政調会長。また文部参与官、鉄道政務次官を務め、昭和5年には第26回列国議会同盟会議に出席した。著書に「日本再建論」。

山田 一郎
やまだ・いちろう

新聞記者，ジャーナリスト
[生年月日]万延1年(1860年)7月16日
[没年月日]明治38年(1905年)5月
[出身地]安芸国広島(広島県)　[別名等]号＝霜岳，愛川　[学歴]東京帝大文学部〔明治15年〕卒

明治9年上京、15年新聞「内外政党事情」を創刊する。18年から「静岡大務新聞」「富山日報」など地方新聞の編集にあたる。東京専門学校講師も務めた。不遇の生涯を送り、没後東京帝大の同級生らにより言行録「天下之記者 一名山田一郎君言行録」が作られた。

山田 花作
やまだ・かさく

ジャーナリスト，歌人，新潟新聞編集局長・主筆
[生年月日]不詳
[没年月日]不詳
[出生地]新潟県佐渡郡相川町(佐渡市)　[本名]山田穀城

祖父や父の影響で少年の頃から和歌を詠み、明治27年与謝野鉄幹らの和歌革新運動に刺激を受けて、地元誌「北溟雑誌」に旧派歌壇を批判する文章を掲載した。33年鉄幹が新派和歌グループ・東京新詩社を興すと、3ケ月後には新潟県でみゆき会を結成。新潟新聞に入社して健筆を振るい、政治記事や論説を書く一方、漢詩や

和歌といった文芸欄も担当した。のち同社編集局長、主筆を歴任。作品集に「野調」「山田花作歌集」などがある。

山田 毅一
やまだ・きいち

新聞記者，衆院議員（立憲民政党）
[生年月日]明治20年（1887年）1月
[没年月日]昭和28年（1953年）4月15日
[出身地]富山県　[学歴]早稲田大学卒

東京外国語学校、早稲田大学に学ぶ。東京日日新聞記者、やまと新聞記者、国民新聞記者となり、樺太、沿海州、支那、台湾、南洋方面及び欧米各国を巡遊視察。のち復興通信社を創立、社長。また南方産業調査会を興し、機関紙「南進」社長。この間、昭和3年より衆院議員を連続2期務めた。

山田 旭南
やまだ・きょくなん

新聞記者，小説家
[生年月日]明治10年（1877年）5月26日
[没年月日]昭和24年（1949年）
[出生地]福井県　[本名]山田馨　[別名等]旧筆名＝朝倉蘆山人　[学歴]府立第一中学校卒

大八洲学校に入り漢文、国語を学んだ。二六新報の記者として活躍したが、明治28年朝倉蘆山人の名で文芸倶楽部に「荻の上風」を発表。川上眉山の門下となり、29年12月岩田鳴山と「雪月花」を創刊。34年7月の新小説第5回懸賞小説に「細杖」が最高点入選。38年文芸倶楽部に「明暗」、39～43年「盗人の娘」「自殺」などを発表した。単行本に「草花物語」などがある。

山田 金次郎
やまだ・きんじろう

東奥日報社長，同盟通信社副理事長
[生年月日]明治18年（1885年）
[没年月日]昭和31年（1956年）
[出生地]青森県青森市　[学歴]早稲田大学専門部政治経済科〔大正5年〕卒

東津軽郡役所や青森郵便局勤務を経て、明治38年東奥日報営業部に入り、郵送新聞の帯紙係の傍ら校正に従事。40年記者に抜擢され、青森監獄の囚人虐待事件では人道的立場から監獄側批判の論陣を張った。その後、東京駐在となり、休職して早稲田大学専門部政治経済科に入学、大正5年に卒業して復職。8年東奥日報社の株式会社化に伴って監査役に就任、次いで取締役となり、15年同社長に就任。以来20年に渡って「不偏不党・言行一致」を信条とする紙面作りを心がけ、新型輪転機の導入や各種出版物の刊行、美術展や句会・歌会・少年野球大会を主催するなど、新聞経営に辣腕を振るった。また地方紙を代表し理事として同盟通信社に参加、のち副理事長に就任。しかし戦時中大政翼賛運動に加担したため、戦後に公職追放となった。

山田 袖香
やまだ・しゅうこう

新聞記者，歌人
[生年月日]文政8年（1825年）
[没年月日]明治39年（1906年）1月25日
[出生地]播磨国加東郡東条村（兵庫県加東市）
[本名]山田淳子　[旧名]近藤　[別名等]筆名＝三平二満　[家族等]夫＝山田翠雨（文人，志士）

17歳の時に文人・山田翠雨の妻となる。女流文人の梁川紅蘭に師事し、当意即妙の和歌を作った。また、京都在住時には

歌僧・太田垣蓮月尼らとも交遊。37歳で夫を亡くしてからは兵庫県下で教員をしながら自活。明治8年には三平二満の筆名で「浪花新聞」記者に転じた。その後、浪花文学会などで活躍したが、晩年は江戸時代中期の国学者・契沖の遺跡である円珠庵内に結んだ三足庵で暮らした。

山田　潤二
やまだ・じゅんじ

毎日新聞専務，毎日球団社長
[生年月日]明治18年(1885年)3月12日
[没年月日]昭和36年(1961年)12月2日
[出生地]岐阜県海津郡高須町　[旧名]三溝　[学歴]東京帝大法科大学政治科〔明治44年〕卒，東京帝大独法科〔大正11年〕卒

明治44年満鉄に入社、再び東大に学び大正11年大阪毎日新聞社に入社。論説委員、取締役、東京日日新聞営業局長、監査役、常務を経て、昭和17年専務西部本社代表となった。19年同社経営のマニラ新聞社長、終戦と同時に退社、郷里に帰った。28年毎日球団社長。一高時代名1塁手、3番打者で活躍。

山田　風外
やまだ・ふうがい

絵入朝野新聞創立者，狂詩家，狂歌師，開進社社主
[生年月日]嘉永6年(1853年)
[没年月日]大正12年(1923年)9月1日
[出身地]江戸(東京)　[本名]山田孝之助　[別名等]別号＝籟生，狂号＝松廼舎華南

東京銀座に開進社を興し、雑誌「風雅新誌」「鳳鳴新誌」を発行、明治初期の文壇に貢献する。明治16年「絵入朝野新聞」を創刊。傍ら、狂詩・狂歌の名手としても知られた。別号は籟生、狂号を松廼舎華南と称した。大正12年関東大震災に遭い横浜で没した。

山田　道兄
やまだ・みちえ

新聞記者，衆院議員(立憲民政党)，民友社社長
[生年月日]明治13年(1880年)9月
[没年月日]昭和11年(1936年)8月27日
[出身地]岐阜県　[学歴]早稲田大学政治経済科〔明治40年〕卒

小学校訓導、扶桑新聞主筆、東京毎日新聞、読売新聞各記者を経て、民友社を創立、社長に就任。大正13年衆議員に初当選。以来連続4期。この間、昭和4年浜口内閣の農林参与官を務めた。

山根　真治郎
やまね・しんじろう

東京新聞理事
[生年月日]不詳
[没年月日]昭和27年(1952年)7月10日

大正13年国民新聞編集長に就任。特種主義の方針で関東大震災によって落ち込んだ部数の回復をはかった。徳島新聞顧問も務めた。

山根　文雄
やまね・ふみお

新聞記者，京都日日新聞社社長
[生年月日]明治15年(1882年)2月1日
[没年月日]不詳
[出生地]徳島県　[別名等]号＝越城

明治40年「神戸又新日報」に入社。のち「神戸新聞」に転じる。大正12年に神戸新聞社が「京都日日新聞」を買収した後は、同紙の主幹となった。昭和6年、神戸新聞

社が大阪時事新報社を合併し、京都日日新聞と合わせ三都合同新聞社を結成した際は、常務を務めた。8年、同社から「京都日日新聞」を分離し、新設した京都日日新聞社の社長に就任した。

山野 清平
やまの・せいべい

越中新誌創立者，富山県議
[生年月日]文久1年（1861年）
[没年月日]明治28年（1895年）9月17日
[出身地]越中国（富山県）

家業は酒造業。明治14年富山県初の新聞「越中新誌」を創刊。17年には「中越新聞」を発刊し、21年「富山日報」と改称。この間、15年富山銀行を設立。25年第四十七銀行と改め、初代頭取に就任。28年富山米肥取引監査役となるが、同年コレラにかかり、死去。20年には富山県議も務めた。

山本 実彦
やまもと・さねひこ

出版人，改造社創業者，東京毎日新聞社長，衆院議員（協同民主党）
[生年月日]明治18年（1885年）1月5日
[没年月日]昭和27年（1952年）7月1日
[出生地]鹿児島県川内町（薩摩川内市） [別名等]号＝亀城 [学歴]日本大学法律学科卒 [家族等]弟＝山本重彦（東洋出版社社長），山本三生（改造社支配人）

旧薩摩藩下士の長男。明治32年川内中学に進むが家計の窮乏を見かねて中退し、沖縄県で代用教員となる。のち同郷の大浦兼武を頼って上京し、日本大学夜間部に入って苦学。39年「やまと新聞」記者となり、42年「門司新報」主筆に転じるが、半年後に「やまと新聞」に戻り、人物評などで健筆を振るった。44年英国王ジョージ5世の戴冠式に際しロンドンに派遣。帰国後は東京市議、麻布区議として政界入り、大正4年東京毎日新聞社長に就任。5年衆院選に憲政党から出馬するが、汚職の嫌疑をかけられて頓挫した。8年改造社を設立し、総合雑誌「改造」を創刊。9年に出版した賀川豊彦「死線を越えて」は大ベストセラーとなり、社の基盤を固めた。「改造」は社会問題・労働問題などで革新的な論文を掲載して「中央公論」と並んで大正時代の言論を主導、またバートランド・ラッセル、マーガレット・サンガー、タゴール、アインシュタインといった海外の文化人を招いた講演会も大きな社会的反響を呼び、一躍日本を代表する出版社の一つとなった。15年には1冊1円の全集「現代日本文学全集」（全63巻）の刊行を開始、完全予約・薄利多売のこの企画は大当たりして他社も追随、出版界に"円本ブーム"を巻き起こした。昭和5年民政党から衆院議員に当選したが、7年落選。17年「改造」に掲載された細川嘉六の論文「世界史の動向と日本」が問題となり、これを機に「改造」以外の雑誌記者たちも大量に検挙され、戦時下最大の言論弾圧事件である横浜事件に発展。19年情報局の命で改造社は解散させられ、「改造」も廃刊した。戦後の21年、改造社を再興して「改造」も復刊。同年再び衆院議員に当選し協同民主党を結成、委員長に選ばれたが、22年公職追放に遭った。通算2期。没後の30年、労組問題もあって「改造」は廃刊、名門・改造社も姿を消した。

山本 三朗
やまもと・さぶろう

中国新聞創業者，広島県議
[生年月日]万延2年（1861年）1月10日

[没年月日]昭和8年（1933年）4月10日
[出身地]安芸国(広島県)　[旧名]友谷　[家族等]息子＝山本正房（中国新聞社長）

明治25年中国新聞社を設立、社長に就任。日刊紙「中国」を発行した。広島市議、広島県議なども歴任。

山本　実一
やまもと・じついち

中国新聞社長
[生年月日]明治23年（1890年）5月6日
[没年月日]昭和33年（1958年）9月17日
[出生地]広島県　[旧名]月森　[学歴]東京帝国大学農学部卒　[家族等]養父＝山本三朗（中国新聞社長）、養弟＝山本正房（中国新聞社長）

大正4年中国新聞社長・山本三朗の養嗣子となり、5年中国新聞社に入社、7年副社長、昭和8年社長となった。20年8月の原爆で壊滅した社を復興、22年公職追放されたが、25年社長に復帰、27年ラジオ中国を設立、社長兼任。

山本　慎平
やまもと・しんぺい

長野新聞、新潟日報社長、衆院議員（政友会）
[生年月日]明治9年（1876年）1月
[没年月日]昭和23年（1948年）5月21日
[出身地]長野県　[学歴]早稲田大学政治経済科〔明治34年〕卒

長野新聞、新潟日報でそれぞれ主筆・社長を務める。長野県議、県参事会員を経て、大正13年衆院議員となり当選3回。著書に「新農村論」「恋、仏、天」などがある。

山本　梅史
やまもと・ばいし

新聞経営者、俳人
[生年月日]明治19年（1886年）12月11日

[没年月日]昭和13年（1938年）7月24日
[出生地]大阪府堺市　[本名]山本徳太郎

堺日報、泉州時事新報など新聞を経営、堺市会書記長を永く務めた。少年時代から俳句を始め、梅沢墨水、安藤橡面坊らに学び、のち高浜虚子に就いた。

山本　松之助
やまもと・まつのすけ

東京朝日新聞社会部長、江戸・明治文化研究家
[生年月日]明治6年（1873年）10月5日
[没年月日]昭和12年（1937年）5月10日
[出生地]東京深川（東京都江東区）　[別名等]筆名＝山本笑月　[学歴]東洋一致英和学校卒　[家族等]父＝山本金蔵（浅草花屋敷創設者）、弟＝長谷川如是閑（ジャーナリスト）、大野静方（画家）

明治26年やまと新聞に入社。のち中央新聞を経て、31年東京朝日新聞社に入る。文芸部長、社会部長をつとめ、大正12年病気のため退社。以後は江戸・明治文化の研究に専念した。著書に「明治世相百話」がある。

山本　露滴
やまもと・ろてき

ジャーナリスト、歌人、詩人
[生年月日]明治17年（1884年）10月1日
[没年月日]大正5年（1916年）12月1日
[出生地]大分県　[本名]山本喜市郎　[学歴]電信技術伝習所卒、国語伝習所卒

浅香社門で、北海道において「北鳴新聞」「新十勝」などに関係し、明治42年「実業之北海」を創刊、以後さまざまな出版事業に従事したが失敗に終わった。著書に北海道を歌った詩歌集「金盃」と友人岩野泡鳴編集による「山本露滴遺稿」（自家版）がある。

【ゆ】

湯浅 禎夫
ゆあさ・よしお

新聞記者, 毎日オリオンズ総監督
[生年月日]明治35年（1902年）10月2日
[没年月日]昭和33年（1958年）1月5日
[出生地]鳥取県　[本名]湯浅虎雄　[学歴]明治大学〔大正15年〕卒

米子中学時代より投手として活躍、明大では投手と外野手をつとめ、大正12年秋に初優勝をかざる。卒後、大阪毎日新聞に入社、大毎球団投手として活躍、戦後は毎日大阪社会部記者を経て運動部長となる。昭和25年毎日オリオンズが結成され、総監督に就任、自ら指揮をとりパ・リーグ初優勝、更にセの松竹ロビンスを破り第1回日本選手権を獲得。27年の対西鉄戦ノーゲームによる「平和台騒動」で責任を負わされ退団、渡米するが、31年本社に復帰した。

結城 礼一郎
ゆうき・れいいちろう

従軍記者, ジャーナリスト, 玄文社創業者
[生年月日]明治11年（1878年）
[没年月日]昭和14年（1939年）10月17日
[出生地]山梨県　[学歴]麻布中（旧制）〔明治29年〕卒、青山学院高等普通部中退　[家族等]父＝結城無二三（牧師・新撰組隊士）

新撰組隊士・結城無二三の長男。麻布中学を卒業後、明治29年国民新聞社に入社。傍ら青山学院に学んだ。32年休刊中であった「甲斐新聞」の復刊に尽力。さらに徳富蘇峰の勧めで大阪へ赴いて「大阪新報」「大阪毎日新聞」の編集に携わり、また山路愛山に招かれて「信濃毎日新聞」にも関わったが、35年「国民新聞」に戻った。37年日露戦争では従軍記者として戦地に赴くも、本社と意見が食い違い辞職。帰国後「国民新聞」に復帰し、39年の日比谷焼打ち事件では社屋に籠城して編集を守り続けた。同紙に社会部を創設して部長となるなど蘇峰の片腕として活躍したが、のち退社して「報知新聞」「やまと新聞」「東京毎夕新聞」と移り、44年大阪で「帝国新聞」を発行した。大正5年玄文社に招かれて主幹となり、雑誌「新演芸」「新家庭」を創刊。10年主幹から顧問に退くと新聞同盟社を設立し、雑誌「新聞研究」を発刊した。14年「中央新聞」副社長兼編集局長。昭和4年東京市議。文章家として知られ、著書に「江原素六先生伝」「旧幕新撰組の結城無二三」がある。

行友 李風
ゆきとも・りふう

新聞記者, 小説家, 劇作家
[生年月日]明治10年（1877年）3月2日
[没年月日]昭和34年（1959年）12月13日
[出生地]広島県尾道市土堂町　[本名]行友直次郎　[受賞]なにわ賞〔昭和32年〕

明治39年大阪新報社に入り、社会部記者となりおもに演芸欄を担当する。大正5年退社し、大阪松竹合名会社文芸部に入り、6年新国劇の創作にともないその専属作者に。代表作に「月形半平太」「国定忠治」などがある。のち小説に転じ、14年「修羅八荒」を発表して人気作家となり、その後の作品に「獄門首土蔵」「巷説化島地獄」など。昭和32年上方文化振興の功労者として大阪府からなにわ賞を贈られた。

弓削田 秋江
ゆげた・しゅうこう

新聞記者，ジャーナリスト
[生年月日]明治3年（1870年）4月15日
[没年月日]昭和12年（1937年）9月20日
[出生地]群馬県安中町　[本名]弓削田精一（ゆげた・せいいち）　[学歴]同志社

東京新報、報知新聞などを経て、明治30年東京朝日新聞に入社、池辺三山や杉村楚人冠、鳥居素川らが絶讃した日露戦争従軍記事（遼陽戦記）で知られる。のち政治部長などをつとめ、大正4年退社後は政友会政務調査会に属した。朝日新聞時代、二葉亭四迷と交友があり、池辺三山のあとをうけて「二葉亭四迷全集」の編集を担当した。

弓館 小鰐
ゆだて・しょうがく

新聞記者，小説家，スポーツ評論家
[生年月日]明治16年（1883年）9月28日
[没年月日]昭和33年（1958年）8月3日
[出生地]岩手県一関市　[本名]弓館芳夫　[学歴]東京専門学校卒

万朝報から大正7年に東京日日新聞社に移り、「西遊記」を連載する。その後も「水滸伝」「スポーツ人国記」などを発表。著書に「ニヤニヤ交友帖」などがある。

由良 浅次郎
ゆら・あさじろう

実業家，和歌山新聞社会長
[生年月日]明治11年（1878年）1月17日
[没年月日]昭和39年（1964年）3月14日
[出身地]和歌山県　[学歴]大阪高工（現・大阪大学）卒

染色業を営む。第1次世界大戦で染料輸入が止まったため、大正3年由良精工を設立し、4年アニリンの製造に成功。一時、和歌山新聞社の経営にも携わった。

【よ】

陽 其二
よう・そのじ

横浜毎日新聞創立者
[生年月日]天保9年（1838年）6月
[没年月日]明治39年（1906年）9月24日
[出生地]肥前国長崎東仲町（長崎県長崎市）
[別名等]号＝天老居士

明の遺臣帰化人を祖とし、代々唐通事。安政2年（1855年）小通事末席となり、6年長崎開港に伴い港会所（のちの税関）に勤務。文久2年（1862年）幕府海軍に属し長崎丸汽鑵方、本木昌造の配下となる。慶応元年（1865年）長崎製鉄所に転じ、活版製造に従事した。明治3年神奈川県に招かれ、日本初の日刊邦字紙「横浜毎日新聞」を創刊。5年横浜に印刷所景諦社を創立（7年王子製紙と合併し製紙分社と改称）、昌造・平野富二を助けて築地活版所設立に貢献し、のち相談役となった。また筆楊版というこんにゃく版の一種を発明。料理通でもあったので晩年跡見女学校で割烹を教えた。著書に「支那貿易説」などの他、割烹に関するものが多い。

横井 時雄
よこい・ときお

教育家，ジャーナリスト，衆院議員（政友会），同志社社長・校長，牧師
[生年月日]安政4年（1857年）10月17日
[没年月日]昭和2年（1927年）9月13日
[出生地]肥後国上益城郡沼山津村（熊本県熊

本市）[別名等]別名＝伊勢時雄, 伊勢又雄 [学歴]熊本洋学校〔明治8年〕卒, 同志社英学校英学科本科〔明治12年〕卒 [家族等]父＝横井小楠（熊本藩士・儒学者）, いとこ＝徳富蘇峰（評論家）, 徳富蘆花（小説家）

いちじ伊勢姓を名のる。熊本洋学校の米人校長ジェーンズの導きで明治9年徳富蘇峰らとキリスト教に入信。熊本バンドの一員となる。12年同志社卒業後、愛媛県・今治教会、東京・本郷教会の牧師となり伝導に活躍。「六合雑誌」「基督教新聞」の編集に従事。18年同志社教授。米国留学後、30年同志社社長兼校長となるが、翌年キリスト教主義をめぐる綱領削除問題で辞任。36年以来岡山県から衆院議員に当選2回、日糖事件に関係して42年政界を引退。その間、37年「東京日日新聞」主宰、37〜39年姉崎正治と雑誌「時代思潮」を刊行。政界引退後は文筆に従事。大正8年パリ平和会議に出席。著書に「基督教新論」「我邦の基督教問題」がある。徳富蘆花の「黒い眼と茶色の目」に能勢又雄の名で登場している。

横川 省三
よこがわ・しょうぞう

従軍記者, 軍事探偵
[生年月日]慶応1年（1865年）4月4日
[没年月日]明治37年（1904年）4月21日
[出生地]陸奥国盛岡（岩手県盛岡市） [旧名]三田村 [別名等]号＝北溟, 精軒

陸奥盛岡藩士・三田村家の三男で、横川家を継ぐ。明治17年小学校教師を辞して上京、有一館に入り自由民権運動に投じ、加波山事件に連座、禁錮6カ月。23年東京朝日新聞社に入社、26年郡司成忠の千島探検に参加し、同紙に「短艇遠征記」を掲載。日清戦争には従軍記者となったが、29年退社。34年内田康哉北京公使に随行、35年蒙古縦断を企てて失敗。北京の東文学舎に入り沖禎介らと知る。日露戦争直前に満洲を中心とした軍事諜報活動に従事。37年日露開戦直後、沖禎介、松崎保一らとチチハル付近で鉄橋を爆破しようとしてロシア軍に逮捕され、ハルビンで銃殺された。

横関 愛造
よこせき・あいぞう

編集者, 改造社社長
[生年月日]明治20年（1887年）8月2日
[没年月日]昭和44年（1969年）5月4日
[出生地]長野県小県郡塩田町（上田市） [学歴]早稲田大学政経科〔大正2年〕卒

大正7年「東京毎日新聞」編集長となったが、8年「改造」創刊に参加して初代編集長となる。昭和8年海と空社、航空知識社社長となり、25年改造社代表取締役に就任。のち藤井レンズ工業取締役、東京光機工業代表取締役などを務めた。著書に「思い出の作家たち」などがある。

横山 健堂
よこやま・けんどう

ジャーナリスト, 史論家, 人物評論家
[生年月日]明治4年（1871年）7月5日
[没年月日]昭和18年（1943年）12月24日
[出生地]山口県阿武郡萩（萩市） [本名]横山達三 [別名等]別号＝黒頭巾, 火山楼 [学歴]東京帝大文科大学国史科〔明治31年〕卒 [家族等]息子＝横山白虹（俳人）

中学教諭、読売新聞、大阪毎日新聞を経て国学院大学教授。そのかたわら「新人国記」を「読売新聞」に連載。同時に人物評論を「中央公論」に連載するなどして活躍、人国記の黒頭巾として知られた。著書は幅広く「日本教育史」「現代人物競」

「新人国記」「旧藩と新人物」「人物研究と史論」「大将乃木」「大西郷」「高杉晋作」など多数。

横山 源之助
よこやま・げんのすけ

新聞記者，ジャーナリスト
[生年月日]明治4年（1871年）2月21日
[没年月日]大正4年（1915年）6月3日
[出生地]越中国魚津（富山県魚津市） [別名等]筆名＝天涯茫々生，有機逸郎 [学歴]英吉利法律学校（現・中央大学）〔明治24年〕卒

網元の家に生まれ、左官職の家に養子に出される。弁護士試験に失敗し、放浪生活中に二葉亭四迷、松原岩五郎を知り貧民問題など社会問題に関心をもった。明治27年「横浜毎日新聞」記者となり、下層社会の実態を調査、ルポルタージュを同紙に連載した。その後も各種の工場・労働調査を行い、それらを「国民之友」「中央公論」「天地人」などに発表。また農商務省の大阪工場調査（農商務省「職工事情」36年刊行）に従事するなど、日本における労働実態調査の開拓者としてその功績は大きい。大正元年移民の実態調査のためブラジルへ旅行したが、晩年は不遇であった。著書に「日本之下層社会」「内地雑居後之日本」「明治富豪史」など。「横山源之助全集」（全9巻・別巻1，社会思想社）がある。

横山 四郎右衛門
よこやま・しろうえもん

新聞記者，北日本新聞社長
[生年月日]明治14年（1881年）1月19日
[没年月日]昭和40年（1965年）5月13日
[出身地]富山県 [学歴]早稲田大学卒

「報知新聞」記者を経て、昭和2年富山日報主筆兼編集局長となる。10年社長に就任。のち北日本新聞社の2代目社長となるが、戦後公職追放される。27年北日本放送を設立、社長に就任した。

横山 又吉
よこやま・またきち

教育者，民権運動家，高知商業高校長
[生年月日]安政2年（1855年）10月15日
[没年月日]昭和14年（1939年）10月6日
[出生地]土佐国土佐郡杓田村（高知県高知市）
[別名等]号＝黄木 [学歴]陸士中退

東京に遊学したのち郷里・高知県に帰り、立志学舎で学ぶ。明治13年高知新聞社に入社、論説などで政府を痛烈に批判し、社友の植木枝盛・坂崎紫瀾らと共に民権派の論客として知られた。20年三大事件建白運動に参加して上京するが、保安条例により逮捕・投獄。22年高知市政の発布とともに学務委員長となり、31年簡易商業学校（のち高知商業学校・市立高知商業高校）を創立してその初代校長に就任、多くの生徒を指導し、名校長と謳われた。大正6年に校長職を退いた後は高知商業銀行頭取となるが、13年3月に同行は破産。晩年は自宅に隠棲し、漢詩文を楽しんだ。

与謝野 晶子
よさの・あきこ

歌人，詩人
[生年月日]明治11年（1878年）12月7日
[没年月日]昭和17年（1942年）5月29日
[出生地]大阪府堺市甲斐町 [本名]与謝野しよう [旧名]鳳晶子（ほう・あきこ） [別名等]号＝小舟，白萩 [学歴]堺女学校卒 [家族等]夫＝与謝野鉄幹（詩人・歌人）、息子＝与謝野秀（外交官）、与謝野光（東京医科歯大大学理事）、孫＝与謝野馨（衆院議員）、与謝野達（欧州復興開発銀行経理局次長）、与謝野肇（興銀

インベストメント社長），兄＝鳳秀太郎（電気工学者）

明治29年頃から歌作をはじめ、33年東京新詩社の創設と共に入会し、「明星」に数多くの作品を発表。34年「みだれ髪」を刊行、同年秋与謝野寛（与謝野鉄幹）と結婚。「明星」の中心作家として、自由奔放、情熱的な歌風で浪漫主義詩歌の全盛期を現出させた。この頃の代表作に、「小扇」「毒草」（鉄幹との合著）「恋衣」（山川登美子・茅野雅子との合著）「舞姫」などがあり、大正期の代表作としては「さくら草」「舞ごろも」などがある。短歌、詩、小説、評論の各分野で活躍する一方、「源氏物語」全巻の現代語訳として「新訳源氏物語」を発表したほか「新訳栄華物語」などもある。大正3年読売新聞社入社。4年同紙日曜附録に「怖ろしき兄弟」と題する詩が掲載された。当時の強硬外交を支持する風潮に対し自重を呼びかける風刺的内容の詩であった。大正10年創立の文化学院では学監として女子教育を実践した。ほかに遺稿集「白桜集」、「雲のいろいろ」などの小説集や「短歌三百講」など著書は数多く、「定本与謝野晶子全集」（全20巻，講談社）、「与謝野晶子評論著作集」（全21巻，龍渓書舎）が刊行されている。平成5年には未発表作品「梗概源氏物語」が出版された。

吉植 庄亮
よしうえ・しょうりょう

新聞記者，歌人，衆院議員（無所属倶楽部）
[生年月日]明治17年（1884年）4月3日
[没年月日]昭和33年（1958年）12月7日
[出生地]千葉県印旛郡　[別名等]号＝愛剣　[学歴]東京帝国大学経済科〔大正5年〕卒　[家族等]父＝吉植庄一郎（衆院議員）

父・庄一郎経営の中央新聞に勤務し、大正10年文芸部長になり、のち政治部に移る。13年帰郷し、印旛沼周辺の開墾事業に着手。昭和11年衆院議員となり百姓代議士として活躍、3選したが戦後公職追放となった。

吉尾 なつ子
よしお・なつこ

新聞記者，小説家
[生年月日]明治38年（1905年）6月16日
[没年月日]昭和43年（1968年）4月4日
[出生地]岡山県　[本名]根本芳子　[学歴]京都女子高等専門学校英文科〔昭和2年〕卒

女学校教師、時事新報記者を経て作家生活に入った。昭和16年千島旅行、再婚後京城に住み、「国民文学」同人。戦後引き揚げ後上京。作品には戦前発禁となった「夜ごとの潮」や「しのび逢う人」「はじめに恋ありき」のほか、児童もの「にんじん」「ノートルダム物語」「ギリシヤ神話」、人生読本「女の条件・男の条件」「娘のための恋愛論」などがある。

吉岡 信敬
よしおか・しんけい

新聞記者
[生年月日]明治18年（1885年）
[没年月日]昭和15年（1940年）
[出生地]東京　[学歴]早稲田大学中退

山口県萩市で生まれたという説もある。野球好きから早稲田大学応援隊（団）の創始者となる。早慶戦など各種競技会で活躍。明治39年早慶戦が両校応援隊の過激な行動から19年間中止となる。その中心人物の一人で、一時非難されたが、ヤジ将軍とマスコミにもてはやされ、学生界の名物男であった。大学中退後読売新聞記者や出版関係の仕事に従事。晩年の経歴

は不明。小説家・押川春浪と親しく終生交際した。花好き、詩好きの一面もある。

吉川 守圀
よしかわ・もりくに

言論人，社会運動家
[生年月日]明治16年（1883年）2月18日
[没年月日]昭和14年（1939年）8月24日
[出生地]東京府西多摩郡檜原村人里　[別名等]別名＝吉川守邦，吉川守国，号＝世民　[学歴]東京政治学校

明治37年平民社に参加し「光」の刊行に協力した。39年日本社会党の結成に参加、同年の市電値上げ反対運動に関連し懲役1年6カ月に処せられる。40年平民社の再興に加わり、解散後は「社会新聞」を創刊。41年「東京社会新聞」を創刊、のち売文社に入って「新社会」を刊行。大正9年日本社会主義同盟の創立に際しては発起人となり、11年の共産党創立大会に出席する。12年の第1次共産党事件で検挙され、のち労農派の一員として東京無産党をへて中間派無産政党に属す。昭和11年社会大衆党から東京府議に当選。12年の人民戦線事件で検挙され、仮出獄後間もなく死去した。

吉倉 汪聖
よしくら・おうせい

ジャーナリスト
[生年月日]明治1年（1868年）11月
[没年月日]昭和5年（1930年）12月30日
[学歴]法政大学卒

加賀藩士の子。明治・大正期のジャーナリスト。詩人・評論家の北村透谷と交友があった。民権運動退潮後、天佑俠に参加。内田良平が創立した右翼団体・黒竜会の創設会員で、中国大陸進出を主張した大陸浪人でもある。「釜山貿易新聞」を経て、「元山時事」「遼東新報」を創刊、ジャーナリストとして活躍。内田良平の「露西亜論」の執筆者といわれている。

吉田 熹六
よしだ・きろく

新聞記者，新潟新聞主筆
[生年月日]万延1年（1860年）
[没年月日]明治24年（1891年）11月30日
[出生地]阿波国名東郡南新居村（徳島県徳島市）　[学歴]慶応義塾中退

明治14年徳島立憲改進党を組織し、徳島で「普通新聞」を発行。16年上京して、「郵便報知新聞」に入社。また明治協会雑誌の編輯を担当し、17年「新潟新聞」主筆となる。19年欧米に渡り、帰国後は矢野龍渓の報知新聞改革を助けた。また犬養毅らと「朝野新聞」「民報」などの発行に従事した。

吉田 絃二郎
よしだ・げんじろう

雑誌編集者，小説家，劇作家，随筆家
[生年月日]明治19年（1886年）11月24日
[没年月日]昭和31年（1956年）4月21日
[出生地]佐賀県神埼郡神埼町（神崎市）　[本名]吉田源次郎　[学歴]早稲田大学英文科〔明治44年〕卒　[受賞]文部大臣賞〔昭和16年〕「仔馬は帰りぬ」

大卒後逓信局嘱託となり、またユニテリアン協会に入り、「六合雑誌」の編集に従事。大正5年早稲田大学講師（英文学）を経て、13年教授。この間、3年小説「磯ごよみ」を発表。一方、早くから児童文学にも関心を示し、多くの童話や少年少女小説を書いている。「天までとどけ」は昭和54年テレビ朝日で放映された。主な作

品に「島の秋」「清作の妻」「妙法寺の叔母」「人間苦」や戯曲「西郷吉之助」「二条城の清正」「江戸最後の日」など。また随筆家としても活躍し「小鳥の来る日」「草光る」「わが詩わが旅」などがある他、「吉田絃二郎全集」(全18巻)などがある。

吉田 健三
よしだ・けんぞう

絵入自由新聞創立者，実業家，ジャーナリスト
[生年月日]嘉永2年(1849年)
[没年月日]明治22年(1889年)
[出身地]越前国(福井県) [旧名]渡辺 [家族等]養子＝吉田茂(首相)

越前福井藩士・渡辺謙七の子だが同族の吉田姓を継ぎ、16歳で出郷、大阪で2年ほど医学を学んだのち、長崎で英学を学ぶ。慶応2年(1866年)から明治元年(1868年)まで英国の軍艦に水夫として乗り組み、海外へ。帰国後は、横浜で生糸商社のジャーディン・マセソン商会支配人をつとめたほか、船問屋なども営み数年で巨万の富を築き、横浜の市街地・宅地開発、学校建設、社寺造営などに尽くした。ジャーナリストとしては東京日日新聞創始者グループと親交があり、15年「絵入自由新聞」を創刊した。

吉田 東伍
よしだ・とうご

新聞記者，地理学者，早稲田大学教授
[生年月日]元治1年(1864年)4月14日
[没年月日]大正7年(1918年)1月22日
[出生地]越後国蒲原郡保田村(新潟県阿賀野市) [旧名]旗野 [別名等]号＝落後生 [学歴]新潟学校中等部中退 文学博士〔明治42年〕
[家族等]二男＝吉田千秋(作家)、弟＝高橋義彦(郷土史家)

旗野家の三男で、叔父・旗野十一郎らに学ぶ。新潟英語学校を経て、明治10年新潟学校中等部に入るが、間もなく退学。農業や郵便局勤務などをしながら独学で歴史を研究し、14年「安田志料」をまとめて新潟県に寄付した。16年教員学力試験に合格して小学校教員となり、17年中蒲原郡の吉田家の養嗣子となる。23年北海道庁に勤める傍ら読書に励み、田口卯吉主宰の「史海」に史論を投稿。24年上京し、帝国大学史学会に入会。25年親類に当たる市島春城の紹介で読売新聞社に入社し、落後生の号で同紙に史論を発表、注目された。同年より東京専門学校図書館に勤務。27年記者として日清戦争に従軍し、威海衛攻撃などを取材。34年東京専門学校(現・早稲田大学)講師となり、日本地誌・国史を担当。40年教授に就任。42年文学博士。大正7年銚子旅行中に急死した。中世史・維新史・社会経済史などの分野ですぐれた研究を残す一方、地名変遷の研究も進め、「大日本地名辞書」(全11冊)を独力で完成させ歴史地理学に先鞭をつけた。また、人文地理学会を創立・主宰。能楽にも造詣が深く「世阿弥十六部集」の校訂刊行を行い、近代能楽研究にも寄与した。他の著書に「日韓古史断」「徳川政教考」「維新史八講」「荘園制度之大要」「倒叙日本史」(全12巻)「利根川治水論考」「日本歴史地理之研究」などがある。

吉田 常夏
よしだ・とこなつ

ジャーナリスト，詩人，「燭台」主宰
[生年月日]明治22年(1889年)
[没年月日]昭和13年(1938年)10月29日
[出生地]山口県山口市 [本名]吉田義憲

幼い頃から詩才にたけ、14歳で「文庫」

の選者・河井酔茗に見出される。詩人を志し16歳の時上京、文庫派の新人として活躍。19歳の時の失恋と第一詩集を自宅の火災で焼失したことが契機となり2度自殺未遂をくり返し、一時筆を折った。2年後「女子文壇」の編集者として復帰。以後ジャーナリストに徹したが、生来の短気から「読売新聞」、「中外新報」などを転々とし、震災後「関門日日新聞」に迎えられ下関に移る。3年後脳出血で倒れる。昭和2年から文芸誌「燭台」を出版。病床にありながら自ら詩を書き、地方の新人発掘にも努めた。また北原白秋や火野葦平、田上耕作ら中央文壇からの寄稿者も多く、号を重ねる度に盛んとなったが、赤字と病状の悪化で6年頃途絶えた。

吉田 益三
よしだ・ますぞう

言論人、国家主義運動家
[生年月日]明治28年(1895年)8月21日
[没年月日]昭和42年(1967年)2月11日
[出生地]長崎県　[学歴]関西学院中退

大正11年大阪に出て内田良平の黒龍会に入り、大阪支部長。昭和6年大日本生産党を結成、労働組合の組織化を図り、12年党総務委員長となる。2・26事件後、時局協議会を結成し、インド独立支援同盟、戦時体制強化連盟に参加するなど、対外強硬の運動を推進した。17年生産党を解消し、大日本一新会総裁となる。戦後公職追放され、解除後は「防衛新日本新聞」を創刊。恩給復活促進連盟、戦友会を結成し、紀元節復活運動に参加した。

吉野 左衛門
よしの・さえもん

京城日報社長, 俳人

[生年月日]明治12年(1879年)2月10日
[没年月日]大正9年(1920年)1月22日
[出生地]東京府三鷹村(東京都三鷹市)　[本名]吉野太左衛門　[学歴]東京専門学校政治科〔明治33年〕卒

国民新聞に入社し、のち政治部長となる。俳句は明治28年正岡子規の門に入って句作する。43年京城日報社長に就任し、大正3年退職。句集に「栗の花」「左衛門句集」などがある。

吉野 作造
よしの・さくぞう

朝日新聞編集顧問兼論説顧問, 政治学者, 評論家, 東京帝国大学文科大学教授
[生年月日]明治11年(1878年)1月29日
[没年月日]昭和8年(1933年)3月18日
[出生地]宮城県志田郡古川町(大崎市)　[別名等]号=古川、松風軒　[学歴]宮城県尋常中(旧制)〔明治30年〕卒, 二高法科〔明治33年〕卒, 東京帝国大学法科大学政治学科〔明治37年〕卒 法学博士〔昭和4年〕　[家族等]長女=土浦信子(建築家)、二女=赤松明子(婦人運動家)、父=吉野年蔵(宮城県古川町長)、弟=吉野信次(政治家)、女婿=土浦亀城(建築家)、赤松克麿(社会運動家)、小松清(音楽評論家・フランス文学者)、三島誠也(奈良県知事)

糸綿商で古川町長も務めた吉野年蔵の長男。宮城県尋常中学時代は回覧雑誌に熱中。また、校長であった大槻文彦に目を掛けられ、大槻から養子にと請われたが断ったという。二高法科に進むと雑誌部部長であった教授・佐々醒雪の薫陶を受け、キリスト教にも入信。東京帝国大学法科大学では小野塚喜平次に師事し、首席で卒業した。明治39年梅謙次郎教授の斡旋で清国直隷総督・袁世凱の嗣子である袁克定の家庭教師をとなり、42年帰国して東京帝国大学文科大学助教授に就任。43年からヨーロッパ、米国へ留学し、帰

国後の大正3年教授。同年より滝田樗陰の勧めで「中央公論」に執筆を始め、5年1月号に滝田の口述筆記による「憲政の本義を説いて其有終の美を済すの途を論ず」を発表。民本主義を唱えたこの論文は吉野の名を一躍知らしめ、大正デモクラシーの理論的基礎となった。7年には福田徳三らと黎明会を発足、また、東大YMCA理事長として数々の社会事業を手がけるなど、理想主義を掲げ大正デモクラシーの旗手として活躍した。13年東大を辞して朝日新聞編集顧問兼論説顧問となるが、舌禍事件のため3ケ月で退社した。以後、再び東大に講師として復帰する傍ら、同年宮武外骨、尾佐竹猛らと明治文化研究会を発足させ、初代会長に就任。官学とは一線を画す在野の研究者たちが集い、昭和2〜5年にかけて中心人物として「明治文化全集」(全24巻)をまとめ上げた。一方、大正15年安部磯雄らと無産政党の右派である社会民衆党結成の産婆役となり、晩年は無産政党の合同にも協力した。著書に「試験成功法」「支那革命小史」「普通選挙論」「現代政局の展望」「閑談の閑談」などがある。

吉本　次郎兵衛
よしもと・じろべえ

新聞人，北溟社社長，「加越能新聞」創立者
[生年月日]天保2年(1831年)
[没年月日]明治25年(1892年)8月
[出身地]加賀国金沢城下西御影町(石川県金沢市)　[別名等]号＝汶蒼，幼名＝次郎三郎

加賀金沢の仕出し料理老舗・吉本屋九郎右衛門の二男。書算漢籍などを好み、仕立て職人を経て、書店を営む。明治4年「開化新聞」を創刊。始めは木版刷りだったが、その後木製活字を採用して、6年「石川新聞」と改題。その後、鉛製活字を導入して発展。13年「加越能新聞」に改め、発行所・北溟社を設立して社長となったが、1年余で失敗、不遇のうちに死去した。北陸新聞界の開拓者として知られる。

米村　長太郎
よねむら・ちょうたろう

新聞記者，社会運動家
[生年月日]明治20年(1887年)5月11日
[没年月日]昭和34年(1959年)11月13日
[出生地]鳥取県鳥取市寺町　[学歴]早稲田大学予科中退

大阪毎日新聞や門司新報などの記者生活を経て、大正4年頃から八幡市で食堂を経営していたが、11年帝国民政会の結成に参加し、無産運動に入る。14年九州民憲党創立大会で中央執行委員となり、15年労働農民党九州支部連合会結成で執行委員となる。その後日本大衆党に参加するが6年離党する。その間八幡市議を2期つとめ、その後は国家社会主義の運動に入った。

四方田　義茂
よもだ・よししげ

読売新聞論説委員，読売新聞社取締役，読売巨人軍球団代表
[生年月日]明治20年(1887年)
[没年月日]昭和31年(1956年)1月
[出身地]埼玉県　[学歴]中央大学法学部卒

明治45年〜大正3年までアメリカに留学し、帰国後毎日新聞に入社、政治、外報各部次長を経て、昭和4年読売新聞に移り論説委員となる。5年政治部長、15年論説委員会幹事、17年定年退社して客員。21年取締役に就任し、25年株式会社読売巨人軍専務(球団代表)を兼務。26年依願退社し、客員として読売新聞80年史編集を

委嘱される。

与良 ヱ
よら・あいち

中日新聞社長
[生年月日]明治41年(1908年)1月1日
[没年月日]昭和43年(1968年)4月11日
[出生地]愛知県名古屋市 [学歴]名古屋高商〔昭和3年〕卒 [家族等]父＝与良松三郎(名古屋新聞社長)

名古屋新聞社に入り、昭和17年新聞統合による中部日本新聞発足で監査役、21年取締役、26年編集局長兼務、27年社長となった。米国式経営法を採用、本部長制、担当制などの近代化を図り、東京中日新聞、金沢に北陸中日新聞を発刊、朝毎読に次ぐ第4の新聞に育てた。33年産業経済新聞副社長に転じたが、35年中日新聞代表取締役に復帰、36年再び社長、38年東京新聞社長を兼務した。また中日ドラゴンズ会長、中部日本放送などの役員を兼ねた。

与良 松三郎
よら・まつさぶろう

名古屋新聞社長
[生年月日]明治5年(1872年)3月23日
[没年月日]昭和13年(1938年)10月17日
[出生地]長野県小諸 [学歴]長野師範〔明治26年〕卒 [家族等]二男＝与良ヱ(中日新聞社長)

小学校教員となり、明治35年ウラジオストク日本人小学校長、37年日露戦争に陸軍通訳として従軍、39年帰任。40年友人の小山松寿の名古屋新聞に主筆として入社、ライバル「新愛知」に対抗して中京論壇に活躍、さらに経営に参画、昭和5年社長となった。11年相談役。

万屋 兵四郎
よろずや・へいしろう

海外ニュース発行者、老皂館(万兵)主人
[生年月日]文化14年(1817年)
[没年月日]明治27年(1894年)8月23日
[出生地]信濃国佐久郡大井村(長野県佐久市)
[本名]福田敬業 [旧姓]小林 [別名等]号＝鳴鵞

小林正作の第2子。父に従い関東各地を流寓の後、弘化3年(1846年)江戸に出て本所の薪炭業・万屋主人福田兵四郎の女婿となる。安政5年(1858年)頃に書肆老皂館を開き、「医学所諸先生翻訳医書幷開成所官板御書籍」の発行売捌を始めた。当時清国では欧米列強進出の結果、多数の欧文漢訳本が出現したが、日本に於いても西洋の学術文化は蘭訳書と共に漢訳書からも移入されたのである。万兵の発行したものは漢訳本の翻刻が多く、「西医略論」「地球説略」「博物新編」「万国公法」など。また、文久年間には精密な大型世界地図「新刊輿地全図」や、清国発行の新聞雑誌を翻刻または訓点を施した「バタビヤ新聞」「海外新聞」「六合叢談」「中外新報」などを発行した。維新の際に書肆を廃業し加賀藩に聘せられ、明治2年東京府に出仕。7等出仕に進むも8年辞職、以後は家督も子に譲って文雅風流を娯しみとした。書画や詩文を能くし、ことにその鑑識には最も長けた。

【り】

笠 信太郎
りゅう・しんたろう

朝日新聞論説主幹、ジャーナリスト、評論家
[生年月日]明治33年(1900年)12月11日

[没年月日] 昭和42年（1967年）12月4日
[出生地] 福岡県福岡市　[別名等] 幼名＝与三郎
[学歴] 東京商科大学（現・一橋大学）〔大正14年〕卒

大原社会問題研究所にて労働問題、金融貨幣問題を研究し、「日本労働年鑑」を編集。昭和11年朝日新聞社に入社、同年論説委員となり経済問題の論説を担当、「日本経済の再編成」でベストセラーメーカーに。近衛新体制のブレーン、昭和研究会のメンバーでもあったが、軍部ににらまれ、15年よりヨーロッパ特派員としてベルリン、ベルンなどに赴任。大戦末期、在スイス日本公使館から、緒方竹虎内閣顧問へ暗号電報を打つなど和平工作にあたった。戦後23年帰国、24～37年論説主幹を務め、「新しい欧州」「ものの見方について」「花見酒の経済」を発表。26年取締役、31年常務、37年顧問を歴任。オピニオンリーダーとなり、世界連邦運動に邁進したことでも知られる。全集に「笠信太郎全集」（全8巻）がある。

笠々亭　仙果
りゅうりゅうてい・せんか

編集者、戯作者
[生年月日] 天保8年（1837年）
[没年月日] 明治17年（1884年）3月5日
[本名] 篠田久次郎（しのだ・きゅうじろう）
[別名等] 別号＝篠田仙果

明治10年刊行の「鹿児島戦記」「鹿児島戦争記」など西南の役を扱った実録もので名をあげた。また興聚社の社長兼編集者として戯作雑誌「月とスツポンチ」を発刊した。他に「桜田実記」「雪月花三遊新語」など。

【わ】

若宮　卯之助
わかみや・うのすけ

「中央新聞」主筆評論家、「日本」客員、慶応大学講師
[生年月日] 明治5年（1872年）9月23日
[没年月日] 昭和13年（1938年）4月30日
[出生地] 富山県西礪波郡埴生村（小矢部市）
[別名等] 別名＝泰山　[学歴] 東京専門学校中退、独逸普及福音会神学校？

年少時に禅僧として修行した後上京、東京専門学校などを中退。明治31年に渡米し、9年間にわたる放浪中に社会学を学び、新聞記者などをして39年に帰国。42年には個人誌「時代之批評」を創刊した。渡米中に幸徳秋水と、また帰国後は堺利彦、大杉栄らと親交を結び、社会主義運動家として期待されていたというが、45年伊藤欽亮時代の「日本」の客員となった後「中央新聞」主筆をつとめるかたわら、「中央公論」「新小説」などで評論活動を行ない、次第に「日本主義」的傾向を強めた。その後は慶応義塾大学文学部講師として7年間社会学を講じていたが、昭和3年新たに「日本」が刊行された際に主筆となった。著書に「若宮論集」「日本の理想」「豈弁を好まんや」などがある。

若宮　小太郎
わかみや・こたろう

新聞記者、政治評論家
[生年月日] 不詳
[没年月日] 昭和42年（1967年）8月2日

朝日新聞政治部記者から昭和30年鳩山首

相秘書官に就任。33年ラジオ関東常務となり、38年には神奈川県知事選に立候補した。

若山 甲蔵
わかやま・こうぞう

ジャーナリスト，郷土史家，宮崎県立図書館長
[生年月日]慶応4年（1868年）2月23日
[没年月日]昭和20年（1945年）4月14日
[出身地]阿波国（徳島県） [別名等]号＝蔵六
[学歴]関西法律学校（現・関西大学）卒

「日州独立新聞」「宮崎新報」主筆を経て、大正8年「宮崎県政評論」を創刊。昭和7年宮崎県立図書館長。20年がかりで「日向文献史料」を完成させた。著書に「安井息軒先生伝」などがある。

脇 光三
わき・みつぞう

新聞記者，軍事探偵
[生年月日]明治13年（1880年）12月
[没年月日]明治37年（1904年）4月15日
[出身地]滋賀県彦根町（彦根市） [旧名]浅岡
[別名等]筆名＝華堂

浅岡家に生まれ、幼い頃に脇家の養子となった。台湾協会学校に学んだ後、明治35年北京へ渡って東文学社に入る。36年日本語学校を設立したが、間もなく廃校にして天津の北支那毎日新聞社の記者となり、華堂の筆名で執筆。37年日露戦争が起こると横川省三、沖禎介らと特別任務に従事。ロシア軍の補給路に当たる東清鉄道の爆破を図ったが、襲撃を受けて戦死した。

涌島 義博
わくしま・よしひろ

ジャーナリスト，解放運動家
[生年月日]明治31年（1898年）11月24日
[没年月日]昭和35年（1960年）10月28日
[出身地]鳥取県鳥取市 [学歴]東西同文書院中退

長与善郎の学僕となり、「白樺」（大正6年10月）にトルストイの「神と人」を寄稿。南宋書院を経営して社会科学書のほか、林芙美子の詩集「蒼馬を見たり」（昭和4年）などを出版するが思わしくなく帰郷。山陰自由大学の創立、農民運動、水平運動などに参加した。戦後は「日本海新聞」編集長、鳥取医療生協専務理事、日ソ協会支部長などを務めた。著書に「鳥取市民百年史」など。

輪湖 俊午郎
わこ・しゅんごろう

ブラジル時報経営関係者，移民事業家
[生年月日]明治23年（1890年）6月28日
[没年月日]昭和40年（1965年）9月8日
[出身地]長野県南安曇郡梓村（松本市） [学歴]松本中学中退

16歳の時に松本中学中退して抗日運動の最中にあったアメリカに渡る。大正2年ブラジルに転じて新聞業に携わり、「日伯新聞」や「ブラジル時報」の経営に参画。また、ブラジルの紹介と移民招致のためにたびたび帰国し、8年には郷里長野県内から移住した120家族とともにレジストロ入植地を建設した。11年には今井五介らとともに信濃海外協会を設立。13年ブラジルのアリアンサに移住地を獲得し、以後はその基礎固めに尽くした。

和田 稲積
わだ・いずみ

新聞記者，小説家
[生年月日]安政4年（1857年）
[没年月日]明治26年（1893年）10月5日
[出生地]土佐国長岡郡大津村（高知県高知市）
[別名等]号＝愛梅野史，半狂道人，別名＝馬鹿林鈍々

明治13～14年土佐の高知新聞、土陽新聞に坂崎紫瀾、宮崎夢柳らと自由民権の論陣を張った。弁舌さわやかで、講釈に加わって馬鹿林鈍々と称した。また高知新聞から土陽新聞にかけて諷刺的政治小説「春窓娘読本」を連載したが、当局の干渉で中絶。15年上京、絵入自由新聞に入社、政治小説を書いたが保安条例に触れ、一時甲州の新聞に逃れた。復帰後、合併された万朝報記者となった。

和田 信夫
わだ・しのぶ

大阪朝日新聞取締役
[生年月日]明治19年（1886年）10月
[没年月日]昭和15年（1940年）8月17日
[出生地]千葉県 [別名等]号＝六灘子 [学歴]東京帝国大学法学部〔明治44年〕卒、東京帝国大学大学院国際法専攻修了

大正元年高等文官試験合格。2年大阪朝日新聞社に入り、8年東京朝日新聞経済部長、9年大阪朝日経済部長、10年ニューヨーク特派員、11年論説委員、再び大阪朝日経済部長を経て、昭和9年副主筆、12年取締役。大朝に六灘子の号で「財界六感」を連載、名筆をうたわれた。

渡辺 治
わたなべ・おさむ

大阪毎日新聞社長，衆院議員（無所属）
[生年月日]元治1年（1864年）2月
[没年月日]明治26年（1893年）10月15日
[出生地]常陸国水戸（茨城県水戸市） [別名等]字＝台水 [学歴]慶応義塾修了

時事新報記者となり、のち今日新聞を買収、都新聞と改称して経営。翻訳者としてシェイクスピアの「間違いの喜劇」を全訳し『鏡花水月』の題で出版した。明治22年大阪毎日新聞主筆となり、23年株式会社に改組して取締役、さらに社長となり、経営難の同紙を本山彦一らと更生した。23年茨城県から第1回衆議院選挙に出馬して当選。朝野新聞を買収。これにより大阪毎日、朝野新聞の社長と国会議員を兼ねることとなった。しかし24年肺結核のため朝野新聞から身を引き、政治家も辞め大阪毎日の社務に専念した。

渡辺 修
わたなべ・おさむ

新聞記者，衆院議員（政友本党），松山電気軌道社長，宇和水力電気社長
[生年月日]安政6年（1859年）12月10日
[没年月日]昭和7年（1932年）10月15日
[出生地]伊予国宇和郡泉村（愛媛県北宇和郡鬼北町） [本名]渡辺脩 [学歴]慶応義塾〔明治14年〕卒

「中外物価新報」記者を経て、明治15年農商務省御用掛、のち外務省、逓信省各参事官、32年愛媛県、33年香川県各内務部長。35年以来愛媛県から衆院議員当選7回、政友会に属した。この間、佐世保市長、大阪電燈常務、松山電気軌道、宇和水力電気、大阪電球などの社長を歴任。日本電気協会会長、また日本瓦斯、第一火災海上、南予製紙、京都電気鉄道などの重役、大阪三品取引所理事長、横浜取引所理事長も務めた。

渡辺 霞亭
わたなべ・かてい

新聞人，小説家
[生年月日]元治1年（1864年）11月20日
[没年月日]大正15年（1926年）4月7日
[出生地]尾張国名古屋（愛知県名古屋市）　[本名]渡辺勝　[別名等]別号＝碧瑠璃園，緑園，黒法師，黒頭巾，無名氏，春帆楼主人，哉乎翁，朝霞隠士

尾張藩士の子。好生館に学び、明治14年「岐阜日日新聞」に入社、同紙の作家として活躍する。その後名古屋の「金城新報」を経て、20年に上京し「燈新聞」、さらに東京朝日新聞社に入り、「三人同胞」「阿姑麻」などで文壇に出る。23年大阪朝日新聞に入社し、関西文壇の重鎮と仰がれた。作品は多く、主に時代ものであるが「大石内蔵助」「渡辺崋山」「後藤又兵衛」や現代ものの「渦巻」などがある。

渡辺 哲信
わたなべ・てっしん

新聞特派員，僧侶，探検家
[生年月日]明治7年（1874年）9月12日
[没年月日]昭和32年（1957年）3月17日
[出生地]広島県三原　[学歴]広島中〔明治23年〕卒，文学寮〔明治28年〕卒

三原の浄念寺に生まれる。明治29年ロシアのペテルスブルクに留学、30年帰国。32年のちの西本願寺派第22世門主・大谷光瑞に同行して英国に留学。35年光瑞の第1次中央アジア探険に同行、36年タクマラカン砂模を縦断しキジル千仏洞を調査。37年探険を終えて一時帰国、のち北京へ。40年スウェーデンの探検家・ヘディンに清国のパスポートを周旋、のちロンドンへ。43年光瑞の妻と九条武子のヨーロッパ旅行に同行し、帰国。この年、西本願寺築地別院輪番となる。光瑞の西本願寺辞職ののち、大正4年輪番を辞職。5年項「報知新聞」北京特派員となり、のち北京の「順天時報」第4代社長。英字新聞「North China Standard」も刊行。昭和5年「順天時報」を廃刊し帰国、東京に在住。12年「新西域記」の刊行で、西域旅行時の日記が公となる。18年浄念寺に帰山。伝記に「忘れられた明治の探険家渡辺哲信」がある。

渡辺 尚
わたなべ・ひさし

新聞経営者
[生年月日]安政3年（1856年）
[没年月日]明治45年（1912年）1月

川崎造船に勤務していたが、明治24年、川崎家が出資者であった「神戸又新日報」の経営を任せられる。日本海上火災保険株式会社社長、神戸市議会長、代議士も務める。

渡辺 均
わたなべ・ひとし

新聞記者，小説家
[生年月日]明治27年（1894年）8月6日
[没年月日]昭和26年（1951年）3月16日
[出生地]兵庫県　[学歴]京都帝大文学部卒

大正8年大阪毎日新聞社に入り、学芸部副部長などを務め昭和16年退社。この間サンデー毎日などに作品を書いた。長編「祇園十二夜」短編集「創作集 一茶の僻み」などがある。学生時代、江戸末期の滑稽本作者を研究、晩年には上方落語についても研究した。

渡辺 広治
わたなべ・ひろはる

常総新聞社長，茨城県議
[生年月日]慶応3年（1867年）6月1日
[没年月日]大正8年（1919年）11月25日
[出身地]常陸国真壁郡下妻町（茨城県下妻市）

茨城県下妻町長、茨城県議を務め、政友会支部幹事として茨城政界で重きをなした。また、明治33年常総新聞を創刊した。

渡辺 寿彦
わたなべ・ほぎひこ

ジャーナリスト
[生年月日]弘化2年（1845年）8月17日
[没年月日]大正11年（1922年）9月7日
[出身地]武蔵国押立村（東京都府中市）[本名]川崎寿彦

明治11年府中に印刷所を創業。16年雑誌「武蔵野叢誌」を創刊したが、17年弾圧により25号で廃刊となった。

渡辺 巳之次郎
わたなべ・みのじろう

ジャーナリスト，毎日新聞編集主幹
[生年月日]明治2年（1869年）
[没年月日]大正13年（1924年）3月19日
[出身地]常陸国茨城郡見川村翠丘（茨城県水戸市）[旧名]寺門巳之次郎 [別名等]号＝緑岡 [学歴]水戸中（旧制）卒

水戸中学を卒業後、家業の農業に従事するが、明治22年越智直の推薦で渡辺台水の「都新聞」に入社し、新聞記者となる。23年渡辺とともに「大阪毎日新聞」に移籍。25年の帝国議会の衆議院担当記者として活躍し、26年シカゴ万博の記事で認められた。同年渡辺の急逝により、その養嗣子となった。その後、総務部主任、政治部長などを経て、36年編集主幹となり、大正8年には同職のまま「東京日日新聞」主筆に就任。特に中国問題と対米外交論で論壇に異彩を放った。9年に辞職するが、10年大阪毎日新聞社の取締役となった。一方、緑岡隠士の筆名で「少女」「母と妻」などを刊行している。著書に「孤立的日本の光栄」「有色民族の大不平」などがある。

渡辺 黙禅
わたなべ・もくぜん

新聞記者，小説家
[生年月日]明治3年（1870年）6月30日
[没年月日]昭和20年（1945年）11月18日
[出身地]山形県南村山郡 [学歴]東京専門学校卒

明治23年「奥羽日報」を創刊。27年上京し、やまと新聞に入社、のち東京毎日新聞、都新聞、毎日電報に勤務し、43年退社。29年「不平鬼」を発表して文壇に出、「堀のお梅」「小松嵐」「女ざむらひ」などの作品がある。大衆小説の先駆者として青年記者時代の中里介山にも指導を与えた。

渡辺 良夫
わたなべ・よしお

新聞記者，厚相，衆院議員（自民党）
[生年月日]明治38年（1905年）10月29日
[没年月日]昭和39年（1964年）11月4日
[出生地]長野県長野市 [出身地]新潟県 [学歴]大阪商科大学高商部〔昭和6年〕卒

国民新聞記者となり、情報局、外務省情報部各嘱託、児玉秀雄国務相秘書官、吉田茂首相秘書官を委嘱される。昭和22年以来新潟県から衆院議員当選8回。24年第3次吉田内閣の建設政務次官、34年第2次岸内閣の厚相となった。自民党副幹事長、総務、政調副会長などを務めた。

人名索引

【あ】

相木鶴吉 ……………………… 3
相島勘次郎 …………………… 3
相島虚吼
　→相島勘次郎 ……………… 3
饗庭篁村 ……………………… 3
饗庭与三郎
　→饗庭篁村 ………………… 3
青江秀 ………………………… 3
青木錦村
　→青木貞三 ………………… 4
青木精一 ……………………… 4
青木正 ………………………… 4
青木貞三 ……………………… 4
青木徹二 ……………………… 4
青野季吉 ……………………… 5
青柳猛
　→青柳有美 ………………… 5
青柳綱太郎 …………………… 5
青柳有美 ……………………… 5
青山健
　→伊藤好道 ……………… 38
赤川菊村 ……………………… 5
赤川源一郎
　→赤川菊村 ………………… 5
赤木格堂 ……………………… 6
赤木亀一
　→赤木格堂 ………………… 6
赤羽巌穴
　→赤羽一 …………………… 6
赤羽一 ………………………… 6
赤羽萬次郎
　→柵瀬軍之佐 …………… 158
赤羽萬次郎 …………………… 6
赤松明子
　→赤松克麿 ………………… 6
赤松克麿 ……………………… 6
秋笹正之輔
　→秋笹政之輔 ……………… 7

秋笹政之輔 …………………… 7
秋月左都夫 …………………… 7
秋田清 ………………………… 7
秋山次郎
　→是枝恭二 …………… 150
秋山定輔 ……………………… 7
芥川光蔵 ……………………… 8
芥川龍之介 …………………… 8
明比甫 ………………………… 9
阿子島俊治 …………………… 9
浅井茂猪 ……………………… 9
浅井良任 ……………………… 9
朝倉蘆山人
　→山田旭南 …………… 337
麻田駒之助 …………………… 9
麻田椎花
　→麻田駒之助 ……………… 9
浅野順平 …………………… 10
朝比奈知泉 ………………… 10
麻山改介
　→麻生久 ………………… 11
吾妻大陸
　→梅原北明 ……………… 57
東武 ………………………… 11
東忠続 ……………………… 11
東花枝
　→小野喜代子 …………… 90
麻生幸二郎
　→麻生路郎 ……………… 11
麻生路郎 …………………… 11
麻生久 ……………………… 11
麻生豊 ……………………… 12
安達漢城
　→安達謙蔵 ……………… 12
安達謙蔵 …………………… 12
安達憲忠 …………………… 12
足立荒人
　→足立北鴎 ……………… 12
足立北鴎 …………………… 12
安部磯雄
　→木下尚江 …………… 122
　→新居格 ……………… 244

安部磯雄 …………………… 13
阿部宇之八 ………………… 13
阿部克巳 …………………… 13
安倍喜平 …………………… 14
阿部真之助 ………………… 14
安倍季雄 …………………… 14
阿部平智
　→市川正一 ……………… 33
阿部充家 …………………… 14
天田愚庵 …………………… 15
天田五郎
　→天田愚庵 ……………… 15
天田鉄眼
　→天田愚庵 ……………… 15
天野為之
　→小野梓 ………………… 89
　→高田早苗 …………… 197
天野為之 …………………… 15
綾川武治 …………………… 16
新井周次郎
　→歌川芳宗（2代目）…… 55
新井章吾 …………………… 16
荒井泰治 …………………… 16
荒垣秀雄
　→丸山幹治 …………… 302
荒川重秀 …………………… 16
荒川甚吾 …………………… 17
荒畑寒村
　→大杉栄 ………………… 68
　→管野すが …………… 113
安藤覚 ……………………… 17
安藤黄楊三 ………………… 17
安藤鶴夫 …………………… 17
安藤橡面坊 ………………… 18
安藤正純 …………………… 18
安藤錬三郎
　→安藤橡面坊 …………… 18
安藤和風 …………………… 18

いいすか　　　　　　　　　　　　人名索引

【い】

飯塚納 …………………… 19
飯村丈三郎 ……………… 19
伊江朝助 ………………… 19
家永ゑい子
　→松本英子 ………… 301
家永芳彦 ………………… 19
五百木飄亭
　→五百木良三 ……… 19
五百木良三 ……………… 19
伊喜見文吾 ……………… 20
井川洗厓 ………………… 20
井川常三郎
　→井川洗厓 ………… 20
井口孝親
　→鳥居素川 ………… 229
池内広正 ………………… 20
池上清定 ………………… 20
池知重利 ………………… 20
池知退蔵
　→池知重利 ………… 20
池田永一治
　→池田永治 ………… 21
池田永一路
　→池田永治 ………… 21
池田永治 ………………… 21
池田克己 ………………… 21
池田粂郎
　→池田紫星 ………… 21
池田林儀 ………………… 21
池田紫星 ………………… 21
池田秀雄 ………………… 22
池辺吉太郎
　→池辺三山 ………… 22
池辺三山
　→鳥居素川 ………… 229
　→長谷川如是閑 …… 257
　→米田実 …………… 287
　→村井啓太郎 ……… 317

　→弓削田秋江 ……… 342
池辺三山 ………………… 22
池部鈞 …………………… 22
池松文雄 ………………… 23
石井勇 …………………… 23
石井研堂 ………………… 23
石井滝治
　→石井南橋 ………… 24
石井民司
　→石井研堂 ………… 23
石井南橋 ………………… 24
石井白露
　→石井勇 …………… 23
石井隆贒
　→石井南橋 ………… 24
石川喜三郎 ……………… 24
石川旭山
　→石川三四郎 ……… 25
石川欣一 ………………… 24
石川三四郎
　→安部磯雄 ………… 13
　→木下尚江 ………… 122
石川三四郎 ……………… 25
石川正蔵 ………………… 25
石川正叟
　→石川正蔵 ………… 25
石川啄木
　→岡山不衣 ………… 82
　→小国露堂 ………… 84
　→佐藤北江 ………… 165
　→渋川玄耳 ………… 173
　→新渡戸仙岳 ……… 248
　→山口喜一 ………… 334
石川啄木 ………………… 25
石川武美 ………………… 26
石川一
　→石川啄木 ………… 25
石川半山
　→斯波貞吉 ………… 172
石川半山 ………………… 26
石河幹明 ………………… 27
石川安次郎
　→石川半山 ………… 26

石郷岡文吉 ……………… 27
石崎敏行 ………………… 28
石田貫之助 ……………… 28
石田友治 ………………… 28
伊地知純正 ……………… 28
石橋思案 ………………… 29
石橋助三郎
　→石橋思案 ………… 29
石橋為之助 ……………… 29
石浜知行 ………………… 29
石村英雄 ………………… 29
石山賢吉 ………………… 29
石山徹郎 ………………… 30
石割松太郎 ……………… 30
伊豆富人
　→鳥居素川 ………… 229
和泉邦彦 ………………… 31
伊勢時雄
　→横井時雄 ………… 342
伊勢又雄
　→横井時雄 ………… 342
井関盛艮 ………………… 31
磯田英夫 ………………… 31
磯野惟秋
　→磯野秋渚 ………… 31
磯野秋渚 ………………… 31
磯野徳三郎 ……………… 31
磯村はる
　→磯村春子 ………… 32
磯村春子 ………………… 32
五十里幸太郎 …………… 32
板垣退助
　→稲垣示 …………… 40
板垣退助 ………………… 32
板倉進 …………………… 33
板倉卓造 ………………… 33
市川正一 ………………… 33
市川安左衛門 …………… 34
市川与一郎 ……………… 34
市川量造 ………………… 34
市島謙吉 ………………… 35

360

人名索引　　　　　　うえの

市島春城
　→市島謙吉 …………35
一宮猪吉郎 …………35
一宮房治郎 …………36
市村貞造 ……………36
一力一夫
　→一力健治郎 ………36
一力健治郎 …………36
一力次郎
　→一力健治郎 ………36
井手三郎 ……………36
井手正一
　→井手鉄処 …………36
井手鉄処 ……………36
伊藤永之介 …………37
伊藤栄之助
　→伊藤永之介 ………37
伊藤銀月 ……………37
伊藤銀二
　→伊藤銀月 …………37
伊藤金次郎 …………37
伊藤欽亮 ……………37
伊東熊夫 ……………38
伊藤好道 ……………38
伊東正三 ……………38
伊東専三 ……………39
伊藤徳三 ……………39
伊東知也 ……………39
伊藤ノエ
　→伊藤野枝 …………39
伊藤野枝
　→大杉栄 ……………68
伊藤野枝 ……………39
伊藤博文
　→朝比奈知泉 ………10
　→伊東巳代治 ………40
　→頭本元貞 ……… 192
伊藤正徳 ……………40
伊東巳代治
　→朝比奈知泉 ………10
伊東巳代治 …………40
伊東米治郎 …………40

稲垣示 ………………40
稲田政吉 ……………41
稲野年恒 ……………41
乾退助
　→板垣退助 …………32
犬養毅
　→安藤和風 …………18
　→町田忠治 ……… 296
　→吉田熊六 ……… 346
犬養毅 ………………41
犬養木堂
　→犬養毅 ……………41
伊能嘉矩 ……………42
井上啞々 ……………42
井上円了
　→杉浦重剛 ……… 185
井上江花 ……………42
井上秀天 ……………43
井上次郎
　→巌本善治 …………49
井上精一
　→井上啞々 …………42
井上忠雄
　→井上江花 …………42
井上広居 ……………43
井上真雄
　→井上笠園 …………43
井上笠園 ……………43
井之口政雄 …………44
猪野毛利栄 …………44
井土経重
　→井土霊山 …………44
井土霊山 ……………44
猪股為次 ……………44
伊波月城 ……………44
伊波普成
　→伊波月城 …………44
伊原青々園 …………45
伊原敏郎
　→伊原青々園 ………45
井原豊作 ……………45
伊吹郊人
　→角田浩々歌客 ……94

今井くにえ
　→今井邦子 …………45
今井邦子 ……………45
今井邦治 ……………46
今泉一瓢 ……………46
今泉鐸次郎 …………46
今泉秀太郎
　→今泉一瓢 …………46
今村勤三 ……………46
今村謙吉 ……………47
今村七平 ……………47
岩亀精造 ……………47
岩切門二 ……………47
岩倉具方 ……………47
岩佐善太郎 …………48
岩崎鏡川 ……………48
岩崎英重
　→岩崎鏡川 …………48
岩崎光好 ……………48
岩下伴五郎 …………48
岩田富美夫 …………48
岩田民次郎 …………49
岩永裕吉
　→古野伊之助 …… 282
岩永裕吉 ……………49
岩野清子
　→遠藤清子 …………61
巌本善治 ……………49

【う】

植木枝盛
　→横山又吉 ……… 344
上里春生 ……………50
上島長久 ……………50
植田栄 ………………50
上田重良 ……………51
上田碩三 ……………51
上野岩太郎 …………51
上埜安太郎 …………51

うえの

上野理一	
→村山龍平	320
上野理一	51
上原虎重	52
植松考昭	52
上村才六	
→上村売剣	52
上村売剣	52
植村正久	52
植村宗一	
→直木三十五	230
羽化仙史	
→渋江保	173
鵜崎熊吉	
→鵜崎鷺城	53
鵜崎鷺城	53
牛場卓蔵	53
牛山清四郎	53
臼井哲夫	54
臼田亜浪	54
臼田卯一郎	
→臼田亜浪	54
薄田斬雲	54
宇田滄溟	54
宇田友猪	
→宇田滄溟	54
歌川国松	55
宇田川文海	
→管野すが	113
宇田川文海	55
歌川芳宗(2代目)	55
内木敏市	55
内田貢	
→内田魯庵	55
内田良平	
→吉倉汪聖	346
内田魯庵	55
内野茂樹	56
内村鑑三	
→黒岩涙香	134
→堺利彦	155
内村鑑三	56

生方敏郎	57
馬城台二郎	
→大井憲太郎	62
海内果	57
梅沢彦太郎	57
梅原貞康	
→梅原北明	57
梅原北明	57
梅村英一	
→市川正一	33
浦上五吉	58
浦田芳朗	58
海野高衛	58

【え】

江川為信	58
江口三省	59
江副靖臣	59
江戸周	59
江東みどり	
→斎藤緑雨	153
江戸川乱歩	
→白石潔	182
江戸堀幸兵衛	
→麻生路郎	11
蛯原八郎	59
海老原穆	59
江部鴨村	60
江部蔵円	
→江部鴨村	60
江見水蔭	60
江見忠功	
→江見水蔭	60
江森盛弥	60
袁世凱	
→神田正雄	112
円城寺清	60
遠藤清子	61
遠藤友四郎	61
遠藤麟太郎	61

【お】

王子言	
→鈴江言一	188
王枢之	
→鈴江言一	188
王乃文	
→鈴江言一	188
鴬亭金升	61
大井憲太郎	
→久野初太郎	131
大井憲太郎	62
大井信勝	
→大井冷光	62
大井冷光	62
大内一郎	62
大内逸朗	
→大内地山	63
大内青巒	63
大内地山	63
大内退	
→大内青巒	63
大江敬香	63
大江素天	64
大江孝之	
→大江敬香	63
大江卓	64
大江理三郎	
→大江素天	64
大岡育造	65
大垣丈夫	65
大口六兵衛	65
大久保常吉	65
大久保鉄作	66
大隈重信	
→天野為之	15
→市島謙吉	35
→小野梓	89
→小山松寿	149
→高田早苗	197

→増田義一 …………… 294
　　→三木善八 …………… 305
大倉喜八郎
　　→増田義一 …………… 294
大崎周水 ………………… 66
大崎大造
　　→大崎周水 …………… 66
大沢一六 ………………… 66
大沢豊子 ………………… 66
大島宇吉
　　→大島慶次郎 ………… 67
大島宇吉 ………………… 67
大島慶次郎 ……………… 67
大島慶次郎
　　→大島宇吉 …………… 67
大島貞益 ………………… 67
大島秀一 ………………… 68
大杉栄
　　→五十里幸太郎 ……… 32
　　→伊藤野枝 …………… 39
大杉栄 …………………… 68
太田郁郎 ………………… 68
太田梶太 ………………… 69
太田菊子 ………………… 69
太田孝太郎 ……………… 69
太田茂
　　→太田四州 …………… 69
太田四州 ………………… 69
太田朝敷 ………………… 70
太田実
　　→関謙之 …………… 192
太田龍太郎 ……………… 70
大谷浩
　　→大谷碧雲居 ………… 70
大谷碧雲居 ……………… 70
大谷誠夫 ………………… 70
大津淳一郎 ……………… 70
大西斎 …………………… 71
大西十寸男
　　→大西俊夫 …………… 71
大西俊夫 ………………… 71

大庭景秋
　　→大庭柯公 …………… 71
大庭柯公 ………………… 71
大橋乙羽
　　→大橋佐平 …………… 72
大橋乙羽 ………………… 72
大橋佐平
　　→大橋乙羽 …………… 72
　　→大橋新太郎 ………… 73
　　→松井柏軒 ………… 297
大橋佐平 ………………… 72
大橋新太郎
　　→大橋佐平 …………… 72
大橋新太郎 ……………… 73
大橋又太郎
　　→大橋乙羽 …………… 72
大畑達雄 ………………… 73
大平喜間多 ……………… 74
大道弘雄 ………………… 74
大森痴雪 ………………… 74
大森鶴雄
　　→大森痴雪 …………… 74
大山郁夫
　　→滝田樗陰 ………… 203
　　→鳥居素川 ………… 229
　　→長谷川如是閑 …… 257
　　→丸山幹治 ………… 302
大山郁夫 ………………… 74
大山覚威 ………………… 75
岡鬼太郎 ………………… 75
岡敬孝 …………………… 75
岡幸七郎 ………………… 75
岡繁樹 …………………… 75
岡丈紀 …………………… 76
岡千代彦 ………………… 76
岡実 ……………………… 76
岡嘉太郎
　　→岡鬼太郎 …………… 75
岡崎運兵衛
　　→岡崎国臣 …………… 77
岡崎運兵衛 ……………… 76
岡崎国臣 ………………… 77
岡崎高厚 ………………… 77

岡崎俊夫 ………………… 77
小笠原語咲
　　→小笠原白也 ………… 78
小笠原貞信 ……………… 77
小笠原白也 ……………… 78
小笠原誉至夫 …………… 78
岡島善次 ………………… 78
岡島藤人
　　→岡島善次 …………… 78
岡田孤鹿 ………………… 78
岡田誠三
　　→佐藤忠男 ………… 165
緒方竹虎
　　→風見章 ……………… 95
　　→神田正雄 ………… 112
　　→下村海南 ………… 178
　　→笠信太郎 ………… 350
緒方竹虎 ………………… 78
岡田美知代 ……………… 79
岡野半牧 ………………… 79
岡野半牧
　　→津田貞 …………… 221
岡野武平
　　→岡野半牧 …………… 79
岡野養之助 ……………… 79
岡上守道 ………………… 80
岡部次郎 ………………… 80
岡部孫四郎 ……………… 80
岡村久寿治
　　→岡村柿紅 …………… 80
岡村柿紅 ………………… 80
岡村千秋 ………………… 80
岡本詮
　　→岡本月村 …………… 82
岡本一平 ………………… 81
岡本勘造
　　→岡本起泉 …………… 81
岡本起泉 ………………… 81
岡本綺堂 ………………… 81
岡本敬二
　　→岡本綺堂 …………… 81
岡本月村 ………………… 82

363

おかやま　　　　　人名索引

岡山儀七
　→岡山不衣 …………… 82
岡山兼吉
　→市島謙吉 …………… 35
岡山不衣 ……………… 82
小川芋銭 ……………… 82
小川治平 ……………… 83
小川定明 ……………… 83
小川茂吉
　→小川芋銭 …………… 82
小川渉 ………………… 83
荻原直正 ……………… 83
奥泰資 ………………… 84
小国露堂 ……………… 84
奥村信太郎 …………… 84
奥村恒次郎
　→奥村梅皐 …………… 84
奥村梅皐 ……………… 84
小倉真美 ……………… 85
尾崎咢堂
　→尾崎行雄 …………… 86
尾崎紅葉
　→高田早苗 ………… 197
尾崎紅葉 ……………… 85
尾崎章一 ……………… 86
小崎懋
　→小崎藍川 …………… 87
尾崎徳太郎
　→尾崎紅葉 …………… 85
尾崎彦太郎
　→尾崎行雄 …………… 86
尾崎秀実 ……………… 86
尾崎行雄
　→川崎克 …………… 107
　→町田忠治 ………… 296
尾崎行雄 ……………… 86
小崎藍川 ……………… 87
長田正平 ……………… 87
尾佐竹猛
　→吉野作造 ………… 348
小沢扶公 ……………… 87
織田純一郎 …………… 88

織田小星
　→織田信恒 …………… 88
小田善平
　→小国露堂 …………… 84
小田知周 ……………… 88
織田信恒 ……………… 88
小高長三郎 …………… 88
小竹即一 ……………… 89
落合幾次郎
　→落合芳幾 …………… 89
落合芳幾 ……………… 89
小野梓
　→天野為之 …………… 15
　→市島謙吉 …………… 35
　→高田早苗 ………… 197
小野梓 ………………… 89
小野小野三 …………… 90
小野喜代子 …………… 90
小野謙一 ……………… 90
小野賢一郎
　→小野蕪子 …………… 90
小野蕪子 ……………… 90
小野三千麿 …………… 91
小野康人 ……………… 91
小野米吉 ……………… 91
小野庵保蔵 …………… 92
小野瀬不二人 ………… 92
小野田翠雨 …………… 92
小野田保蔵
　→小野庵保蔵 ………… 92
小野田亮正
　→小野田翠雨 ………… 92
小幡篤次郎 …………… 92
小原正朝
　→安藤黄楊三 ………… 17
小山鼎浦 ……………… 93
小山東助
　→小山鼎浦 …………… 93
織本侃
　→織本利 …………… 93
織本利 ………………… 93

【か】

貝塚渋六
　→堺利彦 …………… 155
海原清平 ……………… 93
香川悦次 ……………… 93
賀川豊彦 ……………… 93
角田勤一郎
　→角田浩々歌客 ……… 94
角田浩々歌客 ………… 94
角谷八平次 …………… 94
影山禎太郎 …………… 94
風見章 ………………… 95
柏田忠一 ……………… 95
梶原猪之松
　→梶原竹軒 …………… 95
梶原竹軒 ……………… 95
上総一 ………………… 96
粕谷義三 ……………… 96
加田忠臣
　→加田哲二 …………… 96
加田哲二 ……………… 96
片岡健吉 ……………… 96
片山潜
　→相木鶴吉 …………… 3
　→安部磯雄 ………… 13
　→梅原北明 ………… 57
　→幸徳秋水 ………… 138
蒲田広 ………………… 97
勝田重太朗 …………… 97
勝部修 ………………… 97
勝部本右衛門
　→岡崎国臣 ………… 77
勝峰晋三
　→勝峰晋風 …………… 98
勝峰晋風 ……………… 98
桂田金造 ……………… 98
加藤朝鳥 ……………… 98
加藤直士 ……………… 98

364

加藤信正	上条信次 …… 104	川島清治郎 …… 109
→加藤朝鳥 …… 98	上司小剣 …… 104	川尻琴湖 …… 110
加藤政之助	上司延貴	川尻東馬
→五代友厚 …… 141	→上司小剣 …… 104	→川尻琴湖 …… 110
加藤政之助 …… 99	上村勝弥 …… 104	河瀬秀治 …… 110
加藤陸三 …… 99	亀井陸良 …… 104	河田貞次郎 …… 110
門田正経 …… 99	茅原華山	川面恒次
上遠野富之助 …… 99	→石田友治 …… 28	→川面凡児 …… 110
金井紫雲 …… 100	→茅原茂 …… 105	川面凡児 …… 110
金井泰三郎	→斯波貞吉 …… 172	川那辺貞太郎 …… 111
→金井紫雲 …… 100	茅原華山 …… 105	河原英吉
金井潭 …… 100	茅原茂 …… 105	→岡丈紀 …… 76
仮名垣魯文	茅原廉太郎	河原辰三 …… 111
→伊東専三 …… 39	→茅原華山 …… 105	河東秉五郎
→岡丈紀 …… 76	河丈紀	→河東碧梧桐 …… 111
→胡蝶園若菜 …… 142	→岡丈紀 …… 76	河東碧梧桐 …… 111
→彩霞園柳香 …… 152	河井酔茗	川辺真蔵 …… 111
→斎藤緑雨 …… 153	→吉田常夏 …… 347	川村恒一 …… 112
→条野採菊 …… 180	河井酔茗 …… 105	河盛久夫 …… 112
仮名垣魯文 …… 100	河井又平	神崎順一 …… 112
神長倉真民 …… 101	→河井酔茗 …… 105	神田正雄 …… 112
金塚仙四郎 …… 101	川合仁 …… 106	管野すが
金森匏瓜 …… 101	河上清 …… 106	→幸徳秋水 …… 138
金森利兵衛	河上肇 …… 107	管野すが …… 113
→金森匏瓜 …… 101	川越千次郎 …… 107	管野須賀子
金山豊作 …… 101	川越博 …… 107	→管野すが …… 113
金子錦二	川崎克 …… 107	
→竹廼門静枝 …… 208	川崎三郎	【き】
金子佐平	→川崎紫山 …… 108	
→金子春夢 …… 101	川崎左右	木内伊之介 …… 113
金子春夢 …… 101	→川崎杜外 …… 108	菊竹淳 …… 113
金子平吉 …… 102	川崎紫山 …… 108	菊竹六鼓
兼田秀雄 …… 102	川崎正蔵	→菊竹淳 …… 113
兼松豪洲	→川崎芳太郎 …… 109	菊池寛
→兼松房治郎 …… 102	川崎正蔵 …… 108	→芥川龍之介 …… 8
兼松房治郎 …… 102	川崎杜外 …… 108	→菊池寛 …… 113
狩野旭峰 …… 103	川崎寿彦	菊池寛 …… 113
狩野良貴	→渡辺寿彦 …… 355	菊池侃二 …… 114
→狩野旭峰 …… 103	川崎文治 …… 109	菊池清
樺山愛輔 …… 103	川崎芳太郎 …… 109	→菊池幽芳 …… 116
上泉秀信 …… 104	川島金次 …… 109	
神蔵芳太郎	川島順吉 …… 109	
→矢崎弾 …… 327		

365

きくち

菊池九郎
　→蒲田広 ……………… 97
菊池九郎 ……………… 115
菊池郡蔵 ……………… 115
菊地茂
　→菊地松堂 …………… 115
菊地松堂 ……………… 115
菊池比呂士
　→菊池寛 ……………… 113
菊池道太 ……………… 115
菊池幽芳 ……………… 116
菊亭香水 ……………… 116
聽濤克巳 ……………… 116
木崎愛吉 ……………… 117
岸上克己 ……………… 117
岸田吟香
　→ジョセフ・ヒコ …… 182
岸田吟香 ……………… 117
岸田銀次
　→岸田吟香 …………… 117
岸田湘烟
　→中島俊子 …………… 235
岸田俊子
　→中島俊子 …………… 235
城多虎雄 ……………… 118
北吟吉 ………………… 118
北川左人 ……………… 118
北川重吉 ……………… 118
北川一
　→北川左人 …………… 118
北沢保次
　→北沢楽天 …………… 119
北沢楽天
　→麻生豊 ……………… 12
　→河盛久夫 …………… 112
北沢楽天 ……………… 119
北島栄助 ……………… 119
北野吉内 ……………… 119
北村兼子 ……………… 119
北村三郎
　→川崎紫山 …………… 108
北村文徳 ……………… 120

北村益 ………………… 120
城戸元亮 ……………… 120
木戸若雄 ……………… 120
鬼頭玉汝 ……………… 121
木下郁 ………………… 121
木下幾之助
　→木下郁 ……………… 121
木下成太郎 …………… 121
木下淳子
　→永嶋暢子 …………… 235
木下蘇子
　→木下立安 …………… 122
木下東作 ……………… 121
木下尚江
　→安部磯雄 …………… 13
　→管野すが …………… 113
木下尚江 ……………… 122
木下立安 ……………… 122
木原七郎 ……………… 123
木村作次郎 …………… 123
木村清四郎 …………… 123
木村専一 ……………… 123
木村銑太郎
　→鳥谷部春汀 ………… 228
木村荘十 ……………… 124
木村照彦 ……………… 124
木村騰 ………………… 124
木村騰
　→木村平八 …………… 125
　→津田貞 ……………… 221
　→村山龍平 …………… 320
木村半兵衛(4代目) …… 125
木村平八 ……………… 125
木村平八
　→木村騰 ……………… 124
　→村山龍平 …………… 320
木村政次郎 …………… 125
清岡等 ………………… 125
清沢洌 ………………… 125
桐原真二 ……………… 126
桐生政次
　→桐生悠々 …………… 126

桐生悠々 ……………… 126
金田一京助
　→石川啄木 …………… 25
琴亭文彦
　→岡丈紀 ……………… 76

【く】

陸羯南
　→国友重章 …………… 131
　→杉浦重剛 …………… 185
　→高橋健三 …………… 199
　→長谷川如是閑 ……… 257
陸羯南 ………………… 126
陸直次郎 ……………… 127
陸実
　→陸羯南 ……………… 126
釘本衛雄 ……………… 127
久下豊忠 ……………… 127
草田杜太郎
　→菊池寛 ……………… 113
草間時福 ……………… 128
草間八十雄 …………… 128
草村北星 ……………… 128
草村松雄
　→草村北星 …………… 128
櫛田民蔵 ……………… 128
葛生玄晫
　→葛生東介 …………… 129
葛生東介 ……………… 129
久津見蕨村 …………… 129
久津見息忠
　→久津見蕨村 ………… 129
工藤鉄男 ……………… 129
工藤十三雄 …………… 130
国木田収二
　→国木田独歩 ………… 130
国木田収二 …………… 130
国木田哲夫
　→国木田独歩 ………… 130

国木田独歩
　→草村北星 ………… 128
　→国木田収二 ………… 130
　→黒岩涙香 ………… 134
　→鷹見思水 ………… 202
国木田独歩 ………… 130
国友重章 ………… 131
久野初太郎 ………… 131
久保田九品太 ………… 131
窪田畔夫 ………… 131
窪田重国
　→窪田畔夫 ………… 131
久保田次郎吉
　→久保田九品太 ……… 131
熊谷直亮 ………… 132
倉富恒二郎 ………… 132
蔵原惟郭 ………… 132
栗岩英治 ………… 132
栗島狭衣 ………… 133
栗島山之助
　→栗島狭衣 ………… 133
栗原亮一 ………… 133
栗本鋤雲
　→関謙之 ………… 192
栗本鋤雲 ………… 133
来原慶助 ………… 134
黒岩周六
　→黒岩涙香 ………… 134
黒岩涙香
　→石川半山 …………26
　→岡繁樹 …………75
　→茅原華山 ………… 105
　→斯波貞吉 ………… 172
黒岩涙香 ………… 134
黒田湖山 ………… 134
黒田直道
　→黒田湖山 ………… 134
黒田礼二
　→岡上守道 …………80
桑田豊蔵 ………… 135
桑野鋭 ………… 135

【こ】

小石清 ………… 135
肥塚龍 ………… 136
小泉策太郎 ………… 136
小泉三申
　→小泉策太郎 ……… 136
小出東嶂 ………… 137
高坂正顕 ………… 137
幸田成行
　→幸田露伴 ………… 137
幸田露伴
　→高田早苗 ………… 197
　→遅塚麗水 ………… 218
幸田露伴 ………… 137
幸徳秋水
　→安部磯雄 …………13
　→石川啄木 …………25
　→石川半山 …………26
　→内村鑑三 …………56
　→大杉栄 …………68
　→岡繁樹 …………75
　→管野すが ………… 113
　→木下尚江 ………… 122
　→黒岩涙香 ………… 134
　→小山久之助 ……… 150
　→堺利彦 ………… 155
　→松尾卯一太 ……… 297
幸徳秋水 ………… 138
幸徳伝次郎
　→幸徳秋水 ………… 138
河野一郎 ………… 138
河野恒吉 ………… 139
河野磐州
　→河野広中 ………… 139
河野広中 ………… 139
高山岩男
　→高坂正顕 ………… 137
護得久朝惟 ………… 139
小久保喜七 ………… 140

古在紫琴
　→清水紫琴 ………… 176
古在とよ
　→清水紫琴 ………… 176
小坂善之助 ………… 140
古島一雄
　→三宅雪嶺 ………… 311
古島一雄 ………… 140
小島栄枝
　→小島沐冠人 ……… 141
小島文夫 ………… 141
小島沐冠人 ………… 141
滬上楼客
　→佐原篤介 ………… 168
古城貞吉 ………… 141
五代友厚 ………… 141
小高吉三郎 ………… 142
児玉右二 ………… 142
胡蝶園若菜 ………… 142
後藤喜間太 ………… 143
後藤清郎 ………… 143
小西勝一
　→辰井梅吉 ………… 211
小西勝一 ………… 143
小西伝助
　→赤川菊村 …………5
小西伝助 ………… 143
小西義敬
　→前島密 ………… 289
小西義敬 ………… 144
小橋栄太郎 ………… 144
小橋三四子 ………… 144
小早川秀雄 ………… 144
小林海音
　→小林橘川 ………… 144
小林橘川 ………… 144
小林蹴月 ………… 145
小林清作 ………… 145
小林存 ………… 145
小林秀二郎 ………… 145
小林光政 ………… 145
小林雄一 ………… 146

367

小林芳三郎
　→小林蹴月 145
小松三省
　→江口三省 59
小松蘭雪
　→茅原茂 105
小松理平 146
小松原暁子
　→猿田千代 167
小松原英太郎
　→西尾吉太郎 245
小松原英太郎 146
小宮山桂介
　→小宮山天香 147
小宮山天香 147
小宮山昌緜
　→小宮山天香 147
小宮山昌由
　→小宮山天香 147
小村俊三郎 147
小室案外堂
　→小室信介 147
小室重弘 147
小室信介 147
子安峻
　→井関盛艮 31
　→本野盛亨 322
子安峻 148
小山愛司 148
小山完吾 149
小山枯柴 149
小山松寿
　→森一兵 324
小山松寿 149
小山久之助 150
五来欣造 150
是枝恭二 150
渾大防芳造 151
近藤賢一
　→巌本善治 49
近藤寿市郎 151
権震二
　→光永星郎 309

権藤震二 151
近藤芳太郎 151

【さ】

西園寺公望
　→松沢求策 298
　→松田正久 299
西園寺公望 151
彩霞園柳香 152
斎田元次郎 152
斎藤亀一郎
　→斎藤巴江 153
斎藤謙蔵
　→斎藤弔花 153
斎藤弔花 153
斎藤巴江 153
斎藤正躬 153
斎藤緑雨 153
嵯峨保二 154
酒井泉 154
堺乙槌
　→本吉欠伸 323
坂井義三郎
　→坂井犀水 155
阪井久良岐
　→阪井久良伎 154
阪井久良伎 154
酒井憲次郎 154
堺枯川
　→堺利彦 155
坂井犀水 155
堺利彦
　→内村鑑三 56
　→岡繁樹 75
　→管野すが 113
　→黒岩涙香 134
　→幸徳秋水 138
　→斯波貞吉 172
　→本吉欠伸 323
堺利彦 155
酒井寅吉 156

酒井雄三郎 156
阪井弁
　→阪井久良伎 154
坂口二郎 156
坂崎斌
　→横山又吉 344
　→和田稲積 353
坂崎紫瀾
　→坂崎斌 156
坂崎斌 156
佐川春風
　→森下雨村 325
佐川良視 157
崎久保誓一 157
佐久間貞一 157
桜井熊太郎 158
柵瀬軍之佐 158
桜井静 159
桜井轍三 159
桜内幸雄 159
桜田文吾 159
桜田百衛 160
佐近益栄 160
左近允孝之進 160
佐々元十 160
笹岡忠義
　→小砂丘忠義 160
小砂丘忠義 160
佐々木節 161
佐々木高成
　→佐々元十 160
佐々木信暲 161
佐々木秀雄 161
佐佐木茂索 161
佐々木安五郎 162
笹島吉太郎 162
指原安三 162
佐々友房
　→佐々弘雄 163
　→佐々正之 163
佐々友房 163

佐々弘雄	沢田忠次郎	柴四朗
→佐々友房 ……… 163	→沢田撫松 ……… 168	→東海散士 ……… 224
佐々弘雄 ……… 163	沢田撫松 ……… 168	芝染太郎 ……… 171
佐々正之	佐原希元	斯波貞吉 ……… 172
→佐々友房 ……… 163	→佐原篤介 ……… 168	柴田勇
佐々正之 ……… 163	佐原篤介 ……… 168	→柴田流星 ……… 172
薩摩雄次 ……… 163	山々亭有人	柴田かよ ……… 172
佐藤亀吉	→条野採菊 ……… 180	柴田昌吉
→佐藤垢石 ……… 164	斬馬剣禅	→本野盛亨 ……… 322
佐藤蔵太郎	→五来欣造 ……… 150	柴田久弥
→菊亭香水 ……… 116	三文字屋金平	→田辺南鶴(12代目)‥214
佐藤謙蔵 ……… 164	→内田魯庵 ……… 55	柴田儀雄
佐藤垢石 ……… 164	三遊亭円朝	→三田澪人 ……… 307
佐藤洽六	→条野採菊 ……… 180	柴田流星 ……… 172
→佐藤紅緑 ……… 164	三遊亭金平	柴原亀二 ……… 172
佐藤紅緑 ……… 164	→田辺南鶴(12代目)‥214	渋江成善
佐藤渾 ……… 165		→渋江保 ……… 173
佐藤重道	**【し】**	渋江保 ……… 173
→佐藤顕理 ……… 165		渋江不鳴
佐藤真一		→渋江保 ……… 173
→佐藤北江 ……… 165	塩津誠作 ……… 168	渋川玄耳
佐藤忠男 ……… 165	志賀重昂	→池辺三山 ……… 22
佐藤寛	→杉浦重剛 ……… 185	→石川啄木 ……… 25
→佐藤六石 ……… 166	志賀重昂 ……… 169	渋川玄耳 ……… 173
佐藤顕理 ……… 165	志賀祐五郎 ……… 169	渋川柳次郎
佐藤北江 ……… 165	鹿倉吉次 ……… 169	→渋川玄耳 ……… 173
斎藤賢	式正次 ……… 170	渋沢栄一
→斎藤緑雨 ……… 153	宍戸嘉兵衛	→増田義一 ……… 294
佐藤密蔵 ……… 166	→宍戸左行 ……… 170	渋谷良平 ……… 173
佐藤安之助	宍戸左行 ……… 170	島川観水 ……… 174
→佐藤肋骨 ……… 166	後川文蔵 ……… 170	島川久一郎
佐藤義夫(新潮社社長)‥166	品川緑 ……… 170	→島川観水 ……… 174
佐藤義夫 ……… 166	篠田久次郎	島田数雄 ……… 174
佐藤六石 ……… 166	→笠々亭仙果 ……… 351	島田五空 ……… 174
佐藤肋骨 ……… 166	篠田鉱造 ……… 170	島田三郎
里見甫 ……… 167	篠田仙果	→石川半山 ……… 26
寒川鼠骨 ……… 167	→笠々亭仙果 ……… 351	→内田魯庵 ……… 55
寒川陽光	篠原叶 ……… 171	→鳥谷部春汀 ……… 228
→寒川鼠骨 ……… 167	篠原義直	島田三郎 ……… 174
猿田千代 ……… 167	→篠原叶 ……… 171	島田豊三郎
沙和宋一 ……… 167	篠原和市 ……… 171	→島田五空 ……… 174
	信夫淳平 ……… 171	島田豊寛
		→島田三郎 ……… 174

369

島中雄作
　→嶋中雄作 ……………… 175
嶋中雄作
　→麻田駒之助 …………… 9
嶋中雄作 ………………… 175
島中雄三 ………………… 175
島村滝太郎
　→島村抱月 …………… 175
島村抱月 ………………… 175
清水卯三郎 ……………… 176
清水紫琴 ………………… 176
清水つゆ子
　→清水紫琴 …………… 176
清水芳太郎 ……………… 177
下田憲一郎 ……………… 177
下田将美 ………………… 177
下田六蔵
　→草間時福 …………… 128
下中弥三郎 ……………… 178
下村海南
　→下村房次郎 ………… 179
下村海南 ………………… 178
下村宏
　→下村海南 …………… 178
下村房次郎 ……………… 179
釈瓢斎 …………………… 179
尚順 ……………………… 179
庄司良朗 ………………… 179
庄野金十郎 ……………… 180
条野採菊
　→福地源一郎 ………… 275
条野採菊 ………………… 180
条野伝平
　→条野採菊 …………… 180
生野ふみ子
　→清水紫琴 …………… 176
正力松太郎
　→小林光政 …………… 145
　→松山忠二郎 ………… 302
正力松太郎 ……………… 181
ジョセフ・ヒコ
　→岸田吟香 …………… 117
　→本間清雄 …………… 287

ジョセフ・ヒコ ………… 182
白石潔 …………………… 182
白河次郎
　→白河鯉洋 …………… 183
白川次郎
　→尾崎秀実 …………… 86
白川福儀 ………………… 182
白河鯉洋 ………………… 183
新谷一兵
　→森一兵 ……………… 324
進藤信義 ………………… 183

【す】

末永純一郎 ……………… 183
末広重恭
　→末広鉄腸 …………… 183
末広鉄腸
　→二宮熊次郎 ………… 249
末広鉄腸 ………………… 183
末松謙澄
　→朝比奈知泉 ………… 10
末松謙澄 ………………… 184
末吉安恭 ………………… 184
菅忠雄 …………………… 185
杉浦重剛
　→陸羯南 ……………… 126
　→高橋健三 …………… 199
杉浦重剛 ………………… 185
杉浦譲 …………………… 186
杉田定一 ………………… 186
杉村広太郎
　→杉村楚人冠 ………… 187
杉村楚人冠
　→麻田駒之助 ………… 9
　→池辺三山 …………… 22
　→鈴木文史朗 ………… 190
　→弓削田秋江 ………… 342
杉村楚人冠 ……………… 187
杉村濬 …………………… 187
杉山幹 …………………… 188

須崎芳三郎 ……………… 188
鈴江言一 ………………… 188
鈴木梅四郎 ……………… 188
鈴木券太郎 ……………… 189
鈴木力 …………………… 189
鈴木天眼
　→鈴木力 ……………… 189
鈴木利貞 ………………… 189
鈴木秀三郎 ……………… 189
鈴木文四郎
　→鈴木文史朗 ………… 190
鈴木文史朗 ……………… 190
薄田貞敬
　→薄田斬雲 …………… 54
鈴木田正雄 ……………… 190
須藤鐘一 ………………… 190
須藤荘一
　→須藤鐘一 …………… 190
須藤南翠 ………………… 190
須藤光暉
　→須藤南翠 …………… 190
須永金三郎 ……………… 191
砂川雄峻 ………………… 191
角田宏顕 ………………… 191
頭本元貞 ………………… 192

【せ】

瀬川光行 ………………… 192
関謙之 …………………… 192
関厳二郎
　→関如来 ……………… 193
関新吾 …………………… 193
関如来 …………………… 193
関和知 …………………… 193
関口泰 …………………… 193
関の家妙伝寿
　→西田伝助 …………… 247
千田軍之助 ……………… 194

【そ】

宗大亮
　→宗方小太郎 ……… 316
相賀安太郎 ……… 194
痩々亭骨皮 ……… 194
副島次郎 ……… 194
曽我鍛 ……… 195
染崎延房 ……… 195
征矢野半弥 ……… 195
孫文
　→宮崎滔天 ……… 313

【た】

大蘇芳年
　→月岡芳年 ……… 220
大藤治郎 ……… 195
田岡佐代治
　→田岡嶺雲 ……… 196
田岡嶺雲 ……… 196
高石真五郎
　→奥村信太郎 ……… 84
高石真五郎 ……… 196
高木健夫
　→丸山幹治 ……… 302
高木利太 ……… 196
高木信威 ……… 197
高楠順次郎
　→麻田駒之助 ……… 9
高須梅渓
　→高須芳次郎 ……… 197
高須芳次郎 ……… 197
高杉登
　→伊藤好道 ……… 38
高瀬羽皐 ……… 197
高瀬真卿
　→高瀬羽皐 ……… 197

高田早苗
　→天野為之 ……… 15
　→市島謙吉 ……… 35
　→小野梓 ……… 89
　→島村抱月 ……… 175
　→坪内逍遙 ……… 222
　→増田義一 ……… 294
高田早苗 ……… 197
高田半峰
　→高田早苗 ……… 197
高津弌 ……… 198
鷹野弥三郎 ……… 198
高野江基太郎 ……… 198
高橋健三
　→池辺三山 ……… 22
　→原田棟一郎 ……… 266
高橋健三 ……… 199
高橋千代 ……… 199
高橋長秋 ……… 200
高橋聿郎 ……… 200
高橋秀臣 ……… 200
高橋光威 ……… 200
高畑直吉
　→高畠藍泉 ……… 201
高畠政
　→高畠藍泉 ……… 201
高畠藍泉
　→前田香雪 ……… 289
高畠藍泉 ……… 201
高浜虚子
　→河東碧梧桐 ……… 111
高浜二郎
　→高浜天我 ……… 201
高浜天我 ……… 201
高原操 ……… 201
高松棟一郎 ……… 201
鷹見久太郎
　→鷹見思水 ……… 202
鷹見思水 ……… 202
高宮太平 ……… 202
高山毅 ……… 202
財部熊次郎 ……… 202
田川大吉郎 ……… 202

滝廉太郎
　→黒岩涙香 ……… 134
滝沢永二
　→滝沢素水 ……… 203
滝沢素水 ……… 203
滝田樗陰
　→麻田駒之助 ……… 9
　→池辺三山 ……… 22
　→嶋中雄作 ……… 175
　→吉野作造 ……… 348
滝田樗陰 ……… 203
滝田哲太郎
　→滝田樗陰 ……… 203
滝本静良 ……… 203
滝本誠一 ……… 203
田口卯吉
　→石川半山 ……… 26
　→植木栄 ……… 50
　→望月一郎 ……… 321
　→吉田東伍 ……… 347
田口卯吉 ……… 204
田口鉉
　→田口卯吉 ……… 204
田口謙蔵
　→田口松圃 ……… 204
田口松圃 ……… 204
田口鼎軒
　→田口卯吉 ……… 204
武井武夫 ……… 205
竹内金太郎 ……… 205
竹内明太郎 ……… 205
竹尾弌 ……… 206
竹川藤太郎 ……… 206
竹越三叉
　→竹越与三郎 ……… 206
竹越竹代 ……… 206
竹越与三郎
　→竹越竹代 ……… 206
竹越与三郎 ……… 206
武田穎
　→武田仰天子 ……… 207
武田鶯塘 ……… 207

たけた　人名索引

武田桜桃四郎
　→武田鶯塘 207
武田仰天子 207
竹田敏太郎
　→竹田敏彦 207
竹田敏彦 207
武富時敏 208
竹中シケ
　→竹中繁 208
竹中繁 208
竹中繁子
　→竹中繁 208
竹廼門静枝 208
武林磐雄
　→武林無想庵 208
竹林賢七
　→直木三十五 230
武林盛一
　→武林無想庵 208
武林無想庵 208
武部年恒
　→稲野年恒 41
竹村良貞 209
田子健吉 209
田沢田軒 209
田沢良夫
　→田沢田軒 209
田島象二 209
田島利三郎 209
田添鉄二 210
多田恵一 210
多田房之輔 210
橘正三 210
橘樸 211
橘静二 211
辰井梅吉 211
伊達源一郎 211
立野寛 212
田中清文 212
田中三郎 212
田中正造 213
田中都吉 213

田中美穂
　→田中弥助 214
田中斉 213
田中弥助 214
田辺南鶴（12代目） 214
谷干城
　→陸羯南 126
谷孫六
　→矢野正世 331
谷口久吉 214
谷崎潤一郎
　→麻田駒之助 9
谷村要助
　→南新二 310
田能村秋皐 215
田能村孝靖
　→田能村秋皐 215
頼母木桂吉 215
頼母木真六 215
玉井喜作 215
玉虫孝五郎
　→寺尾幸夫 223
田村栄太郎 216
田村三治 216
田村省三
　→田村木国 216
田村木国 216
田村幸彦
　→田中三郎 212
為永春笑
　→染崎延房 195
為永春水（2代目）
　→染崎延房 195
田母野千秋
　→田母野秀顕 216
田母野秀顕 216
田山花袋
　→麻田駒之助 9
田山花袋 217
田山録弥
　→田山花袋 217

【ち】

筑紫二郎
　→村井啓太郎 317
地崎宇三郎（2代目）...... 217
遅塚金太郎
　→遅塚麗水 218
遅塚麗水 218
千葉亀雄 218
千原楠蔵 218

【つ】

塚越停春 218
塚越芳太郎
　→塚越停春 218
塚原靖
　→塚原渋柿園 219
塚原渋柿園 219
塚本三 219
都河龍 219
月岡半次郎
　→月岡芳年 220
月岡芳年 220
月の舎しのぶ
　→巖本善治 49
筑波四郎
　→望月茂 321
辻寛 220
辻野惣兵衛 220
対馬健之助 220
津田静一 220
津田貞
　→岡野半牧 79
　→木村騰 124
　→木村平八 125
　→村山龍平 320
津田貞 221

人名索引　　なかえ

津田真道 ………………… 221
土屋郁之助
　→須藤南翠 ……………… 190
土屋南翠
　→須藤南翠 ……………… 190
土屋元作 ………………… 222
堤隆 ……………………… 222
坪内逍遙
　→島村抱月 ……………… 175
坪内逍遙 ………………… 222
坪内雄蔵
　→坪内逍遙 ……………… 222
坪谷水哉
　→坪谷善四郎 …………… 223
坪谷善四郎 ……………… 223
妻木頼矩 ………………… 223

【て】

寺尾幸夫 ………………… 223
寺門巳之次郎
　→渡辺巳之次郎 ………… 355
寺島権蔵 ………………… 223
寺田市正 ………………… 224
寺山啓介
　→寺山星川 ……………… 224
寺山星川 ………………… 224

【と】

土居光華 ………………… 224
東海散士 ………………… 224
東海散士
　→兼松房治郎 …………… 102
東条貞 …………………… 225
藤平謹一郎 ……………… 225
当真嗣合 ………………… 225
頭山満 …………………… 225

外狩顕章
　→外狩素心庵 …………… 226
外狩素心庵 ……………… 226
徳田秋声
　→麻田駒之助 ……………… 9
徳田秋声 ………………… 226
徳田末雄
　→徳田秋声 ……………… 226
徳富猪一郎
　→徳富蘇峰 ……………… 226
徳富蘇峰
　→石川武美 ……………… 26
　→内田魯庵 ……………… 55
　→塚越停春 ……………… 218
　→人見一太郎 …………… 268
　→光永星郎 ……………… 309
　→結城礼一郎 …………… 341
徳富蘇峰 ………………… 226
徳永保之助 ……………… 227
轟木歌
　→永嶋暢子 ……………… 235
刀祢館正雄 ……………… 227
富村雄 …………………… 227
富田鷗波 ………………… 227
富田久稼
　→富田鷗波 ……………… 227
富田幸次郎 ……………… 228
富田公平
　→津田貞 ………………… 221
鳥谷部春汀 ……………… 228
鳥谷部銑太郎
　→鳥谷部春汀 …………… 228
豊国義孝 ………………… 228
鳥居素川 ………………… 229
鳥居素川
　→長谷川如是閑 ………… 257
　→弓削田秋江 …………… 342
鳥居赫雄
　→鳥居素川 ……………… 229
鳥越静岐
　→細木原青起 …………… 285
鳥海時雨郎 ……………… 229

鳥山棄三
　→宇田川文海 …………… 55

【な】

内藤湖南 ………………… 229
内藤恒右衛門
　→内藤伝右衛門 ………… 230
内藤伝右衛門 …………… 230
内藤虎次郎
　→内藤湖南 ……………… 229
直木三十一
　→直木三十五 …………… 230
直木三十五 ……………… 230
直木三十三
　→直木三十五 …………… 230
直木三十二
　→直木三十五 …………… 230
直野碧玲瓏 ……………… 231
直野了晋
　→直野碧玲瓏 …………… 231
長井氏克 ………………… 231
永井ゑい子
　→松本英子 ……………… 301
永井栄蔵
　→釈瓢斎 ………………… 179
　→永井瓢斎 ……………… 232
永井荷風
　→麻田駒之助 ……………… 9
中井喜太郎
　→中井錦城 ……………… 231
中井錦城 ………………… 231
永井瓢斎 ………………… 232
長井総太郎
　→鶯亭金升 ……………… 61
永井万助 ………………… 232
永井柳太郎 ……………… 232
中内義一
　→中内蝶二 ……………… 233
中内蝶二 ………………… 233
中江兆民
　→荒井泰治 ……………… 16

373

なかえ

→石川半山 …………… 26
→大井憲太郎 ………… 62
→幸徳秋水 …………… 138
→小山松寿 …………… 149
→小山久之助 ………… 150
→西園寺公望 ………… 151
→前田三遊 …………… 289
中江兆民 ………………… 233
中江篤介
　→中江兆民 …………… 233
長尾景弼 ………………… 233
中川克一 ………………… 234
中川源造 ………………… 234
中川重麗 ………………… 234
中川登代蔵
　→中川重麗 …………… 234
長坂八郎
　→相木鶴吉 …………… 3
中里介山
　→渡辺黙禅 …………… 355
長沢説
　→長沢別天 …………… 235
長沢別天 ………………… 235
中島勝義 ………………… 235
中島湘烟
　→中島俊子 …………… 235
中島俊子 ………………… 235
永嶋暢子 ………………… 235
永嶋ヨネ
　→永嶋暢子 …………… 235
仲田勝之助 ……………… 236
永田善三郎 ……………… 236
中田良夫 ………………… 236
永戸政治 ………………… 236
中西牛郎 ………………… 237
中野権六 ………………… 237
中野正剛
　→風見章 ……………… 95
　→三宅雪嶺 …………… 311
中野正剛 ………………… 237
中野秀人 ………………… 238
中村京太郎 ……………… 238

中村敬宇
　→中村正直 …………… 239
中村敬太郎
　→中村正直 …………… 239
中村修一
　→中村楽天 …………… 239
中村舜次郎 ……………… 238
中村弼 …………………… 238
中村兵衛 ………………… 239
中村正直 ………………… 239
中村楽天 ………………… 239
永元源蔵
　→津田貞 ……………… 221
永元源蔵 ………………… 239
中屋徳兵衛
　→益田孝 ……………… 294
永山就次 ………………… 240
中山太郎 ………………… 240
中山太郎治
　→中山太郎 …………… 240
中山直熊 ………………… 240
中山正男 ………………… 240
永代静雄 ………………… 240
半井洌
　→半井桃水 …………… 241
半井桃水 ………………… 241
夏川清丸
　→帆刈芳之助 ………… 283
夏川八朗
　→柳瀬正夢 …………… 330
夏目金之助
　→夏目漱石 …………… 241
夏目漱石
　→麻田駒之助 ………… 9
　→池辺三山 …………… 22
　→渋川玄耳 …………… 173
　→正岡子規 …………… 292
夏目漱石 ………………… 241
名取洋之助 ……………… 242
生井英俊 ………………… 242
生江健次 ………………… 243
奈良崎八郎 ……………… 243

成石熊二郎
　→毛利柴庵 …………… 320
成沢金兵衛
　→成沢玲川 …………… 243
成沢玲川 ………………… 243
成島惟弘
　→成島柳北 …………… 244
成島柳北
　→末広鉄腸 …………… 183
　→関謙之 ……………… 192
成島柳北 ………………… 244
難波清人 ………………… 244
何尾幽蘭
　→三好米吉 …………… 315

【に】

新居格 …………………… 244
新島まち
　→永嶋暢子 …………… 235
新美卯一郎 ……………… 245
西道仙
　→松田正久 …………… 299
西道仙 …………………… 245
西内繁馬
　→西内青藍 …………… 245
西内青藍 ………………… 245
西尾吉太郎 ……………… 245
西岡竹次郎 ……………… 245
西垣武一 ………………… 246
西河通徹 ………………… 246
西田童坡
　→西田伝助 …………… 247
西田源蔵 ………………… 246
西田鼓汀
　→西田伝助 …………… 247
西田常三郎 ……………… 247
西田伝助 ………………… 247
西村正三郎 ……………… 247
西村天囚 ………………… 247

西村時彦
　→西村天囚 247
西村道太郎 248
西村良三
　→柳河春三 328
西本省三 248
西森武城
　→痩々亭骨皮 194
新渡戸稲造
　→増田義一 294
新渡戸仙岳 248
蜷川新 249
二宮熊次郎 249

【ぬ】

沼間守一 249
沼田藤次 250

【ね】

根本芳子
　→吉尾なつ子 345

【の】

乃木希典
　→赤川菊村 5
野口雨情 250
野口英吉
　→野口雨情 250
野口英夫 250
野口勝一 250
野口竹次郎 251
野口米次郎 251
野崎左文 251
野崎城雄
　→野崎左文 251

野崎文蔵
　→仮名垣魯文 100
野沢藤吉 251
野沢嘉哉
　→陸直次郎 127
野間清治
　→望月茂 321
　→茂木茂 322
野間清治 252
野村あらえびす
　→野村胡堂 252
野村長一
　→野村胡堂 252
野村胡堂 252
野村治一良 253
野村秀雄 253
野村文夫 253
野依秀市 254
乗竹孝太郎 254

【は】

榛原茂樹
　→波多野乾一 258
馬鹿林鈍翁
　→坂崎斌 156
馬鹿林鈍々
　→和田稲積 353
萩谷籌夫 254
橋爪貫一 255
橋戸頑鉄 255
橋戸信
　→橋戸頑鉄 255
橋本恵子 255
箸本太吉 255
橋本富三郎 256
長谷川芋生
　→長谷川伸 256
長谷川了 256
長谷川伸 256

長谷川伸二郎
　→長谷川伸 256
長谷川辰之助
　→二葉亭四迷 280
長谷川淑夫 257
長谷川如是閑
　→古島一雄 140
　→鳥居素川 229
　→丸山幹治 302
　→三宅雪嶺 311
長谷川如是閑 257
長谷川万治郎
　→長谷川如是閑 257
長谷川義雄 257
羽田浪之紹 258
波多野秋子 258
波多野乾一 258
波多野承五郎 258
波多野伝三郎 258
服部敬吉 259
服部誠一
　→服部撫松 259
服部徹 259
服部撫松 259
花岡敏隆 259
花笠文京（2代目）............ 259
花島鶴夫
　→安藤鶴夫 17
花園兼定 260
花田大五郎
　→花田比露思 260
花田比露思 260
英魯文
　→仮名垣魯文 100
羽仁もと子
　→羽仁吉一 261
羽仁もと子 260
羽仁吉一
　→羽仁もと子 260
羽仁吉一 261
馬場辰猪 261
馬場恒吾 262
土生彰 262

375

はまおか　人名索引

浜岡光哲 ……………… 262
浜田長策 ……………… 263
浜田彦蔵
　→ジョセフ・ヒコ … 182
浜本浩 ………………… 263
林儀作 ………………… 263
林守仁
　→山上正義 ………… 333
早嶋喜一 ……………… 263
早速整爾 ……………… 264
原澄治 ………………… 264
原敬
　→高橋光威 ………… 200
原敬 …………………… 264
原田譲二 ……………… 265
原田種道 ……………… 265
原田棟一郎 …………… 266
原田ゆづる
　→原田譲二 ………… 265

【ひ】

檜垣正義 ……………… 266
干河岸桜所 …………… 266
樋口勇夫
　→樋口銅牛 ………… 266
樋口銅牛 ……………… 266
久木独石馬 …………… 267
久木東海男
　→久木独石馬 ……… 267
久富達夫 ……………… 267
久松義典 ……………… 267
人見一太郎 …………… 268
人見絹代
　→木下東作 ………… 121
日向輝武 ……………… 268
日森虎雄 ……………… 268
平井駒次郎
　→平井晩村 ………… 268
平井晩村 ……………… 268
平川清風 ……………… 269

平田久 ………………… 269
平田文右衛門（2代目）… 269
平塚篤 ………………… 269
平塚らいてう
　→伊藤野枝 ………… 39
平野嶺夫
　→平野零児 ………… 269
平野零児 ……………… 269
平野零二
　→平野零児 ………… 269
平林初之輔 …………… 269
平山周
　→松岡好一 ………… 297
平山壮太郎
　→平山蘆江 ………… 270
平山陳平 ……………… 270
平山蘆江 ……………… 270
広井一 ………………… 270
広岡羽扇
　→広岡幸助 ………… 271
広岡菊寿堂
　→広岡幸助 ………… 271
広岡幸助 ……………… 271
広岡広太郎
　→彩霞園柳香 ……… 152
広津和郎
　→黒岩涙香 ………… 134

【ふ】

風来山人（3世）
　→岡丈紀 …………… 76
深井英五 ……………… 271
福井三郎 ……………… 271
福井文雄 ……………… 272
福沢捨次郎 …………… 272
福沢諭吉
　→石河幹明 ………… 27
　→今泉一瓢 ………… 46
　→牛場卓蔵 ………… 53
　→小幡篤次郎 ……… 92
　→小山完吾 ………… 149

　→中村正直 ………… 239
　→福沢捨次郎 ……… 272
　→藤田茂吉 ………… 278
　→本山彦一 ………… 323
福沢諭吉 ……………… 272
福島四郎 ……………… 273
福島俊雄 ……………… 273
福田英助 ……………… 273
福田恭助 ……………… 273
福田敬業
　→万屋兵四郎 ……… 350
福田徳三 ……………… 274
福田理三郎 …………… 274
福田和五郎 …………… 274
福地吾曹子
　→福地源一郎 ……… 275
福地桜痴
　→福地源一郎 ……… 275
福地源一郎
　→海内果 …………… 57
　→条野採菊 ………… 180
　→関謙之 …………… 192
　→塚原渋柿園 ……… 219
福地源一郎 …………… 275
福地星泓
　→福地源一郎 ……… 275
福永渙 ………………… 275
福永冬浦
　→福永渙 …………… 275
福永挽歌
　→福永渙 …………… 275
福本郁夫
　→大山郁夫 ………… 74
福本日南 ……………… 275
福本誠
　→福本日南 ………… 275
福山寿久 ……………… 276
福良虎雄 ……………… 276
藤井猪勢治 …………… 276
藤井高蔵 ……………… 277
藤井種太郎 …………… 277
藤井孫次郎 …………… 277
藤岡紫朗 ……………… 277

藤実人華 …………… 278	法木徳兵衛 …………… 282	前田健次郎
藤田西湖 …………… 278	帆刈芳之助 …………… 283	→前田香雪 …………… 289
藤田鳴鶴	甫喜山景雄 …………… 283	前田香雪 …………… 289
→藤田茂吉 …………… 278	星亨	前田三遊 …………… 289
藤田茂吉 …………… 278	→光永星郎 …………… 309	前田雀郎 …………… 289
藤田積中 …………… 279	→村山龍平 …………… 320	前田多門 …………… 290
藤田勇治	星亨 …………… 283	前田忠吉
→藤田西湖 …………… 278	星一 …………… 284	→前田普羅 …………… 290
不二洒舎高根	保科百助	前田貞次郎
→大口六兵衛 …………… 65	→牛山清四郎 …………… 53	→前田三遊 …………… 289
藤原相之助 …………… 279	細井肇 …………… 284	前田普羅 …………… 290
藤原銀次郎 …………… 279	細川嘉六	前田又吉
布施勝治 …………… 280	→山本実彦 …………… 339	→前田蓮山 …………… 290
二葉亭四迷	細川嘉六 …………… 284	前田蓮山 …………… 290
→池辺三山 …………… 22	細川忠雄 …………… 285	前田河広一郎 …………… 290
→桜田文吾 …………… 159	細木原青起 …………… 285	牧巻次郎 …………… 291
→弓削田秋江 …………… 342	細木原辰江	牧野誠一
→横山源之助 …………… 344	→細木原青起 …………… 285	→牧野望東 …………… 292
二葉亭四迷 …………… 280	堀成之	牧野武夫 …………… 291
二見敏雄 …………… 280	→堀紫山 …………… 285	牧野輝智 …………… 291
淵田忠良 …………… 281	堀紫山 …………… 285	牧野平五郎 …………… 291
古川精一 …………… 281	堀江帰一 …………… 285	牧野望東 …………… 292
古沢迂郎	堀江三五郎 …………… 286	牧山耕蔵 …………… 292
→古沢滋 …………… 281	本城安太郎 …………… 286	政尾藤吉 …………… 292
古沢滋 …………… 281	本多精一 …………… 286	正岡芸陽 …………… 292
古野伊之助 …………… 282	本田浜太郎	正岡子規
降旗元太郎 …………… 282	→本田美禅 …………… 287	→相島勘次郎 …………… 3
古谷久綱 …………… 282	本田美禅 …………… 287	→赤木格堂 …………… 6
文京舎文京	本間清雄 …………… 287	→河東碧梧桐 …………… 111
→花笠文京（2代目）… 259		→古島一雄 …………… 140
		→寒川鼠骨 …………… 167
【へ】	**【ま】**	正岡子規 …………… 292
		正岡常規
碧瑠璃園	米田実 …………… 287	→正岡子規 …………… 292
→渡辺霞亭 …………… 354	前川静夫 …………… 288	正岡猶一
	前川虎造 …………… 288	→正岡芸陽 …………… 292
【ほ】	前芝確三 …………… 288	正宗忠夫
	前島豊太郎 …………… 288	→正宗白鳥 …………… 293
鳳晶子	前島密 …………… 289	正宗白鳥
→与謝野晶子 …………… 344	前田源一郎	→麻田駒之助 …………… 9
	→前田雀郎 …………… 289	正宗白鳥 …………… 293
		増田顕邦 …………… 293

ますた 人名索引

増田義一
　→光岡威一郎 ……… 308
増田義一 ……………… 294
益田孝 ………………… 294
増田藤之助 …………… 295
益田鈍翁
　→益田孝 …………… 294
増田連也 ……………… 295
真渓正遵
　→真渓涙骨 ………… 295
真渓涙骨 ……………… 295
又吉康和 ……………… 296
町田梓楼 ……………… 296
町田忠治
　→天野為之 ………… 15
　→川尻琴湖 ………… 110
町田忠治 ……………… 296
松井柏軒 ……………… 297
松井広吉
　→松井柏軒 ………… 297
松池美代
　→永嶋暢子 ………… 235
松尾宇一 ……………… 297
松尾卯一太
　→新美卯一郎 ……… 245
松尾卯一太 …………… 297
松岡好一 ……………… 297
松岡正男 ……………… 298
松崎市郎
　→松崎天民 ………… 298
松崎天民 ……………… 298
松沢求策 ……………… 298
松下軍治 ……………… 298
松島宗衛 ……………… 299
松島廉作 ……………… 299
松田源五郎
　→松田正久 ………… 299
松田正久 ……………… 299
松野志気雄 …………… 299
松廼舎華南
　→山田風外 ………… 338

松原岩五郎
　→松原二十三階堂 … 300
松原寛 ………………… 300
松原二十三階堂 ……… 300
松原二十三階堂
　→桜田文吾 ………… 159
　→横山源之助 ……… 344
松実喜代太 …………… 300
松宮幹樹 ……………… 300
松村秀逸 ……………… 301
松本雲舟 ……………… 301
松本ゑい子
　→松本英子 ………… 301
松本英子 ……………… 301
松本栄子
　→松本英子 ………… 301
松本幹一
　→木村騰 …………… 124
松本君平 ……………… 301
松本潤一郎 …………… 302
松本赳
　→松本雲舟 ………… 301
松山忠二郎 …………… 302
的野半介 ……………… 302
丸山幹治 ……………… 302
丸山幹治
　→鳥居素川 ………… 229
丸山作楽
　→関謙之 …………… 192
丸山作楽 ……………… 303
丸山名政 ……………… 303
丸山正路
　→丸山作楽 ………… 303

【み】

三浦数平 ……………… 303
三浦鏨 ………………… 304
三浦鏨造
　→三浦鏨 …………… 304
三木愛花 ……………… 304

三木清 ………………… 304
三木善八 ……………… 305
三木貞一
　→三木愛花 ………… 304
三木露風
　→木村作次郎 ……… 123
右田寅彦 ……………… 305
三崎亀之助 …………… 305
三品長三郎
　→三品蘭渓 ………… 305
三品蘭渓 ……………… 305
水島貫之
　→伊喜見文吾 ……… 20
水田南陽 ……………… 306
水田南陽外史
　→水田南陽 ………… 306
水田栄雄
　→水田南陽 ………… 306
水谷乙次郎
　→水谷幻花 ………… 306
水谷幻花 ……………… 306
水谷武
　→水谷竹紫 ………… 306
水谷竹紫 ……………… 306
水谷不倒 ……………… 306
水谷弓彦
　→水谷不倒 ………… 306
三田澪人 ……………… 307
三田村鳶魚 …………… 307
三田村玄龍
　→三田村鳶魚 ……… 307
三田村甚三郎 ………… 307
光岡威一郎
　→増田義一 ………… 294
光岡威一郎 …………… 308
満川亀太郎 …………… 308
三土忠造 ……………… 308
光永星郎 ……………… 309
光行寿 ………………… 309
碧川浩一
　→白石潔 …………… 182
美土路昌一
　→神田正雄 ………… 112

南新二 310
箕浦勝人 310
宮川武行 310
宮川鉄次郎 310
三宅周太郎 311
三宅晴輝 311
三宅青軒 311
三宅雪嶺
　→陸羯南 126
　→志賀重昂 169
　→杉浦重剛 185
　→長谷川如是閑 257
三宅雪嶺 311
三宅磐 312
三宅彦弥
　→三宅青軒 311
三宅雄二郎
　→三宅雪嶺 311
宮崎三昧 313
宮崎璋蔵
　→宮崎三昧 313
宮崎晴瀾 313
宮崎滔天
　→松岡好一 297
宮崎滔天 313
宮崎富要
　→宮崎夢柳 314
宮崎寅蔵
　→宮崎滔天 313
宮崎虎蔵
　→宮崎滔天 313
宮崎宣政
　→宮崎晴瀾 313
宮崎芙蓉
　→宮崎夢柳 314
宮崎夢柳
　→和田稲積 353
宮崎夢柳 314
宮崎龍介
　→赤松克麿 6
宮下雄七
　→河上清 106

宮武外骨
　→蛯原八郎 59
　→吉野作造 348
宮武外骨 314
宮部寸七翁 314
宮部俊夫
　→宮部寸七翁 314
三好米吉 315
三輪精一 315

【む】

陸奥光代
　→永嶋暢子 235
武藤金吉 315
武藤山治 316
宗方小太郎 316
宗貞利登 316
村井啓太郎 317
村井弦斎
　→篠田鉱造 170
村井弦斎 317
村井寛
　→村井弦斎 317
村上俊蔵
　→村上濁浪 318
村上田長 317
村上濁浪 318
村上浪六 318
村上信
　→村上浪六 318
村嶋帰之 318
村田孜郎 319
村田春樹
　→直木三十五 230
村松恒一郎 319
紫安新九郎 319
村山照吉 319
村山俊太郎 319
村山龍平
　→上野理一 51

　→木村騰 124
　→木村平八 125
村山龍平 320

【も】

毛利柴庵 320
毛利清雅
　→毛利柴庵 320
望月小太郎 321
望月茂 321
望月二郎 321
望月辰太郎 321
茂木茂 322
本野一郎
　→秋月左都夫 7
　→足立北鷗 12
本野盛亨 322
本山荻舟 323
本山仲造
　→本山荻舟 323
本山彦一
　→兼松房治郎 102
　→城戸元亮 120
　→木下東作 121
　→渡辺治 353
本山彦一 323
本吉欠伸 323
桃川如水
　→田辺南鶴（12代目） 214
森一兵 324
森鷗外
　→麻田駒之助 9
森暁紅 324
森庄助
　→森暁紅 324
森正蔵 324
森晋太郎 325
森隆介 325
森多平 325
森丘正唯 325

森下岩太郎
　→森下雨村 ……… 325
森下雨村 ……… 325
森田思軒 ……… 326
森田文蔵
　→森田思軒 ……… 326
森本駿 ……… 326
守山義雄 ……… 326

【 や 】

矢崎弾 ……… 327
矢津九郎
　→市川正一 ……… 33
安岡雄吉 ……… 327
安岡道太郎 ……… 327
安田庄司 ……… 327
安田善次郎
　→増田義一 ……… 294
安成貞雄 ……… 328
安成三郎 ……… 328
柳河春三 ……… 328
柳川隆之介
　→芥川龍之介 ……… 8
柳一郎
　→麻生路郎 ……… 11
柳田国男
　→赤川菊村 ……… 5
柳田国男 ……… 329
柳原極堂 ……… 330
柳原正之
　→柳原極堂 ……… 330
柳瀬正六
　→柳瀬正夢 ……… 330
柳瀬正夢 ……… 330
簗田欽次郎 ……… 330
矢野酉雄 ……… 330
矢野文雄
　→矢野龍渓 ……… 331
矢野正世 ……… 331

矢野龍渓
　→内田魯庵 ……… 55
　→門田正経 ……… 99
　→国木田独歩 ……… 130
　→羽仁吉一 ……… 261
　→藤田茂吉 ……… 278
　→三木善八 ……… 305
　→村井弦斎 ……… 317
　→森田思軒 ……… 326
　→吉田熊次 ……… 346
矢野龍渓 ……… 331
藪野椋十
　→渋川玄耳 ……… 173
山浦貫一 ……… 332
山岡景命 ……… 332
山鹿元次郎 ……… 332
山県有朋
　→朝比奈知泉 ……… 10
　→二宮熊次郎 ……… 249
山県五十雄 ……… 332
山県勇三郎 ……… 333
山上正義 ……… 333
山川均 ……… 333
山口勝清 ……… 334
山口喜一 ……… 334
山口恒太郎
　→山口天来 ……… 334
山口天来 ……… 334
山口六郎次 ……… 334
山崎猛 ……… 335
山崎伝之助 ……… 335
山崎安雄 ……… 335
山崎寧 ……… 335
山路愛山
　→牛山清四郎 ……… 53
　→斯波貞吉 ……… 172
　→結城礼一郎 ……… 341
山路愛山 ……… 335
山道襄一 ……… 336
山路弥吉
　→山路愛山 ……… 335
山田一郎 ……… 336

山田馨
　→山田旭南 ……… 337
山田花作 ……… 336
山田毅一 ……… 337
山田旭南 ……… 337
山田金次郎 ……… 337
山田孝之助
　→山田風外 ……… 338
山田穀城
　→山田花作 ……… 336
山田袖香 ……… 337
山田淳子
　→山田袖香 ……… 337
山田潤二 ……… 338
山田美妙
　→尾崎紅葉 ……… 85
山田風外 ……… 338
山田道兄 ……… 338
山中勝衛
　→沙和宋一 ……… 167
山根真治郎 ……… 338
山根文雄 ……… 338
山野芋作
　→長谷川伸 ……… 256
山野清平 ……… 339
山本喜市郎
　→山本露滴 ……… 340
山本実彦 ……… 339
山本三朗
　→山本実一 ……… 340
山本三朗 ……… 339
山本実一 ……… 340
山本笑月
　→山本松之助 ……… 340
山本慎平 ……… 340
山本千代
　→高橋千代 ……… 199
山本徳太郎
　→山本梅史 ……… 340
山本梅史 ……… 340
山本松之助 ……… 340
山本露滴 ……… 340

【ゆ】

湯浅虎亮
　→湯浅禎夫 341
湯浅禎夫 341
有機逸郎
　→横山源之助 344
結城礼一郎 341
行友直次郎
　→行友李風 341
行友李風 341
弓削田秋江 342
弓削田精一
　→弓削田秋江 342
弓館小鰐 342
弓館芳夫
　→弓館小鰐 342
由良浅次郎 342

【よ】

陽其二 342
横井時雄 342
横川省三 343
横関愛造 343
横山健堂 343
横山源之助
　→桜田文吾 159
横山源之助 344
横山四郎右衛門 344
横山達三
　→横山健堂 343
横山又吉 344
与謝野晶子 344
与謝野しよう
　→与謝野晶子 344
吉植庄一郎
　→吉植庄亮 345

吉植庄亮 345
吉尾なつ子 345
吉岡信敬 345
芳川春濤
　→岡本起泉 81
吉川守国
　→吉川守圀 346
吉川守邦
　→吉川守圀 346
吉川守圀 346
吉倉汪聖 346
吉田嘉六 346
吉田絃二郎 346
吉田源次郎
　→吉田絃二郎 346
吉田健三 347
吉田東伍 347
古田常夏 347
吉田益三 348
吉田義憲
　→吉田常夏 347
吉野左衛門 348
吉野作造
　→赤松克麿 6
　→滝田樗陰 203
吉野作造 348
吉野太左衛門
　→吉野左衛門 348
吉本次郎兵衛 349
米村長太郎 349
四方田義茂 349
与良乙 350
与良松三郎 350
万屋兵四郎 350

【り】

笠信太郎 350
柳条亭華彦
　→三品藺渓 305

柳亭種彦(3代目)
　→高畠藍泉 201
笠々亭仙果 351

【れ】

冷々亭杏雨
　→二葉亭四迷 280

【ろ】

朧月亭有人
　→条野採菊 180

【わ】

若菜貞爾
　→胡蝶園若菜 142
若宮卯之助 351
若宮小太郎 351
若山甲蔵 352
脇光三 352
涌島義博 352
輪湖俊午郎 352
和田稲積 353
和田信夫 353
渡辺治 353
渡辺修 353
渡辺脩
　→渡辺修 353
渡辺霞亭 354
渡辺台水
　→木内伊之介 113
　→渡辺巳之次郎 355
渡辺哲信 354
渡辺尚 354
渡辺均 354
渡辺広治 355

わたなへ

渡辺寿彦 …………… 355
渡辺勝
　→渡辺霞亭 ………… 354
渡辺巳之次郎 ………… 355
渡辺黙禅 …………… 355
渡辺良夫 …………… 355
渡辺義方
　→花笠文京（2代目）… 259
和堂珍海
　→仮名垣魯文 ……… 100

事項名索引

【あ】

愛知絵入新聞
　大島宇吉 …………… 67
愛知新聞
　大口六兵衛 ………… 65
　桜内幸雄 …………… 159
青服
　山川均 ……………… 333
青森新聞
　小川渉 ……………… 83
　陸羯南 ……………… 126
　山鹿元次郎 ………… 332
青森新報
　小川渉 ……………… 83
青森日報
　西田源蔵 …………… 246
アカハタ
　江森盛弥 …………… 60
　聴濤克巳 …………… 116
赤旗
　秋笹政之輔 ………… 7
　市川正一 …………… 33
　井上秀天 …………… 43
　柳瀬正夢 …………… 330
秋田魁新報
　安藤和風 …………… 18
　池田林儀 …………… 21
　井上広居 …………… 43
　狩野旭峰 …………… 103
　佐川良視 …………… 157
　西河通徹 …………… 246
秋田時事新報
　池内広正 …………… 20
秋田新報
　井上広居 …………… 43
秋田日報
　安藤和風 …………… 18
　犬養毅 ……………… 41
　大久保鉄作 ………… 66
　上遠野富之助 ……… 99
　西河通徹 …………… 246

秋田日日新聞
　安藤和風 …………… 18
あけぼの
　青江秀 ……………… 3
　左近允孝之進 ……… 160
　中村京太郎 ………… 238
曙新聞
　大井憲太郎 ………… 62
　川崎紫山 …………… 108
　小久保喜七 ………… 140
　小松原英太郎 ……… 146
　末広鉄腸 …………… 183
　関新吾 ……………… 193
朝日歌壇
　渋川玄耳 …………… 173
アサヒカメラ
　成沢玲川 …………… 243
　松野志気雄 ………… 299
アサヒグラフ
　北野吉内 …………… 119
　小林秀二郎 ………… 145
　杉村楚人冠 ………… 187
　鈴木文史朗 ………… 190
　成沢玲川 …………… 243
朝日新聞
　麻生豊 ……………… 12
　宇田川文海 ………… 55
　太田梶太 …………… 69
　岡崎俊夫 …………… 77
　岡野半牧 …………… 79
　織田純一郎 ………… 88
　織田信恒 …………… 88
　小野米吉 …………… 91
　風見章 ……………… 95
　聴濤克巳 …………… 116
　木村騰 ……………… 124
　木村平八 …………… 125
　栗島狭衣 …………… 133
　河野一郎 …………… 138
　小西勝一 …………… 143
　小室信介 …………… 147
　酒井憲次郎 ………… 154
　酒井寅吉 …………… 156
　佐々木信暲 ………… 161
　佐藤忠男 …………… 165
　佐藤北江 …………… 165
　下村海南 …………… 178

　高宮太平 …………… 202
　高山毅 ……………… 202
　辰井梅吉 …………… 211
　津田貞 ……………… 221
　仲田勝之助 ………… 236
　中野秀人 …………… 238
　永元源蔵 …………… 239
　西河通徹 …………… 246
　野村秀雄 …………… 253
　福井文雄 …………… 272
　前田多門 …………… 290
　町田梓楼 …………… 296
　松野志気雄 ………… 299
　三浦数平 …………… 303
　宗貞利登 …………… 316
　村山龍平 …………… 320
　柳田国男 …………… 329
　吉野作造 …………… 348
　笠信太郎 …………… 350
　若宮小太郎 ………… 351
亜細亜
　志賀重昂 …………… 169
　三宅雪嶺 …………… 311
亜洲日報
　島田数雄 …………… 174
足尾鉱毒事件
　内村鑑三 …………… 56
　遠藤友四郎 ………… 61
　大杉栄 ……………… 68
　木下尚江 …………… 122
　桜井熊太郎 ………… 158
　須永金三郎 ………… 191
　田中正造 …………… 213
　松本英子 …………… 301
　武藤金吉 …………… 315
足利新報
　市川安左衛門 ……… 34
　中田良夫 …………… 236
足柄新聞
　中村舜次郎 ………… 238
吾妻新誌
　三木愛花 …………… 304
あづま新聞
　大井憲太郎 ………… 62
貴女之友
　石井研堂 …………… 23

あわししん　　　　　事項名索引

淡路新聞
　安倍喜平 …………… 14
　三木善八 …………… 305

【い】

いさみ新聞
　石橋思案 …………… 29
　子安峻 ……………… 148
石川新聞
　吉本次郎兵衛 ……… 349
石川日日新聞
　大垣丈夫 …………… 65
伊勢新聞
　長井氏克 …………… 231
　増田藤之助 ………… 295
田舎新聞社
　村上田長 …………… 317
因伯時報
　池田紫星 …………… 21
伊那毎日新聞
　加藤陸三 …………… 99
いはらき新聞
　飯村丈三郎 ………… 19
　田岡嶺雲 …………… 196
　萩谷籌夫 …………… 254
茨城新聞
　江戸周 ……………… 59
　猿田千代 …………… 167
　高瀬羽皐 …………… 197
茨城新報
　大津淳一郎 ………… 70
　笹島吉太郎 ………… 162
　野口勝一 …………… 250
茨木新報
　池上清 ……………… 20
茨城日日新聞
　大津淳一郎 ………… 70
　笹島吉太郎 ………… 162
　野口勝一 …………… 250
胆振新報
　野口雨情 …………… 250

伊予日日新聞
　曽我鍛 ……………… 195
　柳原極堂 …………… 330
いろは新聞
　稲野年恒 …………… 41
　岡丈紀 ……………… 76
　仮名垣魯文 ………… 100
　彩霞園柳香 ………… 152
　野崎左文 …………… 251
　花笠文京（2代目）… 259
岩手新聞
　佐藤北江 …………… 165
　橘正三 ……………… 210
岩手日報
　岩亀精造 …………… 47
　上村売剣 …………… 52
　太田孝太郎 ………… 69
　川越千次郎 ………… 107
　清岡等 ……………… 125
　後藤清郎 …………… 143
　佐藤義夫 …………… 166
　新渡戸仙岳 ………… 248
岩手毎日新聞
　岡山不衣 …………… 82
　新渡戸仙岳 ………… 248

【う】

ウイルシュタイン社
　名取洋之助 ………… 242
元山時事新報
　川崎克 ……………… 107
元山時事
　吉倉汪聖 …………… 346
元山毎日新聞
　西田常三郎 ………… 247
有喜世新聞
　伊東専三 …………… 39
　岡本起泉 …………… 81
　鈴木田正雄 ………… 190
　須藤南翠 …………… 190
羽後新報
　佐川良視 …………… 157

運動記者
　太田四州 …………… 69

【え】

映画往来
　田中三郎 …………… 212
AP通信社
　古野伊之助 ………… 282
英文日本財政経済月報
　望月小太郎 ………… 321
英文毎日
　花園兼定 …………… 260
絵入自由新聞
　伊東専三 …………… 39
　稲野年恒 …………… 41
　菊池道太 …………… 115
　久野初太郎 ………… 131
　黒岩涙香 …………… 134
　桜田百衛 …………… 160
　月岡芳年 …………… 220
　花笠文京（2代目）… 259
　宮崎夢柳 …………… 314
　吉田健三 …………… 347
　和田稲積 …………… 353
絵入朝野新聞
　西河通徹 …………… 246
　山田風外 …………… 338
絵入長崎新聞
　北島栄助 …………… 119
　田添鉄二 …………… 210
絵入日曜新聞
　干河岸桜所 ………… 266
絵入日報
　岡本綺堂 …………… 81
エコノミスト
　岡実 ………………… 76
　川村恒一 …………… 112
　佐藤密蔵 …………… 166
　花岡敏隆 …………… 259
越佐新聞
　松井柏軒 …………… 297
越佐毎日新聞
　大橋佐平 …………… 72

386

大橋新太郎 …………… 73
野口竹次郎 ………… 251
広井一 ……………… 270
越中新誌
　山野清平 ………… 339
越中新報
　上埜安太郎 ………… 51
江戸新聞
　大岡育造 …………… 65
遠征
　竹川藤太郎 ……… 206

【 お 】

奥羽日報
　渡辺黙禅 ………… 355
奥羽日日新聞
　鈴木田正雄 ……… 190
央州日報
　成沢玲川 ………… 243
欧文反省雑誌
　杉村楚人冠 ……… 187
近江新報
　小林橘川 ………… 144
　須崎芳三郎 ……… 188
嚶鳴雑誌
　鈴木券太郎 ……… 189
　沼間守一 ………… 249
Ost=Asien
　玉井喜作 ………… 215
大分新聞
　安藤黄楊三 ………… 17
　上田重良 ………… 51
　後藤喜間太 ……… 143
大分中正日報
　児玉右二 ………… 142
大阪朝日新聞
　池辺三山 ………… 22
　石橋為之助 ………… 29
　磯野秋渚 ………… 31
　一宮猪吉郎 ………… 35
　一宮房治郎 ………… 36
　稲野年恒 ………… 41

上野岩太郎 ………… 51
上野理一 …………… 51
遠藤麟太郎 ………… 61
大江素天 …………… 64
太田郁郎 …………… 68
大西斎 ……………… 71
大道弘雄 …………… 74
大森痴雪 …………… 74
大山郁夫 …………… 74
緒方竹虎 …………… 78
岡野養之助 ………… 79
岡上守道 …………… 80
岡部孫四郎 ………… 80
岡本月村 …………… 82
小川定明 …………… 83
尾崎秀実 …………… 86
角田浩々歌客 ……… 94
河上肇 …………… 107
川那辺貞太郎 …… 111
神田正雄 ………… 112
木崎愛吉 ………… 117
北野吉内 ………… 119
北村兼子 ………… 119
桐生悠々 ………… 126
櫛田民蔵 ………… 128
河野恒吉 ………… 139
小山松寿 ………… 149
寒川鼠骨 ………… 167
柴原亀二 ………… 172
釈瓢斎 …………… 179
須崎芳三郎 ……… 188
関新吾 …………… 193
関口泰 …………… 193
高橋健三 ………… 199
高橋律郎 ………… 200
高原操 …………… 201
辰井梅吉 ………… 211
頼母木真六 ……… 215
田村木国 ………… 216
千原楠蔵 ………… 218
土屋元作 ………… 222
刀祢館正雄 ……… 227
鳥居素川 ………… 229
内藤湖南 ………… 229
永井瓢斎 ………… 232
中川重麗 ………… 234
半井桃水 ………… 241
西村天囚 ………… 247

西村道太郎 ……… 248
橋戸頑鉄 ………… 255
長谷川如是閑 …… 257
波多野乾一 ……… 258
花田比露思 ……… 260
原田棟一郎 ……… 266
干河岸桜所 ……… 266
二葉亭四迷 ……… 280
細木原青起 ……… 285
堀紫山 …………… 285
本多精一 ………… 286
牧巻次郎 ………… 291
松崎天民 ………… 298
松山忠二郎 ……… 302
丸山幹治 ………… 302
光永星郎 ………… 309
三宅磐 …………… 312
宮崎三昧 ………… 313
村山龍平 ………… 320
本吉欠伸 ………… 323
守山義雄 ………… 326
和田信夫 ………… 353
渡辺霞亭 ………… 354
大阪公論
　西河通徹 ……… 246
　西村天囚 ……… 247
　光永星郎 ……… 309
大阪公論新聞
　竹越与三郎 …… 206
大阪古鉄日報
　近藤芳太郎 …… 151
大阪魁新聞
　半井桃水 ……… 241
大阪時事新報
　大山覚威 ……… 75
　土屋元作 ……… 222
　福沢捨次郎 …… 272
大阪新聞
　高畠藍泉 ……… 201
大阪新報
　青木精一 ………… 4
　阿部宇之八 ……… 13
　荒井泰治 ………… 16
　石割松太郎 ……… 30
　岡野半牧 ………… 79
　加藤政之助 ……… 99

おおさかち　事項名索引

管野すが ……………… 113
五代友厚 ……………… 141
渋川玄耳 ……………… 173
高橋光威 ……………… 200
津田貞 ………………… 221
松崎天民 ……………… 298
三木善八 ……………… 305
本山彦一 ……………… 323
結城礼一郎 …………… 341
行友李風 ……………… 341

大阪中外商業新報
福島俊雄 ……………… 273

大阪内外新報
天田愚庵 ………………… 15

大阪日日新聞
宇田川文海 …………… 55
上総一 ………………… 96
田島象二 ……………… 209
本吉欠伸 ……………… 323

大阪日曜夕刊
上総一 ………………… 96

大阪日報
遠藤清子 ……………… 61
岡崎高厚 ……………… 77
五代友厚 ……………… 141
小宮山天香 …………… 147
小室信介 ……………… 147
白河鯉洋 ……………… 183
滝本誠一 ……………… 203
津田貞 ………………… 221
服部徹 ………………… 259
千河岸桜所 …………… 266
古沢滋 ………………… 281
甫喜山景雄 …………… 283
正岡芸陽 ……………… 292

大阪毎朝新聞
阿部宇之八 …………… 13
菊亭香水 ……………… 116
堺利彦 ………………… 155

大阪毎日新聞
相島勘次郎 …………… 3
芥川龍之介 …………… 8
浅井良任 ……………… 9
東忠続 ………………… 11
麻生路郎 ……………… 11
阿部真之助 …………… 14

安倍季雄 ……………… 14
安藤橡面坊 …………… 18
石割松太郎 …………… 30
稲野年恒 ……………… 41
井上笠園 ……………… 43
上原虎重 ……………… 52
宇田川文海 …………… 55
大庭柯公 ……………… 71
大森痴雪 ……………… 74
小笠原白也 …………… 78
奥村信太郎 …………… 84
奥村梅皐 ……………… 84
角田浩々歌客 ………… 94
加藤直士 ……………… 98
門田正経 ……………… 99
兼松房治郎 …………… 102
木内伊之介 …………… 113
菊池幽芳 ……………… 116
城戸元亮 ……………… 120
木下東作 ……………… 121
桐原真二 ……………… 126
桐生悠々 ……………… 126
小島沐冠人 …………… 141
桜井轍三 ……………… 159
佐藤密蔵 ……………… 166
佐藤肋骨 ……………… 166
佐原篤介 ……………… 168
鹿倉吉次 ……………… 169
篠原和市 ……………… 171
下田将美 ……………… 177
杉山幹 ………………… 188
曽我鍛 ………………… 195
高石真五郎 …………… 196
高木利太 ……………… 196
武田鶯塘 ……………… 207
竹田敏彦 ……………… 207
田村木国 ……………… 216
対馬健之助 …………… 220
土屋元作 ……………… 222
東海散士 ……………… 224
中西牛郎 ……………… 237
新居格 ………………… 244
羽田浪之紹 …………… 258
波多野乾一 …………… 258
原敬 …………………… 264
久木独石馬 …………… 267
久富達夫 ……………… 267
平川清風 ……………… 269

平野零児 ……………… 269
福良虎雄 ……………… 276
前川静夫 ……………… 288
松原寛 ………………… 300
松宮幹樹 ……………… 300
松本潤一郎 …………… 302
丸山幹治 ……………… 302
水谷不倒 ……………… 306
三宅周太郎 …………… 311
宮崎三昧 ……………… 313
村嶋帰之 ……………… 318
村田孜郎 ……………… 319
本山彦一 ……………… 323
森正蔵 ………………… 324
矢野龍渓 ……………… 331
山田潤二 ……………… 338
湯浅禎夫 ……………… 341
結城礼一郎 …………… 341
横山健堂 ……………… 343
米村長太郎 …………… 349
渡辺治 ………………… 353
渡辺均 ………………… 354
渡辺巳之次郎 ………… 355

岡山新聞
太田梶太 ……………… 69
森一兵 ………………… 324

岡山中国民報
児玉右二 ……………… 142

岡山日報
小室重弘 ……………… 147

沖縄朝日新聞
当真嗣合 ……………… 225

沖縄新報
伊江朝助 ……………… 19
又吉康和 ……………… 296

沖縄タイムス
末吉安恭 ……………… 184

沖縄毎日新聞
伊波月城 ……………… 44
末吉安恭 ……………… 184

沖縄毎日新報
伊波月城 ……………… 44

沖縄民報
伊江朝助 ……………… 19

小樽新聞
市川与一郎 …………… 34

事項名索引　　かんしよう

上田重良 …………… 51
勝峰晋風 …………… 98
酒井憲次郎 ………… 154
地崎宇三郎(2代目) … 217
小樽日報
　石川啄木 …………… 25
　小国露堂 …………… 84
　野口雨情 ………… 250
オリエンタル・レビュー
　伊地知純正 ………… 28
　頭本元貞 ………… 192
　馬場恒吾 ………… 262
女の世界
　青柳有美 …………… 5

【か】

海外
　神田正雄 ………… 112
海外新聞
　岸田吟香 ………… 117
　ジョセフ・ヒコ … 182
　本間清雄 ………… 287
　万屋兵四郎 ……… 350
開化新聞
　吉本次郎兵衛 …… 349
開花新聞
　須藤南翠 ………… 190
海国日報
　満川亀太郎 ……… 308
改進新聞
　稲野年恒 …………… 41
　鶯亭金升 …………… 61
　鈴木田正雄 ……… 190
改進党党報
　円城寺清 …………… 60
甲斐新聞
　結城礼一郎 ……… 341
改造
　上村勝弥 ………… 104
　鈴江言一 ………… 188
　馬場恒吾 ………… 262
　山本実彦 ………… 339
　横関愛造 ………… 343

改造社
　山本実彦 ………… 339
改造同盟
　永井柳太郎 ……… 232
開智新報
　橋爪貫一 ………… 255
海南新誌
　安岡道太郎 ……… 327
海南新聞
　白川福儀 ………… 182
解放
　福田徳三 ………… 274
解放運動
　山口勝清 ………… 334
外報記者
　塩津誠作 ………… 168
開明新聞
　川那辺貞太郎 …… 111
加越能新聞
　吉本次郎兵衛 …… 349
香川新報
　小田知周 …………… 88
　梶原竹軒 …………… 95
我観
　清水芳太郎 ……… 177
　三宅雪嶺 ………… 311
学芸記者
　大道弘雄 …………… 74
学芸之世界
　中島勝義 ………… 235
革新
　赤羽一 ……………… 6
攪民雑誌
　中島勝義 ………… 235
花月新誌
　石井南橋 …………… 24
鹿児島新聞
　和泉邦彦 …………… 31
退邇新聞
　宇田川文海 ……… 55
　狩野旭峰 ………… 103
数の摘草
　伊東専三 …………… 39

活世界
　鈴木力 …………… 189
活版界
　岡千代彦 …………… 76
神奈川新聞
　佐々木秀雄 ……… 161
加奈陀新報
　長田正平 …………… 87
かなめ新聞
　小川定明 …………… 83
かなよみ
　伊東専三 …………… 39
仮名読新聞
　伊東専三 …………… 39
　岡丈紀 ……………… 76
　仮名垣魯文 ……… 100
　胡蝶園若菜 ……… 142
　野崎左文 ………… 251
華文毎日
　平川清風 ………… 269
河北新報
　一力健治郎 ……… 36
　服部敬吉 ………… 259
　藤原相之助 ……… 279
カメラ記者
　大崎周水 …………… 66
樺太新聞
　西田源蔵 ………… 246
樺太日日新聞
　財部熊次郎 ……… 202
漢口日報
　岡幸七郎 …………… 75
関西日報
　菊池侃二 ………… 114
　斎藤弔花 ………… 153
　末広鉄腸 ………… 183
　森本駿 …………… 326
漢城新聞
　国友重章 ………… 131
漢城新報
　安達謙蔵 …………… 12
　小早川秀雄 ……… 144
　中井錦城 ………… 231
漢城日報
　佐々正之 ………… 163

389

鑑賞文選
　小砂丘忠義 ……………… 160
観風新聞
　小宮山天香 ……………… 147
漢報
　宗方小太郎 ……………… 316
関門新報
　的野半介 ………………… 302
関門日日新聞
　吉田常夏 ………………… 347
函右日報
　平山陳平 ………………… 270

【き】

紀伊新報
　木下郁 …………………… 121
紀伊毎日新聞
　辻野惣兵衛 ……………… 220
議会春秋
　児玉右二 ………………… 142
木更津新聞
　栗岩英治 ………………… 132
奇日新報
　干河岸桜所 ……………… 266
北支那毎日新聞
　脇光三 …………………… 352
北日本新聞
　田中清文 ………………… 212
　森丘正唯 ………………… 325
　横山四郎右衛門 ………… 344
北日本放送
　横山四郎右衛門 ………… 344
北のめざまし
　小橋栄太郎 ……………… 144
北見実業新聞
　東条貞 …………………… 225
紀南新報
　崎久保誓一 ……………… 157
キネマ旬報
　田中三郎 ………………… 212
岐阜新聞
　桜内幸雄 ………………… 159

岐阜タイムス
　磯田英夫 ………………… 31
岐阜日報
　大島宇吉 ………………… 67
岐阜日日新聞
　渡辺霞亭 ………………… 354
九州写真タイムス
　大崎周水 ………………… 66
九州新聞
　小泉策太郎 ……………… 136
　宮部寸七翁 ……………… 314
九州日報
　赤木格堂 ………………… 6
　古島一雄 ………………… 140
　品川緑 …………………… 170
　清水芳太郎 ……………… 177
　白河鯉洋 ………………… 183
　長谷川了 ………………… 256
　樋口銅牛 ………………… 266
　福本日南 ………………… 275
　的野半介 ………………… 302
　宮川武行 ………………… 310
　宮崎滔天 ………………… 313
九州日の出新聞
　鈴木力 …………………… 189
九州日日新聞
　安達謙蔵 ………………… 12
　小早川秀雄 ……………… 144
　佐々友房 ………………… 163
　佐々正之 ………………… 163
　高橋長秋 ………………… 200
　津田静一 ………………… 220
　松島宗衛 ………………… 299
九州立憲新聞
　宮部寸七翁 ……………… 314
義勇青年
　神長倉真民 ……………… 101
宮中闖入事件
　須崎芳三郎 ……………… 188
教育雑誌
　中島勝義 ………………… 235
教育時論
　西村正三郎 ……………… 247
教育新聞
　河田貞次郎 ……………… 110

都河龍 ……………………… 219
教育の世紀
　小砂丘忠義 ……………… 160
教会新聞
　佐久間貞一 ……………… 157
教学報知新聞
　真渓涙骨 ………………… 295
紀陽新聞
　千田軍之助 ……………… 194
紀陽新報
　前川虎造 ………………… 288
共存雑誌
　馬場辰猪 ………………… 261
峡中新聞
　内藤伝右衛門 …………… 230
峡中新報
　小川定明 ………………… 83
　笹島吉太郎 ……………… 162
　福井三郎 ………………… 271
京津日日新聞
　里見甫 …………………… 167
　副島次郎 ………………… 194
共同通信社
　伊藤正徳 ………………… 40
　斎藤正躬 ………………… 153
京都滋賀新報
　永元源蔵 ………………… 239
　浜岡光哲 ………………… 262
京都新聞
　浦田芳朗 ………………… 58
　武林無想庵 ……………… 208
　福田和五郎 ……………… 274
京都新報
　浜岡光哲 ………………… 262
京都中外電報
　中川重麗 ………………… 234
京都日出新聞
　小林清作 ………………… 145
　後川文菜 ………………… 170
　浜岡光哲 ………………… 262
　松尾宇一 ………………… 297
京都日之出新聞
　佐藤垢石 ………………… 164
京都日日新聞
　明比甫 …………………… 9

事項名索引　　こうえつに

小室信介 …………… 147
　山根文雄 …………… 338
共立新聞
　門田正経 …………… 99
旭光
　近藤寿市郎 ………… 151
基督教新聞
　巌本善治 …………… 49
　竹越与三郎 ………… 206
　横井時雄 …………… 342
キリスト新聞
　賀川豊彦 …………… 93
近事画報
　国木田独歩 ………… 130
金城新報
　渡辺霞亭 …………… 354
近世医学
　藤実人華 …………… 278
近代思想
　大杉栄 ……………… 68

【く】

釧路新聞
　石川啄木 …………… 25
　小国露堂 …………… 84
熊本新聞
　阿部充家 …………… 14
熊本忠愛新報
　本田美禅 …………… 287
熊本日日新聞
　佐々弘雄 …………… 163
　野村秀雄 …………… 253
熊本評論
　新美卯一郎 ………… 245
　松尾卯一太 ………… 297
熊本毎日新聞
　新美卯一郎 ………… 245
桑通信社
　寺島権蔵 …………… 223
群馬日報
　篠原叶 ……………… 171
　鈴木田正雄 ………… 190

【け】

京華日報
　二宮熊次郎 ………… 249
経済往来
　鈴木利貞 …………… 189
経済雑誌社
　植田栄 ……………… 50
　望月二郎 …………… 321
経済新聞
　小泉策太郎 ………… 136
京城新聞
　青柳綱太郎 ………… 5
　松岡正男 …………… 298
京城通信
　大垣丈夫 …………… 65
京城日報
　秋月左都夫 ………… 7
　阿部充家 …………… 14
　池田林儀 …………… 21
　池田秀雄 …………… 22
　薄田斬雲 …………… 54
　大山覚威 …………… 75
　勝田重太朗 ………… 97
　北川左人 …………… 118
　熊谷直亮 …………… 132
　高宮太平 …………… 202
　永山就次 …………… 240
　細木原青起 ………… 285
　丸山幹治 …………… 302
　山崎猛 ……………… 335
　吉野左衛門 ………… 348
警世
　赤羽一 ……………… 6
経世新報
　川崎紫山 …………… 108
経世評論
　池辺三山 …………… 22
　東海散士 …………… 224
京阪新報
　池上清定 …………… 20

芸備日日新聞
　木原七郎 …………… 123
　早速整爾 …………… 264
　前田三遊 …………… 289
劇評
　饗庭篁村 …………… 3
　安藤鶴夫 …………… 17
　石割松太郎 ………… 30
　伊原青々園 ………… 45
　岡鬼太郎 …………… 75
　岡村柿紅 …………… 80
　岡本綺堂 …………… 81
　金子春夢 …………… 101
　中内蝶二 …………… 233
　水谷幻花 …………… 306
　水谷竹紫 …………… 306
　三宅周太郎 ………… 311
　本山荻舟 …………… 323
月刊満州
　永嶋暢子 …………… 235
月曜附録
　島村抱月 …………… 175
ケルニッセツァイツング
　玉井喜作 …………… 215
憲政本党党報
　岩佐善太郎 ………… 48
　円城寺清 …………… 60
現代新聞批判
　太田梶太 …………… 69
県の友
　安藤黄楊三 ………… 17
硯友社
　尾崎紅葉 …………… 85

【こ】

5.15事件
　菊竹淳 ……………… 113
広易問答新報
　服部撫松 …………… 259
庚寅新誌
　石川半山 …………… 26
江越日報
　山岡景命 …………… 332

391

こうきよう　　事項名索引

工業新聞
　近藤芳太郎 ………… 151
鉱工満州
　永嶋暢子 …………… 235
江湖新聞
　大久保常吉 …………… 65
　条野採菊 …………… 180
　豊国義孝 …………… 228
　長沢別天 …………… 235
　福地源一郎 ………… 275
　三宅雪嶺 …………… 311
江湖新報
　服部撫松 …………… 259
公私雑報
　橋爪貫一 …………… 255
高志時報
　小林存 ……………… 145
公職追放
　池田林儀 ……………… 21
洪水以後
　茅原華山 …………… 105
上野新聞
　武藤金吉 …………… 315
講談倶楽部
　望月茂 ……………… 321
講談社
　茂木茂 ……………… 322
高知実業新聞
　宇田滄溟 ……………… 54
高知新聞
　岡上守道 ……………… 80
　片岡健吉 ……………… 96
　坂崎斌 ……………… 156
　富田幸次郎 ………… 228
　浜本浩 ……………… 263
　宮崎夢柳 …………… 314
　横山又吉 …………… 344
　和田稲積 …………… 353
高知日報
　北川左人 …………… 118
交通
　下村房次郎 ………… 179
合同新聞
　谷口久吉 …………… 214
　橋本富三郎 ………… 256

甲府日日新聞
　笹島吉太郎 ………… 162
　高瀬羽皐 …………… 197
　永元源蔵 …………… 239
　野口英夫 …………… 250
　福井三郎 …………… 271
光文社
　茂木茂 ……………… 322
神戸港新聞
　宇田川文海 …………… 55
　三木善八 …………… 305
神戸新聞
　赤羽一 ………………… 6
　江見水蔭 ……………… 60
　岡本月村 ……………… 82
　海原清平 ……………… 93
　川崎正蔵 …………… 108
　川崎芳太郎 ………… 109
　国木田収二 ………… 130
　斎藤弔花 …………… 153
　白河鯉洋 …………… 183
　浜田長策 …………… 263
　原田棟一郎 ………… 266
　前川静夫 …………… 288
　山根文雄 …………… 338
神戸新報
　大江敬香 ……………… 63
　菊亭香水 …………… 116
神戸又新日報
　石田貫之助 …………… 28
　奥泰資 ………………… 84
　滝本誠一 …………… 203
　中村兵衛 …………… 239
　山根文雄 …………… 338
　渡辺尚 ……………… 354
興民雑誌
　中島勝義 …………… 235
高陽新報
　池知重利 ……………… 20
公論
　上村勝弥 …………… 104
国際通信社
　青野季吉 ……………… 5
　市川正一 ……………… 33
　岩永裕吉 ……………… 49
　樺山愛輔 …………… 103

佐藤顕理 …………… 165
鈴江言一 …………… 188
伊達源一郎 ………… 211
平林初之輔 ………… 269
古野伊之助 ………… 282
国策通信社
　里見甫 ……………… 167
国粋主義
　高橋健三 …………… 199
国民雑誌
　山路愛山 …………… 335
国民新聞
　赤川菊村 ……………… 5
　阿子島俊治 …………… 9
　阿部充家 ……………… 14
　安藤橡面坊 …………… 18
　池部鈞 ………………… 22
　石川武美 ……………… 26
　内田魯庵 ……………… 55
　大島宇吉 ……………… 67
　太田四州 ……………… 69
　大山覚威 ……………… 75
　小川芋銭 ……………… 82
　尾崎章一 ……………… 86
　織本利 ………………… 93
　角田浩々歌客 ………… 94
　金子春夢 …………… 101
　国木田収二 ………… 130
　国木田独歩 ………… 130
　熊谷直亮 …………… 132
　小山枯柴 …………… 149
　薩摩雄次 …………… 163
　沢田撫松 …………… 168
　塩津誠作 …………… 168
　渋川玄耳 …………… 173
　高木信威 …………… 197
　高須芳次郎 ………… 197
　滝田樗陰 …………… 203
　竹越竹代 …………… 206
　竹越与三郎 ………… 206
　伊達源一郎 ………… 211
　田中斉 ……………… 213
　千葉亀雄 …………… 218
　塚越停春 …………… 218
　徳富蘇峰 …………… 226
　直野碧玲瓏 ………… 231
　中内蝶二 …………… 233

392

事項名索引　　　　　　　　　さんけいし

中野秀人 ……………… 238
中村楽天 ……………… 239
野村秀雄 ……………… 253
馬場恒吾 ……………… 262
人見一太郎 …………… 268
平田久 ………………… 269
平塚篤 ………………… 269
深井英五 ……………… 271
藤田西湖 ……………… 278
古谷久綱 ……………… 282
前川静夫 ……………… 288
松崎天民 ……………… 298
松原二十三階堂 ……… 300
望月茂 ………………… 321
安田庄司 ……………… 327
山浦貫一 ……………… 332
山口天来 ……………… 334
山路愛山 ……………… 335
山田毅一 ……………… 337
山根眞治郎 …………… 338
結城礼一郎 …………… 341
吉野左衛門 …………… 348
渡辺良夫 ……………… 355
国民之友
　高木信威 …………… 197
　塚越停春 …………… 218
　徳富蘇峰 …………… 226
　中村楽天 …………… 239
　人見一太郎 ………… 268
　福田和五郎 ………… 274
　山路愛山 …………… 335
　横山源之助 ………… 344
国民必読
　石井研堂 …………… 23
国会
　志賀重昂 …………… 169
　末広鉄腸 …………… 183
　滝本誠一 …………… 203
　森本駿 ……………… 326
国会準備新聞
　大久保常吉 ………… 65
国会新聞
　三宅雪嶺 …………… 311
　森田思軒 …………… 326
滑稽新聞
　宮武外骨 …………… 314
　三好米吉 …………… 315

今世少年
　石井研堂 …………… 23
今日新聞
　伊東専三 …………… 39
　稲野年恒 …………… 41
　仮名垣魯文 ………… 100
　小西義敬 …………… 144
　斎藤緑雨 …………… 153
　渡辺治 ……………… 353

【さ】

財政経済時報
　本多精一 …………… 286
埼玉自治新聞
　望月辰太郎 ………… 321
埼玉新聞
　川島金次 …………… 109
　山口六郎次 ………… 334
埼玉日日新聞
　岸上克己 …………… 117
埼玉毎日新聞
　岸上克己 …………… 117
財の教
　矢野正世 …………… 331
財務
　矢野正世 …………… 331
堺日報
　山本梅史 …………… 340
佐賀新聞
　江副靖臣 …………… 59
佐賀毎日新聞
　中野権六 …………… 237
魁新聞
　宇田川文海 ………… 55
　小沢扶公 …………… 87
　胡蝶園若菜 ………… 142
　小宮山天香 ………… 147
　津田貞 ……………… 221
さくら新聞
　大垣丈夫 …………… 65
さざなみ新聞
　西村天囚 …………… 247

挿絵
　相木鶴吉 …………… 3
　井川洗厓 …………… 20
　稲野年恒 …………… 41
　歌川国松 …………… 55
　歌川芳宗（2代目）… 55
　岡本月村 …………… 82
　小川芋銭 …………… 82
　落合芳幾 …………… 89
　月岡芳年 …………… 220
佐世保軍港新聞
　北島栄助 …………… 119
佐世保新聞
　牧山耕蔵 …………… 292
札幌新聞
　石川正蔵 …………… 25
札幌毎日新聞
　木下成太郎 ………… 121
　松実喜代太 ………… 300
撮要新聞
　富田鷗波 …………… 227
佐渡新聞
　長谷川淑夫 ………… 257
The Far East
　深井英五 …………… 271
山陰新聞
　岡崎運兵衛 ………… 76
　勝部修 ……………… 97
　門田正経 …………… 99
山陰日日新聞
　明比甫 ……………… 9
産業経済新聞
　板倉卓造 …………… 33
　伊藤正徳 …………… 40
　田沢田軒 …………… 209
　布施勝治 …………… 280
　与良ヱ ……………… 350
産経時事
　板倉卓造 …………… 33
　勝田重太朗 ………… 97
サンケイ新聞
　木戸若雄 …………… 120
　波多野乾一 ………… 258
産経新聞
　勝田重太朗 ………… 97
　酒井寅吉 …………… 156

393

さんしやし　　　　　　　事項名索引

早嶋喜一 …………… 263
サン写真新聞
　石川欣一 …………… 24
サンデー毎日
　高松棟一郎 ………… 201
　渡辺均 ……………… 354
三都合同新聞社
　山根文雄 …………… 338
山陽新聞
　安達憲忠 …………… 12
　関新吾 ……………… 193
　谷口久吉 …………… 214
　長沢別天 …………… 235
　西尾吉太郎 ………… 245
　橋本富三郎 ………… 256
　原澄治 ……………… 264
山陽新報
　赤木格堂 …………… 6
　大江敬香 …………… 63
　小松原英太郎 ……… 146
　鈴木券太郎 ………… 189
　西尾吉太郎 ………… 245
　本山荻舟 …………… 323

【し】

史海
　吉田東伍 …………… 347
シカゴ・トリビューン
　塩津誠作 …………… 168
滋賀新聞
　山岡景命 …………… 332
滋賀日報
　崎久保誓一 ………… 157
事業之日本
　小竹即一 …………… 89
四国新聞
　小田知周 …………… 88
時事新聞
　蛯原八郎 …………… 59
　前田普羅 …………… 290
時事新報
　青木徹二 …………… 4

麻生豊 ………………… 12
安倍季雄 ……………… 14
石河幹明 ……………… 27
板倉卓造 ……………… 33
井手鉄処 ……………… 36
伊藤欽亮 ……………… 37
伊藤正徳 ……………… 40
今泉一瓢 ……………… 46
牛場卓蔵 ……………… 53
大井冷光 ……………… 62
大崎周水 ……………… 66
大沢豊子 ……………… 66
岡鬼太郎 ……………… 75
岡崎俊夫 ……………… 77
小川治平 ……………… 83
小幡篤次郎 …………… 92
勝峰晋風 ……………… 98
金塚仙四郎 …………… 101
亀井陸良 ……………… 104
河上清 ………………… 106
河盛久夫 ……………… 112
菊池寛 ………………… 113
北沢楽天 ……………… 119
木下立安 ……………… 122
陸直次郎 ……………… 127
工藤十三雄 …………… 130
小山完吾 ……………… 149
斎田元次郎 …………… 152
酒井寅吉 ……………… 156
桜井敏三 ……………… 159
佐佐木茂索 …………… 161
佐藤義夫 ……………… 166
佐原篤介 ……………… 168
柴田流星 ……………… 172
下田将美 ……………… 177
鈴木梅四郎 …………… 188
大藤治郎 ……………… 195
鷹野弥三郎 …………… 198
竹越与三郎 …………… 206
千葉亀雄 ……………… 218
対馬健之助 …………… 220
土屋元作 ……………… 222
寺田市正 ……………… 224
寺山星川 ……………… 224
直木三十五 …………… 230
西垣武一 ……………… 246
波多野乾一 …………… 258
波多野承五郎 ………… 258

浜田長策 ……………… 263
福沢捨次郎 …………… 272
福沢諭吉 ……………… 272
帆刈芳之助 …………… 283
堀江帰一 ……………… 285
前田蓮山 ……………… 290
松岡正男 ……………… 298
武藤山治 ……………… 316
本山彦一 ……………… 323
森晋太郎 ……………… 325
安田庄司 ……………… 327
山浦貫一 ……………… 332
吉尾なつ子 …………… 345
渡辺治 ………………… 353
時事通信社
　二宮熊次郎 ………… 249
　古野伊之助 ………… 282
静岡新聞
　伊藤欽亮 …………… 37
　小川定明 …………… 83
　小野庵保蔵 ………… 92
　小出東嶂 …………… 137
　平山陳平 …………… 270
静岡新報
　大江敬香 …………… 63
　高木信威 …………… 197
静岡大務新聞
　山田一郎 …………… 336
静岡朝報
　庄司良朗 …………… 179
静岡日報
　小泉策太郎 ………… 136
静岡民友新聞
　小山枯柴 …………… 149
　永田善三郎 ………… 236
　松島廉作 …………… 299
自然
　小倉真美 …………… 85
時代思潮
　横井時雄 …………… 342
時代之批評
　若宮卯之助 ………… 351
実業倶楽部
　野依秀市 …………… 254
実業少年
　石井研堂 …………… 23

394

事項名索引　　　　　　　　　　　　　しやんはい

実業新聞
　堺利彦 ………………… 155
　武藤金吉 ……………… 315
実業通信
　西内青藍 ……………… 245
実業之世界
　石山賢吉 ………………… 29
　野依秀市 ……………… 254
　安成貞雄 ……………… 328
　安成三郎 ……………… 328
実業之日本
　石井勇 …………………… 23
　増田義一 ……………… 294
　光岡威一郎 …………… 308
実業之北海
　山本露滴 ……………… 340
児童新聞
　下中弥三郎 …………… 178
信濃公論
　牛山清四郎 ……………… 53
信濃雑誌
　小山愛司 ……………… 148
信濃新聞
　小山愛司 ……………… 148
信濃日報
　赤羽萬次郎 ……………… 6
　石川半山 ………………… 26
　牛山清四郎 ……………… 53
　尾崎章一 ………………… 86
　川崎杜外 ……………… 108
　川島順吉 ……………… 109
　国友重章 ……………… 131
　小坂善之助 …………… 140
　降旗元太郎 …………… 282
信濃毎日新聞
　赤羽萬次郎 ……………… 6
　岩下伴五郎 …………… 48
　牛山清四郎 ……………… 53
　江川為信 ………………… 58
　尾崎章一 ………………… 86
　風見章 …………………… 95
　勝田重太朗 ……………… 97
　川崎紫山 ……………… 108
　桐生悠々 ……………… 126
　小坂善之助 …………… 140
　西河通徹 ……………… 246

浜本浩 …………………… 263
福山寿久 ………………… 276
堀江三五郎 ……………… 286
三土忠造 ………………… 308
山路愛山 ………………… 335
結城礼一郎 ……………… 341
信濃毎日新報
　小坂善之助 …………… 140
信濃民友時論
　今井邦治 ………………… 46
東雲新聞
　江口三省 ………………… 59
　栗原亮一 ……………… 133
　小山久之助 …………… 150
　中江兆民 ……………… 233
　前田三遊 ……………… 289
島根新聞
　伊達源一郎 …………… 211
　富村雄 ………………… 227
紫溟雑誌
　佐々友房 ……………… 163
　高橋長秋 ……………… 200
　津田静一 ……………… 220
　中西牛郎 ……………… 237
紫溟新報
　佐々友房 ……………… 163
　高橋長秋 ……………… 200
　中西牛郎 ……………… 237
下野新聞
　影山禎太郎 ……………… 94
　木村半兵衛(4代目)… 125
　桐生悠々 ……………… 126
　佐藤垢石 ……………… 164
　藤平謹一郎 …………… 225
　生井英俊 ……………… 242
　萩谷籌夫 ……………… 254
　丸山名政 ……………… 303
社会主義研究
　山川均 ………………… 333
社会新聞
　吉川守圀 ……………… 346
若越新聞
　直野碧玲瓏 …………… 231
　土生彰 ………………… 262
写真鏡図説
　柳河春三 ……………… 328

写真月報
　佐藤渾 ………………… 165
写真ジャーナリズム
　名取洋之助 …………… 242
写真新報
　原田種道 ……………… 265
写真之友
　木村専一 ……………… 123
写真文化
　木村専一 ……………… 123
ジャパン・アンド・アメリカ
　星一 …………………… 284
ジャパン・ガゼット
　塩津誠作 ……………… 168
　長谷川伸 ……………… 256
　武藤山治 ……………… 316
ジャパン・クォータリー
　福井文雄 ……………… 272
ジャパン・タイムス
　伊地知純正 ……………… 28
　伊藤正徳 ………………… 40
　伊東米治郎 ……………… 40
　芝染太郎 ……………… 171
　頭本元貞 ……………… 192
　伊達源一郎 …………… 211
　田中都吉 ……………… 213
　花園兼定 ……………… 260
　馬場恒吾 ……………… 262
　福田恭助 ……………… 273
　政尾藤吉 ……………… 292
瓜哇日報
　加藤朝鳥 ………………… 98
上海
　西本省三 ……………… 248
上海新報
　竹川藤太郎 …………… 206
上海日報
　井手三郎 ………………… 36
　島田数雄 ……………… 174
　山上正義 ……………… 333
上海日日新聞
　柏田忠一 ………………… 95
　日森虎雄 ……………… 268
　宮崎滔天 ……………… 313

395

しゆう

自由
　江口三省 …………… 59
　国木田独歩 ………… 130
週刊朝日
　直木三十五 ………… 230
　細井肇 ……………… 284
週刊サンニュース
　名取洋之助 ………… 242
週刊商況新聞
　木村政次郎 ………… 125
週刊女性
　大島秀一 …………… 68
週刊新潮
　佐藤義夫 …………… 166
週刊チャイナ・トリビューン
　松本君平 …………… 301
十九世紀新聞
　竹川藤太郎 ………… 206
重慶日報
　竹川藤太郎 ………… 206
自由新誌
　稲垣示 ……………… 40
重新静岡新聞
　平山陳平 …………… 270
自由新聞
　板垣退助 …………… 32
　宇田滄溟 …………… 54
　粕谷義三 …………… 96
　栗原亮一 …………… 133
　桑野鋭 ……………… 135
　小泉策太郎 ………… 136
　幸徳秋水 …………… 138
　小室重弘 …………… 147
　小室信介 …………… 147
　桜田百衛 …………… 160
　末広鉄腸 …………… 183
　西河通徹 …………… 246
　馬場辰猪 …………… 261
　古沢滋 ……………… 281
　星亨 ………………… 283
　増田藤之助 ………… 295
　松本君平 …………… 301
　三宅雪嶺 …………… 311
　宮崎晴瀾 …………… 313
　森本駿 ……………… 326

自由通信社
　小高長三郎 ………… 88
　寺田市正 …………… 224
自由燈
　桑野鋭 ……………… 135
　胡蝶園若菜 ………… 142
　坂崎斌 ……………… 156
　中島俊子 …………… 235
　星亨 ………………… 283
　宮崎夢柳 …………… 314
自由党
　板垣退助 …………… 32
　稲垣示 ……………… 40
自由討究社
　細井肇 ……………… 284
自由党党報
　川面凡児 …………… 110
　森本駿 ……………… 326
自由之燈
　斎藤緑雨 …………… 153
自由の燈社
　三田村鳶魚 ………… 307
自由民権思想
　小山久之助 ………… 150
主婦と生活
　大島秀一 …………… 68
主婦の友
　石川武美 …………… 26
主婦之友
　石川武美 …………… 26
　岡田美知代 ………… 79
旬刊宮古新聞
　小国露堂 …………… 84
順天時報
　上野岩太郎 ………… 51
　渡辺哲信 …………… 354
上越日報
　大島宇吉 …………… 67
商業電報
　青木貞三 …………… 4
　瀬川光行 …………… 192
小国民
　石井研堂 …………… 23
常総新報
　市村貞造 …………… 36

大内地山 ………………… 63
久木独石馬 …………… 267
渡辺広治 ……………… 355
常総之青年
　木内伊之介 ………… 113
　森隆介 ……………… 325
正ちゃん帽
　織田信恒 …………… 88
荘内新報
　鳥海時雨郎 ………… 229
城南評論
　寺山星川 …………… 224
少年工芸文庫
　石井研堂 …………… 23
常盤毎日新聞
　川崎文治 …………… 109
消費組合の話
　石川三四郎 ………… 25
上毛新聞
　市川安左衛門 ……… 34
　久野初太郎 ………… 131
　篠原叶 ……………… 171
上毛新報
　川村恒一 …………… 112
　豊国義孝 …………… 228
上毛之自由
　相木鶴吉 …………… 3
松陽新聞
　松井柏軒 …………… 297
松陽新報
　岡崎運兵衛 ………… 76
　岡崎国臣 …………… 77
将来之日本
　徳富蘇峰 …………… 226
女学雑誌
　青柳有美 …………… 5
　巌本善治 …………… 49
　清水紫琴 …………… 176
　中島俊子 …………… 235
女学新誌
　巌本善治 …………… 49
女学生
　巌本善治 …………… 49
諸芸新聞
　岡本起泉 …………… 81

女性記者
　大沢豊子 …………… 66
　岡田美知代 …………… 79
　小野喜代子 …………… 90
　北村兼子 …………… 119
　猿田千代 …………… 167
　竹越竹代 …………… 206
　竹中繁 …………… 208
　橋本恵子 …………… 255
　波多野秋子 …………… 258
　羽仁もと子 …………… 260
女性日本
　高橋千代 …………… 199
白川新聞
　伊喜見文吾 …………… 20
時論日報
　伊原青々園 …………… 45
　松下軍治 …………… 298
白鳩
　桂田金造 …………… 98
新愛知
　宇田滄溟 …………… 54
　大島宇吉 …………… 67
　大島慶次郎 …………… 67
　大山覚威 …………… 75
　勝田重太朗 …………… 97
　小室重弘 …………… 147
　佐藤義夫 …………… 166
　信夫淳平 …………… 171
　渋谷良平 …………… 173
　田島象二 …………… 209
　田中斉 …………… 213
　山浦貫一 …………… 332
新秋田新聞
　伊藤永之介 …………… 37
新岩手日報
　後藤清郎 …………… 143
信越新聞
　牛山清四郎 …………… 53
新小樽新聞
　市川与一郎 …………… 34
新紀元
　安部磯雄 …………… 13
　石川三四郎 …………… 25
　神崎順一 …………… 112
　木下尚江 …………… 122

田添鉄二 …………… 210
新神戸
　村嶋帰之 …………… 318
新公論
　上野岩太郎 …………… 51
　山口天来 …………… 334
新時代
　蔵原惟郭 …………… 132
新支那
　鈴江言一 …………… 188
新信濃
　大島宇吉 …………… 67
新社会
　山川均 …………… 333
　吉川守圀 …………… 346
真宗日報
　奥村信太郎 …………… 84
新小説
　若宮卯之助 …………… 351
新声
　正岡芸陽 …………… 292
新総房
　関和知 …………… 193
　三浦数平 …………… 303
診断と治療
　藤実人華 …………… 278
新東北
　宇田滄溟 …………… 54
新十勝
　山本露滴 …………… 340
新土佐新聞
　檜垣正義 …………… 266
新浪華
　堺利彦 …………… 155
　西河通徹 …………… 246
新日本
　永井柳太郎 …………… 232
信飛新聞
　市川量造 …………… 34
　金井潭 …………… 100
　窪田畔夫 …………… 131
新福井日報
　大島宇吉 …………… 67

新仏教
　杉村楚人冠 …………… 187
信府日報
　木下尚江 …………… 122
　降旗元太郎 …………… 282
信府日日新聞
　小室重弘 …………… 147
新聞及新聞記者
　永代静雄 …………… 240
新聞研究
　結城礼一郎 …………… 341
新聞研究所
　永代静雄 …………… 240
新聞写真
　佐々木信暲 …………… 161
新聞錦絵
　月岡芳年 …………… 220
新聞日本
　北村文徳 …………… 120
新聞之新聞
　式正次 …………… 170
新聞班員
　松村秀逸 …………… 301
新聞文化賞
　阿部真之助 …………… 14
新聞文芸社
　川合仁 …………… 106
新聞連合社
　斎藤正躬 …………… 153
新聞蕘叢
　柳河春三 …………… 328
人民
　進藤信義 …………… 183
人民新聞
　江森盛弥 …………… 60
　日向輝武 …………… 268
新大和新聞
　藤井高蔵 …………… 277
信陽日報
　青木貞三 …………… 4
　降旗元太郎 …………… 282

【す】

豆相時事新聞
　二見敏雄 …………… 280
相撲記者
　栗島狭衣 …………… 133
駿河新聞
　大島宇吉 …………… 67
駿遠日報
　大島宇吉 …………… 67
駿豆新聞
　庄司良朗 …………… 179
寸鉄
　三木愛花 …………… 304

【せ】

西海新聞
　西道仙 ……………… 245
西海日報
　臼井哲夫 …………… 54
　松田正久 …………… 299
正教時報
　石川喜三郎 ………… 24
政教新聞
　浅野順平 …………… 10
　安藤正純 …………… 18
西京新聞
　大久保常吉 ………… 65
　半井桃水 …………… 241
正教新報
　石川喜三郎 ………… 24
盛京時報
　一宮房治郎 ………… 36
　佐原篤介 …………… 168
成功
　村上濁浪 …………… 318
政治漫画
　柳瀬正夢 …………… 330

精神
　鳥谷部春汀 ………… 228
西鮮日日新聞
　長谷川義雄 ………… 257
青鞜
　伊藤野枝 …………… 39
　遠藤清子 …………… 61
　柴田かよ …………… 172
西南戦争
　犬養毅 ……………… 41
青年思海
　人見一太郎 ………… 268
西肥日報
　円城寺清 …………… 60
西洋雑誌
　柳河春三 …………… 328
政理叢談
　小山久之助 ………… 150
政論
　西河通徹 …………… 246
政論新聞
　大江卓 ……………… 64
世界之少年
　石井研堂 …………… 23
世界之日本
　進藤信義 …………… 183
　羽田浪之紹 ………… 258
世界婦人
　石川三四郎 ………… 25
前衛
　山川均 ……………… 333
戦時画報
　国木田独歩 ………… 130
泉州時事新報
　山本梅史 …………… 340
仙台自由新聞
　前田三遊 …………… 289
仙台東北日報
　服部敬吉 …………… 259
仙台日日
　高瀬羽皐 …………… 197
戦地報道
　小川定明 …………… 83

仙北新聞
　赤川菊村 …………… 5
　田口松圃 …………… 204
仙北新報
　小西伝助 …………… 143

【そ】

総房共立新聞
　葛生東介 …………… 129
　桜井静 ……………… 159
　西河通徹 …………… 246
叢鳴珍談
　木村半兵衛（4代目）… 125
速記
　大沢豊子 …………… 66
　小野田翠雨 ………… 92
ゾルゲ事件
　尾崎秀実 …………… 86

【た】

大韓日報
　山道襄一 …………… 336
大韓民報
　大垣丈夫 …………… 65
大国民
　村松恒一郎 ………… 319
第三帝国
　石田友治 …………… 28
　茅原華山 …………… 105
大正日日新聞
　青野季吉 …………… 5
　麻生路郎 …………… 11
　市川正一 …………… 33
　生方敏郎 …………… 57
　河東碧梧桐 ………… 111
　式正次 ……………… 170
　高宮太平 …………… 202
　花田比露思 ………… 260
大同新聞
　末広鉄腸 …………… 183

大同新報
　森本駿 …………… 326
泰東日報
　金子平吉 ………… 102
大東日報
　川崎紫山 ………… 108
　原敬 ……………… 264
大日本
　川島清治郎 ……… 109
　橘静二 …………… 211
　松本君平 ………… 301
　満川亀太郎 ……… 308
太平新聞
　今村謙吉 ………… 47
　村上浪六 ………… 318
太平洋通信社
　小野謙一 ………… 90
ダイヤモンド
　石山賢吉 ………… 29
　神長倉真民 ……… 101
太陽
　大橋佐平 ………… 72
　大橋新太郎 ……… 73
　坪谷善四郎 ……… 223
　鳥谷部春汀 ……… 228
　平林初之輔 ……… 269
　前田蓮山 ………… 290
　松尾宇一 ………… 297
　森一兵 …………… 324
大陸新聞通信
　児玉右二 ………… 142
大陸新報
　池田克己 ………… 21
大陸日報
　長田正平 ………… 87
　山崎寧 …………… 335
台湾従軍記
　岸田吟香 ………… 117
台湾日報
　志賀祐五郎 ……… 169
　内藤湖南 ………… 229
台湾日日新報
　永田善三郎 ……… 236
台湾民報
　佐々木安五郎 …… 162

高岡新報
　井上江花 ………… 42
　大井冷光 ………… 62
高田新聞
　市島謙吉 ………… 35
　竹村良貞 ………… 209
　中川源造 ………… 234
　羽仁吉一 ………… 261
　増田義一 ………… 294
高山国
　佐々木安五郎 …… 162
淡海日報
　山岡景命 ………… 332

【ち】

筑紫新聞
　藤井孫次郎 ……… 277
筑紫新報
　藤井孫次郎 ……… 277
知新報
　松岡好一 ………… 297
千葉新聞
　前田河広一郎 …… 290
千葉新報
　橋本恵子 ………… 255
千葉日々新聞
　橋本恵子 ………… 255
千葉民報
　関和知 …………… 193
チャイナ・タイムス
　松本君平 ………… 301
茶太楼新聞
　沙和宋一 ………… 167
中越新聞
　山野清平 ………… 339
中央公論
　麻田駒之助 ……… 9
　大山郁夫 ………… 75
　清沢洌 …………… 125
　嶋中雄作 ………… 175
　滝田樗陰 ………… 203
　馬場恒吾 ………… 262

横山健堂 …………… 343
横山源之助 ………… 344
吉野作造 …………… 348
若宮卯之助 ………… 351
中央蚕糸新聞
　海野高衛 ………… 58
中央新聞
　青木精一 ………… 4
　石川半山 ………… 26
　石橋思案 ………… 29
　今井邦子 ………… 45
　鶯亭金升 ………… 61
　大岡育造 ………… 65
　大島貞益 ………… 67
　大橋乙羽 ………… 72
　岡村柿紅 ………… 80
　岡本綺堂 ………… 81
　小野喜代子 ……… 90
　小野瀬不二人 …… 92
　金井紫雲 ………… 100
　兼田秀雄 ………… 102
　川崎紫山 ………… 108
　北川重吉 ………… 118
　黒田湖山 ………… 134
　幸徳秋水 ………… 138
　小林蹴月 ………… 145
　佐々木信障 ……… 161
　高木信威 ………… 197
　田村三治 ………… 216
　永代静雄 ………… 240
　前川静夫 ………… 288
　前田蓮山 ………… 290
　松井柏軒 ………… 297
　水田南陽 ………… 306
　宮川鉄次郎 ……… 310
　矢崎弾 …………… 327
　山口天来 ………… 334
　山本松之助 ……… 340
　吉植庄亮 ………… 345
　若宮卯之助 ……… 351
中外
　前田河広一郎 …… 290
　安成貞雄 ………… 328
中外広問新報
　服部撫松 ………… 259
中外商業新聞
　細木原青起 ……… 285

ちゆうかい　　　　　　事項名索引

中外商業新報
　青木正 ················ 4
　石村英雄 ············· 29
　伊藤好道 ············· 38
　大谷碧雲居 ··········· 70
　大山覚威 ············· 75
　河瀬秀治 ············ 110
　菊地松堂 ············ 115
　木村清四郎 ·········· 123
　清沢洌 ·············· 125
　黒田湖山 ············ 134
　近藤芳太郎 ·········· 151
　田中都吉 ············ 213
　外狩素心庵 ·········· 226
　難波清人 ············ 244
　西内青藍 ············ 245
　箸本太吉 ············ 255
　原澄治 ·············· 264
　福島俊雄 ············ 273
　藤田西湖 ············ 278
　簗田欽次郎 ·········· 330
中外新聞
　柳河春三 ············ 328
中外新報
　武田鴬塘 ············ 207
　丸山幹治 ············ 302
　吉田常夏 ············ 347
　万屋兵四郎 ·········· 350
中外電報
　小川定明 ············· 83
　浜岡光哲 ············ 262
　三崎亀之助 ·········· 305
中外日報
　永井瓢斎 ············ 232
　真渓涙骨 ············ 295
中外物価新報
　木村清四郎 ·········· 123
　益田孝 ·············· 294
　渡辺修 ·············· 353
中外郵便週報
　大内青巒 ············· 63
中京歯科評論
　高津弌 ·············· 198
中京新聞
　石橋思案 ············· 29

中国新聞
　藤井猪勢治 ·········· 276
　山道襄一 ············ 336
　山本三朗 ············ 339
　山本実一 ············ 340
中国民報
　太田郁郎 ············· 68
　菊地松堂 ············ 115
　田岡嶺雲 ············ 196
　原澄治 ·············· 264
　前川虎造 ············ 288
　本山荻舟 ············ 323
中信時報
　大平喜間多 ··········· 74
中正日報
　中川克一 ············ 234
中日新聞
　小山松寿 ············ 149
　福田恭助 ············ 273
　与良ヱ ·············· 350
中部日本放送
　佐藤義夫 ············ 166
　与良ヱ ·············· 350
中部日本新聞
　伊藤正徳 ············· 40
　勝田重太朗 ··········· 97
　小林橘川 ············ 144
　小山松寿 ············ 149
　佐藤義夫 ············ 166
　三田澪人 ············ 307
　与良ヱ ·············· 350
朝鮮京城共同社
　中野権六 ············ 237
朝鮮時報
　安達謙蔵 ············· 12
朝鮮新聞
　荻谷籌夫 ············ 254
　牧山耕蔵 ············ 292
朝鮮新報
　荻谷籌夫 ············ 254
朝鮮タイムス
　小野薫子 ············· 90
朝鮮日報
　池部鈞 ··············· 22
　小野薫子 ············· 90

朝鮮パック
　細木原青起 ·········· 285
朝野新聞
　犬養毅 ··············· 41
　大久保常吉 ··········· 65
　大久保鉄作 ··········· 66
　小川芋銭 ············· 82
　尾崎行雄 ············· 86
　城多虎雄 ············ 118
　草間時福 ············ 128
　小松原英太郎 ········ 146
　小宮山天香 ·········· 147
　末広鉄腸 ············ 183
　痩々亭骨皮 ·········· 194
　成島柳北 ············ 244
　二宮熊次郎 ·········· 249
　波多野承五郎 ········ 258
　馬場辰猪 ············ 261
　町田忠治 ············ 296
　三木愛花 ············ 304
　吉田熊六 ············ 346
　渡辺治 ·············· 353
潮流
　大沢一六 ············· 66
千代田日報
　岡鬼太郎 ············· 75
鎮西日報
　伊藤欽亮 ············· 37
　田添鉄二 ············ 210
　新美卯一郎 ·········· 245
　紫安新九郎 ·········· 319
青島新報
　鬼頭玉汝 ············ 121

【つ】

綴方生活
　小砂丘忠義 ·········· 160

400

【て】

帝国新聞
　石割松太郎 ……………… 30
　結城礼一郎 ……………… 341
帝国新報
　綾川武治 ………………… 16
帝国大学新聞
　久富達夫 ………………… 267
帝国通信社
　久保田九品太 …………… 131
　竹村良貞 ………………… 209
　頼母木桂吉 ……………… 215
帝都日日新聞
　野依秀市 ………………… 254
　三宅雪嶺 ………………… 311
ディナミック
　石川三四郎 ……………… 25
デイリーニュース
　塩津誠作 ………………… 168
鉄工造船新聞
　近藤芳太郎 ……………… 151
鉄世界
　近藤芳太郎 ……………… 151
でっち新聞
　永元源蔵 ………………… 239
鉄道時報
　木下立安 ………………… 122
デーリー・テレグラフ
　塩津誠作 ………………… 168
出羽新聞
　大橋乙羽 ………………… 72
天下新報
　田島象二 ………………… 209
天鼓
　田岡嶺雲 ………………… 196
点字大阪毎日新聞
　中村京太郎 ……………… 238
点字新聞
　左近允孝之進 …………… 160
　中村京太郎 ……………… 238

天声人語
　釈瓢斎 …………………… 179
　永井瓢斎 ………………… 232
　長谷川如是閑 …………… 257
　丸山幹治 ………………… 302
天地人
　横山源之助 ……………… 344
電通
　古野伊之助 ……………… 282
　光永星郎 ………………… 309
天皇制批判
　木下尚江 ………………… 122
電波技術社
　金山豊作 ………………… 101
電報新聞
　臼田亜浪 ………………… 54
　河井酔茗 ………………… 105
　羽仁吉一 ………………… 261
　宮崎三昧 ………………… 313
電報通信社
　塩津誠作 ………………… 168
　都河龍 …………………… 219
　光永星郎 ………………… 309
天理時報
　岡島善次 ………………… 78

【と】

東亜時報
　牧巻次郎 ………………… 291
東亜新報
　田沢田軒 ………………… 209
東亜貿易新聞
　服部徹 …………………… 259
東奥日報
　蒲田広 …………………… 97
　菊池九郎 ………………… 115
　佐藤紅緑 ………………… 164
　沙和宋一 ………………… 167
　山田金次郎 ……………… 337
東海暁鐘新聞
　渋江保 …………………… 173
　土居光華 ………………… 224

東海暁鐘新報
　前島豊太郎 ……………… 288
東海新聞
　葛生東介 ………………… 129
東海日報
　近藤寿市郎 ……………… 151
東京曙新聞
　尾崎行雄 ………………… 86
　上条信次 ………………… 104
　笹島吉太郎 ……………… 162
　高畠藍泉 ………………… 201
　中島勝義 ………………… 235
東京朝日新聞
　饗庭篁村 ………………… 3
　安藤正純 ………………… 18
　池田秀雄 ………………… 22
　池辺三山 ………………… 22
　石川啄木 ………………… 25
　石川半山 ………………… 26
　猪股為次 ………………… 44
　上野岩太郎 ……………… 51
　生方敏郎 ………………… 57
　大西斎 …………………… 71
　大庭柯公 ………………… 71
　大山覚威 ………………… 75
　緒方竹虎 ………………… 78
　岡本一平 ………………… 81
　尾崎秀実 ………………… 86
　兼田秀雄 ………………… 102
　川尻琴湖 ………………… 110
　神田正雄 ………………… 112
　北野吉内 ………………… 119
　木村照彦 ………………… 124
　清沢洌 …………………… 125
　桐生悠々 ………………… 126
　児玉右二 ………………… 142
　胡蝶園若菜 ……………… 142
　小林秀二郎 ……………… 145
　小宮山天香 ……………… 147
　小村俊三郎 ……………… 147
　佐々弘雄 ………………… 163
　佐藤北江 ………………… 165
　渋川玄耳 ………………… 173
　杉浦重剛 ………………… 185
　杉村楚人冠 ……………… 187
　鈴木文史朗 ……………… 190
　武田仰天子 ……………… 207

とうきょう　　　事項名索引

竹中繁 …………… 208
頼母木真六 ………… 215
千原楠蔵 …………… 218
刀祢館正雄 ………… 227
永井万助 …………… 232
中野正剛 …………… 237
半井桃水 …………… 241
夏目漱石 …………… 241
成沢玲川 …………… 243
西村天囚 …………… 247
原田譲二 …………… 265
樋口銅牛 …………… 266
細井肇 ……………… 284
米田実 ……………… 287
牧野輝智 …………… 291
松崎天民 …………… 298
松山忠二郎 ………… 302
右田寅彦 …………… 305
三品蘭渓 …………… 305
水谷幻花 …………… 306
宮崎三昧 …………… 313
村井啓太郎 ………… 317
村上浪六 …………… 318
村松恒一郎 ………… 319
村山龍平 …………… 320
山本松之助 ………… 340
弓削田秋江 ………… 342
横川省三 …………… 343
和田信夫 …………… 353
渡辺霞亭 …………… 354

東京絵入自由新聞
　竹内明太郎 ……… 205

東京絵入新聞
　落合芳幾 ………… 89
　鈴木田正雄 ……… 190
　野崎左文 ………… 251
　古川精一 ………… 281
　三品蘭渓 ………… 305
　南新二 …………… 310

東京経済雑誌
　石川半山 ………… 26
　田口卯吉 ………… 204
　乗竹孝太郎 ……… 254
　松山忠二郎 ……… 302

東京公論
　末広鉄腸 ………… 183
　滝本誠一 ………… 203

三木愛花 …………… 304
東京さきがけ新聞
　岡本起泉 ………… 81
　古川精一 ………… 281
東京社会新聞
　吉川守圀 ………… 346
東京自由新聞
　前田三遊 ………… 289
東京新誌
　桑野鋭 …………… 135
　三木愛花 ………… 304
東京新聞
　岡本綺堂 ………… 81
　勝田重太朗 ……… 97
　酒井寅吉 ………… 156
　長沢別天 ………… 235
　福田英助 ………… 273
　福田恭助 ………… 273
　山浦貫一 ………… 332
　与良ヱ …………… 350
東京新報
　朝比奈知泉 ……… 10
　橋爪貫一 ………… 255
　弓削田秋江 ……… 342
東京タイムズ
　古伊之助 ………… 282
東京中日新聞
　与良ヱ …………… 350
東京朝陽新報
　菊池道太 ………… 115
東京電報
　陸羯南 …………… 126
　国友重章 ………… 131
　高橋健三 ………… 199
　福本日南 ………… 275
東京日日新聞
　赤川菊村 ………… 5
　朝比奈知泉 ……… 10
　麻生久 …………… 11
　阿部真之助 ……… 14
　池松文雄 ………… 23
　五十里幸太郎 …… 32
　板倉進 …………… 33
　伊藤金次郎 ……… 37
　伊東巳代治 ……… 40
　井原豊作 ………… 45

上原虎重 …………… 52
鵜崎鷺城 …………… 53
海内果 ……………… 57
大庭柯公 …………… 71
岡実 ………………… 76
岡本綺堂 …………… 81
落合芳幾 …………… 89
小野蕪子 …………… 90
茅原茂 ……………… 105
川辺真蔵 …………… 111
菊池郡蔵 …………… 115
岸田吟香 …………… 117
城戸元亮 …………… 120
草間八十雄 ………… 128
後藤清郎 …………… 143
小村俊三郎 ………… 147
権藤震二 …………… 151
斎藤弔花 …………… 153
志賀祐五郎 ………… 169
篠原和市 …………… 171
清水卯三郎 ………… 176
下村房次郎 ………… 179
条野採菊 …………… 180
末松謙澄 …………… 184
杉浦譲 ……………… 186
杉山幹 ……………… 188
鈴木秀三郎 ………… 189
関謙之 ……………… 192
高木信威 …………… 197
高畠藍泉 …………… 201
高松棟一郎 ………… 201
竹内金太郎 ………… 205
千葉亀雄 …………… 218
塚原渋柿園 ………… 219
対馬健之助 ………… 220
東海散士 …………… 224
直木三十五 ………… 230
永戸政治 …………… 236
中西牛郎 …………… 237
西田伝助 …………… 247
橋戸頑鉄 …………… 255
羽田浪之紹 ………… 258
花園兼定 …………… 260
千河岸桜所 ………… 266
久富達夫 …………… 267
平野零児 …………… 269
広岡幸助 …………… 271
福地源一郎 ………… 275

福永渙 ………………… 275
　福良虎雄 ……………… 276
　藤田西湖 ……………… 278
　布施勝治 ……………… 280
　甫喜山景雄 …………… 283
　細木原青起 …………… 285
　本多精一 ……………… 286
　松岡正男 ……………… 298
　松島宗衛 ……………… 299
　松本君平 ……………… 301
　丸山幹治 ……………… 302
　水谷竹紫 ……………… 306
　三土忠造 ……………… 308
　南新二 ………………… 310
　三宅磐 ………………… 312
　宮崎三昧 ……………… 313
　村田孜郎 ……………… 319
　本山彦一 ……………… 323
　山浦貫一 ……………… 332
　山田毅一 ……………… 337
　山田潤二 ……………… 338
　弓館小鰐 ……………… 342
　横井時雄 ……………… 342
　吉田健三 ……………… 347
　渡辺巳之次郎 ………… 355
東京日日通信
　児玉右二 ……………… 142
東京二六新聞
　秋山定輔 ………………… 7
東京パック
　池田永治 ……………… 21
　北沢楽天 ……………… 119
　下田憲一郎 …………… 177
　細木原青起 …………… 285
東京評論
　茅原茂 ………………… 105
東京放送
　鹿倉吉次 ……………… 169
東京報知新聞
　安倍喜平 ……………… 14
東京毎日新聞
　石川半山 ……………… 26
　伊能嘉矩 ……………… 42
　鶯亭金升 ……………… 61
　岡本綺堂 ……………… 81
　小山鼎浦 ……………… 93

　菊地松堂 ……………… 115
　久津見蕨村 …………… 129
　関和知 ………………… 193
　高須芳次郎 …………… 197
　武富時敏 ……………… 208
　頼母木桂吉 …………… 215
　寺島権蔵 ……………… 223
　前田蓮山 ……………… 290
　松本雲舟 ……………… 301
　山田道兄 ……………… 338
　山本実彦 ……………… 339
　横関愛造 ……………… 343
　渡辺黙禅 ……………… 355
東京毎夕新聞
　荒川甚吾 ……………… 17
　小野瀬不二人 ………… 92
　木村政次郎 …………… 125
　高畠藍泉 ……………… 201
　竹尾弌 ………………… 206
　田沢田軒 ……………… 209
　永代静雄 ……………… 240
　安田庄司 ……………… 327
　結城礼一郎 …………… 341
東京民友新聞
　三輪精一 ……………… 315
東京木材通信社
　佐藤謙蔵 ……………… 164
東京横浜毎日新聞
　赤羽萬次郎 ……………… 6
　荒井泰治 ……………… 16
　草間時福 ……………… 128
　肥塚龍 ………………… 136
　佐久間貞一 …………… 157
　鈴木券太郎 …………… 189
　沼間守一 ……………… 249
　波多野伝三郎 ………… 258
　丸山名政 ……………… 303
　山崎寧 ………………… 335
東京輿論新誌
　丸山名政 ……………… 303
東大森戸事件
　長谷川如是閑 ………… 257
東鉄民報社
　岩崎光好 ……………… 48
東方時論社
　中野正剛 ……………… 237

東方通信社
　宗方小太郎 …………… 316
東北自由新聞
　鈴木田正雄 …………… 190
東北新聞
　小野喜代子 …………… 90
　藤原相之助 …………… 279
東北日報
　一力健治郎 …………… 36
　今泉鐸次郎 …………… 46
　茅原華山 ……………… 105
　国友重章 ……………… 131
　佐藤紅緑 ……………… 164
　志賀重昂 ……………… 169
東北評論
　遠藤友四郎 …………… 61
東北毎日新聞
　笹島吉太郎 …………… 162
同盟改進新聞
　黒岩涙香 ……………… 134
同盟通信社
　岩永裕吉 ……………… 49
　斎藤正躬 ……………… 153
　武井武夫 ……………… 205
　古野伊之助 …………… 282
　山田金次郎 …………… 337
東洋画報
　国木田独歩 …………… 130
東洋紀聞
　清水卯三郎 …………… 176
東洋経済新報
　赤松克麿 ………………… 6
　天野為之 ……………… 15
　植松考昭 ……………… 52
　新居格 ………………… 244
　町田忠治 ……………… 296
　三宅晴輝 ……………… 311
東洋自由新聞
　飯塚納 ………………… 19
　稲田政吉 ……………… 41
　上条信次 ……………… 104
　桑野鋭 ………………… 135
　西園寺公望 …………… 151
　酒井雄三郎 …………… 156
　中江兆民 ……………… 233
　松岡好一 ……………… 297

403

とうようし　　　　事項名索引

松沢求策 …………… 298
松田正久 …………… 299
東洋新報
　久津見蕨村 ………… 129
　高畠藍泉 …………… 201
　安岡雄吉 …………… 327
東洋日の出新聞
　酒井泉 ……………… 154
　鈴木力 ……………… 189
遠江新聞
　鷹野弥三郎 ………… 198
徳島新聞
　山根真治郎 ………… 338
独立曙新聞
　伊東専三 ……………… 39
独立通信
　寺島権蔵 …………… 223
栃木新聞
　新井章吾 ……………… 16
　影山槇太郎 …………… 94
　小室重弘 …………… 147
　田中正造 …………… 213
　中田良夫 …………… 236
鳥取新報
　荻原直正 ……………… 83
　山道襄一 …………… 336
燈新聞
　星亨 ………………… 283
　渡辺霞亭 …………… 354
富山実業新聞
　牧野平五郎 ………… 291
富山新聞
　嵯峨保二 …………… 154
富山新報
　上埜安太郎 …………… 51
富山タイムス
　大島宇吉 ……………… 67
富山日報
　大井冷光 ……………… 62
　佐藤紅緑 …………… 164
　土生彰 ……………… 262
　山田一郎 …………… 336
　山野清平 …………… 339
　横山四郎右衛門 …… 344

土陽新聞
　浅井茂猪 ……………… 9
　井上笠園 ……………… 43
　宇田滄溟 ……………… 54
　片岡健吉 ……………… 96
　坂崎斌 ……………… 156
　富田幸次郎 ………… 228
　檜垣正義 …………… 266
　安岡道太郎 ………… 327
　和田稲積 …………… 353
土曜報知
　豊国義孝 …………… 228

【な】

内外商事週報
　長谷川伸 …………… 256
内外新報
　橋爪貫一 …………… 255
内外政党事情
　天野為之 ……………… 15
　大久保常吉 …………… 65
　小野梓 ………………… 89
　砂川雄峻 …………… 191
　山田一郎 …………… 336
内外労働週報
　佐々木節 …………… 161
内観
　茅原華山 …………… 105
長岡日報
　帆刈芳之助 ………… 283
長崎自由新聞
　伊藤徳三 ……………… 39
　西道仙 ……………… 245
長崎新聞
　西道仙 ……………… 245
　細川肇 ……………… 284
長崎新報
　家永芳彦 ……………… 19
長崎鎮西日報
　高野江基太郎 ……… 198
長崎日報
　西岡竹次郎 ………… 245

長崎日日新聞
　牧山耕蔵 …………… 292
長崎民友新聞
　西岡竹次郎 ………… 245
長野新聞
　尾崎章一 ……………… 86
　川面凡児 …………… 110
　栗岩英治 …………… 132
　田中弥助 …………… 214
　宮崎晴瀾 …………… 313
　山本慎平 …………… 340
長野新報
　岩下伴五郎 …………… 48
　久津見蕨村 ………… 129
長野日日新聞
　尾崎章一 ……………… 86
　久津見蕨村 ………… 129
　小坂善之助 ………… 140
名古屋絵入新聞
　大口六兵衛 …………… 65
名古屋新聞
　川崎杜外 …………… 108
　北川重吉 …………… 118
　小林橘川 …………… 144
　小山松寿 …………… 149
　柴田かよ …………… 172
　鷹野弥三郎 ………… 198
　塚本三 ……………… 219
　福永渙 ……………… 275
　三田澪人 …………… 307
　森一兵 ……………… 324
　与良ヱ ……………… 350
　与良松三郎 ………… 350
名古屋毎日新聞
　鈴木秀三郎 ………… 189
七一雑報
　今村謙吉 ……………… 47
なにはがた
　木崎愛吉 …………… 117
浪花新聞
　岡崎高厚 ……………… 77
　山田袖香 …………… 337
南海新聞
　草間時福 …………… 128
南信日日新聞
　今井邦治 ……………… 46

404

海野高衛 …………… 58
加藤陸三 …………… 99
浜本浩 ……………… 263
南方産業調査会
　山田毅一 …………… 337
南洋朝日新聞
　上里春生 …………… 50
南洋時事
　志賀重昂 …………… 169

【に】

新潟自由新聞
　猪股為次 …………… 44
新潟新聞
　石井勇 ……………… 23
　市島謙吉 …………… 35
　尾崎行雄 …………… 86
　小崎藍川 …………… 87
　小林存 ……………… 145
　広井一 ……………… 270
　福本日南 …………… 275
　山田花作 …………… 336
　吉田熹六 …………… 346
新潟日報
　猪股為次 …………… 44
　山本慎平 …………… 340
新潟日日新聞
　佐藤六石 …………… 166
新潟毎日新聞
　宇田滄溟 …………… 54
ニコニコ
　神長倉真民 ………… 101
日進新聞
　川越千次郎 ………… 107
西日本新聞
　清水芳太郎 ………… 177
　藤井孫次郎 ………… 277
日就社
　秋月左都夫 ………… 7
　子安峻 ……………… 148
　鈴木田正雄 ………… 190
　本野盛亨 …………… 322

二十六世紀
　野村治一良 ………… 253
日英実業雑誌
　望月小太郎 ………… 321
毎日電業社
　小野燕子 …………… 90
日伯新聞
　三浦鑿 ……………… 304
　輪湖俊午郎 ………… 352
日米週報
　前田河広一郎 ……… 290
日米新聞
　頼母木真六 ………… 215
日露戦争
　青木精一 …………… 4
　足立北鴎 …………… 12
　岡本月村 …………… 82
　田山花袋 …………… 217
　坪谷善四郎 ………… 223
　鳥居素川 …………… 229
日華公論
　橘樸 ………………… 211
日刊網走新聞
　東条貞 ……………… 225
日刊英文通信
　望月小太郎 ………… 321
日刊北日本
　今村七平 …………… 47
日刊工業新聞
　近藤芳太郎 ………… 151
　増田顕邦 …………… 293
日刊新支那
　松本君平 …………… 301
日刊人民
　塚越停春 …………… 218
日刊千葉
　橋本恵子 …………… 255
日刊平民新聞
　神崎順一 …………… 112
　山川均 ……………… 333
日刊北辰日報
　三輪精一 …………… 315
日刊山形新聞
　村山俊太郎 ………… 319

日支公論
　角谷八平次 ………… 94
日州独立新聞
　若山甲蔵 …………… 352
日清戦争
　相島勘次郎 ………… 3
　安達謙蔵 …………… 12
　伊東知也 …………… 39
　国木田独歩 ………… 130
　鳥居素川 …………… 229
日布時事
　相賀安太郎 ………… 194
日報社
　古城貞吉 …………… 141
NIPPON
　名取洋之助 ………… 242
日本一
　神長倉真民 ………… 101
二豊新聞
　村上田長 …………… 317
日本
　相島勘次郎 ………… 3
　赤木格堂 …………… 6
　五百木良三 ………… 19
　池辺三山 …………… 22
　磯野徳三郎 ………… 31
　伊藤欽亮 …………… 37
　岩佐善太郎 ………… 48
　川那辺貞太郎 ……… 111
　河東碧梧桐 ………… 111
　陸羯南 ……………… 126
　国友重章 …………… 131
　古島一雄 …………… 140
　阪井久良伎 ………… 154
　寒川鼠骨 …………… 167
　杉浦重剛 …………… 185
　須崎芳三郎 ………… 188
　鈴木券太郎 ………… 189
　高橋健三 …………… 199
　竹川藤太郎 ………… 206
　千葉亀雄 …………… 218
　鳥居素川 …………… 229
　福本日南 …………… 275
　正岡子規 …………… 292
　三宅雪嶺 …………… 311
　若宮卯之助 ………… 351

にほんいし　事項名索引

日本医事新報
　梅沢彦太郎 …………57
日本英学新誌
　増田藤之助 ………… 295
日本及日本人
　五百木良三 …………19
　古島一雄 ………… 140
　千葉亀雄 ………… 218
　長谷川如是閑 ……… 257
　三田村鳶魚 ………… 307
　三宅雪嶺 ………… 311
日本海新聞
　池田紫星 …………21
　涌島義博 ………… 352
日本学芸新聞社
　川合仁 ………… 106
日本記者年鑑
　永代静雄 ………… 240
日本経済新誌
　河上肇 ………… 107
日本子供新聞
　大山覚威 …………75
日本少年
　滝沢素水 ………… 203
日本人
　香川悦次 …………93
　古島一雄 ………… 140
　志賀重昂 ………… 169
　杉浦重剛 ………… 185
　内藤湖南 ………… 229
　松岡好一 ………… 297
　三宅雪嶺 ………… 311
日本人新聞
　中野権六 ………… 237
日本新聞
　綾川武治 …………16
　石割松太郎 …………30
　川崎克 ………… 107
　北昤吉 ………… 118
　工藤鉄男 ………… 129
　渾大防芳造 ………… 151
　桜田文吾 ………… 159
　佐藤紅緑 ………… 164
　末永純一郎 ………… 183
　田能村秋皐 ………… 215
　中川重麗 ………… 234

長谷川如是閑 ……… 257
福田和五郎 ………… 274
本城安太郎 ………… 286
丸山幹治 ………… 302
日本新聞協会
　伊藤正徳 …………40
　田中都吉 ………… 213
日本新聞資料協会
　西垣武一 ………… 246
日本新聞通信
　荒川甚吾 …………17
日本新聞報
　前川静夫 ………… 288
日本たいむす
　伊東専三 …………39
　黒岩涙香 ………… 134
日本短波放送
　福島俊雄 ………… 273
日本テレビ放送網
　正力松太郎 ………… 181
日本電報通信社
　青木精一 ……………4
　上田碩三 …………51
　川合仁 ………… 106
　権藤震二 ………… 151
　式正次 ………… 170
　光永星郎 ………… 309
日本時計商工新聞
　島川観水 ………… 174
日本之医界
　梅沢彦太郎 …………57
日本農民新聞
　大西俊夫 …………71
日本評論
　茅原茂 ………… 105
日本婦人新聞
　大田菊子 …………69
日本放送協会
　阿部真之助 …………14
　大沢豊子 …………66
　金山豊作 ………… 101
　頼母木真六 ………… 215
　成沢玲川 ………… 243
　野村秀雄 ………… 253
　久富達夫 ………… 267

三宅晴輝 ………… 311
山浦貫一 ………… 332
日本放送出版協会
　金山豊作 ………… 101
日本理財雑誌
　天野為之 …………15
日本立憲政党新聞
　伊東熊夫 …………38
　岡崎高厚 …………77
　桑野鋭 ………… 135
　小宮山天香 ………… 147
　鈴木券太郎 ………… 189
　滝本誠一 ………… 203
　中島俊子 ………… 235
ニューギニア
　佐藤忠男 ………… 165
ニューヨーク・トリビューン
　松本君平 ………… 301
女人芸術
　永嶋暢子 ………… 235
二六新聞
　伊東知也 …………39
　江部鴨村 …………60
　小野瀬不二人 …………92
　工藤鉄男 ………… 129
　桜井熊太郎 ………… 158
　志賀祐五郎 ………… 169
　鈴木力 ………… 189
　三宅青軒 ………… 311
二六新報
　秋田清 ……………7
　秋山定輔 ……………7
　猪野毛利栄 …………44
　伊原青々園 …………45
　岩佐善太郎 …………48
　太田四州 …………69
　岡村柿紅 …………80
　川島清治郎 ………… 109
　黒田湖山 ………… 134
　児玉右二 ………… 142
　権藤震二 ………… 151
　沢田撫松 ………… 168
　末永純一郎 ………… 183
　高須芳次郎 ………… 197
　中村弼 ………… 238
　中村楽天 ………… 239

野沢藤吉 …………… 251
福田和五郎 …………… 274
福永渙 …………… 275
堀紫山 …………… 285
前川静夫 …………… 288
宮崎滔天 …………… 313
本山荻舟 …………… 323
安成貞雄 …………… 328
山田旭南 …………… 337

【ぬ】

沼津日日新聞
　岩崎光好 …………… 48

【ね】

根室新聞
　荒川重秀 …………… 16
根室日報
　山県勇三郎 …………… 333
根室毎日新聞
　山県勇三郎 …………… 333

【の】

濃飛日報
　内木敏市 …………… 55
　小野小野三 …………… 90
　柴田かよ …………… 172
　村山照吉 …………… 319
農民新聞
　牧野望東 …………… 292
乃木将軍殉死
　赤川菊村 …………… 5
　桐生悠々 …………… 126
能代新報
　佐藤謙蔵 …………… 164
ノースチャイナ
　塩津誠作 …………… 168

North China Standard
　渡辺哲信 …………… 354

【は】

廃娼運動
　菊竹淳 …………… 113
　木下尚江 …………… 122
博多毎日新聞
　宮部寸七翁 …………… 314
博聞雑誌
　武藤山治 …………… 316
博聞新誌
　長尾景弼 …………… 233
函館新聞
　上島長久 …………… 50
　長谷川淑夫 …………… 257
　林儀作 …………… 263
函館日日新聞
　小国露堂 …………… 84
　小室重弘 …………… 147
　林儀作 …………… 263
函館毎日新聞
　久津見蕨村 …………… 129
　平田文右衛門（2代目）…269
バダビヤ新聞
　万屋兵四郎 …………… 350
八戸新聞
　北村益 …………… 120
白虹筆禍事件
　上野理一 …………… 51
　大山郁夫 …………… 74
　鳥居素川 …………… 229
　西村天囚 …………… 247
　長谷川如是閑 …………… 257
　花田比露思 …………… 260
　松山忠二郎 …………… 302
　丸山幹治 …………… 302
はね駒
　磯村春子 …………… 32
パリ博覧会
　足立北鷗 …………… 12
哈爾賓日日新聞
　児玉右二 …………… 142

布哇新報
　芝染太郎 …………… 171
　野沢藤吉 …………… 251
布哇毎日新聞
　堤隆 …………… 222
反省雑誌
　麻田駒之助 …………… 9

【ひ】

東大陸
　三宅雪嶺 …………… 311
飛行家
　酒井憲次郎 …………… 154
美術記者
　大橋乙羽 …………… 72
　金井紫雲 …………… 100
　斎田元次郎 …………… 152
　寺山星川 …………… 224
　外狩素心庵 …………… 226
　松原寛 …………… 300
美術ジャーナリスト
　坂井犀水 …………… 155
美術批評
　仲田勝之助 …………… 236
肥筑日報
　武富時敏 …………… 208
日出新聞
　竹廼門静枝 …………… 208
批判
　長谷川如是閑 …………… 257
日々新聞
　橋爪貫一 …………… 255
平等新聞
　山口勝清 …………… 334
評論新誌
　小松原英太郎 …………… 146
評論新聞
　海老原穆 …………… 59
　桑野鋭 …………… 135
　関新吾 …………… 193
　西河通徹 …………… 246

ひらかなえ　　　　　　事項名索引

平仮名絵入新聞
　染崎延房 ……………… 195
　高畠藍泉 ……………… 201
　前田香雪 ……………… 289
平仮名新聞
　宮川武行 ……………… 310
弘前新聞
　石郷岡文吉 …………… 27
　工藤十三雄 …………… 130
広島新聞
　幸徳秋水 ……………… 138
　立野寛 ………………… 212
広島毎日新聞
　前田三遊 ……………… 289
閩報
　宗方小太郎 …………… 316

【ふ】

フォトタイムス
　木村専一 ……………… 123
福井新聞
　今村七平 ……………… 47
　須永金三郎 …………… 191
　土生彰 ………………… 262
　三田村甚三郎 ………… 307
福井新報
　土生彰 ………………… 262
福井余滴
　土生彰 ………………… 262
福音新報
　今村謙吉 ……………… 47
福岡日日新聞
　石崎敏行 ……………… 28
　猪股為次 ……………… 44
　大崎周水 ……………… 66
　岡田孤鹿 ……………… 78
　菊竹淳 ………………… 113
　倉富恒二郎 …………… 132
　品川緑 ………………… 170
　庄野金十郎 …………… 180
　征矢野半弥 …………… 195
　高橋光威 ……………… 200
　永山就次 ……………… 240

藤井孫次郎 ……………… 277
山口天来 ………………… 334
福島自由新聞
　河野広中 ……………… 139
　田母野秀顕 …………… 216
福島新聞
　安達憲忠 ……………… 12
　大内一郎 ……………… 62
　釘本衛雄 ……………… 127
福島毎日新聞
　斎藤巴江 ……………… 153
福島民報
　大内一郎 ……………… 62
　小笠原貞信 …………… 77
　釘本衛雄 ……………… 127
　斎藤巴江 ……………… 153
福島民友新聞
　阿部克巳 ……………… 13
　斎藤巴江 ……………… 153
　田子健吉 ……………… 209
福陵新報
　頭山満 ………………… 225
　奈良崎八郎 …………… 243
　藤井種太郎 …………… 277
　的野半介 ……………… 302
釜山貿易新聞
　吉倉汪聖 ……………… 346
富士新聞
　岩崎鏡川 ……………… 48
婦女新聞
　下中弥三郎 …………… 178
　高橋千代 ……………… 199
　福島四郎 ……………… 273
婦女新聞社
　永嶋暢子 ……………… 235
婦人倶楽部
　茂木茂 ………………… 322
婦人公論
　麻田駒之助 …………… 9
　嶋中雄作 ……………… 175
　波多野秋子 …………… 258
婦人参政権
　北村兼子 ……………… 119
婦人週報
　小橋三四子 …………… 144

婦人世界
　滝沢素水 ……………… 203
　村井弦斎 ……………… 317
婦人之友
　羽仁もと子 …………… 260
　羽仁吉一 ……………… 261
扶桑新聞
　田島象二 ……………… 209
　山田道兄 ……………… 338
普通新聞
　吉田熹六 ……………… 346
仏教新聞
　大橋佐平 ……………… 72
復興通信社
　山田毅一 ……………… 337
部落解放問題
　前田三遊 ……………… 289
ブラジル時報
　輪湖俊午郎 …………… 352
プロレタリア映画
　佐々元十 ……………… 160
文化運動
　石田友治 ……………… 28
文芸倶楽部
　石橋思案 ……………… 29
文芸週報
　森晋太郎 ……………… 325
文藝春秋
　菊池寛 ………………… 113
　佐佐木茂索 …………… 161
　菅忠雄 ………………… 185
　生江健次 ……………… 243
文藝春秋新社
　佐佐木茂索 …………… 161
文庫
　千葉亀雄 ……………… 218

【へ】

平民社
　石川三四郎 …………… 25
平民新聞
　赤羽一 ………………… 6

事項名索引　　　　ほくもんし

安部磯雄 …………… 13
石川三四郎 ………… 25
大杉栄 ……………… 68
岡千代彦 …………… 76
小川芋銭 …………… 82
神崎順一 …………… 112
幸徳秋水 …………… 138
堺利彦 ……………… 155
斯波貞吉 …………… 172
田添鉄二 …………… 210
徳永保之助 ………… 227
福田理三郎 ………… 274
森隆介 ……………… 325
北京新聞
　波多野乾一 ……… 258
北京東報
　児玉右二 ………… 142
北京籠城日記
　村井啓太郎 ……… 317
ヘラルド・オブ・エシア
　頭本元貞 ………… 192
勉強新聞
　伊東専三 ………… 39

【ほ】

防衛新日本新聞
　吉田益三 ………… 348
報国新誌
　土居光華 ………… 224
報四叢談
　千河岸桜所 ……… 266
法治国
　小松理平 ………… 146
報知新聞
　麻生豊 …………… 12
　池田林儀 ………… 21
　石川半山 ………… 26
　磯村春子 ………… 32
　伊藤金次郎 ……… 37
　岩倉具方 ………… 47
　上島長久 ………… 50
　岡鬼太郎 ………… 75
　勝峰晋風 ………… 98

　加藤政之助 ……… 99
　加藤陸三 ………… 99
　川越博 …………… 107
　川尻琴湖 ………… 110
　川村恒一 ………… 112
　菊亭香水 ………… 116
　国木田独歩 ……… 130
　桑田豊蔵 ………… 135
　後藤喜間太 ……… 143
　後藤清郎 ………… 143
　阪井久良伎 ……… 154
　佐近益栄 ………… 160
　佐藤垢石 ………… 164
　篠田鉱造 ………… 170
　白石潔 …………… 182
　須崎芳三郎 ……… 188
　須藤鐘一 ………… 190
　鷹野弥三郎 ……… 198
　田川大吉郎 ……… 202
　竹尾弌 …………… 206
　頼母木桂吉 ……… 215
　鳥谷部春汀 ……… 228
　中山太郎 ………… 240
　西垣武一 ………… 246
　野間清治 ………… 252
　野村胡堂 ………… 252
　羽仁もと子 ……… 260
　羽仁吉一 ………… 261
　原田譲二 ………… 265
　久松義典 ………… 267
　平井晩村 ………… 268
　福良虎雄 ………… 276
　前田普羅 ………… 290
　町田忠治 ………… 296
　三木善八 ………… 305
　村井弦斎 ………… 317
　本山荻舟 ………… 323
　山口六郎次 ……… 334
　結城礼一郎 ……… 341
　弓削田秋江 ……… 342
　横山四郎右衛門 … 344
　吉田薫六 ………… 346
　渡辺哲信 ………… 354
奉天新聞
　小松理平 ………… 146
奉天毎日新聞
　松宮幹樹 ………… 300

防府実業新聞
　羽仁吉一 ………… 261
北羽新報
　佐藤謙蔵 ………… 164
　島田五空 ………… 174
北越新聞
　大橋佐平 ………… 72
　大橋新太郎 ……… 73
北越新報
　今泉鐸次郎 ……… 46
　広井一 …………… 270
北支日日新聞
　中山直熊 ………… 240
北清事変
　黒田湖山 ………… 134
　古城貞吉 ………… 141
　村井啓太郎 ……… 317
北辰新報
　石郷岡文吉 ……… 27
北辰日報
　小野謙一 ………… 90
北鮮実業新聞
　西田常三郎 ……… 247
北鮮日報
　木下郁 …………… 121
北拓新聞
　小国露堂 ………… 84
北斗新聞社
　小川渉 …………… 83
北部日日新聞
　明比甫 …………… 9
北溟雑誌
　山田花作 ………… 336
北鳴新聞
　野口雨情 ………… 250
　山本露滴 ………… 340
北鳴新報
　伊東正三 ………… 38
北門新報
　東武 ……………… 11
　石川啄木 ………… 25
　伊東正三 ………… 38
　小国露堂 ………… 84
　金子平吉 ………… 102
　中江兆民 ………… 233

409

北陸公論
　稲垣示 ………………… 40
　上埜安太郎 …………… 51
北陸自由新聞
　杉田定一 …………… 186
北陸新聞
　浅野順平 ……………… 10
北陸新報
　赤羽萬次郎 …………… 6
　上埜安太郎 …………… 51
北陸タイムス
　高橋秀臣 …………… 200
　田中清文 …………… 212
北陸中日新聞
　与良ヱ ……………… 350
北陸日報
　稲垣示 ………………… 40
北陸放送
　嵯峨保二 …………… 154
北陸毎日新聞
　永井柳太郎 ………… 232
星亨筆誅事件
　木下尚江 …………… 122
保守新論
　指原安三 …………… 162
北海新聞
　阿部宇之八 ………… 13
　長谷川淑夫 ………… 257
　林儀作 ……………… 263
北海タイムス
　東武 …………………… 11
　阿部宇之八 ………… 13
　太田龍太郎 ………… 70
　岡部次郎 ……………… 80
　滝本静良 …………… 203
　野口雨情 …………… 250
　松実喜代太 ………… 300
　山口喜一 …………… 334
北海中央新聞
　東条貞 ……………… 225
北海道新聞
　荒川重秀 ……………… 16
　市川与一郎 …………… 34
　地崎宇三郎（2代目）… 217

北海道毎日新聞
　東武 …………………… 11
　阿部宇之八 ………… 13
　上田重良 ……………… 51
　久松義典 …………… 267
北國新聞
　赤羽萬次郎 …………… 6
　江川爲信 ……………… 58
　権藤震二 …………… 151
　嵯峨保二 …………… 154
　栅瀬軍之佐 ………… 158
　直野碧玲瓏 ………… 231
北國日報
　大島宇吉 ……………… 67
北國夕刊新聞
　江川爲信 ……………… 58
ボーン上田記念国際記者賞
　上田碩三 ……………… 51
香港日報
　松島宗衛 …………… 299

【ま】

毎日新聞
　石川欣一 ……………… 24
　石川半山 ……………… 26
　板倉進 ………………… 33
　井土霊山 ……………… 44
　小野三千麿 …………… 91
　小山鼎浦 ……………… 93
　河上清 ……………… 106
　川尻琴湖 …………… 110
　川村恒一 …………… 112
　岸上克己 …………… 117
　木下尚江 …………… 122
　栅瀬軍之佐 ………… 158
　島田三郎 …………… 174
　高松棟一郎 ………… 201
　鳥谷部春汀 ………… 228
　法木徳兵衛 ………… 282
　前芝確三 …………… 288
　松本英子 …………… 301
　光行寿 ……………… 309
　村井弦斎 …………… 317
　村嶋帰之 …………… 318

本山彦一 …………… 323
山口勝清 …………… 334
山崎安雄 …………… 335
四方田義茂 ………… 349
毎日電報
　管野すが …………… 113
　高木利太 …………… 196
　武田鴬塘 …………… 207
　羽仁吉一 …………… 261
　矢野龍渓 …………… 331
　渡辺黙禅 …………… 355
毎夕新聞
　石川半山 ……………… 26
　井上啞々 ……………… 42
　大山覚威 ……………… 75
　黒田湖山 …………… 134
　宍戸左行 …………… 170
　永代静雄 …………… 240
松江新聞
　岡崎運兵衛 …………… 76
松江日報
　岡崎運兵衛 …………… 76
　藤原銀次郎 ………… 279
松本新聞
　市川量造 ……………… 34
　窪田畔夫 …………… 131
　坂崎斌 ……………… 156
　松沢求策 …………… 298
松山新報
　西河通徹 …………… 246
マニラ新聞
　山田潤二 …………… 338
団団珍聞
　石井南橋 ……………… 24
　石橋思案 ……………… 29
　鴬亭金升 ……………… 61
　痩々亭骨皮 ………… 194
　田島象二 …………… 209
　野村文夫 …………… 253
漫画
　麻生豊 ………………… 12
　池田永治 ……………… 21
　池部鈞 ………………… 22
　今泉一瓢 ……………… 46
　岡本一平 ……………… 81
　小川芋銭 ……………… 82

事項名索引

小川治平 …………83
河盛久夫 …………112
北沢楽天 …………119
宍戸左行 …………170
下田憲一郎 ………177
月岡芳年 …………220
細木原青起 ………285
満州経済
　石山賢吉 …………29
満州国通信社
　里見甫 ……………167
満州日日新聞
　芥川光蔵 …………8
　阿部真之助 ………14
　鬼頭玉汝 …………121
　木村荘十 …………124
　高橋津郎 …………200
　永田善三郎 ………236
満州日報
　来原慶助 …………134
　増田連也 …………295
　松島宗衛 …………299
　松山忠二郎 ………302
　山崎猛 ……………335
満州評論
　橘樸 ………………211

【み】

三重新聞
　辻寛 ………………220
三重日報
　大島宇吉 …………67
三田商業界
　石山賢吉 …………29
　野依秀市 …………254
水戸新聞
　飯村丈三郎 ………19
湊川濯余
　藤田積中 …………279
南大阪新聞
　早嶋喜一 …………263
美濃新聞
　木村作次郎 ………123

美濃大正新聞
　木村作次郎 ………123
宮古新聞
　小国露堂 …………84
都新聞
　赤川菊村 …………5
　安藤鶴夫 …………17
　井川洗厓 …………20
　石割松太郎 ………30
　井上笠園 …………43
　伊原青々園 ………45
　鶯亭金升 …………61
　大谷誠夫 …………70
　岡千代彦 …………76
　金井紫雲 …………100
　上泉秀信 …………104
　木内伊之介 ………113
　黒岩涙香 …………134
　鈴木田正雄 ………190
　田川大吉郎 ………202
　田村栄太郎 ………216
　西岡竹次郎 ………245
　長谷川伸 …………256
　平山蘆江 …………270
　福田英助 …………273
　福田恭助 …………273
　前田雀郎 …………289
　右田寅彦 …………305
　宮川鉄次郎 ………310
　本吉欠伸 …………323
　森暁紅 ……………324
　渡辺治 ……………353
　渡辺巳之次郎 ……355
　渡辺黙禅 …………355
宮崎県政評論
　若山甲蔵 …………352
宮崎新聞
　松尾宇一 …………297
宮崎新報
　岩切門二 …………47
　若山甲蔵 …………352
宮崎毎日
　松尾宇一 …………297
深山自由新聞
　小室重弘 …………147
　森多平 ……………325

民間雑誌
　尾崎行雄 …………86
民声新聞
　満川亀太郎 ………308
民声新報
　草村北星 …………128
　国木田独歩 ………130
民族優化
　池田林儀 …………21
民報
　吉田熹六 …………346

【む】

武蔵野叢誌
　瘦々亭骨皮 ………194
　渡辺寿彦 …………355
無産者新聞
　井之口政雄 ………44
　是枝恭二 …………150
　柳瀬正夢 …………330
無題号新聞
　大島宇吉 …………67
陸奥新報
　工藤十三雄 ………130
陸奥日報
　佐藤紅緑 …………164
牟婁新報
　管野すが …………113
　崎久保誓一 ………157
　毛利柴庵 …………320
室蘭タイムス
　東条貞 ……………225

【め】

明教新誌
　佐久間貞一 ………157
　内藤湖南 …………229
明治事物起原
　石井研堂 …………23

411

明治新聞雑誌文庫
　宮武外骨 ……… 314
明治日報
　関謙之 ……… 192
　野崎左文 ……… 251
　丸山作楽 ……… 303
　三崎亀之助 ……… 305
　森本駿 ……… 326
明治評論
　鳥谷部春汀 ……… 228
明六雑誌
　津田真道 ……… 221
　中村正直 ……… 239
めさまし新聞
　小泉策太郎 ……… 136
　佐藤北江 ……… 165
　藤井孫次郎 ……… 277
　星亨 ……… 283
　右田寅彦 ……… 305
　光永星郎 ……… 309
　村山龍平 ……… 320
　本吉欠伸 ……… 323

【も】

門司新報
　山本実彦 ……… 339
　米村長太郎 ……… 349
門司日日新聞
　高野江基太郎 ……… 198
盛岡公報
　上村売剣 ……… 52
盛岡新誌
　佐藤北江 ……… 165

【や】

山形自由新聞
　服部敬吉 ……… 259
山形新聞
　狩野旭峰 ……… 103

山形新報
　鳥海時雨郎 ……… 229
山形毎日新聞
　西河通徹 ……… 246
大和旭新聞
　大島宇吉 ……… 67
大和新聞
　大垣丈夫 ……… 65
やまと新聞
　赤川菊村 ……… 5
　朝比奈知泉 ……… 10
　磯村春子 ……… 32
　伊藤永之介 ……… 37
　岩田富美夫 ……… 48
　臼田亜浪 ……… 54
　生方敏郎 ……… 57
　小野謙一 ……… 90
　小野田翠雨 ……… 92
　香川悦次 ……… 93
　金森鞄瓜 ……… 101
　小林蹴月 ……… 145
　小室重弘 ……… 147
　斎田元次郎 ……… 152
　条野採菊 ……… 180
　相賀安太郎 ……… 194
　高木信威 ……… 197
　徳永保之助 ……… 227
　長谷川了 ……… 256
　平林初之輔 ……… 269
　福山寿久 ……… 276
　藤田西湖 ……… 278
　帆刈芳之助 ……… 283
　正岡芸陽 ……… 292
　松井柏軒 ……… 297
　松下軍治 ……… 298
　水谷竹紫 ……… 306
　南新二 ……… 310
　宮崎三昧 ……… 313
　三輪精一 ……… 315
　森下雨村 ……… 325
　安成貞雄 ……… 328
　山田毅一 ……… 337
　山本実彦 ……… 339
　山本松之助 ……… 340
　結城礼一郎 ……… 341
　渡辺黙禅 ……… 355

山梨日日新聞
　池辺三山 ……… 22
　菊地松堂 ……… 115
　柵瀬軍之佐 ……… 158
　内藤伝右衛門 ……… 230
　野口英夫 ……… 250
弥生新聞
　池知重利 ……… 20

【ゆ】

夕刊茨城
　赤川菊村 ……… 5
夕刊名古屋タイムス
　勝田重太朗 ……… 97
郵便報知新聞
　朝比奈知泉 ……… 10
　阿部宇之八 ……… 13
　犬養毅 ……… 41
　牛場卓蔵 ……… 53
　円城寺清 ……… 60
　岡敬孝 ……… 75
　尾崎行雄 ……… 86
　上遠野富之助 ……… 99
　栗本鋤雲 ……… 133
　小西義敬 ……… 144
　関謙之 ……… 192
　竹村良貞 ……… 209
　遅塚麗水 ……… 218
　月岡芳年 ……… 220
　波多野承五郎 ……… 258
　原敬 ……… 264
　藤田茂吉 ……… 278
　古沢滋 ……… 281
　前島密 ……… 289
　町田忠治 ……… 296
　三木善八 ……… 305
　箕浦勝人 ……… 310
　村井弦斎 ……… 317
　村上浪六 ……… 318
　森田思軒 ……… 326
　矢野龍渓 ……… 331
　吉田熹六 ……… 346
雄弁
　野間清治 ……… 252

事項名索引　よろく

淵田忠良 ……………281
郵送新聞
　山田金次郎 …………337

【よ】

養徳新聞
　今村勤三 ……………46
養老新報
　岩田民次郎 …………49
横浜事件
　小野康人 ……………91
　酒井寅吉 ……………156
　細川嘉六 ……………284
　山本実彦 ……………339
横浜新報
　野沢藤吉 ……………251
横浜貿易新報
　臼田亜浪 ……………54
　小高吉三郎 …………142
　鈴木梅四郎 …………188
　野沢藤吉 ……………251
　三宅磐 ………………312
横浜毎朝新聞
　長谷川伸 ……………256
横浜毎日新聞
　井関盛艮 ……………31
　尾崎章一 ……………86
　金井潭 ………………100
　仮名垣魯文 …………100
　栗本鋤雲 ……………133
　肥塚龍 ………………136
　子安峻 ………………148
　島田三郎 ……………174
　杉村濬 ………………187
　塚原渋柿園 …………219
　妻木頼矩 ……………223
　陽其二 ………………342
　横山源之助 …………344
米城新報
　菊地松堂 ……………115
読売サンデー漫画
　池田永治 ……………21
　宍戸左行 ……………170

読売新聞
　饗庭篁村 ……………3
　青野季吉 ……………5
　秋月左都夫 …………7
　麻生豊 ………………12
　足立北鷗 ……………12
　安藤覚 ………………17
　池田永治 ……………21
　石井勇 ………………23
　石橋思案 ……………29
　石浜知行 ……………29
　市川正一 ……………33
　市島謙吉 ……………35
　江見水蔭 ……………60
　鶯亭金升 ……………61
　大内一郎 ……………62
　太田四州 ……………69
　大庭柯公 ……………71
　岡村柿紅 ……………80
　岡村千秋 ……………80
　尾崎紅葉 ……………85
　小野梓 ………………89
　小野瀬不二人 ………92
　小野田翠雨 …………92
　加田哲二 ……………96
　上司小剣 ……………104
　河上肇 ………………107
　河原辰三 ……………111
　河盛久夫 ……………112
　陸直次郎 ……………127
　久下豊忠 ……………127
　国木田収二 …………130
　幸田露伴 ……………137
　小島文夫 ……………141
　小橋三四子 …………144
　小林光政 ……………145
　小林雄一 ……………146
　小村俊三郎 …………147
　子安峻 ………………148
　五来欣造 ……………150
　斎田元次郎 …………152
　沢田撫松 ……………168
　宍戸左行 ……………170
　島村抱月 ……………175
　正力松太郎 …………181
　白石潔 ………………182
　杉浦重剛 ……………185
　鈴木田正雄 …………190

瀬川光行 ……………192
関如来 ………………193
高田早苗 ……………197
高畠藍泉 ……………201
高宮太平 ……………202
田島象二 ……………209
伊達源一郎 …………211
田能村秋皐 …………215
千葉亀雄 ……………218
坪内逍遙 ……………222
寺尾幸夫 ……………223
徳田秋声 ……………226
中井錦城 ……………231
仲田勝之助 …………236
新居格 ………………244
蜷川新 ………………249
長谷川如是閑 ………257
花田比露思 …………260
馬場恒吾 ……………262
原田譲二 ……………265
古川精一 ……………281
細川嘉六 ……………284
細川忠雄 ……………285
堀紫山 ………………285
前川静夫 ……………288
前田蓮山 ……………290
正宗白鳥 ……………293
増田義一 ……………294
松本雲舟 ……………301
松山忠二郎 …………302
丸山幹治 ……………302
村田孜郎 ……………319
本野盛亨 ……………322
本山荻舟 ……………323
安田庄司 ……………327
柳瀬正夢 ……………330
山浦貫一 ……………332
山田道兄 ……………338
横山健堂 ……………343
与謝野晶子 …………344
吉岡信敬 ……………345
吉田東伍 ……………347
吉田常夏 ……………347
四方田義茂 …………349
余録
　丸山幹治 …………302

413

万朝報
- 安藤覚 ……………… 17
- 石川三四郎 …………… 25
- 石川半山 ……………… 26
- 石山徹郎 ……………… 30
- 伊藤銀月 ……………… 37
- 岩佐善太郎 …………… 48
- 内村鑑三 ……………… 56
- 円城寺清 ……………… 60
- 鷲亭金升 ……………… 61
- 岡繁樹 ………………… 75
- 香川悦次 ……………… 93
- 勝峰晋風 ……………… 98
- 茅原華山 ……………… 105
- 河上清 ………………… 106
- 川尻琴湖 ……………… 110
- 菊地松堂 ……………… 115
- 北野吉内 ……………… 119
- 久津見蕨村 …………… 129
- 黒岩涙香 ……………… 134
- 幸徳秋水 ……………… 138
- 古島一雄 ……………… 140
- 堺利彦 ………………… 155
- 坂口二郎 ……………… 156
- 佐藤紅緑 ……………… 164
- 斯波貞吉 ……………… 172
- 関和知 ………………… 193
- 田岡嶺雲 ……………… 196
- 内藤湖南 ……………… 229
- 中内蝶二 ……………… 233
- 橋戸頑鉄 ……………… 255
- 箸本太吉 ……………… 255
- 福永渙 ………………… 275
- 松井柏軒 ……………… 297
- 三木愛花 ……………… 304
- 水谷幻花 ……………… 306
- 紫安新九郎 …………… 319
- 安成貞雄 ……………… 328
- 山県五十雄 …………… 332
- 弓館小鰐 ……………… 342
- 和田稲積 ……………… 353

輿論新報
- 小久保喜七 …………… 140

【ら】

LIFE
- 名取洋之助 …………… 242

ラジオ関東
- 若宮小太郎 …………… 351

ラジオ山陽
- 谷口久吉 ……………… 214

ラジオ中国
- 山本実一 ……………… 340

ラジオ東京
- 鹿倉吉次 ……………… 169

【り】

理科十二ケ月
- 石井研堂 ……………… 23

陸軍画報
- 中山正男 ……………… 240

六合雑誌
- 安部磯雄 ……………… 13
- 植村正久 ……………… 52
- 横井時雄 ……………… 342
- 吉田絃二郎 …………… 346

六合新聞
- 清水卯三郎 …………… 176

六合叢談
- 万屋兵四郎 …………… 350

陸東新聞
- 小国露堂 ……………… 84

利圀新誌
- 須崎芳三郎 …………… 188

理財新報
- 菊地松堂 ……………… 115

リーダーズ・ダイジェスト
- 鈴木文史朗 …………… 190

立憲自由新聞
- 大井憲太郎 …………… 62

立憲政友党新聞
- 菊池侃二 ……………… 114

琉球新報
- 太田朝敷 ……………… 70
- 護得久朝惟 …………… 139
- 尚順 …………………… 179
- 末吉安恭 ……………… 184
- 田島利三郎 …………… 209
- 当真嗣合 ……………… 225
- 又吉康和 ……………… 296

柳橋新誌
- 成島柳北 ……………… 244

両羽新報
- 鳥海時雨郎 …………… 229

両羽日日新聞
- 鳥海時雨郎 …………… 229

遼東新聞
- 末永純一郎 …………… 183

遼東新報
- 角田宏顕 ……………… 191
- 橘樸 …………………… 211
- 的野半介 ……………… 302
- 吉倉汪聖 ……………… 346

両毛実業新報
- 市川安左衛門 ………… 34

両毛新報
- 須永金三郎 …………… 191

遼陽戦記
- 弓削田秋江 …………… 342

【ろ】

労働運動
- 大杉栄 ………………… 68

労働事情
- 佐々木節 ……………… 161

労働世界
- 植松考昭 ……………… 52

労農
- 山川均 ………………… 333

鷺城新聞
- 高浜天我 ……………… 201

【わ】

和歌山実業新聞
　小笠原誉至夫 ………… 78
和歌山新聞
　磯田英夫 ……………… 31
　由良浅次郎 ………… 342
和歌山新報
　久下豊忠 …………… 127
　杉村楚人冠 ………… 187
　中村楽天 …………… 239
和歌山日日新聞
　下村房次郎 ………… 179
　山崎伝之助 ………… 335
ワシントン軍縮会議
　伊藤正徳 ………………40
我等
　鳥居素川 …………… 229
　長谷川如是閑 ……… 257

編者紹介

山田 健太（やまだ・けんた）

青山学院大学法学部卒。専修大学文学部教授。日本マス・コミュニケーション学会（理事）、日本出版学会（理事）、日本編集者学会（監事）、日本公法学会、国際人権法学会に所属。
著書は「法とジャーナリズム　第3版」(学陽書房、2014)、「ジャーナリズムの行方」(三省堂、2011)、「言論の自由」(ミネルヴァ書房、2012)、「3・11とメディア」(トランスビュー、2013)、「3.11の記録 東日本大震災資料総覧 震災篇」「同 原発事故篇」(共編　日外アソシエーツ、2013)「同 テレビ特集番組篇」(共編　日外アソシエーツ、2014)「現代ジャーナリズム事典」(監修　三省堂、2014) ほか多数。

ジャーナリスト人名事典 明治～戦前編

2014年9月25日　第1刷発行

編　集／山田健太
発行者／大高利夫
発　行／日外アソシエーツ株式会社
　　　　〒143-8550 東京都大田区大森北1-23-8 第3下川ビル
　　　　電話(03)3763-5241(代表)　FAX(03)3764-0845
　　　　URL http://www.nichigai.co.jp/
発売元／株式会社紀伊國屋書店
　　　　〒163-8636 東京都新宿区新宿3-17-7
　　　　電話(03)3354-0131(代表)
　　　　ホールセール部(営業)　電話(03)6910-0519

電算漢字処理／日外アソシエーツ株式会社
印刷・製本／株式会社平河工業社

不許複製・禁無断転載　　　《中性紙H-三菱書籍用紙イエロー使用》
《落丁・乱丁本はお取り替えいたします》
ISBN978-4-8169-2498-9　　Printed in Japan,2014

本書はディジタルデータでご利用いただくことができます。詳細はお問い合わせください。

ジャーナリスト人名事典　山田健太 編

日本のジャーナリズムに足跡を残した人物を収録した人名事典。明治初期のジャーナリズム黎明期から現代まで、言論人、新聞・雑誌・テレビ記者などの経歴を掲載。

明治〜戦前編
A5・440頁　定価(本体13,500円+税)　2014.9刊

戦後〜現代編
A5・約500頁　定価(本体13,500円+税)　2014.12刊予定

3.11の記録　東日本大震災資料総覧

東日本大震災についてマスメディアは何を報じたのか──。「震災篇」「原発事故篇」は図書と新聞・雑誌記事、視聴覚・電子資料を収載。「テレビ特集番組篇」では、震災関連特別番組のタイトルを一覧することができる。

震災篇
山田健太・野口武悟 編集代表　「3.11の記録」刊行委員会 編
A5・580頁　定価(本体19,000円+税)　2013.7刊

原発事故篇
山田健太・野口武悟 編集代表　「3.11の記録」刊行委員会 編
A5・470頁　定価(本体19,000円+税)　2013.7刊

テレビ特集番組篇
原由美子(NHK放送文化研究所)
山田健太・野口武悟(「3.11の記録」刊行委員会) 共編
A5・450頁　定価(本体19,000円+税)　2014.1刊

日本ジャーナリズム・報道史事典　トピックス1861-2011

A5・490頁　定価(本体14,200円+税)　2012.10刊

日本初の新聞が発行された1861年から、テレビがデジタル放送へ移行した2011年までのジャーナリズム・報道の歴史を、主要なトピックス4,500件で辿る記録事典。マスコミ各社の創業、メディアの発達と普及、言論統制、放送・通信技術の発達、事件報道などを収録。

データベースカンパニー
日外アソシエーツ
〒143-8550　東京都大田区大森北1-23-8
TEL.(03)3763-5241　FAX.(03)3764-0845　http://www.nichigai.co.jp/